LE COMTE DE MONTE-CRISTO

Tome II

ALEXANDRE DUMAS

Le Comte de Monte-Cristo

Tome II

LE LIVRE DE POCHE
Classiques

LE MAJOR CAVALCANTI

Ni le comte ni Baptistin n'avaient menti en annonçant à Morcerf cette visite du major lucquois, qui servait à Monte-Cristo de prétexte pour refuser le dîner qui lui était offert.

Sept heures venaient de sonner, et M. Bertuccio, selon l'ordre qu'il en avait reçu, était parti depuis deux heures pour Auteuil, lorsqu'un fiacre s'arrêta à la porte de l'hôtel, et sembla s'enfuir tout honteux aussitôt qu'il eut déposé près de la grille un homme de cinquante-deux ans environ, vêtu d'une de ces redingotes vertes à brandebourgs noirs dont l'espèce est impérissable, à ce qu'il paraît, en Europe. Un large pantalon de drap bleu, une botte encore assez propre, quoique d'un vernis incertain et un peu trop épaisse de semelle, des gants de daim, un chapeau se rapprochant pour la forme d'un chapeau de gendarme, un col noir, brodé d'un liséré blanc, qui, si son propriétaire ne l'eût porté de sa pleine et entière volonté, eût pu passer pour un carcan : tel était le costume pittoresque sous lequel se présenta le personnage qui sonna à la grille en demandant si ce n'était point au n° 30 de l'avenue des Champs-Élysées que demeurait M. le comte de Monte-Cristo, et qui, sur la réponse affirmative du concierge, entra, ferma la porte derrière lui et se dirigea vers le perron.

La tête petite et anguleuse de cet homme, ses cheveux blanchissants, sa moustache épaisse et grise le firent reconnaître par Baptistin, qui avait l'exact signalement du visiteur et qui l'attendait au bas du vestibule. Aussi, à peine eut-il prononcé son nom devant le serviteur intelligent, que Monte-Cristo était prévenu de son arrivée.

On introduisit l'étranger dans le salon le plus simple. Le comte l'y attendait et alla au-devant de lui d'un air riant.

« Ah ! cher monsieur, dit-il, soyez le bienvenu. Je vous attendais.

— Vraiment, dit le Lucquois, Votre Excellence m'attendait.

— Oui, j'avais été prévenu de votre arrivée pour aujourd'hui à sept heures.

— De mon arrivée ? Ainsi vous étiez prévenu ?

— Parfaitement.

— Ah ! tant mieux ! Je craignais, je l'avoue, que l'on n'eût oublié cette petite précaution.

— Laquelle ?

— De vous prévenir.

— Oh ! non pas !

— Mais vous êtes sûr de ne pas vous tromper ?

— J'en suis sûr.

— C'est bien moi que Votre Excellence attendait aujourd'hui à sept heures ?

— C'est bien vous. D'ailleurs, vérifions.

— Oh ! si vous m'attendiez, dit le Lucquois, ce n'est pas la peine.

— Si fait ! si fait ! » dit Monte-Cristo.

Le Lucquois parut légèrement inquiet.

« Voyons, dit Monte-Cristo, n'êtes-vous pas monsieur le marquis Bartolomeo Cavalcanti ?

— Bartolomeo Cavalcanti, répéta le Lucquois joyeux, c'est bien cela.

— Ex-major au service d'Autriche ?

— Était-ce major que j'étais ? demanda timidement le vieux militaire.

— Oui, dit Monte-Cristo, c'était major. C'est le nom que l'on donne en France au grade que vous occupiez en Italie.

— Bon, dit le Lucquois, je ne demande pas mieux, moi, vous comprenez...

— D'ailleurs, vous ne venez pas ici de votre propre mouvement, reprit Monte-Cristo.

— Oh ! bien certainement.

— Vous m'êtes adressé par quelqu'un.

— Oui.

— Par cet excellent abbé Busoni ?

— C'est cela ! s'écria le major joyeux.

— Et vous avez une lettre ?

— La voilà.

— Eh pardieu ! vous voyez bien. Donnez donc. »

Et Monte-Cristo prit la lettre qu'il ouvrit et qu'il lut.

Le major regardait le comte avec de gros yeux étonnés qui se portaient curieusement sur chaque partie de l'appartement, mais qui revenaient invariablement à son propriétaire.

« C'est bien cela... ce cher abbé, le major Cavalcanti, « un digne praticien de Lucques, descendant des « Cavalcanti de Florence, continua Monte-Cristo tout « en lisant, jouissant d'une fortune d'un demi-million « de revenu. »

Monte-Cristo leva les yeux de dessus le papier et salua.

« D'un demi-million, dit-il ; peste ! mon cher monsieur Cavalcanti.

— Y a-t-il un demi-million ? demanda le Lucquois.

— En toutes lettres ; et cela doit être, l'abbé Busoni est l'homme qui connaît le mieux toutes les grandes fortunes de l'Europe.

— Va pour un demi-million, dit le Lucquois ; mais, ma parole d'honneur, je ne croyais pas que cela montât si haut.

— Parce que vous avez un intendant qui vous vole ; que voulez-vous, cher monsieur Cavalcanti, il faut bien passer par là !

— Vous venez de m'éclairer, dit gravement le Lucquois, je mettrai le drôle à la porte. »

Monte-Cristo continua :

« — Et auquel il ne manquerait qu'une chose pour « être heureux ».

— Oh ! mon Dieu, oui ! une seule, dit le Lucquois avec un soupir.

« — De retrouver un fils adoré. »

— Un fils adoré !

« — Enlevé dans sa jeunesse, soit par un ennemi de sa noble famille, soit par des Bohémiens.

— A l'âge de cinq ans, monsieur, dit le Lucquois avec un profond soupir et en levant les yeux au ciel.

— Pauvre père ! » dit Monte-Cristo.

Le comte continua :

« — Je lui rends l'espoir, je lui rends la vie, monsieur « le comte, en lui annonçant que ce fils, que depuis « quinze ans il cherche vainement, vous pouvez le lui « faire retrouver. »

Le Lucquois regarda Monte-Cristo avec une indéfinissable expression d'inquiétude.

« Je le puis », répondit Monte-Cristo.

Le major se redressa.

« Ah ! ah ! dit-il, la lettre était donc vraie jusqu'au bout ?

— En aviez-vous douté, cher monsieur Bartolomeo ?

— Non pas, jamais ! Comment donc ! un homme grave, un homme revêtu d'un caractère religieux comme l'abbé Busoni, ne se serait pas permis une plaisanterie pareille ; mais vous n'avez pas tout lu, Excellence.

— Ah ! c'est vrai, dit Monte-Cristo, il y a un *post-scriptum*.

— Oui, répéta le Lucquois... il...y... a... un... *post-scriptum*.

« — Pour ne point causer au major Cavalcanti « l'embarras de déplacer des fonds chez son banquier, « je lui envoie une traite de deux mille francs pour ses « frais de voyage, et le crédit sur vous de la somme de « quarante-huit mille francs que vous restez me rede- « voir ».

Le major suivit des yeux ce *post-scriptum* avec une visible anxiété.

« Bon ! se contenta de dire le comte.

— Il a dit bon, murmura le Lucquois. Ainsi... monsieur... reprit-il.

— Ainsi ?... demanda Monte-Cristo.

— Ainsi, le *post-scriptum*...

— Eh bien, le *post-scriptum* ?...

— Est accueilli par vous aussi favorablement que le reste de la lettre ?

— Certainement. Nous sommes en compte, l'abbé Busoni et moi ; je ne sais pas si c'est quarante-huit mille livres précisément que je reste lui redevoir, nous n'en sommes pas entre nous à quelques billets de banque. Ah çà ! vous attachiez donc une si grande importance à ce post-scriptum, cher monsieur Cavalcanti ?

— Je vous avouerai, répondit le Lucquois, que plein de confiance dans la signature de l'abbé Busoni, je ne m'étais pas muni d'autres fonds ; de sorte que si cette ressource m'eût manqué, je me serais trouvé fort embarrassé à Paris.

— Est-ce qu'un homme comme vous est embarrassé quelque part ? dit Monte-Cristo ; allons donc !

— Dame ! ne connaissant personne, fit le Lucquois.

— Mais on vous connaît, vous.

— Oui, l'on me connaît, de sorte que...

— Achevez, cher monsieur Cavalcanti !

— De sorte que vous me remettrez ces quarante-huit mille livres ?

— A votre première réquisition. »

Le major roulait de gros yeux ébahis.

« Mais asseyez-vous donc, dit Monte-Cristo : en vérité, je ne sais ce que je fais... je vous tiens debout depuis un quart d'heure.

— Ne faites pas attention. »

Le major tira un fauteuil et s'assit.

« Maintenant, dit le comte, voulez-vous prendre quelque chose ; un verre de xérès, de porto, d'alicante ?

— D'alicante, puisque vous le voulez bien, c'est mon vin de prédilection.

— J'en ai d'excellent. Avec un biscuit, n'est-ce pas ?

— Avec un biscuit, puisque vous m'y forcez. »

Monte-Cristo sonna ; Baptistin parut.

Le comte s'avança vers lui.

« Eh bien ?... demanda-t-il tout bas.

— Le jeune homme est là, répondit le valet de chambre sur le même ton.

— Bien ; où l'avez-vous fait entrer ?

— Dans le salon bleu, comme l'avait ordonné Son Excellence.

— A merveille. Apportez du vin d'Alicante et des biscuits. »

Baptistin sortit.

« En vérité, dit le Lucquois, je vous donne une peine qui me remplit de confusion.

— Allons donc ! » dit Monte-Cristo.

Baptistin rentra avec les verres, le vin et les biscuits.

Le comte emplit un verre et versa dans le second quelques gouttes seulement du rubis liquide que contenait la bouteille, toute couverte de toiles d'araignée et de tous les autres signes qui indiquent la vieillesse du vin bien plus sûrement que ne le font les rides pour l'homme.

Le major ne se trompa point au partage, il prit le verre plein et un biscuit.

Le comte ordonna à Baptistin de poser le plateau à la portée de la main de son hôte, qui commença par goûter l'alicante du bout de ses lèvres, fit une grimace de satisfaction, et introduisit délicatement le biscuit dans le verre.

« Ainsi, monsieur, dit Monte-Cristo, vous habitiez Lucques, vous étiez riche, vous êtes noble, vous jouissiez de la considération générale, vous aviez tout ce qui peut rendre un homme heureux.

— Tout, Excellence, dit le major en engloutissant son biscuit, tout absolument.

— Et il ne manquait qu'une chose à votre bonheur ?

— Qu'une seule, dit le Lucquois.

— C'était de retrouver votre enfant ?

— Ah ! fit le major en prenant un second biscuit ; mais aussi cela me manquait bien. »

Le digne Lucquois leva les yeux et tenta un effort pour soupirer.

« Maintenant, voyons, cher monsieur Cavalcanti, dit Monte-Cristo, qu'était-ce que ce fils tant regretté ? car on m'avait dit, à moi, que vous étiez resté célibataire.

« — On le croyait, monsieur, dit le major, et moi-même...

— Oui, reprit Monte-Cristo, et vous-même aviez accrédité ce bruit. Un péché de jeunesse que vous vouliez cacher à tous les yeux. »

Le Lucquois se redressa, prit son air le plus calme et le plus digne, en même temps qu'il baissait modestement les yeux, soit pour assurer sa contenance, soit pour aider à son imagination, tout en regardant en dessous le comte, dont le sourire stéréotypé sur les lèvres annonçait toujours la même bienveillante curiosité.

« Oui, monsieur, dit-il, je voulais cacher cette faute à tous les yeux.

— Pas pour vous, dit Monte-Cristo, car un homme est au-dessus de ces choses-là.

— Oh ! non, pas pour moi certainement, dit le major avec un sourire et en hochant la tête.

— Mais pour sa mère, dit le comte.

— Pour sa mère ! s'écria le Lucquois en prenant un troisième biscuit, pour sa pauvre mère !

— Buvez donc, cher monsieur Cavalcanti, dit Monte-Cristo en versant au Lucquois un second verre d'alicante ; l'émotion vous étouffe.

— Pour sa pauvre mère ! murmura le Lucquois en essayant si la puissance de la volonté ne pourrait pas, en agissant sur la glande lacrymale, mouiller le coin de son œil d'une fausse larme.

— Qui appartenait à l'une des premières familles de l'Italie, je crois ?

— Patricienne de Fiesole, monsieur le comte, patricienne de Fiesole !

— Et se nommant ?

— Vous désirez savoir son nom ?

— Oh ! mon Dieu ! dit Monte-Cristo, c'est inutile que vous me le disiez, je le connais.

— Monsieur le comte sait tout, dit le Lucquois en s'inclinant.

— Olivia Corsinari, n'est-ce pas ?

— Olivia Corsinari.

— Marquise ?

— Marquise.

— Et vous avez fini par l'épouser cependant, malgré les oppositions de la famille ?

— Mon Dieu ! oui, j'ai fini par là.

— Et, reprit Monte-Cristo, vous apportez vos papiers bien en règle ?

— Quels papiers ? demanda le Lucquois.

— Mais votre acte de mariage avec Olivia Corsinari, et l'acte de naissance de l'enfant.

— L'acte de naissance de l'enfant ?

— L'acte de naissance d'Andrea Cavalcanti, de votre fils ; ne s'appelle-t-il pas Andrea ?

— Je crois que oui, dit le Lucquois.

— Comment ! vous le croyez ?

— Dame ! je n'ose pas affirmer, il y a si longtemps qu'il est perdu.

— C'est juste, dit Monte-Cristo. Enfin vous avez tous ces papiers ?

— Monsieur le comte, c'est avec regret que je vous annonce que, n'étant pas prévenu de me munir de ces pièces, j'ai négligé de les prendre avec moi.

— Ah ! diable, fit Monte-Cristo.

— Étaient-elles donc tout à fait nécessaires ?

— Indispensables ! »

Le Lucquois se gratta le front.

« Ah ! *per Baccho !* dit-il, indispensables !

— Sans doute ; si l'on allait élever ici quelque doute sur la validité de votre mariage, sur la légitimité de votre enfant !

— C'est juste, dit le Lucquois, on pourrait élever des doutes.

— Ce serait fâcheux pour ce jeune homme.

— Ce serait fatal.

— Cela pourrait lui faire manquer quelque magnifique mariage.

— *O peccato !*

— En France, vous comprenez, on est sévère ; il ne suffit pas, comme en Italie, d'aller trouver un prêtre et de lui dire : « Nous nous aimons, unissez-nous. » Il y a mariage civil en France, et, pour se marier civilement, il faut des pièces qui constatent l'identité.

— Voilà le malheur : ces papiers, je ne les ai pas.

— Heureusement que je les ai, moi, dit Monte-Cristo.

— Vous ?

— Oui ?

— Vous les avez ?

— Je les ai.

— Ah ! par exemple, dit le Lucquois, qui, voyant le but de son voyage manqué par l'absence de ses papiers, craignait que cet oubli n'amenât quelque difficulté au sujet des quarante-huit mille livres ; ah ! par exemple, voilà un bonheur ! Oui, reprit-il, voilà un bonheur, car je n'y eusse pas songé, moi.

— Pardieu ! je crois bien, on ne songe pas à tout. Mais heureusement l'abbé Busoni y a songé pour vous.

— Voyez-vous, ce cher abbé !

— C'est un homme de précaution.

— C'est un homme admirable, dit le Lucquois ; et il vous les a envoyés ?

— Les voici. »

Le Lucquois joignit les mains en signe d'admiration.

« Vous avez épousé Olivia Corsinari dans l'église de Sainte-Paule de Monte-Catini ; voici le certificat du prêtre.

— Oui, ma foi ! le voilà, dit le major en le regardant avec étonnement.

— Et voici l'acte de baptême d'Andrea Cavalcanti, délivré par le curé de Saravezza.

— Tout est en règle, dit le major.

— Alors prenez ces papiers, dont je n'ai que faire, vous les donnerez à votre fils qui les gardera soigneusement.

— Je le crois bien !... S'il les perdait...

— Eh bien, s'il les perdait ? demanda Monte-Cristo.

— Eh bien, reprit le Lucquois, on serait obligé d'écrire là-bas, et ce serait fort long de s'en procurer d'autres.

— En effet, ce serait difficile, dit Monte-Cristo.

— Presque impossible, répondit le Lucquois.

— Je suis bien aise que vous compreniez la valeur de ces papiers.

— C'est-à-dire que je les regarde comme impayables.

— Maintenant, dit Monte-Cristo, quant à la mère du jeune homme ?...

— Quant à la mère du jeune homme... répéta le major avec inquiétude.

— Quant à la marquise Corsinari ?

— Mon Dieu ! dit le Lucquois, sous les pas duquel les difficultés semblaient naître, est-ce qu'on aurait besoin d'elle ?

— Non, monsieur, reprit Monte-Cristo ; d'ailleurs, n'a-t-elle point ?...

— Si fait, si fait, dit le major, elle a...

— Payé son tribut à la nature ?...

— Hélas ! oui, dit vivement le Lucquois.

— J'ai su cela, reprit Monte-Cristo ; elle est morte il y a dix ans.

— Et je pleure encore sa mort, monsieur, dit le major en tirant de sa poche un mouchoir à carreaux et en s'essuyant alternativement d'abord l'œil gauche et ensuite l'œil droit.

— Que voulez-vous, dit Monte-Cristo, nous sommes tous mortels. Maintenant vous comprenez, cher monsieur Cavalcanti, vous comprenez qu'il est inutile qu'on sache en France que vous êtes séparé de votre fils depuis quinze ans. Toutes ces histoires de Bohémiens qui enlèvent les enfants n'ont pas de vogue chez nous. Vous l'avez envoyé faire son éducation dans un collège de province, et vous voulez qu'il achève cette éducation dans le monde parisien. Voilà pourquoi vous avez quitté Via-Reggio, que vous habitiez depuis la mort de votre femme. Cela suffira.

— Vous croyez ?

— Certainement.

— Très bien, alors.

— Si l'on apprenait quelque chose de cette séparation...

— Ah ! oui. Que dirais-je ?

— Qu'un précepteur infidèle, vendu aux ennemis de votre famille...

— Aux Corsinari ?

— Certainement... avait enlevé cet enfant pour que votre nom s'éteignît.

— C'est juste, puisqu'il est fils unique.

— Eh bien, maintenant que tout est arrêté, que vos souvenirs, remis à neuf, ne vous trahiront pas, vous avez deviné sans doute que je vous ai ménagé une surprise ?

— Agréable ? demanda le Lucquois.

— Ah ! dit Monte-Cristo, je vois bien qu'on ne trompe pas plus l'œil que le cœur d'un père.

— Hum ! fit le major.

— On vous a fait quelque révélation indiscrète, ou plutôt vous avez deviné qu'il était là.

— Qui, là ?

— Votre enfant, votre fils, votre Andrea.

— Je l'ai deviné, répondit le Lucquois avec le plus grand flegme du monde : ainsi il est ici ?

— Ici même, dit Monte-Cristo ; en entrant tout à l'heure, le valet de chambre m'a prévenu de son arrivée.

— Ah ! fort bien ! ah ! fort bien ! dit le major en resserrant à chaque exclamation les brandebourgs de sa polonaise.

— Mon cher monsieur, dit Monte-Cristo, je comprends toute votre émotion, il faut vous donner le temps de vous remettre ; je veux aussi préparer le jeune homme à cette entrevue tant désirée, car je présume qu'il n'est pas moins impatient que vous.

— Je le crois, dit Cavalcanti.

— Eh bien, dans un petit quart d'heure nous sommes à vous.

— Vous me l'amenez donc ? vous poussez donc la bonté jusqu'à me le présenter vous-même ?

— Non, je ne veux point me placer entre un père et son fils, vous serez seuls, monsieur le major ; mais soyez tranquille, au cas même où la voix du sang resterait muette, il n'y aurait pas à vous tromper : il entrera par cette porte. C'est un beau jeune homme blond, un peu trop blond peut-être, de manières toutes prévenantes ; vous verrez.

— A propos, dit le major, vous savez que je n'ai

emporté avec moi que les deux mille francs que ce bon abbé Busoni m'avait fait passer. Là-dessus j'ai fait le voyage, et...

— Et vous avez besoin d'argent... c'est trop juste, cher monsieur Cavalcanti. Tenez, voici pour faire un compte, huit billets de mille francs. »

Les yeux du major brillèrent comme des escarboucles.

« C'est quarante mille francs que je vous redois, dit Monte-Cristo.

— Votre Excellence veut-elle un reçu ? dit le major en glissant les billets dans la poche intérieure de sa polonaise.

— A quoi bon ? dit le comte.

— Mais pour vous décharger vis-à-vis de l'abbé Busoni.

— Eh bien, vous me donnerez un reçu général en touchant les quarante derniers mille francs. Entre honnêtes gens, de pareilles précautions sont inutiles.

— Ah ! oui, c'est vrai, dit le major, entre honnêtes gens.

— Maintenant, un dernier mot, marquis.

— Dites.

— Vous permettez une petite recommandation, n'est-ce pas ?

— Comment donc ! Je la demande.

— Il n'y aurait pas de mal que vous quittassiez cette polonaise.

— Vraiment ! dit le major en regardant le vêtement avec une certaine complaisance.

— Oui, cela se porte encore à Via-Reggio, mais à Paris il y a déjà longtemps que ce costume, quelque élégant qu'il soit, a passé de mode.

— C'est fâcheux, dit le Lucquois.

— Oh ! si vous y tenez, vous le reprendrez en vous en allant.

— Mais que mettrai-je ?

— Ce que vous trouverez dans vos malles.

— Comment, dans mes malles ! je n'ai qu'un portemanteau.

— Avec vous sans doute. A quoi bon s'embarrasser ?

D'ailleurs, un vieux soldat aime à marcher en leste équipage.

— Voilà justement pourquoi...

— Mais vous êtes homme de précaution, et vous avez envoyé vos malles en avant. Elles sont arrivées hier à l'hôtel des Princes, rue Richelieu. C'est là que vous avez retenu votre logement.

— Alors dans ces malles ?

— Je présume que vous avez eu la précaution de faire enfermer par votre valet de chambre tout ce qu'il vous faut : habits de ville, habits d'uniforme. Dans les grandes circonstances, vous mettrez l'habit d'uniforme, cela fait bien. N'oubliez pas votre croix. On s'en moque encore en France, mais on en porte toujours.

— Très bien, très bien, très bien ! dit le major qui marchait d'éblouissements en éblouissements.

— Et maintenant, dit Monte-Cristo, que votre cœur est affermi contre les émotions trop vives, préparez-vous, cher monsieur Cavalcanti, à revoir votre fils Andrea. »

Et faisant un charmant salut au Lucquois, ravi, en extase, Monte-Cristo disparut derrière la tapisserie.

LVI

ANDREA CAVALCANTI

Le comte de Monte-Cristo entra dans le salon voisin que Baptistin avait désigné sous le nom de salon bleu, et où venait de le précéder un jeune homme de tournure dégagée, assez élégamment vêtu, et qu'un cabriolet de place avait, une demi-heure auparavant, jeté à la porte de l'hôtel. Baptistin n'avait pas eu de peine à le reconnaître ; c'était bien ce grand jeune homme aux cheveux blonds, à la barbe rousse, aux yeux noirs, dont le teint vermeil et la peau éblouissante de blancheur lui avaient été signalés par son maître.

Quand le comte entra dans le salon, le jeune homme était négligemment étendu sur un sofa, fouettant avec distraction sa botte d'un petit jonc à pomme d'or.

En apercevant Monte-Cristo, il se leva vivement.

« Monsieur est le comte de Monte-Cristo ? dit-il.

— Oui, monsieur, répondit celui-ci, et j'ai l'honneur de parler, je crois, à monsieur le vicomte Andrea Cavalcanti ?

— Le vicomte Andrea Cavalcanti, répéta le jeune homme en accompagnant ces mots d'un salut plein de désinvolture.

— Vous devez avoir une lettre qui vous accrédite près de moi ? dit Monte-Cristo.

— Je ne vous en parlais pas à cause de la signature, qui m'a paru étrange.

— Simbad le marin, n'est-ce pas ?

— Justement. Or, comme je n'ai jamais connu d'autre Simbad le marin que celui des *Mille et une Nuits*...

— Eh bien, c'est un de ses descendants, un de mes amis fort riche, un Anglais plus qu'original, presque fou, dont le véritable nom est Lord Wilmore.

— Ah ! voilà qui m'explique tout, dit Andrea. Alors cela va à merveille. C'est ce même Anglais que j'ai connu... à... oui, très bien !... Monsieur le comte, je suis votre serviteur.

— Si ce que vous me faites l'honneur de me dire est vrai, répliqua en souriant le comte, j'espère que vous serez assez bon pour me donner quelques détails sur vous et votre famille.

— Volontiers, monsieur le comte, répondit le jeune homme avec une volubilité qui prouvait la solidité de sa mémoire. Je suis, comme vous l'avez dit, le vicomte Andrea Cavalcanti, fils du major Bartolomeo Cavalcanti descendant des Cavalcanti inscrits au livre d'or de Florence. Notre famille, quoique très riche encore puisque mon père possède un demi-million de rente, a éprouvé bien des malheurs, et moi-même, monsieur, j'ai été à l'âge de cinq ou six ans enlevé par un gouverneur infidèle ; de sorte que depuis quinze ans je n'ai point revu l'auteur de mes jours. Depuis que j'ai l'âge de raison, depuis que je suis libre et maître de moi, je le cherche, mais inutilement. Enfin cette lettre de votre ami Simbad m'annonce qu'il est à Paris, et m'autorise à m'adresser à vous pour en obtenir des nouvelles.

— En vérité, monsieur, tout ce que vous me racontez là est fort intéressant, dit le comte, regardant avec une sombre satisfaction cette mine dégagée, empreinte d'une beauté pareille à celle du mauvais ange, et vous avez fort bien fait de vous conformer en toutes choses à l'invitation de mon ami Simbad, car votre père est en effet ici et vous cherche. »

Le comte, depuis son entrée au salon, n'avait pas perdu de vue le jeune homme ; il avait admiré l'assurance de son regard et la sûreté de sa voix ; mais à ces mots si naturels : *Votre père est en effet ici et vous cherche*, le jeune Andrea fit un bond et s'écria :

« Mon père ! mon père ici ?

— Sans doute, répondit Monte-Cristo, votre père, le major Bartolomeo Cavalcanti. »

L'impression de terreur répandue sur les traits du jeune homme s'effaça presque aussitôt.

« Ah ! oui, c'est vrai, dit-il, le major Bartolomeo Cavalcanti. Et vous dites, monsieur le comte, qu'il est ici, ce cher père.

— Oui, monsieur. J'ajouterai même que je le quitte à l'instant, que l'histoire qu'il m'a contée de ce fils chéri, perdu autrefois, m'a fort touché ; en vérité, ses douleurs, ses craintes, ses espérances à ce sujet composeraient un poème attendrissant. Enfin il reçut un jour des nouvelles qui lui annonçaient que les ravisseurs de son fils offraient de le rendre, ou d'indiquer où il était, moyennant une somme assez forte. Mais rien ne retint ce bon père ; cette somme fut envoyée à la frontière du Piémont, avec un passeport tout visé pour l'Italie. Vous étiez dans le Midi de la France, je crois ?

— Oui, monsieur, répondit Andrea d'un air assez embarrassé ; oui, j'étais dans le Midi de la France.

— Une voiture devait vous attendre à Nice ?

— C'est bien cela, monsieur ; elle m'a conduit de

Nice à Gênes, de Gênes à Turin, de Turin à Chambéry, de Chambéry à Pont-de-Beauvoisin, et de Pont-de-Beauvoisin à Paris.

— A merveille ! il espérait toujours vous rencontrer en chemin, car c'était la route qu'il suivait lui-même ; voilà pourquoi votre itinéraire avait été tracé ainsi.

— Mais, dit Andrea, s'il m'eût rencontré, ce cher père, je doute qu'il m'eût reconnu ; je suis quelque peu changé depuis que je l'ai perdu de vue.

— Oh ! la voix du sang, dit Monte-Cristo.

— Ah ! oui, c'est vrai, reprit le jeune homme, je n'y songeais pas à la voix du sang.

— Maintenant, reprit Monte-Cristo, une seule chose inquiète le marquis Cavalcanti, c'est ce que vous avez fait pendant que vous avez été éloigné de lui ; c'est de quelle façon vous avez été traité par vos persécuteurs ; c'est si l'on a conservé pour votre naissance tous les égards qui lui étaient dus ; c'est enfin s'il ne vous est pas resté de cette souffrance morale à laquelle vous avez été exposé, souffrance pire cent fois que la souffrance physique, quelque affaiblissement des facultés dont la nature vous a si largement doué, et si vous croyez vous-même pouvoir reprendre et soutenir dignement dans le monde le rang qui vous appartient.

— Monsieur, balbutia le jeune homme étourdi, j'espère qu'aucun faux rapport...

— Moi ! J'ai entendu parler de vous pour la première fois par mon ami Wilmore, le philanthrope. J'ai su qu'il vous avait trouvé dans une position fâcheuse, j'ignore laquelle, et ne lui ai fait aucune question : je ne suis pas curieux. Vos malheurs l'ont intéressé, donc vous étiez intéressant. Il m'a dit qu'il voulait vous rendre dans le monde la position que vous aviez perdue, qu'il chercherait votre père, qu'il le trouverait ; il l'a cherché, il l'a trouvé, à ce qu'il paraît, puisqu'il est là ; enfin il m'a prévenu hier de votre arrivée, en me donnant encore quelques autres instructions relatives à votre fortune ; voilà tout. Je sais que c'est un original, mon ami Wilmore, mais en même temps, comme c'est un homme sûr, riche comme une mine d'or, et qui, par conséquent, peut se passer ses originalités sans qu'elles le ruinent, j'ai promis de suivre ses instructions. Maintenant, monsieur, ne vous blessez pas de ma question : comme je serai obligé de vous patronner quelque peu, je désirerais savoir si les malheurs qui vous sont arrivés, malheurs indépendants de votre volonté et qui ne diminuent en aucune façon la considération que je vous porte, ne vous ont pas rendu quelque peu étranger à ce monde dans lequel votre fortune et votre nom vous appelaient à faire si bonne figure.

— Monsieur, répondit le jeune homme reprenant son aplomb au fur et à mesure que le comte parlait, rassurez-vous sur ce point : les ravisseurs qui m'ont éloigné de mon père, et qui, sans doute, avaient pour but de me vendre plus tard à lui comme ils l'ont fait, ont calculé que, pour tirer un bon parti de moi, il fallait me laisser toute ma valeur personnelle, et même l'augmenter encore, s'il était possible ; j'ai donc reçu une assez bonne éducation, et j'ai été traité par les larrons d'enfants à peu près comme l'étaient dans l'Asie Mineure les esclaves dont leurs maîtres faisaient des grammairiens, des médecins et des philosophes, pour les vendre plus cher au marché de Rome. »

Monte-Cristo sourit avec satisfaction ; il n'avait pas tant espéré, à ce qu'il paraît, de M. Andrea Cavalcanti.

« D'ailleurs, reprit le jeune homme, s'il y avait en moi quelque défaut d'éducation ou plutôt d'habitude du monde, on aurait, je suppose, l'indulgence de les excuser, en considération des malheurs qui ont accompagné ma naissance et poursuivi ma jeunesse.

— Eh bien, dit négligemment Monte-Cristo, vous en ferez ce que vous voudrez, vicomte, car vous êtes le maître, et cela vous regarde ; mais, ma parole, au contraire, je ne dirais pas un mot de toutes ces aventures, c'est un roman que votre histoire, et le monde, qui adore les romans serrés entre deux couvertures de papier jaune, se défie étrangement de ceux qu'il voit reliés en vélin vivant, fussent-ils dorés comme vous pouvez l'être. Voilà la difficulté que je me permettrai de vous signaler, monsieur le vicomte ; à peine aurez-vous raconté à quelqu'un votre touchante histoire, qu'elle courra dans le monde complètement dénaturée. Vous serez obligé de vous poser en Antony, et le temps des Antony est un peu passé. Peut-être aurez-vous un succès de curiosité, mais tout le monde n'aime pas à se faire centre d'observations et cible à commentaires. Cela vous fatiguera peut-être.

— Je crois que vous avez raison, monsieur le comte, dit le jeune homme en pâlissant malgré lui, sous l'inflexible regard de Monte-Cristo ; c'est là un grave inconvénient.

— Oh ! il ne faut pas non plus se l'exagérer, dit Monte-Cristo ; car, pour éviter une faute, on tomberait dans une folie. Non, c'est un simple plan de conduite à arrêter ; et, pour un homme intelligent comme vous, ce plan est d'autant plus facile à adopter, qu'il est conforme à vos intérêts ; il faudra combattre, par des témoignages et par d'honorables amitiés, tout ce que votre passé peut avoir d'obscur. »

Andrea perdit visiblement contenance.

« Je m'offrirais bien à vous comme répondant et caution, dit Monte-Cristo ; mais c'est chez moi une habitude morale de douter de mes meilleurs amis, et un besoin de chercher à faire douter les autres ; aussi jouerais-je là un rôle hors de mon emploi, comme disent les tragédiens, et je risquerais de me faire siffler, ce qui est inutile.

— Cependant, monsieur le comte, dit Andrea avec audace, en considération de Lord Wilmore qui m'a recommandé à vous...

— Oui, certainement, reprit Monte-Cristo ; mais Lord Wilmore ne m'a pas laissé ignorer, cher monsieur Andrea, que vous aviez eu une jeunesse quelque peu orageuse. Oh ! dit le comte en voyant le mouvement que faisait Andrea, je ne vous demande pas de confession ; d'ailleurs, c'est pour que vous n'ayez besoin de personne que l'on a fait venir de Lucques M. le marquis Cavalcanti, votre père. Vous allez le voir, il est un peu raide, un peu guindé ; mais c'est une question d'uniforme, et quand on saura que depuis dix-huit ans il est au service de l'Autriche, tout s'excusera ; nous ne sommes pas, en général, exigeants pour les Autrichiens. En somme, c'est un père fort suffisant, je vous assure.

— Ah ! vous me rassurez, monsieur ; je l'avais quitté depuis si longtemps, que je n'avais de lui aucun souvenir.

— Et puis, vous savez, une grande fortune fait passer sur bien des choses.

— Mon père est donc réellement riche, monsieur ?

— Millionnaire... cinq cent mille livres de rente.

— Alors, demanda le jeune homme avec anxiété, je vais me trouver dans une position... agréable ?

— Des plus agréables, mon cher monsieur ; il vous fait cinquante mille livres de rente par an pendant tout le temps que vous resterez à Paris.

— Mais j'y resterai toujours, en ce cas.

— Heu ! qui peut répondre des circonstances, mon cher monsieur ? l'homme propose et Dieu dispose... »

Andrea poussa un soupir.

« Mais enfin, dit-il, tout le temps que je resterai à Paris, et... qu'aucune circonstance ne me forcera pas de m'éloigner, cet argent dont vous me parliez tout à l'heure m'est-il assuré ?

— Oh ! parfaitement.

— Par mon père ? demanda Andrea avec inquiétude.

— Oui, mais garanti par Lord Wilmore, qui vous a, sur la demande de votre père, ouvert un crédit de cinq mille francs par mois chez M. Danglars, un des plus sûrs banquiers de Paris.

— Et mon père compte rester longtemps à Paris ? demanda Andrea avec inquiétude.

— Quelques jours seulement, répondit Monte-Cristo, son service ne lui permet pas de s'absenter plus de deux ou trois semaines.

— Oh ! ce cher père ! dit Andrea visiblement enchanté de ce prompt départ.

— Aussi, dit Monte-Cristo, faisant semblant de se tromper à l'accent de ces paroles ; aussi je ne veux pas retarder d'un instant l'heure de votre réunion. Êtesvous préparé à embrasser ce digne M. Cavalcanti ?

— Vous n'en doutez pas, je l'espère ?

— Eh bien, entrez donc dans le salon, mon cher ami, et vous trouverez votre père, qui vous attend. »

Andrea fit un profond salut au comte et entra dans le salon.

Le comte le suivit des yeux, et, l'ayant vu disparaître, poussa un ressort correspondant à un tableau, lequel, en s'écartant du cadre, laissait, par un interstice habilement ménagé, pénétrer la vue dans le salon.

Andrea referma la porte derrière lui et s'avança vers le major, qui se leva dès qu'il entendit le bruit des pas qui s'approchaient.

« Ah ! monsieur et cher père, dit Andrea à haute voix et de manière que le comte l'entendît à travers la porte fermée, est-ce bien vous ?

— Bonjour, mon cher fils, fit gravement le major.

— Après tant d'années de séparation, dit Andrea en continuant de regarder du côté de la porte, quel bonheur de nous revoir !

— En effet, la séparation a été longue.

— Ne nous embrassons-nous pas, monsieur ? reprit Andrea.

— Comme vous voudrez, mon fils », dit le major.

Et les deux hommes s'embrassèrent comme on s'embrasse au Théâtre-Français, c'est-à-dire en se passant la tête par-dessus l'épaule.

« Ainsi donc nous voici réunis ! dit Andrea.

— Nous voici réunis, reprit le major.

— Pour ne plus nous séparer ?

— Si fait ; je crois, mon cher fils, que vous regardez maintenant la France comme une seconde patrie ?

— Le fait est, dit le jeune homme, que je serais désespéré de quitter Paris.

— Et moi, vous comprenez, je ne saurais vivre hors de Lucques. Je retournerai donc en Italie aussitôt que je pourrai.

— Mais avant de partir, très cher père, vous me remettrez sans doute des papiers à l'aide desquels il me sera facile de constater le sang dont je sors.

— Sans aucun doute, car je viens exprès pour cela, et j'ai eu trop de peine à vous rencontrer, afin de vous les remettre, pour que nous recommencions encore à nous chercher ; cela prendrait la dernière partie de ma vie.

— Et ces papiers ?

— Les voici. »

Andrea saisit avidement l'acte de mariage de son père, son certificat de baptême à lui, et, après avoir ouvert le tout avec une avidité naturelle à un bon fils, il parcourut les deux pièces avec une rapidité et une habitude qui dénotaient le coup d'œil le plus exercé en même temps que l'intérêt le plus vif.

Lorsqu'il eut fini, une indéfinissable expression de joie brilla sur son front ; et regardant le major avec un étrange sourire :

« Ah çà ! dit-il en excellent toscan, il n'y a donc pas de galère en Italie ?... »

Le major se redressa.

« Et pourquoi cela ? dit-il.

— Qu'on y fabrique impunément de pareilles pièces ? Pour la moitié de cela, mon très cher père, en France on nous enverrait prendre l'air à Toulon pour cinq ans.

— Plaît-il ? dit le Lucquois en essayant de conquérir un air majestueux.

— Mon cher monsieur Cavalcanti, dit Andrea en pressant le bras du major, combien vous donne-t-on pour être mon père ? »

Le major voulut parler.

« Chut ! dit Andrea en baissant la voix, je vais vous donner l'exemple de la confiance ; on me donne cinquante mille francs par an pour être votre fils : par conséquent, vous comprenez bien que ce n'est pas moi qui serai disposé à nier que vous soyez mon père. »

Le major regarda avec inquiétude autour de lui.

« Eh ! soyez tranquille, nous sommes seuls, dit Andrea ; d'ailleurs nous parlons italien.

— Eh bien, à moi, dit le Lucquois, on me donne cinquante mille francs une fois payés.

— Monsieur Cavalcanti, dit Andrea, avez-vous foi aux contes de fées ?

— Non, pas autrefois, mais maintenant il faut bien que j'y croie.

— Vous avez donc eu des preuves ? »

Le major tira de son gousset une poignée d'or.

« Palpables, comme vous voyez.

— Vous pensez donc que je puis croire aux promesses qu'on m'a faites ?

— Je le crois.

— Et que ce brave homme de comte les tiendra ?

— De point en point ; mais, vous comprenez, pour
arriver à ce but, il faut jouer notre rôle.

— Comment donc ?...

— Moi de tendre père...

— Moi, de fils respectueux.

— Puisqu'ils désirent que vous descendiez de moi...

— Qui, *ils* ?

— Dame, je n'en sais rien, ceux qui vous ont écrit ;
n'avez-vous pas reçu une lettre ?

— Si fait.

— De qui ?

— D'un certain abbé Busoni.

— Que vous ne connaissez pas ?

— Que je n'ai jamais vu.

— Que vous disait cette lettre ?

— Vous ne me trahirez pas ?

— Je m'en garderai bien, nos intérêts sont les
mêmes.

— Alors lisez. »

Et le major passa une lettre au jeune homme.

Andrea lut à voix basse :

« Vous êtes pauvre, une vieillesse malheureuse vous
attend. Voulez-vous devenir sinon riche, du moins
indépendant ?

« Partez pour Paris à l'instant même, et allez réclamer à M. le comte de Monte-Cristo, avenue des
Champs-Élysées, nº 30, le fils que vous avez eu de la
marquise de Corsinari, et qui vous a été enlevé à l'âge
de cinq ans.

« Ce fils se nomme Andrea Cavalcanti.

« Pour que vous ne révoquiez pas en doute l'attention qu'a le soussigné de vous être agréable, vous
trouverez ci-joint :

« 1° Un bon de deux mille quatre cents livres tos-
canes, payable chez M. Gozzi, à Florence ;

« 2° Une lettre d'introduction près de M. le comte de
Monte-Cristo sur lequel je vous crédite d'une somme
de quarante-huit mille francs.

« Soyez chez le comte le 26 mai, à sept heures du
soir.

« *Signé :* Abbé Busoni. »

« C'est cela. »

— Comment, c'est cela ? Que voulez-vous dire ?
demanda le major.

— Je dis que j'ai reçu la pareille à peu près.

— Vous ?

— Oui, moi.

— De l'abbé Busoni ?

— Non.

— De qui donc ?

— D'un Anglais, d'un certain Lord Wilmore, qui
prend le nom de Simbad le marin.

— Et que vous ne connaissez pas plus que je ne
connais l'abbé Busoni ?

— Si fait ; moi, je suis plus avancé que vous.

— Vous l'avez vu ?

— Oui, une fois.

— Où cela ?

— Ah ! justement voici ce que je ne puis pas vous
dire ; vous seriez aussi savant que moi, et c'est inutile.

— Et cette lettre vous disait ?...

— Lisez. »

« Vous êtes pauvre, et vous n'avez qu'un avenir
misérable : voulez-vous avoir un nom, être libre, être
riche ? »

« Parbleu ! fit le jeune homme en se balançant sur
ses talons, comme si une pareille question se faisait ! »

« Prenez la chaise de poste que vous trouverez tout
attelée en sortant de Nice par la porte de Gênes. Pas-

sez par Turin, Chambéry et Pont-de-Beauvoisin. Présentez-vous chez M. le comte de Monte-Cristo, avenue des Champs-Élysées, le 26 mai, à sept heures du soir, et demandez-lui votre père.

« Vous êtes le fils du marquis Bartolomeo Cavalcanti et de la marquise Olivia Corsinari, ainsi que le constateront les papiers qui vous seront remis par le marquis, et qui vous permettront de vous présenter sous ce nom dans le monde parisien.

« Quant à votre rang, un revenu de cinquante mille livres par an vous mettra à même de le soutenir.

« Ci-joint un bon de cinq mille livres payable sur M. Ferrea, banquier à Nice, et une lettre d'introduction près du comte de Monte-Cristo, chargé par moi de pourvoir à vos besoins.

« SIMBAD LE MARIN. »

« Hum ! fit le major, c'est fort beau !
— N'est-ce pas ?
— Vous avez vu le comte ?
— Je le quitte.
— Et il a ratifié ?
— Tout.
— Y comprenez-vous quelque chose ?
— Ma foi non.
— Il y a une dupe dans tout cela.
— En tout cas, ce n'est ni vous ni moi ?
— Non, certainement.
— Et bien, alors !...
— Peu nous importe, n'est-ce pas ?
— Justement, c'est ce que je voulais dire ; allons jusqu'au bout et jouons serré.
— Soit ; vous verrez que je suis digne de faire votre partie.
— Je n'en ai pas douté un seul instant, mon cher père.
— Vous me faites honneur, mon cher fils. »

Monte-Cristo choisit ce moment pour rentrer dans le salon. En entendant le bruit de ses pas, les deux hommes se jetèrent dans les bras l'un de l'autre ; le comte les trouva embrassés.

« Eh bien, monsieur le marquis, dit Monte-Cristo, il paraît que vous avez retrouvé un fils selon votre cœur ?

— Ah ! monsieur le comte, je suffoque de joie.

— Et vous, jeune homme ?

— Ah ! monsieur le comte, j'étouffe de bonheur.

— Heureux père ! heureux enfant ! dit le comte.

— Une seule chose m'attriste, dit le major ; c'est la nécessité où je suis de quitter Paris si vite.

— Oh ! cher monsieur Cavalcanti, dit Monte-Cristo, vous ne partirez pas, je l'espère, que je ne vous aie présenté à quelques amis.

— Je suis aux ordres de monsieur le comte, dit le major.

— Maintenant, voyons, jeune homme, confessez-vous.

— A qui ?

— Mais à monsieur votre père ; dites-lui quelques mots de l'état de vos finances.

— Ah ! diable, fit Andrea, vous touchez la corde sensible.

— Entendez-vous, major ? dit Monte-Cristo.

— Sans doute que je l'entends.

— Oui, mais comprenez-vous ?

— A merveille.

— Il dit qu'il a besoin d'argent, ce cher enfant.

— Que voulez-vous que j'y fasse ?

— Que vous lui en donniez, parbleu !

— Moi ?

— Oui, vous. »

Monte-Cristo passa entre les deux hommes.

« Tenez ! dit-il à Andrea en lui glissant un paquet de billets de banque à la main.

— Qu'est-ce que cela ?

— La réponse de votre père.

— De mon père ?

— Oui. Ne venez-vous pas de laisser entendre que vous aviez besoin d'argent ?

— Oui. Eh bien ?

— Eh bien, il me charge de vous remettre cela.

— Acompte sur mes revenus ?

— Non, pour vos frais d'installation.

— Oh ! cher père !

— Silence, dit Monte-Cristo, vous voyez bien qu'il ne veut pas que je dise que cela vient de lui.

— J'apprécie cette délicatesse, dit Andrea, en enfonçant ses billets de banque dans le gousset de son pantalon.

— C'est bien, dit Monte-Cristo, maintenant, allez !

— Et quand aurons-nous l'honneur de revoir M. le comte ? demanda Cavalcanti.

— Ah ! oui, demanda Andrea, quand aurons-nous cet honneur ?

— Samedi, si vous voulez... oui... tenez... samedi. J'ai à dîner à ma maison d'Auteuil, rue de la Fontaine, n° 28, plusieurs personnes, et entre autres M. Danglars, votre banquier, je vous présenterai à lui, il faut bien qu'il vous connaisse tous les deux pour vous compter votre argent.

— Grande tenue ? demanda à demi-voix le major.

— Grande tenue : uniforme, croix, culotte courte.

— Et moi ? demanda Andrea.

— Oh ! vous, très simplement : pantalon noir, bottes vernies, gilet blanc, habit noir ou bleu, cravate longue ; prenez Blin ou Véronique pour vous habiller. Si vous ne connaissez pas leurs adresses, Baptistin vous les donnera. Moins vous affecterez de prétention dans votre mise, étant riche comme vous l'êtes, meilleur effet cela fera. Si vous achetez des chevaux, prenez-les chez Devedeux ; si vous achetez un phaéton, allez chez Baptiste.

— A quelle heure pourrons-nous nous présenter ? demanda le jeune homme.

— Mais vers six heures et demie.

— C'est bien, on y sera », dit le major en portant la main à son chapeau.

Les deux Cavalcanti saluèrent le comte et sortirent.

Le comte s'approcha de la fenêtre, et les vit qui traversaient la cour, bras dessus, bras dessous.

« En vérité, dit-il, voilà deux grands misérables ! Quel malheur que ce ne soit pas véritablement le père et le fils ! »

Puis après un instant de sombre réflexion :

« Allons chez les Morrel, dit-il ; je crois que le dégoût m'écœure encore plus que la haine. »

LVII

L'ENCLOS A LA LUZERNE

Il faut que nos lecteurs nous permettent de les ramener à cet enclos qui confine à la maison de M. de Villefort, et, derrière la grille envahie par des marronniers, nous retrouverons des personnages de notre connaissance.

Cette fois Maximilien est arrivé le premier. C'est lui qui a collé son œil contre la cloison, et qui guette dans le jardin profond une ombre entre les arbres et le craquement d'un brodequin de soie sur le sable des allées.

Enfin, le craquement tant désiré se fit entendre, et au lieu d'une ombre ce furent deux ombres qui s'approchèrent. Le retard de Valentine avait été occasionné par une visite de Mme Danglars et d'Eugénie, visite qui était prolongée au-delà de l'heure où Valentine était attendue. Alors, pour ne pas manquer à son rendez-vous, la jeune fille avait proposé à Mlle Danglars une promenade au jardin, voulant montrer à Maximilien qu'il n'y avait point de sa faute dans le retard dont sans doute il souffrait.

Le jeune homme comprit tout avec cette rapidité d'intuition particulière aux amants et son cœur fut soulagé. D'ailleurs, sans arriver à la portée de la voix, Valentine dirigea sa promenade de manière que Maximilien pût la voir passer et repasser, et chaque fois qu'elle passait et repassait, un regard inaperçu de sa compagne, mais jeté de l'autre côté de la grille et recueilli par le jeune homme, lui disait :

« Prenez patience, ami, vous voyez qu'il n'y a point de ma faute. »

Et Maximilien, en effet, prenait patience tout en admirant ce contraste entre les deux jeunes filles : entre cette blonde aux yeux languissants et à la taille inclinée comme un beau saule, et cette brune aux yeux fiers et à la taille droite comme un peuplier ; puis il va sans dire que dans cette comparaison entre deux natures si opposées, tout l'avantage, dans le cœur du jeune homme du moins, était pour Valentine.

Au bout d'une demi-heure de promenade, les deux jeunes filles s'éloignèrent. Maximilien comprit que le terme de la visite de Mme Danglars était arrivé.

En effet, un instant après, Valentine reparut seule. De crainte qu'un regard indiscret ne suivît son retour, elle venait lentement ; et, au lieu de s'avancer directement vers la grille, elle alla s'asseoir sur un banc, après avoir sans affectation interrogé chaque touffe de feuillage et plongé son regard dans le fond de toutes les allées.

Ces précautions prises, elle courut à la grille.

« Bonjour, Valentine, dit une voix.

— Bonjour, Maximilien ; je vous ai fait attendre, mais vous avez vu la cause ?

— Oui, j'ai reconnu Mlle Danglars ; je ne vous croyais pas si liée avec cette jeune personne.

— Qui vous a donc dit que nous étions liées, Maximilien ?

— Personne ; mais il m'a semblé que cela ressortait de la façon dont vous vous donnez le bras, de la façon dont vous causiez : on eût dit deux compagnes de pension se faisant des confidences.

— Nous nous faisions nos confidences, en effet, dit Valentine, elle m'avouait sa répugnance pour un mariage avec M. de Morcerf, et moi, je lui avouais de mon côté que je regardais comme un malheur d'épouser M. d'Épinay.

— Chère Valentine !

— Voilà pourquoi, mon ami, continua la jeune fille, vous avez vu cette apparence d'abandon entre moi et Eugénie ; c'est que, tout en parlant de l'homme que je ne puis aimer, je pensais à l'homme que j'aime.

— Que vous êtes bonne en toutes choses, Valentine,

et que vous avez en vous une chose que Mlle Danglars
n'aura jamais : c'est ce charme indéfini qui est à la
femme ce que le parfum est à la fleur, ce que la saveur
est au fruit ; car ce n'est pas le tout pour une fleur que
d'être belle, ce n'est pas le tout pour un fruit que d'être
beau.

— C'est votre amour qui vous fait voir les choses
ainsi, Maximilien.

— Non, Valentine, je vous jure. Tenez, je vous
regardais toutes deux tout à l'heure, et, sur mon honneur, tout en rendant justice à la beauté de Mlle Danglars, je ne comprenais pas qu'un homme devînt
amoureux d'elle.

— C'est que, comme vous le disiez, Maximilien,
j'étais là, et que ma présence vous rendait injuste.

— Non... mais dites-moi... une question de simple
curiosité, et qui émane de certaines idées que je me
suis faites sur Mlle Danglars.

— Oh ! bien injustes, sans que je sache lesquelles
certainement. Quand vous nous jugez, nous autres
pauvres femmes, nous ne devons pas nous attendre à
l'indulgence.

— Avec cela qu'entre vous vous êtes bien justes les
unes envers les autres !

— Parce que, presque toujours, il y a de la passion
dans nos jugements. Mais revenez à votre question.

— Est-ce parce que Mlle Danglars aime quelqu'un
qu'elle redoute son mariage avec M. de Morcerf ?

— Maximilien, je vous ai dit que je n'étais pas
l'amie d'Eugénie.

— Eh ! mon Dieu ! dit Morrel, sans être amies, les
jeunes filles se font des confidences ; convenez que
vous lui avez fait quelques questions là-dessus. Ah ! je
vous vois sourire.

— S'il en est ainsi, Maximilien, ce n'est pas la peine
que nous ayons entre nous cette cloison de planches.

— Voyons, que vous a-t-elle dit ?

— Elle m'a dit qu'elle n'aimait personne, dit Valentine ; qu'elle avait le mariage en horreur ; que sa plus
grande joie eût été de mener une vie libre et indépendante, et qu'elle désirait presque que son père perdît

sa fortune pour se faire artiste comme son amie, Mlle Louise d'Armilly.

— Ah ! vous voyez !

— Eh bien, qu'est-ce que cela prouve ? demanda Valentine.

— Rien, répondit en souriant Maximilien.

— Alors, dit Valentine, pourquoi souriez-vous à votre tour ?

— Ah ! dit Maximilien, vous voyez bien que, vous aussi, vous regardez, Valentine.

— Voulez-vous que je m'éloigne ?

— Oh ! non ! non pas ! Mais revenons à vous.

— Ah ! oui, c'est vrai, car à peine avons-nous dix minutes à passer ensemble.

— Mon Dieu ! s'écria Maximilien consterné.

— Oui, Maximilien, vous avez raison, dit avec mélancolie Valentine, et vous avez là une pauvre amie. Quelle existence je vous fais passer, pauvre Maximilien, vous si bien fait pour être heureux ! Je me le reproche amèrement, croyez-moi.

— Eh bien, que vous importe, Valentine : si je me trouve heureux ainsi ; si cette attente éternelle me semble payée, à moi, par cinq minutes de votre vue, par deux mots de votre bouche, et par cette conviction profonde, éternelle, que Dieu n'a pas créé deux cœurs aussi en harmonie que les nôtres, et ne les a pas presque miraculeusement réunis, surtout pour les séparer.

— Bon, merci, espérez pour nous deux, Maximilien : cela me rend à moitié heureuse.

— Que vous arrive-t-il donc encore, Valentine, que vous me quittez si vite ?

— Je ne sais ; Mme de Villefort m'a fait prier de passer chez elle pour une communication de laquelle dépend, m'a-t-elle fait dire, une portion de ma fortune. Eh ! mon Dieu, qu'ils la prennent ma fortune, je suis trop riche, et qu'après me l'avoir prise ils me laissent tranquille et libre ; vous m'aimerez tout autant pauvre, n'est-ce pas, Morrel ?

— Oh ! je vous aimerai toujours, moi ; que m'importe richesse ou pauvreté, si ma Valentine était près de moi et que je fusse sûr que personne ne me la pût ôter ! Mais cette communication, Valentine, ne craignez-vous point que ce ne soit quelque nouvelle relative à votre mariage ?

— Je ne le crois pas.

— Cependant, écoutez-moi, Valentine, et ne vous effrayez pas, car tant que je vivrai je ne serai pas à une autre.

— Vous croyez me rassurer en me disant cela, Maximilien ?

— Pardon ! vous avez raison, je suis un brutal. Eh bien, je voulais donc vous dire que l'autre jour j'ai rencontré M. de Morcerf.

— Eh bien ?

— M. Franz est son ami, comme vous savez.

— Oui ; eh bien ?

— Eh bien, il a reçu une lettre de Franz, qui lui annonce son prochain retour. »

Valentine pâlit et appuya sa main contre la grille.

« Ah ! mon Dieu ! dit-elle, si c'était cela ! Mais non, la communication ne viendrait pas de Mme de Villefort.

— Pourquoi cela ?

— Pourquoi... je n'en sais rien... mais il me semble que Mme de Villefort, tout en ne s'y opposant point franchement, n'est pas sympathique à ce mariage.

— Eh bien, mais, Valentine, il me semble que je vais l'adorer, Mme de Villefort.

— Oh ! ne vous pressez pas, Maximilien, dit Valentine avec un triste sourire.

— Enfin, si elle est antipathique à ce mariage, ne fût-ce que pour le rompre, peut-être ouvrirait-elle l'oreille à quelque autre proposition.

— Ne croyez point cela, Maximilien ; ce ne sont point les maris que Mme de Villefort repousse, c'est le mariage.

— Comment ? le mariage ! Si elle déteste si fort le mariage, pourquoi s'est-elle mariée elle-même ?

— Vous ne me comprenez pas, Maximilien ; ainsi, lorsqu'il y a un an j'ai parlé de me retirer dans un couvent, elle avait, malgré les observations qu'elle

avait cru devoir faire, adopté ma proposition avec
joie ; mon père même y avait consenti, à son instiga-
tion, j'en suis sûre ; il n'y eut que mon pauvre grand-
père qui m'a retenue. Vous ne pouvez vous figurer,
Maximilien, quelle expression il y a dans les yeux de ce
pauvre vieillard, qui n'aime que moi au monde, et qui,
Dieu me pardonne si c'est un blasphème, et qui n'est
aimé au monde que de moi. Si vous saviez, quand il a
appris ma résolution, comme il m'a regardée, ce qu'il y
avait de reproche dans ce regard et de désespoir dans
ces larmes qui roulaient sans plaintes, sans soupirs, le
long de ses joues immobiles ! Ah ! Maximilien, j'ai
éprouvé quelque chose comme un remords ; je me suis
jetée à ses pieds en lui criant : « Pardon ! pardon !
« mon père ! On fera de moi ce qu'on voudra, mais je
« ne vous quitterai jamais. » Alors il leva les yeux au
ciel !... Maximilien, je puis souffrir beaucoup ; ce
regard de mon vieux grand-père m'a payée d'avance
pour ce que je souffrirai.

— Chère Valentine ! vous êtes un ange, et je ne sais
vraiment pas comment j'ai mérité, en sabrant à droite
et à gauche des Bédouins, à moins que Dieu ait considéré que ce sont des infidèles, je ne sais pas comment
j'ai mérité que vous vous révéliez à moi. Mais enfin,
voyons, Valentine, quel est donc l'intérêt de Mme de
Villefort à ce que vous ne vous mariiez pas ?

— N'avez-vous pas entendu tout à l'heure que je
vous disais que j'étais riche, Maximilien, trop riche ?
J'ai, du chef de ma mère, près de cinquante mille livres
de rente ; mon grand-père et ma grand-mère, le marquis et la marquise de Saint-Méran, doivent m'en laisser autant ; M. Noirtier a bien visiblement l'intention
de me faire sa seule héritière. Il en résulte donc que,
comparativement à moi, mon frère Édouard, qui
n'attend, du côté de Mme de Villefort, aucune fortune,
est pauvre. Or, Mme de Villefort aime cet enfant avec
adoration, et si je fusse entrée en religion, toute ma
fortune, concentrée sur mon père, qui héritait du marquis, de la marquise et de moi, revenait à son fils.

— Oh ! que c'est étrange cette cupidité dans une
jeune et belle femme !

— Remarquez que ce n'est point pour elle, Maximilien, mais pour son fils, et que ce que vous lui reprochez comme un défaut, au point de vue de l'amour maternel, est presque une vertu.

— Mais voyons, Valentine, dit Morrel, si vous abandonniez une portion de cette fortune à ce fils ?

— Le moyen de faire une pareille proposition, dit Valentine, et surtout à une femme qui a sans cesse à la bouche le mot de désintéressement ?

— Valentine, mon amour m'est toujours resté sacré, et comme toute chose sacrée, je l'ai couvert du voile de mon respect et enfermé dans mon cœur ; personne au monde, pas même ma sœur, ne se doute donc de cet amour que je n'ai confié à qui que ce soit au monde. Valentine, me permettez-vous de parler de cet amour à un ami ? »

Valentine tressaillit.

« A un ami ? dit-elle. Oh ! mon Dieu ! Maximilien, je frissonne rien qu'à vous entendre parler ainsi ! A un ami ? et qui donc est cet ami ?

— Écoutez, Valentine : avez-vous jamais senti pour quelqu'un une de ces sympathies irrésistibles qui font que, tout en voyant cette personne pour la première fois, vous croyez la connaître depuis longtemps, et vous vous demandez où et quand vous l'avez vue, si bien que, ne pouvant vous rappeler ni le lieu ni le temps, vous arrivez à croire que c'est dans un monde antérieur au nôtre, et que cette sympathie n'est qu'un souvenir qui se réveille ?

— Oui.

— Eh bien, voilà ce que j'ai éprouvé la première fois que j'ai vu cet homme extraordinaire.

— Un homme extraordinaire ?

— Oui.

— Que vous connaissez depuis longtemps alors ?

— Depuis huit ou dix jours à peine.

— Et vous appelez votre ami un homme que vous connaissez depuis huit jours ? Oh ! Maximilien, je vous croyais plus avare de ce beau nom d'ami.

— Vous avez raison en logique, Valentine ; mais dites ce que vous voudrez, rien ne me fera revenir sur ce sentiment instinctif. Je crois que cet homme sera mêlé à tout ce qui m'arrivera de bien dans l'avenir, que parfois son regard profond semble connaître et sa main puissante diriger.

— C'est donc un devin ? dit en souriant Valentine.

— Ma foi, dit Maximilien, je suis tenté de croire souvent qu'il devine... le bien surtout.

— Oh ! dit Valentine tristement, faites-moi connaître cet homme, Maximilien, que je sache de lui si je serai assez aimée pour me dédommager de tout ce que j'ai souffert.

— Pauvre amie ! mais vous le connaissez !

— Moi ?

— Oui. C'est celui qui a sauvé la vie à votre belle-mère et à son fils.

— Le comte de Monte-Cristo ?

— Lui-même.

— Oh ! s'écria Valentine, il ne peut jamais être mon ami, il est trop celui de ma belle-mère.

— Le comte, l'ami de votre belle-mère, Valentine ? mon instinct ne faillirait pas à ce point ; je suis sûr que vous vous trompez.

— Oh ! si vous saviez, Maximilien ! mais ce n'est plus Édouard qui règne à la maison, c'est le comte : recherché de madame de Villefort, qui voit en lui le résumé des connaissances humaines ; admiré, entendez-vous, admiré de mon père, qui dit n'avoir jamais entendu formuler avec plus d'éloquence des idées plus élevées ; idolâtré d'Édouard, qui, malgré sa peur des grands yeux noirs du comte, court à lui aussitôt qu'il le voit arriver, et lui ouvre la main, où il trouve toujours quelque jouet admirable : M. de Monte-Cristo n'est pas ici chez mon père ; M. de Monte-Cristo n'est pas ici chez Mme de Villefort : M. de Monte-Cristo est chez lui.

— Eh bien, chère Valentine, si les choses sont ainsi que vous dites, vous devez déjà ressentir ou vous ressentirez bientôt les effets de sa présence. Il rencontre Albert de Morcerf en Italie, c'est pour le tirer des mains des brigands ; il aperçoit Mme Danglars, c'est pour lui faire un cadeau royal ; votre belle-mère et votre frère passent devant sa porte, c'est pour que son Nubien leur sauve la vie. Cet homme a évidemment reçu le pouvoir d'influer sur les choses. Je n'ai jamais vu des goûts plus simples alliés à une haute magnificence. Son sourire est si doux, quand il me l'adresse, que j'oublie combien les autres trouvent son sourire amer. Oh ! dites-moi, Valentine, vous a-t-il souri ainsi ? S'il l'a fait, vous serez heureuse.

— Moi ! dit la jeune fille ; oh ! mon Dieu ! Maximilien, il ne me regarde seulement pas, ou plutôt, si je passe par hasard, il détourne la vue de moi. Oh ! il n'est pas généreux, allez ! ou il n'a pas ce regard profond qui lit au fond des cœurs, et que vous lui supposez à tort ; car s'il eût été généreux, me voyant seule et triste au milieu de toute cette maison, il m'eût protégée de cette influence qu'il exerce ; et puisqu'il joue, à ce que vous prétendez, le rôle de soleil, il eût réchauffé mon cœur à l'un de ses rayons. Vous dites qu'il vous aime, Maximilien ; eh ! mon Dieu, qu'en savez-vous ? les hommes font gracieux visage à un officier de cinq pieds six pouces comme vous, qui a une longue moustache et un grand sabre, mais ils croient pouvoir écraser sans crainte une pauvre fille qui pleure.

— Oh ! Valentine ! vous vous trompez, je vous jure.

— S'il en était autrement, voyons, Maximilien, s'il me traitait diplomatiquement, c'est-à-dire en homme qui, d'une façon ou de l'autre, veut s'impatroniser dans la maison, il m'eût, ne fût-ce qu'une seule fois honorée de ce sourire que vous me vantez si fort ; mais non, il m'a vue malheureuse, il comprend que je ne puis lui être bonne à rien, et il ne fait pas même attention à moi. Qui sait même si, pour faire sa cour à mon père, à Mme de Villefort ou à mon frère, il ne me persécutera point aussi en tant qu'il sera en son pouvoir de le faire ? Voyons, franchement, je ne suis pas une femme que l'on doive mépriser ainsi sans raison ; vous me l'avez dit. Ah ! pardonnez-moi, continua la jeune fille en voyant l'impression que ces paroles produisaient sur Maximilien, je suis mauvaise, et je vous dis là sur cet homme des choses que je ne savais pas même avoir dans le cœur. Tenez, je ne nie pas que cette influence dont vous me parlez existe, et qu'il ne l'exerce même sur moi ; mais s'il l'exerce, c'est d'une manière nuisible et corruptrice, comme vous le voyez, de bonnes pensées.

— C'est bien, Valentine, dit Morrel avec un soupir, n'en parlons plus ; je ne lui dirai rien.

— Hélas ! mon ami, dit Valentine, je vous afflige, je le vois. Oh ! que ne puis-je vous serrer la main pour vous demander pardon ! Mais enfin je ne demande pas mieux que d'être convaincue ; dites, qu'a donc fait pour vous ce comte de Monte-Cristo ?

— Vous m'embarrassez fort, je l'avoue, Valentine, en me demandant ce que le comte a fait pour moi : rien d'ostensible, je le sais bien. Aussi, comme je vous l'ai déjà dit, mon affection pour lui est-elle tout instinctive et n'a-t-elle rien de raisonné. Est-ce que le soleil m'a fait quelque chose ? Non ; il me réchauffe, et à sa lumière je vous vois, voilà tout. Est-ce que tel ou tel parfum a fait quelque chose pour moi ? Non ; son odeur récrée agréablement un de mes sens. Je n'ai pas autre chose à dire quand on me demande pourquoi je vante ce parfum, mon amitié pour lui est étrange comme la sienne pour moi. Une voix secrète m'avertit qu'il y a plus que du hasard dans cette amitié imprévue et réciproque. Je trouve de la corrélation jusque dans ses plus simples actions, jusque dans ses plus secrètes pensées entre mes actions et mes pensées. Vous allez encore rire de moi, Valentine, mais depuis que je connais cet homme, l'idée absurde m'est venue que tout ce qui m'arrive de bien émane de lui. Cependant, j'ai vécu trente ans sans avoir eu besoin de ce protecteur, n'est-ce pas ? n'importe, tenez, un exemple : il m'a invité à dîner pour samedi, c'est naturel au point où nous en sommes, n'est-ce pas ? Eh bien, qu'ai-je su depuis ? Votre père est invité à ce dîner, votre mère y viendra. Je me rencontrerai avec eux, et qui sait ce qui résultera dans l'avenir de cette entrevue ? Voilà des circonstances fort simples en apparence ; cependant, moi, je vois là-dedans quelque chose qui m'étonne ; j'y puise une confiance étrange. Je me dis que le comte, cet homme singulier qui

devine tout, a voulu me faire trouver avec M. et
Mme de Villefort, et quelquefois je cherche, je vous le
jure, à lire dans ses yeux s'il a deviné mon amour.

— Mon bon ami, dit Valentine, je vous prendrais
pour un visionnaire, et j'aurais véritablement peur
pour votre bon sens, si je n'écoutais de vous que de
semblables raisonnements. Quoi ! vous voyez autre
chose que du hasard dans cette rencontre ? En vérité,
réfléchissez donc. Mon père, qui ne sort jamais, a été
sur le point dix fois de refuser cette invitation à
Mme de Villefort, qui, au contraire, brûle du désir de
voir chez lui ce nabab extraordinaire, et c'est à grand-
peine qu'elle a obtenu qu'il l'accompagnerait. Non,
non, croyez-moi, je n'ai, à part vous, Maximilien,
d'autre secours à demander dans ce monde qu'à mon
grand-père, un cadavre ! d'autre appui à chercher que
dans ma pauvre mère, une ombre !

— Je sens que vous avez raison, Valentine, et que la
logique est pour vous, dit Maximilien ; mais votre
douce voix, toujours si puissante sur moi, aujourd'hui,
ne me convainc pas.

— Ni la vôtre non plus, dit Valentine, et j'avoue que
si vous n'avez pas d'autre exemple à me citer...

— J'en ai un, dit Maximilien en hésitant ; mais en
vérité, Valentine, je suis forcé de l'avouer moi-même,
il est encore plus absurde que le premier.

— Tant pis, dit en souriant Valentine.

— Et cependant, continua Morrel, il n'en est pas
moins concluant pour moi, homme tout d'inspiration
et de sentiment, et qui ai quelquefois, depuis dix ans
que je sers, dû la vie à un de ces éclairs intérieurs qui
vous dictent un mouvement en avant ou en arrière,
pour que la balle qui devait vous tuer passe à côté de
vous.

— Cher Maximilien, pourquoi ne pas faire honneur
à mes prières de cette déviation des balles ? Quand
vous êtes là-bas, ce n'est plus pour moi que je prie
Dieu et ma mère, c'est pour vous.

— Oui, depuis que je vous connais, dit en souriant
Morrel ; mais avant que je vous connusse, Valentine ?

— Voyons, puisque vous ne voulez rien me devoir,

méchant, revenez donc à cet exemple que vous-même avouez être absurde.

— Eh bien, regardez par les planches, et voyez là-bas, à cet arbre, le cheval nouveau avec lequel je suis venu.

— Oh ! l'admirable bête ! s'écria Valentine, pourquoi ne l'avez-vous pas amené près de la grille ? je lui eusse parlé et il m'eût entendue.

— C'est en effet, comme vous le voyez, une bête d'un assez grand prix, dit Maximilien. Eh bien, vous savez que ma fortune est bornée, Valentine, et que je suis ce qu'on appelle un homme raisonnable. Eh bien, j'avais vu chez un marchand de chevaux ce magnifique *Médéah*, je le nomme ainsi. Je demandai quel était son prix : on me répondit quatre mille cinq cents francs ; je dus m'abstenir, comme vous le comprenez bien, de le trouver beau plus longtemps, et je partis, je l'avoue, le cœur assez gros, car le cheval m'avait tendrement regardé, m'avait caressé avec sa tête et avait caracolé sous moi de la façon la plus coquette et la plus charmante. Le même soir j'avais quelques amis à la maison : M. de Château-Renaud, M. Debray et cinq ou six autres mauvais sujets que vous avez le bonheur de ne pas connaître, même de nom. On proposa une bouillotte ; je ne joue jamais, car je ne suis pas assez riche pour pouvoir perdre, ni assez pauvre pour désirer gagner. Mais j'étais chez moi, vous comprenez, je n'avais autre chose à faire que d'envoyer chercher des cartes, et c'est ce que je fis.

« Comme on se mettait à table, M. de Monte-Cristo arriva. Il prit sa place, on joua, et, moi, je gagnai ; j'ose à peine vous avouer cela, Valentine, je gagnai cinq mille francs. Nous nous quittâmes à minuit. Je n'y pus tenir, je pris un cabriolet et me fis conduire chez mon marchand de chevaux. Tout palpitant, tout fiévreux, je sonnai ; celui qui vint m'ouvrir dut me prendre pour un fou. Je m'élançai de l'autre côté de la porte à peine ouverte. J'entrai dans l'écurie, je regardai au râtelier. Oh ! bonheur ! *Médéah* grignotait son foin. Je saute sur une selle ; je la lui applique moi-même sur le dos, je lui passe la bride, *Médéah* se prête de la meilleure grâce du monde à cette opération ! Puis, déposant les quatre mille cinq cents francs entre les mains du marchand stupéfait, je reviens ou plutôt je passe la nuit à me promener dans les Champs-Élysées. Eh bien, j'ai vu de la lumière à la fenêtre du comte, il m'a semblé apercevoir son ombre derrière les rideaux. Maintenant, Valentine, je jurerais que le comte a su que je désirais ce cheval, et qu'il a perdu exprès pour me le faire gagner.

— Mon cher Maximilien, dit Valentine, vous êtes trop fantastique, en vérité... vous ne m'aimerez pas longtemps... Un homme qui fait ainsi de la poésie ne saurait s'étioler à plaisir dans une passion monotone comme la nôtre... Mais, grand Dieu ! tenez, on m'appelle... entendez-vous ?

— Oh ! Valentine, dit Maximilien, par le petit jour de la cloison... votre doigt le plus petit, que je le baise.

— Maximilien, nous avions dit que nous serions l'un pour l'autre deux voix, deux ombres !

— Comme il vous plaira, Valentine.

— Serez-vous heureux si je fais ce que vous voulez ?

— Oh ! oui. »

Valentine monta sur un banc et passa, non pas son petit doigt à travers l'ouverture, mais sa main tout entière par-dessus la cloison.

Maximilien poussa un cri, et s'élançant à son tour sur la borne, saisit cette main adorée et y appliqua ses lèvres ardentes ; mais aussitôt la petite main glissa entre les siennes, et le jeune homme entendit fuir Valentine, effrayée peut-être de la sensation qu'elle venait d'éprouver !

LVIII

M. NOIRTIER DE VILLEFORT

Voici ce qui s'était passé dans la maison du procureur du roi après le départ de Mme Danglars et de sa fille, et pendant la conversation que nous venons de rapporter.

M. de Villefort était entré chez son père, suivi de Mme de Villefort ; quant à Valentine, nous savons où elle était.

Tous deux, après avoir salué le vieillard, après avoir congédié Barrois, vieux domestique depuis plus de vingt-cinq ans à son service, avaient pris place à ses côtés.

M. Noirtier, assis dans son grand fauteuil à roulettes, où on le plaçait le matin et d'où on le tirait le soir, assis devant une glace qui réfléchissait tout l'appartement et lui permettait de voir, sans même tenter un mouvement devenu impossible, qui entrait dans sa chambre, qui en sortait, et ce qu'on faisait tout autour de lui ; M. Noirtier, immobile comme un cadavre, regardait avec des yeux intelligents et vifs ses enfants, dont la cérémonieuse révérence lui annonçait quelque démarche officielle inattendue.

La vue et l'ouïe étaient les deux seuls sens qui animassent encore, comme deux étincelles, cette matière humaine déjà aux trois quarts façonnée pour la tombe ; encore, de ces deux sens, un seul pouvait-il révéler au-dehors la vie intérieure qui animait la statue : et le regard qui dénonçait cette vie intérieure était semblable à une de ces lumières lointaines qui, durant la nuit, apprennent au voyageur perdu dans un désert qu'il y a encore un être existant qui veille dans ce silence et cette obscurité.

Aussi, dans cet œil noir du vieux Noirtier, surmonté d'un sourcil noir, tandis que toute la chevelure, qu'il portait longue et pendante sur les épaules, était blanche ; dans cet œil, comme cela arrive pour tout organe de l'homme exercé aux dépens des autres organes, s'étaient concentrées toute l'activité, toute l'adresse, toute la force, toute l'intelligence, répandues autrefois dans ce corps et dans cet esprit. Certes, le geste du bras, le son de la voix, l'attitude du corps manquaient, mais cet œil puissant suppléait à tout : il commandait avec les yeux ; il remerciait avec les yeux ; c'était un cadavre avec des yeux vivants, et rien n'était plus effrayant parfois que ce visage de marbre au haut duquel s'allumait une colère ou luisait une joie. Trois personnes seulement savaient comprendre ce langage du pauvre paralytique : c'était Villefort, Valentine et le vieux domestique dont nous avons déjà parlé. Mais comme Villefort ne voyait que rarement son père, et, pour ainsi dire, quand il ne pouvait faire autrement ; comme, lorsqu'il le voyait, il ne cherchait pas à lui plaire en le comprenant, tout le bonheur du vieillard reposait en sa petite-fille, et Valentine était parvenue, à force de dévouement, d'amour et de patience, à comprendre du regard toutes les pensées de Noirtier. A ce langage muet ou inintelligible pour tout autre, elle répondait avec toute sa voix, toute sa physionomie, toute son âme, de sorte qu'il s'établissait des dialogues animés entre cette jeune fille et cette prétendue argile, à peu près redevenue poussière, et qui cependant était encore un homme d'un savoir immense, d'une pénétration inouïe et d'une volonté aussi puissante que peut l'être l'âme enfermée dans une matière par laquelle elle a perdu le pouvoir de se faire obéir.

Valentine avait donc résolu cet étrange problème de comprendre la pensée du vieillard pour lui faire comprendre sa pensée à elle ; et, grâce à cette étude, il était bien rare que, pour les choses ordinaires de la vie, elle ne tombât point avec précision sur le désir de cette âme vivante, ou sur le besoin de ce cadavre à moitié insensible.

Quant au domestique, comme depuis vingt-cinq ans, ainsi que nous l'avons dit, il servait son maître, il connaissait si bien toutes ses habitudes, qu'il était rare que Noirtier eût besoin de lui demander quelque chose.

Villefort n'avait en conséquence besoin du secours ni de l'un ni de l'autre pour entamer avec son père l'étrange conversation qu'il venait provoquer. Lui-même, nous l'avons dit, connaissait parfaitement le vocabulaire du vieillard, et s'il ne s'en servait point plus souvent, c'était par ennui et par indifférence. Il laissa donc Valentine descendre au jardin, il éloigna donc Barrois, et après avoir pris sa place à la droite de son père, tandis que Mme de Villefort s'asseyait à sa gauche :

« Monsieur, dit-il, ne vous étonnez pas que Valentine ne soit pas montée avec nous et que j'aie éloigné Barrois, car la conférence que nous allons avoir ensemble est de celles qui ne peuvent avoir lieu devant une jeune fille ou un domestique ; Mme de Villefort et moi avons une communication à vous faire. »

Le visage de Noirtier resta impassible pendant ce préambule, tandis qu'au contraire l'œil de Villefort semblait vouloir plonger jusqu'au plus profond du cœur du vieillard.

« Cette communication, continua le procureur du roi avec son ton glacé et qui semblait ne jamais admettre la contestation, nous sommes sûrs, Mme de Villefort et moi, qu'elle vous agréera. »

L'œil du vieillard continua de demeurer atone ; il écoutait : voilà tout.

« Monsieur, reprit Villefort, nous marions Valentine. »

Une figure de cire ne fût pas restée plus froide à cette nouvelle que ne resta la figure du vieillard.

« Le mariage aura lieu avant trois mois », reprit Villefort.

L'œil du vieillard continua d'être inanimé.

Mme de Villefort prit la parole à son tour, et se hâta d'ajouter :

« Nous avons pensé que cette nouvelle aurait de l'intérêt pour vous, monsieur ; d'ailleurs Valentine a toujours semblé attirer votre affection ; il nous reste donc à vous dire seulement le nom du jeune homme qui lui est destiné. C'est un des plus honorables partis auxquels Valentine puisse prétendre ; il y a de la fortune, un beau nom et des garanties parfaites de bonheur dans la conduite et les goûts de celui que nous lui destinons, et dont le nom ne doit pas vous être inconnu. Il s'agit de M. Franz de Quesnel, baron d'Épinay. »

Villefort, pendant le petit discours de sa femme, attachait sur le vieillard un regard plus attentif que jamais. Lorsque Mme de Villefort prononça le nom de Franz, l'œil de Noirtier, que son fils connaissait si bien, frissonna, et les paupières, se dilatant comme eussent pu faire des lèvres pour laisser passer des paroles, laissèrent, elles, passer un éclair.

Le procureur du roi, qui savait les anciens rapports d'inimitié publique qui avaient existé entre son père et le père de Franz, comprit ce feu et cette agitation ; mais cependant il les laissa passer comme inaperçus, et reprenant la parole où sa femme l'avait laissée :

« Monsieur, dit-il, il est important, vous le comprenez bien, près comme elle est d'atteindre sa dix-neuvième année, que Valentine soit enfin établie. Néanmoins, nous ne vous avons point oublié dans les conférences, et nous nous sommes assurés d'avance que le mari de Valentine accepterait, sinon de vivre près de nous, qui gênerions peut-être un jeune ménage, du moins que vous, que Valentine chérit particulièrement, et qui, de votre côté, paraissez lui rendre cette affection, vivriez près d'eux, de sorte que vous ne perdrez aucune de vos habitudes, et que vous aurez seulement deux enfants au lieu d'un pour veiller sur vous. »

L'éclair du regard de Noirtier devint sanglant.

Assurément il se passait quelque chose d'affreux dans l'âme de ce vieillard ; assurément le cri de la douleur et de la colère montait à sa gorge, et, ne pouvant éclater, l'étouffait, car son visage s'empourpra et ses lèvres devinrent bleues.

Villefort ouvrit tranquillement une fenêtre en disant :

« Il fait bien chaud ici, et cette chaleur fait mal à M. Noirtier. »

Puis il revint, mais sans se rasseoir.

« Ce mariage, ajouta Mme de Villefort, plaît à M. d'Épinay et à sa famille ; d'ailleurs sa famille se compose seulement d'un oncle et d'une tante. Sa mère étant morte au moment où elle le mettait au monde, et son père ayant été assassiné en 1815, c'est-à-dire quand l'enfant avait deux ans à peine, il ne relève donc que de sa propre volonté.

— Assassinat mystérieux, dit Villefort, et dont les auteurs sont restés inconnus, quoique le soupçon ait plané sans s'abattre au-dessus de la tête de beaucoup de gens. »

Noirtier fit un tel effort que ses lèvres se contrac-
tèrent comme pour sourire.

« Or, continua Villefort, les véritables coupables,
ceux-là qui savent qu'ils ont commis le crime, ceux-là
sur lesquels peut descendre la justice des hommes
pendant leur vie et la justice de Dieu après leur mort,
seraient bien heureux d'être à notre place, et d'avoir
une fille à offrir à M. Franz d'Épinay pour éteindre
jusqu'à l'apparence du soupçon. »

Noirtier s'était calmé avec une puissance que l'on
n'aurait pas dû attendre de cette organisation brisée.

« Oui, je comprends », répondit-il du regard à Villefort ; et ce regard exprimait tout ensemble le dédain
profond et la colère intelligente.

Villefort, de son côté, répondit à ce regard, dans
lequel il avait lu ce qu'il contenait, par un léger mouvement d'épaules.

Puis il fit signe à sa femme de se lever.

« Maintenant, monsieur, dit Mme de Villefort,
agréez tous mes respects. Vous plaît-il qu'Édouard
vienne vous présenter ses respects ? »

Il était convenu que le vieillard exprimait son approbation en fermant les yeux, son refus en les clignant à
plusieurs reprises, et avait quelque désir à exprimer
quand il les levait au ciel.

S'il demandait Valentine, il fermait l'œil droit seulement.

S'il demandait Barrois, il fermait l'œil gauche.

A la proposition de Mme de Villefort, il cligna vivement les yeux.

Mme de Villefort, accueillie par un refus évident, se
pinça les lèvres.

« Je vous enverrai donc Valentine, alors ? dit-elle.

— Oui », fit le vieillard en fermant les yeux avec
vivacité.

M. et Mme de Villefort saluèrent et sortirent en
ordonnant qu'on appelât Valentine, déjà prévenue au
reste qu'elle aurait quelque chose à faire dans la journée près de M. Noirtier.

Derrière eux, Valentine, toute rose encore d'émotion, entra chez le vieillard. Il ne lui fallut qu'un regard

pour qu'elle comprît combien souffrait son aïeul et combien de choses il avait à lui dire.

« Oh ! bon papa, s'écria-t-elle, qu'est-il donc arrivé ? On t'a fâché, n'est-ce pas, et tu es en colère ?

— Oui, fit-il, en fermant les yeux.

— Contre qui donc ? contre mon père ? non ; contre Mme de Villefort ? non ; contre moi ? »

Le vieillard fit signe que oui.

« Contre moi ? » reprit Valentine étonnée.

Le vieillard renouvela le signe.

« Et que t'ai-je donc fait, cher bon papa ? » s'écria Valentine.

Pas de réponse ; elle continua :

« Je ne t'ai pas vu de la journée ; on t'a donc rapporté quelque chose de moi ?

— Oui, dit le regard du vieillard avec vivacité.

— Voyons donc que je cherche. Mon Dieu, je te jure, bon père... Ah !... M. et Mme de Villefort sortent d'ici, n'est-ce pas ?

— Oui.

— Et ce sont eux qui t'ont dit ces choses qui te fâchent ? Qu'est-ce donc ? Veux-tu que j'aille le leur demander pour que je puisse m'excuser près de toi ?

— Non, non, fit le regard.

— Oh ! mais tu m'effraies. Qu'ont-ils pu dire, mon Dieu ! »

Et elle chercha.

« Oh ! j'y suis, dit-elle en baissant la voix et en se rapprochant du vieillard. Ils ont parlé de mon mariage peut-être ?

— Oui, répliqua le regard courroucé.

— Je comprends ; tu m'en veux de mon silence. Oh ! vois-tu, c'est qu'ils m'avaient bien recommandé de ne t'en rien dire ; c'est qu'ils ne m'en avaient rien dit à moi-même, et que j'avais surpris en quelque sorte ce secret par indiscrétion ; voilà pourquoi j'ai été si réservée avec toi. Pardonne-moi, bon papa Noirtier. »

Redevenu fixe et atone, le regard sembla répondre : « Ce n'est pas seulement ton silence qui m'afflige. »

« Qu'est-ce donc ? demanda la jeune fille : tu crois peut-être que je t'abandonnerais, bon père, et que mon mariage me rendrait oublieuse ?

— Non, dit le vieillard.

— Ils t'ont dit alors que M. d'Épinay consentait à ce que nous demeurassions ensemble ?

— Oui.

— Alors pourquoi es-tu fâché ? »

Les yeux du vieillard prirent une expression de douceur infinie.

« Oui, je comprends, dit Valentine ; parce que tu m'aimes ? »

Le vieillard fit signe que oui.

« Et tu as peur que je ne sois malheureuse ?

— Oui.

— Tu n'aimes pas M. Franz ? »

Les yeux répétèrent trois ou quatre fois :

« Non, non, non.

— Alors tu as bien du chagrin, bon père ?

— Oui.

— Eh bien, écoute, dit Valentine en se mettant à genoux devant Noirtier et en lui passant ses bras autour du cou, moi aussi, j'ai bien du chagrin, car, moi non plus, je n'aime pas M. Franz d'Épinay. »

Un éclair de joie passa dans les yeux de l'aïeul.

« Quand j'ai voulu me retirer au couvent, tu te rappelles bien que tu as été si fort fâché contre moi ? »

Une larme humecta la paupière aride du vieillard.

« Eh bien, continua Valentine, c'était pour échapper à ce mariage qui fait mon désespoir. »

La respiration de Noirtier devint haletante.

« Alors, ce mariage te fait bien du chagrin, bon père ? Ô mon Dieu, si tu pouvais m'aider, si nous pouvions à nous deux rompre leur projet ! Mais tu es sans force contre eux, toi dont l'esprit cependant est si vif et la volonté si ferme ; mais quand il s'agit de lutter tu es aussi faible et même plus faible que moi. Hélas ! tu eusses été pour moi un protecteur si puissant aux jours de ta force et de ta santé ; mais aujourd'hui tu ne peux plus que me comprendre et te réjouir ou t'affliger avec moi. C'est un dernier bonheur que Dieu a oublié de m'enlever avec les autres. »

Il y eut à ces paroles, dans les yeux de Noirtier, une telle impression de malice et de profondeur, que la jeune fille crut y lire ces mots :

« Tu te trompes, je puis encore beaucoup pour toi.

— Tu peux quelque chose pour moi, cher bon papa ? traduisit Valentine.

— Oui. »

Noirtier leva les yeux au ciel. C'était le signe convenu entre lui et Valentine lorsqu'il désirait quelque chose.

« Que veux-tu, cher père ? voyons. »

Valentine chercha un instant dans son esprit, exprima tout haut ses pensées à mesure qu'elles se présentaient à elle, et voyant qu'à tout ce qu'elle pouvait dire le vieillard répondait constamment *non* :

« Allons, fit-elle, les grands moyens, puisque je suis si sotte ! »

Alors elle récita l'une après l'autre toutes les lettres de l'alphabet, depuis A jusqu'à N, tandis que son sourire interrogeait l'œil du paralytique ; à N, Noirtier fit signe que oui.

« Ah ! dit Valentine, la chose que vous désirez commence par la lettre N ! c'est à l' N que nous avons affaire ? Eh bien, voyons, que lui voulons-nous à l' N ? Na, ne, ni, no.

— Oui, oui, oui, fit le vieillard.

— Ah ! c'est *no* ?

— Oui. »

Valentine alla chercher un dictionnaire qu'elle posa sur un pupitre devant Noirtier : elle l'ouvrit, et quand elle eut vu l'œil du vieillard fixé sur les feuilles, son doigt courut vivement du haut en bas des colonnes.

L'exercice, depuis six ans que Noirtier était tombé dans le fâcheux état où il se trouvait, lui avait rendu les épreuves si faciles, qu'elle devinait aussi vite la pensée du vieillard que si lui-même eût pu chercher dans le dictionnaire.

Au mot *notaire*, Noirtier fit signe de s'arrêter.

« *Notaire*, dit-elle ; tu veux un notaire, bon papa ? »

Le vieillard fit signe que c'était effectivement un notaire qu'il désirait.

« Il faut donc envoyer chercher un notaire ? demanda Valentine.

— Oui, fit le paralytique.

— Mon père doit-il le savoir ?

— Oui.

— Es-tu pressé d'avoir ton notaire ?

— Oui.

— Alors on va te l'envoyer chercher tout de suite, cher père. Est-ce tout ce que tu veux ?

— Oui. »

Valentine courut à la sonnette et appela un domestique pour le prier de faire venir M. ou Mme de Villefort chez le grand-père.

« Es-tu content ? dit Valentine ; oui... je le crois bien : hein ? ce n'était pas facile à trouver, cela ? »

Et la jeune fille sourit à l'aïeul comme elle eût pu faire à un enfant.

M. de Villefort entra ramené par Barrois.

« Que voulez-vous, monsieur ? demanda-t-il au paralytique.

— Monsieur, dit Valentine, mon grand-père désire un notaire. »

A cette demande étrange et surtout inattendue, M. de Villefort échangea un regard avec le paralytique.

« Oui », fit ce dernier avec une fermeté qui indiquait qu'avec l'aide de Valentine et de son vieux serviteur, qui savait maintenant ce qu'il désirait, il était prêt à soutenir la lutte.

« Vous demandez le notaire ? répéta Villefort.

— Oui.

— Pour quoi faire ? »

Noirtier ne répondit pas.

« Mais qu'avez-vous besoin d'un notaire ? » demanda Villefort.

Le regard du paralytique demeura immobile et par conséquent muet, ce qui voulait dire : Je persiste dans ma volonté.

« Pour nous faire quelque mauvais tour ? dit Villefort ; est-ce la peine ?

— Mais enfin, dit Barrois, prêt à insister avec la persévérance habituelle aux vieux domestiques, si monsieur veut un notaire, c'est apparemment qu'il en a besoin. Ainsi je vais chercher un notaire. »

Barrois ne reconnaissait d'autre maître que Noirtier

et n'admettait jamais que ses volontés fussent contestées en rien.

« Oui, je veux un notaire », fit le vieillard en fermant les yeux d'un air de défi et comme s'il eût dit : Voyons si l'on osera me refuser ce que je veux.

« On aura un notaire, puisque vous en voulez absolument un, monsieur ; mais je m'excuserai près de lui et vous excuserai vous-même, car la scène sera fort ridicule.

— N'importe, dit Barrois, je vais toujours l'aller chercher. »

Et le vieux serviteur sortit triomphant.

LIX

LE TESTAMENT

Au moment où Barrois sortit, Noirtier regarda Valentine avec cet intérêt malicieux qui annonçait tant de choses. La jeune fille comprit ce regard et Villefort aussi, car son front se rembrunit et son sourcil se fronça.

Il prit un siège, s'installa dans la chambre du paralytique et attendit.

Noirtier le regardait faire avec une parfaite indifférence ; mais, du coin de l'œil, il avait ordonné à Valentine de ne point s'inquiéter et de rester aussi.

Trois quarts d'heure après, le domestique rentra avec le notaire.

« Monsieur, dit Villefort après les premières salutations, vous êtes mandé par M. Noirtier de Villefort, que voici ; une paralysie générale lui a ôté l'usage des membres et de la voix, et nous seuls, à grand-peine, parvenons à saisir quelques lambeaux de ses pensées. »

Noirtier fit de l'œil un appel à Valentine, appel si sérieux et si impératif, qu'elle répondit sur-le-champ :

« Moi, monsieur, je comprends tout ce que veut dire mon grand-père.

— C'est vrai, ajouta Barrois, tout, absolument tout, comme je le disais à monsieur en venant.

— Permettez, monsieur, et vous aussi, mademoiselle, dit le notaire en s'adressant à Villefort et à Valentine, c'est là un de ces cas où l'officier public ne peut inconsidérément procéder sans assumer une responsabilité dangereuse. La première nécessité pour qu'un acte soit valable est que le notaire soit bien convaincu qu'il a fidèlement interprété la volonté de celui qui la dicte. Or, je ne puis pas moi-même être sûr de l'approbation ou de l'improbation d'un client qui ne parle pas ; et comme l'objet de ses désirs et de ses répugnances, vu son mutisme, ne peut m'être prouvé clairement, mon ministère est plus qu'inutile et serait illégalement exercé. »

Le notaire fit un pas pour se retirer. Un imperceptible sourire de triomphe se dessina sur les lèvres du procureur du roi. De son côté, Noirtier regarda Valentine avec une telle expression de douleur, qu'elle se plaça sur le chemin du notaire.

« Monsieur, dit-elle, la langue que je parle avec mon grand-père est une langue qui se peut apprendre facilement, et de même que je la comprends, je puis en quelques minutes vous amener à la comprendre. Que vous faut-il, voyons, monsieur, pour arriver à la parfaite édification de votre conscience ?

— Ce qui est nécessaire pour que nos actes soient valables, mademoiselle, répondit le notaire, c'est-à-dire la certitude de l'approbation ou de l'improbation. On peut tester malade de corps, mais il faut tester sain d'esprit.

— Eh bien, monsieur, avec deux signes vous acquérrez cette certitude que mon grand-père n'a jamais mieux joui qu'à cette heure de la plénitude de son intelligence. M. Noirtier, privé de sa voix, privé du mouvement, ferme les yeux quand il veut dire oui, et les cligne à plusieurs reprises quand il veut dire non. Vous en savez assez maintenant pour causer avec M. Noirtier, essayez. »

Le regard que lança le vieillard à Valentine était si humide de tendresse et de reconnaissance, qu'il fut compris du notaire lui-même.

« Vous avez entendu et compris ce que vient de dire votre petite-fille, monsieur ? » demanda le notaire.

Noirtier ferma doucement les yeux, et les rouvrit après un instant.

« Et vous approuvez ce qu'elle a dit ? c'est-à-dire que les signes indiqués par elle sont bien ceux à l'aide desquels vous faites comprendre votre pensée ?

— Oui, fit encore le vieillard.

— C'est vous qui m'avez fait demander ?

— Oui.

— Pour faire votre testament ?

— Oui.

— Et vous ne voulez pas que je me retire sans avoir fait ce testament ? »

Le paralytique cligna vivement et à plusieurs reprises ses yeux.

« Eh bien, monsieur, comprenez-vous, maintenant, demanda la jeune fille, et votre conscience sera-t-elle en repos ? »

Mais avant que le notaire eût pu répondre, Villefort le tira à part :

« Monsieur, dit-il, croyez-vous qu'un homme puisse supporter impunément un choc physique aussi terrible que celui qu'a éprouvé M. Noirtier de Villefort, sans que le moral ait reçu lui-même une grave atteinte ?

— Ce n'est point cela précisément qui m'inquiète, monsieur, répondit le notaire, mais je me demande comment nous arriverons à deviner les pensées, afin de provoquer les réponses.

— Vous voyez donc que c'est impossible », dit Villefort.

Valentine et le vieillard entendaient cette conversation. Noirtier arrêta son regard si fixe et si ferme sur Valentine, que ce regard appelait évidemment une riposte.

« Monsieur, dit-elle, que cela ne vous inquiète point ; si difficile qu'il soit, ou plutôt qu'il vous paraisse de découvrir la pensée de mon grand-père, je vous la révélerai, moi, de façon à lever tous les doutes à cet égard. Voilà six ans que je suis près de M. Noirtier, et, qu'il le dise lui-même, si, depuis six ans, un seul de ses désirs est resté enseveli dans son cœur faute de pouvoir me le faire comprendre ?

— Non, fit le vieillard.

— Essayons donc, dit le notaire ; vous acceptez mademoiselle pour votre interprète ? »

Le paralytique fit signe que oui.

« Bien ; voyons, monsieur, que désirez-vous de moi, et quel est l'acte que vous désirez faire ? »

Valentine nomma toutes les lettres de l'alphabet jusqu'à la lettre T.

A cette lettre, l'éloquent coup d'œil de Noirtier l'arrêta.

« C'est la lettre T que monsieur demande, dit le notaire ; la chose est visible.

— Attendez », dit Valentine ; puis, se retournant vers son grand-père : « Ta... te... »

Le vieillard l'arrêta à la seconde de ces syllabes.

Alors Valentine prit le dictionnaire, et aux yeux du notaire attentif elle feuilleta les pages.

« Testament, dit son doigt arrêté par le coup d'œil de Noirtier.

— Testament ! s'écria le notaire, la chose est visible, monsieur veut tester.

— Oui, fit Noirtier à plusieurs reprises.

— Voilà qui est merveilleux, monsieur, convenez-en, dit le notaire à Villefort stupéfait.

— En effet, répliqua-t-il, et plus merveilleux encore serait ce testament ; car, enfin, je ne pense pas que les articles se viennent ranger sur le papier, mot par mot, sans l'intelligente inspiration de ma fille. Or, Valentine sera peut-être un peu trop intéressée à ce testament pour être un interprète convenable des obscures volontés de M. Noirtier de Villefort.

— Non, non ! fit le paralytique.

— Comment ! dit M. de Villefort, Valentine n'est point intéressée à votre testament ?

— Non, fit Noirtier.

— Monsieur, dit le notaire, qui, enchanté de cette épreuve, se promettait de raconter dans le monde les détails de cet épisode pittoresque ; monsieur, rien ne me paraît plus facile maintenant que ce que tout à l'heure je regardais comme une chose impossible, et ce testament sera tout simplement un testament mystique, c'est-à-dire prévu et autorisé par la loi pourvu qu'il soit lu en face de sept témoins, approuvé par le testateur devant eux, et fermé par le notaire, toujours devant eux. Quant au temps, il durera à peine plus longtemps qu'un testament ordinaire ; il y a d'abord les formules consacrées et qui sont toujours les mêmes, et quant aux détails, la plupart seront fournis par l'état même des affaires du testateur et par vous qui, les ayant gérées, les connaissez. Mais d'ailleurs, pour que cet acte demeure inattaquable, nous allons lui donner l'authenticité la plus complète ; l'un de mes confrères me servira d'aide et, contre les habitudes, assistera à la dictée. Êtes-vous satisfait, monsieur ? continua le notaire en s'adressant au vieillard.

— Oui », répondit Noirtier, radieux d'être compris.

« Que va-t-il faire ? » se demanda Villefort à qui sa haute position commandait tant de réserve, et qui, d'ailleurs, ne pouvait deviner vers quel but tendait son père.

Il se retourna donc pour envoyer chercher le deuxième notaire désigné par le premier ; mais Barrois, qui avait tout entendu et qui avait deviné le désir de son maître, était déjà parti.

Alors le procureur du roi fit dire à sa femme de monter.

Au bout d'un quart d'heure, tout le monde était réuni dans la chambre du paralytique, et le second notaire était arrivé.

En peu de mots les deux officiers ministériels furent d'accord. On lut à Noirtier une formule de testament vague, banale ; puis pour commencer, pour ainsi dire, l'investigation de son intelligence, le premier notaire, se retournant de son côté, lui dit :

« Lorsqu'on fait son testament, monsieur, c'est en faveur de quelqu'un.

— Oui, fit Noirtier.

— Avez-vous quelque idée du chiffre auquel se monte votre fortune ?

— Oui.

— Je vais vous nommer plusieurs chiffres qui monteront successivement ; vous m'arrêterez quand j'aurai atteint celui que vous croirez être le vôtre.

— Oui. »

Il y avait dans cet interrogatoire une espèce de solennité ; d'ailleurs jamais la lutte de l'intelligence contre la matière n'avait peut-être été plus visible ; et si ce n'était un sublime, comme nous allions le dire, c'était au moins un curieux spectacle.

On faisait cercle autour de Villefort ; le second notaire était assis à une table, tout prêt à écrire ; le premier notaire se tenait debout devant lui et interrogeait.

« Votre fortune dépasse trois cent mille francs, n'est-ce pas ? » demanda-t-il.

Noirtier fit signe que oui.

« Possédez-vous quatre cent mille francs ? » demanda le notaire.

Noirtier resta immobile.

« Cinq cent mille ? »

Même immobilité.

« Six cent mille ? sept cent mille ? huit cent mille ? neuf cent mille ? »

Noirtier fit signe que oui.

« Vous possédez neuf cent mille francs ? »

— Oui.

— En immeubles ? » demanda le notaire.

Noirtier fit signe que non.

« En inscriptions de rentes ? »

Noirtier fit signe que oui.

« Ces inscriptions sont entre vos mains ? »

Un coup d'œil adressé à Barrois fit sortir le vieux serviteur, qui revint un instant après avec une petite cassette.

« Permettez-vous qu'on ouvre cette cassette ? » demanda le notaire.

Noirtier fit signe que oui.

On ouvrit la cassette et l'on trouva pour neuf cent mille francs d'inscriptions sur le grand-livre.

Le premier notaire passa, les unes après les autres, chaque inscription à son collègue ; le compte y était, comme l'avait accusé Noirtier.

« C'est bien cela, dit-il ; il est évident que l'intelligence est dans toute sa force et dans toute son étendue. »

Puis, se retournant vers le paralytique :

« Donc, lui dit-il, vous possédez neuf cent mille francs de capital, qui, à la façon dont ils sont placés, doivent vous produire quarante mille livres de rente à peu près ?

— Oui, fit Noirtier.

— A qui désirez-vous laisser cette fortune ?

— Oh ! dit Mme de Villefort, cela n'est point douteux ; M. Noirtier aime uniquement sa petite-fille, Mlle Valentine de Villefort : c'est elle qui le soigne depuis six ans ; elle a su captiver par ses soins assidus l'affection de son grand-père, et je dirai presque sa reconnaissance ; il est donc juste qu'elle recueille le prix de son dévouement. »

L'œil de Noirtier lança un éclair comme s'il n'était pas dupe de ce faux assentiment donné par Mme de Villefort aux intentions qu'elle lui supposait.

« Est-donc à Mlle Valentine de Villefort que vous laissez ces neuf cent mille francs ? » demanda le notaire, qui croyait n'avoir plus qu'à enregistrer cette clause, mais qui tenait à s'assurer cependant de l'assentiment de Noirtier, et voulait faire constater cet assentiment par tous les témoins de cette étrange scène.

Valentine avait fait un pas en arrière et pleurait, les yeux baissés ; le vieillard la regarda un instant avec l'expression d'une profonde tendresse ; puis se retournant vers le notaire, il cligna des yeux de la façon la plus significative.

« Non ? dit le notaire ; comment ce n'est pas Mlle Valentine de Villefort que vous instituez pour votre légataire universelle ? »

Noirtier fit signe que non.

« Vous ne vous trompez pas ? s'écria le notaire étonné ; vous dites bien non ?

— Non ! répéta Noirtier, non ! »

Valentine releva la tête ; elle était stupéfaite, non pas de son exhérédation, mais d'avoir provoqué le sentiment qui dicte d'ordinaire de pareils actes.

Mais Noirtier la regarda avec une si profonde expression de tendresse qu'elle s'écria :

« Oh ! mon bon père, je le vois bien, ce n'est que votre fortune que vous m'ôtez, mais vous me laissez toujours votre cœur ?

— Oh ! oui, bien certainement, dirent les yeux du paralytique, se fermant avec une expression à laquelle Valentine ne pouvait se tromper.

— Merci ! merci ! » murmura la jeune fille.

Cependant ce refus avait fait naître dans le cœur de Mme de Villefort une espérance inattendue ; elle se rapprocha du vieillard.

« Alors c'est donc à votre petit-fils Édouard de Villefort que vous laissez votre fortune, cher monsieur Noirtier ? » demanda la mère.

Le clignement des yeux fut terrible : il exprimait presque la haine.

« Non, fit le notaire ; alors c'est à monsieur votre fils ici présent ?

— Non », répliqua le vieillard.

Les deux notaires se regardèrent stupéfaits ; Villefort et sa femme se sentaient rougir, l'un de honte, l'autre de colère.

« Mais, que vous avons-nous donc fait, père, dit Valentine ; vous ne nous aimez donc plus ? »

Le regard du vieillard passa rapidement sur son fils, sur sa belle-fille, et s'arrêta sur Valentine avec une expression de profonde tendresse.

« Eh bien, dit-elle, si tu m'aimes, voyons, bon père, tâche d'allier cet amour avec ce que tu fais en ce moment. Tu me connais, tu sais que je n'ai jamais songé à ta fortune : d'ailleurs, on dit que je suis riche du côté de ma mère, trop riche ; explique-toi donc. »

Noirtier fixa son regard ardent sur la main de Valentine.

« Ma main ? dit-elle.

— Oui, fit Noirtier.

— Sa main ! répétèrent tous les assistants.

— Ah ! messieurs, vous voyez bien que tout est inutile, et que mon pauvre père est fou, dit Villefort.

— Oh ! s'écria tout à coup Valentine, je comprends ! Mon mariage, n'est-ce pas, bon père ?

— Oui, oui, oui, répéta trois fois le paralytique, lançant un éclair à chaque fois que se relevait sa paupière.

— Tu nous en veux pour le mariage, n'est-ce pas ?

— Oui.

— Mais c'est absurde, dit Villefort.

— Pardon, monsieur, dit le notaire, tout cela au contraire est très logique et me fait l'effet de s'enchaîner parfaitement.

— Tu ne veux pas que j'épouse M. Franz d'Épinay ?

— Non, je ne veux pas, exprima l'œil du vieillard.

— Et vous déshéritez votre petite-fille, s'écria le notaire parce qu'elle fait un mariage contre votre gré ?

— Oui, répondit Noirtier.

— De sorte que sans ce mariage elle serait votre héritière ?

— Oui. »

Il se fit alors un profond silence autour du vieillard. Les deux notaires se consultaient ; Valentine, les mains jointes, regardait son grand-père avec un sourire reconnaissant ; Villefort mordait ses lèvres minces ; Mme de Villefort ne pouvait réprimer un sentiment joyeux qui, malgré elle, s'épanouissait sur son visage.

« Mais, dit enfin Villefort, rompant le premier ce silence, il me semble que je suis seul juge des convenances qui plaident en faveur de cette union. Seul maître de la main de ma fille, je veux qu'elle épouse M. Franz d'Épinay, et elle l'épousera. »

Valentine tomba pleurante sur un fauteuil.

« Monsieur, dit le notaire, s'adressant au vieillard, que comptez-vous faire de votre fortune au cas où Mlle Valentine épouserait M. Franz ? »

Le vieillard resta immobile.

« Vous comptez en disposer, cependant ?

— Oui, fit Noirtier.

— En faveur de quelqu'un de votre famille ?

— Non.

— En faveur des pauvres, alors ?

— Oui.

— Mais, dit le notaire, vous savez que la loi s'oppose à ce que vous dépouilliez entièrement votre fils ?

— Oui.

— Vous ne disposerez donc que de la partie que la loi vous autorise à distraire. »

Noirtier demeura immobile.

« Vous continuez à vouloir disposer de tout ?

— Oui.

— Mais après votre mort on attaquera le testament !

— Non.

— Mon père me connaît, monsieur, dit M. de Villefort, il sait que sa volonté sera sacrée pour moi ; d'ailleurs il comprend que dans ma position je ne puis plaider contre les pauvres. »

L'œil de Noirtier exprima le triomphe.

« Que décidez-vous, monsieur ? demanda le notaire à Villefort.

— Rien, monsieur, c'est une résolution prise dans l'esprit de mon père, et je sais que mon père ne change pas de résolution. Je me résigne donc. Ces neuf cent mille francs sortiront de la famille pour aller enrichir les hôpitaux ; mais je ne céderai pas à un caprice de vieillard, et je ferai selon ma conscience. »

Et Villefort se retira avec sa femme, laissant son père libre de tester comme il l'entendrait.

Le même jour le testament fut fait ; on alla chercher les témoins, il fut approuvé par le vieillard, fermé en leur présence et déposé chez M. Deschamps, le notaire de la famille.

LX

LE TÉLÉGRAPHE

M. et Mme de Villefort apprirent, en rentrant chez eux, que M. le comte de Monte-Cristo, qui était venu pour leur faire visite, avait été introduit dans le salon, où il les attendait ; Mme de Villefort, trop émotionnée pour entrer ainsi tout à coup, passa par sa chambre à coucher, tandis que le procureur du roi, plus sûr de lui-même, s'avança directement vers le salon.

Mais si maître qu'il fût de ses sensations, si bien qu'il sût composer son visage, M. de Villefort ne put si bien écarter le nuage de son front que le comte, dont le sourire brillait radieux, ne remarquât cet air sombre et rêveur.

« Oh ! mon Dieu ! dit Monte-Cristo après les premiers compliments, qu'avez-vous donc, monsieur de Villefort ? et suis-je arrivé au moment où vous dressiez quelque accusation un peu trop capitale ? »

Villefort essaya de sourire.

« Non, monsieur le comte, dit-il, il n'y a d'autre victime ici que moi. C'est moi qui perds mon procès, et c'est le hasard, l'entêtement, la folie qui a lancé le réquisitoire.

— Que voulez-vous dire ? demanda Monte-Cristo avec un intérêt parfaitement joué. Vous est-il, en réalité, arrivé quelque malheur grave ?

— Oh ! monsieur le comte, dit Villefort avec un calme plein d'amertume, cela ne vaut pas la peine d'en parler ; presque rien, une simple perte d'argent.

— En effet, répondit Monte-Cristo, une perte d'argent est peu de chose avec une fortune comme celle que vous possédez et avec un esprit philosophique et élevé comme l'est le vôtre.

— Aussi, répondit Villefort, n'est-ce point la question d'argent qui me préoccupe, quoique, après tout, neuf cent mille francs vaillent bien un regret, ou tout au moins un mouvement de dépit. Mais je me blesse surtout de cette disposition du sort, du hasard, de la fatalité, je ne sais comment nommer la puissance qui dirige le coup qui me frappe et qui renverse mes espérances de fortune et détruit peut-être l'avenir de ma fille par le caprice d'un vieillard tombé en enfance.

— Eh ! mon Dieu ! qu'est-ce donc ? s'écria le comte. Neuf cent mille francs, avez-vous dit ? Mais, en vérité, comme vous le dites, la somme mérite d'être regrettée, même par un philosophe. Et qui vous donne ce chagrin.

— Mon père, dont je vous ai parlé.

— M. Noirtier ; vraiment ! Mais vous m'aviez dit, ce me semble, qu'il était en paralysie complète, et que toutes ses facultés étaient anéanties ?

— Oui, ses facultés physiques, car il ne peut pas remuer, il ne peut point parler, et avec tout cela, cependant, il pense, il veut, il agit comme vous voyez. Je le quitte il y a cinq minutes et, dans ce moment, il est occupé à dicter un testament à deux notaires.

— Mais alors il a parlé ?

— Il a fait mieux, il s'est fait comprendre.

— Comment cela ?

— A l'aide du regard ; ses yeux ont continué de vivre, et vous voyez, ils tuent.

— Mon ami, dit Mme de Villefort qui venait d'entrer à son tour, peut-être vous exagérez-vous la situation ?

— Madame... » dit le comte en s'inclinant.

Mme de Villefort salua avec son plus gracieux sourire.

« Mais que me dit donc là M. de Villefort ? demanda Monte-Cristo ; et quelle disgrâce incompréhensible ?...

— Incompréhensible, c'est le mot ! reprit le procureur du roi en haussant les épaules, un caprice de vieillard !

— Et il n'y a pas moyen de le faire revenir sur cette décision ?

— Si fait, dit Mme de Villefort ; et il dépend même de mon mari que ce testament, au lieu d'être fait au détriment de Valentine, soit fait au contraire en sa faveur. »

Le comte, voyant que les deux époux commençaient

à parler par paraboles, prit l'air distrait, et regarda avec l'attention la plus profonde et l'approbation la plus marquée Édouard qui versait de l'encre dans l'abreuvoir des oiseaux.

« Ma chère, dit Villefort répondant à sa femme, vous savez que j'aime peu me poser chez moi en patriarche, et que je n'ai jamais cru que le sort de l'univers dépendît d'un signe de ma tête. Cependant il importe que mes décisions soient respectées dans ma famille, et que la folie d'un vieillard et le caprice d'un enfant ne renversent pas un projet arrêté dans mon esprit depuis de longues années. Le baron d'Épinay était mon ami, vous le savez, et une alliance avec son fils était des plus convenables.

— Vous croyez, dit Mme de Villefort, que Valentine est d'accord avec lui ?... En effet, elle a toujours été opposée à ce mariage, et je ne serais pas étonnée que tout ce que nous venons de voir et d'entendre ne soit l'exécution d'un plan concerté entre eux.

— Madame, dit Villefort, on ne renonce pas ainsi, croyez-moi, à une fortune de neuf cent mille francs.

— Elle renoncerait au monde, monsieur, puisqu'il y a un an elle voulait entrer dans un couvent.

— N'importe, reprit de Villefort, je dis que ce mariage doit se faire, madame !

— Malgré la volonté de votre père ? dit Mme de Villefort, attaquant une autre corde : c'est bien grave ! »

Monte-Cristo faisait semblant de ne point écouter, et ne perdait point un mot de ce qui se disait.

« Madame, reprit Villefort, je puis dire que j'ai toujours respecté mon père, parce qu'au sentiment naturel de la descendance se joignait chez moi la conscience de sa supériorité morale ; parce qu'enfin un père est sacré à deux titres, sacré comme notre créateur, sacré comme notre maître ; mais aujourd'hui je dois renoncer à reconnaître une intelligence dans le vieillard qui, sur un simple souvenir de haine pour le père, poursuit ainsi le fils ; il serait donc ridicule à moi de conformer ma conduite à ses caprices. Je continuerai d'avoir le plus grand respect pour M. Noirtier ; je subirai sans me plaindre la punition pécuniaire qu'il m'inflige ; mais je resterai immuable dans ma volonté, et le monde appréciera de quel côté était la saine raison. En conséquence, je marierai ma fille au baron Franz d'Épinay, parce que ce mariage est, à mon sens, bon et honorable, et qu'en définitive je veux marier ma fille à qui me plaît.

— Eh quoi ! dit le comte, dont le procureur du roi avait constamment sollicité l'approbation du regard ; eh quoi ! M. Noirtier déshérite, dites-vous, Mlle Valentine, parce qu'elle va épouser M. le baron Franz d'Épinay ?

— Eh ! mon Dieu ! oui ! oui, monsieur ; voilà la raison, dit Villefort en haussant les épaules.

— La raison visible du moins, ajouta Mme de Villefort.

— La raison réelle, madame. Croyez-moi, je connais mon père.

— Conçoit-on cela ? répondit la jeune femme ; en quoi, je vous le demande, M. d'Épinay déplaît-il plus qu'un autre à M. Noirtier ?

— En effet, dit le comte, j'ai connu M. Franz d'Épinay, le fils du général de Quesnel, n'est-ce pas, qui a été fait baron d'Épinay par le roi Charles X ?

— Justement reprit Villefort.

— Eh bien, mais c'est un jeune homme charmant, ce me semble !

— Aussi n'est-ce qu'un prétexte, j'en suis certaine, dit Mme de Villefort ; les vieillards sont tyrans de leurs affections ; M. Noirtier ne veut pas que sa petite-fille se marie.

— Mais, dit Monte-Cristo, ne connaissez-vous pas une cause à cette haine ?

— Eh ! mon Dieu ! qui peut savoir ?

— Quelque antipathie politique peut-être ?

— En effet, mon père et le père de M. d'Épinay ont vécu dans des temps orageux dont je n'ai vu que les derniers jours, dit Villefort.

— Votre père n'était-il pas bonapartiste ? demanda Monte-Cristo. Je crois me rappeler que vous m'avez dit quelque chose comme cela.

— Mon père a été jacobin avant toutes choses, reprit Villefort, emporté par son émotion hors des bornes de la prudence, et la robe de sénateur que Napoléon lui avait jetée sur les épaules ne faisait que déguiser le vieil homme, mais sans l'avoir changé. Quand mon père conspirait, ce n'était pas pour l'Empereur, c'était contre les Bourbons ; car mon père avait cela de terrible en lui, qu'il n'a jamais combattu pour les utopies irréalisables, mais pour les choses possibles, et qu'il a appliqué à la réussite de ces choses possibles ces terribles théories de la Montagne, qui ne reculaient devant aucun moyen.

— Eh bien, dit Monte-Cristo, voyez-vous, c'est cela, M. Noirtier et M. d'Épinay se seront rencontrés sur le sol de la politique. M. le général d'Épinay, quoique ayant servit sous Napoléon, n'avait-il pas au fond du cœur gardé des sentiments royalistes, et n'est-ce pas le même qui fut assassiné un soir sortant d'un club napoléonien, où on l'avait attiré dans l'espérance de trouver en lui un frère ? »

Villefort regarda le comte presque avec terreur.

« Est-ce que je me trompe ? dit Monte-Cristo.

— Non pas, monsieur, dit Mme de Villefort, et c'est bien cela, au contraire ; et c'est justement à cause de ce que vous venez de dire que, pour voir s'éteindre de vieilles haines, M. de Villefort avait eu l'idée de faire aimer deux enfants dont les pères s'étaient haïs.

— Idée sublime ! dit Monte-Cristo, idée pleine de charité et à laquelle le monde devait applaudir. En effet, c'était beau de voir Mlle Noirtier de Villefort s'appeler Mme Franz d'Épinay. »

Villefort tressaillit et regarda Monte-Cristo comme s'il eût voulu lire au fond de son cœur l'intention qui avait dicté les paroles qu'il venait de prononcer.

Mais le comte garda le bienveillant sourire stéréotypé sur ses lèvres ; et cette fois encore, malgré la profondeur de son regard, le procureur du roi ne vit pas au-delà de l'épiderme.

« Aussi, reprit Villefort, quoique ce soit un grand malheur pour Valentine que de perdre la fortune de son grand-père, je ne crois pas cependant que pour cela le mariage manque ; je ne crois pas que M. d'Épinay recule devant cet échec pécuniaire ; il verra que je vaux peut-être mieux que la somme, moi qui la sacrifie au désir de lui tenir ma parole ; il calculera que Valentine, d'ailleurs, est riche du bien de sa mère, administré par M. et Mme de Saint-Méran, ses aïeuls maternels, qui la chérissent tous deux tendrement.

— Et qui valent bien qu'on les aime et qu'on les soigne comme Valentine a fait pour M. Noirtier, dit Mme de Villefort ; d'ailleurs, ils vont venir à Paris dans un mois au plus, et Valentine, après un tel affront, sera dispensée de s'enterrer comme elle l'a fait jusqu'ici auprès de M. Noirtier. »

Le comte écoutait avec complaisance la voix discordante de ces amours-propres blessés et de ces intérêts meurtris.

« Mais il me semble, dit Monte-Cristo après un instant de silence, et je vous demande pardon d'avance de ce que je vais dire ; il me semble que si M. Noirtier déshérite Mlle de Villefort, coupable de se vouloir marier avec un jeune homme dont il a détesté le père, il n'a pas le même tort à reprocher à ce cher Édouard.

— N'est-ce pas, monsieur ? s'écria Mme de Villefort avec une intonation impossible à décrire : n'est-ce pas que c'est injuste, odieusement injuste ? Ce pauvre Édouard, il est aussi bien le petit-fils de M. Noirtier que Valentine, et cependant si Valentine n'avait pas dû épouser M. Franz, M. Noirtier lui laissait tout son bien ; et de plus, enfin, Édouard porte le nom de la famille, ce qui n'empêche pas que, même en supposant que Valentine soit effectivement déshéritée par son grand-père, elle sera encore trois fois plus riche que lui. »

Ce coup porté, le comte écouta et ne parla plus.

« Tenez, reprit Villefort, tenez, monsieur le comte, cessons, je vous prie, de nous entretenir de ces misères de famille ; oui c'est vrai, ma fortune va grossir le revenu des pauvres, qui sont aujourd'hui les véritables riches. Oui, mon père m'aura frustré d'un espoir légitime, et cela sans raison ; mais, moi, j'aurai agi comme un homme de sens, comme un homme de cœur.

M. d'Épinay, à qui j'avais promis le revenu de cette somme, le recevra, dussé-je m'imposer les plus cruelles privations.

— Cependant, reprit Mme de Villefort, revenant à la seule idée qui murmurât sans cesse au fond de son cœur, peut-être vaudrait-il mieux que l'on confiât cette mésaventure à M. d'Épinay, et qu'il rendît lui-même sa parole.

— Oh ! ce serait un grand malheur ! s'écria Ville-fort.

— Un grand malheur ? répéta Monte-Cristo.

— Sans doute, reprit Villefort en se radoucissant ; un mariage manqué, même pour des raisons d'argent, jette de la défaveur sur une jeune fille ; puis, d'anciens bruits, que je voulais éteindre, reprendraient de la consistance. Mais non, il n'en sera rien. M. d'Épinay, s'il est honnête homme, se verra encore plus engagé par l'exhérédation de Valentine qu'auparavant ; autrement il agirait donc dans un simple but d'avarice : non, c'est impossible.

— Je pense comme M. de Villefort, dit Monte-Cristo en fixant son regard sur Mme de Villefort ; et si j'étais assez de ses amis pour me permettre de lui donner un conseil, je l'inviterais, puisque M. d'Épinay va revenir, à ce que l'on m'a dit du moins, à nouer cette affaire si fortement qu'elle ne se pût dénouer ; j'engagerais enfin une partie dont l'issue doit être si honorable pour M. de Villefort. »

Ce dernier se leva, transporté d'une joie visible, tandis que sa femme pâlissait légèrement.

« Bien, dit-il, voilà tout ce que je demandais et je me prévaudrai de l'opinion d'un conseiller tel que vous, dit-il en tendant la main à Monte-Cristo. Ainsi donc, que tout le monde ici considère ce qui arrive aujourd'hui comme non avenu ; il n'y a rien de changé à nos projets.

— Monsieur, dit le comte, le monde, tout injuste qu'il est, vous saura, je vous en réponds, gré de votre résolution ; vos amis en seront fiers et M. d'Épinay, dût-il prendre Mlle de Villefort sans dot, ce qui ne saurait être, sera charmé d'entrer dans une famille où l'on sait s'élever à la hauteur de tels sacrifices pour tenir sa parole et remplir son devoir. »

En disant ces mots, le comte s'était levé et s'apprêtait à partir.

« Vous nous quittez, monsieur le comte ? dit Mme de Villefort.

— J'y suis forcé, madame, je venais seulement vous rappeler votre promesse pour samedi.

— Craigniez-vous que nous ne l'oubliassions ?

— Vous êtes trop bonne, madame ; mais M. de Villefort a de si graves et parfois de si urgentes occupations...

— Mon mari a donné sa parole, monsieur, dit Mme de Villefort, vous venez de voir qu'il la tient quand il a tout à perdre, à plus forte raison quand il a tout à gagner.

— Et, demanda Villefort, est-ce à votre maison des Champs-Élysées que la réunion a lieu ?

— Non pas, dit Monte-Cristo, et c'est ce qui rend encore votre dévouement plus méritoire : c'est à la campagne.

— A la campagne ?

— Oui.

— Et où cela ? près de Paris, n'est-ce pas ?

— Aux portes, à une demi-heure de la barrière, à Auteuil.

— A Auteuil ! s'écria Villefort. Ah ! c'est vrai, madame m'a dit que vous demeuriez à Auteuil, puisque c'est chez vous qu'elle a été transportée. Et à quel endroit d'Auteuil ?

— Rue de la Fontaine !

— Rue de la Fontaine ! reprit Villefort d'une voix étranglée ; et à quel numéro ?

— Au n° 28.

— Mais, s'écria Villefort, c'est donc à vous que l'on a vendu la maison de M. de Saint-Méran ?

— M. de Saint-Méran ? demanda Monte-Cristo. Cette maison appartenait-elle donc à M. de Saint-Méran ?

— Oui, reprit Mme de Villefort, et croyez-vous une chose, monsieur le comte ?

— Laquelle ?

— Vous trouvez cette maison jolie, n'est-ce pas ?

— Charmante.

— Eh bien, mon mari n'a jamais voulu l'habiter.

— Oh ! reprit Monte-Cristo, en vérité, monsieur, c'est une prévention dont je ne me rends pas compte.

— Je n'aime pas Auteuil, monsieur, répondit le procureur du roi, en faisant un effort sur lui-même.

— Mais je ne serai pas assez malheureux, je l'espère, dit avec inquiétude Monte-Cristo, pour que cette antipathie me prive du bonheur de vous recevoir ?

— Non, monsieur le comte... j'espère bien... croyez que je ferai tout ce que je pourrai, balbutia Villefort.

— Oh ! répondit Monte-Cristo, je n'admets pas d'excuse. Samedi, à six heures, je vous attends, et si vous ne veniez pas, je croirais, que sais-je, moi ? qu'il y a sur cette maison inhabitée depuis plus de vingt ans quelque lugubre tradition, quelque sanglante légende.

— J'irai, monsieur le comte, j'irai, dit vivement Villefort.

— Merci, dit Monte-Cristo. Maintenant il faut que vous me permettiez de prendre congé de vous.

— En effet, vous avez dit que vous étiez forcé de nous quitter, monsieur le comte, dit Mme de Villefort, et vous alliez même, je crois, nous dire pour quoi faire, quand vous vous êtes interrompu pour passer à une autre idée.

— En vérité, madame, dit Monte-Cristo, je ne sais si j'oserai vous dire où je vais.

— Bah ! dites toujours.

— Je vais, en véritable badaud que je suis, visiter une chose qui m'a bien souvent fait rêver des heures entières.

— Laquelle ?

— Un télégraphe. Ma foi tant pis, voilà le mot lâché.

— Un télégraphe ! répéta Mme de Villefort.

— Eh mon Dieu, oui, un télégraphe. J'ai vu parfois au bout d'un chemin, sur un tertre, par un beau soleil, se lever ces bras noirs et pliants pareils aux pattes d'un immense coléoptère, et jamais ce ne fut sans émotion, je vous jure, car je pensais que ces signes bizarres fendant l'air avec précision, et portant à trois cents lieues la volonté inconnue d'un homme assis devant une table, à un autre homme assis à l'extrémité de la ligne devant une autre table, se dessinaient sur le gris du nuage ou sur l'azur du ciel, par la seule force du vouloir de ce chef tout-puissant : je croyais alors aux génies, aux sylphes, aux gnomes, aux pouvoirs occultes enfin, et je riais. Or, jamais l'envie ne m'était venue de voir de près ces gros insectes au ventre blanc, aux pattes noires et maigres, car je craignais de trouver sous leurs ailes de pierre le petit génie humain, bien gourmé, bien pédant, bien bourré de science, de cabale ou de sorcellerie. Mais voilà qu'un beau matin j'ai appris que le moteur de chaque télégraphe était un pauvre diable d'employé à douze cents francs par an, occupé tout le jour à regarder, non pas le ciel comme l'astronome, non pas l'eau comme le pêcheur, non pas le paysage comme un cerveau vide, mais bien l'insecte au ventre blanc, aux pattes noires, son correspondant, placé à quelque quatre ou cinq lieues de lui. Alors je me suis senti pris d'un désir curieux de voir de près cette chrysalide vivante et d'assister à la comédie que du fond de sa coque elle donne à cette autre chrysalide, en tirant les uns après les autres quelques bouts de ficelle.

— Et vous allez là ?

— J'y vais.

— A quel télégraphe ? A celui du ministère de l'Intérieur ou de l'Observatoire ?

— Oh ! non pas, je trouverais là des gens qui voudraient me forcer de comprendre des choses que je veux ignorer, et qui m'expliqueraient malgré moi un mystère qu'ils ne connaissent pas. Peste ! je veux garder les illusions que j'ai encore sur les insectes ; c'est bien assez d'avoir déjà perdu celles que j'avais sur les hommes. Je n'irai donc ni au télégraphe du ministère de l'Intérieur, ni au télégraphe de l'Observatoire. Ce qu'il me faut, c'est le télégraphe en plein champ, pour y trouver le pur bonhomme pétrifié dans sa tour.

— Vous êtes un singulier grand seigneur, dit Villefort.

— Quelle ligne me conseillez-vous d'étudier ?

— Mais la plus occupée à cette heure.

— Bon ! celle d'Espagne, alors ?

— Justement. Voulez-vous une lettre du ministre pour qu'on vous explique...

— Mais non, dit Monte-Cristo, puisque je vous dis, au contraire, que je n'y veux rien comprendre. Du moment où j'y comprendrai quelque chose, il n'y aura plus de télégraphe, il n'y aura plus qu'un signe de M. Duchâtel ou de M. de Montalivet, transmis au préfet de Bayonne et travesti en deux mots grecs : Τῆλε, γράφετω. C'est la bête aux pattes noires et le mot effrayant que je veux conserver dans toute leur pureté et dans toute ma vénération.

— Allez donc, car dans deux heures il fera nuit, et vous ne verrez plus rien.

— Diable, vous m'effrayez. Quel est le plus proche ?

— Sur la route de Bayonne ?

— Oui, va pour la route de Bayonne.

— C'est celui de Châtillon.

— Et après celui de Châtillon ?

— Celui de la tour de Montlhéry, je crois.

— Merci, au revoir ! Samedi je vous raconterai mes impressions. »

À la porte, le comte se trouva avec les deux notaires qui venaient de déshériter Valentine, et qui se retiraient enchantés d'avoir fait un acte qui ne pouvait manquer de leur faire grand honneur.

LXI

LE MOYEN DE DÉLIVRER UN JARDINIER DES LOIRS QUI MANGENT SES PÊCHES

Non pas le même soir, comme il l'avait dit, mais le lendemain matin, le comte de Monte-Cristo sortit par la barrière d'Enfer, prit la route d'Orléans, dépassa le village de Linas sans s'arrêter au télégraphe qui, justement au moment où le comte passait, faisait mouvoir ses longs bras décharnés, et gagna la tour de Montlhéry, située, comme chacun sait, sur l'endroit le plus élevé de la plaine de ce nom.

Au pied de la colline, le comte mit pied à terre, et par un petit sentier circulaire, large de dix-huit pouces, commença de gravir la montagne ; arrivé au sommet, il se trouva arrêté par une haie sur laquelle des fruits verts avaient succédé aux fleurs roses et blanches.

Monte-Cristo chercha la porte du petit enclos, et ne tarda point à la trouver. C'était une petite herse en bois, roulant sur des gonds d'osier et se fermant avec un clou et une ficelle. En un instant le comte fut au courant du mécanisme et la porte s'ouvrit.

Le comte se trouva alors dans un petit jardin de vingt pieds de long sur douze de large, borné d'un côté par la partie de la haie dans laquelle était encadrée l'ingénieuse machine que nous avons décrite sous le nom de porte, et de l'autre par la vieille tour ceinte de lierre, toute parsemée de ravenelles et de giroflées.

On n'eût pas dit, à la voir ainsi ridée et fleurie comme une aïeule à qui ses petits-enfants viennent de souhaiter la fête, qu'elle pourrait raconter bien des drames terribles, si elle joignait une voix aux oreilles menaçantes qu'un vieux proverbe donne aux murailles.

On parcourait ce jardin en suivant une allée sablée de sable rouge, sur lequel mordait, avec des tons qui eussent réjoui l'œil de Delacroix, notre Rubens moderne, une bordure de gros buis, vieille de plusieurs années. Cette allée avait la forme d'un 8, et tournait en s'élançant, de manière à faire dans un jardin de vingt pieds une promenade de soixante. Jamais Flore, la riante et fraîche déesse des bons jardiniers latins, n'avait été honorée d'un culte aussi minutieux et aussi pur que l'était celui qu'on lui rendait dans ce petit enclos.

En effet, de vingt rosiers qui composaient le parterre, pas une feuille ne portait la trace de la mouche,

pas un filet la petite grappe de pucerons verts qui
désolent et rongent les plantes grandissant sur un
terrain humide. Ce n'était cependant point l'humidité
qui manquait à ce jardin : la terre noire comme de la
suie, l'opaque feuillage des arbres, le disaient assez ;
d'ailleurs l'humidité factice eût promptement suppléé
à l'humidité naturelle, grâce au tonneau plein d'eau
croupissante qui creusait un des angles du jardin, et
dans lequel stationnaient, sur une nappe verte, une
grenouille et un crapaud qui, par incompatibilité
d'humeur, sans doute, se tenaient toujours, en se tournant le dos, aux deux points opposés du cercle.

Д'ailleurs, pas une herbe dans les allées, pas un
rejeton parasite dans les plates-bandes ; une petite-
maîtresse polit et émonde avec moins de soin les géra-
niums, les cactus et les rhododendrons de sa jardi-
nière de porcelaine que ne le faisait le maître
jusqu'alors invisible du petit enclos.

Monte-Cristo s'arrêta après avoir refermé la porte
en agrafant la ficelle à son clou, et embrassa d'un
regard toute la propriété.

« Il paraît, dit-il, que l'homme du télégraphe a des
jardiniers à l'année, ou se livre passionnément à l'agri-
culture. »

Tout à coup il se heurta à quelque chose, tapi derrière une brouette chargée de feuillage : ce quelque
chose se redressa en laissant échapper une exclamation qui peignait son étonnement, et Monte-Cristo se
trouva en face d'un bonhomme d'une cinquantaine
d'années qui ramassait des fraises qu'il plaçait sur des
feuilles de vigne.

Il y avait douze feuilles de vigne et presque autant
de fraises.

Le bonhomme, en se relevant, faillit laisser choir
fraises, feuilles et assiette.

« Vous faites votre récolte, monsieur ? dit Monte-
Cristo en souriant.

— Pardon, monsieur, répondit le bonhomme en
portant la main à sa casquette, je ne suis pas là-haut,
c'est vrai, mais je viens d'en descendre à l'instant
même.

— Que je ne vous gêne en rien, mon ami, dit le comte ; cueillez vos fraises, si toutefois il vous en reste encore.

— J'en ai encore dix, dit l'homme, car en voici onze, et j'en avais vingt et une, cinq de plus que l'année dernière. Mais ce n'est pas étonnant, le printemps a été chaud cette année, et ce qu'il faut aux fraises, voyez-vous, monsieur, c'est la chaleur. Voilà pourquoi, au lieu de seize que j'ai eues l'année passée, j'en ai cette année, voyez-vous, onze déjà cueillies, douze, treize, quatorze, quinze, seize, dix-sept, dix-huit. Oh ! mon Dieu ! il m'en manque deux, elles y étaient encore hier, monsieur, elles y étaient, j'en suis sûr, je les ai comptées. Il faut que ce soit le fils de la mère Simon qui me les ait soufflées ; je l'ai vu rôder par ici ce matin. Ah ! le petit drôle, voler dans un enclos ! il ne sait pas où cela peut le mener.

— En effet, dit Monte-Cristo, c'est grave, mais vous ferez la part de la jeunesse du délinquant et de sa gourmandise.

— Certainement, dit le jardinier ; ce n'en est pas moins fort désagréable. Mais, encore une fois, pardon, monsieur : c'est peut-être un chef que je fais attendre ainsi ? »

Et il interrogeait d'un regard craintif le comte et son habit bleu.

« Rassurez-vous, mon ami, dit le comte avec ce sourire qu'il faisait, à sa volonté, si terrible et si bienveillant, et qui cette fois n'exprimait que la bienveillance, je ne suis point un chef qui vient pour vous inspecter, mais un simple voyageur conduit par la curiosité et qui commence même à se reprocher sa visite en voyant qu'il vous fait perdre votre temps.

— Oh ! mon temps n'est pas cher, répliqua le bonhomme avec un sourire mélancolique. Cependant c'est le temps du gouvernement, et je ne devrais pas le perdre, mais j'avais reçu le signal qui m'annonçait que je pouvais me reposer une heure (il jeta les yeux sur le cadran solaire, car il y avait de tout dans l'enclos de la tour de Montlhéry, même un cadran solaire), et, vous le voyez, j'avais encore dix minutes devant moi, puis

mes fraises étaient mûres, et un jour de plus... D'ailleurs, croiriez-vous, monsieur, que les loirs me les
mangent ?

— Ma foi, non, je ne l'aurais pas cru, répondit gravement Monte-Cristo ; c'est un mauvais voisinage,
monsieur, que celui des loirs, pour nous qui ne les
mangeons pas confits dans du miel comme faisaient
les Romains.

— Ah ! les Romains les mangeaient ? fit le jardinier ; ils mangeaient les loirs ?

— J'ai lu cela dans Pétrone, dit le comte.

— Vraiment ? Ça ne doit pas être bon, quoi qu'on
dise : Gras comme un loir. Et ce n'est pas étonnant,
monsieur, que les loirs soient gras, attendu qu'ils dorment toute la sainte journée, et qu'ils ne se réveillent
que pour ronger toute la nuit. Tenez, l'an dernier,
j'avais quatre abricots ; ils m'en ont entamé un. J'avais
un brugnon, un seul, il est vrai que c'est un fruit rare ;
eh bien, monsieur, ils me l'ont à moitié dévoré du côté
de la muraille ; un brugnon superbe et qui était
excellent. Je n'en ai jamais mangé de meilleur.

— Vous l'avez mangé ? demanda Monte-Cristo.

— C'est-à-dire la moitié qui restait, vous comprenez
bien. C'était exquis, monsieur. Ah ! dame, ces mes-
sieurs-là ne choisissent pas les pires morceaux. C'est
comme le fils de la mère Simon, il n'a pas choisi les
plus mauvaises fraises, allez ! Mais, cette année, continua l'horticulteur, soyez tranquille, cela ne m'arrivera
pas, dussé-je, quand les fruits seront près de mûrir,
passer la nuit pour les garder. »

Monte-Cristo en avait assez vu. Chaque homme a sa
passion qui le mord au fond du cœur, comme chaque
fruit son ver ; celle de l'homme au télégraphe, c'était
l'horticulture. Il se mit à cueillir les feuilles de vigne
qui cachaient les grappes au soleil, et se conquit par là
le cœur du jardinier.

« Monsieur était venu pour voir le télégraphe ? dit-il.

— Oui, monsieur, si toutefois cela n'est pas défendu
par les règlements.

— Oh ! pas défendu le moins du monde, dit le jardinier, attendu qu'il n'y a rien de dangereux, vu que
personne ne sait ni ne peut savoir ce que nous disons.

— On m'a dit, en effet, reprit le comte, que vous répétiez des signaux que vous ne compreniez pas vous-même.

— Certainement, monsieur, et j'aime bien mieux cela, dit en riant l'homme du télégraphe.

— Pourquoi aimez-vous mieux cela ?

— Parce que, de cette façon, je n'ai pas de responsabilité. Je suis une machine, moi, et pas autre chose, et pourvu que je fonctionne, on ne m'en demande pas davantage. »

« Diable ! fit Monte-Cristo en lui-même, est-ce que par hasard je serais tombé sur un homme qui n'aurait pas d'ambition ! Morbleu ! Ce serait jouer de malheur. »

« Monsieur, dit le jardinier en jetant un coup d'œil sur son cadran solaire, les dix minutes vont expirer, je retourne à mon poste. Vous plaît-il de monter avec moi ?

— Je vous suis. »

Monte-Cristo entra, en effet, dans la cour divisée en trois étages ; celui du bas contenait quelques instruments aratoires, tels que bêches, râteaux, arrosoirs, dressés contre la muraille : c'était tout l'ameublement.

Le second était l'habitation ordinaire ou plutôt nocturne de l'employé ; il contenait quelques pauvres ustensiles de ménage, un lit, une table, deux chaises, une fontaine de grès, plus quelques herbes sèches pendues au plafond, et que le comte reconnut pour des pois de senteur et des haricots d'Espagne dont le bonhomme conservait la graine dans sa coque ; il avait étiqueté tout cela avec le soin d'un maître botaniste du Jardin des plantes.

« Faut-il passer beaucoup de temps à étudier la télégraphie, monsieur ? demanda Monte-Cristo.

— Ce n'est pas l'étude qui est longue, c'est le surnumérariat.

— Et combien reçoit-on d'appointements ?

— Mille francs, monsieur.

— Ce n'est guère.

— Non ; mais on est logé, comme vous voyez. »

Monte-Cristo regarda la chambre.

« Pourvu qu'il n'aille pas tenir à son logement », murmura-t-il.

On passa au troisième étage : c'était la chambre du télégraphe. Monte-Cristo regarda tour à tour les deux poignées de fer à l'aide desquelles l'employé faisait jouer la machine.

« C'est fort intéressant, dit-il, mais à la longue c'est une vie qui doit vous paraître un peu insipide ?

— Oui, dans le commencement cela donne le torticolis à force de regarder ; mais au bout d'un an ou deux on s'y fait ; puis nous avons nos heures de récréation et nos jours de congé.

— Vos jours de congé ?

— Oui.

— Lesquels ?

— Ceux où il fait du brouillard.

— Ah ! c'est juste.

— Ce sont mes jours de fête, à moi ; je descends dans le jardin ces jours-là, et je plante, je taille, je rogne, j'échenille : en somme, le temps passe.

— Depuis combien de temps êtes-vous ici ?

— Depuis dix ans et cinq ans de surnumérariat, quinze.

— Vous avez ?...

— Cinquante-cinq ans.

— Combien de temps de service vous faut-il pour avoir la pension ?

— Oh ! monsieur, vingt-cinq ans.

— Et de combien est cette pension ?

— De cent écus.

— Pauvre humanité ! murmura Monte-Cristo.

— Vous dites, monsieur ?... demanda l'employé.

— Je dis que c'est fort intéressant.

— Quoi ?

— Tout ce que vous me montrez... Et vous ne comprenez rien absolument à vos signes ?

— Rien absolument.

— Vous n'avez jamais essayé de comprendre ?

— Jamais ; pour quoi faire ?

— Cependant, il y a des signaux qui s'adressent à vous directement.

— Sans doute.

— Et ceux-là vous les comprenez ?

— Ce sont toujours les mêmes.

— Et ils disent ?

— *Rien de nouveau... vous avez une heure...* ou *à demain...*

— Voilà qui est parfaitement innocent, dit le comte ; mais regardez donc, ne voilà-t-il pas votre correspondant qui se met en mouvement.

— Ah ! c'est vrai ; merci, monsieur.

— Et que vous dit-il ? est-ce quelque chose que vous comprenez ?

— Oui ; il me demande si je suis prêt.

— Et vous lui répondez ?...

— Par un signe qui apprend en même temps à mon correspondant de droite que je suis prêt, tandis qu'il invite mon correspondant de gauche à se préparer à son tour.

— C'est très ingénieux, dit le comte.

— Vous allez voir, reprit avec orgueil le bonhomme, dans cinq minutes il va parler.

— J'ai cinq minutes alors, dit Monte-Cristo, c'est plus de temps qu'il ne m'en faut. Mon cher monsieur, dit-il, permettez-moi de vous faire une question.

— Faites.

— Vous aimez le jardinage ?

— Avec passion.

— Et vous seriez heureux, au lieu d'avoir une terrasse de vingt pieds, d'avoir un enclos de deux arpents ?

— Monsieur, j'en ferais un paradis terrestre.

— Avec vos mille francs, vous vivez mal ?

— Assez mal ; mais enfin je vis.

— Oui ; mais vous n'avez qu'un jardin misérable.

— Ah ! c'est vrai, le jardin n'est pas grand.

— Et encore, tel qu'il est, il est peuplé de loirs qui dévorent tout.

— Ça, c'est mon fléau.

— Dites-moi, si vous aviez le malheur de tourner la tête quand le correspondant de droite va marcher ?

— Je ne le verrais pas.

— Alors qu'arriverait-il ?

— Que je ne pourrais pas répéter ses signaux.

— Et après ?

— Il arriverait que, ne les ayant pas répétés par négligence, je serais mis à l'amende.

— De combien ?

— De cent francs.

— Le dixième de votre revenu ; c'est joli !

— Ah ! fit l'employé.

— Cela vous est arrivé ? dit Monte-Cristo.

— Une fois, monsieur, une fois que je greffais un rosier noisette.

— Bien. Maintenant, si vous vous avisiez de changer quelque chose au signal, ou d'en transmettre un autre ?

— Alors, c'est différent, je serais renvoyé et je perdrais ma pension.

— Trois cents francs ?

— Cent écus, oui, monsieur ; aussi vous comprenez que jamais je ne ferai rien de tout cela.

— Pas même pour quinze ans de vos appointements ? Voyons, ceci mérite réflexion, hein ?

— Pour quinze mille francs ?

— Oui.

— Monsieur, vous m'effrayez.

— Bah !

— Monsieur, vous voulez me tenter ?

— Justement ! Quinze mille francs, comprenez-vous ?

— Monsieur, laissez-moi regarder mon correspondant à droite !

— Au contraire, ne le regardez pas et regardez ceci.

— Qu'est-ce que c'est ?

— Comment ? vous ne connaissez pas ces petits papiers-là ?

— Des billets de banque !

— Carrés ; il y en a quinze.

— Et à qui sont-ils ?

— A vous, si vous voulez.

— A moi ! s'écria l'employé suffoqué.

— Oh ! mon Dieu, oui ! à vous, en toute propriété.

— Monsieur, voilà mon correspondant de droite qui marche.

— Laissez-le marcher.

— Monsieur, vous m'avez distrait, et je vais être à l'amende.

— Cela vous coûtera cent francs ; vous voyez bien que vous avez tout intérêt à prendre mes quinze billets de banque.

— Monsieur, le correspondant de droite s'impatiente, il redouble ses signaux.

— Laissez-le faire et prenez. »

Le comte mit le paquet dans la main de l'employé.

« Maintenant, dit-il, ce n'est pas tout : avec vos quinze mille francs vous ne vivrez pas.

— J'aurai toujours ma place.

— Non, vous la perdrez ; car vous allez faire un autre signe que celui de votre correspondant.

— Oh ! monsieur, que me proposez-vous là ?

— Un enfantillage.

— Monsieur, à moins que d'y être forcé...

— Je compte bien vous y forcer effectivement. »

Et Monte-Cristo tira de sa poche un autre paquet.

« Voici dix autres mille francs, dit-il ; avec les quinze qui sont dans votre poche, cela fera vingt-cinq mille. Avec cinq mille francs, vous achèterez une jolie petite maison et deux arpents de terre ; avec les vingt mille autres, vous vous ferez mille francs de rente.

— Un jardin de deux arpents ?

— Et mille francs de rente.

— Mon Dieu ! mon Dieu !

— Mais prenez donc ! »

Et Monte-Cristo mit de force les dix mille francs dans la main de l'employé.

« Que dois-je faire ?

— Rien de bien difficile.

— Mais enfin ?

— Répéter les signes que voici. »

Monte-Cristo tira de sa poche un papier sur lequel il y avait trois signes tout tracés, des numéros indiquant l'ordre dans lequel ils devaient être faits.

« Ce ne sera pas long, comme vous voyez.

— Oui, mais...

— C'est pour le coup que vous aurez des brugnons, et de reste. »

Le coup porta ; rouge de fièvre et suant à grosses gouttes, le bonhomme exécuta les uns après les autres les trois signes donnés par le comte, malgré les effrayantes dislocations du correspondant de droite, qui, ne comprenant rien à ce changement, commençait à croire que l'homme aux brugnons était devenu fou.

Quant au correspondant de gauche, il répéta consciencieusement les mêmes signaux, qui furent recueillis définitivement au ministère de l'Intérieur.

« Maintenant, vous voilà riche, dit Monte-Cristo.

— Oui, répondit l'employé, mais à quel prix !

— Écoutez, mon ami, dit Monte-Cristo, je ne veux pas que vous ayez des remords ; croyez-moi donc, car, je vous jure, vous n'avez fait de tort à personne, et vous avez servi les projets de Dieu. »

L'employé regardait les billets de banque, les palpait, les comptait ; il était pâle, il était rouge ; enfin, il se précipita vers sa chambre pour boire un verre d'eau ; mais il n'eut pas le temps d'arriver jusqu'à la fontaine, et il s'évanouit au milieu de ses haricots secs.

Cinq minutes après que la nouvelle télégraphique fut arrivée au ministère, Debray fit mettre les chevaux à son coupé, et courut chez Danglars.

« Votre mari a des coupons de l'emprunt espagnol ? dit-il à la baronne.

— Je crois bien ! il en a pour six millions.

— Qu'il les vende à quelque prix que ce soit.

— Pourquoi cela ?

— Parce que don Carlos s'est sauvé de Bourges et est rentré en Espagne.

— Comment savez-vous cela ?

— Parbleu, dit Debray en haussant les épaules, comme je sais les nouvelles. »

La baronne ne se le fit pas répéter deux fois : elle courut chez son mari, lequel courut à son tour chez son agent de change et lui ordonna de vendre à tout prix.

Quand on vit que M. Danglars vendait, les fonds espagnols baissèrent aussitôt. Danglars y perdit cinq cent mille francs, mais il se débarrassa de tous ses coupons.

Le soir on lut dans le *Messager* :

Dépêche télégraphique.

« Le roi don Carlos a échappé à la surveillance qu'on exerçait sur lui à Bourges, et est rentré en Espagne par la frontière de Catalogne. Barcelone s'est soulevée en sa faveur. »

Pendant toute la soirée il ne fut bruit que de la prévoyance de Danglars, qui avait vendu ses coupons, et du bonheur de l'agioteur, qui ne perdait que cinq cent mille francs sur un pareil coup.

Ceux qui avaient conservé leurs coupons ou acheté ceux de Danglars se regardèrent comme ruinés et passèrent une fort mauvaise nuit.

Le lendemain on lut dans le *Moniteur* :

« C'est sans aucun fondement que le *Messager* a annoncé hier la fuite de don Carlos et la révolte de Barcelone.

« Le roi don Carlos n'a pas quitté Bourges, et la Péninsule jouit de la plus profonde tranquillité.

« Un signe télégraphique, mal interprété à cause du brouillard, a donné lieu à cette erreur. »

Les fonds remontèrent d'un chiffre double de celui où ils étaient descendus.

Cela fit, en perte et en manque à gagner, un million de différence pour Danglars.

« Bon ! dit Monte-Cristo à Morrel, qui se trouvait chez lui au moment où on annonçait l'étrange revirement de Bourse dont Danglars avait été victime ; je viens de faire pour vingt-cinq mille francs une découverte que j'eusse payée cent mille.

— Que venez-vous donc de découvrir ? demanda Maximilien.

— Je viens de découvrir le moyen de délivrer un jardinier des loirs qui lui mangeaient ses pêches. »

LXII

LES FANTÔMES

A la première vue, et examinée du dehors, la maison d'Auteuil n'avait rien de splendide, rien de ce qu'on pouvait attendre d'une habitation destinée au magnifique comte de Monte-Cristo : mais cette simplicité tenait à la volonté du maître, qui avait positivement ordonné que rien ne fût changé à l'extérieur ; il n'était besoin pour s'en convaincre que de considérer l'intérieur. En effet, à peine la porte était-elle ouverte que le spectacle changeait.

M. Bertuccio s'était surpassé lui-même pour le goût des ameublements et la rapidité de l'exécution : comme autrefois le duc d'Antin avait fait abattre en une nuit une allée d'arbres qui gênait le regard de Louis XIV, de même en trois jours M. Bertuccio avait fait planter une cour entièrement nue, et de beaux peupliers, des sycomores venus avec leurs blocs énormes de racines, ombrageaient la façade principale de la maison, devant laquelle, au lieu de pavés à moitié cachés par l'herbe, s'étendait une pelouse de gazon, dont les plaques avaient été posées le matin même et qui formait un vaste tapis où perlait encore l'eau dont on l'avait arrosé.

Au reste, les ordres venaient du comte ; lui-même avait remis à Bertuccio un plan où étaient indiqués le nombre et la place des arbres qui devaient être plantés, la forme et l'espace de la pelouse qui devait succéder aux pavés.

Vue ainsi, la maison était devenue méconnaissable, et Bertuccio lui-même protestait qu'il ne la reconnaissait plus, emboîtée qu'elle était dans son cadre de verdure.

L'intendant n'eût pas été fâché, tandis qu'il y était, de faire subir quelques transformations au jardin ; mais le comte avait positivement défendu qu'on y touchât en rien. Bertuccio s'en dédommagea en encombrant de fleurs les antichambres, les escaliers et les cheminées.

Ce qui annonçait l'extrême habileté de l'intendant et la profonde science du maître, l'un pour servir, l'autre pour se faire servir, c'est que cette maison, déserte depuis vingt années, si sombre et si triste encore la veille, tout imprégnée qu'elle était de cette fade odeur qu'on pourrait appeler l'odeur du temps, avait pris en un jour, avec l'aspect de la vie, les parfums que préférait le maître, et jusqu'au degré de son jour favori ; c'est que le comte, en arrivant, avait là, sous sa main, ses livres et ses armes ; sous ses yeux ses tableaux préférés ; dans les antichambres les chiens dont il aimait les caresses, les oiseaux dont il aimait le chant ; c'est que toute cette maison, réveillée de son long sommeil, comme le palais de la Belle au bois dormant, vivait, chantait, s'épanouissait, pareille à ces maisons que nous avons depuis longtemps chéries, et dans lesquelles, lorsque par malheur nous les quittons, nous laissons involontairement une partie de notre âme.

Des domestiques allaient et venaient joyeux dans cette belle cour : les uns possesseurs des cuisines, et glissant, comme s'ils eussent toujours habité cette maison, dans des escaliers restaurés de la veille, les autres peuplant les remises, où les équipages, numérotés et casés, semblaient installés depuis cinquante ans ; et les écuries, où les chevaux au râtelier répondaient en hennissant aux palefreniers, qui leur parlaient avec infiniment plus de respect que beaucoup de domestiques ne parlent à leurs maîtres.

La bibliothèque était disposée sur deux corps, aux deux côtés de la muraille, et contenait deux mille volumes à peu près ; tout un compartiment était destiné aux romans modernes, et celui qui avait paru la veille était déjà rangé à sa place, se pavanant dans sa reliure rouge et or.

De l'autre côté de la maison, faisant pendant à la bibliothèque, il y avait la serre, garnie de plantes rares et s'épanouissant dans de larges potiches japonaises, et au milieu de la serre, merveille à la fois des yeux et de l'odorat, un billard que l'on eût dit abandonné depuis une heure au plus par les joueurs, qui avaient laissé mourir les billes sur le tapis.

Une seule chambre avait été respectée par le magnifique Bertuccio. Devant cette chambre, située à l'angle gauche du premier étage, à laquelle on pouvait monter par le grand escalier, et dont on pouvait sortir par l'escalier dérobé, les domestiques passaient avec curiosité et Bertuccio avec terreur.

A cinq heures précises, le comte arriva, suivi d'Ali, devant la maison d'Auteuil. Bertuccio attendait cette arrivée avec une impatience mêlée d'inquiétude ; il espérait quelques compliments, tout en redoutant un froncement de sourcils.

Monte-Cristo descendit dans la cour, parcourut toute la maison et fit le tour du jardin, silencieux et sans donner le moindre signe d'approbation ni de mécontentement.

Seulement, en entrant dans sa chambre à coucher, située du côté opposé à la chambre fermée, il étendit la main vers le tiroir d'un petit meuble en bois de rose, qu'il avait déjà distingué à son premier voyage.

« Cela ne peut servir qu'à mettre des gants, dit-il.

— En effet, Excellence, répondit Bertuccio ravi, ouvrez, et vous y trouverez des gants. »

Dans les autres meubles, le comte trouva encore ce qu'il comptait y trouver, flacons, cigares, bijoux.

« Bien ! » dit-il encore.

Et M. Bertuccio se retira l'âme ravie, tant était grande, puissante et réelle l'influence de cet homme sur tout ce qui l'entourait.

A six heures précises, on entendit piétiner un cheval devant la porte d'entrée. C'était notre capitaine des spahis qui arrivait sur *Médéah*.

Monte-Cristo l'attendait sur le perron, le sourire aux lèvres.

« Me voilà le premier, j'en suis bien sûr ! lui cria

Morrel : je l'ai fait exprès pour vous avoir un instant à moi seul avant tout le monde. Julie et Emmanuel vous disent des millions de choses. Ah ! mais, savez-vous que c'est magnifique ici ! Dites-moi, comte, est-ce que vos gens auront bien soin de mon cheval ?

— Soyez tranquille, mon cher Maximilien, ils s'y connaissent.

— C'est qu'il a besoin d'être bouchonné. Si vous saviez de quel train il a été ! Une véritable trombe !

— Peste, je le crois bien, un cheval de cinq mille francs ! dit Monte-Cristo du ton qu'un père mettrait à parler à son fils.

— Vous les regrettez ? dit Morrel avec son franc sourire.

— Moi ! Dieu m'en préserve ! répondit le comte. Non. Je regretterais seulement que le cheval ne fût pas bon.

— Il est si bon, mon cher comte, que M. de Château-Renaud, l'homme le plus connaisseur de France, et M. Debray, qui monte les arabes du ministère, courent après moi en ce moment, et sont un peu distancés, comme vous voyez, et encore sont-ils talonnés par les chevaux de la baronne Danglars, qui vont d'un trot à faire tout bonnement leurs six lieues à l'heure.

— Alors, ils vous suivent ? demanda Monte-Cristo.

— Tenez, les voilà. »

En effet, au moment même, un coupé à l'attelage tout fumant et deux chevaux de selle hors d'haleine arrivèrent devant la grille de la maison, qui s'ouvrit devant eux. Aussitôt le coupé décrivit son cercle, et vint s'arrêter au perron, suivi de deux cavaliers.

En un instant Debray eut mis pied à terre, et se trouva à la portière. Il offrit sa main à la baronne, qui lui fit en descendant un geste imperceptible pour tout autre que pour Monte-Cristo.

Mais le comte ne perdait rien, et dans ce geste il vit reluire un petit billet blanc aussi imperceptible que le geste, et qui passa, avec une aisance qui indiquait l'habitude de cette manœuvre, de la main de Mme Danglars dans celle du secrétaire du ministre.

Derrière sa femme descendit le banquier, pâle comme s'il fût sorti du sépulcre au lieu de sortir de son coupé.

Mme Danglars jeta autour d'elle un regard rapide et investigateur que Monte-Cristo seul put comprendre, et dans lequel elle embrassa la cour, le péristyle, la façade de la maison ; puis, réprimant une légère émotion, qui se fût certes traduite sur son visage, s'il eût été permis à son visage de pâlir, elle monta le perron tout en disant à Morrel :

« Monsieur, si vous étiez de mes amis, je vous demanderais si votre cheval est à vendre. »

Morrel fit un sourire qui ressemblait fort à une grimace, et se retourna vers Monte-Cristo, comme pour le prier de le tirer de l'embarras où il se trouvait.

Le comte le comprit.

« Ah ! madame, répondit-il, pourquoi n'est-ce point à moi que cette demande s'adresse ?

— Avec vous, monsieur, dit la baronne, on n'a le droit de ne rien désirer, car on est trop sûre d'obtenir. Aussi était-ce à M. Morrel.

— Malheureusement, reprit le comte, je suis témoin que M. Morrel ne peut céder son cheval, son honneur étant engagé à ce qu'il le garde.

— Comment cela ?

— Il a parié dompter *Médéah* dans l'espace de six mois. Vous comprenez maintenant, baronne, que s'il s'en défaisait avant le terme fixé par le pari, non seulement il le perdrait, mais encore on dirait qu'il a eu peur ; et un capitaine de spahis, même pour passer un caprice à une jolie femme, ce qui est, à mon avis, une des choses les plus sacrées de ce monde, ne peut laisser courir un pareil bruit.

— Vous voyez, madame... dit Morrel tout en adressant à Monte-Cristo un sourire reconnaissant.

— Il me semble d'ailleurs, dit Danglars avec un ton bourru mal déguisé par son sourire épais, que vous en avez assez comme cela de chevaux. »

Ce n'était pas l'habitude de Mme Danglars de laisser passer de pareilles attaques sans y riposter, et cependant, au grand étonnement des jeunes gens, elle fit semblant de ne pas entendre et ne répondit rien.

Monte-Cristo souriait à ce silence, qui dénonçait une humilité inaccoutumée, tout en montrant à la baronne deux immenses pots de porcelaine de Chine, sur lesquels serpentaient des végétations marines d'une grosseur et d'un travail tels, que la nature seule peut avoir cette richesse, cette sève et cet esprit.

La baronne était émerveillée.

« Eh ! mais, on planterait là-dedans un marronnier des Tuileries ! dit-elle ; comment donc a-t-on jamais pu faire cuire de pareilles énormités ?

— Ah ! madame, dit Monte-Cristo, il ne faut pas nous demander cela à nous autre faiseurs de statuettes et de verre mousseline ; c'est un travail d'un autre âge, une espèce d'œuvre des génies de la terre et de la mer.

— Comment cela et de quelle époque cela peut-il être ?

— Je ne sais pas ; seulement j'ai ouï dire qu'un empereur de la Chine avait fait construire un four exprès ; que dans ce four, les uns après les autres, on avait fait cuire douze pots pareils à ceux-ci. Deux se brisèrent sous l'ardeur du feu ; on descendit les dix autres à trois cents brasses au fond de la mer. La mer, qui savait ce que l'on demandait d'elle, jeta sur eux ses lianes, tordit ses coraux, incrusta ses coquilles ; le tout fut cimenté par deux cents années sous ses profondeurs inouïes, car une révolution emporta l'empereur qui avait voulu faire cet essai et ne laissa que le procès-verbal qui constatait la cuisson des vases et leur descente au fond de la mer. Au bout de deux cents ans on retrouva le procès-verbal, et l'on songea à retirer les vases. Des plongeurs allèrent, sous des machines faites exprès, à la découverte dans la baie où on les avait jetés ; mais sur les dix on n'en retrouva plus que trois, les autres avaient été dispersés et brisés par les flots. J'aime ces vases, au fond desquels, je me figure parfois que des monstres informes, effrayants, mystérieux, et pareils à ceux que voient les seuls plongeurs, ont fixé avec étonnement leur regard terne et froid, et dans lesquels ont dormi des myriades de poissons qui s'y réfugiaient pour fuir la poursuite de leurs ennemis. »

Pendant ce temps, Danglars, peu amateur de curiosités, arrachait machinalement, et l'une après l'autre, les fleurs d'un magnifique oranger ; quand il eut fini avec l'oranger, il s'adressa à un cactus, mais alors le cactus, d'un caractère moins facile que l'oranger, le piqua outrageusement.

Alors il tressaillit et se frotta les yeux comme s'il sortait d'un songe.

« Monsieur, lui dit Monte-Cristo en souriant, vous qui êtes amateur de tableaux et qui avez de si magnifiques choses, je ne vous recommande pas les miens. Cependant voici deux Hobbema, un Paul Potter, un Mieris, deux Gérard Dow, un Raphaël, un Van Dyck, un Zurbaran et deux ou trois Murillo, qui sont dignes de vous être présentés.

— Tiens ! dit Debray, voici un Hobbema que je reconnais.

— Ah ! vraiment !

— Oui, on est venu le proposer au Musée.

— Qui n'en a pas, je crois ? hasarda Monte-Cristo.

— Non, et qui cependant a refusé de l'acheter.

— Pourquoi cela ? demanda Château-Renaud.

— Vous êtes charmant, vous ; parce que le gouvernement n'est point assez riche.

— Ah ! pardon ! dit Château-Renaud. J'entends dire cependant de ces choses-là tous les jours depuis huit ans, et je ne puis pas encore m'y habituer.

— Cela viendra, dit Debray.

— Je ne crois pas, répondit Château-Renaud.

— M. le major Bartolomeo Cavalcanti ! M. le vicomte Andrea Cavalcanti ! » annonça Baptistin.

Un col de satin noir sortant des mains du fabricant, une barbe fraîche, des moustaches grises, l'œil assuré, un habit de major orné de trois plaques et de cinq croix, en somme, une tenue irréprochable de vieux soldat, tel apparut le major Bartolomeo Cavalcanti, ce tendre père que nous connaissons.

Près de lui, couvert d'habits tout flambant neufs, s'avançait, le sourire sur les lèvres, le vicomte Andrea Cavalcanti, ce respectueux fils que nous connaissons encore.

Les trois jeunes gens causaient ensemble ; leurs

regards se portaient du père au fils, et s'arrêtèrent tout naturellement plus longtemps sur ce dernier, qu'ils détaillèrent.

« Cavalcanti ! dit Debray.

— Un beau nom, fit Morrel ; peste !

— Oui, dit Château-Renaud, c'est vrai, ces Italiens se nomment bien, mais ils s'habillent mal.

— Vous êtes difficile, Château-Renaud, reprit Debray ; ces habits sont d'un excellent faiseur, et tout neufs.

— Voilà justement ce que je leur reproche. Ce monsieur a l'air de s'habiller aujourd'hui pour la première fois.

— Qu'est-ce que ces messieurs ? demanda Danglars au comte de Monte-Cristo.

— Vous avez entendu, des Cavalcanti.

— Cela m'apprend leur nom, voilà tout.

— Ah ! c'est vrai, vous n'êtes pas au courant de nos noblesses d'Italie ; qui dit Cavalcanti, dit race de princes.

— Belle fortune ? demanda le banquier.

— Fabuleuse.

— Que font-ils ?

— Ils essaient de la manger sans pouvoir en venir à bout. Ils ont d'ailleurs des crédits sur vous, à ce qu'ils m'ont dit en me venant voir avant-hier. Je les ai même invités à votre intention. Je vous les présenterai.

— Mais il me semble qu'ils parlent très purement le français, dit Danglars.

— Le fils a été élevé dans un collège du Midi, à Marseille ou dans les environs, je crois. Vous le trouverez dans l'enthousiasme.

— De quoi ? demanda la baronne.

— Des Françaises, madame. Il veut absolument prendre femme à Paris.

— Une belle idée qu'il a là ! » dit Danglars en haussant les épaules.

Mme Danglars regarda son mari avec une expression qui, dans tout autre moment, eût présagé un orage ; mais pour la seconde fois elle se tut.

« Le baron paraît bien sombre aujourd'hui, dit

Monte-Cristo à Mme Danglars ; est-ce qu'on voudrait le faire ministre, par hasard ?

— Non, pas encore, que je sache. Je crois plutôt qu'il aura joué à la Bourse, qu'il aura perdu, et qu'il ne sait à qui s'en prendre.

— M. et Mme de Villefort ! » cria Baptistin.

Les deux personnes annoncées entrèrent. M. de Villefort, malgré sa puissance sur lui-même, était visiblement ému. En touchant sa main, Monte-Cristo sentit qu'elle tremblait.

« Décidément, il n'y a que les femmes pour savoir dissimuler », se dit Monte-Cristo à lui-même et en regardant Mme Danglars, qui souriait au procureur du roi et qui embrassait sa femme.

Après les premiers compliments, le comte vit Bertuccio qui, occupé jusque-là du côté de l'office, se glissait dans un petit salon attenant à celui dans lequel on se trouvait.

Il alla à lui.

« Que voulez-vous, monsieur Bertuccio ? lui dit-il.

— Son Excellence ne m'a pas dit le nombre de ses convives.

— Ah ! c'est vrai.

— Combien de couverts ?

— Comptez vous-même.

— Tout le monde est-il arrivé, Excellence ?

— Oui. »

Bertuccio glissa son regard à travers la porte entrebâillée.

Monte-Cristo le couvait des yeux.

« Ah ! mon Dieu ! s'écria-t-il.

— Quoi donc ? demanda le comte.

— Cette femme !... cette femme !...

— Laquelle ?

— Celle qui a une robe blanche et tant de diamants !... la blonde !...

— Mme Danglars ?

— Je ne sais pas comment on la nomme. Mais c'est elle, monsieur, c'est elle !

— Qui, elle ?

— La femme du jardin ! celle qui était enceinte !

celle qui se promenait en attendant !... en attendant !... »

Bertuccio demeura la bouche ouverte, pâle et les
cheveux hérissés.

« En attendant qui ? »

Bertuccio, sans répondre, montra Villefort du doigt,
à peu près du même geste dont Macbeth montra
Banco.

« Oh !... oh !... murmura-t-il enfin, voyez-vous ?

— Quoi ? qui ?

— Lui.

— Lui !... M. le procureur du roi de Villefort ? Sans
doute, que je vois.

— Mais je ne l'ai donc pas tué ?

— Ah çà ! mais je crois que vous devenez fou, mon
brave Bertuccio, dit le comte.

— Mais il n'est donc pas mort ?

— Eh non ! il n'est pas mort, vous le voyez bien ; au
lieu de le frapper entre la sixième et la septième côte
gauche, comme c'est la coutume de vos compatriotes,
vous aurez frappé plus haut ou plus bas ; et ces gens
de justice, ça vous a l'âme chevillée dans le corps ; ou
bien plutôt rien de ce que vous m'avez raconté n'est
vrai, c'est un rêve de votre imagination, une hallucination de votre esprit ; vous vous serez endormi ayant
mal digéré votre vengeance ; elle vous aura pesé sur
l'estomac ; vous aurez eu le cauchemar, voilà tout.
Voyons, rappelez votre calme, et comptez : M. et
Mme de Villefort, deux ; M. et Mme Danglars, quatre ;
M. de Château-Renaud, M. Debray, M. Morrel, sept ;
M. le major Bartolomeo Cavalcanti, huit.

— Huit ! répéta Bertuccio.

— Attendez donc ! attendez donc ! vous êtes bien
pressé de vous en aller, que diable ! vous oubliez un de
mes convives. Appuyez un peu sur la gauche... tenez...
M. Andrea Cavalcanti, ce jeune homme en habit noir
qui regarde la Vierge de Murillo, qui se retourne. »

Cette fois Bertuccio commença un cri que le regard
de Monte-Cristo éteignit sur ses lèvres.

« Benedetto ! murmura-t-il tout bas, fatalité !

— Voilà six heures et demie qui sonnent, monsieur

Bertuccio, dit sévèrement le comte ; c'est l'heure où j'ai donné l'ordre qu'on se mît à table ; vous savez que je n'aime point à attendre. »

Et Monte-Cristo entra dans le salon où l'attendaient ses convives, tandis que Bertuccio regagnait la salle à manger en s'appuyant contre les murailles.

Cinq minutes après, les deux portes du salon s'ouvrirent. Bertuccio parut, et faisant, comme Vatel à Chantilly, un dernier et héroïque effort :

« Monsieur le comte est servi », dit-il.

Monte-Cristo offrit le bras à Mme de Villefort.

« Monsieur de Villefort, dit-il, faites-vous le cavalier de Mme la baronne Danglars, je vous prie. »

Villefort obéit, et l'on passa dans la salle à manger.

LXIII

LE DÎNER

Il était évident qu'en passant dans la salle à manger un même sentiment animait tous les convives. Ils se demandaient quelle bizarre influence les avait menés tous dans cette maison, et cependant, tout étonnés et même tout inquiets que quelques-uns étaient de s'y trouver, ils n'eussent point voulu ne pas y être.

Et cependant des relations d'une date récente, la position excentrique et isolée, la fortune inconnue et presque fabuleuse du comte, faisaient un devoir aux hommes d'être circonspects, et aux femmes une loi de ne point entrer dans cette maison où il n'y avait point de femmes pour les recevoir ; et cependant hommes et femmes avaient passé les uns sur la circonspection, les autres sur la convenance ; et la curiosité, les pressant de son irrésistible aiguillon, l'avait emporté sur le tout.

Il n'y avait point jusqu'aux Cavalcanti père et fils qui, l'un malgré sa raideur, l'autre malgré sa désinvolture, ne parussent préoccupés de se trouver réunis, chez cet homme dont ils ne pouvaient comprendre le but, à d'autres hommes qu'ils voyaient pour la première fois.

Mme Danglars avait fait un mouvement en voyant, sur l'invitation de Monte-Cristo, M. de Villefort s'approcher d'elle pour lui offrir le bras, et M. de Villefort avait senti son regard se troubler sous ses lunettes d'or en sentant le bras de la baronne se poser sur le sien.

Aucun de ces deux mouvements n'avait échappé au comte, et déjà, dans cette simple mise en contact des individus, il y avait pour l'observateur de cette scène un fort grand intérêt.

M. de Villefort avait à sa droite Mme Danglars et à sa gauche Morrel.

Le comte était assis entre Mme de Villefort et Danglars.

Les autres intervalles étaient remplis par Debray, assis entre Cavalcanti père et Cavalcanti fils, et par Château-Renaud, assis entre Mme de Villefort et Morrel.

Le repas fut magnifique ; Monte-Cristo avait pris à tâche de renverser complètement la symétrie parisienne et de donner plus encore à la curiosité qu'à l'appétit de ses convives l'aliment qu'elle désirait. Ce fut un festin oriental qui leur fut offert, mais oriental à la manière dont pouvaient l'être les festins des fées arabes.

Tous les fruits que les quatre parties du monde peuvent verser intacts et savoureux dans la corne d'abondance de l'Europe étaient amoncelés en pyramides dans les vases de Chine et dans les coupes du Japon. Les oiseaux rares avec la partie brillante de leur plumage, les poissons monstrueux étendus sur des lames d'argent, tous les vins de l'Archipel, de l'Asie Mineure et du Cap, enfermés dans des fioles aux formes bizarres et dont la vue semblait encore ajouter à la saveur de ces vins, défilèrent comme une de ces revues qu'Apicius passait, avec ses convives, devant ces Parisiens qui comprenaient bien que l'on pût dépenser mille louis à un dîner de dix personnes, mais à la condition que, comme Cléopâtre, on mangerait des perles, ou que, comme Laurent de Médicis, on boirait de l'or fondu.

Monte-Cristo vit l'étonnement général, et se mit à rire et à se railler tout haut.

« Messieurs, dit-il, vous admettez bien ceci, n'est-ce pas, c'est qu'arrivé à un certain degré de fortune il n'y a plus de nécessaire que le superflu, comme ces dames admettront qu'arrivé à un certain degré d'exaltation il n'y a plus de positif que l'idéal ? Or, en poursuivant le raisonnement, qu'est-ce que le merveilleux ? Ce que nous ne comprenons pas. Qu'est-ce qu'un bien véritablement désirable ? Un bien que nous ne pouvons pas avoir. Or, voir des choses que je ne puis comprendre, me procurer des choses impossibles à avoir, telle est l'étude de toute ma vie. J'y arrive avec deux moyens : l'argent et la volonté. Je mets à poursuivre une fantaisie, par exemple, la même persévérance que vous mettez, vous, monsieur Danglars, à créer une ligne de chemin de fer ; vous, monsieur de Villefort, à faire condamner un homme à mort ; vous, monsieur Debray, à pacifier un royaume ; vous, monsieur de Château-Renaud, à plaire à une femme ; et vous, Morrel, à dompter un cheval que personne ne peut monter. Ainsi, par exemple, voyez ces deux poissons, nés, l'un à cinquante lieues de Saint-Pétersbourg, l'autre à cinq lieues de Naples : n'est-ce pas amusant de les réunir sur la même table ?

— Quels sont donc ces deux poissons ? demanda Danglars.

— Voici M. de Château-Renaud, qui a habité la Russie, qui vous dira le nom de l'un, répondit Monte-Cristo, et voici M. le Major Cavalcanti, qui est Italien, qui vous dira le nom de l'autre.

— Celui-ci, dit Château-Renaud, est, je crois, un sterlet.

— A merveille.

— Et celui-là, dit Cavalcanti, est, si je ne me trompe, une lamproie.

— C'est cela même. Maintenant, monsieur Danglars, demandez à ces deux messieurs où se pêchent ces deux poissons.

— Mais, dit Château-Renaud, les sterlets se pêchent dans la Volga seulement.

— Mais, dit Cavalcanti, je ne connais que le lac de Fusaro qui fournisse des lamproies de cette taille.

— Eh bien, justement, l'un vient de la Volga et l'autre du lac de Fusaro.

— Impossible ! s'écrièrent ensemble tous les convives.

— Eh bien, voilà justement ce qui m'amuse, dit Monte-Cristo. Je suis comme Néron : *cupitor impossibilium* ; et voilà, vous aussi, ce qui vous amuse en ce moment ; voilà enfin ce qui fait que cette chair, qui peut-être en réalité ne vaut pas celle de la perche et du saumon, va vous sembler exquise tout à l'heure, c'est que, dans votre esprit, il était impossible de se la procurer, et que cependant la voilà.

— Mais comment a-t-on fait pour transporter ces deux poissons à Paris ?

— Oh ! mon Dieu ! rien de plus simple : on a apporté ces deux poissons chacun dans un grand tonneau matelassé, l'un de roseaux et d'herbes du fleuve, l'autre de joncs et de plantes du lac ; ils ont été mis dans un fourgon fait exprès ; ils ont vécu ainsi, le sterlet douze jours, et la lamproie huit ; et tous deux vivaient parfaitement lorsque mon cuisinier s'en est emparé pour faire mourir l'un dans du lait, l'autre dans du vin. Vous ne le croyez pas, monsieur Danglars ?

— Je doute au moins, répondit Danglars, en souriant de son sourire épais.

— Baptistin ! dit Monte-Cristo, faites apporter l'autre sterlet et l'autre lamproie ; vous savez, ceux qui sont venus dans d'autres tonneaux et qui vivent encore. »

Danglars ouvrit des yeux effarés ; l'assemblée battit des mains.

Quatre domestiques apportèrent deux tonneaux garnis de plantes marines, dans chacun desquels palpitait un poisson pareil à ceux qui étaient servis sur la table.

« Mais pourquoi deux de chaque espèce ? demanda Danglars.

— Parce que l'un pouvait mourir, répondit simplement Monte-Cristo.

— Vous êtes vraiment un homme prodigieux, dit Danglars, et les philosophes ont beau dire, c'est superbe d'être riche.

— Et surtout d'avoir des idées, dit Mme Danglars.

— Oh ! ne me faites pas honneur de celle-ci, madame ; elle était fort en honneur chez les Romains ; et Pline raconte qu'on envoyait d'Ostie à Rome, avec des relais d'esclaves qui les portaient sur leur tête, des poissons de l'espèce de celui qu'il appelle le *mulus*, et qui, d'après le portrait qu'il en fait, est probablement la dorade. C'était aussi un luxe de l'avoir vivant, et un spectacle fort amusant de le voir mourir, car en mourant il changeait trois ou quatre fois de couleur, et, comme un arc-en-ciel qui s'évapore, passait par toutes les nuances du prisme, après quoi on l'envoyait aux cuisines. Son agonie faisait partie de son mérite. Si on ne le voyait pas vivant, on le méprisait mort.

— Oui, dit Debray ; mais il n'y a que sept ou huit lieues d'Ostie à Rome.

— Ah ! ça, c'est vrai, dit Monte-Cristo ; mais où serait le mérite de venir dix-huit cents ans après Lucullus, si l'on ne faisait pas mieux que lui ? »

Les deux Cavalcanti ouvraient des yeux énormes, mais ils avaient le bon esprit de ne pas dire un mot.

« Tout cela est fort aimable, dit Château-Renaud ; cependant ce que j'admire le plus, je l'avoue, c'est l'admirable promptitude avec laquelle vous êtes servi. N'est-il pas vrai, monsieur le comte, que vous n'avez acheté cette maison qu'il y a cinq ou six jours ?

— Ma foi, tout au plus, dit Monte-Cristo.

— Eh bien, je suis sûr qu'en huit jours elle a subi une transformation complète ; car, si je ne me trompe, elle avait une autre entrée que celle-ci, et la cour était pavée et vide, tandis qu'aujourd'hui la cour est un magnifique gazon bordé d'arbres qui paraissent avoir cent ans.

— Que voulez-vous ? j'aime la verdure et l'ombre dit Monte-Cristo.

— En effet, dit Mme de Villefort, autrefois on

entrait par une porte donnant sur la route, et le jour de ma miraculeuse délivrance, c'est par la route, je me rappelle, que vous m'avez fait entrer dans la maison.

— Oui, madame, dit Monte-Cristo ; mais depuis j'ai préféré une entrée qui me permît de voir le bois de Boulogne à travers ma grille.

— En quatre jours, dit Morrel, c'est un prodige !

— En effet, dit Château-Renaud, d'une vieille maison en faire une neuve, c'est chose miraculeuse ; car elle était fort vieille la maison, et même fort triste. Je me rappelle avoir été chargé par ma mère de la visiter, quand M. de Saint-Méran l'a mise en vente, il y a deux ou trois ans.

— M. de Saint-Méran ? dit Mme de Villefort, mais cette maison appartenait donc à M. de Saint-Méran avant que vous l'achetiez ?

— Il paraît que oui, répondit Monte-Cristo.

— Comment, il paraît ! vous ne savez pas à qui vous avez acheté cette maison ?

— Ma foi non, c'est mon intendant qui s'occupe de tous ces détails.

— Il est vrai qu'il y a au moins dix ans qu'elle n'avait été habitée, dit Château-Renaud, et c'était une grande tristesse que de la voir avec ses persiennes fermées, ses portes closes et ses herbes dans la cour. En vérité, si elle n'eût point appartenu au beau-père d'un procureur du roi, on eût pu la prendre pour une de ces maisons maudites où quelque grand crime a été commis. »

Villefort qui jusque-là n'avait point touché aux trois ou quatre verres de vins extraordinaires placés devant lui en prit un au hasard et le vida d'un seul trait.

Monte-Cristo laissa s'écouler un instant ; puis, au milieu du silence qui avait suivi les paroles de Château-Renaud :

« C'est bizarre, dit-il, monsieur le baron, mais même pensée m'est venue la première fois que j'y entrai ; et cette maison me parut si lugubre, que jamais je ne l'eusse achetée si mon intendant n'eût fait la chose pour moi. Probablement que le drôle avait reçu quelque pourboire du tabellion.

— C'est probable, balbutia Villefort en essayant de sourire ; mais croyez que je ne suis pour rien dans cette corruption. M. de Saint-Méran a voulu que·cette maison, qui fait partie de la dot de sa petite-fille, fût vendue, parce qu'en restant trois ou quatre ans inhabitée encore, elle fût tombée en ruine. »

Ce fut Morrel qui pâlit à son tour.

« Il y avait surtout, continua Monte-Cristo, une chambre, ah ! mon Dieu ! bien simple en apparence, une chambre comme toutes les chambres, tendue de damas rouge, qui m'a paru, je ne sais pourquoi, dramatique au possible.

— Pourquoi cela ? demanda Debray, pourquoi dramatique ?

— Est-ce que l'on se rend compte des choses instinctives ? dit Monte-Cristo ; est-ce qu'il n'y a pas des endroits où il semble qu'on respire naturellement la tristesse ? pourquoi ? on n'en sait rien ; par un enchaînement de souvenirs, par un caprice de la pensée qui nous reporte à d'autres temps, à d'autres lieux, qui n'ont peut-être aucun rapport avec les temps et les lieux où nous nous trouvons ; tant il y a que cette chambre me rappelait admirablement la chambre de la marquise de Ganges ou celle de Desdemona. Eh ! ma foi, tenez, puisque nous avons fini de dîner, il faut que je vous la montre, puis nous redescendrons prendre le café au jardin ; après le dîner, le spectacle. »

Monte-Cristo fit un signe pour interroger ses convives, Mme de Villefort se leva, Monte-Cristo en fit autant, tout le monde imita leur exemple.

Villefort et Mme Danglars demeurèrent un instant comme cloués à leur place ; ils s'interrogeaient des yeux, froids, muets et glacés.

« Avez-vous entendu ? dit Mme Danglars.

— Il faut y aller », répondit Villefort en se levant et en lui offrant le bras.

Tout le monde était déjà épars dans la maison, poussé par la curiosité, car on pensait bien que la visite ne se bornerait pas à cette chambre, et qu'en même temps on parcourrait le reste de cette masure dont Monte-Cristo avait fait un palais. Chacun s'élança donc par les portes ouvertes. Monte-Cristo attendit les deux retardataires ; puis, quand ils furent passés à leur tour, il ferma la marche avec un sourire qui, s'ils eussent pu le comprendre, eût épouvanté les convives bien autrement que cette chambre dans laquelle on allait entrer.

On commença en effet par parcourir les appartements, les chambres meublées à l'orientale avec des divans et des coussins pour tout lit, des pipes et des armes pour tous meubles ; les salons tapissés des plus beaux tableaux des vieux maîtres ; des boudoirs en étoffes de Chine, aux couleurs capricieuses, aux dessins fantastiques, aux tissus merveilleux ; puis enfin on arriva dans la fameuse chambre.

Elle n'avait rien de particulier, si ce n'est que, quoique le jour tombât, elle n'était point éclairée et qu'elle était dans la vétusté, quand toutes les autres chambres avaient revêtu une parure neuve.

Ces deux causes suffisaient, en effet, pour lui donner une teinte lugubre.

« Hou ! s'écria Mme de Villefort, c'est effrayant, en effet. »

Mme Danglars essaya de balbutier quelques mots qu'on n'entendit pas.

Plusieurs observations se croisèrent, dont le résultat fut qu'en effet la chambre de damas rouge avait un aspect sinistre.

« N'est-ce pas ? dit Monte-Cristo. Voyez donc comme ce lit est bizarrement placé, quelle sombre et sanglante tenture ! et ces deux portraits au pastel, que l'humidité a fait pâlir, ne semblent-ils pas dire, avec leurs lèvres blêmes et leurs yeux effarés : J'ai vu ! »

Villefort devint livide, Mme Danglars tomba sur une chaise longue placée près de la cheminée.

« Oh ! dit Mme de Villefort en souriant, avez-vous bien le courage de vous asseoir sur cette chaise où peut-être le crime a été commis ! »

Mme Danglars se leva vivement.

« Et puis, dit Monte-Cristo, ce n'est pas tout.

— Qu'y a-t-il donc encore ? demanda Debray, à qui l'émotion de Mme Danglars n'échappait point.

— Ah ! oui, qu'y a-t-il encore ? demanda Danglars, car jusqu'à présent j'avoue que je n'y vois pas grand-chose ; et vous, monsieur Cavalcanti ?

— Ah ! dit celui-ci, nous avons à Pise la tour d'Ugolin, à Ferrare la prison du Tasse, et à Rimini la chambre de Franscesca et de Paolo.

— Oui ; mais vous n'avez pas ce petit escalier, dit Monte-Cristo en ouvrant une porte perdue dans la tenture ; regardez-le-moi, et dites ce que vous en pensez.

— Quelle sinistre cambrure d'escalier ! dit Château-Renaud en riant.

— Le fait est, dit Debray, que je ne sais si c'est le vin de Chio qui porte à la mélancolie, mais certainement je vois cette maison tout en noir. »

Quant à Morrel, depuis qu'il avait été question de la dot de Valentine, il était demeuré triste et n'avait pas prononcé un mot.

« Vous figurez-vous, dit Monte-Cristo, un Othello ou un abbé de Ganges quelconque, descendant pas à pas, par une nuit sombre et orageuse, cet escalier avec quelque lugubre fardeau qu'il a hâte de dérober à la vue des hommes, sinon au regard de Dieu ! »

Mme Danglars s'évanouit à moitié au bras de Villefort, qui fut lui-même obligé de s'adosser à la muraille.

» Ah ! mon Dieu ! madame, s'écria Debray, qu'avez-vous donc ? comme vous pâlissez !

— Ce qu'elle a ? dit Mme de Villefort, c'est bien simple ; elle a que M. de Monte-Cristo nous raconte des histoires épouvantables, dans l'intention sans doute de nous faire mourir de peur.

— Mais oui, dit Villefort. En effet, comte, vous épouvantez ces dames.

— Qu'avez-vous donc ? répéta tout bas Debray à Mme Danglars.

— Rien, rien, dit celle-ci en faisant un effort ; j'ai besoin d'air, voilà tout.

— Voulez-vous descendre au jardin ? demanda Debray, en offrant son bras à Mme Danglars et en s'avançant vers l'escalier dérobé.

— Non, dit-elle, non ; j'aime encore mieux rester ici.

— En vérité, madame, dit Monte-Cristo, est-ce que cette terreur est sérieuse ?

— Non, monsieur, dit Mme Danglars ; mais vous avez une façon de supposer les choses qui donne à l'illusion l'aspect de la réalité.

— Oh ! mon Dieu ! oui, dit Monte-Cristo en souriant, et tout cela est une affaire d'imagination ; car aussi bien, pourquoi ne pas plutôt se représenter cette chambre comme une bonne et honnête chambre de mère de famille ? ce lit avec ses tentures couleur de pourpre, comme un lit visité par la déesse Lucine, et cet escalier mystérieux comme le passage par où, doucement et pour ne pas troubler le sommeil réparateur de l'accouchée, passe le médecin ou la nourrice, ou le père lui-même emportant l'enfant qui dort ?... »

Cette fois Mme Danglars, au lieu de se rassurer à cette douce peinture, poussa un gémissement et s'évanouit tout à fait.

« Mme Danglars se trouve mal, balbutia Villefort ; peut-être faudrait-il la transporter à sa voiture.

— Oh ! mon Dieu, dit Monte-Cristo, et moi qui ai oublié mon flacon !

— J'ai le mien », dit Mme de Villefort.

Et elle passa à Monte-Cristo un flacon plein d'une liqueur rouge pareille à celle dont le comte avait essayé sur Édouard la bienfaisante influence.

« Ah !... dit Monte-Cristo en le prenant des mains de Mme de Villefort.

— Oui, murmura celle-ci, sur vos indications, j'ai essayé.

— Et vous avez réussi ?

— Je le crois. »

On avait transporté Mme Danglars dans la chambre à côté. Monte-Cristo laissa tomber sur ses lèvres une goutte de la liqueur rouge, elle revint à elle.

« Oh ! dit-elle, quel rêve affreux ! »

Villefort lui serra fortement le poignet pour lui faire comprendre qu'elle n'avait pas rêvé.

On chercha M. Danglars ; mais, peu disposé aux impressions poétiques, il était descendu au jardin, et causait, avec M. Cavalcanti père, d'un projet de chemin de fer de Livourne à Florence.

Monte-Cristo semblait désespéré ; il prit le bras de Mme Danglars et la conduisit au jardin, où l'on retrouva M. Danglars prenant le café entre MM. Cavalcanti père et fils.

« En vérité, madame, lui dit-il, est-ce que je vous ai fort effrayée ?

— Non, monsieur, mais, vous savez, les choses nous impressionnent selon la disposition d'esprit où nous nous trouvons. »

Villefort s'efforça de rire.

« Et alors vous comprenez, dit-il, il suffit d'une supposition, d'une chimère...

— Eh bien, dit Monte-Cristo, vous m'en croirez si vous voulez, j'ai la conviction qu'un crime a été commis dans cette maison.

— Prenez garde, dit Mme de Villefort, nous avons ici le procureur du roi.

— Ma foi, répondit Monte-Cristo, puisque cela se rencontre ainsi, j'en profiterai pour faire ma déclaration.

— Votre déclaration ? dit Villefort.

— Oui, et en face de témoins.

— Tout cela est fort intéressant, dit Debray ; et s'il y a réellement crime, nous allons faire admirablement la digestion.

— Il y a crime, dit Monte-Cristo. Venez par ici, messieurs ; venez, monsieur de Villefort ; pour que la déclaration soit valable, elle doit être faite aux autorités compétentes. »

Monte-Cristo prit le bras de Villefort, et en même temps qu'il serrait sous le sien celui de Mme Danglars, il traîna le procureur du roi jusque sous le platane, où l'ombre était la plus épaisse.

Tous les autres convives suivaient.

« Tenez, dit Monte-Cristo, ici, à cette place même (et il frappait la terre du pied), ici, pour rajeunir ces arbres déjà vieux, j'ai fait creuser et mettre du terreau ; eh bien, mes travailleurs, en creusant, ont déterré un coffre ou plutôt des ferrures de coffre, au milieu desquelles était le squelette d'un enfant nouveau-né. Ce n'est pas de la fantasmagorie cela, j'espère ? »

Monte-Cristo sentit se raidir le bras de Mme Danglars et frissonner le poignet de Villefort.

« Un enfant nouveau-né ? répéta Debray ; diable ! ceci devient sérieux, ce me semble.

— Eh bien, dit Château-Renaud, je ne me trompais donc pas quand je prétendais tout à l'heure que les maisons avaient une âme et un visage comme les hommes, et qu'elles portaient sur leur physionomie un reflet de leurs entrailles. La maison était triste parce qu'elle avait des remords ; elle avait des remords parce qu'elle cachait un crime.

— Oh ! qui dit que c'est un crime ? reprit Villefort, tentant un dernier effort.

— Comment ! un enfant enterré vivant dans un jardin, ce n'est pas un crime ? s'écria Monte-Cristo. Comment appelez-vous donc cette action-là, monsieur le procureur du roi ?

— Mais qui dit qu'il a été enterré vivant ?

— Pourquoi l'enterrer là, s'il était mort ? Ce jardin n'a jamais été un cimetière.

— Que fait-on aux infanticides dans ce pays-ci ? demanda naïvement le major Cavalcanti.

— Oh ! mon Dieu ! on leur coupe tout bonnement le cou, répondit Danglars.

— Ah ! on leur coupe le cou, fit Cavalcanti.

— Je le crois... N'est-ce pas, monsieur de Villefort ? demanda Monte-Cristo.

— Oui, monsieur le comte », répondit celui-ci avec un accent qui n'avait plus rien d'humain.

Monte-Cristo vit que c'était tout ce que pouvaient supporter les deux personnes pour lesquelles il avait préparé cette scène ; et ne voulant pas la pousser trop loin :

« Mais le café, messieurs, dit-il, il me semble que nous l'oublions. »

Et il ramena ses convives vers la table placée au milieu de la pelouse.

« En vérité, monsieur le comte, dit Mme Danglars, j'ai honte d'avouer ma faiblesse, mais toutes ces affreuses histoires m'ont bouleversée ; laissez-moi m'asseoir, je vous prie. »

Et elle tomba sur une chaise.

Monte-Cristo la salua et s'approcha de Mme de Villefort.

« Je crois que Mme Danglars a encore besoin de votre flacon », dit-il.

Mais avant que Mme de Villefort se fût approchée de son amie, le procureur du roi avait déjà dit à l'oreille de Mme Danglars :

« Il faut que je vous parle.

— Quand cela ?

— Demain.

— Où ?

— A mon bureau... au parquet si vous voulez, c'est encore là l'endroit le plus sûr.

— J'irai. »

En ce moment Mme de Villefort s'approcha.

« Merci, chère amie, dit Mme Danglars, en essayant de sourire, ce n'est plus rien, et je me sens tout à fait mieux. »

LXIV

LE MENDIANT

La soirée s'avançait ; Mme de Villefort avait manifesté le désir de regagner Paris, ce que n'avait point osé faire Mme Danglars, malgré le malaise évident qu'elle éprouvait.

Sur la demande de sa femme, M. de Villefort donna donc le premier le signal du départ. Il offrit une place dans son landau à Mme Danglars, afin qu'elle eût les soins de sa femme. Quant à M. Danglars, absorbé dans une conversation industrielle des plus intéressantes avec M. Cavalcanti, il ne faisait aucune attention à tout ce qui se passait.

Monte-Cristo, tout en demandant son flacon à Mme de Villefort, avait remarqué que M. de Villefort s'était approché de Mme Danglars ; et, guidé par sa situation, il avait deviné ce qu'il lui avait dit, quoiqu'il eût parlé si bas qu'à peine si Mme Danglars elle-même l'avait entendu.

Il laissa, sans s'opposer à aucun arrangement, partir Morrel, Debray et Château-Renaud à cheval, et monter les deux dames dans le landau de M. de Villefort ; de son côté, Danglars, de plus en plus enchanté de Cavalcanti père, l'invita à monter avec lui dans son coupé.

Quant à Andrea Cavalcanti, il gagna son tilbury, qui l'attendait devant la porte, et dont un groom, qui exagérait les agréments de la fashion anglaise, lui tenait, en se hissant sur la pointe de ses bottes, l'énorme cheval gris de fer.

Andrea n'avait pas beaucoup parlé durant le dîner, par cela même que c'était un garçon fort intelligent, et qu'il avait tout naturellement éprouvé la crainte de dire quelque sottise au milieu de ces convives riches et puissants, parmi lesquels son œil dilaté n'apercevait peut-être pas sans crainte un procureur du roi.

Ensuite il avait été accaparé par M. Danglars, qui, après un rapide coup d'œil sur le vieux major au cou raide et sur son fils encore un peu timide, en rapprochant tous ces symptômes de l'hospitalité de Monte-Cristo, avait pensé qu'il avait affaire à quelque nabab venu à Paris pour perfectionner son fils unique dans la vie mondaine.

Il avait donc contemplé avec une complaisance indicible l'énorme diamant qui brillait au petit doigt du major, car le major, en homme prudent et expérimenté, de peur qu'il n'arrivât quelque accident à ses billets de banque, les avait convertis à l'instant même en un objet de valeur. Puis, après le dîner, toujours sous prétexte d'industrie et de voyages, il avait questionné le père et le fils sur leur manière de vivre ; et le père et le fils, prévenus que c'était chez Danglars que devaient leur être ouverts, à l'un, son crédit de quarante-huit mille francs, une fois donnés, à l'autre, son crédit annuel de cinquante mille livres, avaient été charmants et plein d'affabilité pour le banquier, aux domestiques duquel, s'ils ne se fussent retenus, ils eussent serré la main, tant leur reconnaissance éprouvait le besoin de l'expansion.

Une chose surtout augmenta la considération, nous dirons presque la vénération de Danglars pour Cavalcanti. Celui-ci, fidèle au principe d'Horace : *nil admirari*, s'était contenté, comme on l'a vu, de faire preuve de science, en disant de quel lac on tirait les meilleures lamproies. Puis il avait mangé sa part de celle-là sans dire un seul mot. Danglars en avait conclu que ces sortes de somptuosités étaient familières à l'illustre descendant des Cavalcanti, lequel se nourrissait probablement, à Lucques, de truites qu'il faisait venir de Suisse, et de langoustes qu'on lui envoyait de Bretagne, par des procédés pareils à ceux dont le comte s'était servi pour faire venir des lamproies du lac Fusaro, et des sterlets du fleuve Volga. Aussi, avait-il accueilli avec une bienveillance très prononcée ces paroles de Cavalcanti :

« Demain, monsieur, j'aurai l'honneur de vous rendre visite pour affaires.

— Et moi, monsieur, avait répondu Danglars, je serai heureux de vous recevoir. »

Sur quoi il avait proposé à Cavalcanti, si cependant cela ne le privait pas trop de se séparer de son fils, de le reconduire à l'hôtel des Princes.

Cavalcanti avait répondu que, depuis longtemps, son fils avait l'habitude de mener la vie de jeune homme ; qu'en conséquence, il avait ses chevaux et ses équipages à lui, et que, n'étant pas venus ensemble, il ne voyait pas de difficulté à ce qu'ils s'en allassent séparément.

Le major était donc monté dans la voiture de Danglars, et le banquier s'était assis à ses côtés, de plus en plus charmé des idées d'ordre et d'économie de cet homme, qui, cependant, donnait à son fils cinquante mille francs par an, ce qui supposait une fortune de cinq ou six cent mille livres de rente.

Quant à Andrea, il commença, pour se donner bon air, à gronder son groom de ce qu'au lieu de le venir prendre au perron il l'attendait à la porte de sortie, ce qui lui avait donné la peine de faire trente pas pour aller chercher son tilbury.

Le groom reçut la semonce avec humilité, prit, pour retenir le cheval impatient et qui frappait du pied, le mors de la main gauche, tendit de la droite les rênes à Andrea, qui les prit et posa légèrement sa botte vernie sur le marchepied.

En ce moment, une main s'appuya sur son épaule. Le jeune homme se retourna, pensant que Danglars ou Monte-Cristo avait oublié quelque chose à lui dire, et revenait à la charge au moment du départ.

Mais, au lieu de l'un et de l'autre, il n'aperçut qu'une figure étrange, hâlée par le soleil, encadrée dans une barbe de modèle, des yeux brillants comme des escarboucles et un sourire railleur s'épanouissant sur une bouche où brillaient, rangées à leur place et sans qu'il en manquât une seule, trente-deux dents blanches, aiguës et affamées comme celles d'un loup ou d'un chacal.

Un mouchoir à carreaux rouges coiffait cette tête aux cheveux grisâtres et terreux ; un bourgeron des plus crasseux et des plus déchirés couvrait ce grand corps maigre et osseux, dont il semblait que les os, comme ceux d'un squelette, dussent cliqueter en marchant. Enfin, la main qui s'appuya sur l'épaule d'Andrea, et qui fut la première chose que vit le jeune homme, lui parut d'une dimension gigantesque. Le jeune homme, reconnut-il cette figure à la lueur de la lanterne de son tilbury, ou fut-il seulement frappé de l'horrible aspect de cet interlocuteur ? Nous ne saurions le dire ; mais le fait est qu'il tressaillit et se recula vivement.

« Que me voulez-vous ? dit-il.

— Pardon ! notre bourgeois, répondit l'homme en portant la main à son mouchoir rouge, je vous dérange peut-être, mais c'est que j'ai à vous parler.

— On ne mendie pas le soir, dit le groom en faisant un mouvement pour débarrasser son maître de cet importun.

— Je ne mendie pas, mon joli garçon, dit l'homme inconnu au domestique avec un sourire ironique, et un sourire si effrayant que celui-ci s'écarta : je désire seulement dire deux mots à votre bourgeois, qui m'a chargé d'une commission il y a quinze jours à peu près.

— Voyons, dit à son tour Andrea avec assez de force pour que le domestique ne s'aperçût point de son trouble, que voulez-vous ? dites vite, mon ami.

— Je voudrais... je voudrais... dit tout bas l'homme au mouchoir rouge, que vous voulussiez bien m'épargner la peine de retourner à Paris à pied. Je suis très fatigué, et, comme je n'ai pas si bien dîné que toi, à peine, si je puis me tenir. »

Le jeune homme tressaillit à cette étrange familiarité.

« Mais enfin, lui dit-il, voyons, que voulez-vous ?

— Eh bien, je veux que tu me laisses monter dans ta belle voiture, et que tu me reconduises. »

Andrea pâlit, mais ne répondit point.

« Oh ! mon Dieu, oui, dit l'homme au mouchoir rouge en enfonçant ses mains dans ses poches, et en regardant le jeune homme avec des yeux provocateurs, c'est une idée que j'ai comme cela ; entends-tu, mon petit Benedetto ? »

A ce nom, le jeune homme réfléchit sans doute, car il s'approcha de son groom, et lui dit :

« Cet homme a effectivement été chargé par moi d'une commission dont il a à me rendre compte. Allez à pied jusqu'à la barrière ; là, vous prendrez un cabriolet, afin de n'être point trop en retard. »

Le valet, surpris, s'éloigna.

« Laissez-moi au moins gagner l'ombre, dit Andrea.

— Oh ! quant à cela, je vais moi-même te conduire en belle place ; attends », dit l'homme au mouchoir rouge.

Et il prit le cheval par le mors, et conduisit le tilbury dans un endroit où il était effectivement impossible à qui que ce fût au monde de voir l'honneur que lui accordait Andrea.

« Oh ! moi, lui dit-il, ce n'est pas pour la gloire de monter dans une belle voiture ; non, c'est seulement parce que je suis fatigué, et puis, un petit peu, parce que j'ai à causer d'affaires avec toi.

— Voyons, montez », dit le jeune homme.

Il était fâcheux qu'il ne fît pas jour, car c'eût été un spectacle curieux que celui de ce gueux, assis carrément sur les coussins brochés, près du jeune et élégant conducteur du tilbury.

Andrea poussa son cheval jusqu'à la dernière maison du village sans dire un seul mot à son compagnon, qui, de son côté, souriait et gardait le silence, comme s'il eût été ravi de se promener dans une si bonne locomotive.

Une fois hors d'Auteuil, Andrea regarda autour de lui pour s'assurer sans doute que nul ne pouvait ni les voir ni les entendre ; et alors, arrêtant son cheval et se croisant les bras devant l'homme au mouchoir rouge :

« Ah çà ! lui dit-il, pourquoi venez-vous me troubler dans ma tranquillité ?

— Mais, toi-même, mon garçon, pourquoi te défies-tu de moi ?

— Et en quoi me suis-je défié de vous ?

— En quoi ? tu le demandes ? nous nous quittons au pont du Var, tu me dis que tu vas voyager en Piémont et en Toscane, et pas du tout, tu viens à Paris.

— En quoi cela vous gêne-t-il ?

— En rien ; au contraire, j'espère même que cela va m'aider.

— Ah ! ah ! dit Andrea, c'est-à-dire que vous spéculez sur moi.

— Allons ! voilà les gros mots qui arrivent.

— C'est que vous auriez tort, maître Caderousse, je vous en préviens.

— Eh ! mon Dieu ! ne te fâche pas, le petit ; tu dois pourtant savoir ce que c'est que le malheur ; eh bien, le malheur, ça rend jaloux. Je te crois courant le Piémont et la Toscane, obligé de te faire *faccino* ou *cicerone* ; je te plains du fond de mon cœur, comme je plaindrais mon enfant. Tu sais que je t'ai toujours appelé mon enfant.

— Après ? après ?

— Patience donc, salpêtre !

— J'en ai de la patience ; voyons, achevez.

— Et je te vois tout à coup passer à la barrière des

Bons-Hommes avec un groom, avec un tilbury, avec des habits tout flambant neufs ? neufs. Ah çà ! mais tu as donc découvert une mine, ou acheté une charge d'agent de change ?

— De sorte que, comme vous l'avouez, vous êtes jaloux ?

— Non, je suis content, si content, que j'ai voulu te faire mes compliments, le petit ! mais, comme je n'étais pas vêtu régulièrement, j'ai pris mes précautions pour ne pas te compromettre.

— Belles précautions ! dit Andrea, vous m'abordez devant mon domestique.

— Eh ! que veux-tu, mon enfant ! je t'aborde quand je puis te saisir. Tu as un cheval très vif, un tilbury très léger ; tu es naturellement glissant comme une anguille ; si je t'avais manqué ce soir, je courais risque de ne pas te rejoindre.

— Vous voyez bien que je ne me cache pas.

— Tu es bien heureux, et j'en voudrais bien dire autant ; moi, je me cache : sans compter que j'avais peur que tu ne me reconnusses pas ; mais tu m'as reconnu, ajouta Caderousse avec son mauvais sourire ; allons, tu es bien gentil.

— Voyons, dit Andrea, que vous faut-il ?

— Tu ne me tutoies plus, c'est mal, Benedetto, un ancien camarade ; prends garde, tu vas me rendre exigeant. »

Cette menace fit tomber la colère du jeune homme : le vent de la contrainte venait de souffler dessus.

Il remit son cheval au trot.

« C'est mal à toi-même, Caderousse, dit-il, de t'y prendre ainsi envers un ancien camarade, comme tu disais tout à l'heure ; tu es Marseillais, je suis...

— Tu le sais donc ce que tu es maintenant ?

— Non, mais j'ai été élevé en Corse ; tu es vieux et entêté ; je suis jeune et têtu. Entre gens comme nous, la menace est mauvaise, et tout doit se faire à l'amiable. Est-ce ma faute si la chance, qui continue d'être mauvaise pour toi, est bonne pour moi au contraire ?

— Elle est donc bonne, la chance ? ce n'est donc pas

un groom d'emprunt, ce n'est donc pas un tilbury d'emprunt, ce ne sont donc pas des habits d'emprunt que nous avons là ? Bon, tant mieux ! dit Caderousse avec des yeux brillants de convoitise.

— Oh ! tu le vois bien et tu le sais bien, puisque tu m'abordes, dit Andrea s'animant de plus en plus. Si j'avais un mouchoir comme le tien sur ma tête, un bourgeron crasseux sur les épaules et des souliers percés aux pieds, tu ne me reconnaîtrais pas.

— Tu vois bien que tu me méprises, le petit, et tu as tort ; maintenant que je t'ai retrouvé, rien ne m'empêche d'être vêtu d'elbeuf comme un autre, attendu que je te connais bon cœur : si tu as deux habits, tu m'en donneras bien un ; je te donnais bien ma portion de soupe et de haricots, moi, quand tu avais trop faim.

— C'est vrai, dit Andrea.

— Quel appétit tu avais ! Est-ce que tu as toujours bon appétit ?

— Mais oui, dit Andrea en riant.

— Comme tu as dû dîner chez ce prince d'où tu sors !

— Ce n'est pas un prince, mais tout bonnement un comte.

— Un comte ? et un riche, hein ?

— Oui, mais ne t'y fie pas ; c'est un monsieur qui n'a pas l'air commode.

— Oh ! mon Dieu ! sois donc tranquille ! On n'a pas de projets sur ton comte, et on te le laissera pour toi tout seul. Mais, ajouta Caderousse en reprenant ce mauvais sourire qui avait déjà effleuré ses lèvres, il faut donner quelque chose pour cela, tu comprends.

— Voyons, que te faut-il ?

— Je crois qu'avec cent francs par mois...

— Eh bien ?

— Je vivrais...

— Avec cent francs ?

— Mais mal, tu comprends bien ; mais avec...

— Avec ?

— Cent cinquante francs, je serais fort heureux.

— En voilà deux cents », dit Andrea.

Et il mit dans la main de Caderousse dix louis d'or.
« Bon, fit Caderousse.

— Présente-toi chez le concierge tous les premiers
du mois et tu en trouveras autant.

— Allons ! voilà encore que tu m'humilies !

— Comment cela ?

— Tu me mets en rapport avec de la valetaille ; non,
vois-tu, je ne veux avoir affaire qu'à toi.

— Eh bien, soit, demande-moi, et tous les premiers
du mois, du moins tant que je toucherai ma rente, toi,
tu toucheras la tienne.

— Allons, allons ! je vois que je ne m'étais pas
trompé, tu es un brave garçon, et c'est une bénédiction
quand le bonheur arrive à des gens comme toi.
Voyons, conte-moi ta bonne chance.

— Qu'as-tu besoin de savoir cela ? demanda Cavalcanti.

— Bon ! encore de la défiance !

— Non. Eh bien, j'ai retrouvé mon père.

— Un vrai père ?

— Dame ! tant qu'il paiera...

— Tu croiras et tu honoreras ; c'est juste. Comment
l'appelles-tu ton père ?

— Le major Cavalcanti.

— Et il se contente de toi ?

— Jusqu'à présent il paraît que je lui suffis.

— Et qui t'a fait retrouver ce père-là ?

— Le comte de Monte-Cristo.

— Celui de chez qui tu sors ?

— Oui.

— Dis donc, tâche de me placer chez lui comme
grand-parent, puisqu'il tient bureau.

— Soit, je lui parlerai de toi ; mais en attendant que
vas-tu faire ?

— Moi ?

— Oui, toi.

— Tu es bien bon de t'occuper de cela, dit Caderousse.

— Il me semble, puisque tu prends intérêt à moi,
reprit Andrea, que je puis bien à mon tour prendre
quelques informations.

— C'est juste... je vais louer une chambre dans une maison honnête, me couvrir d'un habit décent, me faire raser tous les jours, et aller lire les journaux au café. Le soir, j'entrerai dans quelque spectacle avec un chef de claque, j'aurai l'air d'un boulanger retiré, c'est mon rêve.

— Allons, c'est bon ! Si tu veux mettre ce projet à exécution et être sage, tout ira à merveille.

— Voyez-vous M. Bossuet !... et toi, que vas-tu devenir ?... pair de France ?

— Eh ! eh ! dit Andrea, qui sait ?

— M. le major Cavalcanti l'est peut-être... mais malheureusement l'hérédité est abolie.

— Pas de politique, Caderousse !... Et maintenant que tu as ce que tu veux et que nous sommes arrivés, saute en bas de ma voiture et disparais.

— Non pas, cher ami !

— Comment, non pas ?

— Mais songes-y donc, le petit, un mouchoir rouge sur la tête, presque pas de souliers, pas de papier du tout et dix napoléons en or dans ma poche, sans compter ce qu'il y avait déjà, ce qui fait juste deux cents francs ; mais on m'arrêterait immanquablement à la barrière ! Alors je serais forcé, pour me justifier, de dire que c'est toi qui m'as donné ces dix napoléons : de là information, enquête ; on apprend que j'ai quitté Toulon sans donner congé, et l'on me reconduit de brigade en brigade jusqu'au bord de la Méditerranée. Je redeviens purement et simplement le n° 106, et adieu mon rêve de ressembler à un boulanger retiré ! Non pas, mon fils ; je préfère rester honorablement dans la capitale. »

Andrea fronça le sourcil ; c'était, comme il s'en était vanté lui-même, une assez mauvaise tête que le fils putatif de M. le major Cavalcanti. Il s'arrêta un instant, jeta un coup d'œil rapide autour de lui, et comme son regard achevait de décrire le cercle investigateur, sa main descendit innocemment dans son gousset, où elle commença de caresser la sous-garde d'un pistolet de poche.

Mais pendant ce temps, Caderousse, qui ne perdait

pas de vue son compagnon, passait ses mains derrière son dos, et ouvrait tout doucement un long couteau espagnol qu'il portait sur lui à tout événement.

Les deux amis, comme on le voit, étaient dignes de se comprendre, et se comprirent ; la main d'Andrea sortit inoffensive de sa poche, et remonta jusqu'à sa moustache rousse, qu'elle caressa quelque temps.

« Bon Caderousse, dit-il, tu vas donc être heureux ?

— Je ferai tout mon possible, répondit l'aubergiste du pont du Gard en renfonçant son couteau dans sa manche.

— Allons, voyons, rentrons donc dans Paris. Mais comment vas-tu faire pour passer la barrière sans éveiller les soupçons ? Il me semble qu'avec ton costume tu risques encore plus en voiture qu'à pied.

— Attends, dit Caderousse, tu vas voir. »

Il prit le chapeau d'Andrea, la houppelande à grand collet que le groom exilé du tilbury avait laissée à sa place, et la mit sur son dos, après quoi, il prit la pose renfrognée d'un domestique de bonne maison dont le maître conduit lui-même.

« Et moi, dit Andrea, je vais donc rester nu-tête ?

— Peuh ! dit Caderousse, il fait tant de vent que la bise peut bien t'avoir enlevé ton chapeau.

— Allons donc, dit Andrea, et finissons-en.

— Qui est-ce qui t'arrête ? dit Caderousse, ce n'est pas moi, je l'espère ?

— Chut ! » fit Cavalcanti.

On traversa la barrière sans accident.

A la première rue transversale, Andrea arrêta son cheval, et Caderousse sauta à terre.

« Eh bien, dit Andrea, et le manteau de mon domestique, et mon chapeau ?

— Ah ! répondit Caderousse, tu ne voudrais pas que je risquasse de m'enrhumer ?

— Mais moi ?

— Toi, tu es jeune, tandis que, moi, je commence à me faire vieux ; au revoir, Benedetto ! »

Et il s'enfonça dans la ruelle, où il disparut.

« Hélas ! dit Andrea en poussant un soupir, on ne peut donc pas être complètement heureux en ce monde ! »

LXV

SCÈNE CONJUGALE

A la place Louis XV, les trois jeunes gens s'étaient séparés, c'est-à-dire que Morrel avait pris les boulevards, que Château-Renaud avait pris le pont de la Révolution, et que Debray avait suivi le quai.

Morrel et Château-Renaud, selon toute probabilité, gagnèrent leurs foyers domestiques, comme on dit encore à la tribune de la Chambre dans les discours bien faits, et au théâtre de la rue Richelieu, dans les pièces bien écrites ; mais il n'en fut pas de même de Debray. Arrivé au guichet du Louvre, il fit un à-gauche, traversa le Carrousel au grand trot, enfila la rue Saint-Roch, déboucha par la rue de la Michodière et arriva à la porte de M. Danglars, au moment où le landau de M. de Villefort, après l'avoir déposé, lui et sa femme, au faubourg Saint-Honoré, s'arrêtait pour mettre la baronne chez elle.

Debray, un homme familier dans la maison, entra le premier dans la cour, jeta la bride aux mains d'un valet de pied puis revint à la portière recevoir Mme Danglars, à laquelle il offrit le bras pour regagner ses appartements.

Une fois la porte fermée et la baronne et Debray dans la cour :

« Qu'avez-vous donc, Hermine ? dit Debray, et pourquoi donc vous êtes-vous trouvée mal à cette histoire, ou plutôt à cette fable qu'a racontée le comte ?

— Parce que j'étais horriblement disposée ce soir, mon ami, répondit la baronne.

— Mais non, Hermine, reprit Debray, vous ne me ferez pas croire cela. Vous étiez au contraire dans d'excellentes dispositions quand vous êtes arrivée chez le comte. M. Danglars était bien quelque peu maussade, c'est vrai ; mais je sais le cas que vous faites de sa mauvaise humeur. Quelqu'un vous a fait quelque chose. Racontez-moi cela ; vous savez bien que je ne souffrirai jamais qu'une impertinence vous soit faite.

— Vous vous trompez, Lucien, je vous assure, reprit Mme Danglars, et les choses sont comme je vous les ai dites, plus la mauvaise humeur dont vous vous êtes aperçu, et dont je ne jugeais pas qu'il valût la peine de vous parler. »

Il était évident que Mme Danglars était sous l'influence d'une de ces irritations nerveuses dont les femmes souvent ne peuvent se rendre compte elles-mêmes, ou que, comme l'avait deviné Debray, elle avait éprouvé quelque commotion cachée qu'elle ne voulait avouer à personne. En homme habitué à reconnaître les vapeurs comme un des éléments de la vie féminine, il n'insista donc point davantage, attendant le moment opportun, soit d'une interrogation nouvelle, soit d'un aveu *proprio motu*.

A la porte de sa chambre, la baronne rencontra Mlle Cornélie.

Mlle Cornélie était la camériste de confiance de la baronne.

« Que fait ma fille ? demanda Mme Danglars.

— Elle a étudié toute la soirée, répondit Mlle Cornélie, et ensuite elle s'est couchée.

— Il me semble cependant que j'entends son piano ?

— C'est Mlle Louise d'Armilly qui fait de la musique pendant que mademoiselle est au lit.

— Bien, dit Mme Danglars ; venez me déshabiller. »

On entra dans la chambre à coucher. Debray s'étendit sur un grand canapé, et Mme Danglars passa dans son cabinet de toilette avec Mlle Cornélie.

« Mon cher monsieur Lucien, dit Mme Danglars à travers la portière du cabinet, vous vous plaignez toujours qu'Eugénie ne vous fait pas l'honneur de vous adresser la parole ?

— Madame, dit Lucien jouant avec le petit chien de la baronne, qui, reconnaissant sa qualité d'ami de la maison, avait l'habitude de lui faire mille caresses, je ne suis pas le seul à vous faire de pareilles récriminations, et je crois avoir entendu Morcerf se plaindre l'autre jour à vous-même de ne pouvoir tirer une seule parole de sa fiancée.

— C'est vrai, dit Mme Danglars ; mais je crois qu'un de ces matins tout cela changera, et que vous verrez entrer Eugénie dans votre cabinet.

— Dans mon cabinet, à moi ?

— C'est-à-dire dans celui du ministre.

— Et pourquoi cela ?

— Pour vous demander un engagement à l'Opéra ! En vérité, je n'ai jamais vu un tel engouement pour la musique : c'est ridicule pour une personne du monde ! »

Debray sourit.

« Eh bien, dit-il, qu'elle vienne avec le consentement du baron et le vôtre, nous lui ferons cet engagement, et nous tâcherons qu'il soit selon son mérite, quoique nous soyons bien pauvres pour payer un aussi beau talent que le sien.

— Allez, Cornélie, dit Mme Danglars, je n'ai plus besoin de vous. »

Cornélie disparut, et, un instant après, Mme Danglars sortit de son cabinet dans un charmant négligé, et vint s'asseoir près de Lucien.

Puis, rêveuse, elle se mit à caresser le petit épagneul.

Lucien la regarda un instant en silence.

« Voyons, Hermine, dit-il au bout d'un instant, répondez franchement : quelque chose vous blesse, n'est-ce pas ?

— Rien », reprit la baronne.

Et cependant, comme elle étouffait, elle se leva, essaya de respirer et alla se regarder dans une glace.

« Je suis à faire peur ce soir », dit-elle.

Debray se levait en souriant pour aller rassurer la baronne sur ce dernier point, quand tout à coup la porte s'ouvrit.

M. Danglars parut ; Debray se rassit.

Au bruit de la porte, Mme Danglars se retourna, et regarda son mari avec un étonnement qu'elle ne se donna même pas la peine de dissimuler.

« Bonsoir, madame, dit le banquier ; bonsoir, monsieur Debray. »

La baronne crut sans doute que cette visite imprévue signifiait quelque chose, comme un désir de réparer les mots amers qui étaient échappés au baron dans la journée.

Elle s'arma d'un air digne, et se retournant vers Lucien, sans répondre à son mari :

« Lisez-moi donc quelque chose, monsieur Debray », lui dit-elle.

Debray, que cette visite avait légèrement inquiété d'abord, se remit au calme de la baronne, et allongea la main vers un livre marqué au milieu par un couteau à lame de nacre incrustée d'or.

« Pardon, dit le banquier, mais vous allez bien vous fatiguer, baronne, en veillant si tard ; il est onze heures, et M. Debray demeure bien loin. »

Debray demeura saisi de stupeur, non point que le ton de Danglars ne fût parfaitement calme et poli ; mais enfin, au travers de ce calme et de cette politesse, il perçait une certaine velléité inaccoutumée de faire autre chose ce soir-là que la volonté de sa femme.

La baronne aussi fut surprise et témoigna son étonnement par un regard qui sans doute eût donné à réfléchir à son mari, si son mari n'avait pas eu les yeux fixés sur un journal, où il cherchait la fermeture de la rente.

Il en résulta que ce regard si fier fut lancé en pure perte, et manqua complètement son effet.

« Monsieur Lucien, dit la baronne, je vous déclare que je n'ai pas la moindre envie de dormir, que j'ai mille choses à vous conter ce soir, et que vous allez passer la nuit à m'écouter, dussiez-vous dormir debout.

— A vos ordres, madame, dit flegmatiquement Lucien.

— Mon cher monsieur Debray, dit à son tour le banquier, ne vous tuez pas, je vous prie, à écouter cette nuit les folies de Mme Danglars, car vous les écouterez aussi bien demain ; mais ce soir est à moi, je me le réserve, et je le consacrerai, si vous voulez bien le permettre, à causer de graves intérêts avec ma femme. »

Cette fois, le coup était tellement direct et tombait si d'aplomb, qu'il étourdit Lucien et la baronne ; tous deux s'interrogèrent des yeux comme pour puiser l'un dans l'autre un secours contre cette agression ; mais l'irrésistible pouvoir du maître de la maison triompha et force resta au mari.

« N'allez pas croire au moins que je vous chasse, mon cher Debray, continua Danglars ; non, pas le moins du monde : une circonstance imprévue me force à désirer d'avoir ce soir même une conversation avec la baronne ; cela m'arrive assez rarement pour qu'on ne me garde pas rancune. »

Debray balbutia quelques mots, salua et sortit en se heurtant aux angles, comme Nathan dans *Athalie*.

« C'est incroyable, dit-il, quand la porte fut fermée derrière lui, combien ces maris, que nous trouvons cependant si ridicules, prennent facilement l'avantage sur nous ! »

Lucien parti, Danglars s'installa à sa place sur le canapé, ferma le livre resté ouvert, et, prenant une pose horriblement prétentieuse, continua de jouer avec le chien. Mais comme le chien, qui n'avait pas pour lui la même sympathie que pour Debray, le voulait mordre, il le prit par la peau du cou et l'envoya, de l'autre côté de la chambre, sur une chaise longue.

L'animal jeta un cri en traversant l'espace ; mais, arrivé à sa destination, il se tapit derrière un coussin, et, stupéfait de ce traitement auquel il n'était point accoutumé, il se tint muet et sans mouvement.

« Savez-vous, monsieur, dit la baronne sans sourciller, que vous faites des progrès ? Ordinairement vous n'étiez que grossier ; ce soir vous êtes brutal.

— C'est que je suis ce soir de plus mauvaise humeur qu'ordinairement », répondit Danglars.

Hermine regarda le banquier avec un suprême dédain. Ordinairement ces manières de coup d'œil exaspéraient l'orgueilleux Danglars ; mais ce soir-là il parut à peine y faire attention.

« Et que me fait à moi votre mauvaise humeur ? répondit la baronne, irritée de l'impassibilité de son mari, est-ce que ces choses-là me regardent ? Enfermez vos mauvaises humeurs chez vous, ou consignez-les dans vos bureaux ; et puisque vous avez des commis que vous payez, passez sur eux vos mauvaises humeurs !

— Non pas, répondit Danglars ; vous vous fourvoyez dans vos conseils, madame, aussi je ne les suivrai pas. Mes bureaux sont mon Pactole, comme dit, je crois, M. Desmoutiers, et je ne veux pas en tourmenter le cours et en troubler le calme. Mes commis sont gens honnêtes, qui me gagnent ma fortune et que je paie un taux infiniment au-dessous de celui qu'ils méritent, si je les estime selon ce qu'ils rapportent ; je ne me mettrai donc pas en colère contre eux ; ceux contre lesquels je me mettrai en colère, ce sont les gens qui mangent mes dîners, qui éreintent mes chevaux et qui ruinent ma caisse.

— Et quels sont donc ces gens qui ruinent votre caisse ? Expliquez-vous plus clairement, monsieur, je vous prie.

— Oh ! soyez tranquille, si je parle par énigme, je ne compte pas vous en faire chercher longtemps le mot, reprit Danglars. Les gens qui ruinent ma caisse sont ceux qui en tirent cinq cent mille francs en une heure de temps.

— Je ne vous comprends pas, monsieur, dit la baronne en essayant de dissimuler à la fois l'émotion de sa voix et la rougeur de son visage.

— Vous comprenez, au contraire, fort bien, dit Danglars, mais si votre mauvaise volonté continue, je vous dirai que je viens de perdre sept cent mille francs sur l'emprunt espagnol.

— Ah ! par exemple, dit la baronne en ricanant ; et c'est moi que vous rendez responsable de cette perte ?

— Pourquoi pas ?

— C'est ma faute si vous avez perdu sept cent mille francs ?

— En tout cas, ce n'est pas la mienne.

— Une fois pour toutes, monsieur, reprit aigrement la baronne, je vous ai dit de ne jamais me parler caisse ; c'est une langue que je n'ai apprise ni chez mes parents ni dans la maison de mon premier mari.

— Je le crois parbleu bien, dit Danglars, ils n'avaient le sou ni les uns ni les autres.

— Raison de plus pour que je n'aie pas appris chez eux l'argot de la banque, qui me déchire ici les oreilles du matin au soir ; ce bruit d'écus qu'on compte et qu'on recompte m'est odieux, et je ne sais que le son de votre voix qui me soit encore plus désagréable.

— En vérité dit Danglars, comme c'est étrange ! et moi qui avais cru que vous preniez le plus vif intérêt à mes opérations !

— Moi ! et qui a pu vous faire croire une pareille sottise ?

— Vous-même.

— Ah ! par exemple !

— Sans doute.

— Je voudrais bien que vous me fissiez connaître en quelle occasion.

— Oh ! mon Dieu ! c'est chose facile. Au mois de février dernier, vous m'avez parlé la première des fonds d'Haïti, vous aviez rêvé qu'un bâtiment entrait dans le port du Havre, et que ce bâtiment apportait la nouvelle qu'un paiement que l'on croyait remis aux calendes grecques allait s'effectuer. Je connais la lucidité de votre sommeil ; j'ai donc fait acheter en dessous main tous les coupons que j'ai pu trouver de la dette d'Haïti, et j'ai gagné quatre cent mille francs, dont cent mille vous ont été religieusement remis. Vous en avez fait ce que vous avez voulu, cela ne me regarde pas.

« En mars, il s'agissait d'une concession de chemin de fer. Trois sociétés se présentaient, offraient des garanties égales. Vous m'avez dit que votre instinct, et, quoique vous vous prétendiez étrangère aux spéculations, je crois au contraire votre instinct très développé sur certaines matières, vous m'avez dit que votre instinct vous faisait croire que le privilège serait donné à la société dite du Midi.

« Je me suis fait inscrire à l'instant même pour les deux tiers des actions de cette société. Le privilège lui a été, en effet, accordé ; comme vous l'aviez prévu, les actions ont triplé de valeur, et j'ai encaissé un million, sur lequel deux cent cinquante mille francs vous ont été remis à titre d'épingles. Comment avez-vous employé ces deux cent cinquante mille francs ?

— Mais où donc voulez-vous en venir, monsieur ? s'écria la baronne, toute frissonnante de dépit et d'impatience.

— Patience, madame, j'y arrive.

— C'est heureux !

— En avril, vous avez été dîner chez le ministre ; on causa de l'Espagne, et vous entendîtes une conversation secrète ; il s'agissait de l'expulsion de don Carlos ; j'achetai des fonds espagnols. L'expulsion eut lieu, et je gagnai six cent mille francs le jour où Charles V repassa la Bidassoa. Sur ces six cent mille francs, vous avez touché cinquante mille écus ; ils étaient à vous, vous en avez disposé à votre fantaisie, et je ne vous en demande pas compte ; mais il n'en est pas moins vrai que vous avez reçu cinq cent mille livres cette année.

— Eh bien, après, monsieur ?

— Ah ! oui, après ! Eh bien, c'est justement après cela que la chose se gâte.

— Vous avez des façons de dire... en vérité...

— Elles rendent mon idée, c'est tout ce qu'il me faut... Après, c'était il y a trois jours, cet après-là. Il y a trois jours donc, vous avez causé politique avec M. Debray, et vous croyez voir dans ses paroles que don Carlos est rentré en Espagne ; alors je vends ma rente, la nouvelle se répand, il y a panique, je ne vends plus, je donne ; le lendemain, il se trouve que la nouvelle était fausse, et qu'à cette fausse nouvelle j'ai perdu sept cent mille francs !

— Eh bien ?

— Eh bien, puisque je vous donne un quart quand je gagne, c'est donc un quart que vous me devez quand je perds ; le quart de sept cent mille francs, c'est cent soixante-quinze mille francs.

— Mais ce que vous me dites là est extravagant, et je ne vois pas, en vérité, comment vous mêlez le nom de M. Debray à toute cette histoire.

— Parce que si vous n'avez point par hasard les cent soixante-quinze mille francs que je réclame, vous les emprunterez à vos amis, et que M. Debray est de vos amis.

— Fi donc ! s'écria la baronne.

— Oh ! pas de gestes, pas de cris, pas de drame moderne, madame, sinon vous me forceriez à vous dire que je vois d'ici M. Debray ricanant près des cinq cent mille livres que vous lui avez comptées cette année, et se disant qu'il a enfin trouvé ce que les plus habiles joueurs n'ont pu jamais découvrir, c'est-à-dire une roulette où l'on gagne sans mette au jeu, et où l'on ne perd pas quand on perd. »

La baronne voulut éclater.

« Misérable ! dit-elle, oseriez-vous dire que vous ne saviez pas ce que vous osez me reprocher aujourd'hui ?

— Je ne vous dis pas que je savais, je ne vous dis pas que je ne savais point, je vous dis : observez ma conduite depuis quatre ans que vous n'êtes plus ma femme et que je ne suis plus votre mari, vous verrez si elle a toujours été conséquente avec elle-même. Quelque temps avant notre rupture, vous avez désiré étudier la musique avec ce fameux baryton qui a débuté avec tant de succès au Théâtre-Italien ; moi, j'ai voulu étudier la danse avec cette danseuse qui s'était fait une si grande réputation à Londres. Cela m'a coûté, tant pour vous que pour moi, cent mille francs à peu près. Je n'ai rien dit, parce qu'il faut de l'harmonie dans les ménages. Cent mille francs pour que l'homme et la femme sachent bien à fond la danse et la musique, ce n'est pas trop cher. Bientôt, voilà que vous vous dégoûtez du chant, et que l'idée vous vient d'étudier la diplomatie avec un secrétaire du ministre ; je vous laisse étudier. Vous comprenez : que m'importe à moi, puisque vous payez les leçons que vous prenez sur votre cassette ? Mais, aujourd'hui, je m'aperçois que vous tirez sur la mienne, et que votre apprentissage me peut coûter sept cent mille francs par mois. Halte-là ! madame, car cela ne peut durer ainsi. Ou le diplomate donnera des leçons... gratuites, et je le tolérerai, ou il ne remettra plus le pied dans ma maison ; entendez-vous madame ?

— Oh ! c'est trop fort, monsieur ! s'écria Hermine suffoquée, et vous dépassez les limites de l'ignoble.

— Mais, dit Danglars, je vois avec plaisir que vous

n'êtes pas restée en deçà, et que vous avez volontairement obéi à cet axiome du code : « La femme doit « suivre son mari. »

— Des injures !

— Vous avez raison : arrêtons nos faits, et raisonnons froidement. Je ne me suis jamais, moi, mêlé de vos affaires que pour votre bien ; faites de même. Ma caisse ne vous regarde pas, dites-vous ? Soit ; opérez sur la vôtre, mais n'emplissez ni ne videz la mienne. D'ailleurs, qui sait si tout cela n'est pas un coup de Jarnac politique ; si le ministre, furieux de me voir dans l'opposition, et jaloux des sympathies populaires que je soulève, ne s'entend pas avec M. Debray pour me ruiner ?

— Comme c'est probable !

— Mais sans doute ; qui a jamais vu cela... une fausse nouvelle télégraphique, c'est-à-dire l'impossible, ou à peu près ; des signes tout à fait différents donnés par les deux télégraphes !... C'est fait exprès pour moi, en vérité.

— Monsieur, dit humblement la baronne, vous n'ignorez pas, ce me semble, que cet employé a été chassé, qu'on a parlé même de lui faire son procès, que l'ordre avait été donné de l'arrêter, et que cet ordre eût été mis à exécution s'il ne se fût soustrait aux premières recherches par une fuite qui prouve sa folie ou sa culpabilité... C'est une erreur.

— Oui, qui fait rire les niais, qui fait passer une mauvaise nuit au ministre, qui fait noircir du papier à MM. les secrétaires d'État, mais qui à moi me coûte sept cent mille francs.

— Mais, monsieur, dit tout à coup Hermine, puisque tout cela, selon vous, vient de M. Debray, pourquoi, au lieu de dire tout cela directement à M. Debray, venez-vous me le dire à moi ? Pourquoi accusez-vous l'homme et vous en prenez-vous à la femme ?

— Est-ce que je connais M. Debray, moi ? dit Danglars ; est-ce que je veux le connaître ? est-ce que je veux savoir qu'il donne des conseils ? est-ce que je veux les suivre ? est-ce que je joue ? Non, c'est vous qui faites tout cela, et non pas moi !

— Mais il me semble que puisque vous en profi-
tez... »

Danglars haussa les épaules.

« Folles créatures, en vérité, que ces femmes qui se
croient des génies parce qu'elles ont conduit une ou
dix intrigues de façon à n'être pas affichées dans tout
Paris ! Mais songez donc : eussiez-vous caché vos
dérèglements à votre mari même, ce qui est l'A.B.C. de
l'art, parce que la plupart du temps les maris ne
veulent pas voir, vous ne seriez qu'une pâle copie de ce
que font la moitié de vos amies les femmes du monde.
Mais il n'en est pas ainsi pour moi ; j'ai vu et toujours
vu ; depuis seize ans à peu près, vous m'avez caché
une pensée peut-être, mais pas une démarche, pas une
action, pas une faute. Tandis que vous, de votre côté,
vous vous applaudissiez de votre adresse et croyiez
fermement me tromper : qu'en est-il résulté ? c'est
que, grâce à ma prétendue ignorance, depuis M. de
Villefort jusqu'à M. Debray, il n'est pas un de vos amis
qui n'ait tremblé devant moi. Il n'en est pas un qui ne
m'ait traité en maître de la maison, ma seule prétention près de vous ; il n'en est pas un, enfin, qui ait osé
vous dire de moi ce que je vous en dis moi-même
aujourd'hui. Je vous permets de me rendre odieux,
mais je vous empêcherai de me rendre ridicule, et
surtout je vous défends positivement et, par-dessus
tout, de me ruiner. »

Jusqu'au moment où le nom de Villefort avait été
prononcé, la baronne avait fait assez bonne contenance ; mais à ce nom elle avait pâli, et se levant
comme mue par un ressort, elle avait étendu les bras
comme pour conjurer une apparition, et fait trois pas
vers son mari comme pour lui arracher la fin du secret
qu'il ne connaissait pas ou que peut-être, par quelque
calcul odieux comme étaient à peu près tous les calculs de Danglars, il ne voulait pas laisser échapper
entièrement.

« M. de Villefort ! que signifie ! que voulez-vous
dire ?

— Cela veut dire, madame, que M. de Nargonne,
votre premier mari, n'étant ni un philosophe ni un

banquier, ou peut-être étant l'un et l'autre, et voyant qu'il n'y avait aucun parti à tirer d'un procureur du roi, est mort de chagrin ou de colère de vous avoir trouvée enceinte de six mois après une absence de neuf. Je suis brutal, non seulement je le sais, mais je m'en vante : c'est un de mes moyens de succès dans mes opérations commerciales. Pourquoi, au lieu de tuer, s'est-il fait tuer lui-même ? parce qu'il n'avait pas de caisse à sauver. Mais, moi, je me dois à ma caisse. M. Debray, mon associé, me fait perdre sept cent mille francs, qu'il supporte sa part de la perte, et nous continuerons nos affaires ; sinon, qu'il me fasse banqueroute de ces cent soixante-quinze mille livres, et qu'il fasse ce que font les banqueroutiers, qu'il disparaisse. Eh, mon Dieu ! c'est un charmant garçon, je le sais, quand ses nouvelles sont exactes ; mais quand elles ne le sont pas, il y en a cinquante dans le monde qui valent mieux que lui. »

Mme Danglars était atterrée ; cependant elle fit un effort suprême pour répondre à cette dernière attaque. Elle tomba sur un fauteuil, pensant à Villefort, à la scène du dîner, à cette étrange série de malheurs qui depuis quelques jours s'abattaient un à un sur sa maison et changeaient en scandaleux débats le calme ouaté de son ménage. Danglars ne la regarda même pas, quoiqu'elle fît tout ce qu'elle put pour s'évanouir. Il tira la porte de la chambre à coucher sans ajouter un seul mot et rentra chez lui ; de sorte que Mme Danglars, en revenant de son demi-évanouissement, put croire qu'elle avait fait un mauvais rêve.

LXVI

PROJETS DE MARIAGE

Le lendemain de cette scène, à l'heure que Debray avait coutume de choisir pour venir faire, en allant à son bureau, une petite visite à Mme Danglars, son coupé ne parut pas dans la cour.

A cette heure-là, c'est-à-dire vers midi et demi, Mme Danglars demanda sa voiture et sortit.

Danglars, placé derrière un rideau, avait guetté cette sortie qu'il attendait. Il donna l'ordre qu'on le prévînt aussitôt que madame reparaîtrait ; mais à deux heures, elle n'était pas rentrée.

A deux heures il demanda ses chevaux, se rendit à la Chambre et se fit inscrire pour parler contre le budget.

De midi à deux heures, Danglars était resté à son cabinet, décachetant ses dépêches, s'assombrissant de plus en plus, entassant chiffres sur chiffres et recevant entre autres visites celle du major Cavalcanti, qui, toujours aussi bleu, aussi raide et aussi exact, se présenta à l'heure annoncée la veille pour terminer son affaire avec le banquier.

En sortant de la Chambre, Danglars, qui avait donné de violentes marques d'agitation pendant la séance et qui surtout avait été plus acerbe que jamais contre le ministère, remonta dans sa voiture et ordonna au cocher de le conduire avenue des Champs-Élysées, nº 30.

Monte-Cristo était chez lui ; seulement il était avec quelqu'un, et il priait Danglars d'attendre un instant au salon.

Pendant que le banquier attendait, la porte s'ouvrit, et il vit entrer un homme habillé en abbé, qui, au lieu d'attendre comme lui, plus familier que lui sans doute dans la maison, le salua, entra dans l'intérieur des appartements et disparut.

Un instant après, la porte par laquelle le prêtre était entré se rouvrit, et Monte-Cristo parut.

« Pardon, dit-il, cher baron, mais un de mes bons amis, l'abbé Busoni, que vous avez pu voir passer, vient d'arriver à Paris ; il y avait fort longtemps que nous étions séparés, et je n'ai pas eu le courage de le quitter tout aussitôt. J'espère qu'en faveur du motif vous m'excuserez de vous avoir fait attendre.

— Comment donc, dit Danglars, c'est tout simple ; c'est moi qui ai mal pris mon moment, et je vais me retirer.

— Point du tout ; asseyez-vous donc, au contraire.

Mais, bon Dieu ! qu'avez-vous donc ? vous avez l'air tout soucieux ; en vérité vous m'effrayez. Un capitaliste chagrin est comme les comètes, il présage toujours quelque grand malheur au monde.

— J'ai, mon cher monsieur, dit Danglars, que la mauvaise chance est sur moi depuis plusieurs jours, et que je n'apprends que des sinistres.

— Ah ! mon Dieu ! dit Monte-Cristo, est-ce que vous avez eu une rechute à la Bourse ?

— Non, j'en suis guéri, pour quelques jours du moins ; il s'agit tout bonnement pour moi d'une banqueroute à Trieste.

— Vraiment ? Est-ce que votre banqueroutier serait par hasard Jacopo Manfredi ?

— Justement ! Figurez-vous un homme qui faisait, depuis je ne sais combien de temps, pour huit ou neuf cent mille francs par an d'affaires avec moi. Jamais un mécompte, jamais un retard ; un gaillard qui payait comme un prince... qui paie. Je me mets en avance d'un million avec lui, et ne voilà-t-il pas mon diable de Jacopo Manfredi qui suspend ses paiements !

— En vérité ?

— C'est une fatalité inouïe. Je tire sur lui six cent mille livres, qui me reviennent impayées, et de plus je suis encore porteur de quatre cent mille francs de lettres de change signées par lui et payables fin courant chez son correspondant de Paris. Nous sommes le 30, j'envoie toucher ; ah ! bien oui, le correspondant a disparu. Avec mon affaire d'Espagne, cela me fait une gentille fin de mois.

— Mais est-ce vraiment une perte, votre affaire d'Espagne ?

— Certainement, sept cent mille francs hors de ma caisse, rien que cela.

— Comment diable avez-vous fait une pareille école, vous un vieux loup-cervier ?

— Eh ! c'est la faute de ma femme. Elle a rêvé que don Carlos était rentré en Espagne ; elle croit aux rêves. C'est du magnétisme, dit-elle, et quand elle rêve une chose, cette chose, à ce qu'elle assure, doit infailliblement arriver. Sur sa conviction, je lui permets de jouer : elle a sa cassette et son agent de change : elle joue et elle perd. Il est vrai que ce n'est pas mon argent, mais le sien qu'elle joue. Cependant, n'importe, vous comprendrez que lorsque sept cent mille francs sortent de la poche de la femme, le mari s'en aperçoit toujours bien un peu. Comment ! vous ne saviez pas cela ? Mais la chose a fait un bruit énorme.

— Si fait, j'en avais entendu parler, mais j'ignorais les détails ; puis je suis on ne peut plus ignorant de toutes ces affaires de Bourse.

— Vous ne jouez donc pas ?

— Moi ! et comment voulez-vous que je joue ? Moi qui ai déjà tant de peine à régler mes revenus, je serais forcé, outre mon intendant, de prendre encore un commis et un garçon de caisse. Mais, à propos d'Espagne, il me semble que la baronne n'avait pas tout à fait rêvé l'histoire de la rentrée de don Carlos. Les journaux n'ont-ils pas dit quelque chose de cela ?

— Vous croyez donc aux journaux, vous ?

— Moi, pas le moins du monde ; mais il me semble que cet honnête *Messager* faisait exception à la règle, et qu'il n'annonçait que les nouvelles certaines, les nouvelles télégraphiques.

— Eh bien, voilà ce qui est inexplicable, reprit Danglars ; c'est que cette rentrée de don Carlos était effectivement une nouvelle télégraphique.

— En sorte, dit Monte-Cristo, que c'est dix-sept cent mille francs à peu près que vous perdez ce mois-ci ?

— Il n'y a pas d'à peu près, c'est juste mon chiffre.

— Diable ! pour une fortune de troisième ordre, dit Monte-Cristo avec compassion, c'est un rude coup.

— De troisième ordre ! dit Danglars un peu humilié ; que diable entendez-vous par là ?

— Sans doute, continua Monte-Cristo, je fais trois catégories dans les fortunes : fortune de premier ordre, fortune de deuxième ordre, fortune de troisième ordre. J'appelle fortune de premier ordre celle qui se compose de trésors que l'on a sous la main, les terres, les mines, les revenus sur des États comme la France, l'Autriche et l'Angleterre, pourvu que ces trésors, ces mines, ces revenus, forment un total d'une centaine de millions ; j'appelle fortune de second ordre les exploitations manufacturières, les entreprises par association, les vice-royautés et les principautés ne dépassant pas quinze cent mille francs de revenu, le tout formant un capital d'une cinquantaine de millions ; j'appelle enfin fortune de troisième ordre les capitaux fructifiant par intérêts composés, les gains dépendant de la volonté d'autrui ou des chances du hasard, qu'une banqueroute entame, qu'une nouvelle télégraphique ébranle ; les spéculations éventuelles, les opérations soumises enfin aux chances de cette fatalité qu'on pourrait appeler force mineure, en la comparant à la force majeure, qui est la force naturelle ; le tout formant un capital fictif ou réel d'une quinzaine de millions. N'est-ce point là votre position à peu près, dites ?

— Mais dame, oui ! répondit Danglars.

— Il en résulte qu'avec six fins de mois comme celle-là, continua imperturbablement Monte-Cristo, une maison de troisième ordre serait à l'agonie.

— Oh ! dit Danglars avec un sourire fort pâle, comme vous y allez !

— Mettons sept mois, répliqua Monte-Cristo du même ton. Dites-moi, avez-vous pensé à cela quelquefois, que sept fois dix-sept cent mille francs font douze millions ou à peu près ?... Non ? Eh bien, vous avez raison, car avec des réflexions pareilles on n'engagerait jamais ses capitaux, qui sont au financier ce que la peau est à l'homme civilisé. Nous avons nos habits plus ou moins somptueux, c'est notre crédit ; mais quand l'homme meurt, il n'a que sa peau, de même qu'en sortant des affaires, vous n'avez que votre bien réel, cinq ou six millions tout au plus ; car les fortunes de troisième ordre ne représentent guère que le tiers ou le quart de leur apparence, comme la locomotive d'un chemin de fer n'est toujours, au milieu de la fumée qui l'enveloppe et qui la grossit, qu'une machine plus ou moins forte. Eh bien, sur ces cinq millions qui forment votre actif réel, vous venez d'en perdre à peu près deux, qui diminuent d'autant votre fortune fictive ou votre crédit ; c'est-à-dire, mon cher monsieur Danglars, que votre peau vient d'être ouverte par une saignée qui, réitérée quatre fois, entraînerait la mort. Eh ! eh ! faites attention, mon cher monsieur Danglars. Avez-vous besoin d'argent ? Voulez-vous que je vous en prête ?

— Que vous êtes un mauvais calculateur ! s'écria Danglars en appelant à son aide toute la philosophie et toute la dissimulation de l'apparence : à l'heure qu'il est, l'argent est rentré dans mes coffres par d'autres spéculations qui ont réussi. Le sang sorti par la saignée est rentré par la nutrition. J'ai perdu une bataille en Espagne, j'ai été battu à Trieste ; mais mon armée navale de l'Inde aura pris quelques galions ; mes pionniers du Mexique auront découvert quelque mine.

— Fort bien, fort bien ! mais la cicatrice reste, et à la première perte elle se rouvrira.

— Non, car je marche sur des certitudes, poursuivit Danglars avec la faconde banale du charlatan, dont l'état est de prôner son crédit ; il faudrait pour me renverser, que trois gouvernements croulassent.

— Dame ! cela s'est vu.

— Que la terre manquât de récoltes.

— Rappelez-vous les sept vaches grasses et les sept vaches maigres.

— Ou que la mer se retirât, comme du temps de Pharaon ; encore il y a plusieurs mers, et les vaisseaux en seraient quittes pour se faire caravanes.

— Tant mieux, mille fois tant mieux, cher monsieur Danglars, dit Monte-Cristo ; et je vois que je m'étais trompé, et que vous rentrez dans les fortunes du second ordre.

— Je crois pouvoir aspirer à cet honneur, dit Danglars avec un de ces sourires stéréotypés qui faisaient à Monte-Cristo l'effet d'une de ces lunes pâteuses dont les mauvais peintres badigeonnent leurs ruines ; mais, puisque nous en sommes à parler d'affaires, ajouta-t-il, enchanté de trouver ce motif de changer de conversation, dites-moi donc un peu ce que je puis faire pour M. Cavalcanti.

— Mais, lui donner de l'argent, s'il a un crédit sur vous et que ce crédit vous paraisse bon.

— Excellent ! il s'est présenté ce matin avec un bon de quarante mille francs, payable à vue sur vous, signé Busoni, et renvoyé par vous à moi avec votre endos. Vous comprenez que je lui ai compté à l'instant même ses quarante billets carrés. »

Monte-Cristo fit un signe de tête qui indiquait toute son adhésion.

« Mais ce n'est pas tout, continua Danglars ; il a ouvert à son fils un crédit chez moi.

— Combien, sans indiscrétion, donne-t-il au jeune homme ?

— Cinq mille francs par mois.

— Soixante mille francs par an. Je m'en doutais bien, dit Monte-Cristo en haussant les épaules ; ce sont des pleutres que les Cavalcanti. Que veut-il qu'un jeune homme fasse avec cinq mille francs par mois ?

— Mais vous comprenez que si le jeune homme a besoin de quelques mille de francs de plus...

— N'en faites rien, le père vous les laisserait pour votre compte ; vous ne connaissez pas tous les millionnaires ultramontains : ce sont de véritables harpagons. Et par qui lui est ouvert ce crédit ?

— Oh ! par la maison Fenzi, une des meilleures de Florence.

— Je ne veux pas dire que vous perdrez, tant s'en faut ; mais tenez-vous cependant dans les termes de la lettre.

— Vous n'auriez donc pas confiance dans ce Cavalcanti ?

— Moi ! je lui donnerais dix millions sur sa signature. Cela rentre dans les fortunes de second ordre, dont je vous parlais tout à l'heure, mon cher monsieur Danglars.

— Et avec cela comme il est simple ! Je l'aurais pris pour un major, rien de plus.

— Et vous lui eussiez fait honneur ; car, vous avez raison, il ne paie pas de mine. Quand je l'ai vu pour la première fois, il m'a fait l'effet d'un vieux lieutenant moisi sous la contre-épaulette. Mais tous les Italiens sont comme cela, ils ressemblent à de vieux juifs, quand ils n'éblouissent pas comme des mages d'Orient.

— Le jeune homme est mieux, dit Danglars.

— Oui, un peu timide, peut-être ; mais, en somme, il m'a paru convenable. J'en étais inquiet.

— Pourquoi cela ?

— Parce que vous l'avez vu chez moi à peu près à son entrée dans le monde, à ce que l'on m'a dit du moins. Il a voyagé avec un précepteur très sévère et n'était jamais venu à Paris.

— Tous ces Italiens de qualité ont l'habitude de se marier entre eux, n'est-ce pas ? demanda négligemment Danglars ; ils aiment à associer leurs fortunes.

— D'habitude ils font ainsi, c'est vrai ; mais Cavalcanti est un original qui ne fait rien comme les autres. On ne m'ôtera pas de l'idée qu'il envoie son fils en France pour qu'il y trouve une femme.

— Vous croyez ?

— J'en suis sûr.

— Et vous avez entendu parler de sa fortune ?

— Il n'est question que de cela ; seulement les uns lui accordent des millions, les autres prétendent qu'il ne possède pas un paul.

— Et votre opinion à vous ?

— Il ne faudra pas vous fonder dessus ; elle est toute personnelle.

— Mais, enfin...

— Mon opinion, à moi, est que tous ces vieux podestats, tous ces anciens condottieri, car ces Cavalcanti ont commandé des armées, ont gouverné des provinces ; mon opinion, dis-je, est qu'ils ont enterré des millions dans des coins que leurs aînés seuls connaissent et font connaître à leurs aînés de génération en génération ; et la preuve, c'est qu'ils sont tous jaunes et secs comme leurs florins du temps de la République, dont ils conservent un reflet à force de les regarder.

— Parfait, dit Danglars ; et c'est d'autant plus vrai qu'on ne leur connaît pas un pouce de terre, à tous ces gens-là.

— Fort peu, du moins ; moi, je sais bien que je ne connais à Cavalcanti que son palais de Lucques.

— Ah ! il a un palais ! dit en riant Danglars ; c'est déjà quelque chose.

— Oui, et encore le loue-t-il au ministre des Finances, tandis qu'il habite, lui, dans une maisonnette. Oh ! je vous l'ai déjà dit, je crois le bonhomme serré.

— Allons, allons, vous ne le flattez pas.

— Écoutez, je le connais à peine : je crois l'avoir vu trois fois dans ma vie. Ce que j'en sais, c'est par l'abbé Busoni et par lui-même ; il me parlait ce matin de ses projets sur son fils, et me laissait entrevoir que, las de voir dormir des fonds considérables en Italie, qui est un pays mort, il voudrait trouver un moyen, soit en France, soit en Angleterre, de faire fructifier ses millions. Mais remarquez bien toujours que, quoique j'aie la plus grande confiance dans l'abbé Busoni personnellement, moi, je ne réponds de rien.

— N'importe, merci du client que vous m'avez envoyé ; c'est un fort beau nom à inscrire sur mes registres, et mon caissier, à qui j'ai expliqué ce que c'étaient que les Cavalcanti, en est tout fier. A propos, et ceci est un simple détail de touriste, quand ces gens-là marient leurs fils, leur donnent-ils des dots ?

— Eh, mon Dieu ! c'est selon. J'ai connu un prince italien, riche comme une mine d'or, un des premiers noms de Toscane, qui, lorsque ses fils se mariaient à sa guise, leur donnait des millions, et, quand ils se mariaient malgré lui, se contentait de leur faire une rente de trente écus par mois. Admettons qu'Andrea se marie selon les vues de son père, il lui donnera peut-être un, deux, trois millions. Si c'était avec la fille d'un banquier, par exemple, peut-être prendrait-il un intérêt dans la maison du beau-père de son fils ; puis, supposez à côté de cela que sa bru lui déplaise : bonsoir, le père Cavalcanti met la main sur la clef de son coffre-fort, donne un double tour à la serrure, et voilà maître Andrea obligé de vivre comme un fils de famille parisien, en bizeautant des cartes ou en pipant des dés.

— Ce garçon-là trouvera une princesse bavaroise ou péruvienne ; il voudra une couronne fermée, un Eldorado traversé par le Potose.

— Non, tous ces grands seigneurs de l'autre côté

des monts épousent fréquemment de simples mortelles ; ils sont comme Jupiter, ils aiment à croiser les races. Ah çà ! est-ce que vous voulez marier Andrea, mon cher monsieur Danglars, que vous me faites toutes ces questions-là ?

— Ma foi, dit Danglars, cela ne me paraîtrait pas une mauvaise spéculation ; et je suis un spéculateur, moi.

— Ce n'est pas avec Mlle Danglars, je présume ? vous ne voudriez pas faire égorger ce pauvre Andrea par Albert ?

— Albert ? dit Danglars en haussant les épaules ; ah ! bien oui, il se soucie pas mal de cela.

— Mais il est fiancé avec votre fille, je crois ?

— C'est-à-dire que M. de Morcerf et moi, nous avons quelquefois causé de ce mariage ; mais Mme de Morcerf et Albert...

— N'allez-vous pas me dire que celui-ci n'est pas un bon parti ?

— Eh ! eh ! Mlle Danglars vaut bien M. de Morcerf, ce me semble !

— La dot de Mlle Danglars sera belle, en effet, et je n'en doute pas, surtout si le télégraphe ne fait plus de nouvelles folies.

— Oh ! ce n'est pas seulement la dot. Mais, dites-moi donc, à propos ?

— Eh bien !

— Pourquoi donc n'avez-vous pas invité Morcerf et sa famille à votre dîner ?

— Je l'avais fait aussi, mais il a objecté un voyage à Dieppe avec Mme de Morcerf, à qui on a recommandé l'air de la mer.

— Oui, oui, dit Danglars en riant, il doit lui être bon.

— Pourquoi cela ?

— Parce que c'est l'air qu'elle a respiré dans sa jeunesse. »

Monte-Cristo laissa passer l'épigramme sans paraître y faire attention.

« Mais enfin, dit le comte, si Albert n'est point aussi riche que Mlle Danglars, vous ne pouvez nier qu'il porte un beau nom.

— Soit, mais j'aime autant le mien, dit Danglars.

— Certainement, votre nom est populaire, et il a orné le titre dont on a cru l'orner ; mais vous êtes un homme trop intelligent pour n'avoir point compris que, selon certains préjugés trop puissamment enracinés pour qu'on les extirpe, noblesse de cinq siècles vaut mieux que noblesse de vingt ans.

— Et voilà justement pourquoi, dit Danglars avec un sourire qu'il essayait de rendre sardonique, voilà pourquoi je préférerais M. Andrea Cavalcanti à M. Albert de Morcerf.

— Mais cependant, dit Monte-Cristo, je suppose que les Morcerf ne le cèdent pas aux Cavalcanti ?

— Les Morcerf !... Tenez, mon cher comte, reprit Danglars, vous êtes un galant homme, n'est-ce pas ?

— Je le crois.

— Et, de plus, connaisseur en blason ?

— Un peu.

— Eh bien, regardez la couleur du mien ; elle est plus solide que celle du blason de Morcerf.

— Pourquoi cela ?

— Parce que, moi, si je ne suis pas baron de naissance, je m'appelle Danglars au moins.

— Après ?

— Tandis que lui ne s'appelle pas Morcerf.

— Comment, il ne s'appelle pas Morcerf ?

— Pas le moins du monde.

— Allons donc !

— Moi, quelqu'un m'a fait baron, de sorte que je le suis ; lui s'est fait comte tout seul, de sorte qu'il ne l'est pas.

— Impossible.

— Écoutez, mon cher comte, continua Danglars, M. de Morcerf est mon ami, ou plutôt ma connaissance depuis trente ans ; moi, vous savez que je fais bon marché de mes armoiries, attendu que je n'ai jamais oublié d'où je suis parti.

— C'est la preuve d'une grande humilité ou d'un grand orgueil, dit Monte-Cristo.

— Eh bien, quand j'étais petit commis, moi, Morcerf était simple pêcheur.

— Et alors on l'appelait ?

— Fernand.

— Tout court ?

— Fernand Mondego.

— Vous en êtes sûr ?

— Pardieu ! il m'a vendu assez de poisson pour que je le connaisse.

— Alors, pourquoi lui donniez-vous votre fille ?

— Parce que Fernand et Danglars étant deux parvenus, tous deux anoblis, tous deux enrichis, se valent au fond, sauf certaines choses, cependant, qu'on a dites de lui et qu'on n'a jamais dites de moi.

— Quoi donc ?

— Rien.

— Ah ! oui, je comprends ; ce que vous me dites là me rafraîchit la mémoire à propos du nom de Fernand Mondego ; j'ai entendu prononcer ce nom-là en Grèce.

— A propos de l'affaire d'Ali-Pacha ?

— Justement.

— Voilà le mystère, reprit Danglars, et j'avoue que j'eusse donné bien des choses pour le découvrir.

— Ce n'était pas difficile, si vous en aviez eu grande envie.

— Comment cela ?

— Sans doute, vous avez bien quelque correspondant en Grèce ?

— Pardieu !

— A Janina ?

— J'en ai partout...

— Eh bien, écrivez à votre correspondant de Janina, et demandez-lui quel rôle a joué dans la catastrophe d'Ali-Tebelin un Français nommé Fernand.

— Vous avez raison ! s'écria Danglars en se levant vivement, j'écrirai aujourd'hui même !

— Faites.

— Je vais le faire.

— Et si vous avez quelque nouvelle bien scandaleuse...

— Je vous la communiquerai.

— Vous me ferez plaisir. »

Danglars s'élança hors de l'appartement, et ne fit qu'un bond jusqu'à sa voiture.

LXVII

LE CABINET DU PROCUREUR DU ROI

Laissons le banquier revenir au grand trot de ses chevaux, et suivons Mme Danglars dans son excursion matinale.

Nous avons dit qu'à midi et demi Mme Danglars avait demandé ses chevaux et était sortie en voiture.

Elle se dirigea du côté du faubourg Saint-Germain, prit la rue Mazarine, et fit arrêter au passage du Pont-Neuf.

Elle descendit et traversa le passage. Elle était vêtue fort simplement, comme il convient à une femme de goût qui sort le matin.

Rue Guénégaud, elle monta en fiacre en désignant, comme le but de sa course, la rue du Harlay.

A peine fut-elle dans la voiture, qu'elle tira de sa poche un voile noir très épais, qu'elle attacha sur son chapeau de paille ; puis elle remit son chapeau sur sa tête, et vit avec plaisir, en regardant dans un petit miroir de poche, qu'on ne pouvait voir d'elle que sa peau blanche et la prunelle étincelante de son œil.

Le fiacre prit le Pont-Neuf, et entra, par la place Dauphine, dans la cour du Harlay ; il fut payé en ouvrant la portière, et Mme Danglars s'élançant vers l'escalier, qu'elle franchit légèrement, arriva bientôt à la salle des Pas-Perdus.

Le matin, il y a beaucoup d'affaires et encore plus de gens affairés au Palais ; les gens affairés ne regardent pas beaucoup les femmes ; Mme Danglars traversa donc la salle des Pas-Perdus sans être plus remarquée que dix autres femmes qui guettaient leur avocat.

Il y avait encombrement dans l'antichambre de M. de Villefort ; mais Mme Danglars n'eut pas même besoin de prononcer son nom ; dès qu'elle parut, un huissier se leva, vint à elle, lui demanda si elle n'était point la personne à laquelle M. le procureur du roi avait donné rendez-vous, et, sur sa réponse affirmative, il la conduisit, par un corridor réservé, au cabinet de M. de Villefort.

Le magistrat écrivait, assis sur son fauteuil, le dos tourné à la porte : il entendit la porte s'ouvrir, l'huissier prononcer ces paroles : « Entrez, madame ! » et la porte se refermer, sans faire un seul mouvement ; mais à peine eut-il senti se perdre les pas de l'huissier, qui s'éloignait, qu'il se retourna vivement, alla pousser les verrous, tirer les rideaux et visiter chaque coin du cabinet.

Puis lorsqu'il eut acquis la certitude qu'il ne pouvait être ni vu ni entendu, et que par conséquent il fut tranquillisé :

« Merci, madame, dit-il, merci de votre exactitude. »

Et il lui offrit un siège que Mme Danglars accepta, car le cœur lui battait si fortement qu'elle se sentait près de suffoquer.

« Voilà, dit le procureur du roi en s'asseyant à son tour et en faisant décrire un demi-cercle à son fauteuil, afin de se trouver en face de Mme Danglars, voilà bien longtemps, madame, qu'il ne m'est arrivé d'avoir ce bonheur de causer seul avec vous ; et, à mon grand regret, nous nous retrouvons pour entamer une conversation bien pénible.

— Cependant, monsieur, vous voyez que je suis venue à votre premier appel, quoique certainement cette conversation soit encore plus pénible pour moi que pour vous. »

Villefort sourit amèrement.

« Il est donc vrai, dit-il, répondant à sa propre pensée bien plutôt qu'aux paroles de Mme Danglars, il est donc vrai que toutes nos actions laissent leurs traces, les unes sombres, les autres lumineuses, dans notre passé ! Il est donc vrai que tous nos pas dans cette vie ressemblent à la marche du reptile sur le sable et font un sillon ! Hélas ! pour beaucoup, ce sillon est celui de leurs larmes !

— Monsieur, dit Mme Danglars, vous comprenez mon émotion, n'est-ce pas ? ménagez-moi donc, je vous prie. Cette chambre où tant de coupables ont passé tremblants et honteux, ce fauteuil où je m'assieds à mon tour honteuse et tremblante !... Oh ! tenez, j'ai besoin de toute ma raison pour ne pas voir en moi une femme bien coupable et en vous un juge menaçant. »

Villefort secoua la tête et poussa un soupir.

« Et moi, reprit-il, et moi, je me dis que ma place n'est pas dans le fauteuil du juge, mais bien sur la sellette de l'accusé.

— Vous ? dit Mme Danglars étonnée.

— Oui, moi.

— Je crois que de votre part, monsieur, votre puritanisme s'exagère la situation, dit Mme Danglars, dont l'œil si beau s'illumina d'une fugitive lueur. Ces sillons, dont vous parliez à l'instant même, ont été tracés par toutes les jeunesses ardentes. Au fond des passions, au-delà du plaisir, il y a toujours un peu de remords ; c'est pour cela que l'Évangile, cette ressource éternelle des malheureux, nous a donné pour soutien, à nous autres pauvres femmes, l'admirable parabole de la fille pécheresse et de la femme adultère. Aussi, je vous l'avoue, en me reportant à ces délires de ma jeunesse, je pense quelquefois que Dieu me les pardonnera, car sinon l'excuse, du moins la compensation s'en est bien trouvée dans mes souffrances ; mais vous, qu'avez-vous à craindre de tout cela, vous autres hommes que tout le monde excuse et que le scandale anoblit ?

— Madame, répliqua Villefort, vous me connaissez ; je ne suis pas un hypocrite, ou du moins je ne fais pas de l'hypocrisie sans raison. Si mon front est sévère, c'est que bien des malheurs l'ont assombri ; si mon cœur s'est pétrifié, c'est afin de pouvoir supporter les chocs qu'il a reçus. Je n'étais pas ainsi dans ma jeunesse, je n'étais pas ainsi ce soir des fiançailles où nous étions tous assis autour d'une table de la rue du Cours à Marseille. Mais, depuis, tout a bien changé en moi et autour de moi ; ma vie s'est usée à poursuivre des choses difficiles et à briser dans les difficultés ceux qui, volontairement ou involontairement, par leur libre arbitre ou par le hasard, se trouvaient placés sur mon chemin pour me susciter ces choses. Il est rare que ce qu'on désire ardemment ne soit pas défendu ardemment par ceux de qui on veut l'obtenir ou auxquels on tente de l'arracher. Ainsi, la plupart des mauvaises actions des hommes sont venues au-devant d'eux, déguisées sous la forme spécieuse de la nécessité ; puis, la mauvaise action commise dans un moment d'exaltation, de crainte et de délire, on voit qu'on aurait pu passer auprès d'elle en l'évitant. Le moyen qu'il eût été bon d'employer, qu'on n'a pas vu, aveugle qu'on était, se présente à vos yeux facile et simple ; vous vous dites : Comment n'ai-je pas fait ceci au lieu de faire cela ? Vous, mesdames, au contraire, bien rarement vous êtes tourmentées par des remords, car bien rarement la décision vient de vous, vos malheurs vous sont presque toujours imposés, vos fautes sont presque toujours le crime des autres.

— En tout cas, monsieur, convenez-en, répondit Mme Danglars, si j'ai commis une faute, cette faute fût-elle personnelle, j'en ai reçu hier la sévère punition.

— Pauvre femme ! dit Villefort en lui serrant la main, trop sévère pour votre force car deux fois vous avez failli y succomber, et cependant...

— Eh bien ?

— Eh bien, je dois vous dire... rassemblez tout votre courage, madame, car vous n'êtes pas encore au bout.

— Mon Dieu ! s'écria Mme Danglars effrayée, qu'y a-t-il donc encore ?

— Vous ne voyez que le passé, madame, et certes il est sombre. Eh bien, figurez-vous un avenir plus sombre encore, un avenir... affreux certainement... sanglant peut-être !... »

La baronne connaissait le calme de Villefort ; elle fut si épouvantée de son exaltation, qu'elle ouvrit la bouche pour crier, mais que le cri mourut dans sa gorge.

« Comment est-il ressuscité, ce passé terrible ? s'écria Villefort ; comment, du fond de la tombe et du fond de nos cœurs où il dormait, est-il sorti comme un fantôme pour faire pâlir nos joues et rougir nos fronts ?

— Hélas ! dit Hermine, sans doute le hasard !

— Le hasard ! reprit Villefort ; non, non, madame, il n'y a point de hasard !

— Mais si ; n'est-ce point un hasard, fatal il est vrai, mais un hasard qui a fait tout cela ? n'est-ce point par hasard que le comte de Monte-Cristo a acheté cette maison ? n'est-ce point par hasard qu'il a fait creuser la terre ? n'est-ce point par hasard, enfin, que ce malheureux enfant a été déterré sous les arbres ? Pauvre innocente créature sortie de moi, à qui je n'ai jamais pu donner un baiser, mais à qui j'ai donné bien des larmes. Ah ! tout mon cœur a volé au-devant du comte lorsqu'il a parlé de cette chère dépouille trouvée sous des fleurs.

— Eh bien, non, madame ; et voilà ce que j'avais de terrible à vous dire, répondit Villefort d'une voix sourde : non, il n'y a pas eu de dépouille trouvée sous les fleurs ; non, il n'y a pas eu d'enfant déterré ; non, il ne faut pas pleurer ; non, il ne faut pas gémir : il faut trembler !

— Que voulez-vous dire ? s'écria Mme Danglars toute frémissante.

— Je veux dire que M. Monte-Cristo, en creusant au pied de ces arbres, n'a pu trouver ni squelette d'enfant, ni ferrure de coffre, parce que sous ces arbres il n'y avait ni l'un ni l'autre.

— Il n'y avait ni l'un ni l'autre ! redit Mme Danglars, en fixant sur le procureur du roi des yeux dont la prunelle, effroyablement dilatée, indiquait la terreur ; il n'y avait ni l'un ni l'autre ! répéta-t-elle encore comme une personne qui essaie de fixer par le son des paroles et par le bruit de la voix ses idées prêtes à lui échapper.

— Non ! dit Villefort, en laissant tomber son front dans ses mains, cent fois non !...

— Mais ce n'est donc point là que vous aviez déposé le pauvre enfant, monsieur ? Pourquoi me tromper ? dans quel but, voyons, dites ?

— C'est là ; mais écoutez-moi, écoutez-moi, madame, et vous allez me plaindre, moi qui ai porté vingt ans, sans en rejeter la moindre part sur vous, le fardeau de douleurs que je vais vous dire.

— Mon Dieu ! vous m'effrayez ! mais n'importe, parlez, je vous écoute.

— Vous savez comment s'accomplit cette nuit douloureuse où vous étiez expirante sur votre lit, dans cette chambre de damas rouge, tandis que moi, presque aussi haletant que vous, j'attendais votre délivrance. L'enfant vint, me fut remis sans mouvement, sans souffle, sans voix : nous le crûmes mort. »

Mme Danglars fit un mouvement rapide, comme si elle eût voulu s'élancer de sa chaise.

Mais Villefort l'arrêta en joignant les mains comme pour implorer son attention.

« Nous le crûmes mort, répéta-t-il ; je le mis dans un coffre qui devait remplacer le cercueil, je descendis au jardin, je creusai une fosse et l'enfouis à la hâte. J'achevais à peine de le couvrir de terre, que le bras du Corse s'étendit vers moi. Je vis comme une ombre se dresser, comme un éclair reluire. Je sentis une douleur, je voulus crier, un frisson glacé me parcourut tout le corps et m'étreignit à la gorge... Je tombai mourant, et je me crus tué. Je n'oublierai jamais votre sublime courage, quand, revenu à moi, je me traînai expirant jusqu'au bas de l'escalier, où, expirante vous-même, vous vîntes au-devant de moi. Il fallait garder le silence sur la terrible catastrophe ; vous eûtes le courage de regagner votre maison, soutenue par votre nourrice ; un duel fut le prétexte de ma blessure. Contre toute attente, le secret nous fut gardé à tous deux ; on me transporta à Versailles ; pendant trois mois, je luttai contre la mort ; enfin comme je parus me rattacher à la vie, on m'ordonna le soleil et l'air du Midi. Quatre hommes me portèrent de Paris à Chalon, en faisant six lieues par jour. Mme de Villefort suivait le brancard dans sa voiture. A Chalon, on me mit sur la Saône, puis je passai sur le Rhône, et, par la seule vitesse du courant, je descendis jusqu'à Arles, puis d'Arles, je repris ma litière et continuai mon chemin pour Marseille. Ma convalescence dura six mois ; je n'entendais plus parler de vous, je n'osai m'informer de ce que vous étiez devenue. Quand je revins à Paris, j'appris que, veuve de M. de Nargonne, vous aviez épousé M. Danglars.

« A quoi avais-je pensé depuis que la connaissance

m'était revenue ? Toujours à la même chose, toujours à ce cadavre d'enfant qui, chaque nuit, dans mes rêves, s'envolait du sein de la terre, et planait au-dessus de la fosse en me menaçant du regard et du geste. Aussi, à peine de retour à Paris, je m'informai ; la maison n'avait pas été habitée depuis que nous en étions sortis, mais elle venait d'être louée pour neuf ans. J'allai trouver le locataire, je feignis d'avoir un grand désir de ne pas voir passer entre des mains étrangères cette maison qui appartenait au père et à la mère de ma femme ; j'offris un dédommagement pour qu'on rompît le bail ; on me demanda six mille francs : j'en eusse donné dix mille, j'en eusse donné vingt mille. Je les avais sur moi, je fis, séance tenante, signer la résiliation ; puis, lorsque je tins cette cession tant désirée, je partis au galop pour Auteuil. Personne, depuis que j'en étais sorti, n'était entré dans la maison.

« Il était cinq heures de l'après-midi, je montai dans la chambre rouge et j'attendis la nuit.

« Là, tout ce que je me disais depuis un an dans mon agonie continuelle se représenta, bien plus menaçant que jamais, à ma pensée.

« Ce Corse qui m'avait déclaré la vendetta, qui m'avait suivi de Nîmes à Paris ; ce Corse, qui était caché dans le jardin, qui m'avait frappé, m'avait vu creuser la fosse, il m'avait vu enterrer l'enfant ; il pouvait en arriver à vous connaître ; peut-être vous connaissait-il... Ne vous ferait-il pas payer un jour le secret de cette terrible affaire ?... Ne serait-ce pas pour lui une bien douce vengeance, quand il apprendrait que je n'étais pas mort de son coup de poignard ? Il était donc urgent qu'avant toute chose, et à tout hasard, je fisse disparaître les traces de ce passé, que j'en détruisisse tout vestige matériel ; il n'y aurait toujours que trop de réalité dans mon souvenir.

« C'était pour cela que j'avais annulé le bail, c'était pour cela que j'étais venu, c'était pour cela que j'attendais.

« La nuit arriva, je la laissai bien s'épaissir ; j'étais sans lumière dans cette chambre, où des souffles de vent faisaient trembler les portières derrière lesquelles je croyais toujours voir quelque espion embusqué ; de temps en temps je tressaillais, il me semblait derrière moi, dans ce lit, entendre vos plaintes, et je n'osais me retourner. Mon cœur battait dans le silence, et je le sentais battre si violemment que je croyais que ma blessure allait se rouvrir ; enfin, j'entendis s'éteindre, l'un après l'autre, tous ces bruits divers de la campagne. Je compris que je n'avais plus rien à craindre, que je ne pouvais être ni vu ni entendu, et je me décidai à descendre.

« Écoutez, Hermine, je me crois aussi brave qu'un autre homme, mais lorsque je retirai de ma poitrine cette petite clef de l'escalier, que nous chérissions tous deux, et que vous aviez voulu faire attacher à un anneau d'or, lorsque j'ouvris la porte, lorsque, à travers les fenêtres, je vis une lune pâle jeter, sur les degrés en spirale, une longue bande de lumière blanche pareille à un spectre, je me retins au mur et je fus près de crier ; il me semblait que j'allais devenir fou.

« Enfin, je parvins à me rendre maître de moi-même. Je descendis l'escalier marche à marche ; la seule chose que je n'avais pu vaincre, c'était un étrange tremblement dans les genoux. Je me cramponnai à la rampe ; si je l'eusse lâchée un instant, je me fusse précipité.

« J'arrivai à la porte d'en bas ; en dehors de cette porte, une bêche était posée contre le mur. Je m'étais muni d'une lanterne sourde ; au milieu de la pelouse, je m'arrêtai pour l'allumer, puis je continuai mon chemin.

« Novembre finissait, toute la verdure du jardin avait disparu, les arbres n'étaient plus que des squelettes aux longs bras décharnés, et les feuilles mortes criaient avec le sable sous mes pas.

« L'effroi m'étreignait si fortement le cœur, qu'en approchant du massif je tirai un pistolet de ma poche et l'armai. Je croyais toujours voir apparaître à travers les branches la figure du Corse.

« J'éclairai le massif avec ma lanterne sourde ; il était vide. Je jetai les yeux tout autour de moi, j'étais bien seul ; aucun bruit ne troublait le silence de la nuit, si ce n'est le chant d'une chouette qui jetait son cri aigu et lugubre comme un appel aux fantômes de la nuit.

« J'attachai ma lanterne à une branche fourchue que j'avais déjà remarquée un an auparavant, à l'endroit même où je m'arrêtai pour creuser la fosse.

« L'herbe avait, pendant l'été, poussé bien épaisse à cet endroit, et, l'automne venu, personne ne s'était trouvé là pour la faucher. Cependant, une place moins garnie attira mon attention ; il était évident que c'était là que j'avais retourné la terre. Je me mis à l'œuvre.

« J'en étais donc arrivé à cette heure que j'attendais depuis plus d'un an !

« Aussi, comme j'espérais, comme je travaillais, comme je sondais chaque touffe de gazon, croyant sentir de la résistance au bout de ma bêche ; rien ! et cependant je fis un trou deux fois plus grand que n'était le premier. Je crus m'être abusé, m'être trompé de place ; je m'orientai, je regardai les arbres, je cherchai à reconnaître les détails qui m'avaient frappé. Une bise froide et aiguë sifflait à travers les branches dépouillées, et cependant la sueur ruisselait sur mon front. Je me rappelai que j'avais reçu le coup de poignard au moment où je piétinais la terre pour recouvrir la fosse ; en piétinant cette terre, je m'appuyais à un faux ébénier ; derrière moi était un rocher artificiel destiné à servir de banc aux promeneurs ; car en tombant, ma main, qui venait de quitter l'ébénier, avait senti la fraîcheur de cette pierre. A ma droite était le faux ébénier, derrière moi était le rocher ; je tombai en me plaçant de même, je me relevai et me mis à creuser et à élargir le trou : rien ! toujours rien ! le coffret n'y était pas.

— Le coffret n'y était pas ? murmura Mme Danglars suffoquée par l'épouvante.

— Ne croyez pas que je me bornai à cette tentative, continua Villefort ; non. Je fouillai tout le massif ; je pensai que l'assassin, ayant déterré le coffre et croyant que c'était un trésor, avait voulu s'en emparer, l'avait emporté ; puis s'apercevant de son erreur, avait fait à son tour un trou et l'y avait déposé ; rien. Puis il me vint cette idée qu'il n'avait point pris tant de précautions, et l'avait purement et simplement jeté dans quelque coin. Dans cette dernière hypothèse, il me fallait, pour faire mes recherches, attendre le jour. Je remontai dans la chambre et j'attendis.

— Oh ! mon Dieu !

— Le jour venu, je descendis de nouveau. Ma première visite fut pour le massif ; j'espérais y retrouver des traces qui m'auraient échappé pendant l'obscurité. J'avais retourné la terre sur une superficie de plus de vingt pieds carrés, et sur une profondeur de plus de deux pieds. Une journée eût à peine suffi à un homme salarié pour faire ce que j'avais fait, moi, en une heure. Rien, je ne vis absolument rien.

« Alors, je me mis à la recherche du coffre, selon la supposition que j'avais faite qu'il avait été jeté dans quelque coin. Ce devait être sur le chemin qui conduisait à la petite porte de sortie ; mais cette nouvelle investigation fut aussi inutile que la première, et, le cœur serré, je revins au massif, qui lui-même ne me laissait plus aucun espoir.

— Oh ! s'écria Mme Danglars, il y avait de quoi devenir fou.

— Je l'espérai un instant, dit Villefort, mais je n'eus pas ce bonheur ; cependant, rappelant ma force et par conséquent mes idées : Pourquoi cet homme aurait-il emporté ce cadavre ? me demandai-je.

— Mais vous l'avez dit, reprit Mme Danglars, pour avoir une preuve.

— Eh ! non, madame, ce ne pouvait plus être cela ; on ne garde pas un cadavre pendant un an, on le montre à un magistrat, et l'on fait sa déposition. Or, rien de tout cela n'était arrivé.

— Eh bien, alors ?... demanda Hermine toute palpitante.

— Alors, il y a quelque chose de plus terrible, de plus fatal, de plus effrayant pour nous : il y a que l'enfant était vivant peut-être, et que l'assassin l'a sauvé. »

Mme Danglars poussa un cri terrible, et saisissant les mains de Villefort :

« Mon enfant était vivant ! dit-elle ; vous avez enterré mon enfant vivant, monsieur ! Vous n'étiez pas sûr que mon enfant était mort, et vous l'avez enterré ! ah !... »

Mme Danglars s'était redressée et elle se tenait devant le procureur du roi, dont elle serrait les poignets entre ses mains délicates, debout et presque menaçante.

« Que sais-je ? Je vous dis cela comme je vous dirais autre chose », répondit Villefort avec une fixité de regard qui indiquait que cet homme si puissant était près d'atteindre les limites du désespoir et de la folie.

« Ah ! mon enfant, mon pauvre enfant ! » s'écria la baronne, retombant sur sa chaise et étouffant ses sanglots dans son mouchoir.

Villefort revint à lui, et comprit que pour détourner l'orage maternel qui s'amassait sur sa tête il fallait faire passer chez Mme Danglars la terreur qu'il éprouvait lui-même.

« Vous comprenez alors que si cela est ainsi, dit-il en se levant à son tour et en s'approchant de la baronne pour lui parler d'une voix plus basse, nous sommes perdus : cet enfant vit, et quelqu'un sait qu'il vit, quelqu'un a notre secret ; et puisque Monte-Cristo parle devant nous d'un enfant déterré où cet enfant n'était plus, ce secret c'est lui qui l'a.

— Dieu, Dieu juste, Dieu vengeur ! » murmura Mme Danglars.

Villefort ne répondit que par une espèce de rugissement.

« Mais cet enfant, cet enfant, monsieur ? reprit la mère obstinée.

— Oh ! que je l'ai cherché ! reprit Villefort en se tordant les bras : que de fois je l'ai appelé dans mes longues nuits sans sommeil ! que de fois j'ai désiré une richesse royale pour acheter un million de secrets à un million d'hommes, et pour trouver mon secret dans les leurs ! Enfin, un jour que pour la centième fois je reprenais la bêche, je me demandai pour la centième fois ce que le Corse avait pu faire de l'enfant : un enfant embarrasse un fugitif ; peut-être en s'apercevant qu'il était vivant encore, l'avait-il jeté dans la rivière.

— Oh ! impossible ! s'écria Mme Danglars ; on assassine un homme par vengeance, on ne noie pas de sang-froid un enfant !

— Peut-être, continua Villefort, l'avait-il mis aux Enfants-Trouvés.

— Oh ! oui, oui ! s'écria la baronne, mon enfant est là ! monsieur !

— Je courus à l'hospice, et j'appris que cette nuit même, la nuit du 20 septembre, un enfant avait été déposé dans le tour ; il était enveloppé d'une moitié de serviette en toile fine, déchirée avec intention. Cette moitié de serviette portait une moitié de couronne de baron et la lettre H.

— C'est cela, c'est cela ! s'écria Mme Danglars, tout mon linge était marqué ainsi ; M. de Nargonne était baron, et je m'appelle Hermine. Merci, mon Dieu ! mon enfant n'était pas mort !

— Non, il n'était pas mort !

— Et vous me le dites ! vous me dites cela sans craindre de me faire mourir de joie, monsieur ! Où est-il ? où est mon enfant ? »

Villefort haussa les épaules.

« Le sais-je ? dit-il ; et croyez-vous que si je le savais je vous ferais passer par toutes ces gradations, comme le ferait un dramaturge ou un romancier ? Non, hélas ! non ! je ne le sais pas. Une femme, il y avait six mois environ, était venue réclamer l'enfant avec l'autre moitié de la serviette. Cette femme avait fourni toutes les garanties que la loi exige, et on le lui avait remis.

— Mais il fallait vous informer de cette femme, il fallait la découvrir.

— Et de quoi pensez-vous donc que je me sois occupé, madame ? J'ai feint une instruction criminelle, et tout ce que la police a de fins limiers, d'adroits agents, je les mis à sa recherche. On a retrouvé ses traces jusqu'à Chalon ; à Chalon, on les a perdues.

— Perdues ?

— Oui, perdues ; perdues à jamais. »

Mme Danglars avait écouté ce récit avec un soupir, une larme, un cri pour chaque circonstance.

« Et c'est tout, dit-elle ; et vous vous êtes borné là ?

— Oh ! non, dit Villefort, je n'ai jamais cessé de chercher, de m'enquérir, de m'informer. Cependant, depuis deux ou trois ans, j'ai donné quelque relâche. Mais, aujourd'hui, je vais recommencer avec plus de persévérance et d'acharnement que jamais ; et je réussirai, voyez-vous ; car ce n'est plus la conscience qui me pousse, c'est la peur.

— Mais, reprit Mme Danglars, le comte de Monte-Cristo ne sait rien ; sans quoi, ce me semble, il ne nous rechercherait point comme il le fait.

— Oh ! la méchanceté des hommes est bien profonde, dit Villefort, puisqu'elle est plus profonde que la bonté de Dieu. Avez-vous remarqué les yeux de cet homme, tandis qu'il nous parlait ?

— Non.

— Mais l'avez-vous examiné profondément parfois ?

— Sans doute. Il est bizarre, mais voilà tout. Une chose qui m'a frappée seulement, c'est que de tout ce repas exquis qu'il nous a donné, il n'a rien touché, c'est que d'aucun plat il n'a voulu prendre sa part.

— Oui, oui ! dit Villefort, j'ai remarqué cela aussi. Si j'avais su ce que je sais maintenant, moi non plus je n'eusse touché à rien ; j'aurais cru qu'il voulait nous empoisonner.

— Et vous vous seriez trompé, vous le voyez bien.

— Oui, sans doute ; mais, croyez-moi, cet homme a d'autres projets. Voilà pourquoi j'ai voulu vous voir, voilà pourquoi j'ai demandé à vous parler, voilà pourquoi j'ai voulu vous prémunir contre tout le monde, mais contre lui surtout. Dites-moi, continua Villefort en fixant plus profondément encore qu'il ne l'avait fait jusque-là ses yeux sur la baronne, vous n'avez parlé de notre liaison à personne ?

— Jamais, à personne.

— Vous me comprenez, reprit affectueusement Villefort, quand je dis à personne, pardonnez-moi cette insistance, à personne au monde, n'est-ce pas ?

— Oh ! oui, oui, je comprends très bien, dit la baronne en rougissant ; jamais ! je vous le jure.

— Vous n'avez point l'habitude d'écrire le soir ce qui s'est passé dans la matinée ? vous ne faites pas de journal ?

— Non ! Hélas ! ma vie passe emportée par la frivolité ; moi-même, je l'oublie.

— Vous ne rêvez pas haut, que vous sachiez ?

— J'ai un sommeil d'enfant ; ne vous le rappelez-vous pas ? »

Le pourpre monta au visage de la baronne, et la pâleur envahit celui de Villefort.

« C'est vrai, dit-il si bas qu'on l'entendit à peine.

— Eh bien ? demanda la baronne.

— Eh bien, je comprends ce qu'il me reste à faire, reprit Villefort. Avant huit jours d'ici, je saurai ce que c'est que M. de Monte-Cristo, d'où il vient, où il va, et pourquoi il parle devant nous des enfants qu'on déterre dans son jardin. »

Villefort prononça ces mots avec un accent qui eût fait frissonner le comte s'il eût pu les entendre.

Puis il serra la main que la baronne répugnait à lui donner et la reconduisit avec respect jusqu'à la porte.

Mme Danglars reprit un autre fiacre, qui la ramena au passage, de l'autre côté duquel elle retrouva sa voiture et son cocher, qui, en l'attendant, dormait paisiblement sur son siège.

LXVIII

UN BAL D'ÉTÉ

Le même jour, vers l'heure où Mme Danglars faisait la séance que nous avons dite dans le cabinet de M. le procureur du roi, une calèche de voyage, entrant dans la rue du Helder, franchissait la porte du n° 27 et s'arrêtait dans la cour.

Au bout d'un instant la portière s'ouvrait, et Mme de Morcerf en descendait appuyée au bras de son fils.

A peine Albert eut-il reconduit sa mère chez elle que, commandant un bain et ses chevaux, après s'être mis aux mains de son valet de chambre, il se fit conduire aux Champs-Élysées, chez le comte de Monte-Cristo.

Le comte le reçut avec son sourire habituel. C'était une étrange chose : jamais on ne paraissait faire un pas en avant dans le cœur ou dans l'esprit de cet homme. Ceux qui voulaient, si l'on peut dire cela, forcer le passage de son intimité trouvaient un mur.

Morcerf, qui accourait à lui les bras ouverts, laissa en le voyant et malgré son sourire amical, tomber ses bras, et osa tout au plus lui tendre la main.

De son côté, Monte-Cristo la lui toucha, comme il faisait toujours, mais sans la lui serrer.

« Eh bien, me voilà, dit-il, cher comte.

— Soyez le bienvenu.

— Je suis arrivé depuis une heure.

— De Dieppe ?

— Du Tréport.

— Ah ! c'est vrai.

— Et ma première visite est pour vous.

— C'est charmant de votre part, dit Monte-Cristo comme il eût dit toute autre chose.

— Eh bien, voyons, quelles nouvelles ?

— Des nouvelles ! vous demandez cela à moi, à un étranger !

— Je m'entends : quand je demande quelles nouvelles, je demande si vous avez fait quelque chose pour moi ?

— M'aviez-vous donc chargé de quelque commission ? dit Monte-Cristo en jouant l'inquiétude.

— Allons, allons, dit Albert, ne simulez pas l'indifférence. On dit qu'il y a des avertissements sympathiques qui traversent la distance : eh bien ! au Tréport, j'ai reçu mon coup électrique ; vous avez, sinon travaillé pour moi, du moins pensé à moi.

— Cela est possible, dit Monte-Cristo. J'ai en effet pensé à vous ; mais le courant magnétique dont j'étais le conducteur agissait, je l'avoue, indépendamment de ma volonté.

— Vraiment ! Contez-moi cela, je vous prie.

— C'est facile, M. Danglars a dîné chez moi.

— Je le sais bien, puisque c'est pour fuir sa présence que nous sommes partis, ma mère et moi.

— Mais il a dîné avec M. Andrea Cavalcanti.

— Votre prince italien ?

— N'exagérons pas. M. Andrea se donne seulement le titre de vicomte.

— Se donne, dites-vous ?

— Je dis : se donne.

— Il ne l'est donc pas ?

— Eh ! le sais-je, moi ? Il se le donne, je le lui donne, on le lui donne ; n'est-ce pas comme s'il l'avait ?

— Homme étrange que vous faites, allez ! Eh bien ?

— Eh bien, quoi ?

— M. Danglars a donc dîné ici ?

— Oui.

— Avec votre vicomte Andrea Cavalcanti ?

— Avec le vicomte Andrea Cavalcanti, le marquis son père, Mme Danglars, M. et Mme de Villefort, des gens charmants, M. Debray, Maximilien Morrel, et puis qui encore... attendez donc... ah ! M. de Château-Renaud.

— On a parlé de moi ?

— On n'en a pas dit un mot.

— Tant pis.

— Pourquoi cela ? Il me semble que, si l'on vous a oublié, on n'a fait, en agissant ainsi, que ce que vous désiriez !

— Mon cher comte, si l'on n'a point parlé de moi, c'est qu'on y pensait beaucoup, et alors je suis désespéré.

— Que vous importe, puisque Mlle Danglars n'était point au nombre de ceux qui y pensaient ici ! Ah ! il est vrai qu'elle pouvait y penser chez elle.

— Oh ! quant à cela, non, j'en suis sûr : ou si elle y pensait, c'est certainement de la même façon que je pense à elle.

— Touchante sympathie ! dit le comte. Alors vous vous détestez ?

— Écoutez, dit Morcerf, si Mlle Danglars était femme à prendre en pitié le martyre que je ne souffre pas pour elle et m'en récompenser en dehors des convenances matrimoniales arrêtées entre nos deux familles, cela m'irait à merveille. Bref, je crois que Mlle Danglars serait une maîtresse charmante ; mais comme femme, diable...

— Ainsi, dit Monte-Cristo en riant, voilà votre façon de penser sur votre future ?

— Oh ! mon Dieu ! oui, un peu brutale, c'est vrai, mais exacte du moins. Or, puisqu'on ne peut faire de ce rêve une réalité ; comme pour arriver à un certain but il faut que Mlle Danglars devienne ma femme, c'est-à-dire qu'elle vive avec moi, qu'elle pense près de moi, qu'elle chante près de moi, qu'elle fasse des vers et de la musique à dix pas de moi, et cela pendant tout le temps de ma vie, alors je m'épouvante. Une maîtresse, mon cher comte, cela se quitte ; mais une femme, peste ! c'est autre chose, cela se garde éternellement, de près ou de loin c'est-à-dire. Or, c'est effrayant de garder toujours Mlle Danglars, fût-ce même de loin.

— Vous êtes difficile, vicomte.

— Oui, car souvent je pense à une chose impossible.

— A laquelle ?

— A trouver pour moi une femme comme mon père en a trouvé une pour lui. »

Monte-Cristo pâlit et regarda Albert en jouant avec des pistolets magnifiques dont il faisait rapidement crier les ressorts.

« Ainsi, votre père a été bien heureux, dit-il.

— Vous savez mon opinion sur ma mère, monsieur le comte : un ange du ciel ; voyez-la encore belle, spirituelle toujours, meilleure que jamais. J'arrive du Tréport ; pour tout autre fils, eh ! mon Dieu ! accompagner sa mère serait une complaisance ou une corvée ; mais, moi, j'ai passé quatre jours en tête-à-tête avec elle, plus satisfait, plus reposé, plus poétique, vous le dirais-je, que si j'eusse emmené au Tréport la reine Mab ou Titania.

— C'est une perfection désespérante, et vous donnez à tous ceux qui vous entendent de graves envies de rester célibataires.

— Voilà justement, reprit Morcerf, pourquoi, sachant qu'il existe au monde une femme accomplie, je ne me soucie pas d'épouser Mlle Danglars. Avez-vous quelquefois remarqué comme notre égoïsme revêt de couleurs brillantes tout ce qui nous appartient ? Le diamant qui chatoyait à la vitre de Marlé ou de Fossin devient bien plus beau depuis qu'il est notre diamant ; mais si l'évidence vous force à reconnaître qu'il en est d'une eau plus pure, et que vous soyez condamné à porter éternellement ce diamant inférieur à un autre, comprenez-vous la souffrance ?

— Mondain ! murmura le comte.

— Voilà pourquoi je sauterai de joie le jour où Mlle Eugénie s'apercevra que je ne suis qu'un chétif atome et que j'ai à peine autant de cent mille francs qu'elle a de millions. »

Monte-Cristo sourit.

« J'avais bien pensé à autre chose, continua Albert ; Franz aime les choses excentriques, j'ai voulu le rendre malgré lui amoureux de Mlle Danglars ; mais à quatre lettres que je lui ai écrites dans le plus affriandant des styles, Franz m'a imperturbablement répondu : « Je suis excentrique, c'est vrai, mais mon excentricité ne va pas jusqu'à reprendre ma parole quand je l'ai donnée. »

— Voilà ce que j'appelle le dévouement de l'amitié : donner à un autre la femme dont on ne voudrait soi-même qu'à titre de maîtresse. »

Albert sourit.

« A propos, continua-t-il, il arrive, ce cher Franz ; mais peu vous importe, vous ne l'aimez pas, je crois ?

— Moi ! dit Monte-Cristo ; eh ! mon cher vicomte, où donc avez-vous vu que je n'aimais pas M. Franz ? J'aime tout le monde.

— Et je suis compris dans tout le monde... merci.

— Oh ! ne confondons pas, dit Monte-Cristo : j'aime tout le monde à la manière dont Dieu nous ordonne d'aimer notre prochain, chrétiennement ; mais je ne

hais bien que de certaines personnes. Revenons à
M. Franz d'Épinay. Vous dites donc qu'il arrive.

— Oui, mandé par M. de Villefort, aussi enragé, à
ce qu'il paraît, de marier Mlle Valentine que M. Danglars est enragé de marier Mlle Eugénie. Décidément,
il paraît que c'est un état des plus fatigants que celui
de père de grandes filles ; il me semble que cela leur
donne la fièvre, et que leur pouls bat quatre-vingt-dix
fois à la minute, jusqu'à ce qu'ils en soient débarrassés.

— Mais M. d'Épinay ne vous ressemble pas, lui ; il
prend son mal en patience.

— Mieux que cela, il le prend au sérieux ; il met des
cravates blanches et parle déjà de sa famille. Il a au
reste pour les Villefort une grande considération.

— Méritée, n'est-ce pas ?

— Je le crois. M. de Villefort a toujours passé pour
un homme sévère, mais juste.

— A la bonne heure, dit Monte-Cristo, en voilà un
au moins que vous ne traitez pas comme ce pauvre
M. Danglars.

— Cela tient peut-être à ce que je ne suis pas forcé
d'épouser sa fille, répondit Albert en riant.

— En vérité, mon cher monsieur, dit Monte-Cristo,
vous êtes d'une fatuité révoltante.

— Moi ?

— Oui, vous. Prenez donc un cigare.

— Bien volontiers. Et pourquoi suis-je fat ?

— Mais parce que vous êtes là à vous défendre, à
vous débattre d'épouser Mlle Danglars. Eh ! mon
Dieu ! laissez aller les choses, et ce n'est peut-être pas
vous qui retirerez votre parole le premier.

— Bah ! fit Albert avec de grands yeux.

— Eh ! sans doute, monsieur le vicomte, on ne vous
mettra pas de force le cou dans les portes, que diable !
Voyons, sérieusement, reprit Monte-Cristo en changeant d'intonation, avez-vous envie de rompre ?

— Je donnerais cent mille francs pour cela.

— Eh bien, soyez heureux : M. Danglars est prêt à
en donner le double pour atteindre au même but.

— Est-ce bien vrai, ce bonheur-là ? dit Albert, qui

cependant en disant cela ne put empêcher qu'un imperceptible nuage passât sur son front. Mais, mon cher comte, M. Danglars a donc des raisons ?

— Ah ! te voilà bien, nature orgueilleuse et égoïste ! A la bonne heure, je retrouve l'homme qui veut trouer l'amour-propre d'autrui à coups de hache, et qui crie quand on troue le sien avec une aiguille.

— Non ! mais c'est qu'il me semble que M. Danglars...

— Devait être enchanté de vous n'est-ce pas ? Eh bien, M. Danglars est un homme de mauvais goût, c'est convenu, et il est encore plus enchanté d'un autre...

— De qui donc ?

— Je ne sais pas, moi ; étudiez, regardez, saisissez les allusions à leur passage, et faites-en votre profit.

— Bon, je comprends ; écoutez, ma mère... non ! pas ma mère, je me trompe, mon père a eu l'idée de donner un bal.

— Un bal dans ce moment-ci de l'année ?

— Les bals d'été sont à la mode.

— Ils n'y seraient pas, que la comtesse n'aurait qu'à vouloir, et elle les y mettrait.

— Pas mal ; vous comprenez, ce sont des bals pur sang ; ceux qui restent à Paris dans le mois de juillet sont de vrais Parisiens. Voulez-vous vous charger d'une invitation pour MM. Cavalcanti ?

— Dans combien de jours a lieu votre bal ?

— Samedi.

— M. Cavalcanti père sera parti.

— Mais M. Cavalcanti fils demeure. Voulez-vous vous charger d'amener M. Cavalcanti fils ?

— Écoutez, vicomte, je ne le connais pas.

— Vous ne le connaissez pas ?

— Non ; je l'ai vu pour la première fois il y a trois ou quatre jours, et je n'en réponds en rien.

— Mais vous le recevez bien, vous !

— Moi, c'est autre chose ; il m'a été recommandé par un brave abbé qui peut lui-même avoir été trompé. Invitez-le directement, à merveille, mais ne me dites pas de vous le présenter ; s'il allait plus tard épouser

Mlle Danglars, vous m'accuseriez de manège, et vous voudriez vous couper la gorge avec moi ; d'ailleurs, je ne sais pas si j'irai moi-même.

— Où ?

— A votre bal.

— Pourquoi n'y viendrez-vous point ?

— D'abord parce que vous ne m'avez pas encore invité.

— Je viens exprès pour vous apporter votre invitation moi-même.

— Oh ! c'est trop charmant ; mais je puis en être empêché.

— Quand je vous aurai dit une chose, vous serez assez aimable pour nous sacrifier tous les empêchements.

— Dites.

— Ma mère vous en prie.

— Mme la comtesse de Morcerf ? reprit Monte-Cristo en tressaillant.

— Ah ! comte, dit Albert, je vous préviens que Mme de Morcerf cause librement avec moi ; et si vous n'avez pas senti craquer en vous ces fibres sympathiques dont je vous parlais tout à l'heure, c'est que ces fibres-là vous manquent complètement, car pendant quatre jours nous n'avons parlé que de vous.

— De moi ? En vérité vous me comblez !

— Écoutez, c'est le privilège de votre emploi : quand on est un problème vivant.

— Ah ! je suis donc aussi un problème pour votre mère ? En vérité, je l'aurais crue trop raisonnable pour se livrer à de pareils écarts d'imagination !

— Problème, mon cher comte, problème pour tous, pour ma mère comme pour les autres ; problème accepté, mais non deviné, vous demeurez toujours à l'état d'énigme : rassurez-vous. Ma mère seulement demande toujours comment il se fait que vous soyez si jeune. Je crois qu'au fond, tandis que la comtesse G... vous prend pour Lord Ruthwen, ma mère vous prend pour Cagliostro ou le comte de Saint-Germain. La première fois que vous viendrez voir Mme de Morcerf, confirmez-la dans cette opinion. Cela ne vous sera pas difficile, vous avez la pierre philosophale de l'un et l'esprit de l'autre.

— Je vous remercie de m'avoir prévenu, dit le comte en souriant, je tâcherai de me mettre en mesure de faire face à toutes les suppositions.

— Ainsi vous viendrez samedi ?

— Puisque Mme de Morcerf m'en prie.

— Vous êtes charmant.

— Et M. Danglars ?

— Oh ! il a déjà reçu la triple invitation ; mon père s'en est chargé. Nous tâcherons aussi d'avoir le grand d'Aguesseau, M. de Villefort ; mais on en désespère.

— Il ne faut jamais désespérer de rien, dit le proverbe.

— Dansez-vous, cher comte ?

— Moi ?

— Oui, vous. Qu'y aurait-il d'étonnant à ce que vous dansassiez ?

— Ah ! en effet, tant qu'on n'a pas franchi la quarantaine... Non, je ne danse pas ; mais j'aime à voir danser. Et Mme de Morcerf, danse-t-elle ?

— Jamais, non plus ; vous causerez, elle a tant envie de causer avec vous !

— Vraiment ?

— Parole d'honneur ! et je vous déclare que vous êtes le premier homme pour lequel ma mère ait manifesté cette curiosité. »

Albert prit son chapeau et se leva ; le comte le reconduisit jusqu'à la porte.

« Je me fais un reproche, dit-il en l'arrêtant au haut du perron.

— Lequel ?

— J'ai été indiscret, je ne devais pas vous parler de M. Danglars.

— Au contraire, parlez-m'en encore, parlez-m'en souvent, parlez-m'en toujours ; mais de la même façon.

— Bien ! vous me rassurez. A propos, quand arrive M. d'Épinay ?

— Mais dans cinq ou six jours au plus tard.

— Et quand se marie-t-il ?

— Aussitôt l'arrivée de M. et de Mme de Saint-Méran.

— Amenez-le-moi donc quand il sera à Paris. Quoique vous prétendiez que je ne l'aime pas, je vous déclare que je serai heureux de le voir.

— Bien, vos ordres seront exécutés, seigneur.

— Au revoir !

— A samedi, en tout cas, bien sûr, n'est-ce pas ?

— Comment donc ! c'est parole donnée. »

Le comte suivit des yeux Albert en le saluant de la main. Puis, quand il fut remonté dans son phaéton, il se retourna, et trouvant Bertuccio derrière lui :

« Eh bien ? demanda-t-il.

— Elle est allée au Palais, répondit l'intendant.

— Elle y est restée longtemps ?

— Une heure et demie.

— Et elle est rentrée chez elle ?

— Directement.

— Eh bien, mon cher monsieur Bertuccio, dit le comte, si j'ai maintenant un conseil à vous donner, c'est d'aller voir en Normandie si vous ne trouverez pas cette petite terre dont je vous ai parlé. »

Bertuccio salua, et, comme ses désirs étaient en parfaite harmonie avec l'ordre qu'il avait reçu, il partit le soir même.

LXIX

LES INFORMATIONS

M. de Villefort tint parole à Mme Danglars, et surtout à lui-même, en cherchant à savoir de quelle façon M. le comte de Monte-Cristo avait pu apprendre l'histoire de la maison d'Auteuil.

Il écrivit le même jour à un certain M. de Boville, qui, après avoir été autrefois inspecteur des prisons, avait été attaché, dans un grade supérieur, à la police de sûreté, pour avoir les renseignements qu'il désirait, et celui-ci demanda deux jours pour savoir au juste près de qui l'on pourrait se renseigner.

Les deux jours expirés, M. de Villefort reçut la note suivante :

« La personne que l'on appelle M. le comte de Monte-Cristo est connue particulièrement de Lord Wilmore, riche étranger, que l'on voit quelquefois à Paris et qui s'y trouve en ce moment ; il est connu également de l'abbé Busoni, prêtre sicilien d'une grande réputation en Orient, où il a fait beaucoup de bonnes œuvres. »

M. de Villefort répondit par un ordre de prendre sur ces deux étrangers les informations les plus promptes et les plus précises ; le lendemain soir, ses ordres étaient exécutés, et voici les renseignements qu'il recevait :

L'abbé, qui n'était que pour un mois à Paris, habitait, derrière Saint-Sulpice, une petite maison composée d'un seul étage au-dessus d'un rez-de-chaussée ; quatre pièces, deux pièces en haut et deux pièces en bas, formaient tout le logement, dont il était l'unique locataire.

Les deux pièces d'en bas se composaient d'une salle à manger avec table, deux chaises et buffet en noyer, et d'un salon boisé peint en blanc, sans ornements, sans tapis et sans pendule. On voyait que, pour lui-même, l'abbé se bornait aux objets de stricte nécessité.

Il est vrai que l'abbé habitait de préférence le salon du premier. Ce salon, tout meublé de livres de théologie et de parchemins, au milieu desquels on le voyait s'ensevelir, disait son valet de chambre, pendant des mois entiers, était en réalité moins un salon qu'une bibliothèque.

Ce valet regardait les visiteurs au travers d'une sorte de guichet, et lorsque leur figure lui était inconnue ou ne lui plaisait pas, il répondait que M. l'abbé n'était point à Paris, ce dont beaucoup se contentaient, sachant que l'abbé voyageait souvent et restait quelquefois fort longtemps en voyage.

Au reste, qu'il fût au logis ou qu'il n'y fût pas, qu'il se

trouvât à Paris ou au Caire, l'abbé donnait toujours, et le guichet servait de tour aux aumônes que le valet distribuait incessamment au nom de son maître.

L'autre chambre, située près de la bibliothèque, était une chambre à coucher. Un lit sans rideaux, quatre fauteuils et un canapé de velours d'Utrecht jaune formaient avec un prie-Dieu tout son ameublement.

Quant à Lord Wilmore, il demeurait rue Fontaine-Saint-Georges. C'était un de ces Anglais touristes qui mangent toute leur fortune en voyages. Il louait en garni l'appartement qu'il habitait dans lequel il venait passer seulement deux ou trois heures par jour, et où il ne couchait que rarement. Une de ses manies était de ne vouloir pas absolument parler la langue française, qu'il écrivait cependant, assurait-on, avec une assez grande pureté.

Le lendemain du jour où ces précieux renseignements étaient parvenus à M. le procureur du roi, un homme, qui descendait de voiture au coin de la rue Férou, vint frapper à une porte peinte en vert olive et demanda l'abbé Busoni.

« M. l'abbé est sorti dès le matin, répondit le valet.

— Je pourrais ne pas me contenter de cette réponse, dit le visiteur, car je viens de la part d'une personne pour laquelle on est toujours chez soi. Mais veuillez remettre à l'abbé Busoni...

— Je vous ai déjà dit qu'il n'y était pas, répéta le valet.

— Alors quand il sera rentré, remettez-lui cette carte et ce papier cacheté. Ce soir, à huit heures, M. l'abbé sera-t-il chez lui ?

— Oh ! sans faute, monsieur, à moins que M. l'abbé ne travaille, et alors c'est comme s'il était sorti.

— Je reviendrai donc ce soir à l'heure convenue », reprit le visiteur.

Et il se retira.

En effet, à l'heure indiquée, le même homme revint dans la même voiture, qui cette fois, au lieu de s'arrêter au coin de la rue Férou, s'arrêta devant la porte verte. Il frappa, on lui ouvrit, et il entra.

Aux signes de respect dont le valet fut prodigue envers lui, il comprit que sa lettre avait fait l'effet désiré.

« M. l'abbé est chez lui ? demanda-t-il.

— Oui, il travaille dans sa bibliothèque ; mais il attend monsieur », répondit le serviteur.

L'étranger monta un escalier assez rude, et, devant une table dont la superficie était inondée de la lumière que concentrait un vaste abat-jour, tandis que le reste de l'appartement était dans l'ombre, il aperçut l'abbé, en habit ecclésiastique, la tête couverte de ces coqueluchons sous lesquels s'ensevelissait le crâne des savants en *us* du Moyen Age.

« C'est à monsieur Busoni que j'ai l'honneur de parler ? demanda le visiteur.

— Oui, monsieur, répondit l'abbé, et vous êtes la personne que M. de Boville, ancien intendant des prisons, m'envoie de la part de M. le préfet de Police ?

— Justement, monsieur.

— Un des agents préposés à la sûreté de Paris ?

— Oui, monsieur », répondit l'étranger avec une espèce d'hésitation, et surtout un peu de rougeur.

L'abbé rajusta les grandes lunettes qui lui couvraient non seulement les yeux, mais encore les tempes, et, se rasseyant, fit signe au visiteur de s'asseoir à son tour.

« Je vous écoute, monsieur, dit l'abbé avec un accent italien des plus prononcés.

— La mission dont je me suis chargé, monsieur, reprit le visiteur en pesant chacune de ses paroles comme si elles avaient peine à sortir, est une mission de confiance pour celui qui la remplit et pour celui près duquel on la remplit. »

L'abbé s'inclina.

« Oui, reprit l'étranger, votre probité, monsieur l'abbé, est si connue de M. le préfet de Police, qu'il veut savoir de vous, comme magistrat, une chose qui intéresse cette sûreté publique au nom de laquelle je vous suis député. Nous espérons donc, monsieur l'abbé, qu'il n'y aura ni liens d'amitié ni considération humaine qui puissent vous engager à déguiser la vérité à la justice.

— Pourvu, monsieur, que les choses qu'il vous importe de savoir ne touchent en rien aux scrupules de ma conscience. Je suis prêtre, monsieur, et les secrets de la confession, par exemple, doivent rester entre moi et la justice de Dieu, et non entre moi et la justice humaine.

— Oh ! soyez tranquille, monsieur l'abbé, dit l'étranger, dans tous les cas nous mettrons votre conscience à couvert. »

A ces mots l'abbé, en pesant de son côté sur l'abat jour, leva ce même abat-jour du côté opposé, de sorte que, tout en éclairant en plein le visage de l'étranger, le sien restait toujours dans l'ombre.

« Pardon, monsieur l'abbé, dit l'envoyé de M. le préfet de Police, mais cette lumière me fatigue horriblement la vue. »

L'abbé baissa le carton vert.

« Maintenant, monsieur, je vous écoute, parlez.

— J'arrive au fait. Vous connaissez M. le comte de Monte-Cristo ?

— Vous voulez parler de M. Zaccone, je présume ?

— Zaccone !... Ne s'appelle-t-il donc pas Monte-Cristo !

— Monte-Cristo est un nom de terre, ou plutôt un nom de rocher, et non pas un nom de famille.

— Eh bien, soit ; ne discutons pas sur les mots, et puisque M. de Monte-Cristo et M. Zaccone c'est le même homme...

— Absolument le même.

— Parlons de M. Zaccone.

— Soit.

— Je vous demandais si vous le connaissiez ?

— Beaucoup.

— Qu'est-il ?

— C'est le fils d'un riche armateur de Malte.

— Oui, je le sais bien, c'est ce qu'on dit ; mais, comme vous le comprenez, la police ne peut pas se contenter d'un *on-dit*.

— Cependant, reprit l'abbé avec un sourire tout affable, quand cet *on-dit* est la vérité, il faut bien que tout le monde s'en contente, et que la police fasse comme tout le monde.

— Mais vous êtes sûr de ce que vous dites ?

— Comment ! si j'en suis sûr !

— Remarquez, monsieur, que je ne suspecte en aucune façon votre bonne foi. Je vous dis : Êtes-vous sûr ?

— Écoutez, j'ai connu M. Zaccone le père.

— Ah ! ah !

— Oui, et tout enfant j'ai joué dix fois avec son fils dans leurs chantiers de construction.

— Mais cependant ce titre de comte ?

— Vous savez, cela s'achète.

— En Italie ?

— Partout.

— Mais ces richesses qui sont immenses à ce qu'on dit toujours...

— Oh ! quant à cela, répondit l'abbé, immenses c'est le mot.

— Combien croyez-vous qu'il possède, vous qui le connaissez ?

— Oh ! il a bien cent cinquante à deux cent mille livres de rente.

— Ah ! voilà qui est raisonnable, dit le visiteur, mais on parle de trois, de quatre millions !

— Deux cent mille livres de rente, monsieur, font juste quatre millions de capital.

— Mais on parlait de trois à quatre millions de rente !

— Oh ! cela n'est pas croyable.

— Et vous connaissez son île de Monte-Cristo ?

— Certainement ; tout homme qui est venu de Palerme, de Naples ou de Rome en France, par mer, la connaît, puisqu'il est passé à côté d'elle et l'a vue en passant.

— C'est un séjour enchanteur, à ce que l'on assure.

— C'est un rocher.

— Et pourquoi donc le comte a-t-il acheté un rocher ?

— Justement pour être comte. En Italie, pour être comte, on a encore besoin d'un comté.

— Vous avez sans doute entendu parler des aventures de jeunesse de M. Zaccone.

— Le père ?

— Non, le fils.

— Ah ! voici où commencent mes incertitudes, car voici où j'ai perdu mon jeune camarade de vue.

— Il a fait la guerre ?

— Je crois qu'il a servi.

— Dans quelle arme ?

— Dans la marine.

— Voyons, vous n'êtes pas son confesseur ?

— Non, monsieur ; je le crois luthérien.

— Comment, luthérien ?

— Je dis que je crois ; je n'affirme pas. D'ailleurs, je croyais la liberté des cultes établie en France.

— Sans doute, aussi n'est-ce point de ses croyances que nous nous occupons en ce moment, c'est de ses actions ; au nom de M. le préfet de Police, je vous somme de dire ce que vous savez.

— Il passe pour un homme fort charitable. Notre saint-père le pape l'a fait chevalier du Christ, faveur qu'il n'accorde guère qu'aux princes, pour les services éminents qu'il a rendus aux chrétiens d'Orient ; il a cinq ou six grands cordons conquis par des services rendus ainsi aux princes ou aux États.

— Et il les porte ?

— Non, mais il en est fier ; il dit qu'il aime mieux les récompenses accordées aux bienfaiteurs de l'humanité que celles accordées aux destructeurs des hommes.

— C'est donc un quaker que cet homme-là ?

— Justement, c'est un quaker, moins le grand chapeau et l'habit marron, bien entendu.

— Lui connaît-on des amis ?

— Oui, car il a pour amis tous ceux qui le connaissent.

— Mais enfin, il a bien quelque ennemi ?

— Un seul.

— Comment le nommez-vous ?

— Lord Wilmore.

— Où est-il ?

— A Paris dans ce moment même.

— Et il peut me donner des renseignements ?

— Précieux. Il était dans l'Inde en même temps que Zaccone.

— Savez-vous où il demeure ?

— Quelque part dans la Chaussée-d'Antin ; mais j'ignore la rue et le numéro.

— Vous êtes mal avec cet Anglais ?

— J'aime Zaccone et lui le déteste ; nous sommes en froid à cause de cela.

— Monsieur l'abbé, pensez-vous que le comte de Monte-Cristo soit jamais venu en France avant le voyage qu'il vient de faire à Paris ?

— Ah ! pour cela, je puis vous répondre pertinemment. Non, monsieur, il n'y est jamais venu, puisqu'il s'est adressé à moi, il y a six mois, pour avoir les renseignements qu'il désirait. De mon côté, comme j'ignorais à quelle époque je serais moi-même de retour à Paris, je lui ai adressé M. Cavalcanti.

— Andrea ?

— Non ; Bartolomeo, le père.

— Très bien, monsieur ; je n'ai plus à vous demander qu'une chose, et je vous somme, au nom de l'honneur, de l'humanité et de la religion, de me répondre sans détour.

— Dites, monsieur.

— Savez-vous dans quel but M. le comte de Monte-Cristo a acheté une maison à Auteuil ?

— Certainement, car il me l'a dit.

— Dans quel but, monsieur ?

— Dans celui d'en faire un hospice d'aliénés dans le genre de celui fondé par le baron de Pisani, à Palerme. Connaissez-vous cet hospice ?

— De réputation, oui, monsieur.

— C'est une institution magnifique. »

Et là-dessus, l'abbé salua l'étranger en homme qui désire faire comprendre qu'il ne serait pas fâché de se remettre au travail interrompu.

Le visiteur, soit qu'il comprît le désir de l'abbé, soit qu'il fût au bout de ses questions, se leva à son tour.

L'abbé le reconduisit jusqu'à la porte.

« Vous faites de riches aumônes, dit le visiteur, et quoiqu'on vous dise riche, j'oserai vous offrir quelque chose pour vos pauvres ; de votre côté, daignerez-vous accepter mon offrande ?

— Merci, monsieur, il n'y a qu'une seule chose dont je sois jaloux au monde, c'est que le bien que je fais vienne de moi.

— Mais cependant...

— C'est une résolution invariable. Mais cherchez, monsieur, et vous trouverez : hélas ! sur le chemin de chaque homme riche, il y a bien des misères à coudoyer ! »

L'abbé salua une dernière fois en ouvrant la porte ; l'étranger salua à son tour et sortit.

La voiture le conduisit droit chez M. de Villefort.

Une heure après, la voiture sortit de nouveau, et cette fois se dirigea vers la rue Fontaine-Saint-Georges. Au n° 5, elle s'arrêta. C'était là que demeurait Lord Wilmore.

L'étranger avait écrit à Lord Wilmore pour lui demander un rendez-vous que celui-ci avait fixé à dix heures. Aussi, comme l'envoyé de M. le préfet de Police arriva à dix heures moins dix minutes, lui fut-il répondu que Lord Wilmore, qui était l'exactitude et la ponctualité en personne, n'était pas encore rentré, mais qu'il rentrerait pour sûr à dix heures sonnantes.

Le visiteur attendit dans le salon. Ce salon n'avait rien de remarquable et était comme tous les salons d'hôtel garni.

Une cheminée avec deux vases de Sèvres modernes, une pendule avec un Amour tendant son arc, une glace en deux morceaux ; de chaque côté de cette glace une gravure représentant, l'une Homère portant son guide, l'autre Bélisaire demandant l'aumône ; un papier gris sur gris, un meuble en drap rouge imprimé de noir : tel était le salon de Lord Wilmore.

Il était éclairé par des globes de verre dépoli qui ne répandaient qu'une faible lumière, laquelle semblait ménagée exprès pour les yeux fatigués de l'envoyé de M. le préfet de Police.

Au bout de dix minutes d'attente, la pendule sonna dix heures ; au cinquième coup, la porte s'ouvrit, et Lord Wilmore parut.

Lord Wilmore était un homme plutôt grand que petit, avec des favoris rares et roux, le teint blanc et les cheveux blonds grisonnants. Il était vêtu avec toute l'excentricité anglaise, c'est-à-dire qu'il portait un habit bleu à boutons d'or et haut collet piqué, comme on les portait en 1811 : un gilet de casimir blanc et un pantalon de nankin de trois pouces trop court, mais que des sous-pieds de même étoffe empêchaient de remonter jusqu'aux genoux.

Son premier mot en entrant fut :

« Vous savez, monsieur, que je ne parle pas français.

— Je sais, du moins, que vous n'aimez pas à parler notre langue, répondit l'envoyé de M. le préfet de Police.

— Mais vous pouvez la parler, vous, reprit Lord Wilmore, car, si je ne la parle pas, je la comprends.

— Et moi, reprit le visiteur en changeant d'idiome, je parle assez facilement l'anglais pour soutenir la conversation dans cette langue. Ne vous gênez donc pas, monsieur.

— Hao ! » fit Lord Wilmore avec cette intonation qui n'appartient qu'aux naturels les plus purs de la Grande-Bretagne.

L'envoyé du préfet de Police présenta à Lord Wilmore sa lettre d'introduction. Celui-ci la lut avec un flegme tout anglican ; puis, lorsqu'il eut terminé sa lecture :

« Je comprends, dit-il en anglais ; je comprends très bien. »

Alors commencèrent les interrogations.

Elles furent à peu près les mêmes que celles qui avaient été adressées à l'abbé Busoni. Mais comme Lord Wilmore, en sa qualité d'ennemi du comte de Monte-Cristo, n'y mettait pas la même retenue que l'abbé, elles furent beaucoup plus étendues ; il raconta la jeunesse de Monte-Cristo, qui, selon lui, était, à l'âge de dix ans, entré au service d'un de ces petits souverains de l'Inde qui font la guerre aux Anglais ; c'est là qu'il l'avait, lui Wilmore, rencontré pour la première fois, et qu'ils avaient combattu l'un contre l'autre. Dans cette guerre, Zaccone avait été fait prisonnier, avait été envoyé en Angleterre, mis sur les pontons, d'où il s'était enfui à la nage. Alors avaient commencé ses voyages, ses duels, ses passions ; alors était arrivée l'insurrection de Grèce, il avait servi dans les rangs des Grecs. Tandis qu'il était à leur service, il avait découvert une mine d'argent dans les montagnes de la Thessalie, mais il s'était bien gardé de parler de cette découverte à personne. Après Navarin, et lorsque le gouvernement grec fut consolidé, il demanda au roi Othon un privilège d'exploitation pour cette mine ; ce privilège lui fut accordé. De là cette fortune immense qui pouvait, selon Lord Wilmore, monter à un ou deux millions de revenu, fortune qui, néanmoins, pouvait tarir tout à coup, si la mine elle-même tarissait.

« Mais, demanda le visiteur, savez-vous pourquoi il est venu en France ?

— Il veut spéculer sur les chemins de fer, dit Lord Wilmore ; et puis, comme il est chimiste habile et physicien non moins distingué, il a découvert un nouveau télégraphe dont il poursuit l'application.

— Combien dépense-t-il à peu près par an ? demanda l'envoyé de M. le préfet de Police.

— Oh ! cinq ou six cent mille francs, tout au plus, dit Lord Wilmore ; il est avare. »

Il était évident que la haine faisait parler l'Anglais, et que, ne sachant quelle chose reprocher au comte, il lui reprochait son avarice.

« Savez-vous quelque chose de sa maison d'Auteuil ?

— Oui, certainement.

— Eh bien, qu'en savez-vous ?

— Vous demandez dans quel but il l'a achetée ?

— Oui.

— Eh bien, le comte est un spéculateur qui se ruinera certainement en essais et en utopies : il prétend qu'il y a à Auteuil, dans les environs de la maison qu'il vient d'acquérir, un courant d'eau minérale qui peut rivaliser avec les eaux de Bagnères, de Luchon et de Cauterets. Il veut faire de son acquisition un *badhaus*, comme disent les Allemands. Il a déjà deux ou trois fois retourné tout son jardin pour retrouver le fameux cours d'eau ; et comme il n'a pas pu le découvrir, vous allez le voir, d'ici à peu de temps, acheter les maisons qui environnent la sienne. Or, comme je lui en veux, j'espère que dans son chemin de fer, dans son télégraphe électrique ou dans son exploitation de bains, il va se ruiner ; je le suis pour jouir de sa déconfiture, qui ne peut manquer d'arriver un jour ou l'autre.

— Et pourquoi lui en voulez-vous ? demanda le visiteur.

— Je lui en veux, répondit Lord Wilmore, parce qu'en passant en Angleterre il a séduit la femme d'un de mes amis.

— Mais si vous lui en voulez, pourquoi ne cherchez-vous pas à vous venger de lui ?

— Je me suis déjà battu trois fois avec le comte, dit l'Anglais : la première fois au pistolet ; la seconde à l'épée ; la troisième à l'espadon.

— Et le résultat de ces duels a été ?

— La première fois, il m'a cassé le bras ; la seconde fois, il m'a traversé le poumon ; et la troisième, il m'a fait cette blessure. »

L'Anglais rabattit un col de chemise qui lui montait jusqu'aux oreilles, et montra une cicatrice dont la rougeur indiquait la date peu ancienne.

« De sorte que je lui en veux beaucoup, répéta l'Anglais, et qu'il ne mourra, bien sûr, que de ma main.

— Mais, dit l'envoyé de la préfecture, vous ne prenez pas le chemin de le tuer, ce me semble.

— Hao ! fit l'Anglais, tous les jours je vais au tir, et tous les deux jours Grisier vient chez moi. »

C'était ce que voulait savoir le visiteur, ou plutôt c'était tout ce que paraissait savoir l'Anglais. L'agent se leva donc, et après avoir salué Lord Wilmore, qui lui répondit avec la raideur et la politesse anglaises, il se retira.

De son côté, Lord Wilmore, après avoir entendu se refermer sur lui la porte de la rue, rentra dans sa chambre à coucher, où, en un tour de main, il perdit ses cheveux blonds, ses favoris roux, sa fausse mâchoire et sa cicatrice pour retrouver les cheveux noirs, le teint mat et les dents de perles du comte de Monte-Cristo.

Il est vrai que, de son côté, ce fut M. de Villefort, et non l'envoyé de M. le préfet de Police, qui rentra chez M. de Villefort.

Le procureur du roi était un peu tranquillisé par cette double visite, qui, au reste, ne lui avait rien appris de rassurant, mais qui ne lui avait rien appris non plus d'inquiétant. Il en résulta que, pour la première fois depuis le dîner d'Auteuil, il dormit la nuit suivante avec quelque tranquillité.

LXX

LE BAL

On en était arrivé aux plus chaudes journées de juillet, lorsque vint se présenter à son tour, dans l'ordre des temps, ce samedi où devait avoir lieu le bal de M. de Morcerf.

Il était dix heures du soir : les grands arbres du jardin de l'hôtel du comte se détachaient en vigueur sur un ciel où glissaient, découvrant une tenture d'azur parsemée d'étoiles d'or, les dernières vapeurs d'un orage qui avait grondé menaçant toute la journée.

Dans les salles du rez-de-chaussée, on entendait bruire la musique et tourbillonner la valse et le galop, tandis que des bandes éclatantes de lumière passaient tranchantes à travers les ouvertures des persiennes.

Le jardin était livré en ce moment à une dizaine de serviteurs, à qui la maîtresse de maison, rassurée par le temps qui se rassérénait de plus en plus, venait de donner l'ordre de dresser le souper.

Jusque-là on avait hésité si l'on souperait dans la salle à manger ou sous une longue tente de coutil dressée sur la pelouse. Ce beau ciel bleu, tout parsemé d'étoiles, venait de décider le procès en faveur de la tente et de la pelouse.

On illuminait les allées du jardin avec les lanternes de couleur, comme c'est l'habitude en Italie, et l'on surchargeait de bougies et de fleurs la table du souper, comme c'est l'usage dans tous les pays où l'on comprend un peu ce luxe de la table, le plus rare de tous les luxes, quand on veut le rencontrer complet.

Au moment où la comtesse de Morcerf rentrait dans ses salons, après avoir donné ses derniers ordres, les salons commençaient à se remplir d'invités qu'attirait la charmante hospitalité de la comtesse, bien plus que la position distinguée du comte ; car on était sûr d'avance que cette fête offrirait, grâce au bon goût de Mercédès, quelques détails dignes d'être racontés ou copiés au besoin.

Mme Danglars, à qui les événements que nous avons racontés avaient inspiré une profonde inquiétude, hésitait à aller chez Mme de Morcerf, lorsque dans la matinée sa voiture avait croisé celle de Villefort. Villefort lui avait fait un signe, les deux voitures s'étaient rapprochées, et à travers les portières :

« Vous allez chez Mme de Morcerf, n'est-ce pas ? avait demandé le procureur du roi.

— Non, avait répondu Mme Danglars, je suis trop souffrante.

— Vous avez tort, reprit Villefort avec un regard significatif ; il serait important que l'on vous y vît.

— Ah ! croyez-vous ? demanda la baronne.

— Je le crois.

— En ce cas, j'irai. »

Et les deux voitures avaient repris leur course divergente. Mme Danglars était donc venue, non seulement belle de sa propre beauté, mais encore éblouissante de luxe ; elle entrait par une porte au moment où Mercédès entrait par l'autre.

La comtesse détacha Albert au-devant de Mme Danglars ; Albert s'avança, fit à la baronne, sur sa toilette, les compliments mérités, et lui prit le bras pour la conduire à la place qu'il lui plairait de choisir.

Albert regarda autour de lui.

« Vous cherchez ma fille ? dit en souriant la baronne.

— Je l'avoue, dit Albert ; auriez-vous eu la cruauté de ne pas nous l'amener ?

— Rassurez-vous, elle a rencontré Mlle de Villefort

et a pris son bras ; tenez, les voici qui nous suivent toutes les deux en robes blanches, l'une avec un bouquet de camélias, l'autre avec un bouquet de myosotis ; mais dites-moi donc.

— Que cherchez-vous à votre tour ? demanda Albert en souriant.

— Est-ce que vous n'aurez pas ce soir le comte de Monte-Cristo ?

— Dix-sept ! répondit Albert.

— Que voulez-vous dire ?

— Je veux dire que cela va bien, reprit le vicomte en riant, et que vous êtes la dix-septième personne qui me fait la même question ; il va bien le comte !... je lui en fais mon compliment...

— Et répondez-vous à tout le monde comme à moi ?

— Ah ! c'est vrai, je ne vous ai pas répondu ; rassurez-vous, madame, nous aurons l'homme de la mode, nous sommes des privilégiés.

— Étiez-vous hier à l'Opéra ?

— Non.

— Il y était, lui.

— Ah ! vraiment. Et l'excentric man a-t-il fait quelque nouvelle originalité ?

— Peut-il se montrer sans cela ? Elssler dansait dans le *Diable boiteux* ; la princesse grecque était dans le ravissement. Après la cachucha, il a passé une bague magnifique dans la queue du bouquet, et l'a jeté à la charmante danseuse, qui au troisième acte a reparu, pour lui faire honneur, avec sa bague au doigt. Et sa princesse grecque, l'aurez-vous ?

— Non, il faut que vous vous en priviez ; sa position dans la maison du comte n'est pas assez fixée.

— Tenez, laissez-moi ici et allez saluer Mme de Villefort, dit la baronne : je vois qu'elle meurt d'envie de vous parler. »

Albert salua Mme Danglars et s'avança vers Mme de Villefort, qui ouvrit la bouche à mesure qu'il approchait.

« Je parie, dit Albert en l'interrompant, que je sais ce que vous allez me dire ?

— Ah ! par exemple ! dit Mme de Villefort.

— Si je devine juste, me l'avouerez-vous ?

— Oui.

— D'honneur ?

— D'honneur.

— Vous alliez me demander si le comte de Monte-Cristo était arrivé ou allait venir ?

— Pas du tout. Ce n'est pas de lui que je m'occupe en ce moment. J'allais vous demander si vous aviez reçu des nouvelles de M. Franz.

— Oui, hier.

— Que vous disait-il ?

— Qu'il partait en même temps que sa lettre.

— Bien. Maintenant, le comte ?

— Le comte viendra, soyez tranquille.

— Vous savez qu'il a un autre nom que Monte-Cristo ?

— Non, je ne savais pas.

— Monte-Cristo est un nom d'île, et il a un nom de famille.

— Je ne l'ai jamais entendu prononcer.

— Eh bien, je suis plus avancée que vous ; il s'appelle Zaccone.

— C'est possible.

— Il est Maltais.

— C'est possible encore.

— Fils d'un armateur.

— Oh ! mais, en vérité, vous devriez raconter ces choses-là tout haut, vous auriez le plus grand succès.

— Il a servi dans l'Inde, exploité une mine d'argent en Thessalie, et vient à Paris pour faire un établissement d'eaux minérales à Auteuil.

— Eh bien, à la bonne heure, dit Morcerf, voilà des nouvelles ! Me permettez-vous de les répéter ?

— Oui, mais petit à petit, une à une, sans dire qu'elles viennent de moi.

— Pourquoi cela ?

— Parce que c'est presque un secret surpris.

— A qui ?

— A la police.

— Alors ces nouvelles se débitaient...

— Hier soir, chez le préfet. Paris s'est ému, vous le comprenez bien, à la vue de ce luxe inusité, et la police a pris des informations.

— Bien ! il ne manquait plus que d'arrêter le comte comme vagabond, sous prétexte qu'il est trop riche.

— Ma foi, c'est ce qui aurait bien pu lui arriver si les renseignements n'avaient pas été si favorables.

— Pauvre comte, et se doute-t-il du péril qu'il a couru ?

— Je ne crois pas.

— Alors, c'est charité que de l'en avertir. A son arrivée je n'y manquerai pas. »

En ce moment un beau jeune homme aux yeux vifs, aux cheveux noirs, à la moustache luisante, vint saluer respectueusement Mme de Villefort. Albert lui tendit la main.

« Madame, dit Albert, j'ai l'honneur de vous présenter M. Maximilien Morrel, capitaine aux spahis, l'un de nos bons et surtout de nos braves officiers.

— J'ai déjà eu le plaisir de rencontrer monsieur à Auteuil, chez M. le comte de Monte-Cristo », répondit Mme de Villefort en se détournant avec une froideur marquée.

Cette réponse, et surtout le ton dont elle était faite, serrèrent le cœur du pauvre Morrel ; mais une compensation lui était ménagée : en se retournant, il vit à l'encoignure de la porte une belle et blanche figure dont les yeux dilatés et sans expression apparente s'attachaient sur lui, tandis que le bouquet de myosotis montait lentement à ses lèvres.

Ce salut fut si bien compris que Morrel, avec la même expression de regard, approcha à son tour son mouchoir de sa bouche ; et les deux statues vivantes, dont le cœur battait si rapidement sous le marbre apparent de leur visage, séparées l'une de l'autre par toute la largeur de la salle, s'oublièrent un instant, ou plutôt un instant oublièrent tout le monde dans cette muette contemplation.

Elles eussent pu rester plus longtemps ainsi perdues l'une dans l'autre, sans que personne remarquât leur oubli de toutes choses : le comte de Monte-Cristo venait d'entrer.

Nous l'avons déjà dit, le comte, soit prestige factice, soit prestige naturel, attirait l'attention partout où il se présentait ; ce n'était pas son habit noir, irréprochable il est vrai dans sa coupe, mais simple et sans décorations ; ce n'était pas son gilet blanc sans aucune broderie ; ce n'était pas son pantalon emboîtant un pied de la forme la plus délicate, qui attiraient l'attention : c'étaient son teint mat, ses cheveux noirs ondés, c'était son visage calme et pur, c'était son œil profond et mélancolique, c'était enfin sa bouche dessinée avec une finesse merveilleuse, et qui prenait si facilement l'expression d'un haut dédain, qui faisaient que tous les yeux se fixaient sur lui.

Il pouvait y avoir des hommes plus beaux, mais il n'y en avait certes pas de plus *significatifs*, qu'on nous passe cette expression : tout dans le comte voulait dire quelque chose et avait sa valeur ; car l'habitude de la pensée utile avait donné à ses traits, à l'expression de son visage et au plus insignifiant de ses gestes une souplesse et une fermeté incomparables.

Et puis notre monde parisien est si étrange, qu'il n'eût peut-être point fait attention à tout cela, s'il n'y eût eu sous tout cela une mystérieuse histoire dorée par une immense fortune.

Quoi qu'il en soit, il s'avança, sous le poids des regards et à travers l'échange des petits saluts jusqu'à Mme de Morcerf, qui, debout devant la cheminée garnie de fleurs, l'avait vu apparaître dans une glace placée en face de la porte, et s'était préparée pour le recevoir.

Elle se retourna donc vers lui avec un sourire composé au moment même où il s'inclinait devant elle.

Sans doute elle crut que le comte allait lui parler ; sans doute, de son côté, le comte crut qu'elle allait lui adresser la parole ; mais des deux côtés ils restèrent muets, tant une banalité leur semblait sans doute indigne de tous deux ; et, après un échange de saluts, Monte-Cristo se dirigea vers Albert, qui venait à lui la main ouverte.

« Vous avez vu ma mère ? demanda Albert.

— Je viens d'avoir l'honneur de la saluer, dit le comte, mais je n'ai point aperçu votre père.

— Tenez ! il cause politique, là-bas, dans ce petit groupe de grandes célébrités.

— En vérité, dit Monte-Cristo, ces messieurs que je vois là-bas sont des célébrités ? je ne m'en serais pas douté ! Et de quel genre ? Il y a des célébrités de toute espèce, comme vous savez.

— Il y a d'abord un savant, ce grand monsieur sec ; il a découvert dans la campagne de Rome une espèce de lézard qui a une vertèbre de plus que les autres, et il est revenu faire part à l'Institut de cette découverte. La chose a été longtemps contestée : mais force est restée au grand monsieur sec. La vertèbre avait fait beaucoup de bruit dans le monde savant ; le grand monsieur sec n'était que chevalier de la Légion d'honneur, on l'a nommé officier.

— A la bonne heure ! dit Monte-Cristo, voilà une croix qui me paraît sagement donnée ; alors, s'il trouve une seconde vertèbre, on le fera commandeur ?

— C'est probable, dit Morcerf.

— Et cet autre qui a eu la singulière idée de s'affubler d'un habit bleu brodé de vert, quel peut-il être ?

— Ce n'est pas lui qui a eu l'idée de s'affubler de cet habit : c'est la République, laquelle, comme vous le savez, était un peu artiste, et qui, voulant donner un uniforme aux académiciens, a prié David de leur dessiner un habit.

— Ah ! vraiment, dit Monte-Cristo ; ainsi ce monsieur est académicien ?

— Depuis huit jours il fait partie de la docte assemblée.

— Et quel est son mérite, sa spécialité ?

— Sa spécialité ? Je crois qu'il enfonce des épingles dans la tête des lapins, qu'il fait manger de la garance aux poules et qu'il repousse avec des baleines la moelle épinière des chiens.

— Et il est de l'Académie des sciences pour cela ?

— Non pas, de l'Académie française.

— Mais qu'a donc à faire l'Académie française là-dedans ?

« — Je vais vous dire, il paraît...

— Que ses expériences ont fait faire un grand pas à la science, sans doute ?

— Non, mais qu'il écrit en fort bon style.

— Cela doit, dit Monte-Cristo, flatter énormément l'amour-propre des lapins à qui il enfonce des épingles dans la tête, des poules dont il teint les os en rouge, et des chiens dont il repousse la moelle épinière. »

Albert se mit à rire.

« Et cet autre ? demanda le comte.

— Cet autre ?

— Oui, le troisième.

— Ah ! l'habit bleu barbeau ?

— Oui.

— C'est un collègue du comte, qui vient de s'opposer le plus chaudement à ce que la Chambre des pairs ait un uniforme ; il a eu un grand succès de tribune à ce propos-là ; il était mal avec les gazettes libérales, mais sa noble opposition aux désirs de la cour vient de le raccommoder avec elles ; on parle de le nommer ambassadeur.

— Et quels sont ses titres à la pairie ?

— Il a fait deux ou trois opéras-comiques, pris quatre ou cinq actions au *Siècle*, et voté cinq ou six ans pour le ministère.

— Bravo ! vicomte, dit Monte-Cristo en riant, vous êtes un charmant cicérone ; maintenant vous me rendrez un service, n'est-ce pas ?

— Lequel ?

— Vous ne me présenterez pas à ces messieurs, et s'ils demandent à m'être présentés, vous me préviendrez. »

En ce moment le comte sentit qu'on lui posait la main sur le bras ; il se retourna, c'était Danglars.

« Ah ! c'est vous, baron ! dit-il.

— Pourquoi m'appelez-vous baron ? dit Danglars ; vous savez bien que je ne tiens pas à mon titre. Ce n'est pas comme vous, vicomte ; vous y tenez, n'est-ce pas, vous ?

— Certainement, répondit Albert, attendu que si je n'étais pas vicomte, je ne serais plus rien, tandis que vous, vous pouvez sacrifier votre titre de baron, vous resterez encore millionnaire.

— Ce qui me paraît le plus beau titre sous la royauté de Juillet, reprit Danglars.

— Malheureusement, dit Monte-Cristo, on n'est pas millionnaire à vie comme on est baron, pair de France ou académicien ; témoins les millionnaires Frank et Poulmann, de Francfort, qui viennent de faire banqueroute.

— Vraiment ? dit Danglars en pâlissant.

— Ma foi, j'en ai reçu la nouvelle ce soir par un courrier ; j'avais quelque chose comme un million chez eux ; mais, averti à temps, j'en ai exigé le remboursement voici un mois à peu près.

— Ah ! mon Dieu ! reprit Danglars, ils ont tiré sur moi pour deux cent mille francs.

— Eh bien, vous voilà prévenu ; leur signature vaut cinq pour cent.

— Oui, mais je suis prévenu trop tard, dit Danglars, j'ai fait honneur à leur signature.

— Bon ! dit Monte-Cristo, voilà deux cent mille francs qui sont allés rejoindre...

— Chut ! dit Danglars ; ne parlez donc pas de ces choses-là... » Puis, s'approchant de Monte-Cristo : « surtout devant M. Cavalcanti fils », ajouta le banquier, qui, en prononçant ces mots, se tourna en souriant du côté du jeune homme.

Morcerf avait quitté le comte pour aller parler à sa mère. Danglars le quitta pour saluer Cavalcanti fils. Monte-Cristo se trouva un instant seul.

Cependant la chaleur commençait à devenir excessive.

Les valets circulaient dans les salons avec des plateaux chargés de fruits et de glaces.

Monte-Cristo essuya avec son mouchoir son visage mouillé de sueur ; mais il se recula quand le plateau passa devant lui, et ne prit rien pour se rafraîchir.

Mme de Morcerf ne perdait pas du regard Monte-Cristo. Elle vit passer le plateau sans qu'il y touchât ; elle saisit même le mouvement par lequel il s'en éloigna.

« Albert, dit-elle, avez-vous remarqué une chose ?

— Laquelle, ma mère ?

— C'est que le comte n'a jamais voulu accepter de dîner chez M. de Morcerf.

— Oui, mais il a accepté de déjeuner chez moi, puisque c'est par ce déjeuner qu'il a fait son entrée dans le monde.

— Chez vous n'est pas chez le comte, murmura Mercédès, et, depuis qu'il est ici, je l'examine.

— Eh bien ?

— Eh bien, il n'a encore rien pris.

— Le comte est très sobre. »

Mercédès sourit tristement.

« Rapprochez-vous de lui, dit-elle, et, au premier plateau qui passera, insistez.

— Pourquoi cela, ma mère ?

— Faites-moi ce plaisir, Albert », dit Mercédès.

Albert baisa la main de sa mère, et alla se placer près du comte.

Un autre plateau passa chargé comme les précédents ; elle vit Albert insister près du comte, prendre même une glace et la lui présenter, mais il refusa obstinément.

Albert revint près de sa mère ; la comtesse était très pâle.

« Eh bien, dit-elle, vous voyez, il a refusé.

— Oui ; mais en quoi cela peut-il vous préoccuper ?

— Vous le savez, Albert, les femmes sont singulières. J'aurais vu avec plaisir le comte prendre quelque chose chez moi, ne fût-ce qu'un grain de grenade. Peut-être au reste ne s'accommode-t-il pas des coutumes françaises, peut-être a-t-il des préférences pour quelque chose.

— Mon Dieu, non ! je l'ai vu en Italie prendre de tout ; sans doute qu'il est mal disposé ce soir.

— Puis, dit la comtesse, ayant toujours habité des climats brûlants, peut-être est-il moins sensible qu'un autre à la chaleur ?

— Je ne crois pas, car il se plaignait d'étouffer, et il

demandait pourquoi, puisqu'on a déjà ouvert les fenêtres, on n'a pas aussi ouvert les jalousies.

— En effet, dit Mercédès, c'est un moyen de m'assurer si cette abstinence est un parti pris. »

Et elle sortit du salon.

Un instant après, les persiennes s'ouvrirent, et l'on put, à travers les jasmins et les clématites qui garnissaient les fenêtres, voir tout le jardin illuminé avec les lanternes et le souper servi sous la tente.

Danseurs et danseuses, joueurs et causeurs poussèrent un cri de joie : tous ces poumons altérés aspiraient avec délices l'air qui entrait à flots.

Au même moment, Mercédès reparut, plus pâle qu'elle n'était sortie, mais avec cette fermeté de visage qui était remarquable chez elle dans certaines circonstances. Elle alla droit au groupe dont son mari formait le centre :

« N'enchaînez pas ces messieurs ici, monsieur le comte, dit-elle, ils aimeront autant, s'ils ne jouent pas, respirer au jardin qu'étouffer ici.

— Ah ! madame, dit un vieux général fort galant, qui avait chanté : *Partons pour la Syrie !* en 1809, nous n'irons pas seuls au jardin.

— Soit, dit Mercédès, je vais donc donner l'exemple. »

Et se retournant vers Monte-Cristo :

« Monsieur le comte, dit-elle, faites-moi l'honneur de m'offrir votre bras. »

Le comte chancela presque à ces simples paroles ; puis il regarda un moment Mercédès. Ce moment eut la rapidité de l'éclair, et cependant il parut à la comtesse qu'il durait un siècle, tant Monte-Cristo avait mis de pensées dans ce seul regard.

Il offrit son bras à la comtesse ; elle s'y appuya, ou, pour mieux dire, elle l'effleura de sa petite main, et tous deux descendirent un des escaliers du perron bordé de rhododendrons et de camélias.

Derrière eux, et par l'autre escalier, s'élancèrent dans le jardin, avec de bruyantes exclamations de plaisir, une vingtaine de promeneurs.

LXXI

LE PAIN ET LE SEL

Madame de Morcerf entra sous la voûte de feuillage avec son compagnon : cette voûte était une allée de tilleuls qui conduisait à une serre.

« Il faisait trop chaud dans le salon, n'est-ce pas, monsieur le comte ? dit-elle.

— Oui, madame ; et votre idée de faire ouvrir les portes et les persiennes est une excellente idée. »

En achevant ces mots, le comte s'aperçut que la main de Mercédès tremblait.

« Mais vous, avec cette robe légère et sans autres préservatifs autour du cou que cette écharpe de gaze, vous aurez peut-être froid ? dit-il.

— Savez-vous où je vous mène ? dit la comtesse, sans répondre à la question de Monte-Cristo.

— Non, madame, répondit celui-ci ; mais, vous le voyez, je ne fais pas de résistance.

— A la serre, que vous voyez là, au bout de l'allée que nous suivons. »

Le comte regarda Mercédès comme pour l'interroger ; mais elle continua son chemin sans rien dire, et de son côté Monte-Cristo resta muet.

On arriva dans le bâtiment, tout garni de fruits magnifiques qui, dès le commencement de juillet, atteignaient leur maturité sous cette température toujours calculée pour remplacer la chaleur du soleil, si souvent absente chez nous.

La comtesse quitta le bras de Monte-Cristo, et alla cueillir à un cep une grappe de raisin muscat.

« Tenez, monsieur le comte, dit-elle avec un sourire si triste que l'on eût pu voir poindre les larmes au bord de ses yeux, tenez, nos raisins de France ne sont point comparables, je le sais, à vos raisins de Sicile et de Chypre, mais vous serez indulgent pour notre pauvre soleil du Nord. »

Le comte s'inclina, et fit un pas en arrière.

« Vous me refusez ? dit Mercédès d'une voix tremblante.

— Madame, répondit Monte-Cristo, je vous prie bien humblement de m'excuser, mais je ne mange jamais de muscat. »

Mercédès laissa tomber la grappe en soupirant. Une pêche magnifique pendait à un espalier voisin, chauffé, comme le cep de vigne, par cette chaleur artificielle de la serre. Mercédès s'approcha du fruit velouté, et le cueillit.

« Prenez cette pêche, alors », dit-elle.

Mais le comte fit le même geste de refus.

« Oh ! encore ! dit-elle avec un accent si douloureux qu'on sentait que cet accent étouffait un sanglot ; en vérité, j'ai du malheur. »

Un long silence suivit cette scène ; la pêche, comme la grappe de raisin, avait roulé sur le sable.

« Monsieur le comte, reprit enfin Mercédès en regardant Monte-Cristo d'un œil suppliant, il y a une touchante coutume arabe qui fait amis éternellement ceux qui ont partagé le pain et le sel sous le même toit.

— Je la connais, madame, répondit le comte ; mais nous sommes en France et non en Arabie, et en France, il n'y a pas plus d'amitiés éternelles que de partage du sel et du pain.

— Mais enfin, dit la comtesse palpitante et les yeux attachés sur les yeux de Monte-Cristo, dont elle ressaisit presque convulsivement le bras avec ses deux mains, nous sommes amis, n'est-ce pas ? »

Le sang afflua au cœur du comte, qui devint pâle comme la mort, puis, remontant du cœur à la gorge, il envahit ses joues et ses yeux nagèrent dans le vague pendant quelques secondes, comme ceux d'un homme frappé d'éblouissement.

« Certainement que nous sommes amis, madame, répliqua-t-il ; d'ailleurs, pourquoi ne le serions-nous pas ? »

Ce ton était si loin de celui que désirait Mme de Morcerf, qu'elle se retourna pour laisser échapper un soupir qui ressemblait à un gémissement.

« Merci », dit-elle.

Et elle se remit à marcher. Ils firent ainsi le tour du jardin sans prononcer une seule parole.

« Monsieur, reprit tout à coup la comtesse après dix minutes de promenade silencieuse, est-il vrai que vous ayez tant vu, tant voyagé, tant souffert ?

— J'ai beaucoup souffert, oui, madame, répondit Monte-Cristo.

— Mais vous êtes heureux, maintenant ?

— Sans doute, répondit le comte, car personne ne m'entend me plaindre.

— Et votre bonheur présent vous fait l'âme plus douce ?

— Mon bonheur présent égale ma misère passée, dit le comte.

— N'êtes-vous pas marié ? demanda la comtesse.

— Moi, marié, répondit Monte-Cristo en tressaillant, qui a pu vous dire cela ?

— On ne me l'a pas dit, mais plusieurs fois on vous a vu conduire à l'Opéra une jeune et belle personne.

— C'est une esclave que j'ai achetée à Constantinople, madame, une fille de prince dont j'ai fait ma fille, n'ayant pas d'autre affection au monde.

— Vous vivez seul ainsi ?

— Je vis seul.

— Vous n'avez pas de sœur... de fils... de père ?...

— Je n'ai personne.

— Comment pouvez-vous vivre ainsi, sans rien qui vous attache à la vie ?

— Ce n'est pas ma faute, madame. A Malte, j'ai aimé une jeune fille et j'allais l'épouser, quand la guerre est venue et m'a enlevé loin d'elle comme un tourbillon. J'avais cru qu'elle m'aimait assez pour m'attendre, pour demeurer fidèle même à mon tombeau. Quand je suis revenu, elle était mariée. C'est l'histoire de tout homme qui a passé par l'âge de vingt ans. J'avais peut-être le cœur plus faible que les autres, et j'ai souffert plus qu'ils n'eussent fait à ma place, voilà tout. »

La comtesse s'arrêta un moment, comme si elle eût eu besoin de cette halte pour respirer.

« Oui, dit-elle, et cet amour vous est resté au cœur... On n'aime bien qu'une fois... Et avez-vous jamais revu cette femme ?

— Jamais.

— Jamais !

— Je ne suis point retourné dans le pays où elle était.

— A Malte ?

— Oui, à Malte.

— Elle est à Malte, alors ?

— Je le pense.

— Et lui avez-vous pardonné ce qu'elle vous a fait souffrir ?

— A elle, oui.

— Mais à elle seulement ; vous haïssez toujours ceux qui vous ont séparé d'elle ? »

La comtesse se plaça en face de Monte-Cristo ; elle tenait encore à la main un fragment de la grappe parfumée.

« Prenez, dit-elle.

— Jamais je ne mange de muscat, madame », répondit Monte-Cristo, comme s'il n'eût été question de rien entre eux à ce sujet.

La comtesse lança la grappe dans le massif le plus proche avec un geste de désespoir.

« Inflexible ! » murmura-t-elle.

Monte-Cristo demeura aussi impassible que si le reproche ne lui était pas adressé.

Albert accourait en ce moment.

« Oh ! ma mère, dit-il, un grand malheur !

— Quoi ! qu'est-il arrivé ? demanda la comtesse en se redressant comme si, après le rêve, elle eût été amenée à la réalité : un malheur, avez-vous dit ? En effet, il doit arriver des malheurs.

— M. de Villefort est ici.

— Eh bien ?

— Il vient chercher sa femme et sa fille.

— Et pourquoi cela ?

— Parce que Mme la marquise de Saint-Méran est arrivée à Paris, apportant la nouvelle que M. de Saint-Méran est mort en quittant Marseille, au premier relais. Mme de Villefort, qui était fort gaie, ne voulait ni comprendre, ni croire ce malheur ; mais Mlle Valentine, aux premiers mots, et quelques pré-

cautions qu'ait prises son père, a tout deviné : ce coup
l'a terrassée comme la foudre, et elle est tombée évanouie.

— Et qu'est M. de Saint-Méran à Mlle de Villefort ?
demanda le comte.

— Son grand-père maternel. Il venait pour hâter le
mariage de Franz et de sa petite-fille.

— Ah ! vraiment !

— Voilà Franz retardé. Pourquoi M. de Saint-
Méran n'est-il pas aussi bien un aïeul de Mlle Danglars ?

— Albert ! Albert ! dit Mme de Morcerf du ton d'un
doux reproche, que dites-vous là ? Ah ! monsieur le
comte, vous pour qui il a une si grande considération,
dites-lui qu'il a mal parlé ! »

Elle fit quelques pas en avant.

Monte-Cristo la regarda si étrangement et avec une
expression à la fois si rêveuse et si empreinte d'une
affectueuse admiration, qu'elle revint sur ses pas.

Alors elle lui prit la main en même temps qu'elle
pressait celle de son fils, et les joignant toutes deux :

« Nous sommes amis, n'est-ce pas ? dit-elle.

— Oh ! votre ami, madame, je n'ai point cette prétention, dit le comte ; mais, en tout cas, je suis votre
bien respectueux serviteur. »

La comtesse partit avec un inexprimable serrement
de cœur ; et avant qu'elle eût fait dix pas, le comte lui
vit mettre son mouchoir à ses yeux.

« Est-ce que vous n'êtes pas d'accord, ma mère et
vous ? demanda Albert avec étonnement.

— Au contraire, répondit le comte, puisqu'elle vient
de me dire devant vous que nous sommes amis. »

Et ils regagnèrent le salon que venaient de quitter
Valentine et M. et Mme de Villefort.

Il va sans dire que Morrel était sorti derrière eux.

LXXII

MADAME DE SAINT-MÉRAN

Une scène lugubre venait en effet de se passer dans la maison de M. de Villefort.

Après le départ des deux dames pour le bal, où toutes les instances de Mme de Villefort n'avaient pu déterminer son mari à l'accompagner, le procureur du roi s'était, selon sa coutume, enfermé dans son cabinet avec une pile de dossiers qui eussent effrayé tout autre, mais qui, dans les temps ordinaires de sa vie, suffisaient à peine à satisfaire son robuste appétit de travailleur.

Mais, cette fois, les dossiers étaient chose de forme. Villefort ne s'enfermait point pour travailler, mais pour réfléchir ; et, sa porte fermée, l'ordre donné qu'on ne le dérangeât que pour chose d'importance, il s'assit dans son fauteuil et se mit à repasser encore une fois dans sa mémoire tout ce qui, depuis sept à huit jours, faisait déborder la coupe de ses sombres chagrins et de ses amers souvenirs.

Alors, au lieu d'attaquer les dossiers entassés devant lui, il ouvrit un tiroir de son bureau, fit jouer un secret, et tira la liasse de ses notes personnelles, manuscrits précieux, parmi lesquels il avait classé et étiqueté avec des chiffres connus de lui seul les noms de tous ceux qui, dans sa carrière politique, dans ses affaires d'argent, dans ses poursuites de barreau ou dans ses mystérieuses amours, étaient devenus ses ennemis.

Le nombre en était si formidable aujourd'hui qu'il avait commencé à trembler ; et cependant, tous ces noms, si puissants et si formidables qu'ils fussent, l'avaient fait bien des fois sourire, comme sourit le voyageur qui, du faîte culminant de la montagne, regarde à ses pieds les pics aigus, les chemins impraticables et les arêtes des précipices près desquels il a, pour arriver, si longtemps et si péniblement rampé.

Quand il eut bien repassé tous ces noms dans sa

mémoire, quand il les eut bien relus, bien étudiés, bien commentés sur ses listes, il secoua la tête.

« Non, murmura-t-il, aucun de ces ennemis n'aurait attendu patiemment et laborieusement jusqu'au jour où nous sommes, pour venir m'écraser maintenant avec ce secret. Quelquefois, comme dit Hamlet, le bruit des choses les plus profondément enfoncées sort de terre, et, comme les feux du phosphore, court follement dans l'air ; mais ce sont des flammes qui éclairent un moment pour égarer. L'histoire aura été racontée par le Corse à quelque prêtre, qui l'aura racontée à son tour. M. de Monte-Cristo l'aura sue, et pour s'éclaircir... »

« Mais à quoi bon s'éclaircir ? reprenait Villefort après un instant de réflexion. Quel intérêt M. de Monte-Cristo, M. Zaccone, fils d'un armateur de Malte, exploiteur d'une mine d'argent en Thessalie, venant pour la première fois en France, a-t-il de s'éclaircir d'un fait sombre, mystérieux et inutile comme celui-là ? Au milieu des renseignements incohérents qui m'ont été donnés par cet abbé Buşoni et par ce Lord Wilmore, par cet ami et par cet ennemi, une seule chose ressort claire, précise, patente à mes yeux : c'est que dans aucun temps, dans aucun cas, dans aucune circonstance, il ne peut y avoir eu le moindre contact entre moi et lui. »

Mais Villefort se disait ces paroles sans croire lui-même à ce qu'il disait. Le plus terrible pour lui n'était pas encore la révélation, car il pouvait nier, ou même répondre ; il s'inquiétait peu de ce *Mane, Thecel, Pharès*, qui apparaissait tout à coup en lettres de sang sur la muraille ; mais ce qui l'inquiétait, c'était de connaître le corps auquel appartenait la main qui les avait tracées.

Au moment où il essayait de se rassurer lui-même, et où, au lieu de cet avenir politique que, dans ses rêves d'ambition, il avait entrevu quelquefois il se composait, dans la crainte d'éveiller cet ennemi endormi depuis si longtemps, un avenir restreint aux joies du foyer, un bruit de voiture retentit dans la cour ; puis il entendit dans son escalier la marche d'une personne âgée, puis des sanglots et des hélas ! comme les domestiques en trouvent lorsqu'ils veulent devenir intéressants par la douleur de leurs maîtres.

Il se hâta de tirer le verrou de son cabinet, et bientôt, sans être annoncée, une vieille dame entra, son châle sur le bras et son chapeau à la main. Ses cheveux blanchis découvraient un front mat comme l'ivoire jauni, et ses yeux, à l'angle desquels l'âge avait creusé des rides profondes, disparaissaient presque sous le gonflement des pleurs.

« Oh ! monsieur, dit-elle ; ah ! monsieur, quel malheur ! moi aussi, j'en mourrai ! oh ! oui, bien certainement j'en mourrai !

Et, tombant sur le fauteuil le plus proche de la porte, elle éclata en sanglots.

Les domestiques, debout sur le seuil, et n'osant aller plus loin, regardaient le vieux serviteur de Noirtier, qui, ayant entendu ce bruit de la chambre de son maître, était accouru aussi et se tenait derrière les autres. Villefort se leva et courut à sa belle-mère, car c'était elle-même.

« Eh ! mon Dieu ! madame, demanda-t-il, que s'est-il passé ? qui vous bouleverse ainsi ? et M. de Saint-Méran ne vous accompagne-t-il pas ?

— M. de Saint-Méran est mort », dit la vieille marquise, sans préambule, sans expression, et avec une sorte de stupeur.

Villefort recula d'un pas et frappa ses mains l'une contre l'autre.

« Mort !... balbutia-t-il ; mort ainsi... subitement ?

— Il y a huit jours, continua Mme de Saint-Méran, nous montâmes ensemble en voiture après dîner. M. de Saint-Méran était souffrant depuis quelques jours : cependant l'idée de revoir notre chère Valentine le rendait courageux, et malgré ses douleurs, il avait voulu partir, lorsque, à six lieues de Marseille, il fut pris, après avoir mangé ses pastilles habituelles, d'un sommeil si profond qu'il ne me semblait pas naturel ; cependant j'hésitais à le réveiller, quand il me sembla que son visage rougissait et que les veines de ses tempes battaient plus violemment que d'habitude.

Mais cependant, comme la nuit était venue et que je ne voyais plus rien, je le laissai dormir ; bientôt il poussa un cri sourd et déchirant comme celui d'un homme qui souffre en rêve, et renversa d'un brusque mouvement sa tête en arrière. J'appelai le valet de chambre, je fis arrêter le postillon, j'appelai M. de Saint-Méran, je lui fis respirer mon flacon de sels, tout était fini, il était mort, et ce fut côte à côte avec son cadavre que j'arrivai à Aix. »

Villefort demeurait stupéfait et la bouche béante.

« Et vous appelâtes un médecin, sans doute ?

— A l'instant même ; mais, comme je vous l'ai dit, il était trop tard.

— Sans doute ; mais au moins pouvait-il reconnaître de quelle maladie le pauvre marquis était mort.

— Mon Dieu ! oui, monsieur, il me l'a dit ; il paraît que c'est d'une apoplexie foudroyante.

— Et que fîtes-vous alors ?

— M. de Saint-Méran avait toujours dit que, s'il mourait loin de Paris, il désirait que son corps fût ramené dans le caveau de la famille. Je l'ai fait mettre dans un cercueil de plomb, et je le précède de quelques jours.

— Oh ! mon Dieu, pauvre mère ! dit Villefort ; de pareils soins après un pareil coup, et à votre âge !

— Dieu m'a donné la force jusqu'au bout ; d'ailleurs, ce cher marquis, il eût certes fait pour moi ce que j'ai fait pour lui. Il est vrai que depuis que je l'ai quitté là-bas, je crois que je suis folle. Je ne peux plus pleurer ; il est vrai qu'on dit qu'à mon âge on n'a plus de larmes ; cependant il me semble que tant qu'on souffre on devrait pouvoir pleurer. Où est Valentine, monsieur ? c'est pour elle que nous revenions, je veux voir Valentine. »

Villefort pensa qu'il serait affreux de répondre que Valentine était au bal ; il dit seulement à la marquise que sa petite-fille était sortie avec sa belle-mère et qu'on allait la prévenir.

« A l'instant même, monsieur, à l'instant même, je vous en supplie », dit la vieille dame.

Villefort mit sous son bras le bras de Mme de Saint-Méran et la conduisit à son appartement.

« Prenez du repos, dit-il, ma mère. »

La marquise leva la tête à ce mot, et voyant cet homme qui lui rappelait cette fille tant regrettée qui revivait pour elle dans Valentine, elle se sentit frappée par ce nom de mère, se mit à fondre en larmes, et tomba à genoux dans un fauteuil où elle ensevelit sa tête vénérable.

Villefort la recommanda aux soins des femmes, tandis que le vieux Barrois remontait tout effaré chez son maître ; car rien n'effraie tant les vieillards que lorsque la mort quitte un instant leur côté pour aller frapper un autre vieillard. Puis, tandis que Mme de Saint-Méran, toujours agenouillée, priait du fond du cœur, il envoya chercher une voiture de place et vint lui-même prendre chez Mme de Morcerf sa femme et sa fille pour les ramener à la maison. Il était si pâle lorsqu'il parut à la porte du salon que Valentine courut à lui en s'écriant :

« Oh ! mon père ! il est arrivé quelque malheur !

— Votre bonne maman vient d'arriver, Valentine, dit M. de Villefort.

— Et mon grand-père ? » demanda la jeune fille, toute tremblante.

M. de Villefort ne répondit qu'en offrant son bras à sa fille.

Il était temps : Valentine, saisie d'un vertige, chancela ; Mme de Villefort se hâta de la soutenir, et aida son mari à l'entraîner vers la voiture en disant :

« Voilà qui est étrange ! qui aurait pu se douter de cela ? Oh ! oui, voilà qui est étrange ! »

Et toute cette famille désolée s'enfuit ainsi, jetant sa tristesse, comme un crêpe noir, sur le reste de la soirée.

Au bas de l'escalier, Valentine trouva Barrois qui l'attendait :

« M. Noirtier désire vous voir ce soir, dit-il tout bas.

— Dites-lui que j'irai en sortant de chez ma bonne grand-mère », dit Valentine.

Dans la délicatesse de son âme, la jeune fille avait

compris que celle qui avait surtout besoin d'elle à cette heure, c'était Mme de Saint-Méran.

Valentine trouva son aïeule au lit ; muettes caresses, gonflement si douloureux du cœur, soupirs entrecoupés, larmes brûlantes, voilà quels furent les seuls détails racontables de cette entrevue, à laquelle assistait, au bras de son mari, Mme de Villefort, pleine de respect, apparent du moins, pour la pauvre veuve.

Au bout d'un instant, elle se pencha à l'oreille de son mari :

« Avec votre permission, dit-elle, mieux vaut que je me retire, car ma vue paraît affliger encore votre belle-mère. »

Mme de Saint-Méran l'entendit.

« Oui, oui, dit-elle à l'oreille de Valentine, qu'elle s'en aille ; mais reste, toi, reste. »

Mme de Villefort sortit, et Valentine demeura seule près du lit de son aïeule, car le procureur du roi, consterné de cette mort imprévue, suivit sa femme.

Cependant Barrois était remonté la première fois près du vieux Noirtier ; celui-ci avait entendu tout le bruit qui se faisait dans la maison, et il avait envoyé, comme nous l'avons dit, le vieux serviteur s'informer.

A son retour, cet œil si vivant et surtout si intelligent interrogea le messager :

« Hélas ! monsieur, dit Barrois, un grand malheur est arrivé : Mme de Saint-Méran est ici, et son mari est mort. »

M. de Saint-Méran et Noirtier n'avaient jamais été liés d'une bien profonde amitié ; cependant, on sait l'effet que fait toujours sur un vieillard l'annonce de la mort d'un autre vieillard.

Noirtier laissa tomber sa tête sur sa poitrine, comme un homme accablé ou comme un homme qui pense, puis il ferma un seul œil.

« Mlle Valentine ? » dit Barrois.

Noirtier fit signe que oui.

« Elle est au bal, monsieur le sait bien, puisqu'elle est venue lui dire adieu en grande toilette. »

Noirtier ferma de nouveau l'œil gauche.

« Oui, vous voulez la voir ? »

Le vieillard fit signe que c'était cela qu'il désirait.

« Eh bien, on va l'aller chercher sans doute chez Mme de Morcerf ; je l'attendrai à son retour, et je lui dirai de monter chez vous. Est-ce cela ?

— Oui », répondit le paralytique.

Barrois guetta donc le retour de Valentine, et, comme nous l'avons vu, à son retour, il lui exposa le désir de son grand-père.

En vertu de ce désir, Valentine monta chez Noirtier au sortir de chez Mme de Saint-Méran, qui, tout agitée qu'elle était, avait fini par succomber à la fatigue et dormait d'un sommeil fiévreux.

On avait approché à la portée de sa main une petite table sur laquelle étaient une carafe d'orangeade, sa boisson habituelle, et un verre.

Puis, comme nous l'avons dit, la jeune fille avait quitté le lit de la marquise pour monter chez Noirtier.

Valentine vint embrasser le vieillard, qui la regarda si tendrement que la jeune fille sentit de nouveau jaillir de ses yeux des larmes dont elle croyait la source tarie.

Le vieillard insistait avec son regard.

« Oui, oui, dit Valentine, tu veux dire que j'ai toujours un bon grand-père, n'est-ce pas ? »

Le vieillard fit signe qu'effectivement c'était cela que son regard voulait dire.

« Hélas ! heureusement, reprit Valentine, sans cela, que deviendrais-je, mon Dieu ? »

Il était une heure du matin. Barrois, qui avait envie de se coucher lui-même, fit observer qu'après une soirée aussi douloureuse tout le monde avait besoin de repos. Le vieillard ne voulut pas dire que son repos, à lui, c'était de voir son enfant. Il congédia Valentine, à qui effectivement la douleur et la fatigue donnaient un air souffrant.

Le lendemain, en entrant chez sa grand-mère, Valentine trouva celle-ci au lit ; la fièvre ne s'était point calmée ; au contraire, un feu sombre brillait dans les yeux de la vieille marquise, et elle paraissait en proie à une violente irritation nerveuse.

« Oh ! mon Dieu ! bonne maman, souffrez-vous

davantage ? s'écria Valentine en apercevant tous ces symptômes d'agitation.

— Non, ma fille, non, dit Mme de Saint-Méran ; mais j'attendais avec impatience que tu fusses arrivée pour envoyer chercher ton père.

— Mon père ? demanda Valentine inquiète.

— Oui, je veux lui parler. »

Valentine n'osa point s'opposer au désir de son aïeule, dont d'ailleurs elle ignorait la cause, et un instant après Villefort entra.

« Monsieur, dit Mme de Saint-Méran, sans employer aucune circonlocution, et comme si elle eût paru craindre que le temps ne lui manquât, il est question, m'avez-vous écrit, d'un mariage pour cette enfant ?

— Oui, madame, répondit Villefort ; c'est même plus qu'un projet, c'est une convention.

— Votre gendre s'appelle M. Franz d'Épinay ?

— Oui, madame.

— C'est le fils du général d'Épinay, qui était des nôtres, et qui fut assassiné quelques jours avant que l'usurpateur revînt de l'île d'Elbe ?

— C'est cela même.

— Cette alliance avec la petite-fille d'un jacobin ne lui répugne pas ?

— Nos dissensions civiles se sont heureusement éteintes, ma mère, dit Villefort ; M. d'Épinay était presque un enfant à la mort de son père ; il connaît fort peu M. Noirtier, et le verra, sinon avec plaisir, avec indifférence du moins.

— C'est un parti sortable ?

— Sous tous les rapports.

— Le jeune homme... ?

— Jouit de la considération générale.

— Il est convenable ?

— C'est un des hommes les plus distingués que je connaisse. »

Pendant toute cette conversation, Valentine était restée muette.

« Eh bien, monsieur, dit après quelques secondes de réflexion Mme de Saint-Méran, il faut vous hâter, car j'ai peu de temps à vivre.

— Vous, madame ! vous, bonne maman ! s'écrièrent M. de Villefort et Valentine.

— Je sais ce que je dis, reprit la marquise ; il faut donc vous hâter, afin que, n'ayant plus de mère, elle ait au moins sa grand-mère pour bénir son mariage. Je suis la seule qui lui reste du côté de ma pauvre Renée, que vous avez si vite oubliée, monsieur.

— Ah ! madame, dit Villefort, vous oubliez qu'il fallait donner une mère à cette pauvre enfant qui n'en avait plus.

— Une belle-mère n'est jamais une mère, monsieur ! Mais ce n'est pas de cela qu'il s'agit, il s'agit de Valentine ; laissons les morts tranquilles. »

Tout cela était dit avec une telle volubilité et un tel accent, qu'il y avait quelque chose dans cette conversation qui ressemblait à un commencement de délire.

« Il sera fait selon votre désir, madame, dit Villefort, et cela d'autant mieux que votre désir est d'accord avec le mien ; et, aussitôt l'arrivée de M. d'Épinay à Paris...

— Ma bonne mère, dit Valentine, les convenances, le deuil tout récent... voudriez-vous donc faire un mariage sous d'aussi tristes auspices ?

— Ma fille, interrompit vivement l'aïeule, pas de ces raisons banales qui empêchent les esprits faibles de bâtir solidement leur avenir. Moi aussi, j'ai été mariée au lit de mort de ma mère, et n'ai certes point été malheureuse pour cela.

— Encore cette idée de mort ! madame, reprit Villefort.

— Encore ! toujours !... Je vous dis que je vais mourir, entendez-vous ! Eh bien, avant de mourir, je veux avoir vu mon gendre ; je veux lui ordonner de rendre ma petite-fille heureuse ; je veux lire dans ses yeux s'il compte m'obéir ; je veux le connaître enfin, moi ! continua l'aïeule avec une expression effrayante, pour le venir trouver du fond de mon tombeau s'il n'était pas ce qu'il doit être, s'il n'était pas ce qu'il faut qu'il soit.

— Madame, dit Villefort, il faut éloigner de vous ces idées exaltées, qui touchent presque à la folie. Les morts, une fois couchés dans leur tombeau, y dorment sans se relever jamais.

— Oh ! oui, oui, bonne mère, calme-toi ! dit Valentine.

— Et moi, monsieur, je vous dis qu'il n'en est point ainsi que vous croyez. Cette nuit j'ai dormi d'un sommeil terrible ; car je me voyais en quelque sorte dormir comme si mon âme eût déjà plané au-dessus de mon corps : mes yeux, que je m'efforçais d'ouvrir, se refermaient malgré moi ; et cependant je sais bien que cela va vous paraître impossible, à vous, monsieur, surtout ; eh bien, mes yeux fermés, j'ai vu, à l'endroit même où vous êtes, venant de cet angle où il y a une porte qui donne dans le cabinet de toilette de Mme de Villefort, j'ai vu entrer sans bruit une forme blanche. »

Valentine jeta un cri.

« C'était la fièvre qui vous agitait, madame, dit Villefort.

— Doutez si vous voulez, mais je suis sûre de ce que je dis : j'ai vu une forme blanche ; et comme si Dieu eût craint que je ne récusasse le témoignage d'un seul de mes sens, j'ai entendu remuer mon verre, tenez, tenez, celui-là même qui est ici, là, sur la table.

— Oh ! bonne mère, c'était un rêve.

— C'était si peu un rêve, que j'ai étendu la main vers la sonnette, et qu'à ce geste l'ombre a disparu. La femme de chambre est entrée alors avec une lumière. Les fantômes ne se montrent qu'à ceux qui doivent les voir : c'était l'âme de mon mari. Eh bien, si l'âme de mon mari revient pour m'appeler, pourquoi mon âme, à moi, ne reviendrait-elle pas pour défendre ma fille ? Le lien est encore plus direct, ce me semble.

— Oh ! madame, dit Villefort, remué malgré lui jusqu'au fond des entrailles, ne donnez pas l'essor à ces lugubres idées ; vous vivrez avec nous, vous vivrez longtemps heureuse, aimée, honorée, et nous vous ferons oublier...

— Jamais ! jamais ! jamais ! dit la marquise. Quand revient M. d'Épinay ?

— Nous l'attendons d'un moment à l'autre.

— C'est bien ; aussitôt qu'il sera arrivé, prévenez-moi. Hâtons-nous, hâtons-nous. Puis, je voudrais aussi voir un notaire pour m'assurer que tout notre bien revient à Valentine.

— Oh ! ma mère, murmura Valentine en appuyant ses lèvres sur le front brûlant de l'aïeule, vous voulez donc me faire mourir ? Mon Dieu ! vous avez la fièvre. Ce n'est pas un notaire qu'il faut appeler, c'est un médecin !

— Un médecin ? dit-elle en haussant les épaules ; je ne souffre pas ; j'ai soif, voilà tout.

— Que buvez-vous, bonne maman ?

— Comme toujours, tu le sais bien, mon orangeade. Mon verre est là sur cette table, passe-le-moi, Valentine. »

Valentine versa l'orangeade de la carafe dans le verre et le prit avec un certain effroi pour le donner à sa grand-mère, car c'était ce même verre qui, prétendait-elle, avait été touché par l'ombre.

La marquise vida le verre d'un seul trait.

Puis elle se retourna sur son oreiller en répétant :

« Le notaire ! le notaire ! »

M. de Villefort sortit. Valentine s'assit près du lit de sa grand-mère. La pauvre enfant semblait avoir grand besoin elle-même de ce médecin qu'elle avait recommandé à son aïeule. Une rougeur pareille à une flamme brûlait la pommette de ses joues, sa respiration était courte et haletante, et son pouls battait comme si elle avait eu la fièvre.

C'est qu'elle songeait, la pauvre enfant, au désespoir de Maximilien quand il apprendrait que Mme de Saint-Méran, au lieu de lui être une alliée, agissait, sans le connaître, comme si elle lui était ennemie.

Plus d'une fois Valentine avait songé à tout dire à sa grand-mère, et elle n'eût pas hésité un seul instant si Maximilien Morrel s'était appelé Albert de Morcerf ou Raoul de Château-Renaud ; mais Morrel était d'extraction plébéienne, et Valentine savait le mépris que l'orgueilleuse marquise de Saint-Méran avait pour tout ce qui n'était point de race. Son secret avait donc toujours, au moment où il allait se faire jour, été repoussé dans son cœur par cette triste certitude qu'elle le livrerait inutilement, et qu'une fois ce secret connu de son père et de sa belle-mère tout serait perdu.

Deux heures à peu près s'écoulèrent ainsi. Mme de Saint-Méran dormait d'un sommeil ardent et agité. On annonça le notaire.

Quoique cette annonce eût été faite très bas, Mme de Saint-Méran se souleva sur son oreiller.

« Le notaire ? dit-elle ; qu'il vienne, qu'il vienne ! »

Le notaire était à la porte, il entra.

« Va-t'en, Valentine, dit Mme de Saint-Méran, et laisse-moi avec monsieur.

— Mais, ma mère...

— Va, va. »

La jeune fille baisa son aïeule au front et sortit, le mouchoir sur les yeux.

A la porte elle trouva le valet de chambre, qui lui dit que le médecin attendait au salon.

Valentine descendit rapidement. Le médecin était un ami de la famille, et en même temps un des hommes les plus habiles de l'époque : il aimait beaucoup Valentine, qu'il avait vue venir au monde. Il avait une fille de l'âge de Mlle de Villefort à peu près, mais née d'une mère poitrinaire ; sa vie était une crainte continuelle à l'égard de son enfant.

« Oh ! dit Valentine, cher monsieur d'Avrigny, nous vous attendions avec bien de l'impatience. Mais avant toute chose, comment se portent Madeleine et Antoinette ? »

Madeleine était la fille de M. d'Avrigny, et Antoinette sa nièce.

M. d'Avrigny sourit tristement.

« Très bien Antoinette, dit-il ; assez bien Madeleine. Mais vous m'avez envoyé chercher, chère enfant ? dit-il. Ce n'est ni votre père, ni Mme de Villefort qui est malade ? Quant à nous, quoiqu'il soit visible que nous ne pouvons pas nous débarrasser de nos nerfs, je ne présume pas que vous ayez besoin de moi autrement que pour que je vous recommande de ne pas trop laisser notre imagination battre la campagne ? »

Valentine rougit ; M. d'Avrigny poussait la science

de la divination presque jusqu'au miracle, car c'était un de ces médecins qui traitent toujours le physique par le moral.

« Non, dit-elle, c'est pour ma pauvre grand-mère. Vous savez le malheur qui nous est arrivé, n'est-ce pas ?

— Je ne sais rien, dit d'Avrigny.

— Hélas ! dit Valentine en comprimant ses sanglots, mon grand-père est mort.

— M. de Saint-Méran ?

— Oui.

— Subitement ?

— D'une attaque d'apoplexie foudroyante.

— D'une apoplexie ? répéta le médecin.

— Oui. De sorte que ma pauvre grand-mère est frappée de l'idée que son mari, qu'elle n'avait jamais quitté, l'appelle, et qu'elle va aller le rejoindre. Oh ! monsieur d'Avrigny, je vous recommande bien ma pauvre grand-mère !

— Où est-elle ?

— Dans sa chambre avec le notaire.

— Et M. Noirtier ?

— Toujours le même, une lucidité d'esprit parfaite, mais la même immobilité, le même mutisme.

— Et le même amour pour vous, n'est-ce pas, ma chère enfant ?

— Oui, dit Valentine en soupirant, il m'aime bien, lui.

— Qui ne vous aimerait pas ? »

Valentine sourit tristement.

« Et qu'éprouve votre grand-mère ?

— Une excitation nerveuse singulière, un sommeil agité et étrange ; elle prétendait ce matin que, pendant son sommeil, son âme planait au-dessus de son corps qu'elle regardait dormir : c'est du délire ; elle prétend avoir vu un fantôme entrer dans sa chambre et avoir entendu le bruit que faisait le prétendu fantôme en touchant à son verre.

— C'est singulier, dit le docteur, je ne savais pas Mme de Saint-Méran sujette à ces hallucinations.

— C'est la première fois que je l'ai vue ainsi, dit

Valentine, et ce matin elle m'a fait grand-peur, je l'ai
crue folle ; et mon père, certes, monsieur d'Avrigny,
vous connaissez mon père pour un esprit sérieux, eh
bien, mon père lui-même a paru fort impressionné.

— Nous allons voir, dit M. d'Avrigny ; ce que vous
me dites là me semble étrange. »

Le notaire descendait ; on vint prévenir Valentine
que sa grand-mère était seule.

« Montez, dit-elle au docteur.

— Et vous ?

— Oh ! moi, je n'ose, elle m'avait défendu de vous
envoyer chercher ; puis, comme vous le dites, moi-
même, je suis agitée, fiévreuse, mal disposée, je vais
faire un tour au jardin pour me remettre. »

Le docteur serra la main à Valentine, et tandis qu'il
montait chez sa grand-mère, la jeune fille descendit le
perron.

Nous n'avons pas besoin de dire quelle portion du
jardin était la promenade favorite de Valentine. Après
avoir fait deux ou trois tours dans le parterre qui
entourait la maison, après avoir cueilli une rose pour
mettre à sa ceinture ou dans ses cheveux, elle s'enfonçait sous l'allée sombre qui conduisait au banc, puis
du banc elle allait à la grille.

Cette fois, Valentine fit, selon son habitude, deux ou
trois tours au milieu de ses fleurs, mais sans en cueillir : le deuil de son cœur, qui n'avait pas encore eu le
temps de s'étendre sur sa personne, repoussait ce
simple ornement, puis elle s'achemina vers son allée.
A mesure qu'elle avançait, il lui semblait entendre une
voix qui prononçait son nom. Elle s'arrêta étonnée.

Alors cette voix arriva plus distincte à son oreille, et
elle reconnut la voix de Maximilien.

LXXIII

LA PROMESSE

C'était en effet Morrel, qui depuis la veille ne vivait
plus. Avec cet instinct particulier aux amants et aux
mères, il avait deviné qu'il allait, à la suite de ce retour

de Mme de Saint-Méran et de la mort du marquis, se
passer quelque chose chez Villefort qui intéresserait
son amour pour Valentine.

Comme on va le voir, ses pressentiments s'étaient
réalisés, et ce n'était plus une simple inquiétude qui le
conduisait si effaré et si tremblant à la grille des
marronniers.

Mais Valentine n'était pas prévenue de l'attente de
Morrel, ce n'était pas l'heure où il venait ordinairement, et ce fut un pur hasard ou, si l'on aime mieux,
une heureuse sympathie qui la conduisit au jardin.
Quand elle parut, Morrel l'appela ; elle courut à la
grille.

« Vous, à cette heure ! dit-elle.

— Oui, pauvre amie, répondit Morrel, je viens chercher et apporter de mauvaises nouvelles.

— C'est donc la maison du malheur, dit Valentine.
Parlez, Maximilien. Mais, en vérité, la somme de douleurs est déjà bien suffisante.

— Chère Valentine, dit Morrel, essayant de se
remettre de sa propre émotion pour parler convenablement, écoutez-moi bien, je vous prie ; car tout ce
que je vais vous dire est solennel. A quelle époque
compte-t-on vous marier ?

— Écoutez, dit à son tour Valentine, je ne veux rien
vous cacher, Maximilien. Ce matin on a parlé de mon
mariage, et ma grand-mère, sur laquelle j'avais compté comme sur un appui qui ne manquerait pas, non
seulement s'est déclarée pour ce mariage, mais encore
le désire à tel point que le retour seul de M. d'Épinay le
retarde et que le lendemain de son arrivée le contrat
sera signé. »

Un pénible soupir ouvrit la poitrine du jeune
homme, et il regarda longuement et tristement la
jeune fille.

« Hélas ! reprit-il à voix basse, il est affreux
d'entendre dire tranquillement par la femme qu'on
aime : « Le moment de votre supplice est fixé : c'est
« dans quelques heures qu'il aura lieu ; mais
« n'importe, il faut que cela soit ainsi, et de ma part, je
« n'y apporterai aucune opposition. » Eh bien,

puisque, dites-vous, on n'attend plus que M. d'Épinay
pour signer le contrat, puisque vous serez à lui le
lendemain de son arrivée, c'est demain que vous serez
engagée à M. d'Épignay, car il est arrivé à Paris ce
matin. »

Valentine poussa un cri.

« J'étais chez le comte de Monte-Cristo il y a une
heure, dit Morrel ; nous causions, lui de la douleur de
votre maison et moi de votre douleur, quand tout à
coup une voiture roule dans la cour. Écoutez.
Jusque-là je ne croyais pas aux pressentiments, Valentine ; mais maintenant il faut bien que j'y croie. Au
bruit de cette voiture, un frisson m'a pris ; bientôt j'ai
entendu des pas sur l'escalier. Les pas retentissants du
commandeur n'ont pas plus épouvanté don Juan que
ces pas ne m'ont épouvanté. Enfin la porte s'ouvre ;
Albert de Morcerf entre le premier, et j'allais douter de
moi-même, j'allais croire que je m'étais trompé, quand
derrière lui s'avance un autre jeune homme et que le
comte s'est écrié : « Ah ! M. le baron Franz d'Épinay ! »
Tout ce que j'ai de force et de courage dans le cœur, je
l'ai appelé pour me contenir. Peut-être ai-je pâli, peut-
être ai-je tremblé : mais à coup sûr je suis resté le
sourire sur les lèvres. Mais cinq minutes après, je suis
sorti sans avoir entendu un mot de ce qui s'est dit
pendant ces cinq minutes ; j'étais anéanti.

— Pauvre Maximilien ! murmura Valentine.

— Me voilà, Valentine. Voyons, maintenant répon-
dez-moi comme à un homme à qui votre réponse va
donner la mort ou la vie. Que comptez-vous faire ? »

Valentine baissa la tête ; elle était accablée.

« Écoutez, dit Morrel, ce n'est pas la première fois
que vous pensez à la situation où nous sommes arrivés : elle est grave, elle est pesante, suprême. Je ne
pense pas que ce soit le moment de s'abandonner à
une douleur stérile : cela est bon pour ceux qui veulent
souffrir à l'aise et boire leurs larmes à loisir. Il y a des
gens comme cela, et Dieu sans doute leur tiendra
compte au ciel de leur résignation sur la terre ; mais
quiconque se sent la volonté de lutter ne perd pas un
temps précieux et rend immédiatement à la fortune le

coup qu'il en a reçu. Est-ce votre volonté de lutter contre la mauvaise fortune, Valentine ? Dites, car c'est cela que je viens vous demander. »

Valentine tressaillit et regarda Morrel avec de grands yeux effarés. Cette idée de résister à son père, à sa grand-mère, à toute sa famille enfin, ne lui était pas même venue.

« Que me dites-vous, Maximilien ? demanda Valentine, et qu'appelez-vous une lutte ? Oh ! dites un sacrilège. Quoi ! moi, je lutterais contre l'ordre de mon père, contre le vœu de mon aïeule mourante ! C'est impossible ! »

Morrel fit un mouvement.

« Vous êtes un trop noble cœur pour ne pas me comprendre, et vous me comprenez si bien, cher Maximilien, que je vous vois réduit au silence. Lutter, moi ! Dieu m'en préserve ! Non, non ; je garde toute ma force pour lutter contre moi-même et pour boire mes larmes, comme vous dites. Quant à affliger mon père, quant à troubler les derniers moments de mon aïeule, jamais !

— Vous avez bien raison, dit flegmatiquement Morrel.

— Comme vous me dites cela, mon Dieu ! s'écria Valentine blessée.

— Je vous dis cela comme un homme qui vous admire, mademoiselle, reprit Maximilien.

— Mademoiselle ! s'écria Valentine, mademoiselle ! Oh ! l'égoïste ! il me voit au désespoir et feint de ne pas me comprendre.

— Vous vous trompez, et je vous comprends parfaitement au contraire. Vous ne voulez pas contrarier M. de Villefort, vous ne voulez pas désobéir à la marquise, et demain vous signerez le contrat qui doit vous lier à votre mari.

— Mais, mon Dieu ! puis-je donc faire autrement ?

— Il ne faut pas en appeler à moi, mademoiselle, car je suis un mauvais juge dans cette cause, et mon égoïsme m'aveuglera, répondit Morrel, dont la voix sourde et les poings fermés annonçaient l'exaspération croissante.

— Que m'eussiez-vous donc proposé, Morrel, si vous m'aviez trouvée disposée à accepter votre proposition ? Voyons, répondez. Il ne s'agit pas de dire vous faites mal, il faut donner un conseil.

— Est-ce sérieusement que vous me dites cela, Valentine, et dois-je le donner, ce conseil ? dites.

— Certainement, cher Maximilien, car s'il est bon, je le suivrai ; vous savez bien que je suis dévouée à vos affections.

— Valentine, dit Morrel en achevant d'écarter une planche déjà disjointe, donnez-moi votre main en preuve que vous me pardonnez ma colère ; c'est que j'ai la tête bouleversée, voyez-vous, et que depuis une heure les idées les plus insensées ont tour à tour traversé mon esprit. Oh ! dans le cas où vous refuseriez mon conseil !...

— Eh bien, ce conseil ?

— Le voici, Valentine. »

La jeune fille leva les yeux au ciel et poussa un soupir.

« Je suis libre, reprit Maximilien, je suis assez riche pour nous deux ; je vous jure que vous serez ma femme avant que mes lèvres se soient posées sur votre front.

— Vous me faites trembler, dit la jeune fille.

— Suivez-moi, continua Morrel ; je vous conduis chez ma sœur, qui est digne d'être votre sœur ; nous nous embarquerons pour Alger, pour l'Angleterre ou pour l'Amérique, si vous n'aimez pas mieux nous retirer ensemble dans quelque province, où nous attendrons, pour revenir à Paris, que nos amis aient vaincu la résistance de votre famille. »

Valentine secoua la tête.

« Je m'y attendais, Maximilien, dit-elle : c'est un conseil d'insensé, et je serais encore plus insensée que vous si je ne vous arrêtais pas à l'instant avec ce seul mot : impossible, Morrel, impossible.

— Vous suivrez donc votre fortune, telle que le sort vous le fera, et sans même essayer de la combattre ? dit Morrel rembruni.

— Oui, dussé-je en mourir !

— Eh bien, Valentine, reprit Maximilien, je vous répéterai encore que vous avez raison. En effet, c'est moi qui suis un fou, et vous me prouvez que la passion aveugle les esprits les plus justes. Merci donc, à vous qui raisonnez sans passion. Soit donc, c'est une chose entendue ; demain vous serez irrévocablement promise à M. Franz d'Épinay, non point par cette formalité de théâtre inventée pour dénouer les pièces de comédie, et qu'on appelle la signature du contrat, mais par votre propre volonté.

— Encore une fois, vous me désespérez, Maximilien ! dit Valentine ; encore une fois, vous retournez le poignard dans la plaie ! Que feriez-vous, si votre sœur écoutait un conseil comme celui que vous me donnez ?

— Mademoiselle, reprit Morrel avec un sourire amer, je suis un égoïste, vous l'avez dit, et dans ma qualité d'égoïste, je ne pense pas à ce que feraient les autres dans ma position, mais à ce que je compte faire, moi. Je pense que je vous connais depuis un an, que j'ai mis, du jour où je vous ai connue, toutes mes chances de bonheur sur votre amour ; qu'un jour est venu où vous m'avez dit que vous m'aimiez ; que de ce jour j'ai mis toutes mes chances d'avenir sur votre possession : c'était ma vie. Je ne pense plus rien maintenant ; je me dis seulement que les chances ont tourné, que j'avais cru gagner le ciel et que je l'ai perdu. Cela arrive tous les jours qu'un joueur perd non seulement ce qu'il a, mais encore ce qu'il n'a pas. »

Morrel prononça ces mots avec un calme parfait ; Valentine le regarda un instant de ses grands yeux scrutateurs, essayant de ne pas laisser pénétrer ceux de Morrel jusqu'au trouble qui tourbillonnait déjà au fond de son cœur.

« Mais enfin, qu'allez-vous faire ? demanda Valentine.

— Je vais avoir l'honneur de vous dire adieu, mademoiselle, en attestant Dieu, qui entend mes paroles et qui lit au fond de mon cœur, que je vous souhaite une vie assez calme, assez heureuse et assez remplie pour qu'il n'y ait pas place pour mon souvenir.

— Oh ! murmura Valentine.

— Adieu, Valentine, adieu ! dit Morrel en s'inclinant.

— Où allez-vous ? cria en allongeant sa main à travers la grille et en saisissant Maximilien par son habit la jeune fille qui comprenait, à son agitation intérieure, que le calme de son amant ne pouvait être réel ; où allez-vous ?

— Je vais m'occuper de ne point apporter un trouble nouveau dans votre famille, et donner un exemple que pourront suivre tous les hommes honnêtes et dévoués qui se trouveront dans ma position.

— Avant de me quitter, dites-moi ce que vous allez faire, Maximilien ? »

Le jeune homme sourit tristement.

« Oh ! parlez, parlez ! dit Valentine, je vous en prie !

— Votre résolution a-t-elle changé, Valentine ?

— Elle ne peut changer, malheureux ! Vous le savez bien ! s'écria la jeune fille.

— Alors, adieu, Valentine ! »

Valentine secoua la grille avec une force dont on l'aurait crue incapable ; et comme Morrel s'éloignait, elle passa ses deux mains à travers la grille, et les joignant en se tordant les bras :

« Qu'allez-vous faire ? je veux le savoir ! s'écriat-elle ; où allez-vous ?

— Oh ! soyez tranquille, dit Maximilien en s'arrêtant à trois pas de la porte ; mon intention n'est pas de rendre un autre homme responsable des rigueurs que le sort garde pour moi. Un autre vous menacerait d'aller trouver M. Franz, de le provoquer, de se battre avec lui, tout cela serait insensé. Qu'a à faire M. Franz dans tout cela ? Il m'a vu ce matin pour la première fois, il a déjà oublié qu'il m'a vu ; il ne savait même pas que j'existais lorsque des conventions faites par vos deux familles ont décidé que vous seriez l'un à l'autre. Je n'ai donc point affaire à M. Franz, et, je vous le jure, je ne m'en prendrai point à lui.

— Mais à qui vous en prendrez-vous ? à moi ?

— A vous, Valentine ! Oh ! Dieu m'en garde ! La femme est sacrée ; la femme qu'on aime est sainte.

— A vous-même alors, malheureux, à vous-même ?

— C'est moi le coupable, n'est-ce pas ? dit Morrel.

— Maximilien, dit Valentine, Maximilien, venez ici, je le veux ! »

Maximilien se rapprocha avec son doux sourire, et, n'était sa pâleur, on eût pu le croire dans son état ordinaire.

« Écoutez-moi, ma chère, mon adorée Valentine, dit-il de sa voix mélodieuse et grave, les gens comme nous, qui n'ont jamais formé une pensée dont ils aient eu à rougir devant le monde, devant leurs parents et devant Dieu, les gens comme nous peuvent lire dans le cœur l'un de l'autre à livre ouvert. Je n'ai jamais fait de roman, je ne suis pas un héros mélancolique, je ne me pose ni en Manfred ni en Antony : mais sans paroles, sans protestations, sans serments, j'ai mis ma vie en vous ; vous me manquez et vous avez raison d'agir ainsi, je vous l'ai dit et je vous le répète ; mais enfin vous me manquez et ma vie est perdue. Du moment où vous vous éloignez de moi, Valentine, je reste seul au monde. Ma sœur est heureuse près de son mari ; son mari n'est que mon beau-frère, c'est-à-dire un homme que les conventions sociales attachent seules à moi ; personne n'a donc besoin sur la terre de mon existence devenue inutile. Voilà ce que je ferai : j'attendrai jusqu'à la dernière seconde que vous soyez mariée, car je ne veux pas perdre l'ombre d'une de ces chances inattendues que nous garde quelquefois le hasard, car enfin d'ici là M. Franz d'Épinay peut mourir ; au moment où vous vous en approcherez, la foudre peut tomber sur l'autel : tout semble croyable au condamné à mort, et pour lui les miracles rentrent dans la classe du possible dès qu'il s'agit du salut de sa vie. J'attendrai donc, dis-je, jusqu'au dernier moment, et quand mon malheur sera certain, sans remède, sans espérance, j'écrirai une lettre confidentielle à mon beau-frère, une autre au préfet de Police pour lui donner avis de mon dessein, et au coin de quelque bois, sur le revers de quelque fossé, au bord de quelque rivière, je me ferai sauter la cervelle, aussi vrai que je suis le fils du plus honnête homme qui ait jamais vécu en France. »

Un tremblement convulsif agita les membres de Valentine ; elle lâcha la grille qu'elle tenait de ses deux mains, ses bras retombèrent à ses côtés, et deux grosses larmes roulèrent sur ses joues.

Le jeune homme demeura devant elle, sombre et résolu.

« Oh ! par pitié, par pitié, dit-elle, vous vivrez, n'est-ce pas ?

— Non, sur mon honneur, dit Maximilien ; mais que vous importe à vous ? vous aurez fait votre devoir, et votre conscience vous restera. »

Valentine tomba à genoux en étreignant son cœur qui se brisait.

« Maximilien, dit-elle, Maximilien, mon ami, mon frère sur la terre, mon véritable époux au ciel, je t'en prie, fais comme moi, vis avec la souffrance : un jour peut-être nous serons réunis.

— Adieu, Valentine ! répéta Morrel.

— Mon Dieu ! dit Valentine en levant ses deux mains au ciel avec une expression sublime, vous le voyez, j'ai fait tout ce que j'ai pu pour rester fille soumise : j'ai prié, supplié, imploré ; il n'a écouté ni mes prières, ni mes supplications, ni mes pleurs. Eh bien, continua-t-elle en essuyant ses larmes et en reprenant sa fermeté, eh bien, je ne veux pas mourir de remords, j'aime mieux mourir de honte. Vous vivrez, Maximilien, et je ne serai à personne qu'à vous. A quelle heure ? à quel moment ? est-ce tout de suite ? parlez, ordonnez, je suis prête. »

Morrel, qui avait de nouveau fait quelques pas pour s'éloigner, était revenu de nouveau, et, pâle de joie, le cœur épanoui, tendant à travers la grille ses deux mains à Valentine :

« Valentine, dit-il, chère amie, ce n'est point ainsi qu'il faut me parler, ou sinon il faut me laisser mourir. Pourquoi donc vous devrais-je à la violence, si vous m'aimez comme je vous aime ? Me forcez-vous à vivre par humanité, voilà tout ? en ce cas j'aime mieux mourir.

— Au fait, murmura Valentine, qui est-ce qui m'aime au monde ? lui. Qui m'a consolée de toutes mes douleurs ? lui. Sur qui reposent mes espérances, sur qui s'arrête ma vue égarée, sur qui repose mon cœur saignant ? sur lui, lui, toujours lui. Eh bien, tu as raison à ton tour ; Maximilien, je te suivrai, je quitterai la maison paternelle, tout. O ingrate que je suis ! s'écria Valentine en sanglotant, tout !... même mon bon grand-père que j'oubliais !

— Non, dit Maximilien, tu ne le quitteras pas. M. Noirtier a paru éprouver, dis-tu, de la sympathie pour moi : eh bien, avant de fuir tu lui diras tout ; tu te feras une égide devant Dieu de son consentement ; puis, aussitôt mariés, il viendra avec nous : au lieu d'un enfant, il en aura deux. Tu m'as dit comment il te parlait et comment tu lui répondais ; j'apprendrai bien vite cette langue touchante des signes, va, Valentine. Oh ! je te le jure, au lieu du désespoir qui nous attend, c'est le bonheur que je te promets !

— Oh ! regarde, Maximilien, regarde quelle est ta puissance sur moi, tu me fais presque croire à ce que tu me dis, et cependant ce que tu me dis est insensé, car mon père me maudira, lui ; car je le connais, lui, le cœur inflexible, jamais il ne pardonnera. Aussi, écoutez-moi, Maximilien, si par artifice, par prière, par accident, que sais-je, moi ? si enfin par un moyen quelconque je puis retarder le mariage, vous attendrez, n'est-ce pas ?

— Oui, je le jure, comme vous me jurez, vous, que cet affreux mariage ne se fera jamais, et que, vous traînât-on devant le magistrat, devant le prêtre, vous direz non.

— Je te le jure, Maximilien, par ce que j'ai de plus sacré au monde, par ma mère !

— Attendons alors, dit Morrel.

— Oui, attendons, reprit Valentine, qui respirait à ce mot ; il y a tant de choses qui peuvent sauver des malheureux comme nous.

— Je me fie à vous, Valentine, dit Morrel, tout ce que vous ferez sera bien fait ; seulement, si l'on passe outre à vos prières, si votre père, si Mme de Saint-Méran exigent que M. Franz d'Épinay soit appelé demain à signer le contrat...

— Alors, vous avez ma parole, Morrel.

— Au lieu de signer...

— Je viens vous rejoindre et nous fuyons : mais d'ici là, ne tentons pas Dieu, Morrel ; ne nous voyons pas : c'est un miracle, c'est une providence que nous n'ayons pas encore été surpris ; si nous étions surpris, si l'on savait comment nous nous voyons, nous n'aurions plus aucune ressource.

— Vous avez raison, Valentine ; mais comment savoir...

— Par le notaire, M. Deschamps.

— Je le connais.

— Et par moi-même. Je vous écrirai, croyez-le donc bien. Mon Dieu ! ce mariage, Maximilien, m'est aussi odieux qu'à vous !

— Bien, bien ! merci, ma Valentine adorée, reprit Morrel. Alors tout est dit, une fois que je sais l'heure, j'accours ici, vous franchissez ce mur dans mes bras : la chose vous sera facile ; une voiture vous attendra à la porte de l'enclos, vous y montez avec moi, je vous conduis chez ma sœur ; là, inconnus si cela vous convient, faisant éclat si vous le désirez, nous aurons la conscience de notre force et de notre volonté, et nous ne nous laisserons pas égorger comme l'agneau qui ne se défend qu'avec ses soupirs.

— Soit, dit Valentine ; à votre tour je vous dirai : Maximilien, ce que vous ferez sera bien fait.

— Oh !

— Eh bien, êtes-vous content de votre femme ? dit tristement la jeune fille.

— Ma Valentine adorée, c'est bien peu dire que dire oui.

— Dites toujours. »

Valentine s'était approchée, ou plutôt avait approché ses lèvres de la grille, et ses paroles glissaient, avec son souffle parfumé, jusqu'aux lèvres de Morrel, qui collait sa bouche de l'autre côté de la froide et inexorable clôture.

« Au revoir, dit Valentine, s'arrachant à ce bonheur, au revoir !

— J'aurai une lettre de vous ?

— Oui.

— Merci, chère femme ! au revoir. »

Le bruit d'un baiser innocent et perdu retentit, et Valentine s'enfuit sous les tilleuls.

Morrel écouta les derniers bruits de sa robe frôlant les charmilles, de ses pieds faisant crier le sable, leva les yeux au ciel avec un ineffable sourire pour remercier le Ciel de ce qu'il permettait qu'il fût aimé ainsi, et disparut à son tour.

Le jeune homme rentra chez lui et attendit pendant tout le reste de la soirée et pendant toute la journée du lendemain sans rien recevoir. Enfin, ce ne fut que le surlendemain, vers dix heures du matin, comme il allait s'acheminer vers M. Deschamps, notaire, qu'il reçut par la poste un petit billet qu'il reconnut pour être de Valentine, quoiqu'il n'eût jamais vu son écriture.

Il était conçu en ces termes :

« Larmes, supplications, prières, n'ont rien fait. Hier, pendant deux heures, j'ai été à l'église Saint-Philippe-du-Roule, et pendant deux heures j'ai prié Dieu du fond de l'âme ; Dieu est insensible comme les hommes, et la signature du contrat est fixée à ce soir, neuf heures.

« Je n'ai qu'une parole comme je n'ai qu'un cœur, Morrel, et cette parole vous est engagée : ce cœur est à vous !

« Ce soir donc, à neuf heures moins un quart, à la grille.

« Votre femme,

                              « VALENTINE DE VILLEFORT.

P.-S. — « Ma pauvre grand-mère va de plus mal en plus mal ; hier, son exaltation est devenue du délire : aujourd'hui son délire est presque de la folie.

« Vous m'aimerez bien, n'est-ce pas, Morrel, pour me faire oublier que je l'aurai quittée en cet état ?

« Je crois que l'on cache à grand-papa Noirtier que la signature du contrat doit avoir lieu ce soir. »

Morrel ne se borna pas aux renseignements que lui donnait Valentine ; il alla chez le notaire, qui lui confirma la nouvelle que la signature du contrat était pour neuf heures du soir.

Puis il passa chez Monte-Cristo ; ce fut encore là qu'il en sut le plus : Franz était venu lui annoncer cette solennité ; de son côté, Mme de Villefort avait écrit au comte pour le prier de l'excuser si elle ne l'invitait point ; mais la mort de M. de Saint-Méran et l'état où se trouvait sa veuve jetaient sur cette réunion un voile de tristesse dont elle ne voulait pas assombrir le front du comte, auquel elle souhaitait toute sorte de bonheur.

La veille, Franz avait été présenté à Mme de Saint-Méran, qui avait quitté le lit pour cette présentation, et qui s'y était remise aussitôt.

Morrel, la chose est facile à comprendre, était dans un état d'agitation qui ne pouvait échapper à un œil aussi perçant que l'était l'œil du comte ; aussi Monte-Cristo fut-il pour lui plus affectueux que jamais ; si affectueux, que deux ou trois fois Maximilien fut sur le point de lui tout dire. Mais il se rappela la promesse formelle donnée à Valentine, et son secret resta au fond de son cœur.

Le jeune homme relut vingt fois dans la journée la lettre de Valentine. C'était la première fois qu'elle lui écrivait, et à quelle occasion ! A chaque fois qu'il relisait cette lettre, Maximilien se renouvelait à lui-même le serment de rendre Valentine heureuse. En effet, quelle autorité n'a pas la jeune fille qui prend une résolution si courageuse ! quel dévouement ne mérite-t-elle pas de la part de celui à qui elle a tout sacrifié ! Comme elle doit être réellement pour son amant le premier et le plus digne objet de son culte ! C'est à la fois la reine et la femme, et l'on n'a point assez d'une âme pour la remercier et l'aimer.

Morrel songeait avec une agitation inexprimable à ce moment où Valentine arriverait en disant :

« Me voici, Maximilien ; prenez-moi. »

Il avait organisé toute cette fuite ; deux échelles avaient été cachées dans la luzerne du clos ; un cabriolet, que devait conduire Maximilien lui-même, attendait ; pas de domestique, pas de lumière ; au détour de la première rue on allumerait des lanternes, car il ne fallait point, par un surcroît de précautions, tomber entre les mains de la police.

De temps en temps des frissonnements passaient par tout le corps de Morrel ; il songeait au moment où, du faîte de ce mur, il protégerait la descente de Valentine, et où il sentirait tremblante et abandonnée dans ses bras celle dont il n'avait jamais pressé que la main et baisé le bout du doigt.

Mais quand vint l'après-midi, quand Morrel sentit l'heure s'approcher, il éprouva le besoin d'être seul ; son sang bouillait, les simples questions, la seule voix d'un ami l'eussent irrité ; il se renferma chez lui, essayant de lire ; mais son regard glissa sur les pages sans y rien comprendre, et il finit par jeter son livre, pour en revenir à dessiner, pour la deuxième fois, son plan, ses échelles et son clos.

Enfin l'heure s'approcha.

Jamais l'homme bien amoureux n'a laissé les horloges faire paisiblement leur chemin ; Morrel tourmenta si bien les siennes, qu'elles finirent par marquer huit heures et demie à six heures. Il se dit alors qu'il était temps de partir, que neuf heures était bien effectivement l'heure de la signature du contrat, mais que, selon toute probabilité, Valentine n'attendrait pas cette signature inutile ; en conséquence, Morrel, après être parti de la rue Meslay à huit heures et demie à sa pendule, entrait dans le clos comme huit heures sonnèrent à Saint-Philippe-du-Roule.

Le cheval et le cabriolet furent cachés derrière une petite masure en ruine dans laquelle Morrel avait l'habitude de se cacher.

Peu à peu le jour tomba, et les feuillages du jardin se massèrent en grosses touffes d'un noir opaque.

Alors Morrel sortit de la cachette et vint regarder, le cœur palpitant, au trou de la grille : il n'y avait encore personne.

Huit heures et demie sonnèrent.

Une demi-heure s'écoula à attendre ; Morrel se promenait de long en large, puis, à des intervalles toujours plus rapprochés, venait appliquer son œil aux planches. Le jardin s'assombrissait de plus en plus ; mais dans l'obscurité on cherchait vainement la robe blanche ; dans le silence on écoutait inutilement le bruit des pas.

La maison qu'on apercevait à travers les feuillages restait sombre, et ne présentait aucun des caractères d'une maison qui s'ouvre pour un événement aussi important que l'est une signature du contrat de mariage.

Morrel consulta sa montre, qui sonna neuf heures trois quarts ; mais presque aussitôt cette même voix de l'horloge, déjà entendue deux ou trois fois, rectifia l'erreur de la montre en sonnant neuf heures et demie.

C'était déjà une demi-heure d'attente de plus que Valentine n'avait fixée elle-même : elle avait dit neuf heures, même plutôt avant qu'après.

Ce fut le moment le plus terrible pour le cœur du jeune homme, sur lequel chaque seconde tombait comme un marteau de plomb.

Le plus faible bruit du feuillage, le moindre cri du vent appelaient son oreille et faisaient monter la sueur à son front ; alors, tout frissonnant, il assujettissait son échelle et, pour ne pas perdre de temps, posait le pied sur le premier échelon.

Au milieu de ces alternatives de crainte et d'espoir, au milieu de ces dilatations et de ces serrements de cœur, dix heures sonnèrent à l'église.

« Oh ! murmura Maximilien avec terreur, il est impossible que la signature d'un contrat dure aussi longtemps, à moins d'événements imprévus ; j'ai pesé toutes les chances, calculé le temps que durent toutes les formalités, il s'est passé quelque chose. »

Et alors, tantôt il se promenait avec agitation devant la grille, tantôt il revenait appuyer son front brûlant sur le fer glacé. Valentine s'était-elle évanouie après le contrat, ou Valentine avait-elle été arrêtée dans sa fuite ? C'étaient là les deux seules hypothèses où le jeune homme pouvait s'arrêter, toutes deux désespérantes.

L'idée à laquelle il s'arrêta fut qu'au milieu de sa fuite même la force avait manqué à Valentine, et qu'elle était tombée évanouie au milieu de quelque allée.

« Oh ! s'il en est ainsi, s'écria-t-il en s'élançant au haut de l'échelle, je la perdrais, et par ma faute ! »

Le démon qui lui avait soufflé cette pensée ne le quitta plus, et bourdonna à son oreille avec cette persistance qui fait que certains doutes, au bout d'un instant, par la force du raisonnement, deviennent des convictions. Ses yeux, qui cherchaient à percer l'obscurité croissante, croyaient, sous la sombre allée, apercevoir un objet gisant ; Morrel se hasarda jusqu'à appeler, et il lui sembla que le vent apportait jusqu'à lui une plainte inarticulée.

Enfin la demie avait sonné à son tour ; il était impossible de se borner plus longtemps, tout était supposable ; les tempes de Maximilien battaient avec force, des nuages passaient devant ses yeux ; il enjamba le mur et sauta de l'autre côté.

Il était chez Villefort, il venait d'y entrer par escalade ; il songea aux suites que pouvait avoir une pareille action, mais il n'était pas venu jusque-là pour reculer.

En un instant il fut à l'extrémité de ce massif. Du point où il était parvenu on découvrait la maison.

Alors Morrel s'assura d'une chose qu'il avait déjà soupçonnée en essayant de glisser son regard à travers les arbres : c'est qu'au lieu des lumières qu'il pensait voir briller à chaque fenêtre, ainsi qu'il est naturel aux jours de cérémonie, il ne vit rien que la masse grise et voilée encore par un grand rideau d'ombre que projetait un nuage immense répandu sur la lune.

Une lumière courait de temps en temps comme éperdue, et passait devant trois fenêtres du premier étage. Ces trois fenêtres étaient celles de l'appartement de Mme de Saint-Méran.

Une autre lumière restait immobile derrière des rideaux rouges. Ces rideaux étaient ceux de la chambre à coucher de Mme de Villefort.

Morrel devina tout cela. Tant de fois, pour suivre

Valentine en pensée à toute heure du jour, tant de fois, disons-nous, il s'était fait faire le plan de cette maison, que, sans l'avoir vue, il la connaissait.

Le jeune homme fut encore plus épouvanté de cette obscurité et de ce silence qu'il ne l'avait été de l'absence de Valentine.

Éperdu, fou de douleur, décidé à tout braver pour revoir Valentine et s'assurer du malheur qu'il pressentait, quel qu'il fût, Morrel gagna la lisière du massif, et s'apprêtait à traverser le plus rapidement possible le parterre, complètement découvert, quand un son de voix encore assez éloigné, mais que le vent lui apportait, parvint jusqu'à lui.

A ce bruit, il fit un pas en arrière, déjà à moitié sorti du feuillage, il s'y enfonça complètement et demeura immobile et muet, enfoui dans son obscurité.

Sa résolution était prise : si c'était Valentine seule, il l'avertirait par un mot au passage ; si Valentine était accompagnée, il la verrait au moins et s'assurerait qu'il ne lui était arrivé aucun malheur ; si c'étaient des étrangers, il saisirait quelques mots de leur conversation et arriverait à comprendre ce mystère, incompréhensible jusque-là.

La lune alors sortit du nuage qui la cachait, et, sur la porte du perron, Morrel vit apparaître Villefort, suivi d'un homme vêtu de noir. Ils descendirent les marches et s'avancèrent vers le massif. Ils n'avaient pas fait quatre pas que, dans cet homme vêtu de noir, Morrel avait reconnu le docteur d'Avrigny.

Le jeune homme, en les voyant venir à lui, recula machinalement devant eux jusqu'à ce qu'il rencontrât le tronc d'un sycomore qui faisait le centre du massif ; là il fut forcé de s'arrêter.

Bientôt le sable cessa de crier sous les pas des deux promeneurs.

« Ah ! cher docteur, dit le procureur du roi, voici le Ciel qui se déclare décidément contre ma maison. Quelle horrible mort ! quel coup de foudre ! N'essayez pas de me consoler ; hélas ! la plaie est trop vive et trop profonde ! Morte, morte ! »

Une sueur froide glaça le front du jeune homme et

fit claquer ses dents. Qui donc était mort dans cette maison que Villefort lui-même disait maudite ?

« Mon cher monsieur de Villefort, répondit le médecin avec un accent qui redoubla la terreur du jeune homme, je ne vous ai point amené ici pour vous consoler, tout au contraire.

— Que voulez-vous dire ? demanda le procureur du roi, effrayé.

— Je veux dire que, derrière le malheur qui vient de vous arriver, il en est un autre plus grand encore peut-être.

— Oh ! mon Dieu ! murmura Villefort en joignant les mains, qu'allez-vous me dire encore ?

— Sommes-nous bien seuls, mon ami ?

— Oh ! oui, bien seuls. Mais que signifient toutes ces précautions ?

— Elles signifient que j'ai une confidence terrible à vous faire, dit le docteur : asseyons-nous. »

Villefort tomba plutôt qu'il ne s'assit sur un banc. Le docteur resta debout devant lui, une main posée sur son épaule. Morrel, glacé d'effroi, tenait d'une main son front, de l'autre comprimait son cœur, dont il craignait qu'on entendît les battements.

« Morte, morte ! » répétait-il dans sa pensée avec la voix de son cœur.

Et lui-même se sentait mourir.

« Parlez, docteur, j'écoute, dit Villefort ; frappez, je suis préparé à tout.

— Mme de Saint-Méran était bien âgée sans doute, mais elle jouissait d'une santé excellente. »

Morrel respira pour la première fois depuis dix minutes.

« Le chagrin l'a tuée, dit Villefort ; oui, le chagrin, docteur ! Cette habitude de vivre depuis quarante ans près du marquis !...

— Ce n'est pas le chagrin, mon cher Villefort, dit le docteur. Le chagrin peut tuer, quoique les cas soient rares, mais il ne tue pas en un jour, mais il ne tue pas en une heure, mais il ne tue pas en dix minutes. »

Villefort ne répondit rien ; seulement il leva la tête qu'il avait tenue baissée jusque-là, et regarda le docteur avec des yeux effarés.

« Vous êtes resté là pendant l'agonie ? demanda M. d'Avrigny.

— Sans doute, répondit le procureur du roi ; vous m'avez dit tout bas de ne pas m'éloigner.

— Avez-vous remarqué les symptômes du mal auquel Mme de Saint-Méran a succombé ?

— Certainement ; Mme de Saint-Méran a eu trois attaques successives à quelques minutes les unes des autres, et à chaque fois plus rapprochées et plus graves. Lorsque vous êtes arrivé, déjà depuis quelques minutes Mme de Saint-Méran était haletante ; elle eut alors une crise que je pris pour une simple attaque de nerfs ; mais je ne commençai à m'effrayer réellement que lorsque je la vis se soulever sur son lit, les membres et le cou tendus. Alors, à votre visage, je compris que la chose était plus grave que je ne le croyais. La crise passée, je cherchai vos yeux, mais je ne les rencontrai pas. Vous teniez le pouls, vous en comptiez les battements, et la seconde crise parut, que vous ne vous étiez pas encore retourné de mon côté. Cette seconde crise fut plus terrible que la première : les mêmes mouvements nerveux se reproduisirent, et la bouche se contracta et devint violette.

« A la troisième elle expira.

« Déjà, depuis la fin de la première, j'avais reconnu le tétanos ; vous me confirmâtes dans cette opinion.

— Oui, devant tout le monde, reprit le docteur ; mais maintenant nous sommes seuls.

— Qu'allez-vous me dire, mon Dieu ?

— Que les symptômes du tétanos et de l'empoisonnement par les matières végétales sont absolument les mêmes. »

M. de Villefort se dressa sur ses pieds ; puis, après un instant d'immobilité et de silence, il retomba sur son banc.

« Oh ! mon Dieu ! docteur, dit-il, songez-vous bien à ce que vous me dites là ? »

Morrel ne savait pas s'il faisait un rêve ou s'il veillait.

« Écoutez, dit le docteur, je connais l'importance de ma déclaration et le caractère de l'homme à qui je la fais.

— Est-ce au magistrat ou à l'ami que vous parlez ? demanda Villefort.

— A l'ami, à l'ami seul en ce moment ; les rapports entre les symptômes du tétanos et les symptômes de l'empoisonnement par les substances végétales sont tellement identiques, que s'il me fallait signer ce que je dis là, je vous déclare que j'hésiterais. Aussi, je vous le répète, ce n'est point au magistrat que je m'adresse, c'est à l'ami. Eh bien, à l'ami je dis : Pendant les trois quarts d'heure qu'elle a duré, j'ai étudié l'agonie, les convulsions, la mort de Mme de Saint-Méran ; eh bien, dans ma conviction, non seulement Mme de Saint-Méran est morte empoisonnée, mais encore je dirais, oui, je dirais quel poison l'a tuée.

— Monsieur ! monsieur !

— Tout y est, voyez-vous : somnolence interrompue par des crises nerveuses, surexcitation du cerveau, torpeur des centres. Mme de Saint-Méran a succombé à une dose violente de brucine ou de strychnine, que par hasard sans doute, que par erreur peut-être, on lui a administrée. »

Villefort saisit la main du docteur.

« Oh ! c'est impossible ! dit-il, je rêve, mon Dieu ! je rêve ! C'est effroyable d'entendre dire des choses pareilles à un homme comme vous ! Au nom du Ciel, je vous en supplie, cher docteur, dites-moi que vous pouvez vous tromper !

— Sans doute, je le puis, mais...

— Mais ?...

— Mais, je ne le crois pas.

— Docteur, prenez pitié de moi ; depuis quelques jours il m'arrive tant de choses inouïes, que je crois à la possibilité de devenir fou.

— Un autre que moi a-t-il vu Mme de Saint-Méran ?

— Personne.

— A-t-on envoyé chez le pharmacien quelque ordonnance qu'on ne m'ait pas soumise ?

— Aucune.

— Mme de Saint-Méran avait-elle des ennemis ?

— Je ne lui en connais pas.

— Quelqu'un avait-il intérêt à sa mort ?

— Mais non, mon Dieu ! mais non ; ma fille est sa seule héritière, Valentine seule... Oh ! si une pareille pensée me pouvait venir, je me poignarderais pour punir mon cœur d'avoir pu un seul instant abriter une pareille pensée.

— Oh ! s'écria à son tour M. d'Avrigny, cher ami, à Dieu ne plaise que j'accuse quelqu'un, je ne parle que d'un accident, comprenez-vous bien, d'une erreur. Mais accident ou erreur, le fait est là qui parle tout bas à ma conscience, et qui veut que ma conscience vous parle tout haut. Informez-vous.

— A qui ? comment ? de quoi ?

— Voyons : Barrois, le vieux domestique, ne se serait-il pas trompé, et n'aurait-il pas donné à Mme de Saint-Méran quelque potion préparée pour son maître ?

— Pour mon père ?

— Oui.

— Mais comment une potion préparée pour M. Noirtier peut-elle empoisonner Mme de Saint-Méran ?

— Rien de plus simple : vous savez que dans certaines maladies les poisons deviennent un remède ; la paralysie est une de ces maladies-là. A peu près depuis trois mois, après avoir tout employé pour rendre le mouvement et la parole à M. Noirtier, je me suis décidé à tenter un dernier moyen ; depuis trois mois, dis-je, je le traite par la brucine ; ainsi, dans la dernière potion que j'ai commandée pour lui il en entrait six centigrammes ; six centigrammes sans action sur les organes paralysés de M. Nortier, et auxquels d'ailleurs il s'est accoutumé par des doses successives, six centigrammes suffisent pour tuer toute autre personne que lui.

— Mon cher docteur, il n'y a aucune communication entre l'appartement de M. Noirtier et celui de Mme de Saint-Méran, et jamais Barrois n'entrait chez ma belle-mère. Enfin, vous le dirai-je, docteur, quoique je vous sache homme le plus habile et surtout le plus consciencieux du monde, quoique en toute circonstance votre parole soit pour moi un flambeau

qui me guide à l'égal de la lumière du soleil, eh bien !
docteur, eh bien ! j'ai besoin, malgré cette conviction,
de m'appuyer sur cet axiome, *errare humanum est.*

— Écoutez, Villefort, dit le docteur, existe-t-il un de
mes confrères en qui vous ayez autant confiance qu'en
moi ?

— Pourquoi cela, dites ? où voulez-vous en venir ?

— Appelez-le, je lui dirai ce que j'ai vu, ce que j'ai
remarqué, nous ferons l'autopsie.

— Et vous trouverez des traces de poison ?

— Non, pas du poison, je n'ai pas dit cela, mais
nous constaterons l'exaspération du système nerveux,
nous reconnaîtrons l'asphyxie patente, incontestable,
et nous vous dirons : Cher Villefort, si c'est par négligence que la chose est arrivée, veillez sur vos serviteurs ; si c'est par haine, veillez sur vos ennemis.

— Oh ! mon Dieu ! que me proposez-vous là, d'Avrigny ? répondit Villefort abattu ; du moment où il y
aura un autre que vous dans le secret, une enquête
deviendra nécessaire, et une enquête chez moi, impossible ! Pourtant, continua le procureur du roi en se
reprenant et en regardant le médecin avec inquiétude,
pourtant si vous le voulez, si vous l'exigez absolument,
je le ferai. En effet, peut-être dois-je donner suite à
cette affaire ; mon caractère me le commande. Mais,
docteur, vous me voyez d'avance pénétré de tristesse :
introduire dans ma maison tant de scandale après tant
de douleur ! Oh ! ma femme et ma fille en mourront ;
et moi, moi, docteur, vous le savez, un homme n'en
arrive pas où j'en suis, un homme n'a pas été procureur du roi pendant vingt-cinq ans sans s'être
amassé bon nombre d'ennemis ; les miens sont nombreux. Cette affaire ébruitée sera pour eux un
triomphe qui les fera tressaillir de joie, et moi me
couvrira de honte. Docteur, pardonnez-moi ces idées
mondaines. Si vous étiez un prêtre, je n'oserais vous
dire cela ; mais vous êtes un homme, mais vous
connaissez les autres hommes ; docteur, docteur, vous
ne m'avez rien dit, n'est-ce pas ?

— Mon cher monsieur de Villefort, répondit le docteur ébranlé, mon premier devoir est l'humanité.

J'eusse sauvé Mme de Saint-Méran si la science eût eu
le pouvoir de le faire, mais elle est morte, je me dois
aux vivants. Ensevelissons au plus profond de nos
cœurs ce terrible secret. Je permettrai, si les yeux de
quelques-uns s'ouvrent là-dessus, qu'on impute à mon
ignorance le silence que j'aurai gardé. Cependant,
monsieur, cherchez toujours, cherchez activement,
car peut-être cela ne s'arrêtera-t-il point là... Et quand
vous aurez trouvé le coupable, si vous le trouvez, c'est
moi qui vous dirai : Vous êtes magistrat, faites ce que
vous voudrez !

— Oh ! merci, merci, docteur ! dit Villefort avec une
joie indicible, je n'ai jamais eu de meilleur ami que
vous. »

Et comme s'il eût craint que le docteur d'Avrigny ne
revînt sur cette concession, il se leva et entraîna le
docteur du côté de la maison.

Ils s'éloignèrent.

Morrel, comme s'il eût besoin de respirer, sortit sa
tête du taillis, et la lune éclaira ce visage si pâle qu'on
eût pu le prendre pour un fantôme.

« Dieu me protège d'une manifeste mais terrible
façon, dit-il. Mais Valentine, Valentine ! pauvre amie !
résistera-t-elle à tant de douleurs ? »

En disant ces mots il regardait alternativement la
fenêtre aux rideaux rouges et les trois fenêtres aux
rideaux blancs.

La lumière avait presque complètement disparu de
la fenêtre aux rideaux rouges. Sans doute Mme de
Villefort venait d'éteindre sa lampe, et la veilleuse
seule envoyait son reflet aux vitres.

A l'extrémité du bâtiment, au contraire, il vit
s'ouvrir une des trois fenêtres aux rideaux blancs. Une
bougie placée sur la cheminée jeta au-dehors quelques
rayons de sa pâle lumière, et une ombre vint un instant s'accouder au balcon.

Morrel frissonna ; il lui semblait avoir entendu un
sanglot.

Il n'était pas étonnant que cette âme ordinairement

si courageuse et si forte, maintenant troublée et exaltée par les deux plus fortes des passions humaines, l'amour et la peur, se fût affaiblie au point de subir des hallucinations superstitieuses.

Quoiqu'il fût impossible, caché comme il l'était, que l'œil de Valentine le distinguât, il crut se voir appeler par l'ombre de la fenêtre ; son esprit troublé le lui disait, son cœur ardent le lui répétait. Cette double erreur devenait une réalité irrésistible, et, par un de ces incompréhensibles élans de jeunesse, il bondit hors de sa cachette, et en deux enjambées, au risque d'être vu, au risque d'effrayer Valentine, au risque de donner l'éveil par quelque cri involontaire échappé à la jeune fille, il franchit ce parterre que la lune faisait large et blanc comme un lac, et, gagnant la rangée de caisses d'orangers qui s'étendait devant la maison, il atteignit les marches du perron, qu'il monta rapidement, et poussa la porte, qui s'ouvrit sans résistance devant lui.

Valentine ne l'avait pas vu ; ses yeux levés au ciel suivaient un nuage d'argent glissant sur l'azur, et dont la forme était celle d'une ombre qui monte au ciel ; son esprit poétique et exalté lui disait que c'était l'âme de sa grand-mère.

Cependant, Morrel avait traversé l'antichambre et trouvé la rampe de l'escalier ; des tapis étendus sur les marches assourdissaient son pas ; d'ailleurs Morrel en était arrivé à ce point d'exaltation que la présence de M. de Villefort lui-même ne l'eût pas effrayé. Si M. de Villefort se fût présenté à sa vue, sa résolution était prise : il s'approchait de lui et lui avouait tout, en le priant d'excuser et d'approuver cet amour qui l'unissait à sa fille, et sa fille à lui ; Morrel était fou.

Par bonheur il ne vit personne.

Ce fut alors surtout que cette connaissance qu'il avait prise par Valentine du plan intérieur de la maison lui servit ; il arriva sans accident au haut de l'escalier, et comme, arrivé là, il s'orientait, un sanglot dont il reconnut l'expression lui indiqua le chemin qu'il avait à suivre ; il se retourna ; une porte entrebâillée laissait arriver à lui le reflet d'une lumière et le son de la voix gémissante. Il poussa cette porte et entra.

Au fond d'une alcôve, sous le drap blanc qui recouvrait sa tête et dessinait sa forme, gisait la morte, plus effrayante encore aux yeux de Morrel depuis la révélation du secret dont le hasard l'avait fait possesseur.

A côté du lit, à genoux, la tête ensevelie dans les coussins d'une large bergère, Valentine, frissonnante et soulevée par les sanglots, étendait au-dessus de sa tête, qu'on ne voyait pas, ses deux mains jointes et raidies.

Elle avait quitté la fenêtre restée ouverte, et priait tout haut avec des accents qui eussent touché le cœur le plus insensible ; la parole s'échappait de ses lèvres, rapide, incohérente, inintelligible, tant la douleur serrait sa gorge de ses brûlantes étreintes.

La lune, glissant à travers l'ouverture des persiennes, faisait pâlir la lueur de la bougie, et azurait de ses teintes funèbres ce tableau de désolation.

Morrel ne put résister à ce spectacle ; il n'était pas d'une piété exemplaire, il n'était pas facile à impressionner, mais Valentine souffrant, pleurant, se tordant les bras à sa vue, c'était plus qu'il n'en pouvait supporter en silence. Il poussa un soupir, murmura un nom, et la tête noyée dans les pleurs et marbrée sur le velours du fauteuil, une tête de Madeleine du Corrège, se releva et demeura tournée vers lui.

Valentine le vit et ne témoigna point d'étonnement. Il n'y a plus d'émotions intermédiaires dans un cœur gonflé par un désespoir suprême.

Morrel tendit la main à son amie. Valentine, pour toute excuse de ce qu'elle n'avait point été le trouver, lui montra le cadavre gisant sous le drap funèbre et recommença à sangloter.

Ni l'un ni l'autre n'osait parler dans cette chambre. Chacun hésitait à rompre ce silence que semblait commander la Mort debout dans quelque coin et le doigt sur les lèvres.

Enfin Valentine osa la première.

« Ami, dit-elle, comment êtes-vous ici ? Hélas ! je vous dirais : Soyez le bienvenu, si ce n'était pas la Mort qui vous eût ouvert la porte de cette maison.

— Valentine, dit Morrel d'une voix tremblante et les

mains jointes, j'étais là depuis huit heures et demie ; je ne vous voyais point venir, l'inquiétude m'a pris, j'ai sauté par-dessus le mur, j'ai pénétré dans le jardin ; alors des voix qui s'entretenaient du fatal accident...

— Quelles voix ? » dit Valentine.

Morrel frémit, car toute la conversation du docteur et de M. de Villefort lui revint à l'esprit, et, à travers le drap, il croyait voir ces bras tordus, ce cou raidi, ces lèvres violettes.

« Les voix de vos domestiques, dit-il, m'ont tout appris.

— Mais venir jusqu'ici, c'est nous perdre, mon ami, dit Valentine, sans effroi et sans colère.

— Pardonnez-moi, répondit Morrel du même ton, je vais me retirer.

— Non, dit Valentine, on vous rencontrerait, restez.

— Mais si l'on venait ? »

La jeune fille secoua la tête.

« Personne ne viendra, dit-elle, soyez tranquille, voilà notre sauvegarde. »

Et elle montra la forme du cadavre moulée par le drap.

« Mais qu'est-il arrivé à M. d'Épinay ? dites-moi, je vous en supplie, reprit Morrel.

— M. Franz est arrivé pour signer le contrat au moment où ma bonne grand-mère rendait le dernier soupir.

— Hélas ! dit Morrel avec un sentiment de joie égoïste, car il songeait en lui-même que cette mort retardait indéfiniment le mariage de Valentine.

— Mais ce qui redouble ma douleur, continua la jeune fille, comme si ce sentiment eût dû recevoir à l'instant même sa punition, c'est que cette pauvre chère aïeule, en mourant, a ordonné qu'on terminât le mariage le plus tôt possible ; elle aussi, mon Dieu ! en croyant me protéger, elle aussi agissait contre moi.

— Écoutez ! » dit Morrel.

Les deux jeunes gens firent silence.

On entendit la porte qui s'ouvrit, et des pas firent craquer le parquet du corridor et les marches de l'escalier.

« C'est mon père qui sort de son cabinet, dit Valentine.

— Et qui reconduit le docteur, ajouta Morrel.

— Comment savez-vous que c'est le docteur ? demanda Valentine étonnée.

— Je le présume », dit Morrel.

Valentine regarda le jeune homme.

Cependant, on entendit la porte de la rue se fermer. M. de Villefort alla donner en outre un tour de clef à celle du jardin puis il remonta l'escalier.

Arrivé dans l'antichambre, il s'arrêta un instant, comme s'il hésitait s'il devait entrer chez lui ou dans la chambre de Mme de Saint-Méran. Morrel se jeta derrière une portière. Valentine ne fit pas un mouvement ; on eût dit qu'une suprême douleur la plaçait au-dessus des craintes ordinaires.

M. de Villefort rentra chez lui.

« Maintenant, dit Valentine, vous ne pouvez plus sortir ni par la porte du jardin, ni par celle de la rue. »

Morrel regarda la jeune fille avec étonnement.

« Maintenant, dit-elle, il n'y a plus qu'une issue permise et sûre, c'est celle de l'appartement de mon grand-père. »

Elle se leva.

« Venez, dit-elle.

— Où cela ? demanda Maximilien.

— Chez mon grand-père.

— Moi, chez M. Noirtier ?

— Oui.

— Y songez-vous, Valentine ?

— J'y songe, et depuis longtemps. Je n'ai plus que cet ami au monde, et nous avons tous deux besoin de lui... Venez.

— Prenez garde, Valentine, dit Morrel, hésitant à faire ce que lui ordonnait la jeune fille ; prenez garde, le bandeau est tombé de mes yeux : en venant ici, j'ai accompli un acte de démence. Avez-vous bien vous-même toute votre raison, chère amie ?

— Oui, dit Valentine, et je n'ai aucun scrupule au monde, si ce n'est de laisser seuls les restes de ma pauvre grand-mère, que je me suis chargée de garder.

« — Valentine, dit Morrel, la mort est sacrée par elle-même.

— Oui, répondit la jeune fille ; d'ailleurs ce sera court, venez. »

Valentine traversa le corridor et descendit un petit escalier qui conduisait chez Noirtier. Morrel la suivait sur la pointe du pied. Arrivés sur le palier de l'appartement, ils trouvèrent le vieux domestique.

« Barrois, dit Valentine, fermez la porte et ne laissez entrer personne. »

Elle passa la première.

Noirtier, encore dans son fauteuil, attentif au moindre bruit, instruit par son vieux serviteur de tout ce qui se passait, fixait des regards avides sur l'entrée de la chambre ; il vit Valentine, et son œil brilla.

Il y avait dans la démarche et dans l'attitude de la jeune fille quelque chose de grave et de solennel qui frappa le vieillard. Aussi, de brillant qu'il était, son œil devint-il interrogateur.

« Cher père, dit-elle d'une voix brève, écoute-moi bien : tu sais que bonne maman Saint-Méran est morte il y a une heure, et que maintenant, excepté toi, je n'ai plus personne qui m'aime au monde ? »

Une expression de tendresse infinie passa dans les yeux du vieillard.

« C'est donc à toi seul, n'est-ce pas, que je dois confier mes chagrins ou mes espérances ? »

Le paralytique fit signe que oui.

Valentine prit Maximilien par la main.

« Alors, lui dit-elle, regarde bien monsieur. »

Le vieillard fixa son œil scrutateur et légèrement étonné sur Morrel.

« C'est M. Maximilien Morrel, dit-elle, le fils de cet homme négociant de Marseille dont tu as sans doute entendu parler ?

— Oui, fit le vieillard.

— C'est un nom irréprochable, que Maximilien est en train de rendre glorieux, car, à trente ans, il est capitaine de spahis, officier de la Légion d'honneur. »

Le vieillard fit signe qu'il se le rappelait.

« Eh bien, bon papa, dit Valentine en se mettant à

deux genoux devant le vieillard et en montrant Maximilien d'une main, je l'aime et ne serai qu'à lui ! Si l'on me force d'en épouser un autre, je me laisserai mourir ou je me tuerai. »

Les yeux du paralytique exprimaient tout un monde de pensées tumultueuses.

« Tu aimes M. Maximilien Morrel, n'est-ce pas, bon papa ? demanda la jeune fille.

— Oui, fit le vieillard immobile.

— Et tu peux bien nous protéger, nous qui sommes aussi tes enfants, contre la volonté de mon père ? »

Noirtier attacha son regard intelligent sur Morrel, comme pour lui dire :

« C'est selon. »

Maximilien comprit.

« Mademoiselle, dit-il, vous avez un devoir sacré à remplir dans la chambre de votre aïeule ; voulez-vous me permettre d'avoir l'honneur de causer un instant avec M. Noirtier ?

— Oui, oui, c'est cela », fit l'œil du vieillard.

Puis il regarda Valentine avec inquiétude.

« Comment il fera pour te comprendre, veux-tu dire, bon père ?

— Oui.

— Oh ! sois tranquille ; nous avons si souvent parlé de toi, qu'il sait bien comment je te parle. »

Puis, se tournant vers Maximilien avec un adorable sourire, quoique ce sourire fût voilé par une profonde tristesse :

« Il sait tout ce que je sais », dit-elle.

Valentine se releva, approcha un siège pour Morrel, recommanda à Barrois de ne laisser entrer personne ; et après avoir embrassé tendrement son grand-père et dit adieu tristement à Morrel, elle partit.

Alors Morrel, pour prouver à Noirtier qu'il avait la confiance de Valentine et connaissait tous leurs secrets, prit le dictionnaire, la plume et le papier, et plaça le tout sur une table où il y avait une lampe.

« Mais d'abord, dit Morrel, permettez-moi, monsieur, de vous raconter qui je suis, comment j'aime Mlle Valentine, et quels sont mes desseins à son égard.

— J'écoute », fit Noirtier.

C'était un spectacle assez imposant que ce vieillard, inutile fardeau en apparence, et qui était devenu le seul protecteur, le seul appui, le seul juge de deux amants jeunes, beaux, forts, et entrant dans la vie.

Sa figure, empreinte d'une noblesse et d'une austérité remarquables, imposait à Morrel, qui commença son récit en tremblant.

Il raconta alors comment il avait connu, comment il avait aimé Valentine, et comment Valentine, dans son isolement et son malheur, avait accueilli l'offre de son dévouement. Il lui dit quelles étaient sa naissance, sa position, sa fortune ; et plus d'une fois, lorsqu'il interrogea le regard du paralytique, ce regard lui répondit :

« C'est bien, continuez.

— Maintenant, dit Morrel quand il eut fini cette première partie de son récit, maintenant que je vous ai dit, monsieur, mon amour et mes espérances, dois-je vous dire nos projets ?

— Oui, fit le vieillard.

— Eh bien, voilà ce que nous avions résolu. »

Et alors il raconta tout à Noirtier : comment un cabriolet attendait dans l'enclos, comment il comptait enlever Valentine, la conduire chez sa sœur, l'épouser, et dans une respectueuse attente espérer le pardon de M. de Villefort.

« Non, dit Noirtier.

— Non ? reprit Morrel, ce n'est pas ainsi qu'il faut faire ?

— Non.

— Ainsi ce projet n'a point votre assentiment ?

— Non.

— Eh bien, il y a un autre moyen », dit Morrel.

Le regard interrogateur du vieillard demanda : « Lequel ? »

« J'irai, continua Maximilien, j'irai trouver M. Franz d'Épinay, je suis heureux de pouvoir vous dire cela en l'absence de Mlle de Villefort, et je me conduirai avec lui de manière à le forcer d'être un galant homme. »

Le regard de Noirtier continua d'interroger.

« Ce que je ferai ?

— Oui.

— Le voici. Je l'irai trouver, comme je vous le disais, je lui raconterai les liens qui m'unissent à Mlle Valentine ; si c'est un homme délicat, il prouvera sa délicatesse en renonçant de lui-même à la main de sa fiancée, et mon amitié et mon dévouement lui sont de cette heure acquis jusqu'à la mort ; s'il refuse, soit que l'intérêt le pousse, soit qu'un ridicule orgueil le fasse persister, après lui avoir prouvé qu'il contraindrait ma femme, que Valentine m'aime et ne peut aimer un autre que moi, je me battrai avec lui, en lui donnant tous les avantages, et je le tuerai ou il me tuera ; si je le tue, il n'épousera pas Valentine ; s'il me tue, je serai bien sûr que Valentine ne l'épousera pas. »

Noirtier considérait avec un plaisir indicible cette noble et sincère physionomie sur laquelle se peignaient tous les sentiments que sa langue exprimait, en y ajoutant par l'expression d'un beau visage tout ce que la couleur ajoute à un dessin solide et vrai.

Cependant, lorsque Morrel eut fini de parler, Noirtier ferma les yeux à plusieurs reprises, ce qui était, on le sait, sa manière de dire non.

« Non ? dit Morrel. Ainsi vous désapprouvez ce second projet, comme vous avez déjà désapprouvé le premier ?

— Oui, je le désapprouve, fit le vieillard.

— Mais que faire alors, monsieur ? demanda Morrel. Les dernières paroles de Mme de Saint-Méran ont été pour que le mariage de sa petite-fille ne se fît point attendre : dois-je laisser les choses s'accomplir ? »

Noirtier resta immobile.

« Oui, je comprends, dit Morrel, je dois attendre.

— Oui.

— Mais tout délai nous perdra, monsieur, reprit le jeune homme. Seule, Valentine est sans force, et on la contraindra comme un enfant. Entré ici miraculeusement pour savoir ce qui s'y passe, admis miraculeusement devant vous, je ne puis raisonnablement espérer que ces bonnes chances se renouvellent. Croyez-moi, il n'y a que l'un ou l'autre des deux partis que je vous propose, pardonnez cette vanité à ma jeunesse, qui

soit le bon ; dites-moi celui des deux que vous préfé-
rez : autorisez-vous Mlle Valentine à se confier à mon
honneur ?

— Non.

— Préférez-vous que j'aille trouver M. d'Épinay ?

— Non.

— Mais, mon Dieu ! de qui nous viendra le secours
que nous attendons du Ciel ? »

Le vieillard sourit des yeux comme il avait l'habitude de sourire quand on lui parlait du ciel. Il était
toujours resté un peu d'athéisme dans les idées du
vieux jacobin.

« Du hasard ? reprit Morrel.

— Non.

— De vous ?

— Oui.

— De vous ?

— Oui, répéta le vieillard.

— Vous comprenez bien ce que je vous demande,
monsieur ? Excusez mon insistance, car ma vie est
dans votre réponse : notre salut nous viendra de vous ?

— Oui.

— Vous en êtes sûr ?

— Oui.

— Vous en répondez ?

— Oui. »

Et il y avait dans le regard qui donnait cette affirma-
tion une telle fermeté, qu'il n'y avait pas moyen de
douter de la volonté, sinon de la puissance.

« Oh ! merci, monsieur, merci cent fois ! Mais comment, à moins qu'un miracle du Seigneur ne vous
rende la parole, le geste, le mouvement, comment
pourrez-vous, vous enchaîné dans ce fauteuil, vous,
muet et immobile, comment pourrez-vous vous opposer à ce mariage ? »

Un sourire éclaira le visage du vieillard, sourire
étrange que celui des yeux sur un visage immobile.

« Ainsi, je dois attendre ? demanda le jeune homme.

— Oui.

— Mais le contrat ? »

Le même sourire reparut.

« Voulez-vous donc me dire qu'il ne sera pas signé ?

— Oui, dit Noirtier.

— Ainsi le contrat ne sera même pas signé ! s'écria Morrel. Oh ! pardonnez, monsieur ! à l'annonce d'un grand bonheur, il est bien permis de douter ; le contrat ne sera pas signé ?

— Non », dit le paralytique.

Malgré cette assurance, Morrel hésitait à croire. Cette promesse d'un vieillard impotent était si étrange, qu'au lieu de venir d'une force de volonté elle pouvait émaner d'un affaiblissement des organes ; n'est-il pas naturel que l'insensé qui ignore sa folie prétende réaliser des choses au-dessus de sa puissance ? Le faible parle des fardeaux qu'il soulève, le timide des géants qu'il affronte, le pauvre des trésors qu'il manie, le plus humble paysan, au compte de son orgueil, s'appelle Jupiter.

Soit que Noirtier eût compris l'indécision du jeune homme ; soit qu'il n'ajoutât pas complètement foi à la docilité qu'il avait montrée, il le regarda fixement.

« Que voulez-vous, monsieur ? demanda Morrel, que je vous renouvelle ma promesse de ne rien faire ? »

Le regard de Noirtier demeura fixe et ferme, comme pour dire qu'une promesse ne lui suffisait pas ; puis il passa du visage à la main.

« Voulez-vous que je jure, monsieur ? demanda Maximilien.

— Oui, fit le paralytique avec la même solennité, je le veux. »

Morrel comprit que le vieillard attachait une grande importance à ce serment.

Il étendit la main.

« Sur mon honneur, dit-il, je vous jure d'attendre ce que vous aurez décidé pour agir contre M. d'Épinay.

— Bien, fit des yeux le vieillard.

— Maintenant, monsieur, demanda Morrel, ordonnez-vous que je me retire ?

— Oui.

— Sans revoir Mlle Valentine ?

— Oui. »

Morrel fit signe qu'il était prêt à obéir.

« Maintenant, continua Morrel, permettez-vous, monsieur, que votre fils vous embrasse comme l'a fait tout à l'heure votre fille ! »

Il n'y avait pas à se tromper à l'expression des yeux de Noirtier.

Le jeune homme posa sur le front du vieillard ses lèvres au même endroit où la jeune fille avait posé les siennes.

Puis il salua une seconde fois le vieillard et sortit.

Sur le carré il trouva le vieux serviteur, prévenu par Valentine ; celui-ci attendait Morrel, et le guida par les détours d'un corridor sombre qui conduisait à une petite porte donnant sur le jardin.

Arrivé là, Morrel gagna la grille, par la charmille, il fut en un instant au haut du mur ; et par son échelle, en une seconde, il fut dans l'enclos à la luzerne, où son cabriolet l'attendait toujours.

Il y remonta, et brisé par tant d'émotions, mais le cœur plus libre, il rentra vers minuit rue Meslay, se jeta sur son lit et dormit comme s'il eût été plongé dans une profonde ivresse.

LXXIV

LE CAVEAU DE LA FAMILLE VILLEFORT

A deux jours de là, une foule considérable se trouvait rassemblée, vers dix heures du matin, à la porte de M. de Villefort, et l'on avait vu s'avancer une longue file de voitures de deuil et de voitures particulières tout le long du faubourg Saint-Honoré et de la rue de la Pépinière.

Parmi ces voitures, il y en avait une d'une forme singulière, et qui paraissait avoir fait un long voyage. C'était une espèce de fourgon peint en noir, et qui un des premiers s'était trouvé au funèbre rendez-vous.

Alors on s'était informé, et l'on avait appris que, par une coïncidence étrange, cette voiture renfermait le corps de M. de Saint-Méran, et que ceux qui étaient venus pour un seul convoi suivaient deux cadavres.

Le nombre de ceux-là était grand ; M. le marquis de Saint-Méran, l'un des dignitaires les plus zélés et les plus fidèles du roi Louis XVIII et du roi Charles X, avait conservé grand nombre d'amis qui, joints aux personnes que les convenances sociales mettaient en relation avec Villefort, formaient une troupe considérable.

On fit prévenir aussitôt les autorités, et l'on obtint que les deux convois se feraient en même temps. Une seconde voiture, parée avec la même pompe mortuaire, fut amenée devant la porte de M. de Villefort, et le cercueil transporté du fourgon de poste sur le carrosse funèbre.

Les deux corps devaient être inhumés dans le cimetière du Père-Lachaise, où depuis longtemps M. de Villefort avait fait élever le caveau destiné à la sépulture de toute sa famille.

Dans ce caveau avait déjà été déposé le corps de la pauvre Renée, que son père et sa mère venaient rejoindre après dix années de séparation.

Paris, toujours curieux, toujours ému des pompes funéraires, vit avec un religieux silence passer le cortège splendide qui accompagnait à leur dernière demeure deux des noms de cette vieille aristocratie, les plus célèbres pour l'esprit traditionnel, pour la sûreté du commerce et le dévouement obstiné aux principes.

Dans la même voiture de deuil, Beauchamp, Albert et Château-Renaud s'entretenaient de cette mort presque subite.

« J'ai vu Mme de Saint-Méran l'an dernier encore à Marseille, disait Château-Renaud, je revenais d'Algérie ; c'était une femme destinée à vivre cent ans, grâce à sa santé parfaite, à son esprit toujours présent et à son activité toujours prodigieuse. Quel âge avait-elle ?

— Soixante-six ans, répondit Albert, du moins à ce que Franz m'a assuré. Mais ce n'est point l'âge qui l'a tuée, c'est le chagrin qu'elle a ressenti de la mort du marquis ; il paraît que depuis cette mort, qui l'avait violemment ébranlée, elle n'a pas repris complètement la raison.

— Mais enfin de quoi est-elle morte ? demanda Beauchamp.

— D'une congestion cérébrale, à ce qu'il paraît, ou d'une apoplexie foudroyante. N'est-ce pas la même chose ?

— Mais à peu près.

— D'apoplexie ? dit Beauchamp, c'est difficile à croire. Mme de Saint-Méran, que j'ai vue aussi une fois ou deux dans ma vie, était petite, grêle de formes, et d'une constitution bien plus nerveuse que sanguine ; elles sont rares les apoplexies produites par le chagrin sur un corps d'une constitution pareille à celui de Mme de Saint-Méran.

— En tout cas, dit Albert, quelle que soit la maladie ou le médecin qui l'a tuée, voilà M. de Villefort, ou plutôt Mlle Valentine, ou plutôt encore notre ami Franz en possession d'un magnifique héritage : quatre-vingt livres de rente, je crois.

— Héritage qui sera presque doublé à la mort de ce vieux jacobin de Noirtier.

— En voilà un grand-père tenace, dit Beauchamp. *Tenacem propositi virum*. Il a parié contre la mort, je crois, qu'il enterrerait tous ses héritiers. Il y réussira, ma foi. C'est bien le vieux conventionnel de 93, qui disait à Napoléon en 1814 :

« — Vous baissez, parce que votre empire est une « jeune tige fatiguée par sa croissance ; prenez la « République pour tuteur, retournons avec une bonne « constitution sur les champs de bataille et je vous « promets cinq cent mille soldats, un autre Marengo et « un second Austerlitz. Les idées ne meurent pas, sire, « elles sommeillent quelquefois, mais elles se « réveillent plus fortes qu'avant de s'endormir. »

— Il paraît, dit Albert, que pour lui les hommes sont comme les idées ; seulement une chose m'inquiète, c'est de savoir comment Franz d'Épinay s'accommodera d'un grand-beau-père qui ne peut se passer de sa femme ; mais où est-il, Franz ?

— Mais il est dans la première voiture avec M. de Villefort, qui le considère déjà comme étant de la famille. »

Dans chacune des voitures qui suivaient le deuil, la conversation était à peu près pareille ; on s'étonnait de ces deux morts si rapprochées et si rapides, mais dans aucune on ne soupçonnait le terrible secret qu'avait, dans sa promenade nocturne, révélé M. d'Avrigny à M. de Villefort.

Au bout d'une heure de marche à peu près, on arriva à la porte du cimetière : il faisait un temps calme, mais sombre, et par conséquent assez en harmonie avec la funèbre cérémonie qu'on y venait accomplir. Parmi les groupes qui se dirigèrent vers le caveau de famille, Château-Renaud reconnut Morrel, qui était venu tout seul et en cabriolet ; il marchait seul, très pâle et silencieux, sur le petit chemin bordé d'ifs.

« Vous ici ! dit Château-Renaud en passant son bras sous celui du jeune capitaine ; vous connaissez donc M. de Villefort ? Comment se fait-il donc, en ce cas, que je ne vous aie jamais vu chez lui ?

— Ce n'est pas M. de Villefort que je connais, répondit Morrel, c'est Mme de Saint-Méran que je connaissais. »

En ce moment, Albert les rejoignit avec Franz.

« L'endroit est mal choisi pour une présentation, dit Albert ; mais n'importe, nous ne sommes pas superstitieux. Monsieur Morrel, permettez que je vous présente M. Franz d'Épinay, un excellent compagnon de voyage avec lequel j'ai fait le tour de l'Italie. Mon cher Franz, M. Maximilien Morrel, un excellent ami que je me suis acquis en ton absence, et dont tu entendras revenir le nom dans ma conversation toutes les fois que j'aurai à parler de cœur, d'esprit et d'amabilité. »

Morrel eut un moment d'indécision. Il se demanda si ce n'était pas une condamnable hypocrisie que ce salut presque amical adressé à l'homme qu'il combattait sourdement ; mais son serment et la gravité des circonstances lui revinrent en mémoire : il s'efforça de ne rien laisser paraître sur son visage, et salua Franz en se contenant.

« Mlle de Villefort est bien triste, n'est-ce pas ? dit Debray, à Franz.

— Oh ! monsieur, répondit Franz, d'une tristesse inexplicable ; ce matin, elle était si défaite que je l'ai à peine reconnue. »

Ces mots si simples en apparence brisèrent le cœur de Morrel. Cet homme avait donc vu Valentine, il lui avait donc parlé ?

Ce fut alors que le jeune et bouillant officier eut besoin de toute sa force pour résister au désir de violer son serment.

Il prit le bras de Château-Renaud et l'entraîna rapidement vers le caveau, devant lequel les employés des pompes funèbres venaient de déposer les deux cercueils.

« Magnifique habitation, dit Beauchamp en jetant les yeux sur le mausolée ; palais d'été, palais d'hiver. Vous y demeurerez à votre tour, mon cher d'Épinay, car vous voilà bientôt de la famille. Moi, en ma qualité de philosophe, je veux une petite maison de campagne, un cottage là-bas sous les arbres, et pas tant de pierres de taille sur mon pauvre corps. En mourant je dirai à ceux qui m'entoureront ce que Voltaire écrivait à Piron : *Eo rus*, et tout sera fini... Allons, morbleu ! Franz, du courage, votre femme hérite.

— En vérité, Beauchamp, dit Franz, vous êtes insupportable. Les affaires politiques vous ont donné l'habitude de rire de tout, et les hommes qui mènent les affaires ont l'habitude de ne croire à rien. Mais enfin, Beauchamp, quand vous avez l'honneur de vous trouver avec des hommes ordinaires, et le bonheur de quitter un instant la politique, tâchez donc de reprendre votre cœur que vous laissez au bureau des cannes de la Chambre des députés ou de la Chambre des pairs.

— Eh, mon Dieu ! dit Beauchamp, qu'est-ce que la vie ? une halte dans l'antichambre de la mort.

— Je prends Beauchamp en grippe », dit Albert. Et il se retira à quatre pas en arrière avec Franz, laissant Beauchamp continuer ses dissertations philosophiques avec Debray.

Le caveau de la famille de Villefort formait un carré de pierres blanches d'une hauteur de vingt pieds environ ; une séparation intérieure divisait en deux compartiments la famille Saint-Méran et la famille Villefort, et chaque compartiment avait sa porte d'entrée.

On ne voyait pas, comme dans les autres tombeaux, ces ignobles tiroirs superposés dans lesquels une économe distribution enferme les morts avec une inscription qui ressemble à une étiquette ; tout ce que l'on apercevait d'abord par la porte de bronze était une antichambre sévère et sombre, séparée par un mur du véritable tombeau.

C'était au milieu de ce mur que s'ouvraient les deux portes dont nous parlions tout à l'heure, et qui communiquaient aux sépultures Villefort et Saint-Méran.

Là, pouvaient s'exhaler en liberté les douleurs sans que les promeneurs folâtres, qui font d'une visite au Père-Lachaise partie de campagne ou rendez-vous d'amour, vinssent troubler par leurs chants, par leurs cris ou par leur course la muette contemplation ou la prière baignée de larmes de l'habitant du caveau.

Les deux cercueils entrèrent dans le caveau de droite, c'était celui de la famille de Saint-Méran ; ils furent placés sur les tréteaux préparés, et qui attendaient d'avance leur dépôt mortel ; Villefort, Franz et quelques proches parents pénétrèrent seuls dans le sanctuaire.

Comme les cérémonies religieuses avaient été accomplies à la porte, et qu'il n'y avait pas de discours à prononcer, les assistants se séparèrent aussitôt ; Château-Renaud, Albert et Morrel se retirèrent de leur côté et Debray et Beauchamp du leur.

Franz resta, avec M. de Villefort, à la porte du cimetière ; Morrel s'arrêta sous le premier prétexte venu ; il vit sortir Franz et M. de Villefort dans une voiture de deuil, et il conclut un mauvais présage de ce tête-à-tête. Il revint donc à Paris, et, quoique lui-même fût dans la même voiture que Château-Renaud et Albert, il n'entendit pas un mot de ce que dirent les deux jeunes gens.

En effet, au moment où Franz allait quitter M. de Villefort :

« Monsieur le baron, avait dit celui-ci, quand vous reverrai-je ?

— Quand vous voudrez, monsieur, avait répondu Franz.

— Le plus tôt possible.

— Je suis à vos ordres, monsieur ; vous plaît-il que nous revenions ensemble ?

— Si cela ne vous cause aucun dérangement.

— Aucun. »

Ce fut ainsi que le futur beau-père et le futur gendre montèrent dans la même voiture, et que Morrel, en les voyant passer, conçut avec raison de graves inquiétudes.

Villefort et Franz revinrent au faubourg Saint-Honoré.

Le procureur du roi, sans entrer chez personne, sans parler ni à sa femme ni à sa fille, fit passer le jeune homme dans son cabinet, et lui montrant une chaise :

« Monsieur d'Épinay, lui dit-il, je crois vous rappeler, et le moment n'est peut-être pas si mal choisi qu'on pourrait le croire au premier abord, car l'obéissance aux morts est la première offrande qu'il faut déposer sur le cercueil ; je dois donc vous rappeler le vœu qu'exprimait avant-hier Mme de Saint-Méran sur son lit d'agonie, c'est que le mariage de Valentine ne souffre pas de retard. Vous savez que les affaires de la défunte sont parfaitement en règle ; que son testament assure à Valentine toute la fortune des Saint-Méran ; le notaire m'a montré hier les actes qui permettent de rédiger d'une manière définitive le contrat de mariage. Vous pouvez voir le notaire et vous faire de ma part communiquer ces actes. Le notaire, c'est M. Deschamps, place Beauveau, faubourg Saint-Honoré.

— Monsieur, répondit d'Épinay, ce n'est pas le moment peut-être pour Mlle Valentine, plongée comme elle est dans la douleur, de songer à un époux ; en vérité, je craindrais...

— Valentine, interrompit M. de Villefort, n'aura pas de plus vif désir que celui de remplir les dernières intentions de sa grand-mère ; ainsi les obstacles ne viendront pas de ce côté, je vous en réponds.

— En ce cas, monsieur, répondit Franz, comme ils ne viendront pas non plus du mien, vous pouvez faire à votre convenance ; ma parole est engagée, et je l'acquitterai, non seulement avec plaisir, mais avec bonheur.

— Alors, dit Villefort, rien ne vous arrête plus ; le contrat devait être signé il y a trois jours, nous le trouverons tout préparé : on peut le signer aujourd'hui même.

— Mais le deuil ? dit en hésitant Franz.

— Soyez tranquille, monsieur, reprit Villefort ; ce n'est point dans ma maison que les convenances sont négligées. Mlle de Villefort pourra se retirer pendant les trois mois voulus dans sa terre de Saint-Méran ; je dis sa terre, car cette propriété est à elle. Là, dans huit jours, si vous le voulez bien, sans bruit, sans éclat, sans faste, le mariage civil sera conclu. C'était un désir de Mme de Saint-Méran que sa petite-fille se mariât dans cette terre. Le mariage conclu, monsieur, vous pourrez revenir à Paris, tandis que votre femme passera le temps de son deuil avec sa belle-mère.

— Comme il vous plaira, monsieur, dit Franz.

— Alors, reprit M. de Villefort, prenez la peine d'attendre une demi-heure ; Valentine va descendre au salon. J'enverrai chercher M. Deschamps, nous lirons et signerons le contrat séance tenante, et, dès ce soir, Mme de Villefort conduira Valentine à sa terre, où dans huit jours nous irons les rejoindre.

— Monsieur, dit Franz, j'ai une seule demande à vous faire.

— Laquelle ?

— Je désire qu'Albert de Morcerf et Raoul de Château-Renaud soient présents à cette signature ; vous savez qu'ils sont mes témoins.

— Une demi-heure suffit pour les prévenir ; voulez-vous les aller chercher vous-même ? voulez-vous les envoyer chercher ?

— Je préfère y aller, monsieur.

— Je vous attendrai donc dans une demi-heure, baron, et dans une demi-heure Valentine sera prête. »

Franz salua M. de Villefort et sortit.

A peine la porte de la rue se fut-elle refermée derrière le jeune homme, que Villefort envoya prévenir Valentine qu'elle eût à descendre au salon dans une demi-heure, parce qu'on attendait le notaire et les témoins de M. d'Épinay.

Cette nouvelle inattendue produisit une grande sensation dans la maison. Mme de Villefort n'y voulut pas croire, et Valentine en fut écrasée comme d'un coup de foudre.

Elle regarda tout autour d'elle comme pour chercher à qui elle pouvait demander secours.

Elle voulut descendre chez son grand-père, mais elle rencontra sur l'escalier M. de Villefort, qui la prit par le bras et l'amena dans le salon.

Dans l'antichambre Valentine rencontra Barrois, et jeta au vieux serviteur un regard désespéré.

Un instant après Valentine, Mme de Villefort entra au salon avec le petit Édouard. Il était visible que la jeune femme avait eu sa part des chagrins de famille ; elle était pâle et semblait horriblement fatiguée.

Elle s'assit, prit Édouard sur ses genoux, et de temps en temps pressait, avec des mouvements presque convulsifs, sur sa poitrine, cet enfant sur lequel semblait se concentrer sa vie tout entière.

Bientôt on entendit le bruit de deux voitures qui entraient dans la cour.

L'une était celle du notaire, l'autre celle de Franz et de ses amis.

En un instant, tout le monde était réuni au salon.

Valentine était si pâle, que l'on voyait les veines bleues de ses tempes se dessiner autour de ses yeux et courir le long de ses joues.

Franz ne pouvait se défendre d'une émotion assez vive.

Château-Renaud et Albert se regardaient avec étonnement : la cérémonie qui venait de finir ne leur semblait pas plus triste que celle qui allait commencer.

Mme de Villefort s'était placée dans l'ombre, derrière un rideau de velours, et, comme elle était constamment penchée sur son fils, il était difficile de lire sur son visage ce qui se passait dans son cœur.

M. de Villefort était, comme toujours, impassible.

Le notaire, après avoir, avec la méthode ordinaire aux gens de loi, rangé les papiers sur la table, avoir pris place dans son fauteuil et avoir relevé ses lunettes, se tourna vers Franz :

« C'est vous qui êtes monsieur Franz de Quesnel, baron d'Épinay ? demanda-t-il, quoiqu'il le sût parfaitement.

— Oui, monsieur », répondit Franz.

Le notaire s'inclina.

« Je dois donc vous prévenir, monsieur, dit-il, et cela de la part de M. de Villefort, que votre mariage projeté avec Mlle de Villefort a changé les dispositions de M. Noirtier envers sa petite-fille, et qu'il aliène entièrement la fortune qu'il devait lui transmettre. Hâtons-nous d'ajouter, continua le notaire, que le testateur n'ayant le droit d'aliéner qu'une partie de sa fortune, et ayant aliéné le tout, le testament ne résistera point à l'attaque, mais sera déclaré nul et non avenu.

— Oui, dit Villefort ; seulement je préviens d'avance M. d'Épinay que, de mon vivant, jamais le testament de mon père ne sera attaqué, ma position me défendant jusqu'à l'ombre d'un scandale.

— Monsieur, dit Franz, je suis fâché qu'on ait, devant Mlle Valentine, soulevé une pareille question. Je ne me suis jamais informé du chiffre de sa fortune, qui, si réduite qu'elle soit, sera plus considérable encore que la mienne. Ce que ma famille a recherché dans l'alliance de M. de Villefort, c'est la considération ; ce que je recherche, c'est le bonheur. »

Valentine fit un signe imperceptible de remerciement, tandis que deux larmes silencieuses roulaient le long de ses joues.

« D'ailleurs, monsieur, dit Villefort s'adressant à son futur gendre, à part cette perte d'une portion de vos espérances, ce testament inattendu n'a rien qui doive personnellement vous blesser ; il s'explique par la faiblesse d'esprit de M. Noirtier. Ce qui déplaît à mon père, ce n'est point que Mlle de Villefort vous épouse, c'est que Valentine se marie : une union avec tout autre lui eût inspiré le même chagrin. La vieillesse est égoïste, monsieur, et Mlle de Villefort faisait à M. Noirtier une fidèle compagnie que ne pourra plus lui faire Mme la baronne d'Épinay. L'état malheureux dans lequel se trouve mon père fait qu'on lui parle rarement d'affaires sérieuses, que la faiblesse de son esprit ne lui permettrait pas de suivre, et je suis parfaitement convaincu qu'à cette heure, tout en conservant le souvenir que sa petite-fille se marie, M. Noirtier a oublié jusqu'au nom de celui qui va devenir son petit-fils. »

A peine M. de Villefort achevait-il ces paroles, auxquelles Franz répondait par un salut, que la porte du salon s'ouvrit et que Barrois parut.

« Messieurs, dit-il d'une voix étrangement ferme pour un serviteur qui parle à ses maîtres dans une circonstance si solennelle, messieurs, M. Noirtier de Villefort désire parler sur-le-champ à M. Franz de Quesnel, baron d'Épinay. »

Lui aussi, comme le notaire, et afin qu'il ne pût y avoir erreur de personne, donnait tous ses titres au fiancé.

Villefort tressaillit, Mme de Villefort laissa glisser son fils de dessus ses genoux, Valentine se leva pâle et muette comme une statue.

Albert et Château-Renaud échangèrent un second regard plus étonné encore que le premier.

Le notaire regarda Villefort.

— C'est impossible, dit le procureur du roi ; d'ailleurs M. d'Épinay ne peut quitter le salon en ce moment.

— C'est justement en ce moment, reprit Barrois avec la même fermeté, que M. Noirtier, mon maître, désire parler d'affaires importantes à M. Franz d'Épinay.

— Il parle donc, à présent, bon papa Noirtier ? » demanda Édouard avec son impertinence habituelle.

Mais cette saillie ne fit même pas sourire Mme de Villefort, tant les esprits étaient préoccupés, tant la situation paraissait solennelle.

« Dites à M. Noirtier, reprit Villefort, que ce qu'il demande ne se peut pas.

— Alors M. Noirtier prévient ces messieurs, reprit Barrois, qu'il va se faire apporter lui-même au salon. »

L'étonnement fut à son comble.

Une espèce de sourire se dessina sur le visage de Mme de Villefort. Valentine, comme malgré elle, leva les yeux au plafond pour remercier le Ciel.

« Valentine, dit M. de Villefort, allez un peu savoir, je vous prie, ce que c'est que cette nouvelle fantaisie de votre grand-père. »

Valentine fit vivement quelques pas pour sortir, mais M. de Villefort se ravisa.

« Attendez, dit-il, je vous accompagne.

— Pardon, monsieur, dit Franz à son tour ; il me semble que, puisque c'est moi que M. Noirtier fait demander, c'est surtout à moi de me rendre à ses désirs ; d'ailleurs je serai heureux de lui présenter mes respects, n'ayant point encore eu l'occasion de solliciter cet honneur.

— Oh ! mon Dieu ! dit Villefort avec une inquiétude visible, ne vous dérangez donc pas.

— Excusez-moi, monsieur, dit Franz du ton d'un homme qui a pris sa résolution. Je désire ne point manquer cette occasion de prouver à M. Noirtier combien il aurait tort de concevoir contre moi des répugnances que je suis décidé à vaincre, quelles qu'elles soient, par mon profond dévouement. »

Et, sans se laisser retenir plus longtemps par Villefort, Franz se leva à son tour et suivit Valentine, qui déjà descendait l'escalier avec la joie d'un naufragé qui met la main sur une roche.

M. de Villefort les suivit tous deux.

Château-Renaud et Morcerf échangèrent un troisième regard plus étonné encore que les deux premiers.

LXXV

LE PROCÈS-VERBAL

Noirtier attendait, vêtu de noir et installé dans son fauteuil.

Lorsque les trois personnes qu'il comptait voir venir

furent entrées, il regarda la porte, que son valet de chambre ferma aussitôt.

« Faites attention, dit Villefort bas à Valentine qui ne pouvait celer sa joie, que si M. Noirtier veut vous communiquer des choses qui empêchent votre mariage, je vous défends de le comprendre. »

Valentine rougit, mais ne répondit pas.

Villefort s'approcha de Noirtier.

« Voici M. Franz d'Épinay, lui dit-il ; vous l'avez mandé, monsieur, et il se rend à vos désirs. Sans doute nous souhaitons cette entrevue depuis longtemps, et je serai charmé qu'elle vous prouve combien votre opposition au mariage de Valentine était peu fondée. »

Noirtier ne répondit que par un regard qui fit courir le frisson dans les veines de Villefort.

Il fit de l'œil signe à Valentine de s'approcher.

En un moment, grâce aux moyens dont elle avait l'habitude de se servir dans les conversations avec son grand-père, elle eut trouvé le mot clef.

Alors elle consulta le regard du paralytique, qui se fixa sur le tiroir d'un petit meuble entre les deux fenêtres.

Elle ouvrit le tiroir et trouva effectivement une clef.

Quand elle eut cette clef et que le vieillard lui eut fait signe que c'était bien celle-là qu'il demandait, les yeux du paralytique se dirigèrent vers un vieux secrétaire oublié depuis bien des années, et qui ne renfermait, croyait-on, que des paperasses inutiles.

« Faut-il que j'ouvre le secrétaire ? demanda Valentine.

— Oui, fit le vieillard.

— Faut-il que j'ouvre les tiroirs ?

— Oui.

— Ceux des côtés ?

— Non.

— Celui du milieu ?

— Oui. »

Valentine l'ouvrit et en tira une liasse.

« Est-ce là ce que vous désirez, bon père ? dit-elle.

— Non. »

Elle tira successivement tous les autres papiers,

jusqu'à ce qu'il ne restât plus rien absolument dans le tiroir.

« Mais le tiroir est vide maintenant », dit-elle.

Les yeux de Noirtier étaient fixés sur le dictionnaire.

« Oui, bon père, je vous comprends », dit la jeune fille.

Et elle répéta, l'une après l'autre, chaque lettre de l'alphabet ; à l'S, Noirtier l'arrêta.

Elle ouvrit le dictionnaire, et chercha jusqu'au mot *secret*.

« Ah ! il y a un secret ? dit Valentine.

— Oui, fit Noirtier.

— Et qui connaît ce secret ? »

Noirtier regarda la porte par laquelle était sorti le domestique.

« Barrois ? dit-elle.

— Oui, fit Noirtier.

— Faut-il que je l'appelle ?

— Oui. »

Valentine alla à la porte et appela Barrois.

Pendant ce temps, la sueur de l'impatience ruisselait sur le front de Villefort, et Franz demeurait stupéfait d'étonnement.

Le vieux serviteur parut.

« Barrois, dit Valentine, mon grand-père m'a commandé de prendre la clef dans cette console, d'ouvrir ce secrétaire et de tirer ce tiroir ; maintenant il y a un secret à ce tiroir, il paraît que vous le connaissez, ouvrez-le. »

Barrois regarda le vieillard.

« Obéissez », dit l'œil intelligent de Noirtier.

Barrois obéit ; un double fond s'ouvrit et présenta une liasse de papiers nouée avec un ruban noir.

« Est-ce cela que vous désirez, monsieur ? demanda Barrois.

— Oui, fit Noirtier.

— A qui faut-il remettre ces papiers ? à M. de Villefort ?

— Non.

— A Mlle Valentine ?

— Non.

— A M. Franz d'Épinay ?

— Oui. »

Franz, étonné, fit un pas en avant.

« A moi, monsieur ? dit-il.

— Oui. »

Franz reçut les papiers des mains de Barrois, et, jetant les yeux sur la couverture, il lut :

« Pour être déposé, après ma mort, chez mon ami le général Durand, qui lui-même en mourant léguera ce paquet à son fils, avec injonction de le conserver comme renfermant un papier de la plus grande importance. »

« Eh bien, monsieur, demanda Franz, que voulez-vous que je fasse de ce papier ?

— Que vous le conserviez cacheté comme il est, sans doute, dit le procureur du roi.

— Non, non, répondit vivement Noirtier.

— Vous désirez peut-être que monsieur le lise ? demanda Valentine.

— Oui, répondit le vieillard.

— Vous entendez, monsieur le baron, mon grand-père vous prie de lire ce papier, dit Valentine.

— Alors asseyons-nous, fit Villefort avec impatience, car cela durera quelque temps.

— Asseyez-vous », fit l'œil du vieillard.

Villefort s'assit, mais Valentine resta debout à côté de son père appuyée à côté de son fauteuil, et Franz debout devant lui.

Il tenait le mystérieux papier à la main.

« Lisez », dirent les yeux du vieillard.

Franz défit l'enveloppe, et un grand silence se fit dans la chambre. Au milieu de ce silence il lut :

« Extrait des procès-verbaux d'une séance du club « bonapartiste de la rue Saint-Jacques, tenue le « 5 février 1815. »

Franz s'arrêta.

« Le 5 février 1815 ! C'est le jour où mon père a été assassiné ! »

Valentine et Villefort restèrent muets ; l'œil seul du vieillard dit clairement : Continuez.

« Mais c'est en sortant de ce club, continua Franz, que mon père a disparu ! »

Le regard de Noirtier continua de dire : Lisez.

Il reprit :

« Les soussignés Louis-Jacques Beaurepaire, lieute-
« nant-colonel d'artillerie, Étienne Duchampy, général
« de brigade, et Claude Lecharpal, directeur des eaux
« et forêts,
« Déclarent que, le 4 février 1815, une lettre arriva de
« l'île d'Elbe, qui recommandait à la bienveillance et à
« la confiance des membres du club bonapartiste le
« général Flavien de Quesnel, qui, ayant servi l'Empe-
« reur depuis 1804 jusqu'en 1815, devait être tout
« dévoué à la dynastie napoléonienne, malgré le titre
« de baron que Louis XVIII venait d'attacher à sa terre
« d'Épinay.
« En conséquence, un billet fut adressé au général
« de Quesnel, qui le priait d'assister à la séance du
« lendemain 5. Le billet n'indiquait ni la rue ni le
« numéro de la maison où devait se tenir la réunion ; il
« ne portait aucune signature, mais il annonçait au
« général que, s'il voulait se tenir prêt, on le viendrait
« prendre à neuf heures du soir.
« Les séances avaient lieu de neuf heures du soir à
« minuit.
« A neuf heures, le président du club se présenta
« chez le général ; le général était prêt ; le président lui
« dit qu'une des conditions de son introduction était
« qu'il ignorerait éternellement le lieu de la réunion, et
« qu'il se laisserait bander les yeux en jurant de ne
« point chercher à soulever le bandeau.
« Le général de Quesnel accepta la condition, et
« promit sur l'honneur de ne pas chercher à voir où on
« le conduirait.
« Le général avait fait préparer sa voiture ; mais le
« président lui dit qu'il était impossible que l'on s'en
« servît, attendu que ce n'était pas la peine qu'on ban-
« dât les yeux du maître si le cocher demeurait les
« yeux ouverts et reconnaissait les rues par lesquelles
« on passerait.

« — Comment faire alors ? demanda le général.

« — J'ai ma voiture, dit le président.

« — Êtes-vous donc si sûr de votre cocher, que vous
« lui confiez un secret que vous jugez imprudent de
« dire au mien ?

« — Notre cocher est un membre du club, dit le
« président ; nous serons conduits par un conseiller
« d'État.

« — Alors, dit en riant le général, nous courons un
« autre risque, celui de verser. »

« Nous consignons cette plaisanterie comme preuve
« que le général n'a pas été le moins du monde forcé
« d'assister à la séance, et qu'il est venu de son plein
« gré. »

« Une fois monté dans la voiture, le président rap-
« pela au général la promesse faite par lui de se laisser
« bander les yeux. Le général ne mit aucune opposi-
« tion à cette formalité : un foulard, préparé à cet effet
« dans la voiture, fit l'affaire.

« Pendant la route, le président crut s'apercevoir que
« le général cherchait à regarder sous son bandeau : il
« lui rappela son serment.

« — Ah ! c'est vrai », dit le général.

« La voiture s'arrêta devant une allée de la rue Saint-
« Jacques. Le général descendit en s'appuyant au bras
« du président, dont il ignorait la dignité, et qu'il pre-
« nait pour un simple membre du club ; on traversa
« l'allée, on monta un étage, et l'on entra dans la
« chambre des délibérations.

« La séance était commencée. Les membres du club,
« prévenus de l'espèce de présentation qui devait avoir
« lieu ce soir-là, se trouvaient au grand complet. Arrivé
« au milieu de la salle, le général fut invité à ôter son
« bandeau. Il se rendit aussitôt à l'invitation, et parut
« fort étonné de trouver un si grand nombre de figures
« de connaissance dans une société dont il n'avait pas
« même soupçonné l'existence jusqu'alors.

« On l'interrogea sur ses sentiments, mais il se
« contenta de répondre que les lettres de l'île d'Elbe
« avaient dû les faire connaître... »

Franz s'interrompit.

« Mon père était royaliste, dit-il ; on n'avait pas besoin de l'interroger sur ses sentiments, ils étaient connus.

— Et de là, dit Villefort, venait ma liaison avec votre père, mon cher monsieur Franz ; on se lie facilement quand on partage les mêmes opinions.

— Lisez », continua de dire l'œil du vieillard.

Franz continua :

« Le président prit alors la parole pour engager le
« général à s'exprimer plus explicitement ; mais M. de
« Quesnel répondit qu'il désirait avant tout savoir ce
« que l'on désirait de lui.

« Il fut alors donné communication au général de
« cette même lettre de l'île d'Elbe qui le recommandait
« au club comme un homme sur le concours duquel
« on pouvait compter. Un paragraphe tout entier expo-
« sait le retour probable de l'île d'Elbe, et promettait
« une nouvelle lettre et de plus amples détails à l'arri-
« vée du *Pharaon*, bâtiment appartenant à l'armateur
« Morrel, de Marseille, et dont le capitaine était à
« l'entière dévotion de l'empereur.

« Pendant toute cette lecture, le général, sur lequel
« on avait cru pouvoir compter comme sur un frère,
« donna au contraire des signes de mécontentement et
« de répugnance visibles.

« La lecture terminée, il demeura silencieux et le
« sourcil froncé.

« — Eh bien, demanda le président, que dites-vous
« de cette lettre, monsieur le général ?

« — Je dis qu'il y a bien peu de temps, répondit-il,
« qu'on a prêté serment au roi Louis XVIII, pour le
« violer déjà au bénéfice de l'ex-empereur. »

« Cette fois la réponse était trop claire pour que l'on
« pût se tromper à ses sentiments.

« — Général, dit le président, il n'y a pas plus pour
« nous de roi Louis XVIII qu'il n'y a d'ex-empereur. Il
« n'y a que Sa Majesté l'Empereur et roi, éloigné
« depuis dix mois de la France, son État, par la vio-
« lence et la trahison.

« — Pardon, messieurs, dit le général ; il se peut qu'il
« n'y ait pas pour vous de roi Louis XVIII, mais il y en a

« un pour moi : attendu qu'il m'a fait baron et maré-
« chal de camp, et que je n'oublierai jamais que c'est à
« son heureux retour en France que je dois ces deux
« titres.

« — Monsieur, dit le président du ton le plus
« sérieux et en se levant, prenez garde à ce que vous
« dites ; vos paroles nous démontrent clairement que
« l'on s'est trompé sur votre compte à l'île d'Elbe et
« qu'on nous a trompés. La communication qui vous a
« été faite tient à la confiance qu'on avait en vous, et
« par conséquent à un sentiment qui vous honore.
« Maintenant nous étions dans l'erreur : un titre et un
« grade vous ont rallié au nouveau gouvernement que
« nous voulons renverser. Nous ne vous contraindrons
« pas à nous prêter votre concours ; nous n'enrôlerons
« personne contre sa conscience et sa volonté ; mais
« nous vous contraindrons à agir comme un galant
« homme, même au cas où vous n'y seriez point dis-
« posé.

« — Vous appelez être un galant homme connaître
« votre conspiration et ne pas la révéler ! J'appelle cela
« être votre complice, moi. Vous voyez que je suis
« encore plus franc que vous... »

« Ah ! mon père, dit Franz, s'interrompant, je
comprends maintenant pourquoi ils t'ont assassiné. »
Valentine ne put s'empêcher de jeter un regard sur
Franz ; le jeune homme était vraiment beau dans son
enthousiasme filial.
Villefort se promenait de long en large derrière lui.
Noirtier suivait des yeux l'expression de chacun, et
conservait son attitude digne et sévère.
Franz revint au manuscrit et continua :

« — Monsieur, dit le président, on vous a prié de
« vous rendre au sein de l'assemblée, on ne vous y a
« point traîné de force ; on vous a proposé de vous
« bander les yeux, vous avez accepté. Quand vous avez
« accédé à cette double demande vous saviez parfaite-
« ment que nous ne nous occupions pas d'assurer le
« trône de Louis XVIII, sans quoi nous n'eussions pas

« pris tant de soin de nous cacher à la police. Mainte-
« nant, vous le comprenez, il serait trop commode de
« mettre un masque à l'aide duquel on surprend le
« secret des gens, et de n'avoir ensuite qu'à ôter ce
« masque pour perdre ceux qui se sont fiés à vous.
« Non, non, vous allez d'abord dire franchement si
« vous êtes pour le roi de hasard qui règne en ce
« moment, ou pour S. M. l'Empereur.

« — Je suis royaliste, répondit le général ; j'ai fait
« serment à Louis XVIII, je tiendrai mon serment. »

« Ces mots furent suivis d'un murmure général, et
« l'on put voir, par les regards d'un grand nombre des
« membres du club, qu'ils agitaient la question de faire
« repentir M. d'Épinay de ces imprudentes paroles.

« Le président se leva de nouveau et imposa silence.

« — Monsieur, lui dit-il, vous êtes un homme trop
« grave et trop sensé pour ne pas comprendre les
« conséquences de la situation où nous nous trouvons
« les uns en face des autres, et votre franchise même
« nous dicte les conditions qu'il nous reste à vous
« faire : vous allez donc jurer sur l'honneur de ne rien
« révéler de ce que vous avez entendu. »

« Le général porta la main à son épée et s'écria :

« — Si vous parlez d'honneur, commencez par ne
« pas méconnaître ses lois, et n'imposez rien par la
« violence.

« — Et vous, monsieur, continua le président avec
« un calme plus terrible peut-être que la colère du
« général, ne touchez pas à votre épée, c'est un conseil
« que je vous donne. »

« Le général tourna autour de lui des regards qui
« décelaient un commencement d'inquiétude. Cepen-
« dant il ne fléchit pas encore ; au contraire, rappelant
« toute sa force :

« — Je ne jurerai pas, dit-il.

« — Alors, monsieur, vous mourrez », répondit
« tranquillement le président.

« M. d'Épinay devint fort pâle : il regarda une
« seconde fois tout autour de lui ; plusieurs membres
« du club chuchotaient et cherchaient des armes sous
« leurs manteaux.

« — Général, dit le président, soyez tranquille ; vous
« êtes parmi des gens d'honneur qui essaieront de tous
« les moyens de vous convaincre avant de se porter
« contre vous à la dernière extrémité ; mais aussi, vous
« l'avez dit, vous êtes parmi des conspirateurs, vous
« tenez notre secret, il faut nous le rendre. »

« Un silence plein de signification suivit ces paroles ;
« et comme le général ne répondait rien :

« — Fermez les portes », dit le président aux huis-
« siers.

« Le même silence de mort succéda à ses paroles.

« Alors le général s'avança, et faisant un violent
« effort sur lui-même :

« — J'ai un fils, dit-il, et je dois songer à lui en me
« trouvant parmi des assassins.

« — Général, dit avec noblesse le chef de l'assem-
« blée, un seul homme a toujours le droit d'en insulter
« cinquante : c'est le privilège de la faiblesse. Seule-
« ment il a tort d'user de ce droit. Croyez-moi, général,
« jurez et ne nous insultez pas. »

« Le général, encore une fois dompté par cette supé-
« riorité du chef de l'assemblée, hésita un instant ;
« mais enfin, s'avançant jusqu'au bureau du pré-
« sident :

« — Quelle est la formule ? demanda-t-il.

« — La voici :

« Je jure sur l'honneur de ne jamais révéler à qui que
« ce soit au monde ce que j'ai vu et entendu le 5 février
« 1815, entre neuf et dix heures du soir, et je déclare
« mériter la mort si je viole mon serment. »

« Le général parut éprouver un frémissement ner-
« veux qui l'empêcha de répondre pendant quelques
« secondes ; enfin, surmontant une répugnance mani-
« feste, il prononça le serment exigé, mais d'une voix si
« basse qu'à peine on l'entendit : aussi plusieurs
« membres exigèrent-ils qu'il le répétât à voix plus
« haute et plus distincte, ce qui fut fait.

« — Maintenant, je désire me retirer, dit le général ;
« suis-je enfin libre ? »

« Le président se leva, désigna trois membres de
« l'assemblée pour l'accompagner, et monta en voiture

« avec le général, après lui avoir bandé les yeux. Au
« nombre de ces trois membres était le cocher qui
« l'avait amené.

« Les autres membres du club se séparèrent en
« silence.

« — Où voulez-vous que nous vous reconduisions ?
« demanda le président.

« — Partout où je pourrai être délivré de votre pré-
« sence, répondit M. d'Épinay.

« — Monsieur, reprit alors le président, prenez
« garde, vous n'êtes plus dans l'assemblée, vous n'avez
« plus affaire qu'à des hommes isolés ; ne les insultez
« pas si vous ne voulez pas être rendu responsable de
« l'insulte. »

« Mais au lieu de comprendre ce langage, M. d'Épi-
« nay répondit :

« — Vous êtes toujours aussi brave dans votre voi-
« ture que dans votre club, par la raison, monsieur,
« que quatre hommes sont toujours plus forts qu'un
« seul. »

« Le président fit arrêter la voiture.

« On était juste à l'entrée du quai des Ormes, où se
« trouve l'escalier qui descend à la rivière.

« — Pourquoi faites-vous arrêter ici ? demanda
« M. d'Épinay.

« — Parce que, monsieur, dit le président, vous avez
« insulté un homme, et que cet homme ne veut pas
« faire un pas de plus sans vous demander loyalement
« réparation.

« — Encore une manière d'assassiner, dit le général
« en haussant les épaules.

« — Pas de bruit, répondit le président, si vous ne
« voulez pas que je vous regarde vous-même comme
« un de ces hommes que vous désigniez tout à l'heure,
« c'est-à-dire comme un lâche qui prend sa faiblesse
« pour bouclier. Vous êtes seul, un seul vous répon-
« dra ; vous avez une épée au côté, j'en ai une dans
« cette canne ; vous n'avez pas de témoin, un de ces
« messieurs sera le vôtre. Maintenant, si cela vous
« convient, vous pouvez ôter votre bandeau. »

« Le général arracha à l'instant même le mouchoir
« qu'il avait sur les yeux.

« — Enfin, dit-il, je vais donc savoir à qui j'ai
« affaire. »

« On ouvrit la voiture : les quatre hommes descen-
« dirent... »

Franz s'interrompit encore une fois. Il essuya une
sueur froide qui coulait sur son front ; il y avait quelque chose d'effrayant à voir le fils, tremblant et pâle,
lisant tout haut les détails, ignorés jusqu'alors, de la
mort de son père.

Valentine joignait les mains comme si elle eût été en
prières.

Noirtier regardait Villefort avec une expression
presque sublime de mépris et d'orgueil.

Franz continua :

« On était, comme nous l'avons dit, au 5 février.
« Depuis trois jours il gelait à cinq ou six degrés ;
« l'escalier était tout raide de glaçons ; le général était
« gros et grand, le président lui offrit le côté de la
« rampe pour descendre.

« Les deux témoins suivaient par-derrière.

« Il faisait une nuit sombre, le terrain de l'escalier à
« la rivière était humide de neige et de givre, on voyait
« l'eau s'écouler, noire, profonde et charriant quelques
« glaçons.

« Un des témoins alla chercher une lanterne dans un
« bateau de charbon, et à la lueur de cette lanterne on
« examina les armes.

« L'épée du président, qui était simplement, comme
« il l'avait dit, une épée qu'il portait dans une canne,
« était plus courte que celle de son adversaire, et
« n'avait pas de garde.

« Le général d'Épinay proposa de tirer au sort les
« deux épées : mais le président répondit que c'était lui
« qui avait provoqué, et qu'en provoquant il avait pré-
« tendu que chacun se servît de ses armes.

« Les témoins essayèrent d'insister ; le président leur
« imposa silence.

« On posa la lanterne à terre : les deux adversaires se
« mirent de chaque côté ; le combat commença.

« La lumière faisait des deux épées deux éclairs.

« Quant aux hommes, à peine si on les apercevait,

« tant l'ombre était épaisse.

« M. le général passait pour une des meilleures
« lames de l'armée. Mais il fut pressé si vivement dès
« les premières bottes, qu'il rompit ; en rompant il
« tomba.

« Les témoins le crurent tué ; mais son adversaire,
« qui savait ne l'avoir point touché, lui offrit la main
« pour l'aider à se relever. Cette circonstance, au lieu
« de le calmer, irrita le général, qui fondit à son tour
« sur son adversaire.

« Mais son adversaire ne rompit pas d'une semelle,
« le recevant sur son épée. Trois fois le général recula,
« se trouvant trop engagé, et revint à la charge.

« A la troisième fois, il tomba encore.

« On crut qu'il glissait comme la première fois ;
« cependant les témoins, voyant qu'il ne se relevait
« pas, s'approchèrent de lui et tentèrent de le remettre
« sur ses pieds ; mais celui qui l'avait pris à bras-le-
« corps sentit sous sa main une chaleur humide.
« C'était du sang.

« Le général, qui était à peu près évanoui, reprit ses
« sens.

« — Ah ! dit-il, on m'a dépêché quelque spadassin,
« quelque maître d'armes du régiment. »

« Le président, sans répondre, s'approcha de celui
« des deux témoins qui tenait la lanterne et, relevant
« sa manche, il montra son bras percé de deux coups
« d'épée ; puis, ouvrant son habit et déboutonnant son
« gilet, il fit voir son flanc entamé par une troisième
« blessure.

« Cependant il n'avait pas même poussé un soupir.

« Le général d'Épinay entra en agonie et expira cinq
« minutes après... »

Franz lut ces derniers mots d'une voix si étranglée,
qu'à peine on put les entendre ; et après les avoir lus il
s'arrêta, passant sa main sur ses yeux comme pour en
chasser un nuage.

Mais, après un instant de silence, il continua :

« Le président remonta l'escalier, après avoir
« repoussé son épée dans sa canne ; une trace de sang
« marquait son chemin dans la neige. Il n'était pas
« encore en haut de l'escalier, qu'il entendit un cla-
« potement sourd dans l'eau : c'était le corps du géné-
« ral que les témoins venaient de précipiter dans la
« rivière après avoir constaté la mort.

« Le général a donc succombé dans un duel loyal, et
« non dans un guet-apens, comme on pourrait le dire.

« En foi de quoi nous avons signé le présent pour
« établir la vérité des faits, de peur qu'un moment
« n'arrive où quelqu'un des acteurs de cette scène ter-
« rible ne se trouve accusé de meurtre avec prémédita-
« tion ou de forfaiture aux lois de l'honneur.

« *Signé :* BEAUREGARD, BEAUREPAIRE, DUCHAMPY
« et LECHARPAL. »

Quand Franz eut terminé cette lecture si terrible
pour un fils, quand Valentine, pâle d'émotion, eut
essuyé une larme, quand Villefort, tremblant et blotti
dans un coin, eut essayé de conjurer l'orage par des
regards suppliants adressés au vieillard implacable :

« Monsieur, dit d'Épinay à Noirtier, puisque vous
connaissez cette terrible histoire dans tous ses détails,
puisque vous l'avez fait attester par des signatures
honorables, puisque enfin vous semblez vous intéresser à moi, quoique votre intérêt ne se soit encore
révélé que par la douleur, ne me refusez pas une
dernière satisfaction, dites-moi le nom du président
du club, que je connaisse enfin celui qui a tué mon
pauvre père. »

Villefort chercha, comme égaré, le bouton de la
porte. Valentine, qui avait compris avant tout le
monde la réponse du vieillard, et qui souvent avait
remarqué sur son avant-bras la trace de deux coups
d'épée, recula d'un pas en arrière.

« Au nom du Ciel ! mademoiselle, dit Franz, s'adressant à sa fiancée, joignez-vous à moi, que

je sache le nom de cet homme qui m'a fait orphelin à deux ans. »

Valentine resta immobile et muette.

« Tenez, monsieur, dit Villefort, croyez-moi, ne prolongez pas cette horrible scène ; les noms d'ailleurs ont été cachés à dessein. Mon père lui-même ne connaît pas ce président, et, s'il le connaît, il ne saurait le dire : les noms propres ne se trouvent pas dans le dictionnaire.

— Oh ! malheur ! s'écria Franz, le seul espoir qui m'a soutenu pendant toute cette lecture et qui m'a donné la force d'aller jusqu'au bout, c'était de connaître au moins le nom de celui qui a tué mon père ! Monsieur, monsieur ! s'écria-t-il en se retournant vers Noirtier, au nom du Ciel ! faites ce que vous pourrez... arrivez, je vous en supplie, à m'indiquer, à me faire comprendre...

— Oui, répondit Noirtier.

— Ô mademoiselle, mademoiselle ! s'écria Franz, votre grand-père a fait signe qu'il pouvait m'indiquer... cet homme... Aidez-moi... vous le comprenez... prêtez-moi votre concours. »

Noirtier regarda le dictionnaire.

Franz le prit avec un tremblement nerveux, et prononça successivement les lettres de l'alphabet jusqu'à l'M.

A cette lettre, le vieillard fit signe que oui.

« M ! » répéta Franz.

Le doigt du jeune homme glissa sur les mots ; mais, à tous les mots, Noirtier répondait par un signe négatif.

Valentine cachait sa tête entre ses mains.

Enfin Franz arriva au mot MOI.

« Oui, fit le vieillard.

— Vous ! s'écria Franz, dont les cheveux se dressèrent sur sa tête ; vous, monsieur Noirtier ! c'est vous qui avez tué mon père ?

— Oui », répondit Noirtier, en fixant sur le jeune homme un majestueux regard.

Franz tomba sans force sur un fauteuil.

Villefort ouvrit la porte et s'enfuit, car l'idée lui

venait d'étouffer ce peu d'existence qui restait encore
dans le cœur terrible du vieillard.

LXXVI

LE PROGRÈS DE CAVALCANTI FILS

Cependant M. Cavalcanti père était parti pour aller
reprendre son service, non pas dans l'armée de S.M.
l'empereur d'Autriche, mais à la roulette des bains de
Lucques, dont il était l'un des plus assidus courtisans.

Il va sans dire qu'il avait emporté avec la plus scru-
puleuse exactitude jusqu'au dernier paul de la somme
qui lui avait été allouée pour son voyage, et pour la
récompense de la façon majestueuse et solennelle avec
laquelle il avait joué son rôle de père.

M. Andrea avait hérité à ce départ de tous les
papiers qui constataient qu'il avait bien l'honneur
d'être le fils du marquis Bartolomeo et la marquise
Leonora Corsinari.

Il était donc à peu près ancré dans cette société
parisienne, si facile à recevoir les étrangers, et à les
traiter, non pas d'après ce qu'ils sont, mais d'après ce
qu'ils veulent être.

D'ailleurs, que demande-t-on à un jeune homme à
Paris ? De parler à peu près sa langue, d'être habillé
convenablement, d'être beau joueur et de payer en or.

Il va sans dire qu'on est moins difficile encore pour
un étranger que pour un Parisien.

Andrea avait donc pris en une quinzaine de jours
une assez belle position ; on l'appelait monsieur le
comte, on disait qu'il avait cinquante mille livres de
rente, et on parlait des trésors immenses de monsieur
son père, enfouis, disait-on, dans les carrières de Saravezza.

Un savant, devant qui on mentionnait cette dernière
circonstance comme un fait, déclara avoir vu les car-

rières dont il était question, ce qui donna un grand poids à des assertions jusqu'alors flottantes à l'état de doute, et qui dès lors prirent la consistance de la réalité.

On en était là dans ce cercle de la société parisienne où nous avons introduit nos lecteurs, lorsque Monte-Cristo vint un soir faire visite à M. Danglars. M. Danglars était sorti, mais on proposa au comte de l'introduire près de la baronne, qui était visible, ce qu'il accepta.

Ce n'était jamais sans une espèce de tressaillement nerveux que, depuis le dîner d'Auteuil et les événements qui en avaient été la suite, Mme Danglars entendait prononcer le nom de Monte-Cristo. Si la présence du comte ne suivait pas le bruit de son nom, la sensation douloureuse devenait plus intense ; si au contraire le comte paraissait, sa figure ouverte, ses yeux brillants, son amabilité, sa galanterie même pour Mme Danglars chassaient bientôt jusqu'à la dernière impression de crainte ; il paraissait à la baronne impossible qu'un homme si charmant à la surface pût nourrir contre elle de mauvais desseins ; d'ailleurs, les cœurs les plus corrompus ne peuvent croire au mal qu'en le faisant reposer sur un intérêt quelconque ; le mal inutile et sans cause répugne comme une anomalie.

Lorsque Monte-Cristo entra dans le boudoir où nous avons déjà une fois introduit nos lecteurs, et où la baronne suivait d'un œil assez inquiet des dessins que lui passait sa fille après les avoir regardés avec M. Cavalcanti fils, sa présence produisit son effet ordinaire, et ce fut en souriant qu'après avoir été quelque peu bouleversée par son nom la baronne reçut le comte.

Celui-ci, de son côté, embrassa toute la scène d'un coup d'œil.

Près de la baronne, à peu près couchée sur une causeuse, Eugénie se tenait assise, et Cavalcanti debout.

Cavalcanti, habillé de noir comme un héros de Goethe, en souliers vernis et en bas de soie blancs à jour, passait une main assez blanche et assez soignée dans ses cheveux blonds, au milieu desquels scintillait un diamant que, malgré les conseils de Monte-Cristo, le vaniteux jeune homme n'avait pu résister au désir de se passer au petit doigt.

Ce mouvement était accompagné de regards assassins lancés sur Mlle Danglars, et de soupirs envoyés à la même adresse que les regards.

Mlle Danglars était toujours la même, c'est-à-dire belle, froide et railleuse. Pas un de ces regards, pas un de ces soupirs d'Andrea ne lui échappaient ; on eût dit qu'ils glissaient sur la cuirasse de Minerve, cuirasse que quelques philosophes prétendent recouvrir parfois la poitrine de Sapho.

Eugénie salua froidement le comte, et profita des premières préoccupations de la conversation pour se retirer dans son salon d'études, d'où bientôt deux voix s'exhalant rieuses et bruyantes, mêlées aux premiers accords d'un piano, firent savoir à Monte-Cristo que Mlle Danglars venait de préférer, à la sienne et à celle de M. Cavalcanti, la société de Mlle Louise d'Armilly, sa maîtresse de chant.

Ce fut alors surtout que, tout en causant avec Mme Danglars et en paraissant absorbé par le charme de la conversation, le comte remarqua la sollicitude de M. Andrea Cavalcanti, sa manière d'aller écouter la musique à la porte qu'il n'osait franchir, et de manifester son admiration.

Bientôt le banquier rentra. Son premier regard fut pour Monte-Cristo, c'est vrai, mais le second pour Andrea.

Quant à sa femme, il la salua à la façon dont certains maris saluent leur femme, et dont les célibataires ne pourront se faire une idée que lorsqu'on aura publié un code très étendu de la conjugalité.

« Est-ce que ces demoiselles ne vous ont pas invité à faire de la musique avec elles ? demanda Danglars à Andrea.

— Hélas ! non, monsieur », répondit Andrea avec un soupir plus remarquable encore que les autres.

Danglars s'avança aussitôt vers la porte de communication et l'ouvrit.

On vit alors les deux jeunes filles assises sur le même siège, devant le même piano. Elles accompagnaient chacune d'une main, exercice auquel elles s'étaient habituées par fantaisie, et où elles étaient devenues d'une force remarquable.

Mlle d'Armilly, qu'on apercevait alors, formant avec Eugénie, grâce au cadre de la porte, un de ces tableaux vivants comme on en fait souvent en Allemagne, était d'une beauté assez remarquable, ou plutôt d'une gentillesse exquise. C'était une petite femme mince et blonde comme une fée, avec de grands cheveux bouclés tombant sur son cou un peu trop long, comme Pérugin en donne parfois à ses vierges, et des yeux voilés par la fatigue. On disait qu'elle avait la poitrine faible, et que, comme Antonia du *Violon de Crémone*, elle mourrait un jour en chantant.

Monte-Cristo plongea dans ce gynécée un regard rapide et curieux ; c'était la première fois qu'il voyait Mlle d'Armilly, dont si souvent il avait entendu parler dans la maison.

« Eh bien, demanda le banquier à sa fille, nous sommes donc exclus, nous autres ? »

Alors il mena le jeune homme dans le petit salon, et, soit hasard, soit adresse, derrière Andrea la porte fut repoussée de manière que, de l'endroit où ils étaient assis, Monte-Cristo et la baronne ne pussent plus rien voir ; mais, comme le banquier avait suivi Andrea, Mme Danglars ne parut pas même remarquer cette circonstance.

Bientôt après, le comte entendit la voix d'Andrea résonner aux accords du piano, accompagnant une chanson corse.

Pendant que le comte écoutait en souriant cette chanson qui lui faisait oublier Andrea pour lui rappeler Benedetto, Mme Danglars vantait à Monte-Cristo la force d'âme de son mari, qui, le matin encore, avait, dans une faillite milanaise, perdu trois ou quatre cent mille francs.

Et, en effet, l'éloge était mérité ; car, si le comte ne l'eût su par la baronne ou peut-être par un des moyens qu'il avait de tout savoir, la figure du baron ne lui en eût pas dit un mot.

« Bon ! pensa Monte-Cristo, il en est déjà à cacher ce qu'il perd : il y a un mois il s'en vantait. »

Puis tout haut :

« Oh ! madame, dit le comte, M. Danglars connaît si bien la Bourse, qu'il rattrapera toujours là ce qu'il pourra perdre ailleurs.

— Je vois que vous partagez l'erreur commune, dit Mme Danglars.

— Et quelle est cette erreur ? dit Monte-Cristo.

— C'est que M. Danglars joue, tandis qu'au contraire il ne joue jamais.

— Ah ! oui, c'est vrai madame, je me rappelle que M. Debray m'a dit... A propos, mais que devient donc M. Debray ? Il y a trois ou quatre jours que je ne l'ai aperçu.

— Et moi aussi, dit Mme Danglars avec un aplomb miraculeux. Mais vous avez commencé une phrase qui est restée inachevée.

— Laquelle ?

— M. Debray vous a dit, prétendiez-vous...

— Ah ! c'est vrai ; M. Debray m'a dit que c'était vous qui sacrifiiez au démon du jeu.

— J'ai eu ce goût pendant quelque temps, je l'avoue, dit Mme Danglars, mais je ne l'ai plus.

— Et vous avez tort, madame. Eh ! mon Dieu ! les chances de la fortune sont précaires, et si j'étais femme, et que le hasard eût fait de cette femme celle d'un banquier, quelque confiance que j'aie dans le bonheur de mon mari, car en spéculation, vous le savez, tout est bonheur et malheur ; eh bien, dis-je, quelque confiance que j'aie dans le bonheur de mon mari, je commencerais toujours par m'assurer une fortune indépendante, dussé-je acquérir cette fortune en mettant mes intérêts dans des mains qui lui seraient inconnues. »

Mme Danglars rougit malgré elle.

« Tenez, dit Monte-Cristo, comme s'il n'avait rien vu, on parle d'un beau coup qui a été fait hier sur les bons de Naples.

— Je n'en ai pas, dit vivement la baronne, et je n'en ai même jamais eu ; mais, en vérité, c'est assez parler

Bourse comme cela, monsieur le comte, nous avons l'air de deux agents de change ; parlons un peu de ces pauvres Villefort, si tourmentés en ce moment par la fatalité.

— Que leur arrive-t-il donc ? demanda Monte-Cristo avec une parfaite naïveté.

— Mais, vous le savez ; après avoir perdu M. de Saint-Méran trois ou quatre jours après son départ, ils viennent de perdre la marquise trois ou quatre jours après son arrivée.

— Ah ! c'est vrai, dit Monte-Cristo, j'ai appris cela ; mais comme dit Clodius à Hamlet, c'est une loi de la nature : leurs pères étaient morts avant eux, et ils les avaient pleurés ; ils mourront avant leurs fils, et leurs fils les pleureront.

— Mais ce n'est pas le tout.

— Comment ce n'est pas le tout ?

— Non ; vous saviez qu'ils allaient marier leur fille...

— A M. Franz d'Épinay... Est-ce que le mariage est manqué ?

— Hier matin, à ce qu'il paraît, Franz leur a rendu leur parole.

— Ah ! vraiment... Et connaît-on les causes de cette rupture ?

— Non.

— Que m'annoncez-vous là, bon Dieu ! madame... et M. de Villefort, comment accepte-t-il tous ces malheurs ?

— Comme toujours, en philosophe. »

En ce moment, Danglars rentra seul.

« Eh bien, dit la baronne, vous laissez M. Cavalcanti avec votre fille ?

— Et Mlle d'Armilly, dit le banquier, pour qui la prenez-vous donc ? »

Puis se retournant vers Monte-Cristo :

« Charmant jeune homme, n'est-ce pas, monsieur le comte, que le prince Cavalcanti ?... Seulement, est-il bien prince ?

— Je n'en réponds pas, dit Monte-Cristo. On m'a présenté son père comme marquis, il serait comte ; mais je crois que lui-même n'a pas grande prétention à ce titre.

— Pourquoi ? dit le banquier. S'il est prince, il a tort de ne pas se vanter. Chacun son droit. Je n'aime pas qu'on renie son origine, moi.

— Oh ! vous êtes un démocrate pur, dit Monte-Cristo en souriant.

— Mais, voyez, dit la baronne, à quoi vous vous exposez : Si M. de Morcerf venait par hasard, il trouverait M. Cavalcanti dans une chambre où lui, fiancé d'Eugénie, n'a jamais eu la permission d'entrer.

— Vous faites bien de dire par hasard, reprit le banquier, car, en vérité, on dirait, tant on le voit rarement, que c'est effectivement le hasard qui nous l'amène.

— Enfin, s'il venait, et qu'il trouvât ce jeune homme près de votre fille, il pourrait être mécontent.

— Lui ? oh ! mon Dieu ! vous vous trompez, M. Albert ne nous fait pas l'honneur d'être jaloux de sa fiancée, il ne l'aime point assez pour cela. D'ailleurs, que m'importe qu'il soit mécontent ou non !

— Cependant, au point où nous en sommes...

— Oui, au point où nous en sommes : voulez-vous le savoir, le point où nous en sommes ? c'est qu'au bal de sa mère il a dansé une seule fois avec ma fille, que M. Cavalcanti a dansé trois fois avec elle et qu'il ne l'a même pas remarqué.

— M. le vicomte Albert de Morcerf ! » annonça le valet de chambre.

La baronne se leva vivement. Elle allait passer au salon d'études pour avertir sa fille, quand Danglars l'arrêta par le bras.

« Laissez », dit-il.

Elle le regarda étonnée.

Monte-Cristo feignit de ne pas avoir vu ce jeu de scène.

Albert entra, il était fort beau et fort gai. Il salua la baronne avec aisance, Danglars avec familiarité, Monte-Cristo avec affection ; puis se retournant vers la baronne :

« Voulez-vous me permettre, madame, lui dit-il, de vous demander comment se porte Mlle Danglars ?

— Fort bien, monsieur, répondit vivement Danglars ; elle fait en ce moment de la musique dans son petit salon avec M. Cavalcanti. »

Albert conserva son air calme et indifférent : peut-être éprouvait-il quelque dépit intérieur ; mais il sentait le regard de Monte-Cristo fixé sur lui.

« M. Cavalcanti a une très belle voix de ténor, dit-il, et Mlle Eugénie un magnifique soprano, sans compter qu'elle joue du piano comme Thalberg. Ce doit être un charmant concert.

— Le fait est, dit Danglars, qu'ils s'accordent à merveille. »

Albert parut n'avoir pas remarqué cette équivoque, si grossière, cependant que Mme Danglars en rougit.

« Moi aussi, continua le jeune homme, je suis musicien, à ce que disent mes maîtres, du moins ; eh bien, chose étrange, je n'ai jamais pu encore accorder ma voix avec aucune voix, et avec les voix de soprano surtout encore moins qu'avec les autres. »

Danglars fit un petit sourire qui signifiait : Mais fâche-toi donc !

« Aussi, dit-il, espérant sans doute arriver au but qu'il désirait, le prince et ma fille ont-ils fait hier l'admiration générale. N'étiez-vous pas là hier, monsieur de Morcerf ?

— Quel prince ? demanda Albert.

— Le prince Cavalcanti, reprit Danglars, qui s'obstinait toujours à donner ce titre au jeune homme.

— Ah ! pardon, dit Albert, j'ignorais qu'il fût prince. Ah ! le prince Cavalcanti a chanté hier avec Mlle Eugénie ? En vérité, ce devait être ravissant, et je regrette bien vivement de ne pas avoir entendu cela. Mais je n'ai pu me rendre à votre invitation, j'étais forcé d'accompagner Mme de Morcerf chez la baronne de Château-Renaud, la mère, où chantaient les Allemands. »

Puis, après un silence, et comme s'il n'eût été question de rien :

« Me sera-t-il permis, répéta Morcerf, de présenter mes hommages à Mlle Danglars ?

— Oh ! attendez, attendez, je vous en supplie, dit le banquier en arrêtant le jeune homme ; entendez-vous la délicieuse cavatine, ta, ta, ta, ti, ta, ti, ta, ta, c'est ravissant, cela va être fini... une seule seconde : parfait ! bravo ! bravi ! brava ! »

Et le banquier se mit à applaudir avec frénésie.

« En effet, dit Albert, c'est exquis, et il est impossible de mieux comprendre la musique de son pays que ne le fait le prince Cavalcanti. Vous avez dit prince, n'est-ce pas ? D'ailleurs, s'il n'est pas prince, on le fera prince, c'est facile en Italie. Mais pour en revenir à nos adorables chanteurs, vous devriez nous faire un plaisir, monsieur Danglars : sans les prévenir qu'il y a là un étranger, vous devriez prier Mlle Danglars et M. Cavalcanti de commencer un autre morceau. C'est une chose si délicieuse que de jouir de la musique d'un peu loin, dans une pénombre, sans être vu, sans voir, et, par conséquent, sans gêner le musicien, qui peut ainsi se livrer à tout l'instinct de son génie ou à tout l'élan de son cœur. »

Cette fois, Danglars fut démonté par le flegme du jeune homme.

Il prit Monte-Cristo à part.

« Eh bien, lui dit-il, que dites-vous de notre amoureux !

— Dame ! il me paraît froid, c'est incontestable ; mais que voulez-vous ? vous êtes engagé !

— Sans doute, je suis engagé, mais de donner ma fille à un homme qui l'aime et non à un homme qui ne l'aime pas. Voyez celui-ci, froid comme un marbre, orgueilleux comme son père ; s'il était riche encore, s'il avait la fortune des Cavalcanti, on passerait par là-dessus. Ma foi, je n'ai pas consulté ma fille ; mais si elle avait bon goût...

— Oh ! dit Monte-Cristo, je ne sais si c'est mon amitié pour lui qui m'aveugle, mais je vous assure, moi, que M. de Morcerf est un jeune homme charmant, là, qui rendra votre fille heureuse et qui arrivera tôt ou tard à quelque chose ; car enfin la position de son père est excellente.

— Hum ! fit Danglars.

— Pourquoi ce doute ?

— Il y a toujours le passé... ce passé obscur.

— Mais le passé du père ne regarde pas le fils.

— Si fait, si fait !

— Voyons, ne vous montez pas la tête ; il y a un mois, vous trouviez excellent de faire ce mariage... Vous comprenez, moi, je suis désespéré : c'est chez moi que vous avez vu ce jeune Cavalcanti, que je ne connais pas, je vous le répète.

— Je le connais, moi, dit Danglars, cela suffit.

— Vous le connaissez ? avez-vous donc pris des renseignements sur lui ? demanda Monte-Cristo.

— Est-il besoin de cela, et à la première vue ne sait-on pas à qui on a affaire ? Il est riche d'abord.

— Je ne l'assure pas.

— Vous répondez pour lui, cependant ?

— De cinquante mille livres, d'une misère.

— Il a une éducation distinguée.

— Hum ! fit à son tour Monte-Cristo.

— Il est musicien.

— Tous les Italiens le sont.

— Tenez comte, vous n'êtes pas juste pour ce jeune homme.

— Eh bien, oui, je l'avoue, je vois avec peine que, connaissant vos engagements avec les Morcerf, il vienne ainsi se jeter en travers et abuser de sa fortune. »

Danglars se mit à rire.

« Oh ! que vous êtes puritain ! dit-il, mais cela se fait tous les jours dans le monde.

— Vous ne pouvez cependant rompre ainsi, mon cher monsieur Danglars : les Morcerf comptent sur ce mariage.

— Y comptent-ils ?

— Positivement.

— Alors qu'ils s'expliquent. Vous devriez glisser deux mots de cela au père, mon cher comte, vous qui êtes si bien dans la maison.

— Moi ! et où diable avez-vous vu cela ?

— Mais à leur bal, ce me semble. Comment ! la comtesse, la fière Mercédès, la dédaigneuse Catalane, qui daigne à peine ouvrir la bouche à ses plus vieilles connaissances, vous a pris par le bras, est sortie avec vous dans le jardin, a pris les petites allées, et n'a reparu qu'une demi-heure après.

— Ah ! baron, baron, dit Albert, vous nous empêchez d'entendre : pour un mélomane comme vous, quelle barbarie !

— C'est bien, c'est bien, monsieur le railleur », dit Danglars.

Puis se retournant vers Monte-Cristo :

« Vous chargez-vous de lui dire cela, au père ?

— Volontiers, si vous le désirez.

— Mais que pour cette fois cela se fasse d'une manière explicite et définitive ; surtout qu'il me demande ma fille, qu'il fixe une époque, qu'il déclare ses conditions d'argent, enfin que l'on s'entende ou qu'on se brouille ; mais, vous comprenez, plus de délais.

— Eh bien, la démarche sera faite.

— Je ne vous dirai pas que je l'attends avec plaisir, mais enfin je l'attends : un banquier, vous le savez, doit être esclave de sa parole. »

Et Danglars poussa un de ces soupirs que poussait Cavalcanti fils une demi-heure auparavant.

« Bravi ! bravo ! brava ! » cria Morcerf, parodiant le banquier et applaudissant la fin du morceau.

Danglars commençait à regarder Albert de travers, lorsqu'on vint lui dire deux mots tout bas.

« Je reviens, dit le banquier à Monte-Cristo, attendez-moi, j'aurai peut-être quelque chose à vous dire tout à l'heure. »

Et il sortit.

La baronne profita de l'absence de son mari pour repousser la porte du salon d'études de sa fille, et l'on vit se dresser, comme un ressort, M. Andrea, qui était assis devant le piano avec Mlle Eugénie.

Albert salua en souriant Mlle Danglars, qui, sans paraître aucunement troublée, lui rendit un salut aussi froid que d'habitude.

Cavalcanti parut évidemment embarrassé ; il salua Morcerf, qui lui rendit son salut de l'air le plus impertinent du monde.

Alors Albert commença de se confondre en éloges

sur la voix de Mlle Danglars, et sur le regret qu'il éprouvait, d'après ce qu'il venait d'entendre, de n'avoir pas assisté à la soirée de la veille...

Cavalcanti, laissé à lui-même, prit à part Monte-Cristo.

« Voyons, dit Mme Danglars, assez de musique et de compliments comme cela, venez prendre le thé.

— Viens, Louise », dit Mlle Danglars à son amie.

On passa dans le salon voisin, où effectivement le thé était préparé.

Au moment où l'on commençait à laisser, à la manière anglaise, les cuillers dans les tasses, la porte se rouvrit, et Danglars reparut visiblement fort agité.

Monte-Cristo surtout remarqua cette agitation et interrogea le banquier du regard.

« Eh bien, dit Danglars, je viens de recevoir mon courrier de Grèce.

— Ah ! ah ! fit le comte, c'est pour cela qu'on vous avait appelé ?

— Oui.

— Comment se porte le roi Othon ? » demanda Albert du ton le plus enjoué.

Danglars le regarda de travers sans lui répondre, et Monte-Cristo se détourna pour cacher l'expression de pitié qui venait de paraître sur son visage et qui s'effaça presque aussitôt.

« Nous nous en irons ensemble, n'est-ce pas ? dit Albert au comte.

— Oui, si vous voulez », répondit celui-ci.

Albert ne pouvait rien comprendre à ce regard du banquier ; aussi, se retournant vers Monte-Cristo, qui avait parfaitement compris :

« Avez-vous vu, dit-il, comme il m'a regardé ?

— Oui, répondit le comte : mais trouvez-vous quelque chose de particulier dans son regard ?

— Je le crois bien ; mais que veut-il dire avec ses nouvelles de Grèce ?

— Comment voulez-vous que je sache cela ?

— Parce qu'à ce que je présume vous avez des intelligences dans le pays. »

Monte-Cristo sourit comme on sourit toujours quand on veut se dispenser de répondre.

« Tenez, dit Albert, le voilà qui s'approche de vous, je vais faire compliment à Mlle Danglars sur son camée ; pendant ce temps, le père aura le temps de vous parler.

— Si vous lui faites compliment, faites-lui compliment sur sa voix, au moins, dit Monte-Cristo.

— Non pas, c'est ce que ferait tout le monde.

— Mon cher vicomte, dit Monte-Cristo, vous avez la fatuité de l'impertinence. »

Albert s'avança vers Eugénie le sourire sur les lèvres.

Pendant ce temps, Danglars se pencha à l'oreille du comte.

« Vous m'avez donné un excellent conseil, dit-il, et il y a toute une histoire horrible sur ces deux mots : Fernand et Janina.

— Ah bah ! fit Monte-Cristo.

— Oui, je vous conterai cela ; mais emmenez le jeune homme : je serais trop embarrassé de rester maintenant avec lui.

— C'est ce que je fais, il m'accompagne ; maintenant, faut-il toujours que je vous envoie le père ?

— Plus que jamais.

— Bien. »

Le comte fit un signe à Albert.

Tous deux saluèrent les dames et sortirent : Albert avec un air parfaitement indifférent pour les mépris de Mlle Danglars ; Monte-Cristo en réitérant à Mme Danglars ses conseils sur la prudence que doit avoir une femme de banquier d'assurer son avenir.

M. Cavalcanti demeura maître du champ de bataille.

LXXVII

HAYDÉE

A peine les chevaux du comte avaient-ils tourné l'angle du boulevard, qu'Albert se retourna vers le comte en éclatant d'un rire trop bruyant pour ne pas être un peu forcé.

« Eh bien, lui dit-il, je vous demanderai, comme le roi Charles IX demandait à Catherine de Médicis après la Saint-Barthélemy : « Comment trouvez-vous « que j'ai joué mon petit rôle ? »

— A quel propos ? demanda Monte-Cristo.

— Mais à propos de l'installation de mon rival chez M. Danglars...

— Quel rival ?

— Parbleu ! quel rival ? votre protégé, M. Andrea Cavalcanti !

— Oh ! pas de mauvaises plaisanteries, vicomte ; je ne protège nullement M. Andrea, du moins près de M. Danglars.

— Et c'est le reproche que je vous ferais si le jeune homme avait besoin de protection. Mais, heureusement pour moi, il peut s'en passer.

— Comment ! vous croyez qu'il fait sa cour ?

— Je vous en réponds : il roule des yeux de soupirant et module des sons d'amoureux ; il aspire à la main de la fière Eugénie. Tiens, je viens de faire un vers ! Parole d'honneur, ce n'est pas de ma faute. N'importe, je le répète : il aspire à la main de la fière Eugénie.

— Qu'importe, si l'on ne pense qu'à vous ?

— Ne dites pas cela, mon cher comte ; on me rudoie des deux côtés.

— Comment, des deux côtés ?

— Sans doute : Mlle Eugénie m'a répondu à peine, et Mlle d'Armilly, sa confidente, ne m'a pas répondu du tout.

— Oui, mais le père vous adore, dit Monte-Cristo.

— Lui ? mais au contraire, il m'a enfoncé mille poignards dans le cœur ; poignards rentrant dans le manche, il est vrai, poignards de tragédie, mais qu'il croyait bel et bien réels.

— La jalousie indique l'affection.

— Oui, mais je ne suis pas jaloux.

— Il l'est, lui.

— De qui ? de Debray ?

— Non, de vous.

— De moi ? je gage qu'avant huit jours il m'a fermé la porte au nez.

— Vous vous trompez, mon cher vicomte.

— Une preuve ?

— La voulez-vous ?

— Oui.

— Je suis chargé de prier M. le comte de Morcerf de faire une démarche définitive près du baron.

— Par qui ?

— Par le baron lui-même.

— Oh ! dit Albert avec toute la câlinerie dont il était capable, vous ne ferez pas cela, n'est-ce pas, mon cher comte ?

— Vous vous trompez, Albert, je le ferai, puisque j'ai promis.

— Allons, dit Albert avec un soupir, il paraît que vous tenez absolument à me marier.

— Je tiens à être bien avec tout le monde ; mais, à propos de Debray, je ne le vois plus chez la baronne.

— Il y a de la brouille.

— Avec madame ?

— Non, avec monsieur.

— Il s'est donc aperçu de quelque chose ?

— Ah ! la bonne plaisanterie !

— Vous croyez qu'il s'en doutait ? fit Monte-Cristo avec une naïveté charmante.

— Ah çà ! mais, d'où venez-vous donc, mon cher comte ?

— Du Congo, si vous voulez.

— Ce n'est pas d'assez loin encore.

— Est-ce que je connais vos maris parisiens ?

— Eh ! mon cher comte, les maris sont les mêmes partout ; du moment où vous avez étudié l'individu dans un pays quelconque, vous connaissez la race.

— Mais alors quelle cause a pu brouiller Danglars et Debray ? Ils paraissaient si bien s'entendre, dit Monte-Cristo avec un renouvellement de naïveté.

— Ah ! voilà ! nous rentrons dans les mystères d'Isis, et je ne suis pas initié. Quand M. Cavalcanti fils sera de la famille, vous lui demanderez cela. »

La voiture s'arrêta.

« Nous voilà arrivés, dit Monte-Cristo ; il n'est que dix heures et demie, montez donc.

— Bien volontiers.

— Ma voiture vous conduira.

— Non, merci, mon coupé a dû nous suivre.

— En effet, le voilà », dit Monte-Cristo en sautant à terre.

Tous deux entrèrent dans la maison ; le salon était éclairé, ils y entrèrent.

« Vous allez nous faire du thé, Baptistin », dit Monte-Cristo.

Baptistin sortit sans souffler le mot. Deux secondes après, il reparut avec un plateau tout servi, et qui, comme les collations des pièces féeriques, semblait sortir de terre.

« En vérité, dit Morcerf, ce que j'admire en vous, mon cher comte, ce n'est pas votre richesse, peut-être y a-t-il des gens plus riches que vous ; ce n'est pas votre esprit, Beaumarchais n'en avait pas plus, mais il en avait autant ; c'est votre manière d'être servi, sans qu'on vous réponde un mot, à la minute, à la seconde, comme si l'on devinait, à la manière dont vous sonnez, ce que vous désirez avoir, et comme si ce que vous désirez avoir était toujours tout prêt.

— Ce que vous dites est un peu vrai. On sait mes habitudes. Par exemple, vous allez voir : ne désirez-vous pas faire quelque chose en buvant votre thé ?

— Pardieu, je désire fumer. »

Monte-Cristo s'approcha du timbre et frappa un coup.

Au bout d'une seconde, une porte particulière s'ouvrit, et Ali parut avec deux chibouques toutes bourrées d'excellent latakié.

« C'est merveilleux, dit Morcerf.

— Mais, non, c'est tout simple, reprit Monte-Cristo ; Ali sait qu'en prenant le thé ou le café je fume ordinairement : il sait que j'ai demandé le thé, il sait que je suis rentré avec vous, il entend que je l'appelle, il se doute de la cause, et comme il est d'un pays où l'hospitalité s'exerce avec la pipe surtout, au lieu d'une chibouque, il en apporte deux.

— Certainement, c'est une explication comme une autre ; mais il n'en est pas moins vrai qu'il n'y a que vous... Oh ! mais, qu'est-ce que j'entends ? »

Et Morcerf s'inclina vers la porte par laquelle entraient effectivement des sons correspondant à ceux d'une guitare.

« Ma foi, mon cher vicomte, vous êtes voué à la musique, ce soir ; vous n'échappez au piano de Mlle Danglars que pour tomber dans la guzla d'Haydée.

— Haydée ! quel adorable nom ! Il y a donc des femmes qui s'appellent véritablement Haydée autre part que dans les poèmes de Lord Byron ?

— Certainement ; Haydée est un nom fort rare en France, mais assez commun en Albanie et en Épire ; c'est comme si vous disiez, par exemple, chasteté, pudeur, innocence ; c'est une espèce de nom de baptême, comme disent vos Parisiens.

— Oh ! que c'est charmant ! dit Albert, comme je voudrais voir nos Françaises s'appeler Mlle Bonté, Mlle Silence, Mlle Charité chrétienne ! Dites donc, si Mlle Danglars, au lieu de s'appeler Claire-Marie-Eugénie, comme on la nomme, s'appelait Mlle Chasteté-Pudeur-Innocence Danglars, peste, quel effet cela ferait dans une publication de bans !

— Fou ! dit le comte, ne plaisantez pas si haut, Haydée pourrait vous entendre.

— Et elle se fâcherait ?

— Non pas, dit le comte avec son air hautain.

— Elle est bonne personne ? demanda Albert.

— Ce n'est pas bonté, c'est devoir : une esclave ne se fâche pas contre son maître.

— Allons donc ! ne plaisantez pas vous-même. Est-ce qu'il y a encore des esclaves ?

— Sans doute, puisque Haydée est la mienne.

— En effet, vous ne faites rien et vous n'avez rien comme un autre, vous. Esclave de M. le comte de Monte-Cristo ! c'est une position en France. A la façon dont vous remuez l'or, c'est une place qui doit valoir cent mille écus par an.

— Cent mille écus ! la pauvre enfant a possédé plus que cela ; elle est venue au monde couchée sur des trésors près desquels ceux des *Mille et une Nuits* sont bien peu de chose.

— C'est donc vraiment une princesse ?

— Vous l'avez dit, et même une des plus grandes de son pays.

— Je m'en étais douté. Mais comment une grande princesse est-elle devenue esclave ?

— Comment Denys le Tyran est-il devenu maître d'école ? le hasard de la guerre, mon cher vicomte, le caprice de la fortune.

— Et son nom est un secret ?

— Pour tout le monde, oui ; mais pas pour vous, cher vicomte, qui êtes de mes amis, et qui vous tairez, n'est-ce pas, si vous me promettez de vous taire ?

— Oh ! parole d'honneur !

— Vous connaissez l'histoire du pacha de Janina ?

— D'Ali-Tebelin ? sans doute, puisque c'est à son service que mon père a fait fortune.

— C'est vrai, je l'avais oublié.

— Eh bien, qu'est Haydée à Ali-Tebelin ?

— Sa fille, tout simplement.

— Comment ! la fille d'Ali-Pacha ?

— Et de la belle Vasiliki.

— Et elle est votre esclave ?

— Oh ! mon Dieu, oui.

— Comment cela ?

— Dame ! un jour que je passais sur le marché de Constantinople, je l'ai achetée.

— C'est splendide ! Avec vous, mon cher comte, on ne vit pas, on rêve. Maintenant, écoutez, c'est bien indiscret ce que je vais vous demander là.

— Dites toujours.

— Mais puisque vous sortez avec elle, puisque vous la conduisez à l'Opéra...

— Après ?

— Je puis bien me risquer à vous demander cela ?

— Vous pouvez vous risquer à tout me demander.

— Eh bien, mon cher comte, présentez-moi à votre princesse.

— Volontiers ; mais à deux conditions.

— Je les accepte d'avance.

— La première, c'est que vous ne confierez jamais à personne cette présentation.

— Très bien (Morcerf étendit la main). Je le jure.

— La seconde, c'est que vous ne lui direz pas que votre père a servi le sien.

— Je le jure encore.

— A merveille, vicomte, vous vous rappellerez ces deux serments, n'est-ce pas ?

— Oh ! fit Albert.

— Très bien. Je vous sais homme d'honneur. »

Le comte frappa de nouveau sur le timbre ; Ali reparut.

« Préviens Haydée, lui dit-il, que je vais aller prendre le café chez elle, et fais-lui comprendre que je demande la permission de lui présenter un de mes amis. »

Ali s'inclina et sortit.

« Ainsi, c'est convenu, pas de questions directes, cher vicomte. Si vous désirez savoir quelque chose, demandez-le à moi, et je le demanderai à elle.

— C'est convenu. »

Ali reparut pour la troisième fois et tint la portière soulevée, pour indiquer à son maître et à Albert qu'ils pouvaient passer.

« Entrons », dit Monte-Cristo.

Albert passa une main dans ses cheveux et frisa sa moustache, le comte reprit son chapeau, mit ses gants, et précéda Albert dans l'appartement que gardait, comme une sentinelle avancée, Ali, et que défendaient, comme un poste, les trois femmes de chambre françaises commandées par Myrtho.

Haydée attendait dans la première pièce, qui était le salon, avec de grands yeux dilatés par la surprise ; car c'était la première fois qu'un autre homme que Monte-Cristo pénétrait jusqu'à elle ; elle était assise sur un sofa, dans un angle, les jambes croisées sous elle, et s'était fait, pour ainsi dire, un nid, dans les étoffes de soie rayées et brodées les plus riches de l'Orient. Près d'elle était l'instrument dont les sons l'avaient dénoncée ; elle était charmante ainsi.

En apercevant Monte-Cristo, elle se souleva avec ce double sourire de fille et d'amante qui n'appartenait qu'à elle ; Monte-Cristo alla à elle et lui tendit sa main, sur laquelle, comme d'habitude, elle appuya ses lèvres.

Albert était resté près de la porte, sous l'empire de cette beauté étrange qu'il voyait pour la première fois, et dont on ne pouvait se faire aucune idée en France.

« Qui m'amènes-tu ? demanda en romaïque la jeune fille à Monte-Cristo ; un frère, un ami, une simple connaissance, ou un ennemi ?

— Un ami, dit Monte-Cristo dans la même langue.

— Son nom ?

— Le comte Albert ; c'est le même que j'ai tiré des mains des bandits, à Rome.

— Dans quelle langue veux-tu que je lui parle ? »

Monte-Cristo se retourna vers Albert :

« Savez-vous le grec moderne ? demanda-t-il au jeune homme.

— Hélas ! dit Albert, pas même le grec ancien, mon cher comte ; jamais Homère et Platon n'ont eu de plus pauvre, et j'oserai même dire de plus dédaigneux écolier.

— Alors, dit Haydée, prouvant par la demande qu'elle faisait elle-même qu'elle venait d'entendre la question de Monte-Cristo et la réponse d'Albert, je parlerai en français ou en italien, si toutefois mon seigneur veut que je parle. »

Monte-Cristo réfléchit un instant :

« Tu parleras en italien », dit-il.

Puis se tournant vers Albert :

« C'est fâcheux que vous n'entendiez pas le grec moderne ou le grec ancien, qu'Haydée parle tous deux admirablement ; la pauvre enfant va être forcée de vous parler italien, ce qui vous donnera peut-être une fausse idée d'elle. »

Il fit un signe à Haydée.

« Sois le bienvenu, ami, qui viens avec mon seigneur et maître, dit la jeune fille en excellent toscan, avec ce doux accent romain qui fait la langue de Dante aussi sonore que la langue d'Homère ; Ali ! du café et des pipes ! »

Et Haydée fit de la main signe à Albert de s'approcher, tandis qu'Ali se retirait pour exécuter les ordres de sa jeune maîtresse.

Monte-Cristo montra à Albert deux pliants, et chacun alla chercher le sien pour l'approcher d'une espèce de guéridon, dont un narguilé faisait le centre, et que chargeaient des fleurs naturelles, des dessins, des albums de musique.

Ali rentra, apportant le café et les chibouques ; quant à M. Baptistin, cette partie de l'appartement lui était interdite.

Albert repoussa la pipe que lui présentait le Nubien.

« Oh ! prenez, prenez, dit Monte-Cristo ; Haydée est presque aussi civilisée qu'une Parisienne : le havane lui est désagréable, parce qu'elle n'aime pas les mauvaises odeurs ; mais le tabac d'Orient est un parfum, vous le savez. »

Ali sortit.

Les tasses de café étaient préparées ; seulement on avait, pour Albert, ajouté un sucrier. Monte-Cristo et Haydée prenaient la liqueur arabe à la manière des Arabes, c'est-à-dire sans sucre.

Haydée allongea la main et prit du bout de ses petits doigts roses et effilés la tasse de porcelaine du Japon, qu'elle porta à ses lèvres avec le naïf plaisir d'un enfant qui boit ou mange une chose qu'il aime.

En même temps deux femmes entrèrent, portant deux autres plateaux chargés de glaces et de sorbets, qu'elles déposèrent sur deux petites tables destinées à cet usage.

« Mon cher hôte, et vous, signora, dit Albert en italien, excusez ma stupéfaction. Je suis tout étourdi, et c'est assez naturel ; voici que je retrouve l'Orient, l'Orient véritable, non point malheureusement tel que je l'ai vu, mais tel que je l'ai rêvé au sein de Paris ; tout à l'heure j'entendais rouler des omnibus et tinter les sonnettes des marchands de limonades. O signora !... que ne sais-je parler le grec, votre conversation jointe à cet entourage féerique, me composerait une soirée dont je me souviendrais toujours.

— Je parle assez bien l'italien pour parler avec vous, monsieur, dit tranquillement Haydée ; et je ferai de mon mieux, si vous aimez l'Orient, pour que vous le retrouviez ici.

— De quoi puis-je parler ? demanda tout bas Albert à Monte-Cristo.

— Mais de tout ce que vous voudrez : de son pays, de sa jeunesse, de ses souvenirs ; puis, si vous l'aimez mieux, de Rome, de Naples ou de Florence.

— Oh ! dit Albert, ce ne serait pas la peine d'avoir une Grecque devant soi pour lui parler de tout ce dont on parlerait à une Parisienne ; laissez-moi lui parler de l'Orient.

— Faites, mon cher Albert, c'est la conversation qui lui est la plus agréable. »

Albert se retourna vers Haydée.

« A quel âge la signora a-t-elle quitté la Grèce ? demanda-t-il.

— A cinq ans, répondit Haydée.

— Et vous vous rappelez votre patrie ? demanda Albert.

— Quand je ferme les yeux, je revois tout ce que j'ai vu. Il y a deux regards : le regard du corps et le regard de l'âme. Le regard du corps peut oublier parfois, mais celui de l'âme se souvient toujours.

— Et quel est le temps le plus loin dont vous puissiez vous souvenir ?

— Je marchais à peine ; ma mère, que l'on appelle Vasiliki (Vasiliki veut dire royale, ajouta la jeune fille en relevant la tête), ma mère me prenait par la main, et, toutes deux couvertes d'un voile, après avoir mis au fond de la bourse tout l'or que nous possédions, nous allions demander l'aumône pour les prisonniers, en disant : « Celui qui donne aux pauvres prête à l'Éter- « nel [1]. » Puis, quand notre bourse était pleine, nous rentrions au palais, et, sans rien dire à mon père, nous envoyions tout cet argent qu'on nous avait donné, nous prenant pour de pauvres femmes, à l'égoumenos du couvent qui le répartissait entre les prisonniers.

— Et à cette époque, quel âge aviez-vous ?

— Trois ans, dit Haydée.

— Alors, vous vous souvenez de tout ce qui s'est passé autour de vous depuis l'âge de trois ans ?

— De tout.

— Comte, dit tout bas Morcerf à Monte-Cristo, vous

1. Proverbes, XIX.

devriez permettre à la signora de nous raconter quelque chose de son histoire. Vous m'avez défendu de lui parler de mon père, mais peut-être m'en parlera-t-elle, et vous n'avez pas idée combien je serais heureux d'entendre sortir son nom d'une si jolie bouche. »

Monte-Cristo se tourna vers Haydée, et par un signe de sourcil qui lui indiquait d'accorder la plus grande attention à la recommandation qu'il allait lui faire, il lui dit en grec :

« Πατρὸς μὲν ἀτην, μή δὲ ὄνομα προδότου καὶ προδοσίαν εἰπέ ἡμῖν [1]. »

Haydée poussa un long soupir, et un nuage sombre passa sur son front si pur.

« Que lui dites-vous ? demanda tout bas Morcerf.

— Je lui répète que vous êtes un ami, et qu'elle n'a point à se cacher vis-à-vis de vous.

— Ainsi, dit Albert, ce vieux pèlerinage pour les prisonniers est votre premier souvenir ; quel est l'autre ?

— L'autre ? je me vois sous l'ombre des sycomores, près d'un lac dont j'aperçois encore, à travers le feuillage, le miroir tremblant ; contre le plus vieux et le plus touffu, mon père était assis sur des coussins, et moi, faible enfant, tandis que ma mère était couchée à ses pieds, je jouais avec sa barbe blanche qui descendait sur sa poitrine, et avec le cangiar à la poignée de diamant passé à sa ceinture ; puis, de temps en temps venait à lui un Albanais qui lui disait quelques mots auxquels je ne faisais pas attention, et auxquels il répondait du même son de voix : « Tuez ! » ou : « Faites grâce ! »

— C'est étrange, dit Albert, d'entendre sortir de pareilles choses de la bouche d'une jeune fille, autre part que sur un théâtre, et en se disant : Ceci n'est point une fiction. Et, demanda Albert, comment, avec cet horizon si poétique, comment, avec ce lointain merveilleux, trouvez-vous la France ?

1. Mot à mot : « De ton père le sort, mais pas le nom du traître, ni la trahison, raconte-nous. »

— Je crois que c'est un beau pays, dit Haydée, mais je vois la France telle qu'elle est, car je la vois avec des yeux de femme, tandis qu'il me semble, au contraire, que mon pays, que je n'ai vu qu'avec des yeux d'enfant, est toujours enveloppé d'un brouillard lumineux ou sombre, selon que mes yeux le font une douce patrie ou un lieu d'amères souffrances.

— Si jeune, signora, dit Albert cédant malgré lui à la puissance de la banalité, comment avez-vous pu souffrir ? »

Haydée tourna les yeux vers Monte-Cristo, qui, avec un signe imperceptible, murmura :

« Εἰπὲ [1].

— Rien ne compose le fond de l'âme comme les premiers souvenirs, et, à part les deux que je viens de vous dire, tous les souvenirs de ma jeunesse sont tristes.

— Parlez, parlez, signora, dit Albert, je vous jure que je vous écoute avec un inexprimable bonheur. »

Haydée sourit tristement.

« Vous voulez donc que je passe à mes autres souvenirs ? dit-elle.

— Je vous en supplie, dit Albert.

— Eh bien, j'avais quatre ans quand, un soir, je fus réveillée par ma mère. Nous étions au palais de Janina ; elle me prit sur les coussins où je reposais, et, en ouvrant mes yeux, je vis les siens remplis de grosses larmes.

« Elle m'emporta sans rien dire.

« En la voyant pleurer, j'allais pleurer aussi.

« — Silence ! enfant », dit-elle.

« Souvent, malgré les consolations ou les menaces maternelles, capricieuse comme tous les enfants, je continuais de pleurer ; mais, cette fois, il y avait dans la voix de ma pauvre mère une telle intonation de terreur, que je me tus à l'instant même.

« Elle m'emportait rapidement.

« Je vis alors que nous descendions un large escalier ; devant nous, toutes les femmes de ma mère,

1. Raconte.

portant des coffres, des sachets, des objets de parure, des bijoux, des bourses d'or, descendaient le même escalier ou plutôt se précipitaient.

« Derrière les femmes venait une garde de vingt hommes, armés de longs fusils et de pistolets, et revêtus de ce costume que vous connaissez en France depuis que la Grèce est redevenue une nation.

« Il y avait quelque chose de sinistre, croyez-moi, ajouta Haydée en secouant la tête et en pâlissant à cette seule mémoire, dans cette longue file d'esclaves et de femmes à demi alourdies par le sommeil, ou du moins je me le figurais ainsi, moi, qui peut-être croyais les autres endormis parce que j'étais mal réveillée.

« Dans l'escalier couraient des ombres gigantesques que les torches de sapin faisaient trembler aux voûtes.

« — Qu'on se hâte ! » dit une voix au fond de la galerie.

« Cette voix fit courber tout le monde, comme le vent en passant sur la plaine fait courber un champ d'épis.

« Moi, elle me fit tressaillir.

« Cette voix, c'était celle de mon père.

« Il marchait le dernier, revêtu de ses splendides habits, tenant à la main sa carabine que votre empereur lui avait donnée ; et, appuyé sur son favori Sélim, il nous poussait devant lui comme un pasteur fait d'un troupeau éperdu.

Mon père, dit Haydée en relevant la tête, était un homme illustre que l'Europe a connu sous le nom d'Ali-Tebelin, pacha de Janina, et devant lequel la Turquie a tremblé. »

Albert, sans savoir pourquoi, frissonna en entendant ces paroles prononcées avec un indéfinissable accent de hauteur et de dignité ; il lui sembla que quelque chose de sombre et d'effrayant rayonnait dans les yeux de la jeune fille, lorsque, pareille à une pythonisse qui évoque un spectre, elle réveilla le souvenir de cette sanglante figure que sa mort terrible fit apparaître gigantesque aux yeux de l'Europe contemporaine.

« Bientôt, continua Haydée, la marche s'arrêta ; nous étions au bas de l'escalier et au bord d'un lac. Ma mère me pressait contre sa poitrine bondissante, et je vis, à deux pas derrière, mon père qui jetait de tous côtés des regards inquiets.

« Devant nous s'étendaient quatre degrés de marbre, et au bas du dernier degré ondulait une barque.

« D'où nous étions on voyait se dresser au milieu d'un lac une masse noire ; c'était le kiosque où nous nous rendions.

« Ce kiosque me paraissait à une distance considérable, peut-être à cause de l'obscurité.

« Nous descendîmes dans la barque. Je me souviens que les rames ne faisaient aucun bruit en touchant l'eau ; je me penchai pour les regarder : elles étaient enveloppées avec les ceintures de nos Palicares.

« Il n'y avait, outre les rameurs, dans la barque, que des femmes, mon père, ma mère, Sélim et moi.

« Les Palicares étaient restés au bord du lac, agenouillés sur le dernier degré, et se faisant, dans le cas où ils eussent été poursuivis, un rempart des trois autres.

« Notre barque allait comme le vent.

« — Pourquoi la barque va-t-elle si vite ? » demandai-je à ma mère.

« — Chut ! mon enfant, dit-elle, c'est que nous fuyons. »

« Je ne compris pas. Pourquoi mon père fuyait-il, lui le tout-puissant, lui devant qui d'ordinaire fuyaient les autres, lui qui avait pris pour devise :

« *Ils me haïssent, donc ils me craignent ?*

« En effet, c'était une fuite que mon père opérait sur le lac. Il m'a dit depuis que la garnison du château de Janina, fatiguée d'un long service... »

Ici Haydée arrêta son regard expressif sur Monte-Cristo, dont l'œil ne quitta plus ses yeux. La jeune fille continua donc lentement, comme quelqu'un qui invente ou qui supprime.

« Vous disiez, signora, reprit Albert, qui accordait

la plus grande attention à ce récit, que la garnison de Janina, fatiguée d'un long service...

— Avait traité avec le séraskier Kourchid, envoyé par le sultan pour s'emparer de mon père ; c'était alors que mon père avait pris la résolution de se retirer, après avoir envoyé au sultan un officier franc, auquel il avait toute confiance, dans l'asile que lui-même s'était préparé depuis longtemps, et qu'il appelait kataphygion, c'est-à-dire son refuge.

— Et cet officier, demanda Albert, vous rappelez-vous son nom, signora ? »

Monte-Cristo échangea avec la jeune fille un regard rapide comme un éclair, et qui resta inaperçu de Morcerf.

« Non, dit-elle, je ne me le rappelle pas ; mais peut-être plus tard me le rappellerai-je, et je le dirai. »

Albert allait prononcer le nom de son père, lorsque Monte-Cristo leva doucement le doigt en signe de silence ; le jeune homme se rappela son serment et se tut.

« C'était vers ce kiosque que nous voguions.

« Un rez-de-chaussée orné d'arabesques, baignant ses terrasses dans l'eau, et un premier étage donnant sur le lac, voici tout ce que le palais offrait de visible aux yeux.

« Mais au-dessous du rez-de-chaussée, se prolongeant dans l'île, était un souterrain, vaste caverne où l'on nous conduisit, ma mère, moi et nos femmes, et où gisaient, formant un seul monceau, soixante mille bourses et deux cents tonneaux ; il y avait dans ces bourses vingt-cinq millions en or, et dans les barils trente mille livres de poudre.

« Près de ces barils se tenait Sélim, ce favori de mon père dont je vous ai parlé ; il veillait jour et nuit, une lance au bout de laquelle brûlait une mèche allumée à la main ; il avait l'ordre de faire tout sauter, kiosque, gardes, pacha, femmes et or, au premier signe de mon père.

« Je me rappelle que nos esclaves, connaissant ce redoutable voisinage, passaient les jours et les nuits à prier, à pleurer, à gémir.

« Quant à moi, je vois toujours le jeune soldat au teint pâle et à l'œil noir ; et quand l'ange de la mort descendra vers moi, je suis sûre que je reconnaîtrai Sélim.

« Je ne pourrais dire combien de temps nous restâmes ainsi : à cette époque j'ignorais encore ce que c'était que le temps ; quelquefois, mais rarement, mon père nous faisait appeler, ma mère et moi, sur la terrasse du palais ; c'étaient mes heures de plaisir à moi qui ne voyais dans le souterrain que des ombres gémissantes et la lance enflammée de Sélim. Mon père, assis devant une grande ouverture, attachait un regard sombre sur les profondeurs de l'horizon, interrogeant chaque point noir qui apparaissait sur le lac, tandis que ma mère, à demi couchée près de lui, appuyait sa tête sur son épaule, et que, moi, je jouais à ses pieds, admirant, avec ces étonnements de l'enfance qui grandissent encore les objets, les escarpements du Pinde, qui se dressait à l'horizon, les châteaux de Janina, sortant blancs et anguleux des eaux bleues du lac, les touffes immenses de verdures noires, attachées comme des lichens aux rocs de la montagne, qui de loin semblaient des mousses, et qui de près sont des sapins gigantesques et des myrtes immenses.

« Un matin, mon père nous envoya chercher ; nous le trouvâmes assez calme, mais plus pâle que d'habitude.

« — Prends patience, Vasiliki, aujourd'hui tout sera « fini ; aujourd'hui arrive le firman du maître, et mon « sort sera décidé. Si la grâce est entière, nous retour-« nerons triomphants à Janina ; si la nouvelle est mau-« vaise, nous fuirons cette nuit.

« — Mais s'ils ne nous laissent pas fuir ? dit ma « mère.

« — Oh ! sois tranquille, répondit Ali en souriant ; « Sélim et sa lance allumée me répondent d'eux. Ils « voudraient que je fusse mort, mais pas à la condition « de mourir avec moi. »

« Ma mère ne répondit que par des soupirs à ces consolations, qui ne partaient pas du cœur de mon père.

« Elle lui prépara l'eau glacée qu'il buvait à chaque instant, car, depuis sa retraite dans le kiosque, il était brûlé par une fièvre ardente ; elle parfuma sa barbe blanche et alluma la chibouque dont quelquefois, pendant des heures entières, il suivait distraitement des yeux la fumée se volatilisant dans l'air.

« Tout à coup il fit un mouvement si brusque que je fus saisie de peur.

« Puis, sans détourner les yeux du point qui fixait son attention, il demanda sa longue-vue.

« Ma mère la lui passa, plus blanche que le stuc contre lequel elle s'appuyait.

« Je vis la main de mon père trembler.

« — Une barque !... deux !... trois !... murmura mon « père ; quatre !... »

« Et il se leva, saisissant ses armes, et versant, je m'en souviens, de la poudre dans le bassinet de ses pistolets.

« — Vasiliki, dit-il à ma mère avec un tressaillement « visible, voici l'instant qui va décider de nous ; dans « une demi-heure nous saurons la réponse du sublime « empereur, retire-toi dans le souterrain avec Haydée.

« — Je ne veux pas vous quitter, dit Vasiliki ; si vous « mourez, mon maître, je veux mourir avec vous.

« — Allez près de Sélim ! cria mon père.

« — Adieu, seigneur ! » murmura ma mère, obéissante et pliée en deux comme par l'approche de la mort.

« — Emmenez Vasiliki », dit mon père à ses Palicares.

« Mais moi, qu'on oubliait, je courus à lui et j'étendis mes mains de son côté ; il me vit, et, se penchant vers moi, il pressa mon front de ses lèvres.

« Oh ! ce baiser, ce fut le dernier, et il est là encore sur mon front.

« En descendant, nous distinguions à travers les treilles de la terrasse les barques qui grandissaient sur le lac, et qui, pareilles naguère à des points noirs, semblaient déjà des oiseaux rasant la surface des ondes.

« Pendant ce temps, dans le kiosque, vingt Palicares, assis aux pieds de mon père et cachés par la boiserie, épiaient d'un œil sanglant l'arrivée de ces bateaux, et tenaient prêts leurs longs fusils incrustés de nacre et d'argent : des cartouches en grand nombre étaient semées sur le parquet ; mon père regardait sa montre et se promenait avec angoisse.

« Voilà ce qui me frappa quand je quittai mon père après le dernier baiser que j'eus reçu de lui.

« Nous traversâmes, ma mère et moi, le souterrain. Sélim était toujours à son poste ; il nous sourit tristement. Nous allâmes chercher des coussins de l'autre côté de la caverne, et nous vînmes nous asseoir près de Sélim : dans les grands périls, les cœurs dévoués se cherchent, et, tout enfant que j'étais, je sentais instinctivement qu'un grand malheur planait sur nos têtes. »

Albert avait souvent entendu raconter, non point par son père, qui n'en parlait jamais, mais par des étrangers, les derniers moments du vizir de Janina ; il avait lu différents récits de sa mort ; mais cette histoire, devenue vivante dans la personne et par la voix de la jeune fille, cet accent vivant et cette lamentable élégie, le pénétraient tout à la fois d'un charme et d'une horreur inexprimables.

Quant à Haydée, toute à ces terribles souvenirs, elle avait cessé un instant de parler ; son front, comme une fleur qui se penche un jour d'orage, s'était incliné sur sa main, et ses yeux, perdus vaguement, semblaient voir encore à l'horizon le Pinde verdoyant et les eaux bleues du lac de Janina, miroir magique qui reflétait le sombre tableau qu'elle esquissait.

Monte-Cristo la regardait avec une indéfinissable expression d'intérêt et de pitié.

« Continue, ma fille », dit le comte en langue romaïque.

Haydée releva le front, comme si les mots sonores que venait de prononcer Monte-Cristo l'eussent tirée d'un rêve, et elle reprit :

« Il était quatre heures du soir ; mais bien que le

jour fût pur et brillant au-dehors, nous étions, nous, plongés dans l'ombre du souterrain.

« Une seule lueur brillait dans la caverne, pareille à une étoile tremblant au fond d'un ciel noir : c'était la mèche de Sélim. Ma mère était chrétienne, et elle priait.

« Sélim répétait de temps en temps ces paroles consacrées :

« — Dieu est grand ! »

« Cependant ma mère avait encore quelque espérance. En descendant, elle avait cru reconnaître le Franc qui avait été envoyé à Constantinople, et dans lequel mon père avait toute confiance, car il savait que les soldats du sultan français sont d'ordinaire nobles et généreux. Elle s'avança de quelques pas vers l'escalier et écouta.

« — Ils approchent, dit-elle ; pourvu qu'ils apportent « la paix et la vie.

« — Que crains-tu, Vasiliki ? » répondit Sélim avec « sa voix si suave et si fière à la fois ; « s'ils n'apportent « pas la paix, nous leur donnerons la mort. »

« Et il ravivait la flamme de sa lance avec un geste qui le faisait ressembler au Dionysos de l'antique Crète.

« Mais moi, qui étais si enfant et si naïve, j'avais peur de ce courage que je trouvais féroce et insensé, et je m'effrayais de cette mort épouvantable dans l'air et dans la flamme.

« Ma mère éprouvait les mêmes impressions, car je la sentais frissonner.

« — Mon Dieu ! mon Dieu, maman ! m'écriai-je, « est-ce que nous allons mourir ? »

« Et à ma voix les pleurs et les prières des esclaves redoublèrent.

« — Enfant, me dit Vasiliki, Dieu te préserve d'en « venir à désirer cette mort que tu crains « aujourd'hui ! »

« Puis tout bas :

« — Sélim, dit-elle, quel est l'ordre du maître ?

« — S'il m'envoie son poignard, c'est que le sul-

« tan refuse de le recevoir en grâce, et je mets le feu ;
« s'il m'envoie son anneau, c'est que le sultan lui par-
« donne, et je livre la poudrière.

« — Ami, reprit ma mère, lorsque l'ordre du maître
« arrivera, si c'est le poignard qu'il envoie, au lieu de
« nous tuer toutes deux de cette mort qui nous épou-
« vante, nous te tendrons la gorge et tu nous tueras
« avec ce poignard.

« — Oui, Vasiliki », répondit tranquillement Sélim.

« Soudain nous entendîmes comme de grands cris ;
nous écoutâmes : c'étaient des cris de joie ; le nom du
Franc qui avait été envoyé à Constantinople retentissait répété par nos Palicares ; il était évident qu'il
rapportait la réponse du sublime empereur, et que la
réponse était favorable.

— Et vous ne vous rappelez pas ce nom ? » dit Morcerf, tout prêt à aider la mémoire de la narratrice.

Monte-Cristo lui fit un signe.

« Je ne me le rappelle pas, répondit Haydée.

« Le bruit redoublait ; des pas plus rapprochés
retentirent ; on descendait les marches du souterrain.

« Sélim apprêta sa lance.

« Bientôt une ombre apparut dans le crépuscule
bleuâtre que formaient les rayons du jour pénétrant
jusqu'à l'entrée du souterrain.

« — Qui es-tu ? cria Sélim. Mais, qui que tu sois, ne
« fais pas un pas de plus.

« — Gloire au sultan ! dit l'ombre. Toute grâce est
« accordée au vizir Ali ; et non seulement il a la vie
« sauve, mais on lui rend sa fortune et ses biens. »

« Ma mère poussa un cri de joie et me serra contre
son cœur.

« — Arrête ! lui dit Sélim, voyant qu'elle s'élançait
déjà pour sortir ; tu sais qu'il me faut l'anneau.

« — C'est juste », dit ma mère, et elle tomba à
genoux en me soulevant vers le ciel, comme si, en
même temps qu'elle priait Dieu pour moi, elle voulait
encore me soulever vers lui. »

Et, pour la seconde fois, Haydée s'arrêta vaincue par une émotion telle que la sueur coulait sur son front pâli, et que sa voix étranglée semblait ne pouvoir franchir son gosier aride.

Monte-Cristo versa un peu d'eau glacée dans un verre, et le lui présenta en disant avec une douceur où perçait une nuance de commandement :

« Du courage, ma fille ! »

Haydée essuya ses yeux et son front, et continua :

« Pendant ce temps, nos yeux, habitués à l'obscurité, avaient reconnu l'envoyé du pacha : c'était un ami.

« Sélim l'avait reconnu ; mais le brave jeune homme ne savait qu'une chose : obéir !

« — En quel nom viens-tu ? dit-il.

« — Je viens au nom de notre maître, Ali-Tebelin.

« — Si tu viens au nom d'Ali, tu sais ce que tu dois
« me remettre ?

« — Oui, dit l'envoyé, et je t'apporte son anneau. »

« En même temps il éleva sa main au-dessus de sa tête ; mais il était trop loin et il ne faisait pas assez clair pour que Sélim pût, d'où nous étions, distinguer et reconnaître l'objet qu'il lui présentait.

« — Je ne vois pas ce que tu tiens, dit Sélim.

« — Approche, dit le messager, ou je m'approche-
« rai, moi.

« — Ni l'un ni l'autre, répondit le jeune soldat ;
« dépose à la place où tu es, et sous ce rayon de
« lumière, l'objet que tu me montres, et retire-toi
« jusqu'à ce que je l'aie vu.

« — Soit », dit le messager.

« Et il se retira après avoir déposé le signe de reconnaissance à l'endroit indiqué.

« Et notre cœur palpitait : car l'objet nous paraissait être effectivement un anneau. Seulement, était-ce l'anneau de mon père ?

« Sélim, tenant toujours à la main sa mèche enflam-mée, vint à l'ouverture, s'inclina radieux sous le rayon de lumière et ramassa le signe.

« — L'anneau du maître, dit-il en le baisant, c'est « bien ! »

« Et renversant la mèche contre terre, il marcha dessus et l'éteignit.

« Le messager poussa un cri de joie et frappa dans ses mains. A ce signal, quatre soldats du séraskier Kourchid accoururent, et Sélim tomba percé de cinq coups de poignard. Chacun avait donné le sien.

« Et cependant, ivres de leur crime, quoique encore pâles de peur, ils se ruèrent dans le souterrain, cherchant partout s'il y avait du feu, et se roulant sur les sacs d'or.

« Pendant ce temps ma mère me saisit entre ses bras, et, agile, bondissant par des sinuosités connues de nous seules, elle arriva jusqu'à un escalier dérobé du kiosque dans lequel régnait un tumulte effrayant.

« Les salles basses étaient entièrement peuplées par les Tchodoars de Kourchid, c'est-à-dire par nos ennemis.

« Au moment où ma mère allait pousser la petite porte, nous entendîmes retentir, terrible et menaçante, la voix du pacha.

« Ma mère colla son œil aux fentes des planches ; une ouverture se trouva par hasard devant le mien, et je regardai.

« — Que voulez-vous ? » disait mon père à des gens qui tenaient un papier avec des caractères d'or à la main.

« — Ce que nous voulons, répondit l'un d'eux, c'est « te communiquer la volonté de Sa Hautesse. Vois-tu « ce firman ?

« — Je le vois, dit mon père.

« — Eh bien, lis ; il demande ta tête. »

« Mon père poussa un éclat de rire plus effrayant que n'eût été une menace ; il n'avait pas encore cessé, que deux coups de pistolet étaient partis de ses mains et avaient tué deux hommes.

« Les Palicares, qui étaient couchés tout autour de mon père la face contre le parquet, se levèrent alors et firent feu ; la chambre se remplit de bruit, de flamme et de fumée.

« A l'instant même le feu commença de l'autre côté,
et les balles vinrent trouer les planches tout autour de
nous.

« Oh ! qu'il était beau, qu'il était grand, le vizir Ali-
Tebelin, mon père, au milieu des balles, le cimeterre
au poing, le visage noir de poudre ! Comme ses ennemis fuyaient !

« — Sélim ! Sélim ! criait-il, gardien du feu, fais ton
« devoir !

« — Sélim est mort ! répondit une voix qui semblait
« sortir des profondeurs du kiosque, et toi, mon sei-
« gneur Ali, tu es perdu ! »

« En même temps une détonation sourde se fit
entendre, et le plancher vola en éclats tout autour de
mon père.

« Les Tchodoars tiraient à travers le parquet. Trois
ou quatre Palicares tombèrent frappés de bas en haut
par des blessures qui leur labouraient tout le corps.

« Mon père rugit, enfonça ses doigts par les trous
des balles et arracha une planche tout entière.

« Mais en même temps, par cette ouverture, vingt
coups de feu éclatèrent, et la flamme, sortant comme
du cratère d'un volcan, gagna les tentures qu'elle
dévora.

« Au milieu de tout cet affreux tumulte, au milieu de
ces cris terribles, deux coups plus distincts entre tous,
deux cris plus déchirants par-dessus tous les cris, me
glacèrent de terreur. Ces deux explosions avaient
frappé mortellement mon père, et c'était lui qui avait
poussé ces deux cris.

« Cependant il était resté debout, cramponné à une
fenêtre. Ma mère secouait la porte pour aller mourir
avec lui ; mais la porte était fermée en dedans.

« Tout autour de lui, les Palicares se tordaient dans
les convulsions de l'agonie ; deux ou trois, qui étaient
sans blessures ou blessés légèrement, s'élancèrent par
les fenêtres. En même temps, le plancher tout entier
craqua brisé en dessous. Mon père tomba sur un
genou ; en même temps vingt bras s'allon-

gèrent, armés de sabres, de pistolets, de poignards, vingt coups frappèrent à la fois un seul homme, et mon père disparut dans un tourbillon de feu, attisé par ces démons rugissants comme si l'enfer se fût ouvert sous ses pieds.

« Je me sentis rouler à terre : c'était ma mère qui s'abîmait évanouie. »

Haydée laissa tomber ses deux bras en poussant un gémissement et en regardant le comte comme pour lui demander s'il était satisfait de son obéissance.

Le comte se leva, vint à elle, lui prit la main et lui dit en romaïque :

« Repose-toi, chère enfant, et reprends courage en songeant qu'il y a un Dieu qui punit les traîtres.

— Voilà une épouvantable histoire, comte, dit Albert tout effrayé de la pâleur d'Haydée, et je me reproche maintenant d'avoir été si cruellement indiscret.

— Ce n'est rien », répondit Monte-Cristo.

Puis posant sa main sur la tête de la jeune fille :

« Haydée, continua-t-il, est une femme courageuse, elle a quelquefois trouvé du soulagement dans le récit de ses douleurs.

— Parce que, mon seigneur, dit vivement la jeune fille, parce que mes douleurs me rappellent tes bienfaits. »

Albert la regarda avec curiosité, car elle n'avait point encore raconté ce qu'il désirait le plus savoir, c'est-à-dire comment elle était devenue l'esclave du comte.

Haydée vit à la fois dans les regards du comte et dans ceux d'Albert le même désir exprimé.

Elle continua :

« Quand ma mère reprit ses sens, dit-elle, nous étions devant le séraskier.

« — Tuez-moi, dit-elle, mais épargnez l'honneur de « la veuve d'Ali.

« — Ce n'est point à moi qu'il faut t'adresser, dit « Kourchid.

« — A qui donc ?

« — C'est à ton nouveau maître.

« — Quel est-il ?

« — Le voici. »

« Et Kourchid nous montra un de ceux qui avaient

le plus contribué à la mort de mon père, continua la jeune fille avec une colère sombre.

— Alors, demanda Albert, vous devîntes la propriété de cet homme ?

— Non, répondit Haydée ; il n'osa nous garder, il nous vendit à des marchands d'esclaves qui allaient à Constantinople. Nous traversâmes la Grèce, et nous arrivâmes mourantes à la porte impériale, encombrée de curieux qui s'écartaient pour nous laisser passer, quand tout à coup ma mère suit des yeux la direction de leurs regards, jette un cri et tombe en me montrant une tête au-dessus de cette porte.

« Au-dessous de cette tête étaient écrits ces mots : Celle-ci est la tête d'Ali-Tebelin, pacha de Janina. »

« J'essayai, en pleurant, de relever ma mère : elle était morte !

« Je fus menée au bazar ; un riche Arménien m'acheta, me fit instruire, me donna des maîtres et quand j'eus treize ans me vendit au sultan Mahmoud.

— Auquel, dit Monte-Cristo, je la rachetai, comme je vous l'ai dit, Albert, pour cette émeraude pareille à celle où je mets mes pastilles de haschich.

— Oh ! tu es bon, tu es grand, mon seigneur, dit Haydée en baisant la main de Monte-Cristo, et je suis bien heureuse de t'appartenir ! »

Albert était resté tout étourdi de ce qu'il venait d'entendre.

« Achevez donc votre tasse de café, lui dit le comte ; l'histoire est finie. »

LXXVIII

ON NOUS ÉCRIT DE JANINA

Franz était sorti de la chambre de Noirtier si chancelant et si égaré, que Valentine elle-même avait eu pitié de lui.

Villefort, qui n'avait articulé que quelques mots sans suite, et qui s'était enfui dans son cabinet, reçut, deux heures après, la lettre suivante :

« Après ce qui a été révélé ce matin, M. Noirtier de Villefort ne peut supposer qu'une alliance soit possible entre sa famille et celle de M. Franz d'Épinay. M. Franz d'Épinay a horreur de songer que M. de Villefort, qui paraissait connaître les événements racontés ce matin, ne l'ait pas prévenu dans cette pensée. »

Quiconque eût vu en ce moment le magistrat ployé sous le coup n'eût pas cru qu'il le prévoyait ; en effet, jamais il n'eût pensé que son père eût poussé la franchise, ou plutôt la rudesse, jusqu'à raconter une pareille histoire. Il est vrai que jamais M. Noirtier, assez dédaigneux qu'il était de l'opinion de son fils, ne s'était préoccupé d'éclaircir le fait aux yeux de Villefort, et que celui-ci avait toujours cru que le général de Quesnel, ou le baron d'Épinay, selon qu'on voudra l'appeler, ou du nom qu'il s'était fait, ou du nom qu'on lui avait fait, était mort assassiné et non tué loyalement en duel.

Cette lettre si dure d'un jeune homme si respectueux jusqu'alors était mortelle pour l'orgueil d'un homme comme Villefort.

A peine était-il dans son cabinet que sa femme entra.

La sortie de Franz, appelé par M. Noirtier, avait tellement étonné tout le monde que la position de Mme de Villefort, restée seule avec le notaire et les témoins, devint de moment en moment plus embarrassante. Alors Mme de Villefort avait pris son parti, et elle était sortie en annonçant qu'elle allait aux nouvelles.

M. de Villefort se contenta de lui dire qu'à la suite d'une explication entre lui, M. Noirtier et M. d'Épinay, le mariage de Valentine avec Franz était rompu.

C'était difficile à rapporter à ceux qui attendaient ; aussi Mme de Villefort, en rentrant, se contenta-t-elle de dire que M. Noirtier, ayant eu, au commencement de la conférence, une espèce d'attaque d'apoplexie, le contrat était naturellement remis à quelques jours.

Cette nouvelle, toute fausse qu'elle était, arrivait si singulièrement à la suite de deux malheurs du même genre, que les auditeurs se regardèrent étonnés et se retirèrent sans dire une parole.

Pendant ce temps, Valentine, heureuse et épouvantée à la fois, après avoir embrassé et remercié le faible vieillard, qui venait de briser ainsi d'un seul coup une chaîne qu'elle regardait déjà comme indissoluble, avait demandé à se retirer chez elle pour se remettre, et Noirtier lui avait, de l'œil, accordé la permission qu'elle sollicitait.

Mais, au lieu de remonter chez elle, Valentine, une fois sortie, prit le corridor, et, sortant par la petite porte, s'élança dans le jardin. Au milieu de tous les événements qui venaient de s'entasser les uns sur les autres, une terreur sourde avait constamment comprimé son cœur. Elle s'attendait d'un moment à l'autre à voir apparaître Morrel pâle et menaçant comme le laird de Ravenswood au contrat de Lucie de Lammermoor.

En effet, il était temps qu'elle arrivât à la grille. Maximilien, qui s'était douté de ce qui allait se passer en voyant Franz quitter le cimetière avec M. de Villefort, l'avait suivi ; puis, après l'avoir vu entrer, l'avait vu sortir encore et rentrer de nouveau avec Albert et Château-Renaud. Pour lui, il n'y avait donc plus de doute. Il s'était alors jeté dans son enclos, prêt à tout événement, et bien certain qu'au premier moment de liberté qu'elle pourrait saisir Valentine accourrait à lui.

Il ne s'était point trompé ; son œil, collé aux planches, vit en effet apparaître la jeune fille, qui, sans prendre aucune précaution d'usage, accourait à la grille. Au premier coup d'œil qu'il jeta sur elle, Maximilien fut rassuré ; au premier mot qu'elle prononça, il bondit de joie.

« Sauvés ! dit Valentine.

— Sauvés ! répéta Morrel, ne pouvant croire à un pareil bonheur ; mais par qui sauvés ?

— Par mon grand-père. Oh ! aimez-le bien, Morrel. »

Morrel jura d'aimer le vieillard de toute son âme, et ce serment ne lui coûtait point à faire, car, dans ce moment, il ne se contentait pas de l'aimer comme un ami ou comme un père, il l'adorait comme un dieu.

« Mais comment cela s'est-il fait ? demanda Morrel ; quel moyen étrange a-t-il employé ? »

Valentine ouvrait la bouche pour tout raconter ; mais elle songea qu'il y avait au fond de tout cela un secret terrible qui n'était point à son grand-père seulement.

« Plus tard, dit-elle, je vous raconterai tout cela.

— Mais quand ?

— Quand je serai votre femme. »

C'était mettre la conversation sur un chapitre qui rendait Morrel facile à tout entendre : aussi il entendit même qu'il devait se contenter de ce qu'il savait, et que c'était assez pour un jour. Cependant il ne consentit à se retirer que sur la promesse qu'il verrait Valentine le lendemain soir.

Valentine promit ce que voulut Morrel. Tout était changé à ses yeux, et certes il lui était moins difficile de croire maintenant qu'elle épouserait Maximilien, que de croire une heure auparavant qu'elle n'épouserait pas Franz.

Pendant ce temps, Mme de Villefort était montée chez Noirtier.

Noirtier la regarda de cet œil sombre et sévère avec lequel il avait coutume de la recevoir.

« Monsieur, lui dit-elle, je n'ai pas besoin de vous apprendre que le mariage de Valentine est rompu, puisque c'est ici que cette rupture a eu lieu. »

Noirtier resta impassible.

« Mais, continua Mme de Villefort, ce que vous ne savez pas, monsieur, c'est que j'ai toujours été opposée à ce mariage, qui se faisait malgré moi. »

Noirtier regarda sa belle-fille en homme qui attend une explication.

« Or, maintenant que ce mariage, pour lequel je connaissais votre répugnance, est rompu, je viens faire près de vous une démarche que ni M. de Villefort ni Valentine ne peuvent faire. »

Les yeux de Noirtier demandèrent quelle était cette démarche.

« Je viens vous prier, monsieur, continua Mme de Villefort, comme la seule qui en ait le droit, car je suis la seule à qui il n'en reviendra rien ; je viens vous prier de rendre, je ne dirai pas vos bonnes grâces, elle les a toujours eues, mais votre fortune, à votre petite-fille. »

Les yeux de Noirtier demeurèrent un instant incertains : il cherchait évidemment les motifs de cette démarche et ne les pouvait trouver.

« Puis-je espérer, monsieur, dit Mme de Villefort, que vos intentions étaient en harmonie avec la prière que je venais vous faire ?

— Oui, fit Noirtier.

— En ce cas, monsieur, dit Mme de Villefort, je me retire à la fois reconnaissante et heureuse. »

Et saluant M. Noirtier, elle se retira.

En effet, dès le lendemain, Noirtier fit venir le notaire : le premier testament fut déchiré, et un nouveau fut fait, dans lequel il laissa toute sa fortune à Valentine, à la condition qu'on ne la séparerait pas de lui.

Quelques personnes alors calculèrent de par le monde que Mlle de Villefort, héritière du marquis et de la marquise de Saint-Méran, et rentrée en la grâce de son grand-père, aurait un jour bien près de trois cent mille livres de rente.

Tandis que ce mariage se rompait chez les Villefort, M. le comte de Morcerf avait reçu la visite de Monte-Cristo, et, pour montrer son empressement à Danglars, il endossait son grand uniforme de lieutenant général, qu'il avait fait orner de toutes ses croix, et demandait ses meilleurs chevaux. Ainsi paré, il se rendit rue de la Chaussée-d'Antin, et se fit annoncer à Danglars, qui faisait son relevé de fin de mois.

Ce n'était pas le moment où, depuis quelque temps, il fallait prendre le banquier pour le trouver de bonne humeur.

Aussi, à l'aspect de son ancien ami, Danglars prit

son air majestueux et s'établit carrément dans son fauteuil.

Morcerf, si empesé d'habitude, avait emprunté au contraire un air riant et affable ; en conséquence, à peu près sûr qu'il était que son ouverture allait recevoir un bon accueil, il ne fit point de diplomatie, et arrivant au but d'un seul coup :

« Baron, dit-il, me voici. Depuis longtemps nous tournons autour de nos paroles d'autrefois... »

Morcerf s'attendait, à ces mots, à voir s'épanouir la figure du banquier, dont il attribuait le rembrunissement à son silence ; mais, au contraire, cette figure devint, ce qui était presque incroyable, plus impassible et plus froide encore.

Voilà pourquoi Morcerf s'était arrêté au milieu de sa phrase.

« Quelles paroles, monsieur le comte ? demanda le banquier, comme s'il cherchait vainement dans son esprit l'explication de ce que le général voulait dire.

— Oh ! dit le comte, vous êtes formaliste, mon cher monsieur, et vous me rappelez que le cérémonial doit se faire selon tous les rites. Très bien ! ma foi. Pardonnez-moi ; comme je n'ai qu'un fils, et que c'est la première fois que je songe à le marier, j'en suis encore à mon apprentissage : allons, je m'exécute. »

Et Morcerf, avec un sourire forcé, se leva, fit une profonde révérence à Danglars, et lui dit :

« Monsieur le baron, j'ai l'honneur de vous demander la main de Mlle Eugénie Danglars, votre fille, pour mon fils le vicomte Albert de Morcerf. »

Mais Danglars, au lieu d'accueillir ces paroles avec une faveur que Morcerf pouvait espérer de lui, fronça le sourcil, et, sans inviter le comte, qui était resté debout, à s'asseoir :

« Monsieur le comte, dit-il, avant de vous répondre, j'aurai besoin de réfléchir.

— De réfléchir ! reprit Morcerf de plus en plus étonné ; n'avez-vous pas eu le temps de réfléchir depuis tantôt huit ans que nous causâmes de ce mariage pour la première fois ?

— Monsieur le comte, dit Danglars, tous les jours il

arrive des choses qui font que les réflexions que l'on croyait faites sont à refaire.

— Comment cela ? demanda Morcerf ; je ne vous comprends plus, baron !

— Je veux dire, monsieur, que depuis quinze jours de nouvelles circonstances...

— Permettez, dit Morcerf ; est-ce ou n'est-ce pas une comédie que nous jouons ?

— Comment cela, une comédie ?

— Oui, expliquons-nous catégoriquement.

— Je ne demande pas mieux.

— Vous avez vu M. de Monte-Cristo !

— Je le vois très souvent, dit Danglars en secouant son jabot, c'est un de mes amis.

— Eh bien, une des dernières fois que vous l'avez vu, vous lui avez dit que je semblais oublieux, irrésolu, à l'endroit de ce mariage.

— C'est vrai.

— Eh bien, me voici. Je ne suis ni oublieux ni irrésolu, vous le voyez, puisque je viens vous sommer de tenir votre promesse. »

Danglars ne répondit pas.

« Avez-vous si tôt changé d'avis, ajouta Morcerf, ou n'avez-vous provoqué ma demande que pour vous donner le plaisir de m'humilier ? »

Danglars comprit que, s'il continuait la conversation sur le ton qu'il l'avait entreprise, la chose pourrait mal tourner pour lui.

« Monsieur le comte, dit-il, vous devez être à bon droit surpris de ma réserve, je comprends cela : aussi, croyez bien que moi, tout le premier, je m'en afflige ; croyez bien qu'elle m'est commandée par des circonstances impérieuses.

— Ce sont là des propos en l'air, mon cher monsieur, dit le comte, et dont pourrait peut-être se contenter le premier venu ; mais le comte de Morcerf n'est pas le premier venu ; et quand un homme comme lui vient trouver un autre homme, lui rappelle la parole donnée, et que cet homme manque à sa parole, il a le droit d'exiger en place qu'on lui donne au moins une bonne raison. »

Danglars était lâche, mais il ne le voulait point paraître : il fut piqué du ton que Morcerf venait de prendre.

« Aussi n'est-ce pas la bonne raison qui me manque, répliqua-t-il.

— Que prétendez-vous dire ?

— Que la bonne raison, je l'ai, mais qu'elle est difficile à donner.

— Vous sentez cependant, dit Morcerf, que je ne puis me payer de vos réticences ; et une chose, en tout cas, me paraît claire, c'est que vous refusez mon alliance.

— Non, monsieur, dit Danglars, je suspends ma résolution, voilà tout.

— Mais vous n'avez cependant pas la prétention, je le suppose, de croire que je souscrive à vos caprices, au point d'attendre tranquillement et humblement le retour de vos bonnes grâces ?

— Alors, monsieur le comte, si vous ne pouvez attendre, regardons nos projets comme non avenus. »

Le comte se mordit les lèvres jusqu'au sang pour ne pas faire l'éclat que son caractère superbe et irritable le portait à faire ; cependant, comprenant qu'en pareille circonstance le ridicule serait de son côté, il avait déjà commencé à gagner la porte du salon, lorsque, se ravisant, il revint sur ses pas.

Un nuage venait de passer sur son front, y laissant, au lieu de l'orgueil offensé, la trace d'une vague inquiétude.

« Voyons, dit-il, mon cher Danglars, nous nous connaissons depuis de longues années, et, par conséquent, nous devons avoir quelques ménagements l'un pour l'autre. Vous me devez une explication, et c'est bien le moins que je sache à quel malheureux événement mon fils doit la perte de vos bonnes intentions à son égard.

— Ce n'est point personnel au vicomte, voilà tout ce que je puis vous dire, monsieur, répondit Danglars, qui redevenait impertinent en voyant que Morcerf s'adoucissait.

— Et à qui donc est-ce personnel ? » demanda d'une voix altérée Morcerf, dont le front se couvrit de pâleur.

Danglars, à qui aucun de ces symptômes n'échappait, fixa sur lui un regard plus assuré qu'il n'avait coutume de le faire.

« Remerciez-moi de ne pas m'expliquer davantage », dit-il.

Un tremblement nerveux, qui venait sans doute d'une colère contenue, agitait Morcerf.

« J'ai le droit, répondit-il en faisant un violent effort sur lui-même, j'ai le projet d'exiger que vous vous expliquiez ; est-ce donc contre Mme de Morcerf que vous avez quelque chose ? Est-ce ma fortune qui n'est pas suffisante ? Sont-ce mes opinions qui, étant contraires aux vôtres...

— Rien de tout cela, monsieur, dit Danglars ; je serais impardonnable, car je me suis engagé connaissant tout cela. Non, ne cherchez plus, je suis vraiment honteux de vous faire faire cet examen de conscience ; restons-en là, croyez-moi. Prenons le terme moyen du délai, qui n'est ni une rupture, ni un engagement. Rien ne presse, mon Dieu ! Ma fille a dix-sept ans, et votre fils vingt et un. Pendant notre halte, le temps marchera, lui ; il amènera les événements ; les choses qui paraissent obscures la veille sont parfois trop claires le lendemain ; parfois ainsi, en un jour, tombent les plus cruelles calomnies.

— Des calomnies, avez-vous dit, monsieur ! s'écria Morcerf en devenant livide. On me calomnie, moi !

— Monsieur le comte, ne nous expliquons pas, vous dis-je.

— Ainsi, monsieur, il me faudra subir tranquillement ce refus ?

— Pénible surtout pour moi, monsieur. Oui, plus pénible pour moi que pour vous, car je comptais sur l'honneur de votre alliance, et un mariage manqué fait toujours plus de tort à la fiancée qu'au fiancé.

— C'est bien, monsieur, n'en parlons plus », dit Morcerf.

Et froissant ses gants avec rage, il sortit de l'appartement.

Danglars remarqua que, pas une seule fois, Morcerf n'avait osé demander si c'était à cause de lui, Morcerf, que Danglars retirait sa parole.

Le soir il eut une longue conférence avec plusieurs amis, et M. Cavalcanti, qui s'était constamment tenu dans le salon des dames, sortit le dernier de la maison du banquier.

Le lendemain, en se réveillant, Danglars demanda les journaux, on les lui apporta aussitôt : il en écarta trois ou quatre et prit *L'Impartial*.

C'était celui dont Beauchamp était le rédacteur-gérant.

Il brisa rapidement l'enveloppe, l'ouvrit avec une précipitation nerveuse, passa dédaigneusement sur le *premier Paris*, et, arrivant aux faits divers, s'arrêta avec son méchant sourire sur un entrefilet commençant par ces mots : *On nous écrit de Janina*.

« Bon, dit-il après avoir lu, voici un petit bout d'article sur le colonel Fernand qui, selon toute probabilité, me dispensera de donner des explications à M. le comte de Morcerf. »

Au même moment, c'est-à-dire comme neuf heures du matin sonnaient, Albert de Morcerf, vêtu de noir, boutonné méthodiquement, la démarche agitée et la parole brève, se présentait à la maison des Champs-Élysées.

« M. le comte vient de sortir il y a une demi-heure à peu près, dit le concierge.

— A-t-il emmené Baptistin ? demanda Morcerf.

— Non, monsieur le vicomte.

— Appelez Baptistin, je veux lui parler. »

Le concierge alla chercher le valet de chambre lui-même, et un instant après revint avec lui.

« Mon ami, dit Albert, je vous demande pardon de mon indiscrétion, mais j'ai voulu vous demander à vous-même si votre maître était bien réellement sorti ?

— Oui, monsieur, répondit Baptistin.

— Même pour moi ?

— Je sais combien mon maître est heureux de recevoir monsieur, et je me garderais bien de confondre monsieur dans une mesure générale.

— Tu as raison, car j'ai à lui parler d'une affaire sérieuse. Crois-tu qu'il tardera à rentrer ?

— Non, car il a commandé son déjeuner pour dix heures.

— Bien, je vais faire un tour aux Champs-Élysées, à dix heures je serai ici ; si M. le comte rentre avant moi, dis-lui que je le prie d'attendre.

— Je n'y manquerai pas, monsieur peut en être sûr. »

Albert laissa à la porte du comte le cabriolet de place qu'il avait pris et alla se promener à pied.

En passant devant l'allée des Veuves, il crut reconnaître les chevaux du comte qui stationnaient à la porte du tir de Gosset ; il s'approcha et, après avoir reconnu les chevaux, reconnut le cocher.

« M. le comte est au tir ? demanda Morcerf à celui-ci.

— Oui, monsieur », répondit le cocher.

En effet, plusieurs coups réguliers s'étaient fait entendre depuis que Morcerf était aux environs du tir.

Il entra.

Dans le petit jardin se tenait le garçon.

« Pardon, dit-il, mais monsieur le vicomte voudrait-il attendre un instant ?

— Pourquoi cela, Philippe ? demanda Albert, qui, étant un habitué, s'étonnait de cet obstacle qu'il ne comprenait pas.

— Parce que la personne qui s'exerce en ce moment prend le tir à elle seule, et ne tire jamais devant quelqu'un.

— Pas même devant vous, Philippe ?

— Vous voyez, monsieur, je suis à la porte de ma loge.

— Et qui lui charge ses pistolets ?

— Son domestique.

— Un Nubien ?

— Un nègre.

— C'est cela.

— Vous connaissez donc ce seigneur ?

— Je viens le chercher ; c'est mon ami.

— Oh ! alors, c'est autre chose. Je vais entrer pour le prévenir. »

Et Philippe, poussé par sa propre curiosité, entra dans la cabane de planches. Une seconde après, Monte-Cristo parut sur le seuil.

« Pardon de vous poursuivre jusqu'ici, mon cher comte, dit Albert ; mais je commence par vous dire que ce n'est point la faute de vos gens, et que moi seul suis indiscret. Je me suis présenté chez vous ; on m'a dit que vous étiez en promenade, mais que vous rentreriez à dix heures pour déjeuner. Je me suis promené à mon tour en attendant dix heures, et, en me promenant, j'ai aperçu vos chevaux et votre voiture.

— Ce que vous me dites là me donne l'espoir que vous venez me demander à déjeuner.

— Non pas, merci, il ne s'agit pas de déjeuner à cette heure ; peut-être déjeunerons-nous plus tard, mais en mauvaise compagnie, pardieu !

— Que diable contez-vous là ?

— Mon cher, je me bats aujourd'hui.

— Vous ? et pour quoi faire ?

— Pour me battre, pardieu !

— Oui, j'entends bien, mais à cause de quoi ? On se bat pour toute espèce de choses, vous comprenez bien.

— A cause de l'honneur.

— Ah ! ceci, c'est sérieux.

— Si sérieux, que je viens vous prier de me rendre un service.

— Lequel ?

— Celui d'être mon témoin.

— Alors cela devient grave ; ne parlons de rien ici, et rentrons chez moi. Ali, donne-moi de l'eau. »

Le comte retroussa ses manches et passa dans le petit vestibule qui précède les tirs, et où les tireurs ont l'habitude de se laver les mains.

« Entrez donc, monsieur le vicomte, dit tout bas Philippe, vous verrez quelque chose de drôle. »

Morcerf entra. Au lieu de mouches, des cartes à jouer étaient collées sur la plaque.

De loin, Morcerf crut que c'était le jeu complet ; il y avait depuis l'as jusqu'au dix.

« Ah ! ah ! fit Albert, vous étiez en train de jouer au piquet ?

— Non, dit le comte, j'étais en train de faire un jeu de cartes.

— Comment cela ?

— Oui, ce sont des as et des deux que vous voyez ;
seulement mes balles en ont fait des trois, des cinq,
des sept, des huit, des neuf et des dix. »

Albert s'approcha.

En effet, les balles avaient, avec des lignes parfaitement exactes et des distances parfaitement égales,
remplacé les signes absents et troué le carton aux
endroits où il aurait dû être peint. En allant à la
plaque, Morcerf ramassa, en outre, deux ou trois
hirondelles qui avaient eu l'imprudence de passer à
portée du pistolet du comte, et que le comte avait
abattues.

« Diable ! fit Morcerf.

— Que voulez-vous, mon cher vicomte, dit Monte-
Cristo en s'essuyant les mains avec du linge apporté
par Ali, il faut bien que j'occupe mes instants d'oisi-
veté ; mais venez, je vous attends. »

Tous deux montèrent dans le coupé de Monte-Cristo
qui, au bout de quelques instants, les eut déposés à la
porte du n° 30.

Monte-Cristo conduisit Morcerf dans son cabinet, et
lui montra un siège. Tous deux s'assirent.

« Maintenant, causons tranquillement, dit le comte.

— Vous voyez que je suis parfaitement tranquille.

— Avec qui voulez-vous vous battre ?

— Avec Beauchamp.

— Un de vos amis !

— C'est toujours avec des amis qu'on se bat.

— Au moins faut-il une raison.

— J'en ai une.

— Que vous a-t-il fait ?

— Il y a, dans un journal d'hier soir... mais tenez,
lisez.

Albert tendit à Monte-Cristo un journal où il lut ces
mots :

« On nous écrit de Janina :

« Un fait jusqu'alors ignoré, ou tout au moins inédit,
est parvenu à notre connaissance ; les châteaux qui
défendaient la ville ont été livrés aux Turcs par un
officier français dans lequel le vizir Ali-Tebelin avait
mis toute sa confiance, et qui s'appelait Fernand. »

« Eh bien, demanda Monte-Cristo, que voyez-vous là-dedans qui vous choque ?

— Comment ! ce que je vois ?

— Oui. Que vous importe à vous que les châteaux de Janina aient été livrés par un officier nommé Fernand ?

— Il m'importe que mon père, le comte de Morcerf, s'appelle Fernand de son nom de baptême.

— Et votre père servait Ali-Pacha ?

— C'est-à-dire qu'il combattait pour l'indépendance des Grecs ; voilà où est la calomnie.

— Ah çà ! mon cher vicomte, parlons raison.

— Je ne demande pas mieux.

— Dites-moi un peu : qui diable sait en France que l'officier Fernand est le même homme que le comte de Morcerf, et qui s'occupe à cette heure de Janina, qui a été prise en 1822 ou 1823, je crois ?

— Voilà justement où est la perfidie : on a laissé le temps passer là-dessus, puis aujourd'hui on revient sur des événements oubliés pour en faire sortir un scandale qui peut ternir une haute position. Eh bien, moi, héritier du nom de mon père, je ne veux même pas que sur ce nom flotte l'ombre d'un doute. Je vais envoyer à Beauchamp, dont le journal a publié cette note, deux témoins, et il la rétractera.

— Beauchamp ne rétractera rien.

— Alors, nous nous battrons.

— Non, vous ne vous battrez pas, car il vous répondra qu'il y avait peut-être dans l'armée grecque cinquante officiers qui s'appelaient Fernand.

— Nous nous battrons malgré cette réponse. Oh ! je veux que cela disparaisse... Mon père, un si noble soldat, une si illustre carrière...

— Ou bien il mettra : Nous sommes fondés à croire que ce Fernand n'a rien de commun avec M. le comte de Morcerf, dont le nom de baptême est aussi Fernand.

— Il me faut une rétractation pleine et entière ; je ne me contenterai point de celle-là !

— Et vous allez lui envoyer vos témoins ?

— Oui.

— Vous avez tort.

— Cela veut dire que vous me refusez le service que je venais vous demander.

— Ah ! vous savez ma théorie à l'égard du duel ; je vous ai fait ma profession de foi à Rome, vous vous la rappelez ?

— Cependant, mon cher comte, je vous ai trouvé ce matin, tout à l'heure, exerçant une occupation peu en harmonie avec cette théorie.

— Parce que, mon cher ami, vous comprenez, il ne faut jamais être exclusif. Quand on vit avec des fous, il faut faire aussi son apprentissage d'insensé ; d'un moment à l'autre quelque cerveau brûlé, qui n'aura pas plus de motif de me chercher querelle que vous n'en avez d'aller chercher querelle à Beauchamp, me viendra trouver pour la première niaiserie venue, ou m'enverra ses témoins, on m'insultera dans un endroit public : eh bien, ce cerveau brûlé, il faudra bien que je le tue.

— Vous admettez donc que, vous-même, vous vous battriez ?

— Pardieu !

— Eh bien, alors, pourquoi voulez-vous que, moi, je ne me batte pas ?

— Je ne dis point que vous ne devez point vous battre ; je dis seulement qu'un duel est une chose grave et à laquelle il faut réfléchir.

— A-t-il réfléchi, lui, pour insulter mon père ?

— S'il n'a pas réfléchi, et qu'il vous l'avoue, il ne faut pas lui en vouloir.

— Oh ! mon cher comte, vous êtes beaucoup trop indulgent !

— Et vous, beaucoup trop rigoureux. Voyons, je suppose... écoutez bien ceci : je suppose... N'allez pas vous fâcher de ce que je vous dis !

— J'écoute.

— Je suppose que le fait rapporté soit vrai...

— Un fils ne doit pas admettre une pareille supposition sur l'honneur de son père.

— Eh ! mon Dieu ! nous sommes dans une époque où l'on admet tant de choses !

— C'est justement le vice de l'époque.

— Avez-vous la prétention de le réformer ?

— Oui, à l'endroit de ce qui me regarde.

— Mon Dieu ! quel rigoriste vous faites, mon cher ami !

— Je suis ainsi.

— Êtes-vous inaccessible aux bons conseils ?

— Non, quand ils viennent d'un ami.

— Me croyez-vous le vôtre ?

— Oui.

— Eh bien, avant d'envoyer vos témoins à Beauchamp, informez-vous.

— Auprès de qui ?

— Eh pardieu ! auprès d'Haydée, par exemple.

— Mêler une femme dans tout cela, que peut-elle y faire ?

— Vous déclarer que votre père n'est pour rien dans la défaite ou la mort du sien, par exemple, ou vous éclairer à ce sujet, si par hasard votre père avait eu le malheur...

— Je vous ai déjà dit, mon cher comte, que je ne pouvais admettre une pareille supposition.

— Vous refusez donc ce moyen ?

— Je le refuse.

— Absolument ?

— Absolument !

— Alors, un dernier conseil.

— Soit, mais le dernier.

— Ne le voulez-vous point ?

— Au contraire, je vous le demande.

— N'envoyez point de témoins à Beauchamp.

— Comment ?

— Allez le trouver vous-même.

— C'est contre toutes les habitudes.

— Votre affaire est en dehors des affaires ordinaires.

— Et pourquoi dois-je y aller moi-même, voyons ?

— Parce qu'ainsi l'affaire reste entre vous et Beauchamp.

— Expliquez-vous.

— Sans doute ; si Beauchamp est disposé à se

rétracter, il faut lui laisser le mérite de la bonne volonté : la rétraction n'en sera pas moins faite. S'il refuse, au contraire, il sera temps de mettre deux étrangers dans votre secret.

— Ce ne seront pas deux étrangers, ce seront deux amis.

— Les amis d'aujourd'hui sont les ennemis de demain.

— Oh ! par exemple !

— Témoin Beauchamp.

— Ainsi...

— Ainsi, je vous recommande la prudence.

— Ainsi, vous croyez que je dois aller trouver Beauchamp moi-même ?

— Oui.

— Seul ?

— Seul. Quand on veut obtenir quelque chose de l'amour-propre d'un homme, il faut sauver à l'amour-propre de cet homme jusqu'à l'apparence de la souffrance.

— Je crois que vous avez raison.

— Ah ! c'est bien heureux !

— J'irai seul.

— Allez ; mais vous feriez encore mieux de n'y point aller du tout.

— C'est impossible.

— Faites donc ainsi ; ce sera toujours mieux que ce que vous vouliez faire.

— Mais en ce cas, voyons, si malgré toutes mes précautions, tous mes procédés, si j'ai un duel, me servirez-vous de témoin ?

— Mon cher vicomte, dit Monte-Cristo avec une gravité suprême, vous avez dû voir qu'en temps et lieu j'étais tout à votre dévotion ; mais le service que vous me demanderez là sort du cercle de ceux que je puis vous rendre.

— Pourquoi cela ?

— Peut-être le saurez-vous un jour.

— Mais en attendant ?

— Je demande votre indulgence pour mon secret.

— C'est bien. Je prendrai Franz et Château-Renaud.

— Prenez Franz et Château-Renaud, ce sera à merveille.

— Mais enfin, si je me bats, vous me donnerez bien une petite leçon d'épée ou de pistolet ?

— Non, c'est encore une chose impossible.

— Singulier homme que vous faites, allez ! Alors vous ne voulez vous mêler de rien ?

— De rien absolument.

— Alors n'en parlons plus. Adieu, comte.

— Adieu, vicomte. »

Morcerf prit son chapeau et sortit.

A la porte, il retrouva son cabriolet, et, contenant du mieux qu'il put sa colère, il se fit conduire chez Beauchamp ; Beauchamp était à son journal.

Albert se fit conduire au journal.

Beauchamp était dans un cabinet sombre et poudreux, comme sont de fondation les bureaux de journaux.

On lui annonça Albert de Morcerf. Il fit répéter deux fois l'annonce ; puis, mal convaincu encore, il cria :

« Entrez ! »

Albert parut. Beauchamp poussa une exclamation en voyant son ami franchir les liasses de papier et fouler d'un pied mal exercé les journaux de toutes grandeurs qui jonchaient non point le parquet, mais le carreau rougi de son bureau.

« Par ici, par ici, mon cher Albert, dit-il en tendant la main au jeune homme ; qui diable vous amène ? êtes-vous perdu comme le petit Poucet, ou venez-vous tout bonnement me demander à déjeuner ? Tâchez de trouver une chaise ; tenez, là-bas, près de ce géranium qui, seul ici, me rappelle qu'il y a au monde des feuilles qui ne sont pas des feuilles de papier.

— Beauchamp ; dit Albert, c'est de votre journal que je viens vous parler.

— Vous, Morcerf ? que désirez-vous ?

— Je désire une rectification.

— Vous, une rectification ? A propos de quoi, Albert ? mais asseyez-vous donc !

— Merci, répondit Albert pour la seconde fois, et avec un léger signe de tête.

— Expliquez-vous.

— Une rectification sur un fait qui porte atteinte à l'honneur d'un membre de ma famille.

— Allons donc ! dit Beauchamp, surpris. Quel fait ? Cela ne se peut pas.

— Le fait qu'on vous a écrit de Janina.

— De Janina ?

— Oui, de Janina. En vérité vous avez l'air d'ignorer ce qui m'amène ?

— Sur mon honneur... Baptiste ! un journal d'hier ! cria Beauchamp.

— C'est inutile, je vous apporte le mien. »

Beauchamp lut en bredouillant :

« — On nous écrit de Janina, etc. »

« Vous comprenez que le fait est grave, dit Morcerf, quand Beauchamp eut fini.

— Cet officier est donc votre parent ? demanda le journaliste.

— Oui, dit Albert en rougissant.

— Eh bien, que voulez-vous que je fasse pour vous être agréable ? dit Beauchamp avec douceur.

— Je voudrais, mon cher Beauchamp, que vous rétractassiez ce fait. »

Beauchamp regarda Albert avec une attention qui annonçait assurément beaucoup de bienveillance.

« Voyons, dit-il, cela va nous entraîner dans une longue causerie ; car c'est toujours une chose grave qu'une rétractation. Asseyez-vous ; je vais relire ces trois ou quatre lignes. »

Albert s'assit, et Beauchamp relut les lignes incriminées par son ami avec plus d'attention que la première fois.

« Eh bien, vous le voyez, dit Albert avec fermeté, avec rudesse même, on a insulté dans votre journal quelqu'un de ma famille, et je veux une rétractation.

— Vous... voulez...

— Oui, je veux !

— Permettez-moi de vous dire que vous n'êtes point parlementaire, mon cher vicomte.

— Je ne veux point l'être, répliqua le jeune homme en se levant ; je poursuis la rétractation d'un fait que

vous avez énoncé hier, et je l'obtiendrai. Vous êtes
assez mon ami, continua Albert les lèvres serrées,
voyant que Beauchamp, de son côté, commençait à
relever sa tête dédaigneuse ; vous êtes assez mon ami
et, comme tel, vous me connaissez assez, je l'espère
pour comprendre ma ténacité en pareille circonstance.

— Si je suis votre ami, Morcerf, vous finirez par me
le faire oublier avec des mots pareils à ceux de tout à
l'heure... Mais voyons, ne nous fâchons pas, ou du
moins, pas encore... Vous êtes inquiet, irrité, piqué...
Voyons, quel est ce parent qu'on appelle Fernand ?

— C'est mon père, tout simplement, dit Albert ;
M. Fernand Mondego, comte de Morcerf, un vieux
militaire qui a vu vingt champs de bataille, et dont on
voudrait couvrir les nobles cicatrices avec la fange
impure ramassée dans le ruisseau.

— C'est votre père ? dit Beauchamp : alors c'est
autre chose ; je conçois votre indignation, mon cher
Albert... Relisons donc... »

Et il relut la note, en pesant cette fois sur chaque
mot.

« Mais où voyez-vous, demanda Beauchamp, que le
Fernand du journal soit votre père ?

— Nulle part, je le sais bien ; mais d'autres le ver-
ront. C'est pour cela que je veux que le fait soit
démenti. »

Aux mots *je veux*, Beauchamp leva les yeux sur
Morcerf, et les baissant presque aussitôt, il demeura
un instant pensif.

« Vous démentirez ce fait, n'est-ce pas, Beauchamp ? répéta Morcerf avec une colère croissante,
quoique toujours concentrée.

— Oui, dit Beauchamp.

— A la bonne heure ! dit Albert.

— Mais quand je me serai assuré que le fait est
faux.

— Comment !

— Oui, la chose vaut la peine d'être éclaircie, et je
l'éclaircirai.

— Mais que voyez-vous donc à éclaircir dans tout

cela, monsieur ? dit Albert, hors de toute mesure. Si vous ne croyez pas que ce soit mon père, dites-le tout de suite ; si vous croyez que ce soit lui, rendez-moi raison de cette opinion. »

Beauchamp regarda Albert avec ce sourire qui lui était particulier, et qui savait prendre la nuance de toutes les passions.

« Monsieur, reprit-il, puisque monsieur il y a, si c'est pour me demander raison que vous êtes venu, il fallait le faire d'abord et ne point venir me parler d'amitié et d'autres choses oiseuses comme celles que j'ai la patience d'entendre depuis une demi-heure. Est-ce bien sur ce terrain que nous allons marcher désormais, voyons !

— Oui, si vous ne rétractez pas l'infâme calomnie !

— Un moment ! pas de menaces, s'il vous plaît, monsieur Albert Mondego, vicomte de Morcerf ; je n'en souffre pas de mes ennemis, à plus forte raison de mes amis. Donc, vous voulez que je démente le fait sur le colonel Fernand, fait auquel je n'ai, sur mon honneur pris aucune part ?

— Oui, je le veux ! dit Albert, dont la tête commençait à s'égarer.

— Sans quoi, nous nous battrons ? continua Beauchamp avec le même calme.

— Oui ! reprit Albert, en haussant la voix.

— Eh bien, dit Beauchamp, voici ma réponse, mon cher monsieur : ce fait n'a pas été inséré par moi, je ne le connaissais pas ; mais vous avez, par votre démarche, attiré mon attention sur ce fait, elle s'y cramponne ; il subsistera donc jusqu'à ce qu'il soit démenti ou confirmé par qui de droit.

— Monsieur, dit Albert en se levant, je vais donc avoir l'honneur de vous envoyer mes témoins ; vous discuterez avec eux le lieu et les armes.

— Parfaitement, mon cher monsieur.

— Et ce soir, s'il vous plaît ou demain au plus tard, nous nous rencontrerons.

— Non pas ! non pas ! Je serai sur le terrain quand il le faudra, et, à mon avis (j'ai le droit de le donner, puisque c'est moi qui reçois la provocation), et, à mon avis, dis-je, l'heure n'est pas encore venue. Je sais que vous tirez très bien l'épée, je la tire passablement ; je sais que vous faites trois mouches sur six, c'est ma force à peu près ; je sais qu'un duel entre nous sera un duel sérieux, parce que vous êtes brave et que... je le suis aussi. Je ne veux donc pas m'exposer à vous tuer ou à être tué moi-même par vous, sans cause. C'est moi qui vais à mon tour poser la question et ca-té-go-ri-que-ment.

« Tenez-vous à cette rétractation au point de me tuer si je ne le fais pas, bien que je vous aie dit, bien que je vous répète, bien que je vous affirme sur l'honneur que je ne connaissais pas le fait ; bien que je vous déclare enfin qu'il est impossible à tout autre qu'à un don Japhet comme vous de deviner M. le comte de Morcerf sous ce nom de Fernand ?

— J'y tiens absolument.

— Eh bien, mon cher monsieur, je consens à me couper la gorge avec vous, mais je veux trois semaines ; dans trois semaines vous me retrouverez pour vous dire : Oui, le fait est faux, je l'efface ; ou bien : Oui, le fait est vrai, et je sors les épées du fourreau, ou les pistolets de la boîte, à votre choix.

— Trois semaines ! s'écria Albert ; mais trois semaines, c'est trois siècles pendant lesquels je suis déshonoré !

— Si vous étiez resté mon ami, je vous eusse dit : Patience, ami ; vous vous êtes fait mon ennemi et je vous dis : Que m'importe, à moi, monsieur !

— Eh bien, dans trois semaines, soit, dit Morcerf. Mais, songez-y, dans trois semaines il n'y aura plus ni délai, ni subterfuge qui puisse vous dispenser...

— Monsieur Albert de Morcerf, dit Beauchamp en se levant à son tour, je ne puis vous jeter par les fenêtres que dans trois semaines, c'est-à-dire dans vingt-quatre jours, et vous, vous n'avez le droit de me pourfendre qu'à cette époque. Nous sommes le 29 du mois d'août, donc au 21 du mois de septembre. Jusque-là, croyez-moi, et c'est un conseil de gentilhomme que je vous donne, épargnons-nous les aboiements de deux dogues enchaînés à distance. »

Et Beauchamp, saluant gravement le jeune homme, lui tourna le dos et passa dans son imprimerie.

Albert se vengea sur une pile de journaux qu'il dispersa en les cinglant à grands coups de badine ; après quoi il partit, non sans s'être retourné deux ou trois fois vers la porte de l'imprimerie.

Tandis qu'Albert fouettait le devant de son cabriolet après avoir fouetté les innocents papiers noircis qui n'en pouvaient mais de sa déconvenue, il aperçut, en traversant le boulevard, Morrel qui, le nez au vent, l'œil éveillé et les bras dégagés, passait devant les bains Chinois, venant du côté de la porte Saint-Martin, et allant du côté de la Madeleine.

« Ah ! dit-il en soupirant, voilà un homme heureux ! »

Par hasard, Albert ne se trompait point.

LXXIX

LA LIMONADE

En effet, Morrel était bien heureux.

M. Noirtier venait de l'envoyer chercher, et il avait si grande hâte de savoir pour quelle cause, qu'il n'avait pas pris de cabriolet, se fiant bien plus à ses deux jambes qu'aux jambes d'un cheval de place ; il était donc parti tout courant de la rue Meslay et se rendait au faubourg Saint-Honoré.

Morrel marchait au pas gymnastique, et le pauvre Barrois le suivait de son mieux. Morrel avait trente et un ans, Barrois en avait soixante ; Morrel était ivre d'amour, Barrois était altéré par la grande chaleur. Ces deux hommes, ainsi divisés d'intérêts et d'âge, ressemblaient aux deux lignes que forme un triangle : écartées par la base, elles se rejoignent au sommet.

Le sommet, c'était Noirtier, lequel avait envoyé chercher Morrel en lui recommandant de faire diligence, recommandation que Morrel suivait à la lettre, au grand désespoir de Barrois.

En arrivant, Morrel n'était pas même essoufflé : l'amour donne des ailes ; mais Barrois, qui depuis longtemps n'était plus amoureux, Barrois était en nage.

Le vieux serviteur fit entrer Morrel par la porte particulière, ferma la porte du cabinet, et bientôt un froissement de robe sur le parquet annonça la visite de Valentine.

Valentine était belle à ravir sous ses vêtements de deuil.

Le rêve devenait si doux que Morrel se fût presque passé de converser avec Noirtier ; mais le fauteuil du vieillard roula bientôt sur le parquet, et il entra.

Noirtier accueillit par un regard bienveillant les remerciements que Morrel lui prodiguait pour cette merveilleuse intervention qui les avait sauvés, Valentine et lui, du désespoir. Puis le regard de Morrel alla provoquer, sur la nouvelle faveur qui lui était accordée, la jeune fille, qui, timide et assise loin de Morrel, attendait d'être forcée à parler.

Noirtier la regarda à son tour.

« Il faut donc que je dise ce dont vous m'avez chargée ? demanda-t-elle.

— Oui, fit Noirtier.

— Monsieur Morrel, dit alors Valentine au jeune homme qui la dévorait des yeux, mon bon papa Noirtier avait mille choses à vous dire, que depuis trois jours il m'a dites. Aujourd'hui, il vous envoie chercher pour que je vous les répète ; je vous les répéterai donc, puisqu'il m'a choisie pour son interprète, sans changer un mot à ses intentions.

— Oh ! j'écoute bien impatiemment, répondit le jeune homme ; parlez, mademoiselle, parlez. »

Valentine baissa les yeux : ce fut un présage qui parut doux à Morrel. Valentine n'était faible que dans le bonheur.

« Mon père veut quitter cette maison, dit-elle. Barrois s'occupe de lui chercher un appartement convenable.

— Mais vous, mademoiselle, dit Morrel, vous qui êtes si chère et si nécessaire à M. Noirtier ?

— Moi, reprit la jeune fille, je ne quitterai point mon grand-père, c'est chose convenue entre lui et moi. Mon appartement sera près du sien. Ou j'aurai le consentement de M. de Villefort pour aller habiter avec bon papa Noirtier, ou on me le refusera : dans le premier cas, je pars dès à présent ; dans le second, j'attends ma majorité, qui arrive dans dix-huit mois. Alors je serai libre, j'aurai une fortune indépendante, et...

— Et ?... demanda Morrel.

— Et, avec l'autorisation de bon papa, je tiendrai la promesse que je vous ai faite. »

Valentine prononça ces derniers mots si bas, que Morrel n'eût pu les entendre sans l'intérêt qu'il avait à les dévorer.

« N'est-ce point votre pensée que j'ai exprimée là, bon papa ? ajouta Valentine en s'adressant à Noirtier.

— Oui, fit le vieillard.

— Une fois chez mon grand-père, ajouta Valentine, M. Morrel pourra me venir voir en présence de ce bon et digne protecteur. Si ce lien que nos cœurs, peut-être ignorants ou capricieux, avaient commencé de former paraît convenable et offre des garanties de bonheur futur à notre expérience (hélas ! dit-on, les cœurs enflammés par les obstacles se refroidissent dans la sécurité !) alors M. Morrel pourra me demander à moi-même, je l'attendrai.

— Oh ! s'écria Morrel, tenté de s'agenouiller devant le vieillard comme devant Dieu, devant Valentine comme devant un ange ; oh ! qu'ai-je donc fait de bien dans ma vie pour mériter tant de bonheur ?

— Jusque-là, continua la jeune fille de sa voix pure et sévère, nous respectons les convenances, la volonté même de nos parents, pourvu que cette volonté ne tende pas à nous séparer toujours ; en un mot, et je répète ce mot parce qu'il dit tout, nous attendrons.

— Et les sacrifices que ce mot impose, monsieur, dit Morrel, je vous jure de les accomplir, non pas avec résignation, mais avec bonheur.

— Ainsi, continua Valentine avec un regard bien doux au cœur de Maximilien, plus d'imprudences, mon ami, ne compromettez pas celle qui, à partir d'aujourd'hui, se regarde comme destinée à porter purement et dignement votre nom. »

Morrel appuya sa main sur son cœur.

Cependant Noirtier les regardait tous deux avec tendresse. Barrois, qui était resté au fond comme un homme à qui l'on n'a rien à cacher, souriait en essuyant les grosses gouttes d'eau qui tombaient de son front chauve.

« Oh ! mon Dieu, comme il a chaud, ce bon Barrois, dit Valentine.

— Ah ! dit Barrois, c'est que j'ai bien couru, allez, mademoiselle ; mais M. Morrel, je dois lui rendre cette justice-là, courait encore plus vite que moi. »

Noirtier indiqua de l'œil un plateau sur lequel étaient servis une carafe de limonade et un verre. Ce qui manquait dans la carafe avait été bu une demi-heure auparavant par Noirtier.

« Tiens, bon Barrois, dit la jeune fille, prends, car je vois que tu couves des yeux cette carafe entamée.

— Le fait est, dit Barrois, que je meurs de soif, et que je boirai bien volontiers un verre de limonade à votre santé.

— Bois donc, dit Valentine, et reviens dans un instant. »

Barrois emporta le plateau, et à peine était-il dans le corridor, qu'à travers la porte qu'il avait oublié de fermer, on le voyait pencher la tête en arrière pour vider le verre que Valentine avait rempli.

Valentine et Morrel échangeaient leurs adieux en présence de Noirtier, quand on entendit la sonnette retentir dans l'escalier de Villefort.

C'était le signal d'une visite.

Valentine regarda la pendule.

« Il est midi, dit-elle, c'est aujourd'hui samedi, bon papa, c'est sans doute le docteur. »

Noirtier fit signe qu'en effet ce devait être lui.

« Il va venir ici, il faut que M. Morrel s'en aille, n'est-ce pas, bon papa ?

— Oui, répondit le vieillard.

— Barrois ! appela Valentine ; Barrois, venez ! »

On entendit la voix du vieux serviteur qui répondait :

« J'y vais mademoiselle.

— Barrois va vous reconduire jusqu'à la porte, dit Valentine à Morrel ; et maintenant, rappelez-vous une chose, monsieur l'officier, c'est que mon bon papa vous recommande de ne risquer aucune démarche capable de compromettre notre bonheur.

— J'ai promis d'attendre, dit Morrel, et j'attendrai. »

En ce moment, Barrois entra.

« Qui a sonné ? demanda Valentine.

— Monsieur le docteur d'Avrigny, dit Barrois en chancelant sur ses jambes.

— Eh bien, qu'avez-vous donc, Barrois ? » demanda Valentine.

Le vieillard ne répondit pas ; il regardait son maître avec des yeux effarés, tandis que de sa main crispée il cherchait un appui pour demeurer debout.

« Mais il va tomber ! » s'écria Morrel.

En effet, le tremblement dont Barrois était saisi augmentait par degrés ; les traits du visage, altérés par les mouvements convulsifs des muscles de la face, annonçaient une attaque nerveuse des plus intenses.

Noirtier, voyant Barrois ainsi troublé, multipliait ses regards dans lesquels se peignaient, intelligibles et palpitantes, toutes les émotions qui agitent le cœur de l'homme.

Barrois fit quelques pas vers son maître.

« Ah ! mon Dieu ! mon Dieu ! Seigneur, dit-il, mais qu'ai-je donc ?... Je souffre... je n'y vois plus. Mille pointes de feu me traversent le crâne. Oh ! ne me touchez pas, ne me touchez pas ! »

En effet, les yeux devenaient saillants et hagards, et la tête se renversait en arrière, tandis que le reste du corps se raidissait.

Valentine épouvantée poussa un cri ; Morrel la prit dans ses bras comme pour la défendre contre quelque danger inconnu.

« Monsieur d'Avrigny ! monsieur d'Avrigny ! cria Valentine d'une voix étouffée, à nous ! au secours ! »

Barrois tourna sur lui-même, fit trois pas en arrière, trébucha et vint tomber aux pieds de Noirtier, sur le genou duquel il appuya sa main en criant :

« Mon maître ! mon bon maître ! »

En ce moment M. de Villefort, attiré par les cris, parut sur le seuil de la chambre.

Morrel lâcha Valentine à moitié évanouie, et se rejetant en arrière, s'enfonça dans l'angle de la chambre et disparut presque derrière un rideau.

Pâle comme s'il eût vu un serpent se dresser devant lui, il attachait un regard glacé sur le malheureux agonisant.

Noirtier bouillait d'impatience et de terreur ; son âme volait au secours du pauvre vieillard, son ami plutôt que son domestique. On voyait le combat terrible de la vie et de la mort se traduire sur son front par le gonflement des veines et la contraction de quelques muscles restés vivants autour de ses yeux.

Barrois, la face agitée, les yeux injectés de sang, le cou renversé en arrière, gisait battant le parquet de ses mains, tandis qu'au contraire ses jambes raides semblaient devoir rompre plutôt que plier.

Une légère écume montait à ses lèvres, et il haletait douloureusement.

Villefort, stupéfait, demeura un instant les yeux fixés sur ce tableau, qui, dès son entrée dans la chambre, attira ses regards.

Il n'avait pas vu Morrel.

Après un instant de contemplation muette pendant lequel on put voir son visage pâlir et ses cheveux se dresser sur sa tête :

« Docteur ! docteur ! s'écria-t-il en s'élançant vers la porte, venez ! venez !

— Madame ! madame ! cria Valentine appelant sa belle-mère en se heurtant aux parois de l'escalier, venez ! venez vite ! et apportez votre flacon de sels !

— Qu'y a-t-il ? demanda la voix métallique et contenue de Mme de Villefort.

— Oh ! venez ! venez !

— Mais où donc est le docteur ! criait Villefort ; où est-il ? »

Mme de Villefort descendit lentement ; on entendait craquer les planches sous ses pieds. D'une main elle tenait le mouchoir avec lequel elle s'essuyait le visage, de l'autre un flacon de sels anglais.

Son premier regard, en arrivant à la porte, fut pour Noirtier, dont le visage, sauf l'émotion bien naturelle dans une semblable circonstance, annonçait une santé égale ; son second coup d'œil rencontra le moribond.

Elle pâlit, et son œil rebondit pour ainsi dire du serviteur sur le maître.

« Mais au nom du Ciel, madame, où est le docteur ? il est entré chez vous. C'est une apoplexie, vous le voyez bien, avec une saignée on le sauvera.

— A-t-il mangé depuis peu ? demanda Mme de Villefort éludant la question.

— Madame, dit Valentine, il n'a pas déjeuné, mais il a fort couru ce matin pour faire une commission dont l'avait chargé bon papa. Au retour seulement il a pris un verre de limonade.

— Ah ! fit Mme de Villefort, pourquoi pas du vin ? C'est très mauvais, la limonade.

— La limonade était là sous sa main, dans la carafe de bon papa ; le pauvre Barrois avait soif, il a bu ce qu'il a trouvé. »

Mme de Villefort tressaillit. Noirtier l'enveloppa de son regard profond.

« Il a le cou si court ! dit-elle.

— Madame, dit Villefort, je vous demande où est M. d'Avrigny ; au nom du Ciel, répondez !

— Il est dans la chambre d'Édouard qui est un peu souffrant », dit Mme de Villefort, qui ne pouvait éluder plus longtemps.

Villefort s'élança dans l'escalier pour l'aller chercher lui-même.

« Tenez, dit la jeune femme en donnant son flacon à Valentine, on va le saigner sans doute. Je remonte chez moi, car je ne puis supporter la vue du sang. »

Et elle suivit son mari.

Morrel sortit de l'angle sombre où il s'était retiré, et où personne ne l'avait vu, tant la préoccupation était grande.

« Partez vite, Maximilien, lui dit Valentine, et attendez que je vous appelle. Allez. »

Morrel consulta Noirtier par un geste. Noirtier, qui avait conservé tout son sang-froid, lui fit signe que oui.

Il serra la main de Valentine contre son cœur et sortit par le corridor dérobé.

En même temps Villefort et le docteur rentraient par la porte opposée.

Barrois commençait à revenir à lui : la crise était passée, sa parole revenait gémissante, et il se soulevait sur un genou.

D'Avrigny et Villefort portèrent Barrois sur une chaise longue.

« Qu'ordonnez-vous, docteur ? demanda Villefort.

— Qu'on m'apporte de l'eau et de l'éther. Vous en avez dans la maison ?

— Oui.

— Qu'on coure me chercher de l'huile de térébenthine et de l'émétique.

— Allez ! dit Villefort.

— Et maintenant que tout le monde se retire.

— Moi aussi ? demanda timidement Valentine.

— Oui, mademoiselle, vous surtout », dit rudement le docteur.

Valentine regarda M. d'Avrigny avec étonnement, embrassa M. Noirtier au front et sortit.

Derrière elle le docteur ferma la porte d'un air sombre.

« Tenez, tenez, docteur, le voilà qui revient ; ce n'était qu'une attaque sans importance. »

M. d'Avrigny sourit d'un air sombre.

« Comment vous sentez-vous, Barrois ? demanda le docteur.

— Un peu mieux, monsieur.

— Pouvez-vous boire ce verre d'eau éthérée ?

— Je vais essayer, mais ne me touchez pas.

— Pourquoi ?

— Parce qu'il me semble que si vous me touchiez, ne fût-ce que du bout du doigt, l'accès me reprendrait.

— Buvez. »

Barrois prit le verre, l'approcha de ses lèvres violettes et le vida à moitié à peu près.

« Où souffrez-vous ? demanda le docteur.

— Partout ; j'éprouve comme d'effroyables
crampes.

— Avez-vous des éblouissements ?

— Oui.

— Des tintements d'oreille ?

— Affreux.

— Quand cela vous a-t-il pris ?

— Tout à l'heure.

— Rapidement ?

— Comme la foudre.

— Rien hier ? rien avant-hier ?

— Rien.

— Pas de somnolence ? pas de pesanteurs ?

— Non.

— Qu'avez-vous mangé aujourd'hui ?

— Je n'ai rien mangé ; j'ai bu seulement un verre de
la limonade de monsieur, voilà tout. »

Et Barrois fit de la tête un signe pour désigner
Noirtier qui immobile dans son fauteuil, contemplait
cette terrible scène sans en perdre un mouvement,
sans laisser échapper une parole.

« Où est cette limonade ? demanda vivement le docteur.

— Dans la carafe, en bas.

— Où cela, en bas.

— Dans la cuisine.

— Voulez-vous que j'aille la chercher, docteur ?
demanda Villefort.

— Non, restez ici, et tâchez de faire boire au
malade le reste de ce verre d'eau.

— Mais cette limonade...

— J'y vais moi-même. »

D'Avrigny fit un bond, ouvrit la porte, s'élança dans
l'escalier de service et faillit renverser madame de
Villefort, qui, elle aussi, descendait à la cuisine.

Elle poussa un cri.

D'Avrigny n'y fit même pas attention ; emporté par
la puissance d'une seule idée, il sauta les trois ou

quatre dernières marches, se précipita dans la cuisine, et aperçut le carafon aux trois quarts vide sur un plateau.

Il fondit dessus comme un aigle sur sa proie.

Haletant, il remonta au rez-de-chaussée et rentra dans la chambre.

Mme de Villefort remontait lentement l'escalier qui conduisait chez elle.

« Est-ce bien cette carafe qui était ici ? demanda d'Avrigny.

— Oui, monsieur le docteur.

— Cette limonade est la même que vous avez bue ?

— Je le crois.

— Quel goût lui avez-vous trouvé ?

— Un goût amer. »

Le docteur versa quelques gouttes de limonade dans le creux de sa main, les aspira avec ses lèvres, et, après s'en être rincé la bouche comme on fait avec le vin que l'on veut goûter, il cracha la liqueur dans la cheminée.

« C'est bien la même, dit-il. Et vous en avez bu aussi, monsieur Noirtier ?

— Oui, fit le vieillard.

— Et vous lui avez trouvé ce même goût amer ?

— Oui.

— Ah ! monsieur le docteur ! cria Barrois, voilà que cela me reprend ! Mon Dieu, Seigneur, ayez pitié de moi ! »

Le docteur courut au malade.

« Cet émétique, Villefort, voyez s'il vient. »

Villefort s'élança en criant :

« L'émétique ! l'émétique ! l'a-t-on apporté ? »

Personne ne répondit. La terreur la plus profonde régnait dans la maison.

« Si j'avais un moyen de lui insuffler de l'air dans les poumons, dit d'Avrigny en regardant autour de lui, peut-être y aurait-il possibilité de prévenir l'asphyxie. Mais non, rien, rien !

— Oh ! monsieur, criait Barrois, me laisserez-vous mourir ainsi sans secours ? Oh ! je me meurs, mon Dieu ! je me meurs !

— Une plume ! une plume ! » demanda le docteur.

Il en aperçut une sur la table.

Il essaya d'introduire la plume dans la bouche du malade, qui faisait, au milieu de ses convulsions, d'inutiles efforts pour vomir ; mais les mâchoires étaient tellement serrées, que la plume ne put passer.

Barrois était atteint d'une attaque nerveuse encore plus intense que la première. Il avait glissé de la chaise longue à terre, et se raidissait sur le parquet.

Le docteur le laissa en proie à cet accès, auquel il ne pouvait apporter aucun soulagement, et alla à Noirtier.

« Comment vous trouvez-vous ? lui dit-il précipitamment et à voix basse ; bien ?

— Oui.

— Léger d'estomac ou lourd ? léger ?

— Oui.

— Comme lorsque vous avez pris la pilule que je vous fais donner chaque dimanche ?

— Oui.

— Est-ce Barrois qui a fait votre limonade ?

— Oui.

— Est-ce vous qui l'avez engagé à en boire ?

— Non.

— Est-ce M. de Villefort ?

— Non.

— Madame ?

— Non.

— C'est donc Valentine, alors ?

— Oui. »

Un soupir de Barrois, un bâillement qui faisait craquer les os de sa mâchoire, appelèrent l'attention de d'Avrigny : il quitta M. Noirtier et courut près du malade.

« Barrois, dit le docteur, pouvez-vous parler ? »

Barrois balbutia quelques paroles inintelligibles.

« Essayez un effort, mon ami. »

Barrois rouvrit des yeux sanglants.

« Qui a fait la limonade ?

— Moi.

— L'avez-vous apportée à votre maître aussitôt après l'avoir faite ?

— Non.

— Vous l'avez laissée quelque part, alors ?

— A l'office, on m'appelait.

— Qui l'a apportée ici ?

— Mlle Valentine. »

D'Avrigny se frappa le front.

« O mon Dieu ! mon Dieu ! murmura-t-il.

— Docteur ! docteur ! cria Barrois, qui sentait un troisième accès arriver.

— Mais n'apportera-t-on pas cet émétique ? s'écria le docteur.

— Voilà un verre tout préparé, dit Villefort en rentrant.

— Par qui ?

— Par le garçon pharmacien qui est venu avec moi.

— Buvez.

— Impossible, docteur, il est trop tard ; j'ai la gorge qui se serre ; j'étouffe ! Oh ! mon cœur ! Oh ! ma tête... Oh ! quel enfer !... Est-ce que je vais souffrir longtemps comme cela ?

— Non, non, mon ami, dit le docteur, bientôt vous ne souffrirez plus.

— Ah je vous comprends ! s'écria le malheureux ; mon Dieu ! prenez pitié de moi ! »

Et, jetant un cri, il tomba renversé en arrière, comme s'il eût été foudroyé.

D'Avrigny posa une main sur son cœur, approcha une glace de ses lèvres.

« Eh bien ? demanda Villefort.

— Allez dire à la cuisine que l'on m'apporte bien vite du sirop de violettes. »

Villefort descendit à l'instant même.

« Ne vous effrayez pas, monsieur Noirtier, dit d'Avrigny, j'emporte le malade dans une autre chambre pour le saigner ; en vérité, ces sortes d'attaques sont un affreux spectacle à voir. »

Et prenant Barrois par-dessous les bras, il le traîna dans une chambre voisine ; mais presque aussitôt il rentra chez Noirtier pour prendre le reste de la limonade.

Noirtier fermait l'œil droit.

« Valentine, n'est-ce pas ? vous voulez Valentine ? Je vais dire qu'on vous l'envoie. »

Villefort remontait ; d'Avrigny le rencontra dans le corridor.

« Eh bien ? demanda-t-il.

— Venez », dit d'Avrigny.

Et il l'emmena dans la chambre.

« Toujours évanoui ? demanda le procureur du roi.

— Il est mort. »

Villefort recula de trois pas, joignit les mains au-dessus de sa tête, et avec une commisération non équivoque :

« Mort si promptement ! dit-il en regardant le cadavre.

— Oui, bien promptement, n'est-ce pas ? dit d'Avrigny ; mais cela ne doit pas vous étonner : M. et Mme de Saint-Méran sont morts tout aussi promptement. Oh ! l'on meurt vite dans votre maison, monsieur de Villefort.

— Quoi ! s'écria le magistrat avec un accent d'horreur et de consternation, vous en revenez à cette terrible idée !

— Toujours, monsieur, toujours ! dit d'Avrigny avec solennité, car elle ne m'a pas quitté un instant ; et pour que vous soyez bien convaincu que je ne me trompe pas cette fois, écoutez bien, monsieur de Villefort. »

Villefort tremblait convulsivement.

« Il y a un poison qui tue sans presque laisser de trace. Ce poison, je le connais bien : je l'ai étudié dans tous les accidents qu'il amène, dans tous les phénomènes qu'il produit. Ce poison, je l'ai reconnu tout à l'heure chez le pauvre Barrois, comme je l'avais reconnu chez Mme de Saint-Méran. Ce poison, il y a une manière de reconnaître sa présence : il rétablit la couleur bleue du papier de tournesol rougi par un acide, et il teint en vert le sirop de violettes. Nous n'avons pas de papier de tournesol ; mais, tenez, voilà qu'on apporte le sirop de violettes que j'ai demandé. »

En effet, on entendait des pas dans le corridor ; le docteur entrebâilla la porte, prit des mains de la femme de chambre un vase au fond duquel il y avait deux ou trois cuillerées de sirop, et referma la porte.

« Regardez, dit-il au procureur du roi, dont le cœur battait si fort qu'on eût pu l'entendre, voici dans cette tasse du sirop de violettes, et dans cette carafe le reste de la limonade dont M. Noirtier et Barrois ont bu une partie. Si la limonade est pure et inoffensive, le sirop va garder sa couleur ; si la limonade est empoisonnée, le sirop va devenir vert. Regardez ! »

Le docteur versa lentement quelques gouttes de limonade de la carafe dans la tasse, et l'on vit à l'instant même un nuage se former au fond de la tasse ; ce nuage prit d'abord une nuance bleue ; puis du saphir il passa à l'opale, et de l'opale à l'émeraude.

Arrivé à cette dernière couleur, il s'y fixa, pour ainsi dire ; l'expérience ne laissait aucun doute.

« Le malheureux Barrois a été empoisonné avec de la fausse angusture et de la noix de Saint-Ignace, dit d'Avrigny ; maintenant j'en répondrais devant les hommes et devant Dieu. »

Villefort ne dit rien, lui, mais il leva les bras au ciel, ouvrit des yeux hagards, et tomba foudroyé sur un fauteuil.

LXXX

L'ACCUSATION

M. d'Avrigny eut bientôt rappelé à lui le magistrat, qui semblait un second cadavre dans cette chambre funèbre.

« Oh ! la mort est dans ma maison ! s'écria Villefort.

— Dites le crime, répondit le docteur.

— Monsieur d'Avrigny ! s'écria Villefort, je ne puis vous exprimer tout ce qui se passe en moi en ce moment ; c'est de l'effroi, c'est de la douleur, c'est de la folie.

— Oui, dit M. d'Avrigny avec un calme imposant : mais je crois qu'il est temps que nous agissions ; je crois qu'il est temps que nous opposions une digue à ce torrent de mortalité. Quant à moi, je ne me sens point capable de porter plus longtemps de pareils secrets, sans espoir d'en faire bientôt sortir la vengeance pour la société et les victimes. »

Villefort jeta autour de lui un sombre regard.

« Dans ma maison ! murmura-t-il, dans ma maison !

— Voyons, magistrat, dit d'Avrigny, soyez homme ; interprète de la loi, honorez-vous par une immolation complète.

— Vous me faites frémir, docteur, une immolation !

— J'ai dit le mot.

— Vous soupçonnez donc quelqu'un ?

— Je ne soupçonne personne ; la mort frappe à votre porte, elle entre, elle va, non pas aveugle, mais intelligente qu'elle est, de chambre en chambre. Eh bien, moi, je suis sa trace, je reconnais son passage ; j'adopte la sagesse des anciens : je tâtonne ; car mon amitié pour votre famille, car mon respect pour vous, sont deux bandeaux appliqués sur mes yeux ; eh bien...

— Oh ! parlez, parlez, docteur, j'aurai du courage.

— Eh bien, monsieur, vous avez chez vous, dans le sein de votre maison, dans votre famille peut-être, un de ces affreux phénomènes comme chaque siècle en produit quelqu'un. Locuste et Agrippine, vivant en même temps, sont une exception qui prouve la fureur de la Providence à perdre l'empire romain, souillé par tant de crimes. Brunehaut et Frédégonde sont les résultats du travail pénible d'une civilisation à sa genèse, dans laquelle l'homme apprenait à dominer l'esprit, fût-ce par l'envoyé des ténèbres. Eh bien, toutes ces femmes avaient été ou étaient encore jeunes et belles. On avait vu fleurir sur leur front, ou sur leur front fleurissait encore, cette même fleur d'innocence que l'on retrouve aussi sur le front de la coupable qui est dans votre maison. »

Villefort poussa un cri, joignit les mains, et regarda le docteur avec un geste suppliant.

Mais celui-ci poursuivit sans pitié :

« Cherche à qui le crime profite, dit un axiome de jurisprudence...

— Docteur ! s'écria Villefort, hélas ! docteur, combien de fois la justice des hommes n'a-t-elle pas été trompée par ces funestes paroles ! Je ne sais, mais il me semble que ce crime...

— Ah ! vous avouez donc enfin que le crime existe ?

— Oui, je le reconnais. Que voulez-vous ? il le faut bien : mais laissez-moi continuer. Il me semble, dis-je, que ce crime tombe sur moi seul et non sur les victimes. Je soupçonne quelque désastre pour moi sous tous ces désastres étranges.

— Ô homme ! murmura d'Avrigny ; le plus égoïste de tous les animaux, la plus personnelle de toutes les créatures, qui croit toujours que la terre tourne, que le soleil brille, que la mort fauche pour lui tout seul ; fourmi maudissant Dieu du haut d'un brin d'herbe ! Et ceux qui ont perdu la vie, n'ont-ils rien perdu, eux ? M. de Saint-Méran, Mme de Saint-Méran, M. Noirtier...

— Comment ? M. Noirtier !

— Eh oui ! Croyez-vous, par exemple, que ce soit à ce malheureux domestique qu'on en voulait ? Non, non : comme le Polonius de Shakespeare, il est mort pour un autre. C'était Noirtier qui devait boire la limonade ; c'est Noirtier qui l'a bue selon l'ordre logique des choses : l'autre ne l'a bue que par accident ; et, quoique ce soit Barrois qui soit mort, c'est Noirtier qui devait mourir.

— Mais alors comment mon père n'a-t-il pas succombé ?

— Je vous l'ai déjà dit, un soir, dans le jardin, après la mort de Mme de Saint-Méran ; parce que son corps est fait à l'usage de ce poison même ; parce que la dose insignifiante pour lui était mortelle pour tout autre ; parce qu'enfin personne ne sait, et pas même l'assassin, que depuis un an je traite avec la brucine la paralysie de M. Noirtier, tandis que l'assassin n'ignore pas, et il s'en est assuré par expérience, que la brucine est un poison violent.

— Mon Dieu ! mon Dieu ! murmura Villefort en se tordant les bras.

— Suivez la marche du criminel ; il tue M. de Saint-Méran.

— Oh ! docteur !

— Je le jurerais ; ce que l'on m'a dit des symptômes s'accorde trop bien avec ce que j'ai vu de mes yeux. »

Villefort cessa de combattre, et poussa un gémissement.

« Il tue M. de Saint-Méran, répéta le docteur, il tue Mme de Saint-Méran : double héritage à recueillir. »

Villefort essuya la sueur qui coulait sur son front.

« Écoutez bien.

— Hélas ! balbutia Villefort, je ne perds pas un mot, pas un seul.

— M. Noirtier, reprit de sa voix impitoyable M. d'Avrigny, M. Noirtier avait testé naguère contre vous, contre votre famille, en faveur des pauvres, enfin ; M. Noirtier est épargné, on n'attend rien de lui. Mais il n'a pas plus tôt détruit son premier testament, il n'a pas plus tôt fait le second, que, de peur qu'il n'en fasse sans doute un troisième, on le frappe : le testament est d'avant-hier, je crois ; vous le voyez, il n'y a pas de temps de perdu.

— Oh ! grâce ! monsieur d'Avrigny.

— Pas de grâce, monsieur ; le médecin a une mission sacrée sur la terre, c'est pour la remplir qu'il a remonté jusqu'aux sources de la vie et descendu dans les mystérieuses ténèbres de la mort. Quand le crime a été commis, et que Dieu, épouvanté sans doute, détourne son regard du criminel, c'est au médecin de dire : Le voilà !

— Grâce pour ma fille, monsieur ! murmura Villefort.

— Vous voyez bien que c'est vous qui l'avez nommée, vous, son père !

— Grâce pour Valentine ! Écoutez, c'est impossible. J'aimerais autant m'accuser moi-même ! Valentine, un cœur de diamant, un lis d'innocence !

— Pas de grâce, monsieur le procureur du roi ; le crime est flagrant : Mlle de Villefort a emballé elle-même les médicaments qu'on a envoyés à M. de Saint-Méran, et M. de Saint-Méran est mort.

« Mlle de Villefort a préparé les tisanes de Mme de Saint-Méran, et Mme de Saint-Méran est morte.

« Mlle de Villefort a pris des mains de Barrois, que l'on a envoyé dehors, le carafon de limonade que le vieillard vide ordinairement dans la matinée, et le vieillard n'a échappé que par miracle.

« Mlle de Villefort est la coupable ! c'est l'empoisonneuse ! Monsieur le procureur du roi, je vous dénonce Mlle de Villefort, faites votre devoir.

— Docteur, je ne résiste plus, je ne me défends plus, je vous crois ; mais, par pitié, épargnez ma vie, mon honneur !

— Monsieur de Villefort, reprit le docteur avec une force croissante, il est des circonstances où je franchis toutes les limites de la sotte circonspection humaine. Si votre fille avait commis seulement un premier crime, et que je la visse en méditer un second, je vous dirais : Avertissez-la, punissez-la, qu'elle passe le reste de sa vie dans quelque cloître, dans quelque couvent, à pleurer, à prier. Si elle avait commis un second crime, je vous dirais : « Tenez, monsieur de Villefort, voici un « poison qui n'a pas d'antidote connu, prompt comme « la pensée, rapide comme l'éclair, mortel comme la « foudre, donnez-lui ce poison en recommandant son « âme à Dieu, et sauvez ainsi votre honneur et vos « jours, car c'est à vous qu'elle en veut. » Et je la vois s'approcher de votre chevet avec ses sourires hypocrites et ses douces exhortations ! Malheur à vous, monsieur de Villefort, si vous ne vous hâtez pas de frapper le premier ! Voilà ce que je vous dirais si elle n'avait tué que deux personnes ; mais elle a vu trois agonies, elle a contemplé trois moribonds, s'est agenouillée près de trois cadavres ; au bourreau l'empoisonneuse ! au bourreau ! Vous parlez de votre honneur, faites ce que je vous dis, et c'est l'immortalité qui vous attend ! »

Villefort tomba à genoux.

« Écoutez, dit-il, je n'ai pas cette force que vous avez, ou plutôt que vous n'auriez pas si, au lieu de ma fille Valentine, il s'agissait de votre fille Madeleine. »

Le docteur pâlit.

« Docteur, tout homme fils de la femme est né pour souffrir et mourir ; docteur, je souffrirai, et j'attendrai la mort.

— Prenez garde, dit M. d'Avrigny, elle sera lente... cette mort ; vous la verrez s'approcher après avoir frappé votre père, votre femme, votre fils peut-être. »

Villefort, suffoquant, étreignit le bras du docteur.

« Écoutez-moi ! s'écria-t-il, plaignez-moi, secourez-moi... Non, ma fille n'est pas coupable... Traînez-nous devant un tribunal, je dirai encore : « Non, ma fille « n'est pas coupable » il n'y a pas de crime dans ma maison... Je ne veux pas, entendez-vous, qu'il y ait un crime dans ma maison ; car lorsque le crime entre quelque part, c'est comme la mort, il n'entre pas seul. Écoutez, que vous importe à vous que je meure assassiné ?... êtes-vous mon ami ? êtes-vous un homme ? avez-vous un cœur ?... Non, vous êtes médecin !... Eh bien, je vous dis : « Non, ma fille ne sera pas traînée « par moi aux mains du bourreau !... » Ah ! voilà une idée qui me dévore, qui me pousse comme un insensé à creuser ma poitrine avec mes ongles !... Et si vous vous trompiez, docteur ! si c'était un autre que ma fille ! Si, un jour, je venais, pâle comme un spectre, vous dire : Assassin ! tu as tué ma fille... Tenez, si cela arrivait, je suis chrétien, monsieur d'Avrigny, et cependant je me tuerais !

— C'est bien, dit le docteur après un instant de silence, j'attendrai. »

Villefort le regarda comme s'il doutait encore de ses paroles.

« Seulement, continua M. d'Avrigny d'une voix lente et solennelle, si quelque personne de votre maison tombe malade, si vous-même vous vous sentez frappé, ne m'appelez pas, car je ne viendrai plus. Je veux bien partager avec vous ce secret terrible, mais je ne veux pas que la honte et le remords aillent chez moi en fructifiant et en grandissant dans ma conscience, comme le crime et le malheur vont grandir et fructifier dans votre maison.

— Ainsi, vous m'abandonnez, docteur ?

— Oui, car je ne puis pas vous suivre plus loin, et je ne m'arrête qu'au pied de l'échafaud. Quelque autre révélation viendra qui amènera la fin de cette terrible tragédie. Adieu.

— Docteur, je vous en supplie !

— Toutes les horreurs qui souillent ma pensée font votre maison odieuse et fatale. Adieu, monsieur.

— Un mot, un mot seulement encore, docteur ! Vous vous retirez me laissant toute l'horreur de la situation, horreur que vous avez augmentée par ce que vous m'avez révélé. Mais de la mort instantanée, subite, de ce pauvre vieux serviteur, que va-t-on dire ?

— C'est juste, dit M. d'Avrigny, reconduisez-moi. »

Le docteur sortit le premier, M. de Villefort le suivit ; les domestiques, inquiets, étaient dans les corridors et sur les escaliers par où devait passer le médecin.

« Monsieur, dit d'Avrigny à Villefort, en parlant à haute voix de façon que tout le monde l'entendît, le pauvre Barrois était trop sédentaire depuis quelques années : lui, qui aimait tant avec son maître à courir à cheval ou en voiture les quatre coins de l'Europe, il s'est tué à ce service monotone autour d'un fauteuil. Le sang est devenu lourd. Il était replet, il avait le cou gros et court, il a été frappé d'une apoplexie foudroyante, et l'on m'est venu avertir trop tard.

« A propos, ajouta-t-il tout bas, ayez bien soin de jeter cette tasse de violettes dans les cendres. »

Et le docteur, sans toucher la main de Villefort, sans revenir un seul instant sur ce qu'il avait dit, sortit escorté par les larmes et les lamentations de tous les gens de la maison.

Le soir même, tous les domestiques de Villefort, qui s'étaient réunis dans la cuisine et qui avaient longuement causé entre eux, vinrent demander à Mme de Villefort la permission de se retirer. Aucune instance, aucune proposition d'augmentation de gages ne les put retenir ; à toutes paroles ils répondaient :

« Nous voulons nous en aller parce que la mort est dans la maison. »

Ils partirent donc, malgré les prières qu'on leur fit, témoignant que leurs regrets étaient vifs de quitter de si bons maîtres, et surtout Mlle Valentine, si bonne, si bienfaisante et si douce.

Villefort, à ces mots, regarda Valentine.

Elle pleurait.

Chose étrange ! à travers l'émotion que lui firent éprouver ces larmes, il regarda aussi Mme de Villefort, et il lui sembla qu'un sourire fugitif et sombre avait passé sur ses lèvres minces, comme ces météores qu'on voit glisser, sinistres, entre deux nuages, au fond d'un ciel orageux.

LXXXI

LA CHAMBRE DU BOULANGER RETIRÉ

Le soir même du jour où le comte de Morcerf était sorti de chez Danglars avec une honte et une fureur que rend concevables la froideur du banquier, M. Andrea Cavalcanti, les cheveux frisés et luisants, les moustaches aiguisées, les gants blancs dessinant les ongles, était entré, presque debout sur son phaéton, dans la cour du banquier de la Chaussée-d'Antin.

Au bout de dix minutes de conversation au salon, il avait trouvé le moyen de conduire Danglars dans une embrasure de fenêtre, et là, après un adroit préambule, il avait exposé les tourments de sa vie, depuis le départ de son noble père. Depuis le départ, il avait, disait-il, dans la famille du banquier, où l'on avait bien voulu le recevoir comme un fils, il avait trouvé toutes les garanties de bonheur qu'un homme doit toujours rechercher avant les caprices de la passion, et, quant à la passion elle-même, il avait eu le bonheur de la rencontrer dans les beaux yeux de Mlle Danglars.

Danglars écoutait avec l'attention la plus profonde, il y avait déjà deux ou trois jours qu'il attendait cette déclaration, et lorsqu'elle arriva enfin, son œil se dilata autant qu'il s'était couvert et assombri en écoutant Morcerf.

Cependant, il ne voulut point accueillir ainsi la proposition du jeune homme sans lui faire quelques observations de conscience.

« Monsieur Andrea, lui dit-il, n'êtes-vous pas un peu jeune pour songer au mariage ?

— Mais non, monsieur, reprit Cavalcanti, je ne trouve pas, du moins : en Italie, les grands seigneurs se marient jeunes, en général ; c'est une coutume logique. La vie est si chanceuse que l'on doit saisir le bonheur aussitôt qu'il passe à notre portée.

— Maintenant, monsieur, dit Danglars, en admettant que vos propositions, qui m'honorent, soient agréées de ma femme et de ma fille, avec qui débatrions-nous les intérêts ? C'est, il me semble, une négociation importante que les pères seuls savent traiter convenablement pour le bonheur de leurs enfants.

— Monsieur, mon père est un homme sage, plein de convenance et de raison. Il a prévu la circonstance probable où j'éprouverais le désir de m'établir en France : il m'a donc laissé en partant, avec tous les papiers qui constatent mon identité, une lettre par laquelle il m'assure, dans le cas où je ferais un choix qui lui soit agréable, cent cinquante mille livres de rente, à partir du jour de mon mariage. C'est, autant que je puis juger, le quart du revenu de mon père.

— Moi, dit Danglars, j'ai toujours eu l'intention de donner à ma fille cinq cent mille francs en la mariant ; c'est d'ailleurs ma seule héritière.

— Eh bien, dit Andrea, vous voyez, la chose serait pour le mieux, en supposant que ma demande ne soit pas repoussée par Mme la baronne Danglars et par Mlle Eugénie. Nous voilà à la tête de cent soixante-quinze mille livres de rente. Supposons une chose, que j'obtienne du marquis qu'au lieu de me payer la rente il me donne le capital (ce ne serait pas facile, je le sais bien, mais enfin cela se peut), vous nous feriez valoir ces deux ou trois millions, et deux ou trois millions entre des mains habiles peuvent toujours rapporter dix pour cent.

— Je ne prends jamais qu'à quatre, dit le banquier, et même à trois et demi. Mais à mon gendre, je prendrais à cinq, et nous partagerions les bénéfices.

— Eh bien, à merveille, beau-père », dit Cavalcanti, se laissant entraîner à la nature quelque peu vulgaire qui, de temps en temps, malgré ses efforts, faisait éclater le vernis d'aristocratie dont il essayait de les couvrir.

Mais aussitôt se reprenant :

« Oh ! pardon, monsieur, dit-il, vous voyez, l'espérance seule me rend presque fou ; que serait-ce donc de la réalité ?

— Mais, dit Danglars, qui, de son côté, ne s'apercevait pas combien cette conversation, désintéressée d'abord, tournait promptement à l'agence d'affaires, il y a sans doute une portion de votre fortune que votre père ne peut vous refuser ?

— Laquelle ? demanda le jeune homme.

— Celle qui vient de votre mère.

— Eh ! certainement, celle qui vient de ma mère, Leonora Corsinari.

— Et à combien peut monter cette portion de fortune ?

— Ma foi, dit Andrea, je vous assure, monsieur, que je n'ai jamais arrêté mon esprit sur ce sujet, mais je l'estime à deux millions pour le moins. »

Danglars ressentit cette espèce d'étouffement joyeux que ressentent, ou l'avare qui retrouve un trésor perdu, ou l'homme prêt à se noyer qui rencontre sous ses pieds la terre solide au lieu du vide dans lequel il allait s'engloutir.

« Eh bien, monsieur, dit Andrea en saluant le banquier avec un tendre respect, puis-je espérer...

— Monsieur Andrea, dit Danglars, espérez, et croyez bien que si nul obstacle de votre part n'arrête la marche de cette affaire, elle est conclue. Mais, dit Danglars réfléchissant, comment se fait-il que M. le comte de Monte-Cristo, votre patron en ce monde parisien, ne soit pas venu avec vous nous faire cette demande ? »

Andrea rougit imperceptiblement.

« Je viens de chez le comte, monsieur, dit-il ; c'est incontestablement un homme charmant, mais d'une originalité inconcevable ; il m'a fort approuvé ; il m'a dit même qu'il ne croyait pas que mon père hésitât un instant à me donner le capital au lieu de la rente ; il

m'a promis son influence pour m'aider à obtenir cela
de lui ; mais il m'a déclaré que, personnellement, il
n'avait jamais pris et ne prendrait jamais sur lui cette
responsabilité de faire une demande en mariage. Mais
je dois lui rendre cette justice, il a daigné ajouter que,
s'il avait jamais déploré cette répugnance, c'était à
mon sujet, puisqu'il pensait que l'union projetée serait
heureuse et assortie. Du reste, s'il ne veut rien faire
officiellement, il se réserve de vous répondre, m'a-t-il
dit, quand vous lui parlerez.

— Ah ! fort bien.

— Maintenant, dit Andrea avec son plus charmant
sourire, j'ai fini de parler au beau-père et je m'adresse
au banquier.

— Que lui voulez-vous, voyons ? dit en riant Danglars à son tour.

— C'est après-demain que j'ai quelque chose
comme quatre mille francs à toucher chez vous ; mais
le comte a compris que le mois dans lequel j'allais
entrer amènerait peut-être un surcroît de dépenses
auquel mon petit revenu de garçon ne saurait suffire,
et voici un bon de vingt mille francs qu'il m'a, je ne
dirai pas donné, mais offert. Il est signé de sa main,
comme vous voyez ; cela vous convient-il ?

— Apportez-m'en comme celui-là pour un million,
je vous les prends, dit Danglars en mettant le bon dans
sa poche. Dites-moi votre heure pour demain, et mon
garçon de caisse passera chez vous avec un reçu de
vingt-quatre mille francs.

— Mais à dix heures du matin, si vous voulez bien ;
le plus tôt sera le mieux : je voudrais aller demain à la
campagne.

— Soit, à dix heures, à l'hôtel des Princes, toujours ?

— Oui. »

Le lendemain, avec une exactitude qui faisait honneur à la ponctualité du banquier, les vingt-quatre
mille francs étaient chez le jeune homme, qui sortit
effectivement, laissant deux cents francs pour Caderousse.

Cette sortie avait, de la part d'Andrea, pour but

principal d'éviter son dangereux ami ; aussi rentra-t-il
le soir le plus tard possible.

Mais à peine eut-il mis le pied sur le pavé de la cour,
qu'il trouva devant lui le concierge de l'hôtel, qui
l'attendait, la casquette à la main.

« Monsieur, dit-il, cet homme est venu.

— Quel homme ? demanda négligemment Andrea,
comme s'il eût oublié celui dont, au contraire, il se
souvenait trop bien.

— Celui à qui Votre Excellence fait cette petite
rente.

— Ah ! oui, dit Andrea, cet ancien serviteur de mon
père. Eh bien, vous lui avez donné les deux cents
francs que j'avais laissés pour lui.

— Oui, Excellence, précisément. »

Andrea se faisait appeler Excellence.

« Mais, continua le concierge, il n'a pas voulu les
prendre. »

Andrea pâlit ; seulement, comme il faisait nuit, personne ne le vit pâlir.

« Comment ! il n'a pas voulu les prendre ? dit-il
d'une voix légèrement émue.

— Non ! il voulait parler à Votre Excellence. J'ai
répondu que vous étiez sorti ; il a insisté. Mais enfin il
a paru se laisser convaincre, et m'a donné cette lettre
qu'il avait apportée toute cachetée.

— Voyons », dit Andrea.

Il lut à la lanterne de son phaéton :

« Tu sais où je demeure ; je t'attends demain à neuf
heures du matin. »

Andrea interrogea le cachet pour voir s'il avait été
forcé et si des regards indiscrets avaient pu pénétrer
dans l'intérieur de la lettre ; mais elle était pliée de
telle sorte, avec un tel luxe de losanges et d'angles, que
pour la lire il eût fallu rompre le cachet ; or, le cachet
était parfaitement intact.

« Très bien, dit-il. Pauvre homme ! c'est une bien
excellente créature. »

Et il laissa le concierge édifié par ces paroles, et ne
sachant pas lequel il devait le plus admirer, du jeune
maître ou du vieux serviteur.

« Dételez vite, et montez chez moi », dit Andrea à son groom.

En deux bonds, le jeune homme fut dans sa chambre et eut brûlé la lettre de Caderousse, dont il fit disparaître jusqu'aux cendres.

Il achevait cette opération lorsque le domestique entra.

« Tu es de la même taille que moi, Pierre, lui dit-il.

— J'ai cet honneur-là, Excellence, répondit le valet.

— Tu dois avoir une livrée neuve qu'on t'a apportée hier ?

— Oui, monsieur.

— J'ai affaire à une petite grisette à qui je ne veux dire ni mon titre ni ma condition. Prête-moi ta livrée et apporte-moi tes papiers, afin que je puisse, si besoin est, coucher dans une auberge. »

Pierre obéit.

Cinq minutes après, Andrea, complètement déguisé, sortait de l'hôtel sans être reconnu, prenait un cabriolet et se faisait conduire à l'auberge du Cheval-Rouge, à Picpus.

Le lendemain, il sortit de l'auberge du Cheval-Rouge comme il était sorti de l'hôtel des Princes, c'est-à-dire sans être remarqué, descendit le faubourg Saint-Antoine, prit le boulevard jusqu'à la rue Ménilmontant, et, s'arrêtant à la porte de la troisième maison à gauche, chercha à qui il pouvait, en l'absence du concierge, demander des renseignements.

« Que cherchez-vous, mon joli garçon ? demanda la fruitière d'en face.

— M. Pailletin, s'il vous plaît, ma grosse maman ? répondit Andrea.

— Un boulanger retiré ? demanda la fruitière.

— Justement, c'est cela.

— Au fond de la cour, à gauche, au troisième. »

Andrea prit le chemin indiqué, et au troisième trouva une patte de lièvre qu'il agita avec un sentiment de mauvaise humeur dont le mouvement précipité de la sonnette se ressentit.

Une seconde après la figure de Caderousse apparut au grillage pratiqué dans la porte.

« Ah ! tu es exact », dit-il.

Et il tira les verrous.

« Parbleu ! » dit Andrea en entrant.

Et il lança devant lui sa casquette de livrée qui, manquant la chaise, tomba à terre et fit le tour de la chambre en roulant sur sa circonférence.

« Allons, allons, dit Caderousse, ne te fâche pas, le petit ! Voyons, tiens, j'ai pensé à toi, regarde un peu le bon déjeuner que nous aurons : rien que des choses que tu aimes, tron de l'air ! »

Andrea sentit en effet, en respirant, une odeur de cuisine dont les arômes grossiers ne manquaient pas d'un certain charme pour un estomac affamé ; c'était ce mélange de graisse fraîche et d'ail qui signale la cuisine provençale d'un ordre inférieur ; c'était en outre un goût de poisson gratiné, puis, par-dessus tout, l'âpre parfum de la muscade et du girofle. Tout cela s'exhalait de deux plats creux et couverts, posés sur deux fourneaux, et d'une casserole qui bruissait dans le four d'un poêle de fonte.

Dans la chambre voisine, Andrea vit en outre une table assez propre ornée de deux couverts, de deux bouteilles de vin cachetées, l'une de vert, l'autre de jaune, d'une bonne mesure d'eau-de-vie dans un carafon, et d'une macédoine de fruits dans une large feuille de chou posée avec art sur une assiette de faïence.

« Que t'en semble ? le petit, dit Caderousse ; hein, comme cela embaume ! Ah ! dame ! tu sais, j'étais bon cuisinier là-bas ! te rappelles-tu comme on se léchait les doigts de ma cuisine ? Et toi tout le premier, tu en as goûté de mes sauces, et tu ne les méprisais pas, que je crois. »

Et Caderousse se mit à éplucher un supplément d'oignons.

« C'est bon, c'est bon, dit Andrea avec humeur ; pardieux, si c'est pour déjeuner avec toi que tu m'as dérangé, que le diable t'emporte !

— Mon fils, dit sentencieusement Caderousse, en mangeant l'on cause ; et puis, ingrat que tu es, tu n'as donc pas de plaisir à voir un peu ton ami ? Moi, j'en pleure de joie. »

Caderousse, en effet, pleurait réellement ; seulement, il eût été difficile de dire si c'était la joie ou les oignons qui opéraient sur la glande lacrymale de l'ancien aubergiste du pont du Gard.

« Tais-toi donc, hypocrite, dit Andrea ; tu m'aimes, toi ?

— Oui, je t'aime, ou le diable m'emporte ; c'est une faiblesse, dit Caderousse, je le sais bien, mais c'est plus fort que moi.

— Ce qui ne t'empêche pas de m'avoir fait venir pour quelque perfidie.

— Allons donc ! dit Caderousse en essuyant son large couteau à son tablier, si je ne t'aimais pas, est-ce que je supporterais la vie misérable que tu me fais ? Regarde un peu, tu as sur le dos l'habit de ton domestique, donc tu as un domestique ; moi, je n'en ai pas, et je suis forcé d'éplucher mes légumes moi-même : tu fais fi de ma cuisine, parce que tu dînes à la table d'hôte de l'hôtel des Princes ou au Café de Paris. Eh bien, moi aussi, je pourrais avoir un domestique ; moi aussi, je pourrais avoir un tilbury ; moi aussi, je pourrais dîner où je voudrais : eh bien, pourquoi est-ce que je m'en prive ? pour ne pas faire de peine à mon petit Benedetto. Voyons, avoue seulement que je le pourrais, hein ? »

Et un regard parfaitement clair de Caderousse termina le sens de la phrase.

« Bon, dit Andrea, mettons que tu m'aimes : alors pourquoi exiges-tu que je vienne déjeuner avec toi ?

— Mais pour te voir, le petit.

— Pour me voir, à quoi bon ? puisque nous avons fait d'avance toutes nos conditions.

— Eh ! cher ami, dit Caderousse, est-ce qu'il y a des testaments sans codicilles ? Mais tu es venu pour déjeuner d'abord, n'est-ce pas ? Eh bien, voyons, assieds-toi, et commençons par ces sardines et ce beurre frais, que j'ai mis sur des feuilles de vigne à ton intention, méchant. Ah ! oui, tu regardes ma chambre, mes quatre chaises de paille, mes images à trois francs le cadre. Dame ! que veux-tu, ça n'est pas l'hôtel des Princes.

— Allons, te voilà dégoûté à présent ; tu n'es plus heureux, toi qui ne demandais qu'à avoir l'air d'un boulanger retiré. »

Caderousse poussa un soupir.

« Eh bien, qu'as-tu à dire ? tu as vu ton rêve réalisé.

— J'ai à dire que c'est un rêve ; un boulanger retiré, mon pauvre Benedetto, c'est riche, cela a des rentes.

— Pardieu ! tu en as des rentes.

— Moi ?

— Oui, toi, puisque je t'apporte tes deux cents francs. »

Caderousse haussa les épaules.

« C'est humiliant, dit-il, de recevoir ainsi de l'argent donné à contrecœur, de l'argent éphémère, qui peut me manquer du jour au lendemain. Tu vois bien que je suis obligé de faire des économies pour le cas où ta prospérité ne durerait pas. Eh ! mon ami, la fortune est inconstante, comme disait l'aumônier... du régiment. Je sais bien qu'elle est immense, ta prospérité, scélérat ; tu vas épouser la fille de Danglars.

— Comment ! de Danglars ?

— Et certainement, de Danglars ! Ne faut-il pas que je dise du baron Danglars ? C'est comme si je disais du comte Benedetto. C'était un ami, Danglars, et s'il n'avait pas la mémoire si mauvaise, il devrait m'inviter à ta noce... attendu qu'il est venu à la mienne... oui, oui, oui, à la mienne ! Dame ! il n'était pas si fier dans ce temps-là ; il était petit commis chez ce bon M. Morrel. J'ai dîné plus d'une fois avec lui et le comte de Morcerf... Va, tu vois que j'ai de belles connaissances, et que si je voulais les cultiver un petit peu, nous nous rencontrerions dans les mêmes salons.

— Allons donc, ta jalousie te fait voir des arcs-en-ciel, Caderousse.

— C'est bon, Benedetto mio, on sait ce que l'on dit. Peut-être qu'un jour aussi l'on mettra son habit des dimanches, et qu'on ira dire à une porte cochère : « Le « cordon, s'il vous plaît ! » En attendant, assieds-toi et mangeons. »

Caderousse donna l'exemple et se mit à déjeuner de bon appétit, et en faisant l'éloge de tous les mets qu'il servait à son hôte.

Celui-ci sembla prendre son parti, déboucha bravement les bouteilles et attaqua la bouillabaisse et la morue gratinée à l'ail et à l'huile.

« Ah ! compère, dit Caderousse, il paraît que tu te raccommodes avec ton ancien maître d'hôtel ?

— Ma foi, oui, répondit Andrea, chez lequel, jeune et vigoureux qu'il était, l'appétit l'emportait pour le moment sur toute autre chose.

— Et tu trouves cela bon, coquin ?

— Si bon, que je ne comprends pas comment un homme qui fricasse et qui mange de si bonnes choses peut trouver que la vie est mauvaise.

— Vois-tu, dit Caderousse, c'est que tout mon bonheur est gâté par une seule pensée.

— Laquelle ?

— C'est que je vis aux dépens d'un ami, moi qui ai toujours bravement gagné ma vie moi-même.

— Oh ! oh ! qu'à cela ne tienne, dit Andrea, j'ai assez pour deux, ne te gêne pas.

— Non, vraiment ; tu me croiras si tu veux, à la fin de chaque mois, j'ai des remords.

— Bon Caderousse !

— C'est au point qu'hier je n'ai pas voulu prendre les deux cents francs.

— Oui, tu voulais me parler ; mais est-ce bien le remords, voyons ?

— Le vrai remords ; et puis il m'était venu une idée. »

Andrea frémit ; il frémissait toujours aux idées de Caderousse.

« C'est misérable, vois-tu, continua celui-ci, d'être toujours à attendre la fin d'un mois.

— Eh ! dit philosophiquement Andrea, décidé à voir venir son compagnon, la vie ne se passe-t-elle pas à attendre ? Moi, par exemple, est-ce que je fais autre chose ? Eh bien, je prends patience, n'est-ce pas ?

— Oui, parce qu'au lieu d'attendre deux cents misérables francs, tu en attends cinq ou six mille, peut-être dix, peut-être douze même ; car tu es un cachottier : là-bas, tu avais toujours des boursicots, des tirelires que tu essayais de soustraire à ce pauvre ami Caderousse. Heureusement qu'il avait le nez fin, l'ami Caderousse en question.

— Allons, voilà que tu vas te remettre à divaguer, dit Andrea, à parler et à reparler du passé toujours ! Mais à quoi bon rabâcher comme cela, je te le demande ?

— Ah ! c'est que tu as vingt et un ans, toi, et que tu peux oublier le passé ; j'en ai cinquante, et je suis bien forcé de m'en souvenir. Mais n'importe, revenons aux affaires.

— Oui.

— Je voulais dire que si j'étais à ta place...

— Eh bien ?

— Je réaliserais...

— Comment ! tu réaliserais...

— Oui, je demanderais un semestre d'avance, sous prétexte que je veux devenir éligible et que je vais acheter une ferme ; puis avec mon semestre je décamperais.

— Tiens, tiens, tiens, fit Andrea, ce n'est pas si mal pensé, cela, peut-être !

— Mon cher ami, dit Caderousse, mange de ma cuisine et suis mes conseils ; tu ne t'en trouveras pas plus mal, physiquement et moralement.

— Eh bien, mais, dit Andrea, pourquoi ne suis-tu pas toi-même le conseil que tu donnes ? pourquoi ne réalises-tu pas un semestre, une année même, et ne te retires-tu pas à Bruxelles ? Au lieu d'avoir l'air d'un boulanger retiré, tu aurais l'air d'un banqueroutier dans l'exercice de ses fonctions : cela est bien porté.

— Mais comment diable veux-tu que je me retire avec douze cents francs ?

— Ah ! Caderousse, dit Andrea, comme tu te fais exigeant ! Il y a deux mois tu mourais de faim.

— L'appétit vient en mangeant, dit Caderousse en montrant ses dents comme un singe qui rit ou comme un tigre qui gronde. Aussi, ajouta-t-il en coupant avec ces mêmes dents, si blanches et si aiguës, malgré l'âge, une énorme bouchée de pain, j'ai fait un plan. »

Les plans de Caderousse épouvantaient Andrea encore plus que ses idées ; les idées n'étaient que le germe, le plan, c'était la réalisation.

« Voyons ce plan, dit-il ; ce doit être joli !

— Pourquoi pas ? Le plan grâce auquel nous avons quitté l'établissement de M. Chose, de qui venait-il, hein ? de moi, je présuppose ; il n'en était pas plus mauvais, ce me semble, puisque nous voilà ici !

— Je ne dis pas, répondit Andrea, tu as quelquefois du bon ; mais enfin, voyons ton plan.

— Voyons, poursuivit Caderousse, peux-tu, toi, sans débourser un sou, me faire avoir une quinzaine de mille francs... non, ce n'est pas assez de quinze mille francs, je ne veux pas devenir honnête homme à moins de trente mille francs ?

— Non, répondit sèchement Andrea, non, je ne le puis pas.

— Tu ne m'as pas compris, à ce qu'il paraît, répondit froidement Caderousse d'un air calme ; je t'ai dit sans débourser un sou.

— Ne veux-tu pas que je vole pour gâter toute mon affaire, et la tienne avec la mienne, et qu'on nous reconduise là-bas ?

— Oh ! moi, dit Caderousse, ça m'est bien égal qu'on me reprenne ; je suis un drôle de corps, sais-tu : je m'ennuie parfois des camarades ; ce n'est pas comme toi, sans cœur, qui voudrais ne jamais les revoir ! »

Andrea fit plus que frémir cette fois, il pâlit.

« Voyons Caderousse, pas de bêtises, dit-il.

— Eh ! non, sois donc tranquille, mon petit Benedetto ; mais indique-moi donc un petit moyen de gagner ces trente mille francs sans te mêler de rien ; tu me laisseras faire, voilà tout !

— Eh bien, je verrai, je chercherai, dit Andrea.

— Mais, en attendant, tu pousseras mon mois à cinq cents francs, j'ai une manie, je voudrais prendre une bonne !

— Eh bien, tu auras tes cinq cents francs, dit Andrea : mais c'est lourd pour moi, mon pauvre Caderousse... tu abuses...

— Bah ! dit Caderousse ; puisque tu puises dans des coffres qui n'ont point de fond. »

On eût dit qu'Andrea attendait là son compagnon,

tant son œil brilla d'un rapide éclair qui, il est vrai, s'éteignit aussitôt.

« Ça, c'est la vérité, répondit Andrea, et mon protecteur est excellent pour moi.

— Ce cher protecteur ! dit Caderousse ; ainsi donc il te fait par mois ?...

— Cinq mille francs, dit Andrea.

— Autant de mille que tu me fais de cents, reprit Caderousse ; en vérité, il n'y a que des bâtards pour avoir du bonheur. Cinq mille francs par mois... Que diable peut-on faire de tout cela ?

— Eh, mon Dieu ! c'est bien vite dépensé ; aussi, je suis comme toi, je voudrais bien avoir un capital.

— Un capital... oui... je comprends... tout le monde voudrait bien avoir un capital.

— Eh bien, moi, j'en aurai un.

— Et qui est-ce qui te le fera ? ton prince ?

— Oui, mon prince ; malheureusement il faut que j'attende.

— Que tu attendes quoi ? demanda Caderousse.

— Sa mort.

— La mort de ton prince ?

— Oui.

— Comment cela ?

— Parce qu'il m'a porté sur son testament.

— Vrai ?

— Parole d'honneur !

— Pour combien ?

— Pour cinq cent mille !

— Rien que cela ; merci du peu.

— C'est comme je te le dis.

— Allons donc, pas possible !

— Caderousse, tu es mon ami ?

— Comment donc ! à la vie, à la mort.

— Eh bien, je vais te dire un secret.

— Dis.

— Mais écoute.

— Oh ! pardieu ! muet comme une carpe.

— Eh bien, je crois... »

Andrea s'arrêta en regardant autour de lui.

« Tu crois ?... N'aie pas peur, pardieu ! nous sommes seuls.

— Je crois que j'ai retrouvé mon père.

— Ton vrai père ?

— Oui.

— Pas le père Cavalcanti.

— Non, puisque celui-là est reparti ; le vrai, comme tu dis.

— Et ce père, c'est...

— Eh bien, Caderousse, c'est le comte de Monte-Cristo.

— Bah !

— Oui ; tu comprends, alors tout s'explique. Il ne peut pas m'avouer tout haut, à ce qu'il paraît, mais il me fait reconnaître par M. Cavalcanti, à qui il donne cinquante mille francs pour ça.

— Cinquante mille francs pour être ton père ! Moi, j'aurais accepté pour moitié prix, pour vingt mille, pour quinze mille ! Comment, tu n'as pas pensé à moi, ingrat ?

— Est-ce que je savais cela, puisque tout s'est fait tandis que nous étions là-bas ?

— Ah ! c'est vrai. Et tu dis que, par son testament... ?

— Il me laisse cinq cent mille livres.

— Tu en es sûr ?

— Il me l'a montré ; mais ce n'est pas le tout.

— Il y a un codicille, comme je disais tout à l'heure !

— Probablement.

— Et dans ce codicille ?...

— Il me reconnaît.

— Oh ! le bon homme de père, le brave homme de père, l'honnêtissime homme de père ! dit Caderousse en faisant tourner en l'air une assiette qu'il retint entre ses deux mains.

— Voilà ! dis encore que j'ai des secrets pour toi !

— Non, et ta confiance t'honore à mes yeux. Et ton prince de père, il est donc riche, richissime ?

— Je crois bien. Il ne connaît pas sa fortune.

— Est-ce possible ?

— Dame ! je le vois bien, moi qui suis reçu chez lui à toute heure. L'autre jour, c'était un garçon de banque qui lui apportait cinquante mille francs dans un portefeuille gros comme ta serviette ; hier, c'est un banquier qui lui apportait cent mille francs en or. »

Caderousse était abasourdi ; il lui semblait que les paroles du jeune homme avaient le son du métal, et qu'il entendait rouler des cascades de louis.

« Et tu vas dans cette maison-là ? s'écria-t-il avec naïveté.

— Quand je veux. »

Caderousse demeura pensif un instant. Il était facile de voir qu'il retournait dans son esprit quelque profonde pensée.

Puis soudain :

« Que j'aimerais à voir tout cela ! s'écria-t-il, et comme tout cela doit être beau !

— Le fait est, dit Andrea, que c'est magnifique !

— Et ne demeure-t-il pas avenue des Champs-Élysées ?

— Numéro trente.

— Ah ! dit Caderousse, numéro trente ?

— Oui, une belle maison isolée, entre cour et jardin, tu ne connais que cela.

— C'est possible ; mais ce n'est pas l'extérieur qui m'occupe, c'est l'intérieur : les beaux meubles, hein ! qu'il doit y avoir là-dedans ?

— As-tu vu quelquefois les Tuileries ?

— Non.

— Eh bien, c'est plus beau.

— Dis donc, Andrea, il doit faire bon à se baisser quand ce bon Monte-Cristo laisse tomber sa bourse ?

— Oh ! mon Dieu ! ce n'est pas la peine d'attendre ce moment-là, dit Andrea, l'argent traîne dans cette maison-là comme les fruits dans un verger.

— Dis donc, tu devrais m'y conduire un jour avec toi.

— Est-ce que c'est possible ! et à quel titre ?

— Tu as raison ; mais tu m'as fait venir l'eau à la bouche ; faut absolument que je voie cela ; je trouverai un moyen.

— Pas de bêtises, Caderousse !

— Je me présenterai comme frotteur.

— Il y a des tapis partout.

— Ah ! pécaïre ! alors il faut que je me contente de voir cela en imagination.

— C'est ce qu'il y a de mieux, crois-moi.

— Tâche au moins de me faire comprendre ce que cela peut être.

— Comment veux-tu ?...

— Rien de plus facile. Est-ce grand ?

— Ni trop grand ni trop petit.

— Mais comment est-ce distribué ?

— Dame ! il me faudrait de l'encre et du papier pour faire un plan.

— En voilà ! » dit vivement Caderousse.

Et il alla chercher sur un vieux secrétaire une feuille de papier blanc, de l'encre et une plume.

« Tiens, dit Caderousse, trace-moi tout cela sur du papier, mon fils. »

Andrea prit la plume avec un imperceptible sourire et commença.

« La maison, comme je te l'ai dit, est entre cour et jardin ; vois-tu, comme cela ? »

Et Andrea fit le tracé du jardin, de la cour et de la maison.

« Des grands murs ?

— Non, huit ou dix pieds tout au plus.

— Ce n'est pas prudent, dit Caderousse.

— Dans la cour, des caisses d'orangers, des pelouses, des massifs de fleurs.

— Et pas de pièges à loups ?

— Non.

— Les écuries ?

— Aux deux côtés de la grille, où tu vois, là. »

Et Andrea continua son plan.

« Voyons le rez-de-chaussée, dit Caderousse.

— Au rez-de-chaussée, salle à manger, deux salons, salle de billard, escalier dans le vestibule, et petit escalier dérobé.

— Des fenêtres ?...

— Des fenêtres magnifiques, si belles, si larges que, ma foi, oui, je crois qu'un homme de ta taille passerait par chaque carreau.

— Pourquoi diable a-t-on des escaliers, quand on a des fenêtres pareilles ?

— Que veux-tu ! le luxe.

— Mais des volets ?

— Oui, des volets, mais dont on ne se sert jamais. Un original, ce comte de Monte-Cristo, qui aime à voir le ciel même pendant la nuit !

— Et les domestiques, où couchent-ils ?

— Oh ! ils ont leur maison à eux. Figure-toi un joli hangar à droite en entrant, où l'on serre les échelles. Eh bien, il y a sur ce hangar une collection de chambres pour les domestiques, avec des sonnettes correspondant aux chambres.

— Ah ! diable ! des sonnettes !

— Tu dis ?...

— Moi, rien. Je dis que cela coûte très cher à poser les sonnettes ; et à quoi cela sert-il, je te le demande ?

— Autrefois il y avait un chien qui se promenait la nuit dans la cour, mais on l'a fait conduire à la maison d'Auteuil, tu sais, à celle où tu es venu ?

— Oui.

— Moi, je lui disais encore hier : « C'est imprudent « de votre part, monsieur le comte ; car, lorsque vous « allez à Auteuil et que vous emmenez vos domes-« tiques, la maison reste seule.

« — Eh bien, a-t-il demandé, après ?

« — Eh bien, après, quelque beau jour on vous « volera. »

— Qu'a-t-il répondu ?

— Ce qu'il a répondu ?

— Oui.

— Il a répondu : « Eh bien qu'est-ce que cela me fait « qu'on me vole ? »

— Andrea, il y a quelque secrétaire à mécanique.

— Comment cela ?

— Oui, qui prend le voleur dans une grille et qui joue un air. On m'a dit qu'il y en avait comme cela à la dernière exposition.

— Il a tout bonnement un secrétaire en acajou, auquel j'ai toujours vu la clef.

— Et on ne le vole pas ?

— Non, les gens qui le servent lui sont tout dévoués.

— Il doit y en avoir dans ce secrétaire-là, hein ! de la monnaie ?

— Il y a peut-être... on ne peut pas savoir ce qu'il y a.

— Et où est-il ?

— Au premier.

— Fais-moi donc un peu le plan du premier, le petit, comme tu m'as fait celui du rez-de-chaussée.

— C'est facile. »

Et Andrea reprit la plume.

« Au premier, vois-tu, il y a antichambre, salon ; à droite du salon, bibliothèque et cabinet de travail ; à gauche du salon, une chambre à coucher et un cabinet de toilette. C'est dans le cabinet de toilette qu'est le fameux secrétaire.

— Et une fenêtre au cabinet de toilette ?

— Deux, là et là. »

Et Andrea dessina deux fenêtres à la pièce qui, sur le plan, faisait l'angle et figurait comme un carré moins grand ajouté au carré long de la chambre à coucher.

Caderousse devint rêveur.

« Et va-t-il souvent à Auteuil ? demanda-t-il.

— Deux ou trois fois par semaine ; demain, par exemple, il doit y aller passer la journée et la nuit.

— Tu en es sûr ?

— Il m'a invité à y aller dîner.

— A la bonne heure ! voilà une existence, dit Caderousse : maison à la ville, maison à la campagne !

— Voilà ce que c'est que d'être riche.

— Et iras-tu dîner ?

— Probablement.

— Quand tu y dînes, y couches-tu ?

— Quand cela me fait plaisir. Je suis chez le comte comme chez moi. »

Caderousse regarda le jeune homme comme pour arracher la vérité du fond de son cœur. Mais Andrea tira une boîte à cigares de sa poche, y prit un havane, l'alluma tranquillement et commença à le fumer sans affectation.

« Quand veux-tu les cinq cents francs ? demanda-t-il à Caderousse.

— Mais tout de suite, si tu les as. »

Andrea tira vingt-cinq louis de sa poche.

« Des jaunets, dit Caderousse ; non, merci !

— Eh bien, tu les méprises ?

— Je les estime, au contraire, mais je n'en veux pas.

— Tu gagneras le change, imbécile : l'or vaut cinq sous.

— C'est ça, et puis le changeur fera suivre l'ami Caderousse, et puis on lui mettra la main dessus, et puis il faudra qu'il dise quels sont les fermiers qui lui paient ses redevances en or. Pas de bêtises, le petit : de l'argent tout simplement, des pièces rondes à l'effigie d'un monarque quelconque. Tout le monde peut atteindre à une pièce de cinq francs.

— Tu comprends bien que je n'ai pas cinq cents francs sur moi : il m'aurait fallu prendre un commissionnaire.

— Eh bien, laisse-les chez toi, à ton concierge, c'est un brave homme, j'irai les prendre.

— Aujourd'hui ?

— Non, demain ; aujourd'hui je n'ai pas le temps.

— Eh bien, soit ; demain, en partant pour Auteuil, je les laisserai.

— Je peux compter dessus ?

— Parfaitement.

— C'est que je vais arrêter d'avance ma bonne, vois-tu.

— Arrête. Mais ce sera fini, hein ? tu ne me tourmenteras plus ?

— Jamais. »

Caderousse était devenu si sombre, qu'Andrea craignit d'être forcé de s'apercevoir de ce changement. Il redoubla donc de gaieté et d'insouciance.

« Comme tu es guilleret, dit Caderousse ; on dirait que tu tiens déjà ton héritage !

— Non pas, malheureusement !... Mais le jour où je le tiendrai...

— Eh bien ?

— Eh bien, on se souviendra des amis ; je ne te dis que ça.

— Oui, comme tu as bonne mémoire, justement !

— Que veux-tu ? je croyais que tu voulais me rançonner.

— Moi ! oh ! quelle idée ! moi qui, au contraire, vais encore te donner un conseil d'ami.

— Lequel ?

— C'est de laisser ici le diamant que tu as à ton doigt. Ah çà ! mais tu veux donc nous faire prendre ? tu veux donc nous perdre tous les deux, que tu fais de pareilles bêtises ?

— Pourquoi cela ? dit Andrea.

— Comment ! tu prends une livrée, tu te déguises en domestique, et tu gardes à ton doigt un diamant de quatre à cinq mille francs !

— Peste ! tu estimes juste ! Pourquoi ne te fais-tu pas commissaire-priseur ?

— C'est que je m'y connais en diamants ; j'en ai eu.

— Je te conseille de t'en vanter », dit Andrea, qui, sans se courroucer, comme le craignait Caderousse, de cette nouvelle extorsion, livra complaisamment la bague.

Caderousse la regarda de si près qu'il fut clair pour Andrea qu'il examinait si les arêtes de la coupe étaient bien vives.

« C'est un faux diamant, dit Caderousse.

— Allons donc, fit Andrea, plaisantes-tu ?

— Oh ! ne te fâche pas, on peut voir. »

Et Caderousse alla à la fenêtre, fit glisser le diamant sur le carreau ; on entendit crier la vitre.

« *Confiteor* ! dit Caderousse en passant le diamant à son petit doigt, je me trompais ; mais ces voleurs de joailliers imitent si bien les pierres, qu'on n'ose plus aller voler dans les boutiques de bijouterie. C'est encore une branche d'industrie paralysée.

— Eh bien, dit Andrea, est-ce fini ? as-tu encore quelque chose à me demander ? Ne te gêne pas pendant que tu y es.

— Non, tu es un bon compagnon au fond. Je ne te retiens plus, et je tâcherai de me guérir de mon ambition.

— Mais prends garde qu'en vendant ce diamant il ne t'arrive ce que tu craignais qu'il ne t'arrivât pour l'or.

— Je ne le vendrai pas, sois tranquille.

— Non, pas d'ici à après-demain, du moins, pensa le jeune homme.

— Heureux coquin ! dit Caderousse, tu t'en vas retrouver tes laquais, tes chevaux, ta voiture et ta fiancée.

— Mais oui, dit Andrea.

— Dis donc, j'espère que tu me feras un joli cadeau de noces le jour où tu épouseras la fille de mon ami Danglars.

— Je t'ai déjà dit que c'était une imagination que tu t'étais mise en tête.

— Combien de dot ?

— Mais je te dis...

— Un million ? »

Andrea haussa les épaules.

« Va pour un million, dit Caderousse ; tu n'en auras jamais autant que je t'en désire.

— Merci, dit le jeune homme.

— Oh ! c'est de bon cœur, ajouta Caderousse en riant de son gros rire. Attends, que je te reconduise.

— Ce n'est pas la peine.

— Si fait.

— Pourquoi cela ?

— Oh ! parce qu'il y a un petit secret à la porte ; c'est une mesure de précaution que j'ai cru devoir adopter ; serrure Huret et Fichet, revue et corrigée par Gaspard Caderousse. Je t'en confectionnerai une pareille quand tu seras capitaliste.

— Merci, dit Andrea ; je te ferai prévenir huit jours d'avance. »

Ils se séparèrent. Caderousse resta sur le palier jusqu'à ce qu'il eût vu Andrea non seulement descendre les trois étages, mais encore traverser la cour. Alors il rentra précipitamment, ferma la porte avec soin, et se mit à étudier, en profond architecte, le plan que lui avait laissé Andrea.

« Ce cher Benedetto, dit-il, je crois qu'il ne serait pas fâché d'hériter, et que celui qui avancera le jour où il doit palper ses cinq cent mille francs ne sera pas son plus méchant ami. »

LXXXII

L'EFFRACTION

Le lendemain du jour où avait eu lieu la conversation que nous venons de rapporter, le comte de Monte-Cristo était en effet parti pour Auteuil avec Ali, plusieurs domestiques et des chevaux qu'il voulait essayer. Ce qui avait surtout déterminé ce départ, auquel il ne songeait même pas la veille, et auquel Andrea ne songeait pas plus que lui, c'était l'arrivée de Bertuccio, qui, revenu de Normandie, rapportait des nouvelles de la maison et de la corvette. La maison était prête, et la corvette, arrivée depuis huit jours et à l'ancre dans une petite anse où elle se tenait avec son équipage de six hommes, après avoir rempli toutes les formalités exigées, était déjà en état de reprendre la mer.

Le comte loua le zèle de Bertuccio et l'invita à se préparer à un prompt départ, son séjour en France ne devant plus se prolonger au-delà d'un mois.

« Maintenant, lui dit-il, je puis avoir besoin d'aller en une nuit de Paris au Tréport ; je veux huit relais échelonnés sur la route qui me permettent de faire cinquante lieues en dix heures.

— Votre Excellence avait déjà manifesté ce désir, répondit Bertuccio, et les chevaux sont prêts. Je les ai achetés et cantonnés moi-même aux endroits les plus commodes, c'est-à-dire dans des villages où personne ne s'arrête ordinairement.

— C'est bien, dit Monte-Cristo, je reste ici un jour ou deux, arrangez-vous en conséquence. »

Comme Bertuccio allait sortir pour ordonner tout ce qui avait rapport à ce séjour, Baptistin ouvrit la porte ; il tenait une lettre sur un plateau de vermeil.

« Que venez-vous faire ici ? demanda le comte en le voyant tout couvert de poussière, je ne vous ai pas demandé, ce me semble ? »

Baptistin, sans répondre, s'approcha du comte et lui présenta la lettre.

« Importante et pressée », dit-il.
Le comte ouvrit la lettre et lut :

« M. de Monte-Cristo est prévenu que cette nuit même un homme s'introduira dans sa maison des Champs-Élysées, pour soustraire des papiers qu'il croit enfermés dans le secrétaire du cabinet de toilette : on sait M. le comte de Monte-Cristo assez brave pour ne pas recourir à l'intervention de la police, intervention qui pourrait compromettre fortement celui qui donne cet avis. M. le comte, soit par une ouverture qui donnera de la chambre à coucher dans le cabinet, soit s'embusquant dans le cabinet, pourra se faire justice lui-même. Beaucoup de gens et de précautions apparentes éloigneraient certainement le malfaiteur, et feraient perdre à M. de Monte-Cristo cette occasion de connaître un ennemi que le hasard a fait découvrir à la personne qui donne cet avis au comte, avis qu'elle n'aurait peut-être pas l'occasion de renouveler si, cette première entreprise échouant, le malfaiteur en renouvelait une autre. »

Le premier mouvement du comte fut de croire à une ruse de voleurs, piège grossier qui lui signalait un danger médiocre pour l'exposer à un danger plus grave. Il allait donc faire porter la lettre à un commissaire de police, malgré la recommandation, et peut-être même ·à cause de la recommandation de l'ami anonyme, quand tout à coup l'idée lui vint que ce pouvait être, en effet, quelque ennemi particulier à lui, que lui seul pouvait reconnaître et dont, le cas échéant, lui seul pouvait tirer parti, comme avait fait Fiesque du Maure qui avait voulu l'assassiner. On connaît le comte ; nous n'avons donc pas besoin de dire que c'était un esprit plein d'audace et de vigueur, qui se raidissait contre l'impossible avec cette énergie qui fait seule les hommes supérieurs. Par la vie qu'il avait menée, par la décision qu'il avait prise et qu'il avait tenue de ne reculer devant rien, le comte en était venu à savourer des jouissances inconnues dans les luttes qu'il entreprenait parfois contre la nature, qui

est Dieu, et contre le monde qui peut bien passer pour
le diable.

« Ils ne veulent pas me voler mes papiers, dit Monte-
Cristo, ils veulent me tuer ; ce ne sont pas des voleurs,
ce sont des assassins. Je ne veux pas que M. le préfet
de Police se mêle de mes affaires particulières. Je suis
assez riche, ma foi, pour dégrever en ceci le budget de
son administration. »

Le comte rappela Baptistin, qui était sorti de la
chambre après avoir apporté la lettre.

« Vous allez retourner à Paris, dit-il, vous ramènerez
ici tous les domestiques qui restent. J'ai besoin de tout
mon monde à Auteuil.

— Mais ne restera-t-il donc personne à la maison,
monsieur le comte ? demanda Baptistin.

— Si fait, le concierge.

— Monsieur le comte réfléchira qu'il y a loin de la
loge à la maison.

— Eh bien ?

— Eh bien, on pourrait dévaliser tout le logis, sans
qu'il entendît le moindre bruit.

— Qui cela ?

— Mais des voleurs.

— Vous êtes un niais, monsieur Baptistin ; les
voleurs dévalisassent-ils tout le logement, ne m'occa-
sionneront jamais le désagrément que m'occasionne-
rait un service mal fait. »

Baptistin s'inclina.

« Vous m'entendez, dit le comte, ramenez vos camarades depuis le premier jusqu'au dernier ; mais que
tout reste dans l'état habituel ; vous fermerez les volets
du rez-de-chaussée, voilà tout.

— Et ceux du premier ?

— Vous savez qu'on ne les ferme jamais. Allez. »

Le comte fit dire qu'il dînerait seul chez lui et ne
voulait être servi que par Ali.

Il dîna avec sa tranquillité et sa sobriété habituelles,
et après le dîner, faisant signe à Ali de le suivre, il
sortit par la petite porte, gagna le bois de Boulogne
comme s'il se promenait, prit sans affectation le chemin de Paris, et à la nuit tombante se trouva en face
de sa maison des Champs-Élysées.

Tout était sombre, seule une faible lumière brûlait dans la loge du concierge, distante d'une quarantaine de pas de la maison, comme l'avait dit Baptistin.

Monte-Cristo s'adossa à un arbre, et, de cet œil qui se trompait si rarement, sonda la double allée, examina les passants, et plongea son regard dans les rues voisines, afin de voir si quelqu'un n'était point embusqué. Au bout de dix minutes, il fut convaincu que personne ne le guettait. Il courut aussitôt à la petite porte avec Ali, entra précipitamment, et, par l'escalier de service, dont il avait la clef, rentra dans sa chambre à coucher, sans ouvrir ou déranger un seul rideau, sans que le concierge lui-même pût se douter que la maison, qu'il croyait vide, avait retrouvé son principal habitant.

Arrivé dans la chambre à coucher, le comte fit signe à Ali de s'arrêter, puis il passa dans le cabinet, qu'il examina ; tout était dans l'état habituel : le précieux secrétaire à sa place, et la clef au secrétaire. Il le ferma à double tour, prit la clef, revint à la porte de la chambre à coucher, enleva la double gâche du verrou, et rentra.

Pendant ce temps, Ali apportait sur une table les armes que le comte lui avait demandées, c'est-à-dire une carabine courte et une paire de pistolets doubles, dont les canons superposés permettaient de viser aussi sûrement qu'avec des pistolets de tir. Armé ainsi, le comte tenait la vie de cinq hommes entre ses mains.

Il était neuf heures et demie à peu près ; le comte et Ali mangèrent à la hâte un morceau de pain et burent un verre de vin d'Espagne ; puis Monte-Cristo fit glisser un de ces panneaux mobiles qui lui permettaient de voir d'une pièce dans l'autre. Il avait à sa portée ses pistolets et sa carabine, et Ali, debout près de lui, tenait à la main une de ces petites haches arabes qui n'ont pas changé de forme depuis les croisades.

Par une des fenêtres de la chambre à coucher, parallèle à celle du cabinet, le comte pouvait voir dans la rue.

Deux heures se passèrent ainsi ; il faisait l'obscurité la plus profonde, et cependant Ali, grâce à sa nature sauvage, et cependant le comte, grâce sans doute à une qualité acquise, distinguaient dans cette nuit jusqu'aux plus faibles oscillations des arbres de la cour.

Depuis longtemps la petite lumière de la loge du concierge s'était éteinte.

Il était à présumer que l'attaque, si réellement il y avait une attaque projetée, aurait lieu par l'escalier du rez-de-chaussée et non par une fenêtre. Dans les idées de Monte-Cristo, les malfaiteurs en voulaient à sa vie et non à son argent. C'était donc à sa chambre à coucher qu'ils s'attaqueraient, et ils parviendraient à sa chambre à coucher soit par l'escalier dérobé, soit par la fenêtre du cabinet.

Il plaça Ali devant la porte de l'escalier et continua de surveiller le cabinet.

Onze heures trois quarts sonnèrent à l'horloge des Invalides ; le vent d'ouest apportait sur ses humides bouffées la lugubre vibration des trois coups.

Comme le dernier coup s'éteignait, le comte crut entendre un léger bruit du côté du cabinet ; ce premier bruit, ou plutôt ce premier grincement, fut suivi d'un second, puis d'un troisième ; au quatrième, le comte savait à quoi s'en tenir. Une main ferme et exercée était occupée à couper les quatre côtés d'une vitre avec un diamant.

Le comte sentit battre plus rapidement son cœur. Si endurcis au danger que soient les hommes, si bien prévenus qu'ils soient du péril, ils comprennent toujours, au frémissement de leur cœur et au frissonnement de leur chair, la différence énorme qui existe entre le rêve et la réalité, entre le projet et l'exécution.

Cependant Monte-Cristo ne fit qu'un signe pour prévenir Ali ; celui-ci, comprenant que le danger était du côté du cabinet, fit un pas pour se rapprocher de son maître.

Monte-Cristo était avide de savoir à quels ennemis et à combien d'ennemis il avait affaire.

La fenêtre où l'on travaillait était en face de l'ouverture par laquelle le comte plongeait son regard dans le cabinet. Ses yeux se fixèrent donc vers cette fenêtre : il

vit une ombre se dessiner plus épaisse sur l'obscurité ,
puis un des carreaux devint tout à fait opaque, comme
si l'on y collait du dehors une feuille de papier, puis le
carreau craqua sans tomber. Par l'ouverture prati-
quée, un bras passa qui chercha l'espagnolette ; une
seconde après la fenêtre tourna sur ses gonds, et un
homme entra.

L'homme était seul.

« Voilà un hardi coquin », murmura le comte.

En ce moment il sentit qu'Ali lui touchait doucement l'épaule ; il se retourna : Ali lui montrait la
fenêtre de la chambre où ils étaient, et qui donnait sur
la rue.

Monte-Cristo fit trois pas vers cette fenêtre ; il
connaissait l'exquise délicatesse des sens du fidèle serviteur. En effet, il vit un autre homme qui se détachait
d'une porte, et, montant sur une borne, semblait chercher à voir ce qui se passait chez le comte.

« Bon ! dit-il, ils sont deux : l'un agit, l'autre guette. »

Il fit signe à Ali de ne pas perdre des yeux l'homme
de la rue, et revint à celui du cabinet.

Le coupeur de vitres était entré et s'orientait, les
bras tendus en avant.

Enfin il parut s'être rendu compte de toutes choses ;
il y avait deux portes dans le cabinet, il alla pousser les
verrous de toutes deux.

Lorsqu'il s'approcha de celle de la chambre à coucher, Monte-Cristo crut qu'il venait pour entrer, et
prépara un de ses pistolets ; mais il entendit simplement le bruit des verrous glissant dans leurs anneaux
de cuivre. C'était une précaution voilà tout ; le nocturne visiteur, ignorant le soin qu'avait pris le comte
d'enlever les gâches, pouvait désormais se croire chez
lui et agir en toute tranquillité.

Seul et libre de tous ses mouvements, l'homme alors
tira de sa large poche quelque chose, que le comte ne
put distinguer, posa ce quelque chose sur un guéridon,
puis il alla droit au secrétaire, le palpa à l'endroit de la
serrure, et s'aperçut que, contre son attente, la clef
manquait.

Mais le casseur de vitres était un homme de précaution et qui avait tout prévu ; le comte entendit bientôt ce froissement du fer contre le fer que produit, quand on le remue, ce trousseau de clefs informes qu'apportent les serruriers quand on les envoie chercher pour ouvrir une porte, et auxquels les voleurs ont donné le nom de rossignols, sans doute à cause du plaisir qu'ils éprouvent à entendre leur chant nocturne, lorsqu'ils grincent contre le pêne de la serrure.

« Ah ! ah ! murmura Monte-Cristo avec un sourire de désappointement, ce n'est qu'un voleur. »

Mais l'homme, dans l'obscurité, ne pouvait choisir l'instrument convenable. Il eut alors recours à l'objet qu'il avait posé sur le guéridon ; il fit jouer un ressort, et aussitôt une lumière pâle, mais assez vive cependant pour qu'on pût voir, envoya son reflet doré sur les mains et sur le visage de cet homme.

« Tiens ! fit tout à coup Monte-Cristo en se reculant avec un mouvement de surprise, c'est... »

Ali leva sa hache.

« Ne bouge pas, lui dit Monte-Cristo tout bas, et laisse là ta hache, nous n'avons plus besoin d'armes ici. »

Puis il ajouta quelques mots en baissant encore la voix, car l'exclamation, si faible qu'elle fût, que la surprise avait arrachée au comte avait suffi pour faire tressaillir l'homme, qui était resté dans la pose du rémouleur antique. C'était un ordre que venait de donner le comte, car aussitôt Ali s'éloigna sur la pointe du pied, détacha de la muraille de l'alcôve un vêtement noir et un chapeau triangulaire. Pendant ce temps, Monte-Cristo ôtait rapidement sa redingote, son gilet et sa chemise, et l'on pouvait, grâce au rayon de lumière filtrant par la fente du panneau, reconnaître sur la poitrine du comte une de ces souples et fines tuniques de mailles d'acier, dont la dernière, dans cette France où l'on ne craint plus les poignards, fut peut-être portée par le roi Louis XVI, qui craignait le couteau pour sa poitrine, et qui fut frappé d'une hache à la tête.

Cette tunique disparut bientôt sous une longue soutane comme les cheveux du comte sous une perruque à tonsure ; le chapeau triangulaire, placé sur la perruque, acheva de changer le comte en abbé.

Cependant l'homme n'entendant plus rien, s'était relevé, et pendant le temps que Monte-Cristo opérait sa métamorphose, était allé droit au secrétaire, dont la serrure commençait à craquer sous son *rossignol*.

« Bon ! murmura le comte, lequel se reposait sans doute sur quelque secret de serrurerie qui devait être inconnu au crocheteur de portes, si habile qu'il fût ; bon ! tu en as pour quelques minutes. » Et il alla à la fenêtre.

L'homme qu'il avait vu monter sur une borne en était descendu, et se promenait toujours dans la rue ; mais, chose singulière, au lieu de s'inquiéter de ceux qui pouvaient venir, soit par l'avenue des Champs-Élysées, soit par le faubourg Saint-Honoré, il ne paraissait préoccupé que de ce qui se passait chez le comte, et tous ses mouvements avaient pour but de voir ce qui se passait dans le cabinet.

Monte-Cristo, tout à coup, se frappa le front et laissa errer sur ses lèvres entrouvertes un rire silencieux.

Puis se rapprochant d'Ali :

« Demeure ici, lui dit-il tout bas, caché dans l'obscurité, et quel que soit le bruit que tu entendes, quelque chose qui se passe, n'entre et ne te montre que si je t'appelle par ton nom. »

Ali fit signe de la tête qu'il avait compris et qu'il obéirait.

Alors Monte-Cristo tira d'une armoire une bougie tout allumée, et au moment où le voleur était le plus occupé à sa serrure, il ouvrit doucement la porte, ayant soin que la lumière qu'il tenait à la main donnât tout entière sur son visage.

La porte tourna si doucement que le voleur n'entendit pas le bruit. Mais, à son grand étonnement, il vit tout à coup la chambre s'éclairer.

Il se retourna.

« Eh ! bonsoir, cher monsieur Caderousse, dit, Monte-Cristo ; que diable venez-vous donc faire ici à une pareille heure ?

— L'abbé Busoni ! » s'écria Caderousse.

Et ne sachant comment cette étrange apparition était venue jusqu'à lui, puisqu'il avait fermé les portes, il laissa tomber son trousseau de fausses clefs, et resta immobile et comme frappé de stupeur.

Le comte alla se placer entre Caderousse et la fenêtre, coupant ainsi au voleur terrifié son seul moyen de retraite.

« L'abbé Busoni ! répéta Caderousse en fixant sur le comte des yeux hagards.

— Eh bien, sans doute, l'abbé Busoni, reprit Monte-Cristo, lui-même en personne, et je suis bien aise que vous me reconnaissiez, mon cher monsieur Caderousse ; cela prouve que nous avons bonne mémoire, car, si je ne me trompe, voilà tantôt dix ans que nous ne nous sommes vus. »

Ce calme, cette ironie, cette puissance, frappèrent l'esprit de Caderousse d'une terreur vertigineuse.

« L'abbé ! l'abbé ! murmura-t-il en crispant ses poings et en faisant claquer ses dents.

— Nous voulons donc voler le comte de Monte-Cristo ? continua le prétendu abbé.

— Monsieur l'abbé, murmura Caderousse cherchant à gagner la fenêtre que lui interceptait impitoyablement le comte, monsieur l'abbé, je ne sais... je vous prie de croire... je vous jure...

— Un carreau coupé, continua le comte, une lanterne sourde, un trousseau de rossignols, un secrétaire à demi forcé, c'est clair cependant. »

Caderousse s'étranglait avec sa cravate, il cherchait un angle où se cacher, un trou par où disparaître.

« Allons, dit le comte, je vois que vous êtes toujours le même, monsieur l'assassin.

— Monsieur l'abbé, puisque vous savez tout, vous savez que ce n'est pas moi, que c'est la Carconte ; ç'a été reconnu au procès, puisqu'ils ne m'ont condamné qu'aux galères.

— Vous avez donc fini votre temps, que je vous retrouve en train de vous y faire ramener ?

— Non, monsieur l'abbé, j'ai été délivré par quelqu'un.

— Ce quelqu'un-là a rendu un charmant service à la société.

— Ah ! dit Caderousse, j'avais cependant bien promis...

— Ainsi, vous êtes en rupture de ban ? interrompit Monte-Cristo.

— Hélas ! oui, fit Caderousse, très inquiet.

— Mauvaise récidive... Cela vous conduira, si je ne me trompe, à la place de Grève. Tant pis, tant pis, *diavolo* ! comme disent les mondains de mon pays.

— Monsieur l'abbé, je cède à un entraînement...

— Tous les criminels disent cela.

— Le besoin...

— Laissez donc, dit dédaigneusement Busoni, le besoin peut conduire à demander l'aumône, à voler un pain à la porte d'un boulanger, mais non à venir forcer un secrétaire dans une maison que l'on croit inhabitée. Et lorsque le bijoutier Joannès venait de vous compter quarante-cinq mille francs en échange du diamant que je vous avais donné, et que vous l'avez tué pour avoir le diamant et l'argent, était-ce aussi le besoin ?

— Pardon, monsieur l'abbé, dit Caderousse ; vous m'avez déjà sauvé une fois, sauvez-moi encore une seconde.

— Cela ne m'encourage pas.

— Êtes-vous seul, monsieur l'abbé ? demanda Caderousse en joignant les mains, ou bien avez-vous là des gendarmes tout prêts à me prendre ?

— Je suis tout seul, dit l'abbé, et j'aurai encore pitié de vous et je vous laisserai aller au risque des nouveaux malheurs que peut amener ma faiblesse, si vous me dites toute la vérité.

— Ah ! monsieur l'abbé ! s'écria Caderousse en joignant les mains et en se rapprochant d'un pas de Monte-Cristo, je puis bien vous dire que vous êtes mon sauveur, vous !

— Vous prétendez qu'on vous a délivré du bagne ?

— Oh ! ça, foi de Caderousse, monsieur l'abbé !

— Qui cela ?

— Un Anglais.

— Comment s'appelait-il ?

— Lord Wilmore.

— Je le connais ; je saurai donc si vous mentez.

— Monsieur l'abbé, je dis la vérité pure.

— Cet Anglais vous protégeait donc ?

— Non pas moi, mais un jeune Corse qui était mon compagnon de chaîne.

— Comment se nommait ce jeune Corse ?

— Benedetto.

— C'est un nom de baptême.

— Il n'en avait pas d'autre, c'était un enfant trouvé.

— Alors ce jeune homme s'est évadé avec vous ?

— Oui.

— Comment cela ?

— Nous travaillions à Saint-Mandrier, près de Toulon. Connaissez-vous Saint-Mandrier ?

— Je le connais.

— Eh bien, pendant qu'on dormait, de midi à une heure...

— Des forçats qui font la sieste ! Plaignez donc ces gaillards-là, dit l'abbé.

— Dame ! fit Caderousse, on ne peut pas toujours travailler, on n'est pas des chiens.

— Heureusement pour les chiens, dit Monte-Cristo.

— Pendant que les autres faisaient donc la sieste, nous nous sommes éloignés un petit peu, nous avons scié nos fers avec une lime que nous avait fait parvenir l'Anglais, et nous nous sommes sauvés à la nage.

— Et qu'est devenu ce Benedetto ?

— Je n'en sais rien.

— Vous devez le savoir cependant.

— Non, en vérité. Nous nous sommes séparés à Hyères. »

Et, pour donner plus de poids à sa protestation, Caderousse fit encore un pas vers l'abbé qui demeura immobile à sa place, toujours calme et interrogateur.

« Vous mentez ! dit l'abbé Busoni, avec un accent d'irrésistible autorité.

— Monsieur l'abbé !...

— Vous mentez ! cet homme est encore votre ami, et vous vous servez de lui comme d'un complice peut-être ?

— Oh ! monsieur l'abbé !...

— Depuis que vous avez quitté Toulon, comment avez-vous vécu ? Répondez.

— Comme j'ai pu.

— Vous mentez ! » reprit une troisième fois l'abbé avec un accent plus impératif encore.

Caderousse terrifié, regarda le comte.

« Vous avez vécu, reprit celui-ci, de l'argent qu'il vous a donné.

— Eh bien, c'est vrai, dit Caderousse ; Benedetto est devenu un fils de grand seigneur.

— Comment peut-il être fils de grand seigneur ?

— Fils naturel.

— Et comment nommez-vous ce grand seigneur ?

— Le comte de Monte-Cristo, celui-là même chez qui nous sommes.

— Benedetto le fils du comte ? reprit Monte-Cristo étonné à son tour.

— Dame ! il faut bien croire, puisque le comte lui a trouvé un faux père, puisque le comte lui fait quatre mille francs par mois, puisque le comte lui laisse cinq cent mille francs par son testament.

— Ah ! ah ! dit le faux abbé, qui commençait à comprendre ; et quel nom porte, en attendant, ce jeune homme ?

— Il s'appelle Andrea Cavalcanti.

— Alors c'est ce jeune homme que mon ami le comte de Monte-Cristo reçoit chez lui, et qui va épouser Mlle Danglars ?

— Justement.

— Et vous souffrez cela, misérable ! vous qui connaissez sa vie et sa flétrissure ?

— Pourquoi voulez-vous que j'empêche un camarade de réussir ? dit Caderousse.

— C'est juste, ce n'est pas à vous de prévenir M. Danglars, c'est à moi.

— Ne faites pas cela, monsieur l'abbé !...

— Et pourquoi ?

— Parce que c'est notre pain que vous nous feriez perdre.

— Et vous croyez que, pour conserver le pain à des misérables comme vous, je me ferai le fauteur de leur ruse, le complice de leurs crimes ?

— Monsieur l'abbé ! dit Caderousse en se rapprochant encore.

— Je dirai tout.

— A qui ?

— A M. Danglars.

— Tron de l'air ! s'écria Caderousse en tirant un couteau tout ouvert de son gilet, et en frappant le comte au milieu de la poitrine, tu ne diras rien, l'abbé ! »

Au grand étonnement de Caderousse, le poignard, au lieu de pénétrer dans la poitrine du comte, rebroussa émoussé.

En même temps le comte saisit de la main gauche le poignet de l'assassin, et le tordit avec une telle force que le couteau tomba de ses doigts raidis et que Caderousse poussa un cri de douleur.

Mais le comte, sans s'arrêter à ce cri, continua de tordre le poignet du bandit jusqu'à ce que, le bras disloqué, il tombât d'abord à genoux, puis ensuite la face contre terre.

Le comte appuya son pied sur sa tête et dit :

« Je ne sais qui me retient de te briser le crâne, scélérat !

— Ah ! grâce ! grâce ! » cria Caderousse.

Le comte retira son pied.

« Relève-toi ! » dit-il.

Caderousse se releva.

« Tudieu ! quel poignet vous avez, monsieur l'abbé ! dit Caderousse, caressant son bras tout meurtri par les tenailles de chair qui l'avaient étreint ; tudieu ! quel poignet !

— Silence. Dieu me donne la force de dompter une bête féroce comme toi ; c'est au nom de ce Dieu que j'agis ; souviens-toi de cela, misérable, et t'épargner en ce moment, c'est encore servir les desseins de Dieu.

— Ouf ! fit Caderousse, tout endolori.

— Prends cette plume et ce papier, et écris ce que je vais te dicter.

— Je ne sais pas écrire, monsieur l'abbé.

— Tu mens, prends cette plume et écris ! »

Caderousse, subjugué par cette puissance supérieure, s'assit et écrivit :

« Monsieur, l'homme que vous recevez chez vous et à qui vous destinez votre fille est un ancien forçat, échappé avec moi du bagne de Toulon ; il portait le n° 59 et moi le n° 58.

« Il se nommait Benedetto ; mais il ignore lui-même son véritable nom, n'ayant jamais connu ses parents. »

« Signe ! continua le comte.

— Mais vous voulez donc me perdre ?

— Si je voulais te perdre, imbécile, je te traînerais jusqu'au premier corps de garde ; d'ailleurs, à l'heure où le billet sera rendu à son adresse, il est probable que tu n'auras plus rien à craindre ; signe donc. »

Caderousse signa.

« L'adresse : *A monsieur le baron Danglars, banquier, rue de la Chaussée-d'Antin.* »

Caderousse écrivit l'adresse.

L'abbé prit le billet.

« Maintenant, dit-il, c'est bien, va-t'en.

— Par où ?

— Par où tu es venu.

— Vous voulez que je sorte par cette fenêtre ?

— Tu y es bien entré.

— Vous méditez quelque chose contre moi, monsieur l'abbé ?

— Imbécile, que veux-tu que je médite ?

— Pourquoi ne pas m'ouvrir la porte ?

— A quoi bon réveiller le concierge ?

— Monsieur l'abbé, dites-moi que vous ne voulez pas ma mort.

— Je veux ce que Dieu veut.

— Mais jurez-moi que vous ne me frapperez pas tandis que je descendrai.

— Sot et lâche que tu es !

— Que voulez-vous faire de moi ?

— Je te le demande. J'ai essayé d'en faire un homme heureux, et je n'en ai fait qu'un assassin !

— Monsieur l'abbé, dit Caderousse, tentez une dernière épreuve.

— Soit, dit le comte. Écoute, tu sais que je suis un homme de parole ?

— Oui, dit Caderousse.

— Si tu rentres chez toi sain et sauf...

— A moins que ce ne soit de vous, qu'ai-je à craindre ?

— Si tu rentres chez toi sain et sauf, quitte Paris, quitte la France, et partout où tu seras, tant que tu te conduiras honnêtement, je te ferai passer une petite pension ; car si tu rentres chez toi sain et sauf, eh bien...

— Eh bien ? demanda Caderousse en frémissant.

— Eh bien, je croirai que Dieu t'a pardonné, et je te pardonnerai aussi.

— Vrai comme je suis chrétien, balbutia Caderousse en reculant, vous me faites mourir de peur !

— Allons, va-t'en ! » dit le comte en montrant du doigt la fenêtre à Caderousse.

Caderousse, encore mal rassuré par cette promesse, enjamba la fenêtre et mit le pied sur l'échelle.

Là, il s'arrêta tremblant.

« Maintenant descends », dit l'abbé en se croisant les bras.

Caderousse commença de comprendre qu'il n'y avait rien à craindre de ce côté, et descendit.

Alors le comte s'approcha avec la bougie, de sorte qu'on pût distinguer des Champs-Élysées cet homme qui descendait d'une fenêtre, éclairé par un autre homme.

« Que faites-vous donc, monsieur l'abbé ? dit Caderousse ; s'il passait une patrouille... »

Et il souffla la bougie. Puis il continua de descendre ; mais ce ne fut que lorsqu'il sentit le sol du jardin sous son pied qu'il fut suffisamment rassuré.

Monte-Cristo rentra dans sa chambre à coucher, et jetant un coup d'œil rapide du jardin à la rue, il vit d'abord Caderousse qui, après être descendu, faisait un détour dans le jardin et allait planter son échelle à l'extrémité de la muraille, afin de sortir à une autre place que celle par laquelle il était entré.

Puis, passant du jardin à la rue, il vit l'homme qui semblait attendre courir parallèlement dans la rue et se placer derrière l'angle même près duquel Caderousse allait descendre.

Caderousse monta lentement sur l'échelle, et, arrivé aux derniers échelons, passa sa tête par-dessus le chaperon pour s'assurer que la rue était bien solitaire.

On ne voyait personne, on n'entendait aucun bruit.

Une heure sonna aux Invalides.

Alors Caderousse se mit à cheval sur le perron, et, tirant à lui son échelle, la passa par-dessus le mur, puis il se mit en devoir de descendre, ou plutôt de se laisser glisser le long des deux montants, manœuvre qu'il opéra avec une adresse qui prouva l'habitude qu'il avait de cet exercice.

Mais, une fois lancé sur la pente, il ne put s'arrêter. Vainement il vit un homme s'élancer dans l'ombre au moment où il était à moitié chemin ; vainement il vit un bras se lever au moment où il touchait la terre ; avant qu'il eût pu se mettre en défense, ce bras le frappa si furieusement dans le dos, qu'il lâcha l'échelle en criant :

« Au secours ! »

Un second coup lui arriva presque aussitôt dans le flanc, et il tomba en criant :

« Au meurtre ! »

Enfin, comme il se roulait sur la terre, son adversaire le saisit aux cheveux et lui porta un troisième coup dans la poitrine.

Cette fois Caderousse voulut crier encore, mais il ne put pousser qu'un gémissement, et laissa couler en gémissant les trois ruisseaux de sang qui sortaient de ses trois blessures.

L'assassin, voyant qu'il ne criait plus, lui souleva la tête par les cheveux ; Caderousse avait les yeux fermés et la bouche tordue. L'assassin le crut mort, laissa retomber la tête et disparut.

Alors Caderousse, le sentant s'éloigner, se redressa sur son coude, et, d'une voix mourante, cria dans un suprême effort :

« A l'assassin ! je meurs ! à moi, monsieur l'abbé, à moi ! »

Ce lugubre appel perça l'ombre de la nuit. La porte de l'escalier dérobé s'ouvrit, puis la petite porte du jardin, et Ali et son maître accoururent avec des lumières.

LXXXIII

LA MAIN DE DIEU

Caderousse continuait de crier d'une voix lamentable :

« Monsieur l'abbé, au secours ! au secours !

— Qu'y a-t-il ? demanda Monte-Cristo.

— A mon secours ! répéta Caderousse ; on m'a assassiné !

— Nous voici ! Du courage !

— Ah ! c'est fini. Vous arrivez trop tard ; vous arrivez pour me voir mourir. Quels coups ! que de sang ! »

Et il s'évanouit.

Ali et son maître prirent le blessé et le transportèrent dans une chambre. Là, Monte-Cristo fit signe à Ali de le déshabiller, et il reconnut les trois terribles blessures dont il était atteint.

« Mon Dieu ! dit-il, votre vengeance se fait parfois attendre ; mais je crois qu'alors elle ne descend du ciel que plus complète. »

Ali regarda son maître comme pour lui demander ce qu'il y avait à faire.

« Va chercher M. le procureur du roi Villefort, qui demeure faubourg Saint-Honoré, et amène-le ici. En passant, tu réveilleras le concierge, et tu lui diras d'aller chercher un médecin. »

Ali obéit et laissa le faux abbé seul avec Caderousse, toujours évanoui. Lorsque le malheureux rouvrit les yeux, le comte, assis à quelques pas de lui, le regardait avec une sombre expression de piété, et ses lèvres, qui s'agitaient, semblaient murmurer une prière.

« Un chirurgien, monsieur l'abbé, un chirurgien ! dit Caderousse.

— On en est allé chercher un, répondit l'abbé.

— Je sais bien que c'est inutile, quant à la vie, mais il pourra me donner des forces peut-être, et je veux avoir le temps de faire ma déclaration.

— Sur quoi ?

— Sur mon assassin.

— Vous le connaissez donc ?

— Si je le connais ! oui, je le connais, c'est Bene-detto.

— Ce jeune Corse ?

— Lui-même.

— Votre compagnon ?

— Oui. Après m'avoir donné le plan de la maison du comte, espérant sans doute que je le tuerais et qu'il deviendrait ainsi son héritier, ou qu'il me tuerait et qu'il serait ainsi débarrassé de moi, il m'a attendu dans la rue et m'a assassiné.

— En même temps que j'ai envoyé chercher le médecin, j'ai envoyé chercher le procureur du roi.

— Il arrivera trop tard, il arrivera trop tard, dit Caderousse, je sens tout mon sang qui s'en va.

— Attendez », dit Monte-Cristo.

Il sortit et rentra cinq minutes après avec un flacon.

Les yeux du moribond, effrayants de fixité, n'avaient point en son absence quitté cette porte par laquelle il devinait instinctivement qu'un secours allait lui venir.

« Dépêchez-vous ! monsieur l'abbé, dépêchez-vous ! dit-il, je sens que je m'évanouis encore. »

Monte-Cristo s'approcha et versa sur les lèvres vio-lettes du blessé trois ou quatre gouttes de la liqueur que contenait le flacon.

Caderousse poussa un soupir.

« Oh ! dit-il, c'est la vie que vous me versez là ; encore... encore...

— Deux gouttes de plus vous tueraient, répondit l'abbé.

— Oh ! qu'il vienne donc quelqu'un à qui je puisse dénoncer le misérable.

— Voulez-vous que j'écrive votre déposition ? vous la signerez.

— Oui... oui... » dit Caderousse, dont les yeux bril-laient à l'idée de cette vengeance posthume.

Monte-Cristo écrivit :

« Je meurs assassiné par le Corse Benedetto, mon compagnon de chaîne à Toulon sous le n° 59. »

« Dépêchez-vous ! dépêchez-vous ! dit Caderousse, je ne pourrais plus signer. »

Monte-Cristo présenta la plume à Caderousse, qui rassembla ses forces, signa et retomba sur son lit en disant :

« Vous raconterez le reste, monsieur l'abbé ; vous direz qu'il se fait appeler Andrea Cavalcanti, qu'il loge à l'hôtel des Princes, que... Ah ! ah ! mon Dieu ! mon Dieu ! voilà que je meurs ! »

Et Caderousse s'évanouit pour la seconde fois.

L'abbé lui fit respirer l'odeur du flacon ; le blessé rouvrit les yeux.

Son désir de vengeance ne l'avait pas abandonné pendant son évanouissement.

« Ah ! vous direz tout cela, n'est-ce pas, monsieur l'abbé ?

— Tout cela, oui, et bien d'autres choses encore.

— Que direz-vous ?

— Je dirai qu'il vous avait sans doute donné le plan de cette maison dans l'espérance que le comte vous tuerait. Je dirai qu'il avait prévenu le comte par un billet ; je dirai que, le comte étant absent, c'est moi qui ai reçu ce billet et qui ai veillé pour vous attendre.

— Et il sera guillotiné, n'est-ce pas ? dit Caderousse ; il sera guillotiné, vous me le promettez ? Je meurs avec cet espoir-là, cela va m'aider à mourir.

— Je dirai, continua le comte, qu'il est arrivé derrière vous, qu'il vous a guetté tout le temps ; que lorsqu'il vous a vu sortir, il a couru à l'angle du mur et s'est caché.

— Vous avez donc vu tout cela, vous ?

— Rappelez-vous mes paroles : « Si tu rentres chez « toi sain et sauf, je croirai que Dieu t'a pardonné, et je « te pardonnerai aussi. »

— Et vous ne m'avez pas averti ? s'écria Caderousse en essayant de se soulever sur son coude ; vous saviez que j'allais être tué en sortant d'ici, et vous ne m'avez pas averti !

— Non, car dans la main de Benedetto je voyais la justice de Dieu, et j'aurais cru commettre un sacrilège en m'opposant aux intentions de la Providence.

— La justice de Dieu ! ne m'en parlez pas, monsieur l'abbé : s'il y avait une justice de Dieu, vous savez mieux que personne qu'il y a des gens qui seraient punis et qui ne le sont pas.

— Patience ! dit l'abbé d'un ton qui fit frémir le moribond, patience ! »

Caderousse le regarda avec étonnement.

« Et puis, dit l'abbé, Dieu est plein de miséricorde pour tous, comme il a été pour toi : il est père avant d'être juge.

— Ah ! vous croyez donc à Dieu, vous ? dit Caderousse.

— Si j'avais le malheur de n'y pas avoir cru jusqu'à présent, dit Monte-Cristo, j'y croirais en te voyant. »

Caderousse leva les poings crispés au ciel.

« Écoute, dit l'abbé en étendant la main sur le blessé comme pour lui commander la foi, voilà ce qu'il a fait pour toi, ce Dieu que tu refuses de reconnaître à ton dernier moment : il t'avait donné la santé, la force, un travail assuré, des amis même, la vie enfin telle qu'elle doit se présenter à l'homme pour être douce avec le calme de la conscience et la satisfaction des désirs naturels ; au lieu d'exploiter ces dons du Seigneur, si rarement accordés par lui dans leur plénitude, voilà ce que tu as fait, toi : tu t'es adonné à la fainéantise, à l'ivresse, et dans l'ivresse tu as trahi un de tes meilleurs amis.

— Au secours ! s'écria Caderousse, je n'ai pas besoin d'un prêtre, mais d'un médecin ; peut-être que je ne suis pas blessé à mort, peut-être que je ne vais pas encore mourir, peut-être qu'on peut me sauver !

— Tu es si bien blessé à mort que, sans les trois gouttes de liqueur que je t'ai données tout à l'heure, tu aurais déjà expiré. Écoute donc !

— Ah ! murmura Caderousse, quel étrange prêtre vous faites, qui désespérez les mourants au lieu de les consoler.

— Écoute, continua l'abbé : quand tu as eu trahi ton ami, Dieu a commencé, non pas de te frapper, mais de t'avertir ; tu es tombé dans la misère et tu as eu faim ; tu avais passé à envier la moitié d'une vie que tu pouvais passer à acquérir, et déjà tu songeais au crime en te donnant à toi-même l'excuse de la nécessité, quand Dieu fit pour toi un miracle, quand Dieu, par mes mains, t'envoya au sein de ta misère une fortune, brillante pour toi, malheureux, qui n'avais jamais rien possédé. Mais cette fortune inattendue, inespérée, inouïe, ne te suffit plus du moment où tu la possèdes ; tu veux la doubler : par quel moyen ? par un meurtre. Tu la doubles, et alors Dieu te l'arrache en te conduisant devant la justice humaine.

— Ce n'est pas moi, dit Caderousse, qui ai voulu tuer le juif, c'est la Carconte.

— Oui, dit Monte-Cristo. Aussi Dieu toujours, je ne dirai pas juste cette fois, car sa justice t'eût donné la mort, mais Dieu, toujours miséricordieux, permit que tes juges fussent touchés à tes paroles et te laissassent la vie.

— Pardieu ! pour m'envoyer au bagne à perpétuité : la belle grâce !

— Cette grâce, misérable ! tu la regardas cependant comme une grâce quand elle te fut faite ; ton lâche cœur, qui tremblait devant la mort, bondit de joie à l'annonce d'une honte perpétuelle, car tu t'es dit, comme tous les forçats : Il y a une porte au bagne, il n'y en a pas à la tombe. Et tu avais raison, car cette porte du bagne s'est ouverte pour toi d'une manière inespérée : un Anglais visite Toulon, il avait fait le vœu de tirer deux hommes de l'infamie : son choix tombe sur toi et sur ton compagnon ; une seconde fortune descend pour toi du ciel, tu retrouves à la fois l'argent et la tranquillité, tu peux recommencer à vivre de la vie de tous les hommes, toi qui avais été condamné à vivre de celle des forçats ; alors, misérable, alors tu te mets à tenter Dieu une troisième fois. Je n'ai pas assez, dis-tu, quand tu avais plus que tu n'avais possédé jamais, et tu commets un troisième crime, sans raison, sans excuse. Dieu s'est fatigué. Dieu t'a puni. »

Caderousse s'affaiblissait à vue d'œil.

« A boire, dit-il ; j'ai soif... je brûle ! »

Monte-Cristo lui donna un verre d'eau.

« Scélérat de Benedetto, dit Caderousse en rendant le verre : il échappera cependant, lui !

— Personne n'échappera, c'est moi qui te le dis, Caderousse... Benedetto sera puni !

— Alors vous serez puni, vous aussi, dit Caderousse ; car vous n'avez pas fait votre devoir de
prêtre... vous deviez empêcher Benedetto de me tuer.

— Moi ! dit le comte avec un sourire qui glaça
d'effroi le mourant, moi empêcher Benedetto de te
tuer, au moment où tu venais de briser ton couteau
contre la cotte de mailles qui me couvrait la poitrine !... Oui, peut-être si je t'eusse trouvé humble et
repentant, j'eusse empêché Benedetto de te tuer, mais
je t'ai trouvé orgueilleux et sanguinaire, et j'ai laissé
s'accomplir la volonté de Dieu !

— Je ne crois pas à Dieu ! hurla Caderousse, tu n'y
crois pas non plus... tu mens... tu mens !...

— Tais-toi, dit l'abbé, car tu fais jaillir hors de ton
corps les dernières gouttes de ton sang... Ah ! tu ne
crois pas en Dieu, et tu meurs frappé par Dieu !... Ah !
tu ne crois pas en Dieu, et Dieu qui cependant ne
demande qu'une prière, qu'un mot, qu'une larme pour
pardonner... Dieu qui pouvait diriger le poignard de
l'assassin de manière que tu expirasses sur le coup...
Dieu t'a donné un quart d'heure pour te repentir...
Rentre donc en toi-même, malheureux, et repens-toi !

— Non, dit Caderousse, non, je ne me repens pas ; il
n'y a pas de Dieu, il n'y a pas de Providence, il n'y a
que du hasard.

— Il y a une Providence, il y a un Dieu, dit Monte-
Cristo, et la preuve, c'est que tu es là gisant, désespéré,
reniant Dieu, et que, moi, je suis debout devant toi,
riche, heureux, sain et sauf, et joignant les mains
devant Dieu auquel tu essaies de ne pas croire, et
auquel cependant tu crois au fond du cœur.

— Mais qui donc êtes-vous, alors ? demanda Caderousse en fixant ses yeux mourants sur le comte.

— Regarde-moi bien, dit Monte-Cristo en prenant
la bougie et l'approchant de son visage.

— Eh bien, l'abbé... l'abbé Busoni... »

Monte-Cristo enleva la perruque qui le défigurait, et
laissa retomber les beaux cheveux noirs qui enca-
draient si harmonieusement son pâle visage.

« Oh ! dit Caderousse épouvanté, si ce n'étaient ces
cheveux noirs, je dirais que vous êtes l'Anglais, je
dirais que vous êtes Lord Wilmore.

— Je ne suis ni l'abbé Busoni ni Lord Wilmore, dit Monte-Cristo : regarde mieux, regarde plus loin, regarde dans tes premiers souvenirs. »

Il y avait dans cette parole du comte une vibration magnétique dont les sens épuisés du misérable furent ravivés une dernière fois.

« Oh ! en effet, dit-il, il me semble que je vous ai vu, que je vous ai connu autrefois.

— Oui, Caderousse, oui, tu m'as vu, oui, tu m'as connu.

— Mais qui donc êtes-vous, alors ? et pourquoi, si vous m'avez vu, si vous m'avez connu, pourquoi me laissez-vous mourir ?

— Parce que rien ne peut te sauver, Caderousse, parce que tes blessures sont mortelles. Si tu avais pu être sauvé, j'aurais vu là une dernière miséricorde du Seigneur, et j'eusse encore, je te le jure par la tombe de mon père, essayé de te rendre à la vie et au repentir.

— Par la tombe de ton père ! dit Caderousse, ranimé par une suprême étincelle et se soulevant pour voir de plus près l'homme qui venait de lui faire ce serment sacré à tous les hommes : Eh ! qui es-tu donc ? »

Le comte n'avait pas cessé de suivre le progrès de l'agonie. Il comprit que cet élan de vie était le dernier ; il s'approcha du moribond, et le couvrant d'un regard calme et triste à la fois :

« Je suis... lui dit-il à l'oreille, je suis... »

Et ses lèvres, à peine ouvertes, donnèrent passage à un nom prononcé si bas, que le comte semblait craindre de l'entendre lui-même.

Caderousse, qui s'était soulevé sur ses genoux, étendit les bras, fit un effort pour se reculer, puis joignant les mains et les levant avec un suprême effort :

« Ô mon Dieu, mon Dieu, dit-il, pardon de vous avoir renié ; vous existez bien, vous êtes bien le père des hommes au ciel et le juge des hommes sur la terre. Mon Dieu, seigneur, je vous ai longtemps méconnu ! mon Dieu, Seigneur, pardonnez-moi ! mon Dieu, Seigneur, recevez-moi ! »

Et Caderousse, fermant les yeux, tomba renversé en arrière avec un dernier cri et avec un dernier soupir.

Le sang s'arrêta aussitôt aux lèvres de ses larges blessures.

Il était mort.

« *Un !* » dit mystérieusement le comte, les yeux fixés sur le cadavre déjà défiguré par cette horrible mort.

Dix minutes après, le médecin et le procureur du roi arrivèrent, amenés, l'un par le concierge, l'autre par Ali, et furent reçus par l'abbé Busoni, qui priait près du mort.

LXXXIV

BEAUCHAMP

Pendant quinze jours il ne fut bruit dans Paris que de cette tentative de vol faite si audacieusement chez le comte. Le mourant avait signé une déclaration qui indiquait Benedetto comme son assassin. La police fut invitée à lancer tous ses agents sur les traces du meurtrier.

Le couteau de Caderousse, la lanterne sourde, le trousseau de clefs et les habits, moins le gilet, qui ne put se retrouver, furent déposés au greffe ; le corps fut emporté à la Morgue.

A tout le monde le comte répondit que cette aventure s'était passée tandis qu'il était à sa maison d'Auteuil, et qu'il n'en savait par conséquent que ce que lui en avait dit l'abbé Busoni, qui, ce soir-là, par le plus grand hasard, lui avait demandé à passer la nuit chez lui pour faire des recherches dans quelques livres précieux que contenait sa bibliothèque.

Bertuccio seul pâlissait toutes les fois que ce nom de Benedetto était prononcé en sa présence, mais il n'y avait aucun motif pour que quelqu'un s'aperçût de la pâleur de Bertuccio.

Villefort, appelé à constater le crime, avait réclamé l'affaire et conduisait l'instruction avec cette ardeur passionnée qu'il mettait à toutes les causes criminelles où il était appelé à porter la parole.

Mais trois semaines s'étaient déjà passées sans que les recherches les plus actives eussent amené aucun résultat, et l'on commençait à oublier dans le monde la tentative de vol faite chez le comte et l'assassinat du voleur par son complice, pour s'occuper du prochain mariage de Mlle Danglars avec le comte Andrea Cavalcanti.

Ce mariage était à peu près déclaré, le jeune homme était reçu chez le banquier à titre de fiancé.

On avait écrit à M. Cavalcanti père, qui avait fort approuvé le mariage, et qui, en exprimant tous ses regrets de ce que son service l'empêchait absolument de quitter Parme où il était, déclarait consentir à donner le capital de cent cinquante mille livres de rente.

Il était convenu que les trois millions seraient placés chez Danglars, qui les ferait valoir ; quelques personnes avaient bien essayé de donner au jeune homme des doutes sur la solidité de la position de son futur beau-père qui, depuis quelque temps, éprouvait à la Bourse des pertes réitérées ; mais le jeune homme, avec un désintéressement et une confiance sublimes, repoussa tous ces vains propos, dont il eut la délicatesse de ne pas dire une seule parole au baron.

Aussi le baron adorait-il le comte Andrea Cavalcanti.

Il n'en était pas de même de Mlle Eugénie Danglars. Dans sa haine instinctive contre le mariage, elle avait accueilli Andrea comme un moyen d'éloigner Morcerf ; mais maintenant qu'Andrea se rapprochait trop, elle commençait à éprouver pour Andrea une visible répulsion.

Peut-être le baron s'en était-il aperçu ; mais comme il ne pouvait attribuer cette répulsion qu'à un caprice, il avait fait semblant de ne pas s'en apercevoir.

Cependant le délai demandé par Beauchamp était presque écoulé. Au reste, Morcerf avait pu apprécier la valeur du conseil de Monte-Cristo, quand celui-ci lui avait dit de laisser tomber les choses d'elles-mêmes ; personne n'avait relevé la note sur le général, et nul ne s'était avisé de reconnaître dans l'officier qui avait livré le château de Janina le noble comte siégeant à la Chambre des pairs.

Albert ne s'en trouvait pas moins insulté, car l'intention de l'offense était bien certainement dans les quelques lignes qui l'avaient blessé. En outre, la façon dont Beauchamp avait terminé la conférence avait laissé un amer souvenir dans son cœur. Il caressait donc dans son esprit l'idée de ce duel, dont il espérait, si Beauchamp voulait bien s'y prêter, dérober la cause réelle, même à ses témoins.

Quant à Beauchamp on ne l'avait pas revu depuis le jour de la visite qu'Albert lui avait faite ; et à tous ceux qui le demandaient, on répondait qu'il était absent pour un voyage de quelques jours.

Où était-il ? personne n'en savait rien.

Un matin, Albert fut réveillé par son valet de chambre, qui lui annonçait Beauchamp.

Albert se frotta les yeux, ordonna que l'on fît attendre Beauchamp dans le petit salon-fumoir du rez-de-chaussée, s'habilla vivement, et descendit.

Il trouva Beauchamp se promenant de long en large ; en l'apercevant, Beauchamp s'arrêta.

« La démarche que vous tentez en vous présentant chez moi de vous-même, et sans attendre la visite que je comptais vous faire aujourd'hui, me semble d'un bon augure, monsieur, dit Albert. Voyons, dites vite, faut-il que je vous tende la main en disant : « Beauchamp, avouez un tort et conservez-moi un ami ? » ou faut-il que tout simplement je vous demande : « Quelles sont vos armes ? »

— Albert, dit Beauchamp avec une tristesse qui frappa le jeune homme de stupeur, asseyons-nous d'abord, et causons.

— Mais il me semble, au contraire, monsieur, qu'avant de nous asseoir, vous avez à me répondre ?

— Albert, dit le journaliste, il y a des circonstances où la difficulté est justement dans la réponse.

— Je vais vous la rendre facile, monsieur, en vous répétant la demande : Voulez-vous vous rétracter, oui ou non ?

— Morcerf, on ne se contente pas de répondre oui ou non aux questions qui intéressent l'honneur, la position sociale, la vie d'un homme comme M. le lieutenant général comte de Morcerf, pair de France.

— Que fait-on alors ?

— On fait ce que j'ai fait, Albert ; on dit : L'argent, le temps et la fatigue ne sont rien lorsqu'il s'agit de la réputation et des intérêts de toute une famille ; on dit : Il faut plus que des probabilités, il faut des certitudes pour accepter un duel à mort avec un ami ; on dit : Si je croise l'épée, ou si je lâche la détente d'un pistolet sur un homme dont j'ai, pendant trois ans, serré la main, il faut que je sache au moins pour quoi je fais une pareille chose, afin que j'arrive sur le terrain avec le cœur en repos et cette conscience tranquille dont un homme a besoin quand il faut que son bras sauve sa vie.

— Eh bien, eh bien, demanda Morcerf avec impatience, que veut dire cela ?

— Cela veut dire que j'arrive de Janina.

— De Janina ? vous !

— Oui, moi.

— Impossible.

— Mon cher Albert, voici mon passeport ; voyez les visas : Genève, Milan, Venise, Trieste, Delvino, Janina. En croirez-vous la police d'une république, d'un royaume et d'un empire ? »

Albert jeta les yeux sur le passeport, et les releva, étonnés, sur Beauchamp.

« Vous avez été à Janina ? dit-il.

— Albert, si vous aviez été un étranger, un inconnu, un simple lord comme cet Anglais qui est venu me demander raison il y a trois ou quatre mois, et que j'ai tué pour m'en débarrasser, vous comprenez que je ne me serais pas donné une pareille peine ; mais j'ai cru que je vous devais cette marque de considération. J'ai mis huit jours à aller, huit jours à revenir, plus quatre jours de quarantaine, et quarante-huit heures de séjour ; cela fait bien mes trois semaines. Je suis arrivé cette nuit, et me voilà.

— Mon Dieu, mon Dieu ! que de circonlocutions,

Beauchamp, et que vous tardez à me dire ce que j'attends de vous !

— C'est qu'en vérité, Albert...

— On dirait que vous hésitez.

— Oui, j'ai peur.

— Vous avez peur d'avouer que votre correspondant vous avait trompé ? Oh ! pas d'amour-propre, Beauchamp ; avouez, Beauchamp, votre courage ne peut être mis en doute.

— Oh ! ce n'est point cela, murmura le journaliste ; au contraire... »

Albert pâlit affreusement : il essaya de parler, mais la parole expira sur ses lèvres.

« Mon ami, dit Beauchamp du ton le plus affectueux, croyez que je serais heureux de vous faire mes excuses, et que ces excuses, je vous les ferais de tout mon cœur ; mais hélas...

— Mais, quoi ?

— La note avait raison, mon ami.

— Comment ! cet officier français...

— Oui.

— Ce Fernand ?

— Oui

— Ce traître qui a livré les châteaux de l'homme au service duquel il était...

— Pardonnez-moi de vous dire ce que je vous dis, mon ami : cet homme, c'est votre père ! »

Albert fit un mouvement furieux pour s'élancer sur Beauchamp ; mais celui-ci le retint bien plus encore avec un doux regard qu'avec sa main étendue.

« Tenez, mon ami, dit-il en tirant un papier de sa poche, voici la preuve. »

Albert ouvrit le papier ; c'était une attestation de quatre habitants notables de Janina, constatant que le colonel Fernand Mondego, colonel instructeur au service du vizir Ali-Tebelin, avait livré le château de Janina moyennant deux mille bourses.

Les signatures étaient légalisées par le consul.

Albert chancela et tomba écrasé sur un fauteuil.

Il n'y avait point à en douter cette fois, le nom de famille y était en toutes lettres.

Aussi, après un moment de silence muet et douloureux, son cœur se gonfla, les veines de son cou
s'enflèrent, un torrent de larmes jaillit de ses yeux.

Beauchamp, qui avait regardé avec une profonde
pitié ce jeune homme cédant au paroxysme de la douleur, s'approcha de lui.

« Albert, lui dit-il, vous me comprenez maintenant,
n'est-ce pas ? J'ai voulu tout voir, tout juger par moi-
même, espérant que l'explication serait favorable à
votre père, et que je pourrais lui rendre toute justice.
Mais au contraire les renseignements pris constatent
que cet officier instructeur, que ce Fernand Mondego,
élevé par Ali-Pacha au titre de général gouverneur,
n'est autre que le comte Fernand de Morcerf : alors je
suis revenu me rappelant l'honneur que vous m'aviez
fait de m'admettre à votre amitié, et je suis accouru à
vous. »

Albert, toujours étendu sur son fauteuil, tenait ses
deux mains sur ses yeux, comme s'il eût voulu empêcher le jour d'arriver jusqu'à lui.

« Je suis accouru à vous, continua Beauchamp, pour
vous dire : Albert, les fautes de nos pères, dans ces
temps d'action et de réaction, ne peuvent atteindre les
enfants. Albert, bien peu ont traversé ces révolutions
au milieu desquelles nous sommes nés, sans que quelque tache de boue ou de sang ait souillé leur uniforme
de soldat ou leur robe de juge. Albert, personne au
monde, maintenant que j'ai toutes les preuves, maintenant que je suis maître de votre secret, ne peut me
forcer à un combat que votre conscience, j'en suis
certain, vous reprocherait comme un crime ; mais ce
que vous ne pouvez plus exiger de moi, je viens vous
l'offrir. Ces preuves, ces révélations, ces attestations
que je possède seul, voulez-vous qu'elles disparaissent ? ce secret affreux, voulez-vous qu'il reste
entre vous et moi ? Confié à ma parole d'honneur, il ne
sortira jamais de ma bouche ; dites, le voulez-vous,
Albert ? dites, le voulez-vous, mon ami ? »

Albert s'élança au cou de Beauchamp.

« Ah ! noble cœur ! s'écria-t-il.

— Tenez », dit Beauchamp en présentant les
papiers à Albert.

Albert les saisit d'une main convulsive, les étreignit, les froissa, songea à les déchirer ; mais, tremblant que la moindre parcelle enlevée par le vent ne le revînt un jour frapper au front, il alla à la bougie toujours allumée pour les cigares et en consuma jusqu'au dernier fragment.

« Cher ami, excellent ami ! murmurait Albert tout en brûlant les papiers.

— Que tout cela s'oublie comme un mauvais rêve, dit Beauchamp, s'efface comme ces dernières étincelles qui courent sur le papier noirci, que tout cela s'évanouisse comme cette dernière fumée qui s'échappe de ces cendres muettes.

— Oui, oui, dit Albert, et qu'il n'en reste que l'éternelle amitié que je voue à mon sauveur, amitié que mes enfants transmettront aux vôtres, amitié qui me rappellera toujours que le sang de mes veines, la vie de mon corps, l'honneur de mon nom, je vous les dois ; car si une pareille chose eût été connue, oh ! Beauchamp, je vous le déclare, je me brûlais la cervelle ; ou, non, pauvre mère ! car je n'eusse pas voulu la tuer du même coup, ou je m'expatriais.

— Cher Albert ! » dit Beauchamp.

Mais le jeune homme sortit bientôt de cette joie inopinée et pour ainsi dire factice, et retomba plus profondément dans sa tristesse.

« Eh bien, demanda Beauchamp, voyons, qu'y a-t-il encore, mon ami ?

— Il y a, dit Albert, que j'ai quelque chose de brisé dans le cœur. Écoutez, Beauchamp, on ne se sépare pas ainsi en une seconde de ce respect, de cette confiance et de cet orgueil qu'inspire à un fils le nom sans tache de son père. Oh ! Beauchamp, Beauchamp ! comment à présent vais-je aborder le mien ? Reculerai-je donc mon front dont il approchera ses lèvres, ma main dont il approchera sa main ?... Tenez, Beauchamp, je suis le plus malheureux des hommes. Ah ! ma mère, ma pauvre mère, dit Albert en regardant à travers ses yeux noyés de larmes le portrait de sa mère, si vous avez su cela, combien vous avez dû souffrir !

— Voyons, dit Beauchamp, en lui prenant les deux mains ; du courage, ami !

— Mais d'où venait cette première note insérée dans votre journal ? s'écria Albert ; il y a derrière tout cela une haine inconnue, un ennemi invisible.

— Eh bien, dit Beauchamp, raison de plus. Du courage, Albert ! pas de traces d'émotion sur votre visage ; portez cette douleur en vous comme le nuage porte en soi la ruine et la mort, secret fatal que l'on ne comprend qu'au moment où la tempête éclate. Allez, ami, réservez vos forces pour le moment où l'éclat se ferait.

— Oh ! mais vous croyez donc que nous ne sommes pas au bout ? dit Albert épouvanté.

— Moi, je ne crois rien, mon ami ; mais enfin tout est possible. A propos...

— Quoi ? demanda Albert, en voyant que Beauchamp hésitait.

— Épousez-vous toujours Mlle Danglars ?

— A quel propos me demandez-vous cela dans un pareil moment, Beauchamp ?

— Parce que, dans mon esprit, la rupture ou l'accomplissement de ce mariage se rattache à l'objet qui nous occupe en ce moment.

— Comment ! dit Albert dont le front s'enflamma, vous croyez que M. Danglars...

— Je vous demande seulement où en est votre mariage. Que diable ! ne voyez pas dans mes paroles autre chose que je ne veux y mettre, et ne leur donnez pas plus de portée qu'elles n'en ont !

— Non, dit Albert, le mariage est rompu.

— Bien », dit Beauchamp.

Puis, voyant que le jeune homme allait retomber dans sa mélancolie :

« Tenez, Albert, lui dit-il, si vous m'en croyez, nous allons sortir ; un tour au bois en phaéton ou à cheval vous distraira ; puis, nous reviendrons déjeuner quelque part, et vous irez à vos affaires et moi aux miennes.

— Volontiers, dit Albert, mais sortons à pied, il me semble qu'un peu de fatigue me ferait du bien.

— Soit », dit Beauchamp.

Et les deux amis, sortant à pied, suivirent le boulevard. Arrivés à la Madeleine :

« Tenez, dit Beauchamp, puisque nous voilà sur la route, allons un peu voir M. de Monte-Cristo, il vous distraira ; c'est un homme admirable pour remettre les esprits, en ce qu'il ne questionne jamais ; or, à mon avis, les gens qui ne questionnent pas sont les plus habiles consolateurs.

— Soit, dit Albert, allons chez lui, je l'aime. »

LXXXV

LE VOYAGE

Monte-Cristo poussa un cri de joie en voyant les deux jeunes gens ensemble.

« Ah ! ah ! dit-il. Eh bien, j'espère que tout est fini, éclairci, arrangé ?

— Oui, dit Beauchamp, des bruits absurdes qui sont tombés d'eux-mêmes, et, qui maintenant, s'ils se renouvelaient, m'auraient pour premier antagoniste. Ainsi donc, ne parlons plus de cela.

— Albert vous dira, reprit le comte, que c'est le conseil que je lui avais donné. Tenez, ajouta-t-il, vous me voyez au reste achevant la plus exécrable matinée que j'aie jamais passée, je crois.

— Que faites-vous ? dit Albert, vous mettez de l'ordre dans vos papiers, ce me semble ?

— Dans mes papiers, Dieu merci non ! il y a toujours dans mes papiers un ordre merveilleux, attendu que je n'ai pas de papiers, mais dans les papiers de M. Cavalcanti.

— De M. Cavalcanti ? demanda Beauchamp.

— Eh oui ! ne savez-vous pas que c'est un jeune homme que lance le comte ? dit Morcerf.

— Non pas, entendons-nous bien, répondit Monte-

Cristo, je ne lance personne, et M. Cavalcanti moins que tout autre.

— Et qui va épouser Mlle Danglars en mon lieu et place ; ce qui, continua Albert en essayant de sourire, comme vous pouvez bien vous en douter, mon cher Beauchamp, m'affecte cruellement.

— Comment ! Cavalcanti épouse Mlle Danglars ? demanda Beauchamp.

— Ah çà ! mais vous venez donc du bout du monde ? dit Monte-Cristo ; vous, un journaliste, le mari de la Renommée ! Tout Paris ne parle que de cela.

— Et c'est vous, comte, qui avez fait ce mariage ? demanda Beauchamp.

— Moi ? Oh ! silence, monsieur le nouvelliste, n'allez pas dire de pareilles choses ! Moi, bon Dieu ! faire un mariage ? Non, vous ne me connaissez pas ; je m'y suis au contraire opposé de tout mon pouvoir, j'ai refusé de faire la demande.

— Ah ! je comprends, dit Beauchamp : à cause de notre ami Albert ?

— A cause de moi, dit le jeune homme ; oh ! non, par ma foi ! Le comte me rendra la justice d'attester que je l'ai toujours prié, au contraire, de rompre ce projet, qui heureusement est rompu. Le comte prétend que ce n'est pas lui que je dois remercier ; soit, j'élèverai, comme les anciens, un autel *Deo ignoto*.

— Écoutez, dit Monte-Cristo, c'est si peu moi, que je suis en froid avec le beau-père et avec le jeune homme ; il n'y a que Mlle Eugénie, laquelle ne me paraît pas avoir une profonde vocation pour le mariage, qui, en voyant à quel point j'étais peu disposé à la faire renoncer à sa chère liberté, m'ait conservé son affection.

— Et vous dites que ce mariage est sur le point de se faire ?

— Oh ! mon Dieu ! oui, malgré tout ce que j'ai pu dire. Moi, je ne connais pas le jeune homme, on le prétend riche et de bonne famille, mais pour moi ces choses sont de simples *on dit*. J'ai répété tout cela à satiété à M. Danglars ; mais il est entiché de son Lucquois. J'ai été jusqu'à lui faire part d'une circonstance qui, pour moi, était plus grave : le jeune homme a été changé en nourrice, enlevé par des Bohémiens ou égaré par son précepteur, je ne sais pas trop. Mais ce que je sais, c'est que son père l'a perdu de vue depuis plus de dix années ; ce qu'il a fait pendant ces dix années de vie errante, Dieu seul le sait. Eh bien, rien de tout cela n'y a fait. On m'a chargé d'écrire au major, de lui demander des papiers ; ces papiers, les voilà. Je les leur envoie, mais, comme Pilate, en me lavant les mains.

— Et Mlle d'Armilly, demanda Beauchamp, quelle mine vous fait-elle à vous, qui lui enlevez son élève ?

— Dame ! je ne sais pas trop : mais il paraît qu'elle part pour l'Italie. Mme Danglars m'a parlé d'elle et m'a demandé des lettres de recommandation pour les impresarii ; je lui ai donné un mot pour le directeur du théâtre Valle, qui m'a quelques obligations. Mais qu'avez-vous donc, Albert ? vous avez l'air tout attristé ; est-ce que, sans vous en douter, vous êtes amoureux de Mlle Danglars, par exemple ?

— Pas que je sache », dit Albert en souriant tristement.

Beauchamp se mit à regarder les tableaux.

« Mais enfin, continua Monte-Cristo, vous n'êtes pas dans votre état ordinaire. Voyons, qu'avez-vous ? dites.

— J'ai la migraine, dit Albert.

— Eh bien, mon cher vicomte, dit Monte-Cristo, j'ai en ce cas un remède infaillible à vous proposer, remède qui m'a réussi à moi chaque fois que j'ai éprouvé quelque contrariété.

— Lequel ? demanda le jeune homme.

— Le déplacement.

— En vérité ? dit Albert.

— Oui ; et tenez, comme en ce moment-ci je suis excessivement contrarié, je me déplace. Voulez-vous que nous nous déplacions ensemble ?

— Vous, contrarié, comte ! dit Beauchamp ; et de quoi donc ?

— Pardieu ! vous en parlez fort à votre aise, vous ; je

voudrais bien vous voir avec une instruction se poursuivant dans votre maison !

— Une instruction ! quelle instruction ?

— Eh ! celle que M. de Villefort dresse contre mon
aimable assassin donc, une espèce de brigand échappé
du bagne, à ce qu'il paraît.

— Ah ! c'est vrai, dit Beauchamp, j'ai lu le fait dans
les journaux. Qu'est-ce que c'est que ce Caderousse ?

— Eh bien... mais il paraît que c'est un Provençal.
M. de Villefort en a entendu parler quand il était à
Marseille, et M. Danglars se rappelle l'avoir vu. Il en
résulte que M. le procureur du roi prend l'affaire fort à
cœur, qu'elle a, à ce qu'il paraît, intéressé au plus haut
degré le préfet de police, et que, grâce à cet intérêt
dont je suis on ne peut plus reconnaissant, on
m'envoie ici depuis quinze jours tous les bandits qu'on
peut se procurer dans Paris et dans la banlieue, sous
prétexte que ce sont les assassins de M. Caderousse ;
d'où il résulte que, dans trois mois, si cela continue, il
n'y aura pas un voleur ni un assassin dans ce beau
royaume de France qui ne connaisse le plan de ma
maison sur le bout de son doigt ; aussi je prends le
parti de la leur abandonner tout entière, et de m'en
aller aussi loin que la terre pourra me porter. Venez
avec moi, vicomte, je vous emmène.

— Volontiers.

— Alors, c'est convenu ?

— Oui, mais où cela ?

— Je vous l'ai dit, où l'air est pur, où le bruit endort,
où, si orgueilleux que l'on soit, on se sent humble et
l'on se trouve petit. J'aime cet abaissement, moi, que
l'on dit maître de l'univers comme Auguste.

— Où allez-vous, enfin ?

— A la mer, vicomte, à la mer. Je suis un marin,
voyez-vous ; tout enfant, j'ai été bercé dans les bras du
vieil Océan et sur le sein de la belle Amphitrite ; j'ai
joué avec le manteau vert de l'un et la robe azurée de
l'autre ; j'aime la mer comme on aime une maîtresse,
et quand il y a longtemps que je ne l'ai vue, je
m'ennuie d'elle.

— Allons, comte, allons !

— A la mer ?

— Oui.

— Vous acceptez ?

— J'accepte.

— Eh bien, vicomte, il y aura ce soir dans ma cour un briska de voyage, dans lequel on peut s'étendre comme dans son lit ; ce briska sera attelé de quatre chevaux de poste. Monsieur Beauchamp, on y tient quatre très facilement. Voulez-vous venir avec nous ? je vous emmène !

— Merci, je viens de la mer.

— Comment ! vous venez de la mer ?

— Oui, ou à peu près. Je viens de faire un petit voyage aux îles Borromées.

— Qu'importe ! venez toujours, dit Albert.

— Non, cher Morcerf, vous devez comprendre que du moment où je refuse, c'est que la chose est impossible. D'ailleurs, il est important, ajouta-t-il en baissant la voix, que je reste à Paris, ne fût-ce que pour surveiller la boîte du journal.

— Ah ! vous êtes un bon et excellent ami, dit Albert ; oui, vous avez raison, veillez, surveillez, Beauchamp, et tâchez de découvrir l'ennemi à qui cette révélation a dû le jour. »

Albert et Beauchamp se séparèrent : leur dernière poignée de main renfermait tous les sens que leurs lèvres ne pouvaient exprimer devant un étranger.

« Excellent garçon que Beauchamp ! dit Monte-Cristo après le départ du journaliste ; n'est-ce pas, Albert ?

— Oh ! oui, un homme de cœur, je vous en réponds ; aussi je l'aime de toute mon âme. Mais, maintenant que nous voilà seuls, quoique la chose me soit à peu près égale, où allons-nous ?

— En Normandie, si vous voulez bien.

— A merveille. Nous sommes tout à fait à la campagne, n'est-ce pas ? point de société, point de voisins ?

— Nous sommes tête à tête avec des chevaux pour courir, des chiens pour chasser, et une barque pour pêcher, voilà tout.

— C'est ce qu'il me faut ; je préviens ma mère, et je suis à vos ordres.

— Mais, dit Monte-Cristo, vous permettra-t-on ?

— Quoi ?

— De venir en Normandie.

— A moi ? est-ce que je ne suis pas libre ?

— D'aller où vous voulez, seul, je le sais bien, puisque je vous ai rencontré échappé par l'Italie.

— Eh bien ?

— Mais de venir avec l'homme qu'on appelle le comte de Monte-Cristo ?

— Vous avez peu de mémoire, comte.

— Comment cela ?

— Ne vous ai-je pas dit toute la sympathie que ma mère avait pour vous ?

— Souvent femme varie, a dit François Ier ; la femme, c'est l'onde, a dit Shakespeare ; l'un était un grand roi et l'autre un grand poète, et chacun d'eux devait connaître la femme.

— Oui, la femme ; mais ma mère n'est point la femme, c'est une femme.

— Permettez-vous à un pauvre étranger de ne point comprendre parfaitement toutes les subtilités de votre langue ?

— Je veux dire que ma mère est avare de ses sentiments, mais qu'une fois qu'elle les a accordés, c'est pour toujours.

— Ah ! vraiment, dit en soupirant Monte-Cristo ; et vous croyez qu'elle me fait l'honneur de m'accorder un sentiment autre que la plus parfaite indifférence ?

— Écoutez ! je vous l'ai déjà dit et je vous le répète, reprit Morcerf, il faut que vous soyez réellement un homme bien étrange et bien supérieur.

— Oh !

— Oui, car ma mère s'est laissée prendre, je ne dirai pas à la curiosité, mais à l'intérêt que vous inspirez. Quand nous sommes seuls, nous ne causons que de vous.

— Et elle vous a dit de vous méfier de ce Manfred ?

— Au contraire, elle me dit : « Morcerf, je crois le « comte une noble nature ; tâche de te faire aimer de « lui. »

Monte-Cristo détourna les yeux et poussa un soupir.

« Ah ! vraiment ? dit-il.

— De sorte, vous comprenez, continua Albert, qu'au lieu de s'opposer à mon voyage, elle l'approuvera de tout son cœur, puisqu'il rentre dans les recommandations qu'elle me fait chaque jour.

— Allez donc, dit Monte-Cristo ; à ce soir. Soyez ici à cinq heures ; nous arriverons là-bas à minuit ou une heure.

— Comment ! au Tréport ?...

— Au Tréport ou dans les environs.

— Il ne vous faut que huit heures pour faire quarante-huit lieues ?

— C'est encore beaucoup, dit Monte-Cristo.

— Décidément vous êtes l'homme des prodiges, et vous arriverez non seulement à dépasser les chemins de fer, ce qui n'est pas bien difficile en France surtout, mais encore à aller plus vite que le télégraphe.

— En attendant, vicomte, comme il nous faut toujours sept ou huit heures pour arriver là-bas, soyez exact.

— Soyez tranquille, je n'ai rien autre chose à faire d'ici là que de m'apprêter.

— A cinq heures, alors ?

— A cinq heures. »

Albert sortit. Monte-Cristo, après lui avoir en souriant fait un signe de la tête, demeura un instant pensif et comme absorbé dans une profonde méditation. Enfin, passant la main sur son front, comme pour écarter sa rêverie, il alla au timbre et frappa deux coups.

Au bruit des deux coups frappés par Monte-Cristo sur le timbre, Bertuccio entra.

« Maître Bertuccio, dit-il, ce n'est pas demain, ce n'est pas après-demain, comme je l'avais pensé d'abord, c'est ce soir que je pars pour la Normandie ; d'ici à cinq heures, c'est plus de temps qu'il ne vous en faut ; vous ferez prévenir les palefreniers du premier relais ; M. de Morcerf m'accompagne. Allez ! »

Bertuccio obéit, et un piqueur courut à Pontoise annoncer que la chaise de poste passerait à six heures précises. Le palefrenier de Pontoise envoya au relais suivant un exprès, qui en envoya un autre ; et, six heures après, tous les relais disposés sur la route étaient prévenus.

Avant de partir, le comte monta chez Haydée, lui annonça son départ, lui dit le lieu où il allait, et mit toute sa maison à ses ordres.

Albert fut exact. Le voyage, sombre à son commencement, s'éclaircit bientôt par l'effet physique de la rapidité. Morcerf n'avait pas idée d'une pareille vitesse.

« En effet, dit Monte-Cristo, avec votre poste faisant ses deux lieues à l'heure, avec cette loi stupide qui défend à un voyageur de dépasser l'autre sans lui demander la permission, et qui fait qu'un voyageur malade ou quinteux a le droit d'enchaîner à sa suite les voyageurs allègres et bien portants, il n'y a pas de locomotion possible ; moi, j'évite cet inconvénient en voyageant avec mon propre postillon et mes propres chevaux, n'est-ce pas, Ali ? »

Et le comte, passant la tête par la portière, poussait un petit cri d'excitation qui donnait des ailes aux chevaux ; ils ne couraient plus, ils volaient. La voiture roulait comme un tonnerre sur ce pavé royal, et chacun se détournait pour voir passer ce météore flamboyant. Ali, répétant ce cri, souriait, montrant ses dents blanches, serrant dans ses mains robustes les rênes écumantes, aiguillonnant les chevaux, dont les belles crinières s'éparpillaient au vent ; Ali, l'enfant du désert, se retrouvait dans son élément, et avec son visage noir, ses yeux ardents, son burnous de neige, il semblait, au milieu de la poussière qu'il soulevait, le génie du simoun et le dieu de l'ouragan.

« Voilà, dit Morcerf, une volupté que je ne connaissais pas, c'est la volupté de la vitesse. »

Et les derniers nuages de son front de dissipaient, comme si l'air qu'il fendait emportait ces nuages avec lui.

« Mais où diable trouvez-vous de pareils chevaux ? demanda Albert. Vous les faites donc faire exprès ?

— Justement, dit le comte. Il y a six ans, je trouvai

en Hongrie un fameux étalon renommé pour sa vitesse ; je l'achetai je ne sais plus combien : ce fut Bertuccio qui paya. Dans la même année, il eut trente-deux enfants. C'est toute cette progéniture du même père que nous allons passer en revue ; ils sont tous pareils, noirs, sans une seule tache, excepté une étoile au front, car à ce privilégié du haras on a choisi des juments, comme aux pachas on choisit des favorites.

— C'est admirable !... Mais dites-moi, comte, que faites-vous de tous ces chevaux ?

— Vous le voyez, je voyage avec eux.

— Mais vous ne voyagerez pas toujours ?

— Quand je n'en aurai plus besoin, Bertuccio les vendra, et il prétend qu'il gagnera trente ou quarante mille francs sur eux.

— Mais il n'y aura pas de roi d'Europe assez riche pour vous les acheter.

— Alors il les vendra à quelque simple vizir d'Orient, qui videra son trésor pour les payer et qui remplira son trésor en administrant des coups de bâton sous la plante des pieds de ses sujets.

— Comte, voulez-vous que je vous communique une pensée qui m'est venue ?

— Faites.

— C'est qu'après vous, M. Bertuccio doit être le plus riche particulier de l'Europe.

— Eh bien, vous vous trompez, vicomte. Je suis sûr que si vous retourniez les poches de Bertuccio, vous n'y trouveriez pas dix sous vaillant.

— Pourquoi cela ? demanda le jeune homme. C'est donc un phénomène que M. Bertuccio ? Ah ! mon cher comte, ne me poussez pas trop loin dans le merveilleux, ou je ne vous croirai plus, je vous préviens.

— Jamais de merveilleux avec moi, Albert ; des chiffres et de la raison, voilà tout. Or, écoutez ce dilemme : Un intendant vole, mais pourquoi vole-t-il ?

— Dame ! parce que c'est dans sa nature, ce me semble, dit Albert ; il vole pour voler.

— Eh bien, non, vous vous trompez : il vole parce qu'il a une femme, des enfants, des désirs ambitieux pour lui et pour sa famille ; il vole surtout parce qu'il

n'est pas sûr de ne jamais quitter son maître et qu'il
veut se faire un avenir. Eh bien, M. Bertuccio est seul
au monde ; il puise dans ma bourse sans me rendre
compte, il est sûr de ne jamais me quitter.

— Pourquoi cela ?

— Parce que je n'en trouverais pas un meilleur.

— Vous tournez dans un cercle vicieux, celui des
probabilités.

— Oh ! non pas ; je suis dans les certitudes. Le bon
serviteur pour moi, c'est celui sur lequel j'ai droit de
vie ou de mort.

— Et vous avez droit de vie ou de mort sur Bertuccio ? demanda Albert.

— Oui », répondit froidement le comte.

Il y a des mots qui ferment la conversation comme
une porte de fer. Le *oui* du comte était un de ces
mots-là.

Le reste du voyage s'accomplit avec la même rapidité ; les trente-deux chevaux, divisés en huit relais,
firent leurs quarante-huit lieues en huit heures.

On arriva au milieu de la nuit, à la porte d'un beau
parc. Le concierge était debout et tenait la grille
ouverte. Il avait été prévenu par le palefrenier du
dernier relais.

Il était deux heures et demie du matin. On conduisit
Morcerf à son appartement. Il trouva un bain et un
souper prêts. Le domestique, qui avait fait la route sur
le siège de derrière de la voiture, était à ses ordres ;
Baptistin qui avait fait la route sur le siège de devant,
était à ceux du comte.

Albert prit son bain, soupa et se coucha. Toute la
nuit, il fut bercé par le bruit mélancolique de la houle.
En se levant, il alla droit à la fenêtre, l'ouvrit et se
trouva sur une petite terrasse, où l'on avait devant soi
la mer, c'est-à-dire l'immensité, et derrière soi un joli
parc donnant sur une petite forêt.

Dans une anse d'une certaine grandeur se balançait
une petite corvette à la carène étroite, à la mâture
élancée, et portant à la corne un pavillon aux armes de
Monte-Cristo, armes représentant une montagne d'or
posant sur une mer d'azur, avec une croix de gueules

au chef, ce qui pouvait aussi bien être une allusion à son nom rappelant le Calvaire, que la passion de Notre-Seigneur a fait une montagne plus précieuse que l'or, et la croix infâme que son sang divin a faite sainte, qu'à quelque souvenir personnel de souffrance et de régénération enseveli dans la nuit du passé mystérieux de cet homme. Autour de la goélette étaient plusieurs petits chasse-marée appartenant aux pêcheurs des villages voisins, et qui semblaient d'humbles sujets attendant les ordres de leur reine.

Là, comme dans tous les endroits où s'arrêtait Monte-Cristo, ne fût-ce que pour y passer deux jours, la vie y était organisée au thermomètre du plus haut confortable ; aussi la vie, à l'instant même, y devenait-elle facile.

Albert trouva dans son antichambre deux fusils et tous les ustensiles nécessaires à un chasseur ; une pièce plus haute, et placée au rez-de-chaussée, était consacrée à toutes les ingénieuses machines que les Anglais, grands pêcheurs, parce qu'ils sont patients et oisifs, n'ont pas encore pu faire adopter aux routiniers pêcheurs de France.

Toute la journée se passa à ces exercices divers, auxquels, d'ailleurs, Monte-Cristo excellait : on tua une douzaine de faisans dans le parc, on pêcha autant de truites dans les ruisseaux, on dîna dans un kiosque donnant sur la mer, et l'on servit le thé dans la bibliothèque.

Vers le soir du troisième jour, Albert, brisé de fatigue à l'user de cette vie qui semblait être un jeu pour Monte-Cristo, dormait près de la fenêtre tandis que le comte faisait avec son architecte le plan d'une serre qu'il voulait établir dans sa maison, lorsque le bruit d'un cheval écrasant les cailloux de la route fit lever la tête au jeune homme ; il regarda par la fenêtre, et, avec une surprise des plus désagréables, aperçut dans la cour son valet de chambre, dont il n'avait pas voulu se faire suivre pour moins embarrasser Monte-Cristo.

« Florentin ici ! s'écria-t-il en bondissant sur son fauteuil ; est-ce que ma mère est malade ? »

Et il se précipita vers la porte de la chambre.

Monte-Cristo le suivit des yeux, et le vit aborder le valet qui, tout essoufflé encore, tira de sa poche un petit paquet cacheté. Le petit paquet contenait un journal et une lettre.

« De qui cette lettre ? demanda vivement Albert.

— De M. Beauchamp, répondit Florentin.

— C'est Beauchamp qui vous envoie alors ?

— Oui, monsieur. Il m'a fait venir chez lui, m'a donné l'argent nécessaire à mon voyage, m'a fait venir un cheval de poste, et m'a fait promettre de ne point m'arrêter que je n'aie rejoint monsieur : j'ai fait la route en quinze heures. »

Albert ouvrit la lettre en frissonnant : aux premières lignes, il poussa un cri, et saisit le journal avec un tremblement visible.

Tout à coup ses yeux s'obscurcirent, ses jambes semblèrent se dérober sous lui, et, prêt à tomber, il s'appuya sur Florentin, qui étendait le bras pour le soutenir.

« Pauvre jeune homme ! murmura Monte-Cristo, si bas que lui-même n'eût pu entendre le bruit des paroles de compassion qu'il prononçait ; il est donc dit que la faute des pères retombera sur les enfants jusqu'à la troisième et quatrième génération. »

Pendant ce temps Albert avait repris sa force, et, continuant de lire, il secoua ses cheveux sur sa tête mouillée de sueur, et, froissant lettre et journal :

« Florentin, dit-il, votre cheval est-il en état de reprendre le chemin de Paris ?

— C'est un mauvais bidet de poste éclopé.

— Oh ! mon Dieu ! et comment était la maison quand vous l'avez quittée ?

— Assez calme ; mais en revenant de chez M. Beauchamp, j'ai trouvé madame dans les larmes ; elle m'avait fait demander pour savoir quand vous reviendriez. Alors je lui ai dit que j'allais vous chercher de la part de M. Beauchamp. Son premier mouvement a été d'étendre le bras comme pour m'arrêter : mais après un instant de réflexion :

« — Oui, allez Florentin, a-t-elle dit, et qu'il « revienne. »

« Oui, ma mère, oui, dit Albert, je reviens, sois tranquille, et malheur à l'infâme !... Mais, avant tout, il faut que je parte. »

Il reprit le chemin de la chambre où il avait laissé Monte-Cristo.

Ce n'était plus le même homme et cinq minutes avaient suffi pour opérer chez Albert une triste métamorphose ; il était sorti dans son état ordinaire, il rentrait avec la voix altérée, le visage sillonné de rougeurs fébriles, l'œil étincelant sous des paupières veinées de bleu, et la démarche chancelante comme celle d'un homme ivre.

« Comte, dit-il, merci de votre bonne hospitalité, dont j'aurais voulu jouir plus longtemps, mais il faut que je retourne à Paris.

— Qu'est-il donc arrivé ?

— Un grand malheur ; mais permettez-moi de partir, il s'agit d'une chose bien autrement précieuse que ma vie. Pas de question, comte, je vous en supplie, mais un cheval !

— Mes écuries sont à votre service, vicomte, dit Monte-Cristo ; mais vous allez vous tuer de fatigue en courant la poste à cheval ; prenez une calèche, un coupé, quelque voiture.

— Non, ce serait trop long, et puis j'ai besoin de cette fatigue que vous craignez pour moi, elle me fera du bien. »

Albert fit quelques pas en tournoyant comme un homme frappé d'une balle, et alla tomber sur une chaise près de la porte.

Monte-Cristo ne vit pas cette seconde faiblesse ; il était à la fenêtre et criait :

« Ali, un cheval pour M. de Morcerf ! qu'on se hâte ! il est pressé ! »

Ces paroles rendirent la vie à Albert ; il s'élança hors de la chambre, le comte le suivit.

« Merci ! murmura le jeune homme en s'élançant en selle. Vous reviendrez aussi vite que vous pourrez, Florentin. Y a-t-il un mot d'ordre pour qu'on me donne des chevaux ?

— Pas d'autre que de rendre celui que vous montez ; on vous en sellera à l'instant un autre. »

Albert allait s'élancer, il s'arrêta.

« Vous trouverez peut-être mon départ étrange, insensé, dit le jeune homme. Vous ne comprenez pas comment quelques lignes écrites sur un journal peuvent mettre un homme au désespoir ; eh bien, ajouta-t-il en lui jetant le journal, lisez ceci, mais quand je serai parti seulement, afin que vous ne voyiez pas ma rougeur. »

Et tandis que le comte ramassait le journal, il enfonça les éperons, qu'on venait d'attacher à ses bottes, dans le ventre du cheval, qui, étonné qu'il existât un cavalier qui crût avoir besoin vis-à-vis de lui d'un pareil stimulant, partit comme un trait d'arbalète.

Le comte suivit des yeux avec un sentiment de compassion infinie le jeune homme, et ce ne fut que lorsqu'il eut complètement disparu que, reportant ses regards sur le journal, il lut ce qui suit :

« Cet officier français au service d'Ali, pacha de Janina, dont parlait, il y a trois semaines, le journal *L'Impartial*, et qui non seulement livra les châteaux de Janina, mais encore vendit son bienfaiteur aux Turcs, s'appelait en effet à cette époque Fernand, comme l'a dit notre honorable confrère ; mais, depuis, il a ajouté à son nom de baptême un titre de noblesse et un nom de terre.

« Il s'appelle aujourd'hui M. le comte de Morcerf, et fait partie de la Chambre des pairs. »

Ainsi donc ce secret terrible, que Beauchamp avait enseveli avec tant de générosité, reparaissait comme un fantôme armé, et un autre journal, cruellement renseigné, avait publié, le surlendemain du départ d'Albert pour la Normandie, les quelques lignes qui avaient failli rendre fou le malheureux jeune homme.

LXXXVI

LE JUGEMENT

A huit heures du matin, Albert tomba chez Beauchamp comme la foudre. Le valet de chambre étant prévenu, il introduisit Morcerf dans la chambre de son maître, qui venait de se mettre au bain.

« Eh bien ? lui dit Albert.

— Eh bien, mon pauvre ami, répondit Beauchamp, je vous attendais.

— Me voilà. Je ne vous dirai pas, Beauchamp, que je vous crois trop loyal et trop bon pour avoir parlé de cela à qui que ce soit ; non, mon ami. D'ailleurs, le message que vous m'avez envoyé m'est un garant de votre affection. Ainsi ne perdons pas de temps en préambule : vous avez quelque idée de quelle part vient le coup ?

— Je vous en dirai deux mots tout à l'heure.

— Oui, mais auparavant, mon ami, vous me devez, dans tous ses détails, l'histoire de cette abominable trahison. »

Et Beauchamp raconta au jeune homme, écrasé de honte et de douleur, les faits que nous allons redire dans toute leur simplicité.

Le matin de l'avant-veille, l'article avait paru dans un journal autre que *L'Impartial*, et, ce qui donnait plus de gravité encore à l'affaire, dans un journal bien connu pour appartenir au gouvernement. Beauchamp déjeunait lorsque la note lui sauta aux yeux ; il envoya aussitôt chercher un cabriolet, et sans achever son repas, il courut au journal. Quoique professant des sentiments politiques complètement opposés à ceux du gérant du journal accusateur, Beauchamp, ce qui arrive quelquefois, et nous dirons même souvent, était son intime ami.

Lorsqu'il arriva chez lui, le gérant tenait son propre journal et paraissait se complaire dans un *premier-Paris* sur le sucre de betterave, qui, probablement, était de sa façon.

« Ah ! pardieu ! dit Beauchamp, puisque vous tenez votre journal, mon cher, je n'ai pas besoin de vous dire ce qui m'amène.

— Seriez-vous par hasard partisan de la canne à sucre ? demanda le gérant du journal ministériel.

— Non, répondit Beauchamp, je suis même parfaitement étranger à la question ; aussi viens-je pour autre chose.

— Et pourquoi venez-vous ?

— Pour l'article Morcerf.

— Ah ! oui, vraiment : n'est-ce pas que c'est curieux ?

— Si curieux que vous risquez la diffamation, ce me semble, et que vous risquez un procès fort chanceux.

— Pas du tout ; nous avons reçu avec la note toutes les pièces à l'appui, et nous sommes parfaitement convaincus que M. de Morcerf se tiendra tranquille ; d'ailleurs, c'est un service à rendre au pays que de lui dénoncer les misérables indignes de l'honneur qu'on leur fait. »

Beauchamp demeura interdit.

« Mais qui donc vous a si bien renseigné ? demanda-t-il ; car mon journal, qui avait donné l'éveil, a été forcé de s'abstenir faute de preuves, et cependant nous sommes plus intéressés que vous à dévoiler M. de Morcerf, puisqu'il est pair de France, et que nous faisons de l'opposition.

— Oh ! mon Dieu, c'est bien simple ; nous n'avons pas couru après le scandale, il est venu nous trouver. Un homme nous est arrivé hier de Janina, apportant le formidable dossier, et comme nous hésitions à nous jeter dans la voie de l'accusation, il nous a annoncé qu'à notre refus l'article paraîtrait dans un autre journal. Ma foi, vous savez, Beauchamp, ce que c'est qu'une nouvelle importante ; nous n'avons pas voulu laisser perdre celle-là. Maintenant le coup est porté ; il est terrible et retentira jusqu'au bout de l'Europe. »

Beauchamp comprit qu'il n'y avait plus qu'à baisser la tête, et sortit au désespoir pour envoyer un courrier à Morcerf.

Mais ce qu'il n'avait pas pu écrire à Albert, car les choses que nous allons raconter étaient postérieures au départ de son courrier, c'est que le même jour, à la Chambre des pairs, une grande agitation s'était manifestée et régnait dans les groupes ordinairement si calmes de la haute assemblée. Chacun était arrivé presque avant l'heure, et s'entretenait du sinistre événement qui allait occuper l'attention publique et la fixer sur un des membres les plus connus de l'illustre corps.

C'étaient des lectures à voix basse de l'article, des commentaires et des échanges de souvenirs qui précisaient encore mieux les faits. Le comte de Morcerf n'était pas aimé parmi ses collègues. Comme tous les parvenus, il avait été forcé, pour se maintenir à son rang, d'observer un excès de hauteur. Les grands aristocrates riaient de lui ; les talents le répudiaient ; les gloires pures le méprisaient instinctivement. Le comte en était à cette extrémité fâcheuse de la victime expiatoire. Une fois désignée par le doigt du Seigneur pour le sacrifice, chacun s'apprêtait à crier haro.

Seul, le comte de Morcerf ne savait rien. Il ne recevait pas le journal où se trouvait la nouvelle diffamatoire, et avait passé la matinée à écrire des lettres et à essayer un cheval.

Il arriva donc à son heure accoutumée, la tête haute, l'œil fier, la démarche insolente, descendit de voiture, dépassa les corridors et entra dans la salle, sans remarquer les hésitations des huissiers et les demi-saluts de ses collègues.

Lorsque Morcerf entra, la séance était déjà ouverte depuis plus d'une demi-heure.

Quoique le comte, ignorant, comme nous l'avons dit, de tout ce qui s'est passé, n'eût rien changé à son air ni à sa démarche, son air et sa démarche parurent à tous plus orgueilleux que d'habitude, et sa présence dans cette occasion parut tellement agressive à cette assemblée jalouse de son honneur, que tous y virent une inconvenance, plusieurs une bravade, quelques-uns une insulte.

Il était évident que la Chambre tout entière brûlait d'entamer le débat.

On voyait le journal accusateur aux mains de

tout le monde ; mais, comme toujours, chacun hésitait à prendre sur lui la responsabilité de l'attaque. Enfin, un des honorables pairs, ennemi déclaré du comte de Morcerf, monta à la tribune avec une solennité qui annonçait que le moment attendu était arrivé.

Il se fit un effrayant silence ; Morcerf seul ignorait la cause de l'attention profonde que l'on prêtait cette fois à un orateur qu'on n'avait pas toujours l'habitude d'écouter si complaisamment.

Le comte laissa passer tranquillement le préambule par lequel l'orateur établissait qu'il allait parler d'une chose tellement grave, tellement sacrée, tellement vitale pour la Chambre, qu'il réclamait toute l'attention de ses collègues.

Aux premiers mots de Janina et du colonel Fernand, le comte de Morcerf pâlit si horriblement, qu'il n'y eut qu'un frémissement dans cette assemblée, dont tous les regards convergeaient vers le comte.

Les blessures morales ont cela de particulier qu'elles se cachent, mais ne se referment pas ; toujours douloureuses, toujours prêtes à saigner quand on les touche, elles restent vives et béantes dans le cœur.

La lecture de l'article achevée au milieu de ce même silence, troublé alors par un frémissement qui cessa aussitôt que l'orateur parut disposé à reprendre de nouveau la parole, l'accusateur exposa son scrupule, et se mit à établir combien sa tâche était difficile ; c'était l'honneur de M. de Morcerf, c'était celui de toute la Chambre qu'il prétendait défendre en provoquant un débat qui devait s'attaquer à ces questions personnelles toujours si brûlantes. Enfin, il conclut en demandant qu'une enquête fût ordonnée, assez rapide pour confondre, avant qu'elle eût eu le temps de grandir, la calomnie, et pour rétablir M. de Morcerf, en le vengeant, dans la position que l'opinion publique lui avait faite depuis longtemps.

Morcerf était si accablé, si tremblant devant cette immense et inattendue calamité, qu'il put à peine balbutier quelques mots en regardant ses confrères d'un œil égaré. Cette timidité, qui d'ailleurs pouvait aussi bien tenir à l'étonnement de l'innocent qu'à la honte du coupable, lui concilia quelques sympathies. Les hommes vraiment généreux sont toujours prêts à devenir compatissants, lorsque le malheur de leur ennemi dépasse les limites de leur haine.

Le président mit l'enquête aux voix ; on vota par assis et levé, et il fut décidé que l'enquête aurait lieu.

On demanda au comte combien il lui fallait de temps pour préparer sa justification.

Le courage était revenu à Morcerf dès qu'il s'était senti vivant encore après cet horrible coup.

« Messieurs les pairs, répondit-il, ce n'est point avec du temps qu'on repousse une attaque comme celle que dirigent en ce moment contre moi des ennemis inconnus et restés dans l'ombre de leur obscurité sans doute ; c'est sur-le-champ, c'est par un coup de foudre qu'il faut que je réponde à l'éclair qui un instant m'a ébloui ; que ne m'est-il donné, au lieu d'une pareille justification, d'avoir à répandre mon sang pour prouver à mes collègues que je suis digne de marcher leur égal ! »

Ces paroles firent une impression favorable pour l'accusé.

« Je demande donc, dit-il, que l'enquête ait lieu le plus tôt possible, et je fournirai à la Chambre toutes les pièces nécessaires à l'efficacité de cette enquête.

— Quel jour fixez-vous ? demanda le président.

— Je me mets dès aujourd'hui à la disposition de la Chambre », répondit le comte.

Le président agita la sonnette.

« La Chambre est-elle d'avis, demanda-t-il, que cette enquête ait lieu aujourd'hui même ?

— Oui ! » fut la réponse unanime de l'Assemblée.

On nomma une commission de douze membres pour examiner les pièces à fournir par Morcerf. L'heure de la première séance de cette commission fut fixée à huit heures du soir dans les bureaux de la Chambre. Si plusieurs séances étaient nécessaires, elles auraient lieu à la même heure et dans le même endroit.

Cette décision prise, Morcerf demanda la permission de se retirer ; il avait à recueillir les pièces amassées depuis longtemps par lui pour faire tête à cet orage, prévu par son cauteleux et indomptable caractère.

Beauchamp raconta au jeune homme toutes les choses que nous venons de dire à notre tour : seulement son récit eut sur le nôtre l'avantage de l'animation des choses vivantes sur la froideur des choses mortes.

Albert l'écouta en frémissant tantôt d'espoir, tantôt de colère, parfois de honte ; car, par la confidence de Beauchamp, il savait que son père était coupable, et il se demandait comment, puisqu'il était coupable, il pourrait en arriver à prouver son innocence.

Arrivé au point où nous en sommes, Beauchamp s'arrêta.

« Ensuite ? demanda Albert.

— Ensuite ? répéta Beauchamp.

— Oui.

— Mon ami, ce mot m'entraîne dans une horrible nécessité. Voulez-vous donc savoir la suite ?

— Il faut absolument que je la sache, mon ami, et j'aime mieux la connaître de votre bouche que d'aucune autre.

— Eh bien, reprit Beauchamp, apprêtez donc votre courage, Albert ; jamais vous n'en aurez eu plus besoin. »

Albert passa une main sur son front pour s'assurer de sa propre force, comme un homme qui s'apprête à défendre sa vie essaie sa cuirasse et fait ployer la lame de son épée.

Il se sentit fort, car il prenait sa fièvre pour de l'énergie.

« Allez ! dit-il.

— Le soir arriva, continua Beauchamp. Tout Paris était dans l'attente de l'événement. Beaucoup prétendaient que votre père n'avait qu'à se montrer pour faire crouler l'accusation ; beaucoup aussi disaient que le comte ne se présenterait pas ; il y en avait qui assuraient l'avoir vu partir pour Bruxelles, et quelques-uns allèrent à la police demander s'il était vrai, comme on le disait, que le comte eût pris ses passeports.

« Je vous avouerai que je fis tout au monde, continua Beauchamp, pour obtenir d'un des membres de la commission, jeune pair de mes amis, d'être introduit dans une sorte de tribune. A sept heures il vint me prendre, et, avant que personne fût arrivé, me recommanda à un huissier qui m'enferma dans une espèce de loge. J'étais masqué par une colonne et perdu dans une obscurité complète ; je pus espérer que je verrais et que j'entendrais d'un bout à l'autre la terrible scène qui allait se dérouler.

« A huit heures précises tout le monde était arrivé.

« M. de Morcerf entra sur le dernier coup de huit heures. Il tenait à la main quelques papiers, et sa contenance semblait calme ; contre son habitude, sa démarche était simple, sa mise recherchée et sévère ; et, selon l'habitude des anciens militaires, il portait son habit boutonné depuis le bas jusqu'en haut.

« Sa présence produisit le meilleur effet : la commission était loin d'être malveillante, et plusieurs de ses membres vinrent au comte et lui donnèrent la main. »

Albert sentit que son cœur se brisait à tous ces détails, et cependant au milieu de sa douleur se glissait un sentiment de reconnaissance ; il eût voulu pouvoir embrasser ces hommes qui avaient donné à son père cette marque d'estime dans un si grand embarras de son honneur.

« En ce moment un huissier entra et remit une lettre au président.

« — Vous avez la parole, monsieur de Morcerf », dit le président tout en décachetant la lettre.

« Le comte commença son apologie, et je vous affirme, Albert, continua Beauchamp, qu'il fut d'une éloquence et d'une habileté extraordinaires. Il produisit des pièces qui prouvaient que le vizir de Janina l'avait, jusqu'à sa dernière heure, honoré de toute sa confiance, puisqu'il l'avait chargé d'une négociation de vie et de mort avec l'empereur lui-même. Il montra l'anneau, signe de commandement, et avec lequel Ali-Pacha cachetait d'ordinaire ses lettres, et que celui-ci lui avait donné pour qu'il pût à son retour, à quelque heure du jour ou de la nuit que ce fût, et fût-il dans son harem, pénétrer jusqu'à lui. Malheureusement, dit-il, sa négociation avait échoué, et quand il était revenu pour défendre son bienfaiteur, il était déjà mort. Mais, dit le comte, en mourant, Ali-Pacha, tant était grande sa confiance, lui avait confié sa maîtresse favorite et sa fille. »

Albert tressaillit à ces mots, car à mesure que Beauchamp parlait, tout le récit d'Haydée revenait à l'esprit du jeune homme, et il se rappelait ce que la belle Grecque avait dit de ce message, de cet anneau, et de la façon dont elle avait été vendue et conduite en esclavage.

« Et quel fut l'effet du discours du comte ? demanda avec anxiété Albert.

— J'avoue qu'il m'émut, et qu'en même temps que moi il émut toute la commission, dit Beauchamp.

« Cependant le président jeta négligemment les yeux sur la lettre qu'on venait de lui apporter ; mais aux premières lignes son attention s'éveilla ; il la lut, la relut encore, et, fixant les yeux sur M. de Morcerf :

« — Monsieur le comte, dit-il, vous venez de nous « dire que le vizir de Janina vous avait confié sa « femme et sa fille ?

« — Oui, monsieur, répondit Morcerf : mais en cela, « comme dans tout le reste, le malheur me poursui- « vait. A mon retour, Vasiliki et sa fille Haydée avaient « disparu.

« — Vous les connaissiez ?

« — Mon intimité avec le pacha et la suprême « confiance qu'il avait dans ma fidélité m'avaient per- « mis de les voir plus de vingt fois.

« — Avez-vous quelque idée de ce qu'elles sont deve- « nues ?

« — Oui, monsieur. J'ai entendu dire qu'elles « avaient succombé à leur chagrin et peut-être à leur « misère. Je n'étais pas riche, ma vie courait de grands « dangers, je ne pus me mettre à leur recherche, à mon « grand regret. »

« Le président fronça imperceptiblement le sourcil.

« — Messieurs, dit-il ; vous avez entendu et suivi « M. le comte de Morcerf et ses explications. Monsieur « le comte, pouvez-vous, à l'appui du récit que vous

« venez de faire, fournir quelque témoin ?

« — Hélas ! non, monsieur, répondit le comte ; tous
« ceux qui entouraient le vizir et qui m'ont connu à sa
« cour sont ou morts ou dispersés ; seul, je crois, du
« moins, seul de mes compatriotes, j'ai survécu à cette
« affreuse guerre ; je n'ai que des lettres d'Ali-Tebelin,
« et je les ai mises sous vos yeux ; je n'ai que l'anneau,
« gage de sa volonté, et le voici ; j'ai enfin la preuve la
« plus convaincante que je puisse fournir, c'est-à-dire,
« après une attaque anonyme, l'absence de tout témoi-
« gnage contre ma parole d'honnête homme et la
« pureté de toute ma vie militaire. »

« Un murmure d'approbation courut dans l'assemblée ; en ce moment, Albert, et s'il ne fût survenu
aucun incident, la cause de votre père était gagnée.

« Il ne restait plus qu'à aller aux voix, lorsque le
président prit la parole.

« — Messieurs, dit-il, et vous, monsieur le comte,
« vous ne seriez point fâchés, je présume, d'entendre
« un témoin très important, à ce qu'il assure, et qui
« vient de se produire de lui-même ; ce témoin, nous
« n'en doutons pas, d'après tout ce que nous a dit le
« comte, est appelé à prouver la parfaite innocence de
« notre collègue. Voici la lettre que je viens de recevoir
« à cet égard ; désirez-vous qu'elle vous soit lue, ou
« décidez-vous qu'il sera passé outre, et qu'on ne
« s'arrêtera point à cet incident ? »

« M. de Morcerf pâlit et crispa ses mains sur les
papiers qu'il tenait, et qui crièrent entre ses doigts.

« La réponse de la commission fut pour la lecture :
quant au comte, il était pensif et n'avait point d'opinion à émettre.

« Le président lut en conséquence la lettre suivante :

« Monsieur le président,

« Je puis fournir à la commission d'enquête, chargée
« d'examiner la conduite en Épire et en Macédoine de
« M. le lieutenant-général comte de Morcerf, les ren-
« seignements les plus positifs. »

« Le président fit une courte pause.

« Le comte de Morcerf pâlit ; le président interrogea
« les auditeurs du regard.

« — Continuez ! » s'écria-t-on de tous côtés.

« Le président reprit :

« J'étais sur les lieux à la mort d'Ali-Pacha ; j'assistai
« à ses derniers moments ; je sais ce que devinrent
« Vasiliki et Haydée ; je me tiens à la disposition de la
« commission, et réclame même l'honneur de me faire
« entendre. Je serai dans le vestibule de la Chambre au
« moment où l'on vous remettra ce billet. »

« — Et quel est ce témoin, ou plutôt cet ennemi ? »
demanda le comte d'une voix dans laquelle il était
facile de remarquer une profonde altération.

« — Nous allons le savoir, monsieur, répondit le
« président. La commission est-elle d'avis d'entendre
« ce témoin ?

« — Oui, oui, » dirent en même temps toutes les
voix.

« On rappela l'huissier.

« — Huissier, demanda le président, y a-t-il
« quelqu'un qui attend dans le vestibule ?

« — Oui, monsieur le président.

« — Qui est-ce que ce quelqu'un ?

« — Une femme accompagnée d'un serviteur. »

« Chacun se regarda.

« — Faites entrer cette femme », dit le président.

« Cinq minutes après, l'huissier reparut ; tous les
yeux étaient fixés sur la porte, et moi-même, dit Beauchamp, je partageais l'attente et l'anxiété générales.

« Derrière l'huissier marchait une femme enveloppée d'un grand voile qui la cachait tout entière. On
devinait bien, aux formes que trahissait ce voile et aux
parfums qui s'en exhalaient, la présence d'une femme
jeune et élégante, mais voilà tout.

« Le président pria l'inconnue d'écarter son voile et
l'on put voir alors que cette femme était vêtue à la
grecque ; en outre, elle était d'une suprême beauté.

— Ah ! dit Morcerf, c'était elle.

— Comment, elle ?

— Oui, Haydée.

— Qui vous l'a dit ?

— Hélas ! je le devine. Mais continuez, Beauchamp, je vous prie. Vous voyez que je suis calme et fort. Et cependant nous devons approcher du dénouement.

— M. de Morcerf, continua Beauchamp, regardait cette femme avec une surprise mêlée d'effroi. Pour lui, c'était la vie ou la mort qui allait sortir de cette bouche charmante ; pour tous les autres, c'était une aventure si étrange et si pleine de curiosité, que le salut ou la perte de M. de Morcerf n'entrait déjà plus dans cet événement que comme un élément secondaire.

« Le président offrit de la main un siège à la jeune femme ; mais elle fit signe de la tête qu'elle resterait debout. Quant au comte, il était retombé sur son fauteuil, et il était évident que ses jambes refusaient de le porter.

« — Madame, dit le président, vous avez écrit à la « commission pour lui donner des renseignements sur « l'affaire de Janina, et vous avez avancé que vous « aviez été témoin oculaire des événements.

« — Je le fus en effet », répondit l'inconnue avec une voix pleine d'une tristesse charmante, et empreinte de cette sonorité particulière aux voix orientales.

« — Cependant, reprit le président, permettez-moi « de vous dire que vous étiez bien jeune alors.

« — J'avais quatre ans ; mais comme les événe- « ments avaient pour moi une suprême importance, « pas un détail n'est sorti de mon esprit, pas une « particularité n'a échappé à ma mémoire.

« — Mais quelle importance avaient donc pour vous « ces événements, et qui êtes-vous pour que cette « grande catastrophe ait produit sur vous une si pro- « fonde impression ?

« — Il s'agissait de la vie ou de la mort de mon père, « répondit la jeune fille, et je m'appelle Haydée, fille « d'Ali-Tebelin, pacha de Janina, et de Vasiliki, sa « femme bien-aimée. »

« La rougeur modeste et fière, tout à la fois, qui empourpra les joues de la jeune femme, le feu de son regard et la majesté de sa révélation, produisirent sur l'assemblée un effet inexprimable.

« Quant au comte, il n'eût pas été plus anéanti, si la foudre en tombant, eût ouvert un abîme à ses pieds.

« — Madame, reprit le président, après s'être incliné
« avec respect, permettez-moi une simple question qui
« n'est pas un doute, et cette question sera la dernière :
« Pouvez-vous justifier de l'authenticité de ce que vous
« dites ?

« — Je le puis, monsieur, dit Haydée en tirant de
« dessous son voile un sachet de satin parfumé, car
« voici l'acte de ma naissance, rédigé par mon père et
« signé par ses principaux officiers ; car voici, avec
« l'acte de ma naissance, l'acte de mon baptême, mon
« père ayant consenti à ce que je fusse élevée dans la
« religion de ma mère, acte que le grand primat de
« Macédoine et d'Épire a revêtu de son sceau ; voici
« enfin (et ceci est le plus important sans doute) l'acte
« de la vente qui fut faite de ma personne et de celle de
« ma mère au marchand arménien El-Kobbir, par
« l'officier franc qui, dans son infâme marché avec la
« Porte, s'était réservé, pour sa part de butin, la fille et
« la femme de son bienfaiteur, qu'il vendit pour la
« somme de mille bourses, c'est-à-dire pour quatre
« cent mille francs à peu près. »

« Une pâleur verdâtre envahit les joues du comte de Morcerf, et ses yeux s'injectèrent de sang à l'énoncé de ces imputations terribles qui furent accueillies de l'assemblée avec un lugubre silence.

« Haydée, toujours calme, mais bien plus menaçante dans son calme qu'une autre ne l'eût été dans sa colère, tendit au président l'acte de vente rédigé en langue arabe.

« Comme on avait pensé que quelques-unes des pièces produites seraient rédigées en arabe, en romaïque ou en turc, l'interprète de la Chambre avait été prévenu ; on l'appela. Un des nobles pairs à qui la langue arabe, qu'il avait apprise pendant la sublime campagne d'Égypte, était familière, suivit sur le vélin la lecture que le traducteur en fit à haute voix :

« Moi, El-Kobbir, marchand d'esclaves et fournis-
« seur du harem de S.H., reconnais avoir reçu pour la
« remettre au sublime empereur, du seigneur franc

« comte de Monte-Cristo, une émeraude évaluée deux
« mille bourses, pour prix d'une jeune esclave chré-
« tienne âgée de onze ans, du nom de Haydée, et fille
« reconnue du défunt seigneur Ali-Tebelin, pacha de
« Janina, et de Vasiliki, sa favorite ; laquelle m'avait
« été vendue, il y a sept ans, avec sa mère, morte en
« arrivant à Constantinople, par un colonel franc au
« service du vizir Ali-Tebelin, nommé Fernand Mon-
« dego.

« La susdite vente m'avait été faite pour le compte
« de S.H., dont j'avais mandat, moyennant la somme
« de mille bourses.

« Fait à Constantinople, avec autorisation de S.H.,
« l'année 1274 de l'hégire.

« *Signé* EL-KOBBIR. »

« Le présent acte, pour lui donner toute foi, toute
« croyance et toute authenticité, sera revêtu du sceau
« impérial, que le vendeur s'oblige à y faire apposer. »

« Près de la signature du marchand on voyait en
effet le sceau du sublime empereur.

« A cette lecture et à cette vue succéda un silence
terrible ; le comte n'avait plus que le regard, et ce
regard, attaché comme malgré lui sur Haydée, semblait de flamme et de sang.

« — Madame, dit le président, ne peut-on interroger
« le comte de Monte-Cristo, lequel est à Paris près de
« vous, à ce que je crois ?

« — Monsieur, répondit Haydée, le comte de
« Monte-Cristo, mon autre père, est en Normandie
« depuis trois jours.

« — Mais alors, madame, dit le président, qui vous
« a conseillé cette démarche, démarche dont la cour
« vous remercie et qui d'ailleurs est toute naturelle,
« d'après votre naissance et vos malheurs ?

« — Monsieur, répondit Haydée, cette démarche

« m'a été conseillée par mon respect et par ma dou-
« leur. Quoique chrétienne, Dieu me pardonne ! j'ai
« toujours songé à venger mon illustre père. Or,
« quand j'ai mis le pied en France, quand j'ai su que
« le traître habitait Paris, mes yeux et mes oreilles
« sont restés constamment ouverts. Je vis retirée
« dans la maison de mon noble protecteur, mais je
« vis ainsi parce que j'aime l'ombre et le silence qui
« me permettent de vivre dans ma pensée et dans
« mon recueillement. Mais M. le comte de Monte-
« Cristo m'entoure de soins paternels, et rien de ce
« qui constitue la vie du monde ne m'est étranger ;
« seulement je n'en accepte que le bruit lointain.
« Ainsi je lis tous les journaux, comme on m'envoie
« tous les albums, comme je reçois toutes les mélo-
« dies ; et c'est en suivant, sans m'y prêter, la vie des
« autres, que j'ai su ce qui s'était passé ce matin à la
« Chambre des pairs et ce qui devait s'y passer ce
« soir... Alors, j'ai écrit.

   « — Ainsi, demanda le président, M. le comte de
« Monte-Cristo n'est pour rien dans votre
« démarche ?

   « — Il l'ignore complètement, monsieur, et même
« je n'ai qu'une crainte, c'est qu'il la désapprouve
« quand il l'apprendra ; cependant c'est un beau jour
« pour moi, continua la jeune fille en levant au ciel
« un regard tout ardent de flamme, que celui où je
« trouve enfin l'occasion de venger mon père. »

   « Le comte, pendant tout ce temps, n'avait point
prononcé une seule parole ; ses collègues le regardaient, et sans doute plaignaient cette fortune brisée
sous le souffle parfumé d'une femme ; son malheur
s'écrivait peu à peu en traits sinistres sur son visage.

   « — Monsieur de Morcerf, dit le président,
« reconnaissez-vous madame pour la fille d'Ali-Tebe-
« lin, pacha de Janina ?

   « — Non, dit Morcerf en faisant un effort pour se
« lever, et c'est une trame ourdie par mes ennemis. »

   « Haydée, qui tenait ses yeux fixés vers la porte,

comme si elle attendait quelqu'un, se retourna brusquement, et, retrouvant le comte debout, elle poussa un cri terrible :

« — Tu ne me reconnais pas, dit-elle ; eh bien, « moi, heureusement je te reconnais ! tu es Fernand « Mondego, l'officier franc qui instruisait les troupes « de mon noble père. C'est toi qui as livré les châ- « teaux de Janina ! c'est toi qui, envoyé par lui à « Constantinople pour traiter directement avec « l'empereur de la vie ou de la mort de ton bienfai- « teur, as rapporté un faux firman qui accordait « grâce entière ! c'est toi qui, avec ce firman, as « obtenu la bague du pacha qui devait te faire obéir « par Sélim, le gardien du feu ; c'est toi qui as poi- « gnardé Sélim ! c'est toi qui nous as vendues, ma « mère et moi, au marchand El-Kobbir ! Assassin ! « assassin ! assassin ! tu as encore au front le sang de « ton maître ! regardez tous. »

« Ces paroles avaient été prononcées avec un tel enthousiasme de vérité, que tous les yeux se tournèrent vers le front du comte, et que lui-même y porta la main comme s'il eût senti, tiède encore, le sang d'Ali.

« — Vous reconnaissez donc positivement M. de « Morcerf pour être le même que l'officier Fernand « Mondego ?

« — Si je le reconnais ! s'écria Haydée. Oh ! ma « mère ! tu m'as dit : « Tu étais libre, tu avais un père « que tu aimais, tu étais destinée à être presque une « reine ! Regarde bien cet homme, c'est lui qui t'a « faite esclave, c'est lui qui a levé au bout d'une « pique la tête de ton père, c'est lui qui nous a ven- « dues, c'est lui qui nous a livrées ! Regarde bien sa « main droite, celle qui a une large cicatrice ; si tu « oubliais son visage, tu le reconnaîtrais à cette main « dans laquelle sont tombées une à une les pièces « d'or du marchand El-Kobbir ! » Si je le reconnais ! « Oh ! qu'il dise maintenant lui-même s'il ne me « reconnaît pas. »

« Chaque mot tombait comme un coutelas sur Morcerf et retranchait une parcelle de son énergie ;

aux derniers mots, il cacha vivement et malgré lui sa main, mutilée en effet par une blessure, dans sa poitrine, et retomba sur son fauteuil, abîmé dans un morne désespoir.

« Cette scène avait fait tourbillonner les esprits de l'assemblée, comme on voit courir les feuilles détachées du tronc sous le vent puissant du nord.

« — Monsieur le comte de Morcerf, dit le président, « ne vous laissez pas abattre, répondez : la justice de la « cour est suprême et égale pour tous comme celle de « Dieu ; elle ne vous laissera pas écraser par vos enne- « mis sans vous donner les moyens de les combattre. « Voulez-vous des enquêtes nouvelles ? Voulez-vous « que j'ordonne un voyage de deux membres de la « Chambre à Janina ? Parlez ! »

« Morcerf ne répondit rien.

« Alors, tous les membres de la commission se regardèrent avec une sorte de terreur. On connaissait le caractère énergique et violent du comte. Il fallait une bien terrible prostration pour annihiler la défense de cet homme ; il fallait enfin penser qu'à ce silence, qui ressemblait au sommeil, succéderait un réveil qui ressemblerait à la foudre.

« — Eh bien, lui demanda le président, que décidez- « vous ?

« — Rien ! dit en se levant le comte avec une voix « sourde.

« — La fille d'Ali-Tebelin, dit le président, a donc « déclaré bien réellement la vérité ? elle est donc bien « réellement le témoin terrible auquel il arrive tou- « jours que le coupable n'ose répondre : NON ? vous « avez donc fait bien réellement toutes les choses dont « on vous accuse ? »

« Le comte jeta autour de lui un regard dont l'expression désespérée eût touché des tigres, mais il ne pouvait désarmer des juges ; puis il leva les yeux vers la voûte, et les détourna aussitôt, comme s'il eût craint que cette voûte, en s'ouvrant, ne fît resplendir ce second tribunal qui se nomme le ciel, cet autre juge qui s'appelle Dieu.

« Alors, avec un brusque mouvement, il arracha les boutons de cet habit fermé qui l'étouffait, et sortit de la salle comme un sombre insensé ; un instant son pas retentit lugubrement sous la voûte sonore, puis bientôt le roulement de la voiture qui l'emportait au galop ébranla le portique de l'édifice florentin.

« — Messieurs, dit le président quand le silence fut « rétabli, M. le comte de Morcerf est-il convaincu de « félonie, de trahison et d'indignité ?

« — Oui ! » répondirent d'une voix unanime tous les membres de la commission d'enquête.

« Haydée avait assisté jusqu'à la fin de la séance ; elle entendit prononcer la sentence du comte sans qu'un seul des traits de son visage exprimât ou la joie ou la pitié.

« Alors, ramenant son voile sur son visage, elle salua majestueusement les conseillers, et sortit de ce pas dont Virgile voyait marcher les déesses. »

LXXXVII

LA PROVOCATION

« Alors, continua Beauchamp, je profitai du silence et de l'obscurité de la salle pour sortir sans être vu. L'huissier qui m'avait introduit m'attendait à la porte. Il me conduisit, à travers les corridors, jusqu'à une petite porte donnant sur la rue de Vaugirard. Je sortis l'âme brisée et ravie tout à la fois, pardonnez-moi cette expression, Albert, brisée par rapport à vous, ravie de la noblesse de cette jeune fille poursuivant la vengeance paternelle. Oui, je vous le jure, Albert, de quelque part que vienne cette révélation, je dis, moi, qu'elle peut venir d'un ennemi, mais que cet ennemi n'est que l'agent de la Providence. »

Albert tenait sa tête entre ses deux mains ; il releva

son visage, rouge de honte et baigné de larmes, et saisissant le bras de Beauchamp.

« Ami, lui dit-il, ma vie est finie : il me reste, non pas à dire comme vous que la Providence m'a porté le coup, mais à chercher quel homme me poursuit de son inimitié ; puis, quand je le connaîtrai, je tuerai cet homme, ou cet homme me tuera ; or, je compte sur votre amitié pour m'aider, Beauchamp, si toutefois le mépris ne l'a pas tuée dans votre cœur.

— Le mépris, mon ami ? et en quoi ce malheur vous touchera-t-il ? Non ! Dieu merci ! nous n'en sommes plus au temps où un injuste préjugé rendait les fils responsables des actions des pères. Repassez toute votre vie, Albert ; elle date d'hier, il est vrai, mais jamais aurore d'un beau jour fut-elle plus pure que votre orient ? non, Albert, croyez-moi, vous êtes jeune, vous êtes riche, quittez la France : tout s'oublie vite dans cette grande Babylone à l'existence agitée et aux goûts changeants ; vous viendrez dans trois ou quatre ans, vous aurez épousé quelque princesse russe, et personne ne songera plus à ce qui s'est passé hier, à plus forte raison à ce qui s'est passé il y a seize ans.

— Merci, mon cher Beauchamp, merci de l'excellente intention qui vous dicte vos paroles, mais cela ne peut être ainsi ; je vous ai dit mon désir, et maintenant, s'il le faut, je changerai le mot désir en celui de volonté. Vous comprenez qu'intéressé comme je le suis dans cette affaire, je ne puis voir la chose du même point de vue que vous. Ce qui vous semble venir à vous d'une source céleste me semble venir à moi d'une source moins pure. La Providence me paraît, je vous l'avoue, fort étrangère à tout ceci, et cela heureusement, car au lieu de l'invisible et de l'impalpable messagère des récompenses et punitions célestes, je trouverai un être palpable et visible, sur lequel je me vengerai, oh ! oui, je vous le jure, de tout ce que je souffre depuis un mois. Maintenant, je vous le répète, Beauchamp, je tiens à rentrer dans la vie humaine et matérielle, et, si vous êtes encore mon ami comme vous le dites, aidez-moi à retrouver la main qui a porté le coup.

— Alors, soit ! dit Beauchamp ; et si vous tenez absolument à ce que je descende sur la terre, je le ferai ; si vous tenez à vous mettre à la recherche d'un ennemi, je m'y mettrai avec vous. Et je le trouverai, car mon honneur est presque aussi intéressé que le vôtre à ce que nous le retrouvions.

— Eh bien, alors, Beauchamp, vous comprenez, à l'instant même, sans retard, commençons nos investigations. Chaque minute de retard est une éternité pour moi ; le dénonciateur n'est pas encore puni, il peut donc espérer qu'il ne le sera pas ; et, sur mon honneur, s'il l'espère, il se trompe !

— Eh bien, écoutez-moi, Morcerf.

— Ah ! Beauchamp, je vois que vous savez quelque chose ; tenez, vous me rendez la vie !

— Je ne dis pas que ce soit réalité, Albert, mais c'est au moins une lumière dans la nuit : en suivant cette lumière, peut-être nous conduira-t-elle au but.

— Dites ! vous voyez bien que je bous d'impatience.

— Eh bien, je vais vous raconter ce que je n'ai pas voulu vous dire en revenant de Janina.

— Parlez.

— Voilà ce qui s'est passé, Albert ; j'ai été tout naturellement chez le premier banquier de la ville pour prendre des informations ; au premier mot que j'ai dit de l'affaire, avant même que le nom de votre père eût été prononcé :

« — Ah ! dit-il, très bien, je devine ce qui vous « amène.

« — Comment cela, et pourquoi ?

« — Parce qu'il y a quinze jours à peine j'ai été « interrogé sur le même sujet.

« — Par qui ?

« — Par un banquier de Paris, mon correspondant.

« — Que vous nommez ?

« — M. Danglars. »

— Lui ! s'écria Albert ; en effet, c'est bien lui qui depuis si longtemps poursuit mon pauvre père de sa haine jalouse ; lui, l'homme prétendu populaire, qui ne peut pardonner au comte de Morcerf d'être pair de France. Et, tenez, cette rupture de mariage sans raison donnée ; oui, c'est bien cela.

— Informez-vous, Albert (mais ne vous emportez pas d'avance), informez-vous, vous dis-je, et si la chose est vraie...

— Oh ! oui, si la chose est vraie ! s'écria le jeune homme, il me paiera tout ce que j'ai souffert.

— Prenez garde, Morcerf, c'est un homme déjà vieux.

— J'aurai égard à son âge comme il a eu égard à l'honneur de ma famille ; s'il en voulait à mon père, que ne frappait-il mon père ? Oh ! non, il a eu peur de se trouver en face d'un homme !

— Albert, je ne vous condamne pas, je ne fais que vous retenir ; Albert, agissez prudemment.

— Oh ! n'ayez pas peur ; d'ailleurs, vous m'accompagnerez, Beauchamp, les choses solennelles doivent être traitées devant témoin. Avant la fin de cette journée, si M. Danglars est le coupable, M. Danglars aura cessé de vivre ou je serai mort. Pardieu, Beauchamp, je veux faire de belles funérailles à mon honneur !

— Eh bien, alors, quand de pareilles résolutions sont prises, Albert, il faut les mettre à exécution à l'instant même. Vous voulez aller chez M. Danglars ? partons. »

On envoya chercher un cabriolet de place. En entrant dans l'hôtel du banquier, on aperçut le phaéton et le domestique de M. Andrea Cavalcanti à la porte.

« Ah ! parbleu ! voilà qui va bien, dit Albert avec une voix sombre. Si M. Danglars ne veut pas se battre avec moi, je lui tuerai son gendre. Cela doit se battre, un Cavalcanti. »

On annonça le jeune homme au banquier, qui, au nom d'Albert, sachant ce qui s'était passé la veille, fit défendre sa porte. Mais il était trop tard, il avait suivi le laquais ; il entendit l'ordre donné, força la porte et pénétra, suivi de Beauchamp, jusque dans le cabinet du banquier.

« Mais, monsieur ! s'écria celui-ci, n'est-on plus maître de recevoir chez soi qui l'on veut, ou qui l'on ne veut pas ? Il me semble que vous vous oubliez étrangement.

— Non, monsieur, dit froidement Albert ; il y a des circonstances, et vous êtes dans une de celles-là, où il faut, sauf lâcheté, je vous offre ce refuge, être chez soi pour certaines personnes du moins.

— Alors, que me voulez-vous donc, monsieur ?

— Je veux, dit Morcerf, s'approchant sans paraître faire attention à Cavalcanti qui était adossé à la cheminée, je veux vous proposer un rendez-vous dans un coin écarté, où personne ne vous dérangera pendant dix minutes, je ne vous en demande pas davantage ; où, des deux hommes qui se sont rencontrés, il en restera un sous les feuilles. »

Danglars pâlit, Calvalcanti fit un mouvement. Albert se retourna vers le jeune homme :

« Oh ! mon Dieu ! dit-il, venez si vous voulez, monsieur le comte, vous avez le droit d'y être, vous êtes presque de la famille, et je donne de ces sorties de rendez-vous à autant de gens qu'il s'en trouvera pour les accepter. »

Cavalcanti regarda d'un air stupéfait Danglars, lequel faisant un effort, se leva et s'avança entre les deux jeunes gens. L'attaque d'Albert à Andrea venait de le placer sur un autre terrain, et il espérait que la visite d'Albert avait une autre cause que celle qu'il lui avait supposée d'abord.

« Ah çà ! monsieur, dit-il à Albert, si vous venez ici chercher querelle à monsieur parce que je l'ai préféré à vous, je vous préviens que je ferai de cela une affaire de procureur du roi.

— Vous vous trompez, monsieur, dit Morcerf avec un sombre sourire, je ne parle pas de mariage le moins du monde, et je ne m'adresse à M. Cavalcanti que parce qu'il m'a semblé avoir eu un instant l'intention d'intervenir dans notre discussion. Et puis, tenez, au reste, vous avez raison, dit-il, je cherche aujourd'hui querelle à tout le monde ; mais soyez tranquille, monsieur Danglars, la priorité vous appartient.

— Monsieur, répondit Danglars, pâle de colère et de peur, je vous avertis que lorsque j'ai le malheur de rencontrer sur mon chemin un dogue enragé, je le tue, et que, loin de me croire coupable, je pense avoir rendu un service à la société. Or, si vous êtes enragé et que vous tendiez à me mordre, je vous en préviens, je vous tuerai sans pitié. Tiens ! est-ce ma faute, à moi, si votre père est déshonoré ?

— Oui, misérable ! s'écria Morcerf, c'est ta faute ! »

Danglars fit un pas en arrière.

« Ma faute ! à moi, dit-il ; mais vous êtes fou ! Est-ce que je sais l'histoire grecque, moi ? Est-ce que j'ai voyagé dans tous ces pays-là ? Est-ce que c'est moi qui ai conseillé à votre père de vendre les châteaux de Janina ? de trahir...

— Silence ! dit Albert d'une voix sourde. Non, ce n'est pas vous qui directement avez fait cet éclat et causé ce malheur, mais c'est vous qui l'avez hypocritement provoqué.

— Moi !

— Oui, vous ! d'où vient la révélation ?

— Mais il me semble que le journal vous l'a dit : de Janina, parbleu !

— Qui a écrit à Janina ?

— A Janina ?

— Oui. Qui a écrit pour demander des renseignements sur mon père ?

— Il me semble que tout le monde peut écrire à Janina.

— Une seule personne a écrit cependant.

— Une seule ?

— Oui ! et cette personne, c'est vous.

— J'ai écrit, sans doute ; il me semble que lorsqu'on marie sa fille à un jeune homme, on peut prendre des renseignements sur la famille de ce jeune homme ; c'est non seulement un droit, mais encore un devoir.

— Vous avez écrit, monsieur, dit Albert, sachant parfaitement la réponse qui vous viendrait.

— Moi ? Ah ! je vous le jure bien, s'écria Danglars avec une confiance et une sécurité qui venaient encore moins de sa peur peut-être que de l'intérêt qu'il ressentait au fond pour le malheureux jeune homme ; je vous jure que jamais je n'eusse pensé à écrire à Janina. Est-ce que je connaissais la catastrophe d'Ali-Pacha, moi ?

— Alors quelqu'un vous a donc poussé à écrire ?

— Certainement.

— On vous a poussé ?

— Oui.

— Qui cela ?... achevez... dites...

— Pardieu ! rien de plus simple ; je parlais du passé de votre père, je disais que la source de sa fortune était toujours restée obscure. La personne m'a demandé où votre père avait fait cette fortune. J'ai répondu : « En Grèce. » Alors elle m'a dit : « Eh bien, écrivez à « Janina. ».

— Et qui vous a donné ce conseil ?

— Parbleu ! le comte de Monte-Cristo, votre ami.

— Le comte de Monte-Cristo vous a dit d'écrire à Janina ?

— Oui, et j'ai écrit. Voulez-vous voir ma correspondance ? je vous la montrerai. »

Albert et Beauchamp se regardèrent.

« Monsieur, dit alors Beauchamp, qui n'avait point encore pris la parole, il me semble que vous accusez le comte, qui est absent de Paris, et qui ne peut se justifier en ce moment ?

— Je n'accuse personne, monsieur, dit Danglars, je raconte, et je répéterai devant M. le comte de Monte-Cristo ce que je viens de dire devant vous.

— Et le comte sait quelle réponse vous avez reçue.

— Je la lui ai montrée.

— Savait-il que le nom de baptême de mon père était Fernand, et que son nom de famille était Mondego ?

— Oui, je le lui avais dit depuis longtemps ; au surplus, je n'ai fait là-dedans que ce que tout autre eût fait à ma place, et même peut-être beaucoup moins. Quand, le lendemain de cette réponse, poussé par M. de Monte-Cristo, votre père est venu me demander ma fille officiellement, comme cela se fait quand on veut en finir, j'ai refusé, j'ai refusé net, c'est vrai, mais sans explication, sans éclat. En effet, pourquoi aurais-je fait un éclat ? En quoi l'honneur ou le déshonneur de M. de Morcerf m'importe-t-il ? Cela ne faisait ni hausser ni baisser la rente. »

Albert sentit la rougeur lui monter au front ; il n'y avait plus de doute, Danglars se défendait avec la bassesse, mais avec l'assurance d'un homme qui dit, sinon toute la vérité, du moins une partie de la vérité, non point par conscience, il est vrai, mais par terreur. D'ailleurs, que cherchait Morcerf ? ce n'était pas le plus ou moins de culpabilité de Danglars ou de Monte-Cristo, c'était un homme qui répondît de l'offense légère ou grave, c'était un homme qui se battît, et il était évident que Danglars ne se battrait pas.

Et puis, chacune des choses oubliées ou inaperçues redevenait visible à ses yeux ou présente à son souvenir. Monte-Cristo savait tout, puisqu'il avait acheté la fille d'Ali-Pacha ; or, sachant tout, il avait conseillé à Danglars d'écrire à Janina. Cette réponse connue, il avait accédé au désir manifesté par Albert d'être présenté à Haydée ; une fois devant elle, il avait laissé l'entretien tomber sur la mort d'Ali, ne s'opposant pas au récit d'Haydée (mais ayant sans doute donné à la jeune fille dans les quelques mots romaïques qu'il avait prononcés des instructions qui n'avaient point permis à Morcerf de reconnaître son père) ; d'ailleurs n'avait-il pas prié Morcerf de ne pas prononcer le nom de son père devant Haydée ? Enfin il avait mené Albert en Normandie au moment où il savait que le grand éclat devait se faire. Il n'y avait pas à en douter, tout cela était un calcul, et, sans aucun doute, Monte-Cristo s'entendait avec les ennemis de son père.

Albert prit Beauchamp dans un coin et lui communiqua toutes ses idées.

« Vous avez raison, dit celui-ci ; M. Danglars n'est, dans ce qui est arrivé, que pour la partie brutale et matérielle ; c'est à M. de Monte-Cristo que vous devez demander une explication. »

Albert se retourna.

« Monsieur, dit-il à Danglars, vous comprenez que je ne prends pas encore de vous un congé définitif ; il me reste à savoir si vos inculpations sont justes, et je vais de ce pas m'en assurer chez M. le comte de Monte-Cristo. »

Et, saluant le banquier, il sortit avec Beauchamp sans paraître autrement s'occuper de Cavalcanti.

Danglars les reconduisit jusqu'à la porte, et, à la porte, renouvela à Albert l'assurance qu'aucun motif de haine personnel ne l'animait contre M. le comte de Morcerf.

LXXXVIII

L'INSULTE

A la porte du banquier, Beauchamp arrêta Morcerf. « Écoutez, lui dit-il, tout à l'heure je vous ai dit, chez M. Danglars, que c'était à M. de Monte-Cristo que vous deviez demander une explication ?

— Oui, et nous allons chez lui.

— Un instant, Morcerf ; avant d'aller chez le comte, réfléchissez.

— A quoi voulez-vous que je réfléchisse ?

— A la gravité de la démarche.

— Est-elle plus grave que d'aller chez M. Danglars ?

— Oui ; M. Danglars était un homme d'argent, et, vous le savez, les hommes d'argent savent trop le capital qu'ils risquent pour se battre facilement. L'autre, au contraire, est un gentilhomme, en apparence du moins ; mais ne craignez-vous pas, sous le gentilhomme, de rencontrer le bravo ?

— Je ne crains qu'une chose, c'est de trouver un homme qui ne se batte pas.

— Oh ! soyez tranquille, dit Beauchamp, celui-là se battra. J'ai même peur d'une chose, c'est qu'il ne se batte trop bien ; prenez garde !

— Ami, dit Morcerf avec un beau sourire, c'est ce que je demande ; et ce qui peut m'arriver de plus heureux, c'est d'être tué pour mon père : cela nous sauvera tous.

— Votre mère en mourra !

— Pauvre mère ! dit Albert en passant la main sur ses yeux, je le sais bien ; mais mieux vaut qu'elle meure de cela que de mourir de honte.

— Vous êtes bien décidé, Albert ?

— Oui.

— Allez donc ! Mais croyez-vous que nous le trouvions ?

— Il devait revenir quelques heures après moi, et certainement il sera revenu. »

Ils montèrent, et se firent conduire avenue des Champs-Élysées, n° 30.

Beauchamp voulait descendre seul, mais Albert lui fit observer que cette affaire, sortant des règles ordinaires, lui permettait de s'écarter de l'étiquette du duel.

Le jeune homme agissait dans tout ceci pour une cause si sainte, que Beauchamp n'avait autre chose à faire qu'à se prêter à toutes ses volontés : il céda donc à Morcerf et se contenta de le suivre.

Albert ne fit qu'un bond de la loge du concierge au perron. Ce fut Baptistin qui le reçut.

Le comte venait d'arriver effectivement, mais il était au bain, et avait défendu de recevoir qui que ce fût au monde.

« Mais, après le bain ? demanda Morcerf.

— Monsieur dînera.

— Et après le dîner ?

— Monsieur dormira une heure.

— Ensuite ?

— Ensuite il ira à l'Opéra.

— Vous en êtes sûr ? demanda Albert.

— Parfaitement sûr ; monsieur a commandé ses chevaux pour huit heures précises.

— Fort bien, répliqua Albert ; voilà tout ce que je voulais savoir. »

Puis, se retournant vers Beauchamp :

« Si vous avez quelque chose à faire, Beauchamp, faites-le tout de suite ; si vous avez rendez-vous ce soir, remettez-le à demain. Vous comprenez que je compte sur vous pour aller à l'Opéra. Si vous le pouvez, amenez-moi Château-Renaud. »

Beauchamp profita de la permission et quitta Albert après lui avoir promis de le venir prendre à huit heures moins un quart.

Rentré chez lui, Albert prévint Franz, Debray et Morrel du désir qu'il avait de les voir le soir même à l'Opéra.

Puis il alla visiter sa mère, qui, depuis les événements de la veille, avait fait défendre sa porte et gardait la chambre. Il la trouva au lit, écrasée par la douleur de cette humiliation publique.

La vue d'Albert produisit sur Mercédès l'effet qu'on en pouvait attendre ; elle serra la main de son fils et éclata en sanglots. Cependant ces larmes la soulagèrent.

Albert demeura un instant debout et muet près du visage de sa mère. On voyait à sa mine pâle et à ses sourcils froncés que sa résolution de vengeance s'émoussait de plus en plus dans son cœur.

« Ma mère, demanda Albert, est-ce que vous connaissez quelque ennemi à M. de Morcerf ? »

Mercédès tressaillit ; elle avait remarqué que le jeune homme n'avait pas dit : à mon père.

« Mon ami, dit-elle, les gens dans la position du comte ont beaucoup d'ennemis qu'ils ne connaissent point. D'ailleurs, les ennemis qu'on connaît ne sont point, vous le savez, les plus dangereux.

— Oui, je sais cela, aussi j'en appelle à toute votre perspicacité. Ma mère, vous êtes une femme si supérieure que rien ne vous échappe, à vous !

— Pourquoi me dites-vous cela ?

— Parce que vous aviez remarqué, par exemple, que le soir du bal que nous avons donné, M. de Monte-Cristo n'avait rien voulu prendre chez-nous. »

Mercédès se soulevant toute tremblante sur son bras brûlé par la fièvre :

« M. de Monte-Cristo ! s'écria-t-elle, et quel rapport cela aurait-il avec la question que vous me faites ?

— Vous le savez, ma mère, M. de Monte-Cristo est presque un homme d'Orient, et les Orientaux, pour conserver toute liberté de vengeance, ne mangent ni ne boivent jamais chez leurs ennemis.

— M. de Monte-Cristo, notre ennemi, dites-vous, Albert ? reprit Mercédès en devenant plus pâle que le drap qui la couvrait. Qui vous a dit cela ? pourquoi ?

Vous êtes fou, Albert. M. de Monte-Cristo n'a eu pour nous que des politesses. M. de Monte-Cristo vous a sauvé la vie, c'est vous-même qui nous l'avez présenté. Oh ! je vous en prie, mon fils, si vous aviez une pareille idée, écartez-la, et si j'ai une recommandation à vous faire, je dirai plus, si j'ai une prière à vous adresser, tenez-vous bien avec lui.

— Ma mère, répliqua le jeune homme avec un sombre regard, vous avez vos raisons pour me dire de ménager cet homme.

— Moi ! s'écria Mercédès, rougissant avec la même rapidité qu'elle avait pâli, et redevenant presque aussitôt plus pâle encore qu'auparavant.

— Oui, sans doute, et cette raison, n'est-ce pas, reprit Albert, est que cet homme ne peut nous faire du mal ? »

Mercédès frissonna ; et attachant sur son fils un regard scrutateur :

« Vous me parlez étrangement, dit-elle à Albert, et vous avez de singulières préventions, ce me semble. Que vous a donc fait le comte ? Il y a trois jours vous étiez avec lui en Normandie ; il y a trois jours je le regardais et vous le regardiez vous-même comme votre meilleur ami. »

Un sourire ironique effleura les lèvres d'Albert. Mercédès vit ce sourire, et avec son double instinct de femme et de mère elle devina tout ; mais, prudente et forte, elle cacha son trouble et ses frémissements.

Albert laissa tomber la conversation ; au bout d'un instant la comtesse la renoua.

« Vous veniez me demander comment j'allais, dit-elle, je vous répondrai franchement, mon ami, que je ne me sens pas bien. Vous devriez vous installer ici, Albert, vous me tiendriez compagnie ; j'ai besoin de n'être pas seule.

— Ma mère, dit le jeune homme, je serais à vos ordres, et vous savez avec quel bonheur, si une affaire pressée et importante ne me forçait à vous quitter toute la soirée.

— Ah ! fort bien, répondit Mercédès avec un soupir ; allez, Albert, je ne veux point vous rendre esclave de votre piété filiale. »

Albert fit semblant de ne point entendre, salua sa mère et sortit.

A peine le jeune homme eut-il refermé la porte que Mercédès fit appeler un domestique de confiance et lui ordonna de suivre Albert partout où il irait dans la soirée, et de lui en venir rendre compte à l'instant même.

Puis elle sonna sa femme de chambre, et, si faible qu'elle fût, se fit habiller pour être prête à tout événement.

La mission donnée au laquais n'était pas difficile à exécuter. Albert rentra chez lui et s'habilla avec une sorte de recherche sévère. A huit heures moins dix minutes Beauchamp arriva : il avait vu Château-Renaud, lequel avait promis de se trouver à l'orchestre avant le lever du rideau.

Tous deux montèrent dans le coupé d'Albert, qui, n'ayant aucune raison de cacher où il allait, dit tout haut :

« A l'Opéra ! »

Dans son impatience, il avait devancé le lever du rideau. Château-Renaud était à sa stalle : prévenu de tout par Beauchamp, Albert n'avait aucune explication à lui donner. La conduite de ce fils cherchant à venger son père était si simple, que Château-Renaud ne tenta en rien de le dissuader, et se contenta de lui renouveler l'assurance qu'il était à sa disposition.

Debray n'était pas encore arrivé, mais Albert savait qu'il manquait rarement une représentation de l'Opéra. Albert erra dans le théâtre jusqu'au lever du rideau. Il espérait rencontrer Monte-Cristo, soit dans le couloir, soit dans l'escalier. La sonnette l'appela à sa place, et il vint s'asseoir à l'orchestre, entre Château-Renaud et Beauchamp.

Mais ses yeux ne quittaient pas cette loge d'entre-colonnes qui, pendant tout le premier acte, semblait s'obstiner à rester fermée.

Enfin, comme Albert, pour la centième fois, interrogeait sa montre, au commencement du deuxième acte, la porte de la loge s'ouvrit, et Monte-Cristo, vêtu de noir, entra et s'appuya à la rampe pour regarder dans la salle ; Morrel le suivait, cherchant des yeux sa sœur et son beau-frère. Il les aperçut dans une loge du second rang, et leur fit signe.

Le comte, en jetant son coup d'œil circulaire dans la salle, aperçut une tête pâle et des yeux étincelants qui semblaient attirer avidement ses regards ; il reconnut bien Albert, mais l'expression qu'il remarqua sur ce visage bouleversé lui conseilla sans doute de ne point l'avoir remarqué. Sans faire donc aucun mouvement qui décelât sa pensée, il s'assit, tira sa jumelle de son étui, et lorgna d'un autre côté.

Mais, sans paraître voir Albert, le comte ne le perdait pas de vue, et, lorsque la toile tomba sur la fin du second acte, son coup d'œil infaillible et sûr suivit le jeune homme sortant de l'orchestre et accompagné de ses deux amis.

Puis, la même tête reparut aux carreaux d'une première loge, en face de la sienne. Le comte sentait venir à lui la tempête, et lorsqu'il entendit la clef tourner dans la serrure de sa loge, quoiqu'il parlât en ce moment même à Morrel avec son visage le plus riant, le comte savait à quoi s'en tenir, et il s'était préparé à tout.

La porte s'ouvrit.

Seulement alors, Monte-Cristo se retourna et aperçut Albert, livide et tremblant ; derrière lui étaient Beauchamp et Château-Renaud.

« Tiens ! s'écria-t-il avec cette bienveillante politesse qui distinguait d'habitude son salut des banales civilités du monde, voilà mon cavalier arrivé au but ! Bonsoir, monsieur de Morcerf. »

Et le visage de cet homme, si singulièrement maître de lui-même, exprimait la plus parfaite cordialité.

Morrel alors se rappela seulement la lettre qu'il avait reçue du vicomte, et dans laquelle, sans autre explication, celui-ci le priait de se trouver à l'Opéra ; et il comprit qu'il allait se passer quelque chose de terrible.

« Nous ne venons point ici pour échanger d'hypocrites politesses ou de faux-semblants d'amitié, dit le jeune homme ; nous venons vous demander une explication, monsieur le comte. »

La voix tremblante du jeune homme avait peine à passer entre ses dents serrées.

« Une explication à l'Opéra ? dit le comte avec ce ton si calme et avec ce coup d'œil si pénétrant, qu'on reconnaît à ce double caractère l'homme éternellement sûr de lui-même. Si peu familier que je sois avec les habitudes parisiennes, je n'aurais pas cru, monsieur, que ce fût là que les explications se demandaient.

— Cependant, lorsque les gens se font celer, dit Albert, lorsqu'on ne peut pénétrer jusqu'à eux sous prétexte qu'ils sont au bain, à table ou au lit, il faut bien s'adresser là où on les rencontre.

— Je ne suis pas difficile à rencontrer, dit Monte-Cristo, car hier encore, monsieur, si j'ai bonne mémoire, vous étiez chez moi.

— Hier, monsieur, dit le jeune homme, dont la tête s'embarrassait, j'étais chez vous parce que j'ignorais qui vous étiez. »

Et en prononçant ces paroles, Albert avait élevé la voix de manière à ce que les personnes placées dans les loges voisines l'entendissent, ainsi que celles qui passaient dans le couloir. Aussi les personnes des loges se retournèrent-elles, et celles du couloir s'arrêtèrent-elles derrière Beauchamp et Château-Renaud au bruit de cette altercation.

« D'où sortez-vous donc, monsieur ? dit Monte-Cristo sans la moindre émotion apparente. Vous ne semblez pas jouir de votre bon sens.

— Pourvu que je comprenne vos perfidies, monsieur, et que je parvienne à vous faire comprendre que je veux m'en venger, je serai toujours assez raisonnable, dit Albert furieux.

— Monsieur, je ne vous comprends point, répliqua Monte-Cristo, et, quand même je vous comprendrais, vous n'en parleriez encore que trop haut. Je suis ici chez moi, monsieur, et moi seul ai le droit d'y élever la voix au-dessus des autres. Sortez, monsieur ! »

Et Monte-Cristo montra la porte à Albert avec un geste admirable de commandement.

« Ah ! je vous en ferai bien sortir, de chez vous !

reprit Albert en froissant dans ses mains convulsives son gant, que le comte ne perdait pas de vue.

— Bien, bien ! dit flegmatiquement Monte-Cristo ; vous me cherchez querelle, monsieur ; je vois cela ; mais un conseil, vicomte, et retenez-le bien : c'est une coutume mauvaise que de faire du bruit en provoquant. Le bruit ne va pas à tout le monde, monsieur de Morcerf. »

A ce nom, un murmure d'étonnement passa comme un frisson parmi les auditeurs de cette scène. Depuis la veille le nom de Morcerf était dans toutes les bouches.

Albert, mieux que tous, et le premier de tous, comprit l'allusion, et fit un geste pour lancer son gant au visage du comte ; mais Morrel lui saisit le poignet, tandis que Beauchamp et Château-Renaud, craignant que la scène ne dépassât la limite d'une provocation, le retenaient par-derrière.

Mais Monte-Cristo, sans se lever, en inclinant sa chaise, étendit la main seulement, et saisissant entre les doigts crispés du jeune homme le gant humide et écrasé :

« Monsieur, dit-il avec un accent terrible, je tiens votre gant pour jeté, et je vous l'enverrai roulé autour d'une balle. Maintenant sortez de chez moi, ou j'appelle mes domestiques et je vous fais jeter à la porte. »

Ivre, effaré, les yeux sanglants, Albert fit deux pas en arrière.

Morrel en profita pour refermer la porte.

Monte-Cristo reprit sa jumelle et se remit à lorgner, comme si rien d'extraordinaire ne venait de se passer.

Cet homme avait un cœur de bronze et un visage de marbre. Morrel se pencha à son oreille.

« Que lui avez-vous fait ? dit-il.

— Moi ? rien, personnellement du moins, dit Monte-Cristo.

— Cependant cette scène étrange doit avoir une cause ?

— L'aventure du comte de Morcerf exaspère le malheureux jeune homme.

— Y êtes-vous pour quelque chose ?

— C'est par Haydée que la Chambre a été instruite de la trahison de son père.

— En effet, dit Morrel, on m'a dit, mais je n'avais pas voulu le croire, que cette esclave grecque que j'ai vue avec vous ici, dans cette loge même, était la fille d'Ali-Pacha.

— C'est la vérité, cependant.

— Oh ! mon Dieu ! dit Morrel, je comprends tout alors, et cette scène était préméditée.

— Comment cela ?

— Oui, Albert m'a écrit de me trouver ce soir à l'Opéra ; c'était pour me rendre témoin de l'insulte qu'il voulait vous faire.

— Probablement, dit Monte-Cristo avec son imperturbable tranquillité.

— Mais que ferez-vous de lui ?

— De qui ?

— D'Albert !

— D'Albert ? reprit Monte-Cristo du même ton, ce que j'en ferai, Maximilien ? Aussi vrai que vous êtes ici et que je vous serre la main, je le tuerai demain avant dix heures du matin. Voilà ce que j'en ferai. »

Morrel, à son tour, prit la main de Monte-Cristo dans les deux siennes, et il frémit en sentant cette main froide et calme.

« Ah ! comte, dit-il, son père l'aime tant !

— Ne me dites pas ces choses-là ! s'écria Monte-Cristo avec le premier mouvement de colère qu'il eût paru éprouver ; je le ferais souffrir ! »

Morrel, stupéfait, laissa tomber la main de Monte-Cristo.

« Comte ! comte ! dit-il.

— Cher Maximilien, interrompit le comte, écoutez de quelle adorable façon Duprez chante cette phrase :

Ô Mathilde ! idole de mon âme.

« Tenez, j'ai deviné le premier Duprez à Naples et l'ai applaudi le premier. Bravo ! bravo ! »

Morrel comprit qu'il n'y avait plus rien à dire, et il attendit.

La toile, qui s'était levée à la fin de la scène d'Albert, retomba presque aussitôt. On frappa à la porte.

« Entrez », dit Monte-Cristo sans que sa voix décelât la moindre émotion.

Beauchamp parut.

« Bonsoir, monsieur Beauchamp, dit Monte-Cristo, comme s'il voyait le journaliste pour la première fois de la soirée ; asseyez-vous donc. »

Beauchamp salua, entra et s'assit.

« Monsieur, dit-il à Monte-Cristo, j'accompagnais tout à l'heure, comme vous avez pu le voir, M. de Morcerf.

— Ce qui veut dire, reprit Monte-Cristo en riant, que vous venez probablement de dîner ensemble. Je suis heureux de voir, monsieur Beauchamp, que vous êtes plus sobre que lui.

— Monsieur, dit Beauchamp, Albert a eu, j'en conviens, le tort de s'emporter, et je viens pour mon propre compte vous faire des excuses. Maintenant que mes excuses sont faites, les miennes, entendez-vous, monsieur le comte, je viens vous dire que je vous crois trop galant homme pour refuser de me donner quelque explication au sujet de vos relations avec les gens de Janina ; puis j'ajouterai deux mots sur cette jeune Grecque. »

Monte-Cristo fit de la lèvre et des yeux un petit geste qui commandait le silence.

« Allons ! ajouta-t-il en riant, voilà toutes mes espérances détruites.

— Comment cela ? demanda Beauchamp.

— Sans doute, vous vous empressez de me faire une réputation d'excentricité : je suis, selon vous, un Lara, un Manfred, un Lord Ruthwen ; puis, le moment de me voir excentrique passé, vous gâtez votre type, vous essayez de faire de moi un homme banal. Vous me voulez commun, vulgaire ; vous me demandez des explications enfin. Allons donc ! monsieur Beauchamp, vous voulez rire.

— Cependant, reprit Beauchamp avec hauteur, il est des occasions où la probité commande...

— Monsieur Beauchamp, interrompit l'homme

étrange, ce qui commande à M. le comte de Monte-
Cristo, c'est M. le comte de Monte-Cristo. Ainsi donc,
pas un mot de tout cela, s'il vous plaît. Je fais ce que je
veux, monsieur Beauchamp, et, croyez-moi, c'est toujours fort bien fait.

— Monsieur, répondit le jeune homme, on ne paie
pas d'honnêtes gens avec cette monnaie ; il faut des
garanties à l'honneur.

— Monsieur, je suis une garantie vivante, reprit
Monte-Cristo impassible, mais dont les yeux s'enflam-
maient d'éclairs menaçants. Nous avons tous deux
dans les veines du sang que nous avons envie de verser, voilà notre garantie mutuelle. Reportez cette
réponse au vicomte, et dites-lui que demain, avant dix
heures, j'aurai vu la couleur du sien.

— Il ne me reste donc, dit Beauchamp, qu'à fixer les
arrangements du combat.

— Cela m'est parfaitement indifférent, monsieur,
dit le comte de Monte-Cristo ; il était donc inutile de
venir me déranger au spectacle pour si peu de chose.
En France, on se bat à l'épée ou au pistolet ; aux
colonies, on prend la carabine ; en Arabie, on a le
poignard. Dites à votre client que, quoique insulté,
pour être excentrique jusqu'au bout, je lui laisse le
choix des armes, et que j'accepterai tout sans discussion, sans conteste ; tout, entendez-vous bien ?
tout, même le combat par voie du sort, ce qui est
toujours stupide. Mais moi, c'est autre chose : je suis
sûr de gagner.

— Sûr de gagner ! répéta Beauchamp en regardant
le comte d'un œil effaré.

— Eh ! certainement, dit Monte-Cristo en haussant
légèrement les épaules. Sans cela je ne me battrais pas
avec M. de Morcerf. Je le tuerai, il le faut, cela sera.
Seulement, par un mot ce soir chez moi, indiquez-moi
l'arme et l'heure ; je n'aime pas à me faire attendre.

— Au pistolet, à huit heures du matin, au bois de
Vincennes, dit Beauchamp, décontenancé, ne sachant
pas s'il avait affaire à un fanfaron outrecuidant ou à
un être surnaturel.

— C'est bien, monsieur, dit Monte-Cristo. Maintenant que tout est réglé, laissez-moi entendre le spectacle, je vous prie, et dites à votre ami Albert de ne pas revenir ce soir : il se ferait tort avec toutes ses brutalités de mauvais goût. Qu'il rentre et qu'il dorme. »

Beauchamp sortit tout étonné.

« Maintenant, dit Monte-Cristo en se retournant vers Morrel, je compte sur vous, n'est-ce pas ?

— Certainement, dit Morrel, et vous pouvez disposer de moi, comte ; cependant...

— Quoi ?

— Il serait important, comte, que je connusse la véritable cause...

— C'est-à-dire, que vous me refusez ?

— Non pas.

— La véritable cause, Morrel ? dit le comte ; ce jeune homme lui-même marche en aveugle et ne la connaît pas. La véritable cause, elle n'est connue que de moi et de Dieu ; mais je vous donne ma parole d'honneur, Morrel, que Dieu, qui la connaît, sera pour nous.

— Cela suffit, comte, dit Morrel. Quel est votre second témoin ?

— Je ne connais personne à Paris à qui je veuille faire cet honneur, que vous, Morrel, et votre beau-frère Emmanuel. Croyez-vous qu'Emmanuel veuille me rendre ce service.

— Je vous réponds de lui comme de moi, comte.

— Bien ! c'est tout ce qu'il me faut. Demain, à sept heures du matin chez moi, n'est-ce pas ?

— Nous y serons.

— Chut ! voici la toile qui se lève, écoutons. J'ai l'habitude de ne pas perdre une note de cet opéra ; c'est une si adorable musique que celle de *Guillaume Tell !* »

LXXXIX

LA NUIT

M. de Monte-Cristo attendit, selon son habitude, que Duprez eût chanté son fameux *Suivez-moi !* et alors seulement il se leva et sortit.

A la porte, Morrel le quitta en renouvelant la promesse d'être chez lui, avec Emmanuel, le lendemain matin à sept heures précises. Puis il monta dans son coupé, toujours calme et souriant. Cinq minutes après il était chez lui. Seulement il eût fallu ne pas connaître le comte pour se laisser tromper à l'expression avec laquelle il dit en entrant à Ali :

« Ali, mes pistolets à crosse d'ivoire ! »

Ali apporta la boîte à son maître, et celui-ci se mit à examiner ces armes avec une sollicitude bien naturelle à un homme qui va confier sa vie à un peu de fer et de plomb. C'étaient des pistolets particuliers que Monte-Cristo avait fait faire pour tirer à la cible dans ses appartements. Une capsule suffisait pour chasser la balle, et de la chambre à côté on n'aurait pas pu se douter que le comte, comme on dit en termes de tir, était occupé à s'entretenir la main.

Il en était à emboîter l'arme dans sa main, et à chercher le point de mire sur une petite plaque de tôle qui lui servait de cible, lorsque la porte de son cabinet s'ouvrit et que Baptistin entra.

Mais, avant même qu'il eût ouvert la bouche, le comte aperçut dans la porte, demeurée ouverte, une femme voilée, debout, dans la pénombre de la pièce voisine, et qui avait suivi Baptistin.

Elle avait aperçu le comte le pistolet à la main, elle voyait deux épées sur une table, elle s'élança.

Baptistin consultait son maître du regard. Le comte fit un signe, Baptistin sortit, et referma la porte derrière lui.

« Qui êtes-vous, madame ? » dit le comte à la femme voilée.

L'inconnue jeta un regard autour d'elle pour s'assurer qu'elle était bien seule, puis s'inclinant comme si elle eût voulu s'agenouiller, et joignant les mains avec l'accent du désespoir :

« Edmond, dit-elle, vous ne tuerez pas mon fils ! »

Le comte fit un pas en arrière, jeta un faible cri et laissa tomber l'arme qu'il tenait.

« Quel nom avez-vous prononcé, là, madame de Morcerf ? dit-il.

— Le vôtre ! s'écria-t-elle en rejetant son voile, le vôtre que seule, peut-être, je n'ai pas oublié. Edmond, ce n'est pas Mme de Morcerf qui vient à vous, c'est Mercédès.

— Mercédès est morte, madame, dit Monte-Cristo, et je ne connais plus personne de ce nom.

— Mercédès vit, monsieur, et Mercédès se souvient, car seule elle vous a reconnu lorsqu'elle vous a vu, et même sans vous voir, à votre voix, Edmond, au seul accent de votre voix ; et depuis ce temps elle vous suit pas à pas, elle vous surveille, elle vous redoute, et elle n'a pas eu besoin, elle, de chercher la main d'où partait le coup qui frappait M. de Morcerf.

— Fernand, voulez-vous dire, madame, reprit Monte-Cristo avec une ironie amère ; puisque nous sommes en train de nous rappeler nos noms, rappelons-nous-les tous. »

Et Monte-Cristo avait prononcé ce nom de Fernand avec une telle expression de haine, que Mercédès sentit le frisson de l'effroi courir par tout son corps.

« Vous voyez bien, Edmond, que je ne me suis pas trompée ! s'écria Mercédès, et que j'ai raison de vous dire : Épargnez mon fils !

— Et qui vous a dit, madame, que j'en voulais à votre fils ?

— Personne, mon Dieu ! mais une mère est douée de la double vue. J'ai tout deviné ; je l'ai suivi ce soir à l'Opéra, et, cachée dans une baignoire, j'ai tout vu.

— Alors, si vous avez tout vu, madame, vous avez vu que le fils de Fernand m'a insulté publiquement ? dit Monte-Cristo avec un calme terrible.

— Oh ! par pitié !

— Vous avez vu, continua le comte, qu'il m'eût jeté son gant à la figure si un de mes amis, M. Morrel, ne lui eût arrêté le bras.

— Écoutez-moi. Mon fils vous a deviné aussi, lui ; il vous attribue les malheurs qui frappent son père.

— Madame, dit Monte-Cristo, vous confondez : ce ne sont point des malheurs, c'est un châtiment. Ce n'est pas moi qui frappe M. de Morcerf, c'est la Providence qui le punit.

— Et pourquoi vous substituez-vous à la Providence ? s'écria Mercédès. Pourquoi vous souvenez-vous quand elle oublie ? Que vous importent, à vous, Edmond, Janina et son vizir ? Quel tort vous a fait Fernand Mondego en trahissant Ali-Tebelin ?

— Aussi, madame, répondit Monte-Cristo, tout ceci est-il une affaire entre le capitaine franc et la fille de Vasiliki. Cela ne me regarde point, vous avez raison, et si j'ai juré de me venger, ce n'est ni du capitaine franc, ni du comte de Morcerf : c'est du pêcheur Fernand, mari de la Catalane Mercédès.

— Ah ! monsieur ! s'écria la comtesse, quelle terrible vengeance pour une faute que la fatalité m'a fait commettre ! Car la coupable, c'est moi, Edmond, et si vous avez à vous venger de quelqu'un, c'est de moi, qui ai manqué de force contre votre absence et mon isolement.

— Mais, s'écria Monte-Cristo, pourquoi étais-je absent ? pourquoi étiez-vous isolée ?

— Parce qu'on vous a arrêté, Edmond, parce que vous étiez prisonnier.

— Et pourquoi étais-je arrêté ? pourquoi étais-je prisonnier ?

— Je l'ignore, dit Mercédès.

— Oui, vous l'ignorez, madame, je l'espère du moins. Eh bien, je vais vous le dire, moi. J'étais arrêté, j'étais prisonnier, parce que sous la tonnelle de la Réserve, la veille même du jour où je devais vous épouser, un homme, nommé Danglars, avait écrit cette lettre que le pêcheur Fernand se chargea lui-même de mettre à la poste. »

Et Monte-Cristo, allant à un secrétaire, ouvrit un tiroir où il prit un papier qui avait perdu sa couleur première, et dont l'encre était devenue couleur de rouille, qu'il mit sous les yeux de Mercédès.

C'était la lettre de Danglars au procureur du roi, que, le jour où il avait payé les deux cent mille francs à M. de Boville, le comte de Monte-Cristo, déguisé en mandataire de la maison Thomson et French, avait soustraite au dossier d'Edmond Dantès.

Mercédès lut avec effroi les lignes suivantes :

« Monsieur le procureur du roi est prévenu, par un
« ami du trône et de la religion, que le nommé
« Edmond Dantès, second du navire *Le Pharaon*,
« arrivé ce matin de Smyrne, après avoir touché à
« Naples et à Porto-Ferrajo, a été chargé par Murat
« d'une lettre pour l'usurpateur, et, par l'usurpateur,
« d'une lettre pour le comité bonapartiste de Paris.

« On aura la preuve de ce crime en l'arrêtant, car on
« trouvera cette lettre, ou sur lui, ou chez son père, ou
« dans sa cabine à bord du *Pharaon*. »

« Oh ! mon Dieu ! fit Mercédès en passant la main
sur son front mouillé de sueur ; et cette lettre...

— Je l'ai achetée deux cent mille francs, madame,
dit Monte-Cristo ; mais c'est bon marché encore,
puisqu'elle me permet aujourd'hui de me disculper à
vos yeux.

— Et le résultat de cette lettre ?

— Vous le savez, madame, a été mon arrestation ;
mais ce que vous ne savez pas, madame, c'est le temps
qu'elle a duré, cette arrestation. Ce que vous ne savez
pas, c'est que je suis resté quatorze ans à un quart de
lieue de vous, dans un cachot du château d'If. Ce que
vous ne savez pas, c'est que chaque jour de ces quatorze ans j'ai renouvelé le vœu de vengeance que
j'avais fait le premier jour, et cependant j'ignorais que
vous aviez épousé Fernand, mon dénonciateur, et que
mon père était mort, et mort de faim !

— Juste Dieu ! s'écria Mercédès chancelante.

— Mais voilà ce que j'ai su en sortant de prison,
quatorze ans après y être entré, et voilà ce qui fait que,
sur Mercédès vivante et sur mon père mort, j'ai juré de
me venger de Fernand, et... et je me venge.

— Et vous êtes sûr que le malheureux Fernand a
fait cela ?

— Sur mon âme, madame, et il l'a fait comme je
vous le dis ; d'ailleurs ce n'est pas beaucoup plus
odieux que d'avoir, Français d'adoption, passé aux
Anglais ! Espagnol de naissance, avoir combattu
contre les Espagnols ; stipendiaire d'Ali, trahi et assassiné Ali. En face de pareilles choses, qu'était-ce que la

lettre que vous venez de lire ? une mystification galante que doit pardonner, je l'avoue et le comprends, la femme qui a épousé cet homme, mais que ne pardonne pas l'amant qui devait l'épouser. Eh bien, les Français ne se sont pas vengés du traître, les Espagnols n'ont pas fusillé le traître, Ali, couché dans sa tombe, a laissé impuni le traître ; mais moi, trahi, assassiné, jeté aussi dans une tombe, je suis sorti de cette tombe par la grâce de Dieu, je dois à Dieu de me venger ; il m'envoie pour cela, et me voici. »

La pauvre femme laissa retomber sa tête entre ses mains ; ses jambes plièrent sous elle, et elle tomba à genoux.

« Pardonnez, Edmond, dit-elle, pardonnez pour moi, qui vous aime encore ! »

La dignité de l'épouse arrêta l'élan de l'amante et de la mère. Son front s'inclina presque à toucher le tapis.

Le comte s'élança au-devant d'elle et la releva.

Alors, assise sur un fauteuil, elle put, à travers ses larmes, regarder le mâle visage de Monte-Cristo, sur lequel la douleur et la haine imprimaient encore un caractère menaçant.

« Que je n'écrase pas cette race maudite ! murmurat-il ; que je désobéisse à Dieu, qui m'a suscité pour sa punition ! impossible, madame, impossible !

— Edmond, dit la pauvre mère, essayant de tous les moyens : mon Dieu ! quand je vous appelle Edmond, pourquoi ne m'appelez-vous pas Mercédès ?

— Mercédès, répéta Monte-Cristo, Mercédès ! Eh bien ! oui, vous avez raison, ce nom m'est doux encore à prononcer, et voilà la première fois, depuis bien longtemps, qu'il retentit si clairement au sortir de mes lèvres. Ô Mercédès, votre nom, je l'ai prononcé avec les soupirs de la mélancolie, avec les gémissements de la douleur, avec le râle du désespoir ; je l'ai prononcé, glacé par le froid, accroupi sur la paille de mon cachot ; je l'ai prononcé, dévoré par la chaleur, en me roulant sur les dalles de ma prison. Mercédès, il faut que je me venge, car quatorze ans j'ai souffert, quatorze ans j'ai pleuré, j'ai maudit ; maintenant, je vous le dis, Mercédès, il faut que je me venge ! »

Et le comte, tremblant de céder aux prières de celle qu'il avait tant aimée, appelait ses souvenirs au secours de sa haine.

« Vengez-vous, Edmond ! s'écria la pauvre mère, mais vengez-vous sur les coupables ; vengez-vous sur lui, vengez-vous sur moi, mais ne vous vengez pas sur mon fils !

— Il est écrit dans le Livre saint, répondit Monte-Cristo : « Les fautes des pères retomberont sur les « enfants jusqu'à la troisième et quatrième généra-« tion. » Puisque Dieu a dicté ces propres paroles à son prophète, pourquoi serais-je meilleur que Dieu ?

— Parce que Dieu a le temps et l'éternité, ces deux choses qui échappent aux hommes. »

Monte-Cristo poussa un soupir qui ressemblait à un rugissement, et saisit ses beaux cheveux à pleines mains.

« Edmond, continua Mercédès, les bras tendus vers le comte, Edmond, depuis que je vous connais j'ai adoré votre nom, j'ai respecté votre mémoire. Edmond, mon ami, ne me forcez pas à tenir cette image noble et pure reflétée sans cesse dans le miroir de mon cœur. Edmond, si vous saviez toutes les prières que j'ai adressées pour vous à Dieu, tant que je vous ai espéré vivant et depuis que je vous ai cru mort, oui, mort, hélas ! Je croyais votre cadavre enseveli au fond de quelque sombre tour ; je croyais votre corps précipité au fond de quelqu'un de ces abîmes où les geôliers laissent rouler les prisonniers morts, et je pleurais ! Moi, que pouvais-je pour vous, Edmond, sinon prier ou pleurer ? Écoutez-moi ; pendant dix ans j'ai fait chaque nuit le même rêve. On a dit que vous aviez voulu fuir, que vous aviez pris la place d'un prisonnier, que vous vous étiez glissé dans le suaire d'un mort, et qu'alors on avait lancé le cadavre vivant du haut en bas du château d'If ; et que le cri que vous aviez poussé en vous brisant sur les rochers avait seul révélé la substitution à vos ensevelisseurs, devenus vos bourreaux. Eh bien, Edmond, je vous le jure sur la tête de ce fils pour lequel je vous implore, Edmond, pendant dix ans j'ai vu chaque nuit des hommes qui balançaient quelque chose d'informe et d'inconnu au haut d'un rocher ; pendant dix ans j'ai, chaque nuit, entendu un cri terrible qui m'a réveillée frissonnante et glacée. Et moi aussi, Edmond, oh ! croyez-moi, toute criminelle que je fusse, oh ! oui, moi aussi, j'ai bien souffert.

— Avez-vous senti mourir votre père en votre absence ? s'écria Monte-Cristo enfonçant ses mains dans ses cheveux ; avez-vous vu la femme que vous aimiez tendre sa main à votre rival, tandis que vous râliez au fond du gouffre ?...

— Non, interrompit Mercédès ; mais j'ai vu celui que j'aimais prêt à devenir le meurtrier de mon fils ! »

Mercédès prononça ces paroles avec une douleur si puissante, avec un accent si désespéré, qu'à ces paroles et à cet accent un sanglot déchira la gorge du comte.

Le lion était dompté ; le vengeur était vaincu.

« Que demandez-vous ? dit-il ; que votre fils vive ? eh bien, il vivra ! »

Mercédès jeta un cri qui fit jaillir deux larmes des paupières de Monte-Cristo, mais ces deux larmes disparurent presque aussitôt, car sans doute Dieu avait envoyé quelque ange pour les recueillir, bien autrement précieuses qu'elles étaient aux yeux du Seigneur que les plus riches perles de Gusarate et d'Ophir.

« Oh ! s'écria-t-elle en saisissant la main du comte et en la portant à ses lèvres, oh ! merci, merci, Edmond ! te voilà bien tel que je t'ai toujours rêvé, tel que je t'ai toujours aimé. Oh ! maintenant je puis le dire.

— D'autant mieux, répondit Monte-Cristo, que le pauvre Edmond n'aura pas longtemps à être aimé par vous. Le mort va rentrer dans la tombe, le fantôme va rentrer dans la nuit.

— Que dites-vous, Edmond ?

— Je dis que puisque vous l'ordonnez, Mercédès, il faut mourir.

— Mourir ! et qui est-ce qui dit cela ? Qui parle de mourir ? d'où vous reviennent ces idées de mort ?

— Vous ne supposez pas qu'outragé publiquement, en face de toute une salle, en présence de vos amis et de ceux de votre fils, provoqué par un enfant qui se glorifiera de mon pardon comme d'une victoire, vous ne supposez pas, dis-je, que j'aie un instant le désir de vivre. Ce que j'ai le plus aimé après vous, Mercédès, c'est moi-même, c'est-à-dire ma dignité, c'est-à-dire cette force qui me rendait supérieur aux autres hommes ; cette force, c'était ma vie. D'un mot vous la brisez. Je meurs.

— Mais ce duel n'aura pas lieu, Edmond, puisque vous pardonnez.

— Il aura lieu, madame, dit solennellement Monte-Cristo ; seulement, au lieu du sang de votre fils, que devait boire la terre ce sera le mien qui coulera. »

Mercédès poussa un grand cri et s'élança vers Monte-Cristo ; mais tout à coup elle s'arrêta.

« Edmond, dit-elle, il y a un Dieu au-dessus de nous, puisque vous vivez, puisque je vous ai revu, et je me fie à lui du plus profond de mon cœur. En attendant son appui, je me repose sur votre parole. Vous avez dit que mon fils vivrait ; il vivra, n'est-ce pas ?

— Il vivra, oui, madame », dit Monte-Cristo, étonné que, sans autre exclamation, sans autre surprise, Mercédès eût accepté l'héroïque sacrifice qu'il lui faisait.

Mercédès tendit la main au comte.

« Edmond, dit-elle, tandis que ses yeux se mouillaient de larmes en regardant celui auquel elle adressait la parole, comme c'est beau de votre part, comme c'est grand ce que vous venez de faire là, comme c'est sublime d'avoir eu pitié d'une pauvre femme qui s'offrait à vous avec toutes les chances contraires à ses espérances ! Hélas ! je suis vieillie par les chagrins plus encore que par l'âge, et je ne puis même plus rappeler à mon Edmond par un sourire, par un regard, cette Mercédès qu'autrefois il a passé tant d'heures à contempler. Ah ! croyez-moi, Edmond, je vous ai dit que, moi aussi, j'avais bien souffert ; je vous le répète, cela est bien lugubre de voir passer sa vie sans se rappeler une seule joie, sans conserver une seule espérance ; mais cela prouve que tout n'est point fini sur la terre. Non ! tout n'est pas fini, je le sens à ce qui me reste encore dans le cœur. Oh ! je vous le répète, Edmond, c'est beau, c'est grand, c'est sublime de pardonner comme vous venez de le faire !

— Vous dites cela, Mercédès ; et que diriez-vous donc si vous saviez l'étendue du sacrifice que je vous fais ? Supposez que le Maître suprême, après avoir créé le monde, après avoir fertilisé le chaos, se fût arrêté au tiers de la création pour épargner à un ange les larmes que nos crimes devaient faire couler un jour de ses yeux immortels ; supposez qu'après avoir tout préparé, tout pétri, tout fécondé, au moment d'admirer son œuvre, Dieu ait éteint le soleil et repoussé du pied le monde dans la nuit éternelle, alors vous aurez une idée, ou plutôt non, non, vous ne pourrez pas encore vous faire une idée de ce que je perds en perdant la vie en ce moment. »

Mercédès regarda le comte d'un air qui peignait à la fois son étonnement, son admiration et sa reconnaissance.

Monte-Cristo appuya son front sur ses mains brûlantes, comme si son front ne pouvait plus porter seul le poids de ses pensées.

« Edmond, dit Mercédès, je n'ai plus qu'un mot à vous dire. »

Le comte sourit amèrement.

« Edmond, continua-t-elle, vous verrez que si mon front est pâli, que si mes yeux sont éteints, que si ma beauté est perdue, que si Mercédès enfin ne ressemble plus à elle-même pour les traits du visage, vous verrez que c'est toujours le même cœur !... Adieu donc, Edmond ; je n'ai plus rien à demander au Ciel... Je vous ai revu aussi noble et aussi grand qu'autrefois. Adieu, Edmond... adieu et merci ! »

Mais le comte ne répondit pas.

Mercédès ouvrit la porte du cabinet, et elle avait disparu avant qu'il fût revenu de la rêverie douloureuse et profonde où sa vengeance perdue l'avait plongé.

Une heure sonnait à l'horloge des Invalides quand la voiture qui emportait Mme de Morcerf, en roulant sur le pavé des Champs-Élysées, fit relever la tête au comte de Monte-Cristo.

« Insensé, dit-il, le jour où j'avais résolu de me venger, de ne pas m'être arraché le cœur ! »

XC

LA RENCONTRE

Après le départ de Mercédès, tout retomba dans l'ombre chez Monte-Cristo. Autour de lui et au-dedans de lui sa pensée s'arrêta ; son esprit énergique s'endormit comme fait le corps après une suprême fatigue.

« Quoi ! se disait-il, tandis que la lampe et les bougies se consumaient tristement et que les serviteurs attendaient avec impatience dans l'antichambre ; quoi ! voilà l'édifice si lentement préparé, élevé avec tant de peines et de soucis, écroulé d'un seul coup, avec un seul mot, sous un souffle ! Eh quoi ! ce moi que je croyais quelque chose, ce moi dont j'étais si fier, ce moi que j'avais vu si petit dans les cachots du château d'If, et que j'avais su rendre si grand, sera demain un peu de poussière ! Hélas ! ce n'est point la mort du corps que je regrette : cette destruction du principe vital n'est-elle point le repos où tout tend, où tout malheureux aspire, ce calme de la matière après lequel j'ai soupiré si longtemps, au-devant duquel je m'acheminais par la route douloureuse de la faim, quand Faria est apparu dans mon cachot ? Qu'est-ce que la mort ? Un degré de plus dans le calme et deux peut-être dans le silence. Non, ce n'est donc pas l'existence que je regrette, c'est la ruine de mes projets si lentement élaborés, si laborieusement bâtis. La Providence, que j'avais crue pour eux, était donc contre eux. Dieu ne voulait donc pas qu'ils s'accomplissent !

« Ce fardeau que j'ai soulevé, presque aussi pesant qu'un monde, et que j'avais cru porter jusqu'au bout, était selon mon désir et non selon ma force ; selon ma volonté et non selon mon pouvoir, et il me le faudra

déposer à peine à moitié de ma course. Oh ! je rede-
viendrai donc fataliste, moi que quatorze ans de désespoir et dix ans d'espérance avaient rendu providentiel.

« Et tout cela, mon Dieu ! parce que mon cœur, que
je croyais mort, n'était qu'engourdi ; parce qu'il s'est
réveillé, parce qu'il a battu, parce que j'ai cédé à la
douleur de ce battement soulevé du fond de ma poitrine par la voix d'une femme !

« Et cependant, continua le comte, s'abîmant de
plus en plus dans les prévisions de ce lendemain terrible qu'avait accepté Mercédès ; cependant il est
impossible que cette femme, qui est un si noble cœur,
ait ainsi, par égoïsme, consenti à me laisser tuer, moi
plein de force et d'existence ! Il est impossible qu'elle
pousse à ce point l'amour, ou plutôt le délire maternel ! Il y a des vertus dont l'exagération serait un
crime. Non, elle aura imaginé quelque scène pathé-
tique, elle viendra se jeter entre les épées, et ce sera
ridicule sur le terrain, de sublime que c'était ici. »

Et la rougeur de l'orgueil montait au front du
comte.

« Ridicule, répéta-t-il, et le ridicule rejaillira sur
moi... Moi, ridicule ! Allons ! j'aime encore mieux
mourir. »

Et à force de s'exagérer ainsi d'avance les mauvaises
chances du lendemain, auxquelles il s'était condamné
en promettant à Mercédès de laisser vivre son fils, le
comte s'en vint à se dire :

« Sottise, sottise, sottise ! que faire ainsi de la générosité en se plaçant comme un but inerte au bout du
pistolet de ce jeune homme ! Jamais il ne croira que
ma mort est un suicide, et cependant il importe pour
l'honneur de ma mémoire... (ce n'est point de la
vanité, n'est-ce pas, mon Dieu ? mais bien un juste
orgueil, voilà tout) ; il importe pour l'honneur de ma
mémoire que le monde sache que j'ai consenti moi-
même, par ma volonté, de mon libre arbitre, à arrêter
mon bras déjà levé pour frapper, et que de ce bras, si
puissamment armé contre les autres, je me suis frappé
moi-même : il le faut, je le ferai. »

Et saisissant une plume, il tira un papier de

l'armoire secrète de son bureau, et traça au bas de ce papier, qui n'était autre chose que son testament fait depuis son arrivée à Paris, une espèce de codicille dans lequel il faisait comprendre sa mort aux gens les moins clairvoyants.

« Je fais cela, mon Dieu ! dit-il les yeux levés au ciel, autant pour votre honneur que pour le mien. Je me suis considéré, depuis dix ans, ô mon Dieu ! comme l'envoyé de votre vengeance, et il ne faut pas que d'autres misérables que ce Morcerf, il ne faut pas qu'un Danglars, un Villefort, il ne faut pas enfin que ce Morcerf lui-même se figurent que le hasard les a débarrassés de leur ennemi. Qu'ils sachent, au contraire, que la Providence, qui avait déjà décrété leur punition, a été corrigée par la seule puissance de ma volonté ; que le châtiment évité dans ce monde les attend dans l'autre, et qu'ils n'ont échangé le temps que contre l'éternité. »

Tandis qu'il flottait entre ces sombres incertitudes, mauvais rêve de l'homme éveillé par la douleur, le jour vint blanchir les vitres et éclairer sous ses mains le pâle papier azur sur lequel il venait de tracer cette suprême justification de la Providence.

Il était cinq heures du matin.

Tout à coup un léger bruit parvint à son oreille. Monte-Cristo crut avoir entendu quelque chose comme un soupir étouffé ; il tourna la tête, regarda autour de lui et ne vit personne. Seulement le bruit se répéta assez distinct pour qu'au doute succédât la certitude.

Alors le comte se leva, ouvrit doucement la porte du salon, et sur un fauteuil, les bras pendants, sa belle tête pâle inclinée en arrière, il vit Haydée qui s'était placée en travers de la porte, afin qu'il ne pût sortir sans la voir, mais que le sommeil, si puissant contre la jeunesse, avait surprise après la fatigue d'une si longue veille.

Le bruit que la porte fit en s'ouvrant ne put tirer Haydée de son sommeil.

Monte-Cristo arrêta sur elle un regard plein de douceur et de regret.

« Elle s'est souvenue qu'elle avait un fils, dit-il, et moi, j'ai oublié que j'avais une fille ! »

Puis, secouant tristement la tête :

« Pauvre Haydée ! dit-elle, elle a voulu me voir, elle a voulu me parler, elle a craint ou deviné quelque chose... Oh ! je ne puis partir sans lui dire adieu, je ne puis mourir sans la confier à quelqu'un. »

Et il regagna doucement sa place et écrivit au bas des premières lignes :

« Je lègue à Maximilien Morrel, capitaine de spahis et fils de mon ancien patron, Pierre Morrel, armateur à Marseille, la somme de vingt millions, dont une partie sera offerte par lui à sa sœur Julie et à son beau-frère Emmanuel, s'il ne croit pas toutefois que ce surplus de fortune doive nuire à leur bonheur. Ces vingt millions sont enfouis dans ma grotte de Monte-Cristo, dont Bertuccio sait le secret.

« Si son cœur est libre et qu'il veuille épouser Haydée, fille d'Ali, pacha de Janina, que j'ai élevée avec l'amour d'un père et qui a eu pour moi la tendresse d'une fille, il accomplira, je ne dirai point ma dernière volonté, mais mon dernier désir.

« Le présent testament a déjà fait Haydée héritière du reste de ma fortune, consistant en terres, rentes sur l'Angleterre, l'Autriche et la Hollande, mobilier dans mes différents palais et maisons, et qui, ces vingt millions prélevés, ainsi que les différents legs faits à mes serviteurs, pourront monter encore à soixante millions. »

Il achevait d'écrire cette dernière ligne, lorsqu'un cri poussé derrière lui, lui fit tomber la plume des mains.

« Haydée, dit-il, vous avez lu ? »

En effet, la jeune femme, réveillée par le jour qui avait frappé ses paupières, s'était levée et s'était approchée du comte sans que ses pas légers, assourdis par le tapis, eussent été entendus.

« Oh ! mon seigneur, dit-elle en joignant les mains, pourquoi écrivez-vous ainsi à une pareille heure ? Pourquoi me léguez-vous toute votre fortune, mon seigneur ? Vous me quittez donc ?

— Je vais faire un voyage, cher ange, dit Monte-Cristo avec une expression de mélancolie et de tendresse infinies, et s'il m'arrivait malheur... »

Le comte s'arrêta.

« Eh bien ?... demanda la jeune fille avec un accent d'autorité que le comte ne lui connaissait point et qui le fit tressaillir.

— Eh bien, s'il m'arrive malheur, reprit Monte-Cristo, je veux que ma fille soit heureuse. »

Haydée sourit tristement en secouant la tête.

« Vous pensez à mourir, mon seigneur ? dit-elle.

— C'est une pensée salutaire, mon enfant, a dit le sage.

— Eh bien, si vous mourez, dit-elle, léguez votre fortune à d'autres, car, si vous mourez... je n'aurai plus besoin de rien. »

Et prenant le papier, elle le déchira en quatre morceaux qu'elle jeta au milieu du salon. Puis, cette énergie si peu habituelle à une esclave ayant épuisé ses forces, elle tomba, non plus endormie cette fois, mais évanouie sur le parquet.

Monte-Cristo se pencha vers elle, la souleva entre ses bras ; et, voyant ce beau teint pâli, ces beaux yeux fermés, ce beau corps inanimé et comme abandonné, l'idée lui vint pour la première fois qu'elle l'aimait peut-être autrement que comme une fille aime son père.

« Hélas ! murmura-t-il avec un profond découragement, j'aurais donc encore pu être heureux ! »

Puis il porta Haydée jusqu'à son appartement, la remit, toujours évanouie, aux mains de ses femmes ; et, rentrant dans son cabinet, qu'il ferma cette fois vivement sur lui, il recopia le testament détruit.

Comme il achevait, le bruit d'un cabriolet entrant dans la cour se fit entendre. Monte-Cristo s'approcha de la fenêtre et vit descendre Maximilien et Emmanuel.

« Bon, dit-il, il était temps ! »

Et il cacheta son testament d'un triple cachet.

Un instant après il entendit un bruit de pas dans le salon, et alla ouvrir lui-même. Morrel parut sur le seuil.

Il avait devancé l'heure de près de vingt minutes.

« Je viens trop tôt peut-être, monsieur le comte, dit-il ; mais je vous avoue franchement que je n'ai pu dormir une minute, et qu'il en a été de même de toute la maison. J'avais besoin de vous voir fort de votre courageuse assurance pour redevenir moi-même. »

Monte-Cristo ne put tenir à cette preuve d'affection, et ce ne fut point la main qu'il tendit au jeune homme, mais ses deux bras qu'il lui ouvrit.

« Morrel, lui dit-il d'une voix émue, c'est un beau jour pour moi que celui où je me sens aimé d'un homme comme vous. Bonjour, monsieur Emmanuel. Vous venez donc avec moi, Maximilien ?

— Pardieu ! dit le jeune capitaine, en aviez-vous douté ?

— Mais cependant si j'avais tort...

— Écoutez, je vous ai regardé hier pendant toute cette scène de provocation, j'ai pensé à votre assurance toute cette nuit, et je me suis dit que la justice devait être pour vous, ou qu'il n'y avait plus aucun fond à faire sur le visage des hommes.

— Cependant, Morrel, Albert est votre ami.

— Une simple connaissance, comte.

— Vous l'avez vu pour la première fois le jour même que vous m'avez vu ?

— Oui, c'est vrai ; que voulez-vous ? il faut que vous me le rappeliez pour que je m'en souvienne.

— Merci, Morrel. »

Puis, frappant un coup sur le timbre :

« Tiens, dit-il à Ali qui apparut aussitôt, fais porter cela chez mon notaire. C'est mon testament, Morrel. Moi mort, vous irez en prendre connaissance.

— Comment ! s'écria Morrel, vous mort ?

— Eh ! ne faut-il pas tout prévoir, cher ami ? Mais qu'avez-vous fait hier après m'avoir quitté ?

— J'ai été chez Tortoni, où, comme je m'y attendais, j'ai trouvé Beauchamp et Château-Renaud. Je vous avoue que je les cherchais.

— Pour quoi faire, puisque tout cela était convenu ?

— Écoutez, comte, l'affaire est grave, inévitable.

— En doutiez-vous ?

— Non. L'offense a été publique, et chacun en parlait déjà.

— Eh bien ?

— Eh bien, j'espérais faire changer les armes, substituer l'épée au pistolet. Le pistolet est aveugle.

— Avez-vous réussi ? demanda vivement Monte-Cristo avec une imperceptible lueur d'espoir.

— Non, car on connaît votre force à l'épée.

— Bah ! qui m'a donc trahi ?

— Les maîtres d'armes que vous avez battus.

— Et vous avez échoué ?

— Ils ont refusé positivement.

— Morrel, dit le comte, m'avez-vous jamais vu tirer le pistolet ?

— Jamais.

— Eh bien, nous avons le temps, regardez. »

Monte-Cristo prit les pistolets qu'il tenait quand Mercédès était entrée, et collant un as de trèfle contre la plaque, en quatre coups il enleva successivement les quatre branches du trèfle.

A chaque coup Morrel pâlissait.

Il examina les balles avec lesquelles Monte-Cristo exécutait ce tour de force, et il vit qu'elles n'étaient pas plus grosses que des chevrotines.

« C'est effrayant, dit-il ; voyez donc, Emmanuel ! »

Puis, se retournant vers Monte-Cristo :

« Comte, dit-il, au nom du Ciel, ne tuez pas Albert ! le malheureux a une mère !

— C'est juste, dit Monte-Cristo, et, moi, je n'en ai pas. »

Ces mots furent prononcés avec un ton qui fit frissonner Morrel.

« Vous êtes l'offensé, comte.

— Sans doute ; qu'est-ce que cela veut dire ?

— Cela veut dire que vous tirez le premier.

— Je tire le premier ?

— Oh ! cela, je l'ai obtenu ou plutôt exigé ; nous leur faisions assez de concessions pour qu'ils nous fissent celle-là.

— Et à combien de pas ?

— A vingt. »

Un effrayant sourire passa sur les lèvres du comte.

« Morrel, dit-il, n'oubliez pas ce que vous venez de voir.

— Aussi, dit le jeune homme, je ne compte que sur votre émotion pour sauver Albert.

— Moi, ému ? dit Monte-Cristo.

— Ou sur votre générosité, mon ami ; sûr de votre coup comme vous l'êtes, je puis vous dire une chose qui serait ridicule si je la disais à un autre.

— Laquelle ?

— Cassez-lui un bras, blessez-le, mais ne le tuez pas.

— Morrel, écoutez encore ceci, dit le comte, je n'ai pas besoin d'être encouragé à ménager M. de Morcerf ; M. de Morcerf, je vous l'annonce d'avance, sera si bien ménagé qu'il reviendra tranquillement avec ses deux amis, tandis que moi...

— Eh bien, vous ?

— Oh ! c'est autre chose, on me rapportera, moi.

— Allons donc ! s'écria Maximilien hors de lui.

— C'est comme je vous l'annonce, mon cher Morrel ; M. de Morcerf me tuera. »

Morrel regarda le comte en homme qui ne comprend plus.

« Que vous est-il donc arrivé depuis hier soir, comte ?

— Ce qui est arrivé à Brutus la veille de la bataille de Philippes : j'ai vu un fantôme.

— Et ce fantôme ?

— Ce fantôme, Morrel, m'a dit que j'avais assez vécu. »

Maximilien et Emmanuel se regardèrent ; Monte-Cristo tira sa montre.

« Partons, dit-il, il est sept heures cinq minutes, et le rendez-vous est pour huit heures juste. »

Une voiture attendait toute attelée ; Monte-Cristo y monta avec ses deux témoins.

En traversant le corridor, Monte-Cristo s'était arrêté pour écouter devant une porte, et Maximilien et Emmanuel, qui, par discrétion, avaient fait quelques pas en avant, crurent entendre répondre à un sanglot par un soupir.

A huit heures sonnantes on était au rendez-vous.

« Nous voici arrivés, dit Morrel en passant la tête par la portière, et nous sommes les premiers.

— Monsieur m'excusera, dit Baptistin qui avait suivi son maître avec une terreur indicible, mais je crois apercevoir là-bas une voiture sous les arbres.

— En effet, dit Emmanuel, j'aperçois deux jeunes gens qui se promènent et semblent attendre. »

Monte-Cristo sauta légèrement en bas de sa calèche et donna la main à Emmanuel et à Maximilien pour les aider à descendre.

Maximilien retint la main du comte entre les siennes.

« A la bonne heure, dit-il, voici une main comme j'aime la voir à un homme dont la vie repose dans la bonté de sa cause. »

Monte-Cristo tira Morrel, non pas à part, mais d'un pas ou deux en arrière de son beau-frère.

« Maximilien, lui demanda-t-il, avez-vous le cœur libre ? »

Morrel regarda Monte-Cristo avec étonnement.

« Je ne vous demande pas une confidence, cher ami, je vous adresse une simple question ; répondez oui ou non, c'est tout ce que je vous demande.

— J'aime une jeune fille, comte.

— Vous l'aimez beaucoup ?

— Plus que ma vie.

— Allons, dit Monte-Cristo, voilà encore une espérance qui m'échappe. »

Puis, avec un soupir :

« Pauvre Haydée ! murmura-t-il.

— En vérité, comte ! s'écria Morrel, si je vous connaissais moins, je vous croirais moins brave que vous n'êtes !

— Parce que je pense à quelqu'un que je vais quitter, et que je soupire ! Allons donc, Morrel, est-ce à un soldat de se connaître si mal en courage ? est-ce que c'est la vie que je regrette ? Qu'est-ce que cela me fait, à moi, qui ai passé vingt ans entre la vie et la mort, de vivre ou de mourir ? D'ailleurs, soyez tranquille, Morrel, cette faiblesse, si c'en est une, est pour vous seul.

Je sais que le monde est un salon dont il faut sortir poliment et honnêtement, c'est-à-dire en saluant et en payant ses dettes de jeu.

— A la bonne heure, dit Morrel, voilà qui est parler. A propos, avez-vous apporté vos armes ?

— Moi ! pour quoi faire ? J'espère bien que ces messieurs auront les leurs.

— Je vais m'en informer, dit Morrel.

— Oui, mais pas de négociations, vous m'entendez ?

— Oh ! soyez tranquille. »

Morrel s'avança vers Beauchamp et Château-Renaud. Ceux-ci, voyant le mouvement de Maximilien, firent quelques pas au-devant de lui.

Les trois jeunes gens se saluèrent, sinon avec affabilité, du moins avec courtoisie.

« Pardon, messieurs, dit Morrel, mais je n'aperçois pas M. de Morcerf !

— Ce matin, répondit Château-Renaud, il nous a fait prévenir qu'il nous rejoindrait sur le terrain seulement.

— Ah ! » fit Morrel.

Beauchamp tira sa montre.

« Huit heures cinq minutes ; il n'y a pas de temps de perdu, monsieur Morrel, dit-il.

— Oh ! répondit Maximilien, ce n'est point dans cette intention que je le disais.

— D'ailleurs, interrompit Château-Renaud, voici une voiture. »

En effet, une voiture s'avançait au grand trot par une des avenues aboutissant au carrefour où l'on se trouvait.

« Messieurs, dit Morrel, sans doute que vous vous êtes munis de pistolets. M. de Monte-Cristo déclare renoncer au droit qu'il avait de se servir des siens.

— Nous avons prévu cette délicatesse de la part du comte, monsieur Morrel, répondit Beauchamp, et j'ai apporté des armes, que j'ai achetées il y a huit ou dix jours, croyant que j'en aurais besoin pour une affaire pareille. Elles sont parfaitement neuves et n'ont encore servi à personne. Voulez-vous les visiter ?

— Oh ! monsieur Beauchamp, dit Morrel en s'inclinant, lorsque vous m'assurez que M. de Morcerf ne connaît point ces armes, vous pensez bien, n'est-ce pas, que votre parole me suffit ?

— Messieurs, dit Château-Renaud, ce n'était point Morcerf qui nous arrivait dans cette voiture, c'était, ma foi ! c'étaient Franz et Debray. »

En effet, les deux jeunes gens annoncés s'avancèrent.

« Vous ici, messieurs ! dit Château-Renaud en échangeant avec chacun une poignée de main ; et par quel hasard ?

— Parce que, dit Debray, Albert nous a fait prier ce matin, de nous trouver sur le terrain. »

Beauchamp et Château-Renaud se regardèrent d'un air étonné.

« Messieurs, dit Morrel, je crois comprendre.

— Voyons !

— Hier, dans l'après-midi, j'ai reçu une lettre de M. de Morcerf, qui me priait de me trouver à l'Opéra.

— Et moi aussi, dit Debray.

— Et moi aussi, dit Franz.

— Et nous aussi, dirent Château-Renaud et Beauchamp.

— Il voulait que vous fussiez présents à la provocation, dit Morrel, il veut que vous soyez présents au combat.

— Oui, dirent les jeunes gens, c'est cela, monsieur Maximilien ; et, selon toute probabilité, vous avez deviné juste.

— Mais, avec tout cela, murmura Château-Renaud, Albert ne vient pas ; il est en retard de dix minutes.

— Le voilà, dit Beauchamp, il est à cheval ; tenez, il vient ventre à terre suivi de son domestique.

— Quelle imprudence, dit Château-Renaud, de venir à cheval pour se battre au pistolet ! Moi qui lui avais si bien fait la leçon !

— Et puis, voyez, dit Beauchamp, avec un col à sa cravate, avec un habit ouvert, avec un gilet blanc ; que ne s'est-il fait tout de suite dessiner une mouche sur l'estomac ? c'eût été plus simple et plus tôt fini ! »

Pendant ce temps, Albert était arrivé à dix pas du groupe que formaient les cinq jeunes gens ; il arrêta son cheval, sauta à terre, et jeta la bride au bras de son domestique.

Albert s'approcha.

Il était pâle, ses yeux étaient rougis et gonflés. On voyait qu'il n'avait pas dormi une seconde de toute la nuit.

Il y avait, répandue sur toute sa physionomie, une nuance de gravité triste qui ne lui était pas habituelle.

« Merci, messieurs, dit-il, d'avoir bien voulu vous rendre à mon invitation : croyez que je vous suis on ne peut plus reconnaissant de cette marque d'amitié. »

Morrel, à l'approche de Morcerf, avait fait une dizaine de pas en arrière et se trouvait à l'écart.

« Et à vous aussi, monsieur Morrel, dit Albert, mes remerciements vous appartiennent. Approchez donc, vous n'êtes pas de trop.

— Monsieur, dit Maximilien, vous ignorez peut-être que je suis le témoin de M. de Monte-Cristo ?

— Je n'en étais pas sûr, mais je m'en doutais. Tant mieux, plus il y aura d'hommes d'honneur ici, plus je serai satisfait.

— Monsieur Morrel, dit Château-Renaud, vous pouvez annoncer à M. le comte de Monte-Cristo que M. de Morcerf est arrivé, et que nous nous tenons à sa disposition. »

Morrel fit un mouvement pour s'acquitter de sa commission.

Beauchamp, en même temps, tirait la boîte de pistolets de la voiture.

« Attendez, messieurs, dit Albert, j'ai deux mots à dire à M. le comte de Monte-Cristo.

— En particulier ? demanda Morrel.

— Non, monsieur, devant tout le monde. »

Les témoins d'Albert se regardèrent tout surpris ; Franz et Debray échangèrent quelques paroles à voix basse, et Morrel, joyeux de cet incident inattendu, alla chercher le comte, qui se promenait dans une contre-allée avec Emmanuel.

« Que me veut-il ? demanda Monte-Cristo.

— Je l'ignore, mais il demande à vous parler.

— Oh ! dit Monte-Cristo, qu'il ne tente pas Dieu par quelque nouvel outrage !

— Je ne crois pas que ce soit son intention », dit Morrel.

Le comte s'avança, accompagné de Maximilien et d'Emmanuel : son visage calme et plein de sérénité faisait une étrange opposition avec le visage bouleversé d'Albert, qui s'approchait, de son côté, suivi des quatre jeunes gens.

A trois pas l'un de l'autre, Albert et le comte s'arrêtèrent.

« Messieurs, dit Albert, approchez-vous ; je désire que pas un mot de ce que je vais avoir l'honneur de dire à M. le comte de Monte-Cristo ne soit perdu ; car ce que je vais avoir l'honneur de lui dire doit être répété par vous à qui voudra l'entendre, si étrange que mon discours vous paraisse.

— J'attends, monsieur, dit le comte.

— Monsieur, dit Albert d'une voix tremblante d'abord, mais qui s'assura de plus en plus ; monsieur, je vous reprochais d'avoir divulgué la conduite de M. de Morcerf en Épire ; car, si coupable que fût M. le comte de Morcerf, je ne croyais pas que ce fût vous qui eussiez le droit de le punir. Mais aujourd'hui, monsieur, je sais que ce droit vous est acquis. Ce n'est point la trahison de Fernand Mondego envers Ali-Pacha qui me rend si prompt à vous excuser, c'est la trahison du pêcheur Fernand envers vous, ce sont les malheurs inouïs qui ont été la suite de cette trahison. Aussi je le dis, aussi je le proclame tout haut : oui, monsieur, vous avez eu raison de vous venger de mon père, et moi, son fils, je vous remercie de n'avoir pas fait plus ! »

La foudre, tombée au milieu des spectateurs de cette scène inattendue, ne les eût pas plus étonnés que cette déc'aration d'Albert.

Quant à Monte-Cristo, ses yeux s'étaient lentement levés au ciel avec une expression de reconnaissance infinie, et il ne pouvait assez admirer comment cette nature fougueuse d'Albert, dont il avait assez connu le courage au milieu des bandits romains, s'était tout à coup pliée à cette subite humiliation. Aussi reconnut-il l'influence de Mercédès, et comprit-il comment ce noble cœur ne s'était pas opposé au sacrifice qu'elle savait d'avance devoir être inutile.

« Maintenant, monsieur, dit Albert, si vous trouvez que les excuses que je viens de vous faire sont suffisantes, votre main, je vous prie. Après le mérite si rare de l'infaillibilité qui semble être le vôtre, le premier de tous les mérites, à mon avis, est de savoir avouer ses torts. Mais cet aveu me regarde seul. J'agissais bien selon les hommes, mais vous, vous agissiez bien selon Dieu. Un ange seul pouvait sauver l'un de nous de la mort et l'ange est descendu du ciel, sinon pour faire de nous deux amis, hélas ! la fatalité rend la chose impossible, mais tout au moins deux hommes qui s'estiment. »

Monte-Cristo, l'œil humide, la poitrine haletante, la bouche entrouverte, tendit à Albert une main que celui-ci saisit et pressa avec un sentiment qui ressemblait à un respectueux effroi.

« Messieurs, dit-il, monsieur de Monte-Cristo veut bien agréer mes excuses. J'avais agi précipitamment envers lui. La précipitation est mauvaise conseillère : j'avais mal agi. Maintenant ma faute est réparée. J'espère bien que le monde ne me tiendra point pour lâche parce que j'ai fait ce que ma conscience m'a ordonné de faire. Mais, en tout cas, si l'on se trompait sur mon compte, ajouta le jeune homme en relevant la tête avec fierté et comme s'il adressait un défi à ses amis et à ses ennemis, je tâcherais de redresser les opinions.

— Que s'est-il donc passé cette nuit ? demanda Beauchamp à Château-Renaud ; il me semble que nous jouons ici un triste rôle.

— En effet, ce qu'Albert vient de faire est bien misérable ou bien beau, répondit le baron.

— Ah ! voyons, demanda Debray à Franz, qu'est-ce que cela veut dire ? Comment ! le comte de Monte-Cristo déshonore M. de Morcerf, et il a eu raison aux yeux de son fils ! Mais, eussé-je dix Janina dans ma famille, je ne me croirais obligé qu'à une chose, ce serait de me battre dix fois. »

Quant à Monte-Cristo, le front penché, les bras inertes, écrasé sous le poids de vingt-quatre ans de souvenirs, il ne songeait ni à Albert, ni à Beauchamp, ni à Château-Renaud, ni à personne de ceux qui se trouvaient là : il songeait à cette courageuse femme qui était venue lui demander la vie de son fils, à qui il avait offert la sienne et qui venait de la sauver par l'aveu terrible d'un secret de famille, capable de tuer à jamais chez ce jeune homme le sentiment de la piété filiale.

« Toujours la Providence ! murmura-t-il : ah ! c'est d'aujourd'hui seulement que je suis bien certain d'être l'envoyé de Dieu ! »

XCI

LA MÈRE ET LE FILS

Le comte de Monte-Cristo salua les cinq jeunes gens avec un sourire plein de mélancolie et de dignité, et remonta dans sa voiture avec Maximilien et Emmanuel.

Albert, Beauchamp et Château-Renaud restèrent seuls sur le champ de bataille.

Le jeune homme attacha sur ses deux témoins un regard qui, sans être timide, semblait pourtant leur demander leur avis sur ce qui venait de se passer.

« Ma foi ! mon cher ami, dit Beauchamp le premier, soit qu'il eût plus de sensibilité, soit qu'il eût moins de dissimulation, permettez-moi de vous féliciter : voilà un dénouement bien inespéré à une bien désagréable affaire. »

Albert resta muet et concentré dans sa rêverie. Château-Renaud se contenta de battre sa botte avec sa canne flexible.

« Ne partons-nous pas ? dit-il après ce silence embarrassant.

— Quand il vous plaira, répondit Beauchamp ; laissez-moi seulement le temps de complimenter M. de Morcerf ; il a fait preuve aujourd'hui d'une générosité si chevaleresque... si rare !

— Oh ! oui, dit Château-Renaud.

— C'est magnifique, continua Beauchamp, de pouvoir conserver sur soi-même un empire aussi grand !

— Assurément : quant à moi, j'en eusse été incapable, dit Château-Renaud avec une froideur des plus significatives.

— Messieurs, interrompit Albert, je crois que vous n'avez pas compris qu'entre M. de Monte-Cristo et moi il s'est passé quelque chose de bien grave...

— Si fait, si fait, dit aussitôt Beauchamp, mais tous nos badauds ne seraient pas à portée de comprendre votre héroïsme, et, tôt ou tard, vous vous verriez forcé de le leur expliquer plus énergiquement qu'il ne convient à la santé de votre corps et à la durée de votre vie. Voulez-vous que je vous donne un conseil d'ami ? Partez pour Naples, La Haye ou Saint-Pétersbourg, pays calmes, où l'on est plus intelligent du point d'honneur que chez nos cerveaux brûlés de Parisiens. Une fois là, faites pas mal de mouches au pistolet, et infiniment de contres de quarte et de contres de tierce ; rendez-vous assez oublié pour revenir paisiblement en France dans quelques années, ou assez respectable, quant aux exercices académiques, pour conquérir votre tranquillité. N'est-ce pas, monsieur de Château-Renaud, que j'ai raison ?

— C'est parfaitement mon avis, dit le gentilhomme. Rien n'appelle les duels sérieux comme un duel sans résultat.

— Merci, messieurs, répondit Albert avec un froid sourire ; je suivrai votre conseil, non parce que vous me le donnez, mais parce que mon intention était de quitter la France. Je vous remercie également du service que vous m'avez rendu en me servant de témoins. Il est bien profondément gravé dans mon cœur, puisque, après les paroles que je viens d'entendre, je ne me souviens plus que de lui. »

Château-Renaud et Beauchamp se regardèrent. L'impression était la même sur tous deux, et l'accent avec lequel Morcerf venait de prononcer son remerciement était empreint d'une telle résolution, que la position fût devenue embarrassante pour tous si la conversation eût continué.

« Adieu, Albert », fit tout à coup Beauchamp en tendant négligemment la main au jeune homme, sans que celui-ci parût sortir de sa léthargie.

En effet, il ne répondit rien à l'offre de cette main.

« Adieu », dit à son tour Château-Renaud, gardant à la main gauche sa petite canne, et saluant de la main droite.

Les lèvres d'Albert murmurèrent à peine : Adieu ! Son regard était plus explicite ; il renfermait tout un poème de colères contenues, de fiers dédains, de généreuse indignation.

Lorsque ses deux témoins furent remontés en voiture, il garda quelque temps sa pose immobile et mélancolique ; puis soudain, détachant son cheval du petit arbre autour duquel son domestique avait noué le bridon, il sauta légèrement en selle, et reprit au galop le chemin de Paris. Un quart d'heure après, il rentrait à l'hôtel de la rue du Helder.

En descendant de cheval, il lui sembla, derrière le rideau de la chambre à coucher du comte, apercevoir le visage pâle de son père ; Albert détourna la tête avec un soupir, et rentra dans son petit pavillon.

Arrivé là, il jeta un dernier regard sur toutes ces richesses qui lui avaient fait la vie si douce et si heureuse depuis son enfance ; il regarda encore une fois ces tableaux, dont les figures semblaient lui sourire, et dont les paysages parurent s'animer de vivantes couleurs.

Puis il enleva de son châssis de chêne le portrait de sa mère, qu'il roula, laissant vide et noir le cadre d'or qui l'entourait.

Puis il mit en ordre ses belles armes turques, ses beaux fusils anglais, ses porcelaines japonaises, ses coupes montées, ses bronzes artistiques, signés Feuchères ou Barye, visita les armoires et plaça les clefs à chacune d'elles ; jeta dans un tiroir de son secrétaire, qu'il laissa ouvert, tout l'argent de poche qu'il avait sur lui, y joignit les mille bijoux de fantaisie qui peuplaient ses coupes, ses écrins, ses étagères ; fit un inventaire exact et précis de tout, et plaça cet inventaire à l'endroit le plus apparent d'une table, après avoir débarrassé cette table des livres et des papiers qui l'encombraient.

Au commencement de ce travail, son domestique, malgré l'ordre que lui avait donné Albert de le laisser seul, était entré dans sa chambre.

« Que voulez-vous ? lui demanda Morcerf d'un accent plus triste que courroucé.

— Pardon, monsieur, dit le valet de chambre ; monsieur m'avait bien défendu de le déranger, c'est vrai, mais M. le comte de Morcerf m'a fait appeler.

— Eh bien ? demanda Albert.

— Je n'ai pas voulu me rendre chez M. le comte sans prendre les ordres de monsieur.

— Pourquoi cela ?

— Parce que M. le comte sait sans doute que j'ai accompagné monsieur sur le terrain.

— C'est probable, dit Albert.

— Et s'il me fait demander, c'est sans doute pour m'interroger sur ce qui s'est passé là-bas. Que dois-je répondre ?

— La vérité.

— Alors je dirai que la rencontre n'a pas eu lieu ?

— Vous direz que j'ai fait des excuses à M. le comte de Monte-Cristo ; allez. »

Le valet s'inclina et sortit.

Albert s'était alors remis à son inventaire.

Comme il terminait ce travail, le bruit de chevaux piétinant dans la cour et des roues d'une voiture ébranlant les vitres attira son attention ; il s'approcha de la fenêtre, et vit son père monter dans sa calèche et partir.

A peine la porte de l'hôtel fut-elle refermée derrière le comte, qu'Albert se dirigea vers l'appartement de sa mère, et comme personne n'était là pour l'annoncer, il pénétra jusqu'à la chambre de Mercédès, et, le cœur gonflé de ce qu'il voyait et de ce qu'il devinait, il s'arrêta sur le seuil.

Comme si la même âme eût animé ces deux corps, Mercédès faisait chez elle ce qu'Albert venait de faire chez lui. Tout était mis en ordre : les dentelles, les parures, les bijoux, le linge, l'argent, allaient se ranger au fond des tiroirs, dont la comtesse assemblait soigneusement les clefs.

Albert vit tous ces préparatifs ; il les comprit, et s'écriant : « Ma mère ! » il alla jeter ses bras au cou de Mercédès.

Le peintre qui eût pu rendre l'expression de ces deux figures eût fait certes un beau tableau.

En effet, tout cet appareil d'une résolution énergique qui n'avait point fait peur à Albert pour lui-même l'effrayait pour sa mère.

« Que faites-vous donc ? demanda-t-il.

— Que faisiez-vous ? répondit-elle.

— Ô ma mère ! s'écria Albert, ému au point de ne pouvoir parler, il n'est point de vous comme de moi ! Non, vous ne pouvez pas avoir résolu ce que j'ai décidé, car je viens vous prévenir que je dis adieu à votre maison, et... et à vous.

— Moi aussi, Albert, répondit Mercédès ; moi aussi, je pars. J'avais compté, je l'avoue, que mon fils m'accompagnerait ; me suis-je trompée ?

— Ma mère, dit Albert avec fermeté, je ne puis vous faire partager le sort que je me destine : il faut que je vive désormais sans nom et sans fortune ; il faut, pour commencer l'apprentissage de cette rude existence, que j'emprunte à un ami le pain que je mangerai d'ici au moment où j'en gagnerai d'autre. Ainsi, ma bonne mère, je vais de ce pas chez Franz le prier de me prêter la petite somme que j'ai calculé m'être nécessaire.

— Toi, mon pauvre enfant ! s'écria Mercédès ; toi souffrir de la misère, souffrir de la faim ! Oh ! ne dis pas cela, tu briseras toutes mes résolutions.

— Mais non pas les miennes, ma mère, répondit Albert. Je suis jeune, je suis fort, je crois que je suis brave ; et depuis hier j'ai appris ce que peut la volonté. Hélas ! ma mère, il y a des gens qui ont tant souffert,

et qui non seulement ne sont pas morts, mais qui
encore ont édifié une nouvelle fortune sur la ruine de
toutes les promesses de bonheur que le ciel leur avait
faites, sur les débris de toutes les espérances que Dieu
leur avait données ! J'ai appris cela, ma mère, j'ai vu
ces hommes ; je sais que du fond de l'abîme où les
avait plongés leur ennemi, ils se sont relevés avec tant
de vigueur et de gloire, qu'ils ont dominé leur ancien
vainqueur et l'ont précipité à son tour. Non, ma mère,
non ; j'ai rompu, à partir d'aujourd'hui, avec le passé
et je n'en accepte plus rien, pas même mon nom, parce
que, vous le comprenez, vous, n'est-ce pas, ma mère ?
votre fils ne peut porter le nom d'un homme qui doit
rougir devant un autre homme !

— Albert, mon enfant, dit Mercédès, si j'avais eu un
cœur plus fort, c'est là le conseil que je t'eusse donné ;
ta conscience a parlé quand ma voix éteinte se taisait ;
écoute ta conscience, mon fils. Tu avais des amis,
Albert, romps momentanément avec eux, mais ne
désespère pas, au nom de ta mère ! La vie est belle
encore à ton âge, mon cher Albert, car à peine as-tu
vingt-deux ans ; et comme à un cœur aussi pur que le
tien il faut un nom sans tache, prends celui de mon
père : il s'appelait Herrera. Je te connais, mon Albert ;
quelque carrière que tu suives, tu rendras en peu de
temps ce nom illustre. Alors, mon ami, reparais dans
le monde plus brillant encore de tes malheurs passés ;
et si cela ne doit pas être ainsi, malgré toutes mes
prévisions, laisse-moi du moins cet espoir, à moi qui
n'aurait plus que cette seule pensée, à moi qui n'ai
plus d'avenir, et pour qui la tombe commence au seuil
de cette maison.

— Je ferai selon vos désirs, ma mère, dit le jeune
homme ; oui, je partage votre espoir : la colère du ciel
ne nous poursuivra pas, vous si pure, moi si innocent.
Mais puisque nous sommes résolus, agissons promptement. M. de Morcerf a quitté l'hôtel voilà une demi-
heure à peu près ; l'occasion, comme vous le voyez, est
favorable pour éviter le bruit et l'explication.

— Je vous attends, mon fils », dit Mercédès.

Albert courut aussitôt jusqu'au boulevard, d'où il

ramena un fiacre qui devait les conduire hors de
l'hôtel ; il se rappelait certaine petite maison garnie
dans la rue des Saints-Pères, où sa mère trouverait un
logement modeste, mais décent ; il revint donc chercher la comtesse.

Au moment où le fiacre s'arrêta devant la porte, et
comme Albert en descendait, un homme s'approcha
de lui et lui remit une lettre.

Albert reconnut l'intendant.

« Du comte », dit Bertuccio.

Albert prit la lettre, l'ouvrit, la lut.

Après l'avoir lue, il chercha des yeux Bertuccio,
mais, pendant que le jeune homme lisait, Bertuccio
avait disparu.

Alors Albert, les larmes aux yeux, la poitrine toute
gonflée d'émotion, rentra chez Mercédès, et, sans prononcer une parole, lui présenta la lettre.

Mercédès lut :

« Albert,

« En vous montrant que j'ai pénétré le projet auquel
« vous êtes sur le point de vous abandonner, je crois
« vous montrer aussi que je comprends la délicatesse.
« Vous voilà libre, vous quittez l'hôtel du comte, et
« vous allez retirer chez vous votre mère, libre comme
« vous ; mais, réfléchissez-y, Albert, vous lui devez
« plus que vous ne pouvez lui payer, pauvre noble
« cœur que vous êtes. Gardez pour vous la lutte, récla-
« mez pour vous la souffrance, mais épargnez-lui cette
« première misère qui accompagnera inévitablement
« vos premiers efforts ; car elle ne mérite pas même le
« reflet du malheur qui la frappe aujourd'hui, et la
« Providence ne veut pas que l'innocent paie pour le
« coupable.

« Je sais que vous allez quitter tous deux la maison
« de la rue du Helder sans rien emporter. Comment je
« l'ai appris, ne cherchez point à le découvrir. Je le
« sais : voilà tout.

« Écoutez, Albert.

« Il y a vingt-quatre ans, je revenais bien joyeux et
« bien fier dans ma patrie. J'avais une fiancée, Albert,

« une sainte jeune fille que j'adorais, et je rapportais à
« ma fiancée cent cinquante louis amassés pénible-
« ment par un travail sans relâche. Cet argent était
« pour elle, je le lui destinais, et sachant combien la
« mer est perfide, j'avais enterré notre trésor dans le
« petit jardin de la maison que mon père habitait à
« Marseille, sur les Allées de Meilhan.

« Votre mère, Albert, connaît bien cette pauvre
« chère maison.

« Dernièrement, en venant à Paris, j'ai passé par
« Marseille. Je suis allé voir cette maison aux doulou-
« reux souvenirs ; et le soir, une bêche à la main, j'ai
« sondé le coin où j'avais enfoui mon trésor. La cas-
« sette de fer était encore à la même place, personne
« n'y avait touché ; elle est dans l'angle qu'un beau
« figuier, planté par mon père le jour de ma naissance,
« couvre de son ombre.

« Eh bien, Albert, cet argent qui autrefois devait
« aider à la vie et à la tranquillité de cette femme que
« j'adorais, voilà qu'aujourd'hui, par un hasard étrange
« et douloureux, il a retrouvé le même emploi. Oh !
« comprenez bien ma pensée, à moi qui pourrais offrir
« des millions à cette pauvre femme, et qui lui rends
« seulement le morceau de pain noir oublié sous mon
« pauvre toit depuis le jour où j'ai été séparé de celle
« que j'aimais.

« Vous êtes un homme généreux, Albert, mais peut-
« être êtes-vous néanmoins aveuglé par la fierté ou par
« le ressentiment ; si vous me refusez, si vous deman-
« dez à un autre ce que j'ai le droit de vous offrir, je
« dirai qu'il est peu généreux à vous de refuser la vie
« de votre mère offerte par un homme dont votre père
« a fait mourir le père dans les horreurs de la faim et
« du désespoir. »

Cette lecture finie, Albert demeura pâle et immobile
en attendant ce que déciderait sa mère.

Mercédès leva au ciel un regard d'une ineffable
expression.

« J'accepte, dit-elle ; il a le droit de payer la dot que
j'apporterai dans un couvent ! »

Et, mettant la lettre sur son cœur, elle prit le bras de son fils, et d'un pas plus ferme qu'elle ne s'y attendait peut-être elle-même, elle prit le chemin de l'escalier.

XCII

LE SUICIDE

Cependant Monte-Cristo, lui aussi, était rentré en ville avec Emmanuel et Maximilien.

Le retour fut gai. Emmanuel ne dissimulait pas sa joie d'avoir vu succéder la paix à la guerre, et avouait hautement ses goûts philanthropiques. Morrel, dans un coin de la voiture, laissait la gaieté de son beau-frère s'évaporer en paroles, et gardait pour lui une joie tout aussi sincère, mais qui brillait seulement dans ses regards.

A la barrière du Trône, on rencontra Bertuccio : il attendait là, immobile comme une sentinelle à son poste.

Monte-Cristo passa la tête par la portière, échangea avec lui quelques paroles à voix basse, et l'intendant disparut.

« Monsieur le comte, dit Emmanuel en arrivant à la hauteur de la place Royale, faites-moi jeter, je vous prie, à ma porte, afin que ma femme ne puisse avoir un seul moment d'inquiétude ni pour vous ni pour moi.

— S'il n'était ridicule d'aller faire montre de son triomphe, dit Morrel, j'inviterais M. le comte à entrer chez nous ; mais M. le comte aussi a sans doute des cœurs tremblants à rassurer. Nous voici arrivés, Emmanuel, saluons notre ami, et laissons-le continuer son chemin.

— Un moment, dit Monte-Cristo, ne me privez pas ainsi d'un seul coup de mes deux compagnons ; rentrez auprès de votre charmante femme, à laquelle je vous charge de présenter tous mes compliments, et accompagnez-moi jusqu'aux Champs-Élysées, Morrel.

— A merveille, dit Maximilien, d'autant plus que j'ai affaire dans votre quartier, comte.

— T'attendra-t-on pour déjeuner ? demanda Emmanuel.

— Non », dit le jeune homme.

La portière se referma, la voiture continua sa route.

« Voyez comme je vous ai porté bonheur, dit Morrel lorsqu'il fut seul avec le comte. N'y avez-vous pas pensé ?

— Si fait, dit Monte-Cristo, voilà pourquoi je voudrais toujours vous tenir près de moi.

— C'est miraculeux ! continua Morrel, répondant à sa propre pensée.

— Quoi donc ? dit Monte-Cristo.

— Ce qui vient de se passer.

— Oui, répondit le comte avec un sourire ; vous avez dit le mot, Morrel, c'est miraculeux !

— Car enfin, reprit Morrel, Albert est brave.

— Très brave, dit Monte-Cristo, je l'ai vu dormir le poignard suspendu sur sa tête.

— Et, moi, je sais qu'il s'est battu deux fois, et très bien battu, dit Morrel ; conciliez donc cela avec la conduite de ce matin.

— Votre influence, toujours, reprit en souriant Monte-Cristo.

— C'est heureux pour Albert qu'il ne soit point soldat, dit Morrel.

— Pourquoi cela ?

— Des excuses sur le terrain ! fit le jeune capitaine en secouant la tête.

— Allons, dit le comte avec douceur, n'allez-vous point tomber dans les préjugés des hommes ordinaires, Morrel ? Ne conviendrez-vous pas que puisque Albert est brave, il ne peut être lâche ; qu'il faut qu'il ait eu quelque raison d'agir comme il l'a fait ce matin, et que partant sa conduite est plutôt héroïque qu'autre chose ?

— Sans doute, sans doute, répondit Morrel ; mais je dirai comme l'Espagnol : il a été moins brave aujourd'hui qu'hier.

— Vous déjeunez avec moi, n'est-ce pas Morrel ? dit le comte pour couper court à la conversation.

— Non pas, je vous quitte à dix heures.

— Votre rendez-vous était donc pour déjeuner ? »

Morrel sourit et secoua la tête.

« Mais, enfin, faut-il toujours que vous déjeuniez quelque part ?

— Cependant, si je n'ai pas faim ? dit le jeune homme.

— Oh ! fit le comte, je ne connais que deux sentiments qui coupent ainsi l'appétit : la douleur (et comme heureusement je vous vois très gai, ce n'est point cela) et l'amour. Or, d'après ce que vous m'avez dit à propos de votre cœur, il m'est permis de croire...

— Ma foi, comte, répliqua gaiement Morrel, je ne dis pas non.

— Et vous ne me contez pas cela, Maximilien ? reprit le comte d'un ton si vif, que l'on voyait tout l'intérêt qu'il eût pris à connaître ce secret.

— Je vous ai montré ce matin que j'avais un cœur, n'est-ce pas, comte ? »

Pour toute réponse Monte-Cristo tendit la main au jeune homme.

« Eh bien, continua celui-ci, depuis que ce cœur n'est plus avec vous au bois de Vincennes, il est autre part où je vais le retrouver.

— Allez, dit lentement le comte, allez, cher ami, mais par grâce, si vous éprouviez quelque obstacle, rappelez-vous que j'ai quelque pouvoir en ce monde, que je suis heureux d'employer ce pouvoir au profit des gens que j'aime, et que je vous aime, vous, Morrel.

— Bien, dit le jeune homme, je m'en souviendrai comme les enfants égoïstes se souviennent de leurs parents quand ils ont besoin d'eux. Quand j'aurai besoin de vous, et peut-être ce moment viendra-t-il, je m'adresserai à vous, comte.

— Bien, je retiens votre parole. Adieu donc.

— Au revoir. »

On était arrivé à la porte de la maison des Champs-Élysées, Monte-Cristo ouvrit la portière. Morrel sauta sur le pavé.

Bertuccio attendait sur le perron.

Morrel disparut par l'avenue de Marigny et Monte-Cristo marcha vivement au-devant de Bertuccio.

« Eh bien ? demanda-t-il.

— Eh bien, répondit l'intendant, elle va quitter sa maison.

— Et son fils ?

— Florentin, son valet de chambre, pense qu'il en va faire autant.

— Venez. »

Monte-Cristo emmena Bertuccio dans son cabinet, écrivit la lettre que nous avons vue, et la remit à l'intendant.

« Allez, dit-il, et faites diligence ; à propos, faites prévenir Haydée que je suis rentré.

— Me voilà », dit la jeune fille, qui, au bruit de la voiture, était déjà descendue, et dont le visage rayonnait de joie en revoyant le comte sain et sauf.

Bertuccio sortit.

Tous les transports d'une fille revoyant un père chéri, tous les délires d'une maîtresse revoyant un amant adoré, Haydée les éprouva pendant les premiers instants de ce retour attendu par elle avec tant d'impatience.

Certes, pour être moins expansive, la joie de Monte-Cristo n'était pas moins grande ; la joie pour les cœurs qui ont longtemps souffert est pareille à la rosée pour les terres desséchées par le soleil ; cœur et terre absorbent cette pluie bienfaisante qui tombe sur eux, et rien n'en apparaît au-dehors. Depuis quelques jours Monte-Cristo comprenait une chose que depuis longtemps il n'osait plus croire, c'est qu'il y avait deux Mercédès au monde, c'est qu'il pouvait encore être heureux.

Son œil ardent de bonheur se plongeait avidement dans les regards humides d'Haydée, quand tout à coup la porte s'ouvrit. Le comte fronça le sourcil.

« M. de Morcerf ! » dit Baptistin, comme si ce mot seul renfermait son excuse.

En effet, le visage du comte s'éclaira.

« Lequel, demanda-t-il, le vicomte ou le comte ?

— Le comte.

— Mon Dieu ! s'écria Haydée, n'est-ce donc point fini encore ?

— Je ne sais si c'est fini, mon enfant bien-aimée, dit Monte-Cristo en prenant les mains de la jeune fille, mais ce que je sais, c'est que tu n'as rien à craindre.

— Oh ! c'est cependant le misérable...

— Cet homme ne peut rien sur moi, Haydée, dit Monte-Cristo ; c'est quand j'avais affaire à son fils qu'il fallait craindre.

— Aussi, ce que j'ai souffert, dit la jeune fille, tu ne le sauras jamais, mon seigneur. »

Monte-Cristo sourit.

« Par la tombe de mon père ! dit Monte-Cristo en étendant la main sur la tête de la jeune fille, je te jure que s'il arrive malheur, ce ne sera point à moi.

— Je te crois, mon seigneur, comme si Dieu me parlait », dit la jeune fille en présentant son front au comte.

Monte-Cristo déposa sur ce front si pur et si beau un baiser qui fit battre à la fois deux cœurs, l'un avec violence, l'autre sourdement.

« Oh ! mon Dieu ! murmura le comte, permettriez-vous donc que je puisse aimer encore !... Faites entrer M. le comte de Morcerf au salon », dit-il à Baptistin, tout en conduisant la belle Grecque vers un escalier dérobé.

Un mot d'explication sur cette visite, attendue peut-être de Monte-Cristo, mais inattendue sans doute pour nos lecteurs.

Tandis que Mercédès, comme nous l'avons dit, faisait chez elle l'espèce d'inventaire qu'Albert avait fait chez lui ; tandis qu'elle classait ses bijoux, fermait ses tiroirs, réunissait ses clefs, afin de laisser toutes choses dans un ordre parfait, elle ne s'était pas aperçue qu'une tête pâle et sinistre était venue apparaître au vitrage d'une porte qui laissait entrer le jour dans le corridor ; de là, non seulement on pouvait voir, mais on pouvait entendre. Celui qui regardait ainsi, selon toute probabilité, sans être vu ni entendu, vit donc et entendit donc tout ce qui se passait chez Mme de Morcerf.

De cette porte vitrée, l'homme au visage pâle se transporta dans la chambre à coucher du comte de Morcerf, et, arrivé là, souleva d'une main contractée le rideau d'une fenêtre donnant sur la cour. Il resta là dix minutes ainsi immobile, muet, écoutant les battements de son propre cœur. Pour lui c'était bien long, dix minutes.

Ce fut alors qu'Albert, revenant de son rendez-vous, aperçut son père, qui guettait son retour derrière un rideau, et détourna la tête.

L'œil du comte se dilata : il savait que l'insulte d'Albert à Monte-Cristo avait été terrible, qu'une pareille insulte, dans tous les pays du monde, entraînait un duel à mort. Or, Albert rentrait sain et sauf, donc le comte était vengé.

Un éclair de joie indicible illumina ce visage lugubre, comme fait un dernier rayon de soleil avant de se perdre dans les nuages qui semblent moins sa couche que son tombeau.

Mais, nous l'avons dit, il attendit en vain que le jeune homme montât à son appartement pour lui rendre compte de son triomphe. Que son fils, avant de combattre, n'ait pas voulu voir le père dont il allait venger l'honneur, cela se comprend ; mais, l'honneur du père vengé, pourquoi ce fils ne venait-il point se jeter dans ses bras ?

Ce fut alors que le comte, ne pouvant voir Albert, envoya chercher son domestique. On sait qu'Albert l'avait autorisé à ne rien cacher au comte.

Dix minutes après on vit apparaître sur le perron le général de Morcerf, vêtu d'une redingote noire, ayant un col militaire, un pantalon noir, des gants noirs. Il avait donné, à ce qu'il paraît, des ordres antérieurs ; car, à peine eut-il touché le dernier degré du perron, que sa voiture tout attelée sortit de la remise et vint s'arrêter devant lui.

Son valet de chambre vint alors jeter dans la voiture un caban militaire, raidi par les deux épées qu'il enveloppait ; puis fermant la portière, il s'assit près du cocher.

Le cocher se pencha devant la calèche pour demander l'ordre :

« Aux Champs-Élysées, dit le général, chez le comte de Monte-Cristo. Vite ! »

Les chevaux bondirent sous le coup de fouet qui les enveloppa ; cinq minutes après, ils s'arrêtèrent devant la maison du comte.

M. de Morcerf ouvrit lui-même la portière, et, la voiture roulant encore, il sauta comme un jeune homme dans la contre-allée, sonna et disparut dans la porte béante avec son domestique.

Une seconde après, Baptistin annonçait à M. de Monte-Cristo le comte de Morcerf, et Monte-Cristo, reconduisant Haydée, donna l'ordre qu'on fît entrer le comte de Morcerf dans le salon.

Le général arpentait pour la troisième fois le salon dans toute sa longueur, lorsqu'en se retournant il aperçut Monte-Cristo debout sur le seuil.

« Eh ! c'est monsieur de Morcerf, dit tranquillement Monte-Cristo ; je croyais avoir mal entendu.

— Oui, c'est moi-même, dit le comte avec une effroyable contraction des lèvres qui l'empêchait d'articuler nettement.

— Il ne me reste donc qu'à savoir maintenant, dit Monte-Cristo, la cause qui me procure le plaisir de voir monsieur le comte de Morcerf de si bonne heure.

— Vous avez eu ce matin une rencontre avec mon fils, monsieur ? dit le général.

— Vous savez cela ? répondit le comte.

— Et je sais aussi que mon fils avait de bonnes raisons pour désirer se battre contre vous et faire tout ce qu'il pourrait pour vous tuer.

— En effet, monsieur, il en avait de fort bonnes ! mais vous voyez que, malgré ces raisons-là, il ne m'a pas tué, et même qu'il ne s'est pas battu.

— Et cependant il vous regardait comme la cause du déshonneur de son père, comme la cause de la ruine effroyable qui, en ce moment-ci, accable ma maison.

— C'est vrai, monsieur, dit Monte-Cristo avec son calme terrible ; cause secondaire, par exemple, et non principale.

— Sans doute vous lui avez fait quelque excuse ou donné quelque explication ?

— Je ne lui ai donné aucune explication, et c'est lui qui m'a fait des excuses.

— Mais à quoi attribuez-vous cette conduite ?

— A la conviction, probablement, qu'il y avait dans tout ceci un homme plus coupable que moi.

— Et quel était cet homme ?

— Son père.

— Soit, dit le comte en pâlissant ; mais vous savez que le coupable n'aime pas à s'entendre convaincre de culpabilité.

— Je sais... Aussi je m'attendais à ce qui arrive en ce moment.

— Vous vous attendiez à ce que mon fils fût un lâche ! s'écria le comte.

— M. Albert de Morcerf n'est point un lâche, dit Monte-Cristo.

— Un homme qui tient à la main une épée, un homme qui, à la portée de cette épée, tient un ennemi mortel, cet homme, s'il ne se bat pas, est un lâche ! Que n'est-il ici pour que je le lui dise !

— Monsieur, répondit froidement Monte-Cristo, je ne présume pas que vous soyez venu me trouver pour me conter vos petites affaires de famille. Allez dire cela à M. Albert, peut-être saura-t-il que vous répondre.

— Oh ! non, non, répliqua le général avec un sourire aussitôt disparu qu'éclos, non, vous avez raison, je ne suis pas venu pour cela ! Je suis venu pour vous dire que, moi aussi, je vous regarde comme mon ennemi ! Je suis venu pour vous dire que je vous hais d'instinct ! qu'il me semble que je vous ai toujours connu, toujours haï ! Et qu'enfin, puisque les jeunes gens de ce siècle ne se battent plus, c'est à nous de nous battre... Est-ce votre avis, monsieur ?

— Parfaitement. Aussi, quand je vous ai dit que j'avais prévu ce qui m'arrivait, c'est de l'honneur de votre visite que je voulais parler.

— Tant mieux... vos préparatifs sont faits, alors ?

— Ils le sont toujours, monsieur.

— Vous savez que nous nous battrons jusqu'à la mort de l'un de nous deux ? dit le général, les dents serrées par la rage.

— Jusqu'à la mort de l'un de nous deux, répéta le comte de Monte-Cristo en faisant un léger mouvement de tête de haut en bas.

— Partons alors, nous n'avons pas besoin de témoins.

— En effet, dit Monte-Criso, c'est inutile, nous nous connaissons si bien !

— Au contraire, dit le comte, c'est que nous ne nous connaissons pas.

— Bah ! dit Monte-Cristo avec le même flegme désespérant, voyons un peu. N'êtes-vous pas le soldat Fernand qui a déserté la veille de la bataille de Waterloo ? N'êtes-vous pas le lieutenant Fernand qui a servi de guide et d'espion à l'armée française en Espagne ? N'êtes-vous pas le colonel Fernand qui a trahi, vendu, assassiné son bienfaiteur Ali ? Et tous ces Fernand-là réunis n'ont-ils pas fait le lieutenant général comte de Morcerf, pair de France ?

— Oh ! s'écria le général, frappé par ces paroles comme par un fer rouge ; oh ! misérable, qui me reproches ma honte au moment peut-être où tu vas me tuer, non, je n'ai point dit que je t'étais inconnu ; je sais bien, démon, que tu as pénétré dans la nuit du passé, et que tu y as lu, à la lueur de quel flambeau, je l'ignorais, chaque page de ma vie ! mais peut-être y a-t-il encore plus d'honneur en moi, dans mon opprobre, qu'en toi sous tes dehors pompeux. Non, non, je te suis connu, je le sais, mais c'est toi que je ne connais pas, aventurier cousu d'or et de pierreries ! Tu t'es fait appeler à Paris le comte de Monte-Criso ; en Italie, Simbad le Marin ; à Malte, que sais-je ? moi, je l'ai oublié. Mais c'est ton nom réel que je te demande, c'est ton vrai nom que je veux savoir, au milieu de tes cent noms, afin que je le prononce sur le terrain du combat au moment où je t'enfoncerai mon épée dans le cœur. »

Le comte de Monte-Cristo pâlit d'une façon terrible ; son œil fauve s'embrasa d'un feu dévorant ; il fit un bond vers le cabinet attenant à sa chambre, et en moins d'une seconde, arrachant sa cravate, sa redingote et son gilet, il endossa une petite veste de marin et se coiffa d'un chapeau de matelot, sous lequel se déroulèrent ses longs cheveux noirs.

Il revint ainsi, effrayant, implacable, marchant les bras croisés au-devant du général, qui n'avait rien compris à sa disparition, qui l'attendait, et qui, sentant ses dents claquer et ses jambes se dérober sous lui, recula d'un pas et ne s'arrêta qu'en trouvant sur une table un point d'appui pour sa main crispée.

« Fernand ! lui cria-t-il, de mes cent noms, je n'aurais besoin de t'en dire qu'un seul pour te foudroyer ; mais ce nom, tu le devines, n'est-ce pas ? ou plutôt tu te le rappelles ? car, malgré tous mes chagrins, toutes mes tortures, je te montre aujourd'hui un visage que le bonheur de la vengeance rajeunit, un visage que tu dois avoir vu bien souvent dans tes rêves depuis ton mariage... avec Mercédès, ma fiancée ! »

Le général, la tête renversée en arrière, les mains étendues, le regard fixe, dévora en silence ce terrible spectacle ; puis, allant chercher la muraille comme point d'appui, il s'y glissa lentement jusqu'à la porte par laquelle il sortit à reculons, en laissant échapper ce seul cri lugubre, lamentable, déchirant :

« Edmond Dantès ! »

Puis, avec des soupirs qui n'avaient rien d'humain, il se traîna jusqu'au péristyle de la maison, traversa la cour en homme ivre, et tomba dans les bras de son valet de chambre en murmurant seulement d'une voix inintelligible :

« A l'hôtel ! à l'hôtel ! »

En chemin, l'air frais et la honte que lui causait l'attention de ses gens le remirent en état d'assembler ses idées ; mais le trajet fut court, et, à mesure qu'il se rapprochait de chez lui, le comte sentait se renouveler toutes ses douleurs.

A quelques pas de la maison, le comte fit arrêter et descendit. La porte de l'hôtel était toute grande ouverte ; un fiacre, tout surpris d'être appelé dans cette magnifique demeure, stationnait au milieu de la cour ; le comte regarda ce fiacre avec effroi, mais sans oser interroger personne, et s'élança dans son appartement.

Deux personnes descendaient l'escalier, il n'eut que le temps de se jeter dans un cabinet pour les éviter.

C'était Mercédès, appuyée au bras de son fils, qui tous deux quittaient l'hôtel.

Ils passèrent à deux lignes du malheureux, qui, caché derrière la portière de damas, fut effleuré en quelque sorte par la robe de soie de Mercédès, et qui sentit à son visage la tiède haleine de ces paroles prononcées par son fils :

« Du courage, ma mère ! Venez, venez, nous ne sommes plus ici chez nous. »

Les paroles s'éteignirent, les pas s'éloignèrent.

Le général se redressa, suspendu par ses mains crispées au rideau de damas ; il comprimait le plus horrible sanglot qui fût jamais sorti de la poitrine d'un père, abandonné à la fois par sa femme et par son fils...

Bientôt il entendit claquer la portière en fer du fiacre, puis la voix du cocher, puis le roulement de la lourde machine ébranla les vitres ; alors il s'élança dans sa chambre à coucher pour voir encore une fois tout ce qu'il avait aimé dans le monde ; mais le fiacre partit sans que la tête de Mercédès ou celle d'Albert eût paru à la portière, pour donner à la maison solitaire, pour donner au père et à l'époux abandonné le dernier regard, l'adieu et le regret, c'est-à-dire le pardon.

Aussi, au moment même où les roues du fiacre ébranlaient le pavé de la voûte, un coup de feu retentit, et une fumée sombre sortit par une des vitres de cette fenêtre de la chambre à coucher, brisée par la force de l'explosion.

XCIII

VALENTINE

On devine où Morrel avait affaire et chez qui était son rendez-vous.

Aussi Morrel, en quittant Monte-Cristo, s'achemina-t-il lentement vers la maison de Villefort.

Nous disons lentement : c'est que Morrel avait plus d'une demi-heure à lui pour faire cinq cents pas ; mais, malgré ce temps plus que suffisant, il s'était empressé de quitter Monte-Cristo, ayant hâte d'être seul avec ses pensées.

Il savait bien son heure, l'heure à laquelle Valentine, assistant au déjeuner de Noirtier, était sûre de ne pas être troublée dans ce pieux devoir. Noirtier et Valentine lui avaient accordé deux visites par semaine, et il venait profiter de son droit.

Il arriva, Valentine l'attendait. Inquiète, presque égarée, elle lui saisit la main, et l'amena devant son grand-père.

Cette inquiétude, poussée, comme nous le disons, presque jusqu'à l'égarement, venait du bruit que l'aventure de Morcerf avait fait dans le monde ; on savait (le monde sait toujours) l'aventure de l'Opéra. Chez Villefort, personne ne doutait qu'un duel ne fût la conséquence forcée de cette aventure ; Valentine, avec son instinct de femme, avait deviné que Morrel serait le témoin de Monte-Cristo, et avec le courage bien connu du jeune homme, avec cette amitié profonde qu'elle lui connaissait pour le comte, elle craignait qu'il n'eût point la force de se borner au rôle passif qui lui était assigné.

On comprend donc avec quelle avidité les détails furent demandés, donnés et reçus, et Morrel put lire une indicible joie dans les yeux de sa bien-aimée quand elle sut que cette terrible affaire avait eu une issue non moins heureuse qu'inattendue.

« Maintenant, dit Valentine en faisant signe à Morrel de s'asseoir à côté du vieillard et en s'asseyant elle-même sur le tabouret où reposaient ses pieds, maintenant, parlons un peu de nos affaires. Vous savez, Maximilien, que bon papa avait eu un instant l'idée de quitter la maison et de prendre un appartement hors de l'hôtel de M. de Villefort ?

— Oui, certes, dit Maximilien, je me rappelle ce projet, et j'y avais même fort applaudi.

— Eh bien, dit Valentine, applaudissez encore Maximilien, car bon papa y revient.

— Bravo ! dit Maximilien.

— Et savez-vous, dit Valentine, quelle raison donne bon papa pour quitter la maison ? »

Noirtier regardait sa fille pour lui imposer silence de l'œil ; mais Valentine ne regardait point Noirtier ; ses yeux, son regard, son sourire, tout était pour Morrel.

« Oh ! quelle que soit la raison que donne M. Noirtier, s'écria Morrel, je déclare qu'elle est bonne.

— Excellente, dit Valentine : il prétend que l'air du faubourg Saint-Honoré ne vaut rien pour moi.

— En effet, dit Morrel ; écoutez, Valentine, M. Noirtier pourrait bien avoir raison ; depuis quinze jours, je trouve que votre santé s'altère.

— Oui, un peu, c'est vrai, répondit Valentine ; aussi bon papa s'est constitué mon médecin, et comme bon papa sait tout, j'ai la plus grande confiance en lui.

— Mais enfin il est donc vrai que vous souffrez, Valentine ? demanda vivement Morrel.

— Oh ! mon Dieu ! cela ne s'appelle pas souffrir : je ressens un malaise général, voilà tout ; j'ai perdu l'appétit, et il me semble que mon estomac soutient une lutte pour s'habituer à quelque chose. »

Noirtier ne perdait pas une des paroles de Valentine.

« Et quel est le traitement que vous suivez pour cette maladie inconnue ?

— Oh ! bien simple, dit Valentine ; j'avale tous les matins une cuillerée de la potion qu'on apporte pour mon grand-père ; quand je dis une cuillerée, j'ai commencé par une, et maintenant j'en suis à quatre. Mon grand-père prétend que c'est une panacée. »

Valentine souriait ; mais il y avait quelque chose de triste et de souffrant dans son sourire.

Maximilien, ivre d'amour, la regardait en silence ; elle était bien belle, mais sa pâleur avait pris un ton plus mat, ses yeux brillaient d'un feu plus ardent que d'habitude, et ses mains, ordinairement d'un blanc de nacre, semblaient des mains de cire qu'une nuance jaunâtre envahit avec le temps.

De Valentine, le jeune homme porta les yeux sur Noirtier ; celui-ci considérait avec cette étrange et profonde intelligence la jeune fille absorbée dans son amour ; mais lui aussi, comme Morrel, suivait ces traces d'une sourde souffrance, si peu visible d'ailleurs qu'elle avait échappé à l'œil de tous, excepté à celui du père et de l'amant.

« Mais, dit Morrel, cette potion dont vous êtes arrivée jusqu'à quatre cuillerées, je la voyais médicamentée pour M. Noirtier ?

— Je sais que c'est fort amer, dit Valentine, si amer que tout ce que je bois après cela me semble avoir le même goût. »

Noirtier regarda sa fille d'un ton interrogateur.

« Oui, bon papa, dit Valentine, c'est comme cela. Tout à l'heure, avant de descendre chez vous, j'ai bu un verre d'eau sucrée ; eh bien, j'en ai laissé la moitié, tant cette eau m'a paru amère. »

Noirtier pâlit, et fit signe qu'il voulait parler.

Valentine se leva pour aller chercher le dictionnaire.

Noirtier la suivait des yeux avec une angoisse visible.

En effet, le sang montait à la tête de la jeune fille, ses joues se colorèrent.

« Tiens ! s'écria-t-elle sans rien perdre de sa gaieté, c'est singulier : un éblouissement ! Est-ce donc le soleil qui m'a frappé dans les yeux ?... »

Et elle s'appuya à l'espagnolette de la fenêtre.

« Il n'y a pas de soleil », dit Morrel encore plus inquiet de l'expression du visage de Noirtier que de l'indisposition de Valentine.

Et il courut à Valentine.

La jeune fille sourit.

« Rassure-toi, bon père, dit-elle à Noirtier : rassurez-vous, Maximilien, ce n'est rien, et la chose est déjà passée : mais, écoutez donc ! n'est-ce pas le bruit d'une voiture que j'entends dans la cour ? »

Elle ouvrit la porte de Noritier, courut à une fenêtre du corridor, et revint précipitamment.

« Oui, dit-elle, c'est Mme Danglars et sa fille qui viennent nous faire une visite. Adieu, je me sauve, car on me viendrait chercher ici ; ou plutôt, au revoir, restez près de bon papa, monsieur Maximilien, je vous promets de ne pas les retenir. »

Morrel la suivit des yeux, la vit refermer la porte, et l'entendit monter le petit escalier qui conduisait à la fois chez Mme de Villefort et chez elle.

Dès qu'elle eut disparu, Noirtier fit signe à Morrel de prendre le dictionnaire. Morrel obéit ; il s'était, guidé par Valentine, promptement habitué à comprendre le vieillard.

Cependant, quelque habitude qu'il eût, et comme il fallait passer en revue une partie des vingt-quatre lettres de l'alphabet, et trouver chaque mot dans le dictionnaire, ce ne fut qu'au bout de dix minutes que la pensée du vieillard fut traduite par ces paroles :

« Cherchez le verre d'eau et la carafe qui sont dans la chambre de Valentine. »

Morrel sonna aussitôt le domestique qui avait remplacé Barrois, et au nom de Noirtier lui donna cet ordre.

Le domestique revint un instant après.

La carafe et le verre étaient entièrement vides.

Noirtier fit signe qu'il voulait parler.

« Pourquoi le verre et la carafe sont-ils vides ? demanda-t-il. Valentine a dit qu'elle n'avait bu que la moitié du verre. »

La traduction de cette nouvelle demande prit encore cinq minutes.

« Je ne sais, dit le domestique ; mais la femme de chambre est dans l'appartement de Mlle Valentine : c'est peut-être elle qui les a vidés.

— Demandez-le-lui », dit Morrel, traduisant cette fois la pensée de Noirtier par le regard.

Le domestique sortit, et presque aussitôt rentra.

« Mlle Valentine a passé par sa chambre pour se rendre dans celle de Mme de Villefort, dit-il ; et, en passant, comme elle avait soif, elle a bu ce qui restait dans le verre ; quant à la carafe, M. Édouard l'a vidée pour faire un étang à ses canards. »

Noirtier leva les yeux au ciel comme fait un joueur qui joue sur un coup tout ce qu'il possède.

Dès lors, les yeux du vieillard se fixèrent sur la porte et ne quittèrent plus cette direction.

C'était, en effet, Mme Danglars et sa fille que Valen-

tine avait vues ; on les avait conduites à la chambre de
Mme de Villefort, qui avait dit qu'elle recevrait chez
elle ; voilà pourquoi Valentine avait passé par son
appartement : sa chambre étant de plain-pied avec
celle de sa belle-mère, et les deux chambres n'étant
séparées que par celle d'Édouard.

Les deux femmes entrèrent au salon avec cette
espèce de raideur officielle qui fait présager une
communication.

Entre gens du même monde, une nuance est bientôt
saisie. Mme de Villefort répondit à cette solennité par
de la solennité.

En ce moment, Valentine entra, et les révérences
recommencèrent.

« Chère amie, dit la baronne, tandis que les deux
jeunes filles se prenaient les mains, je venais avec
Eugénie vous annoncer la première le très prochain
mariage de ma fille avec le prince Cavalcanti. »

Danglars avait maintenu le titre de prince. Le banquier populaire avait trouvé que cela faisait mieux que
comte.

« Alors, permettez que je vous fasse mes sincères
compliments, répondit Mme de Villefort. M. le prince
Cavalcanti paraît un jeune homme plein de rares qua-
lités.

— Écoutez, dit la baronne en souriant ; si nous
parlons comme deux amies, je dois vous dire que le
prince ne nous paraît pas encore être ce qu'il sera. Il a
en lui un peu de cette étrangeté qui nous fait, à nous
autres Français, reconnaître du premier coup d'œil un
gentilhomme italien ou allemand. Cependant il
annonce un fort bon cœur, beaucoup de finesse
d'esprit, et quant aux convenances, M. Danglars prétend que la fortune est majestueuse ; c'est son mot.

— Et puis, dit Eugénie en feuilletant l'album de
Mme de Villefort, ajoutez, madame, que vous avez une
inclination toute particulière pour ce jeune homme.

— Et, dit Mme de Villefort, je n'ai pas besoin de
vous demander si vous partagez cette inclination ?

— Moi ! répondit Eugénie avec son aplomb ordinaire, oh ! pas le moins du monde, madame ; ma voca-

tion, à moi, n'était pas de m'enchaîner aux soins d'un ménage ou aux caprices d'un homme, quel qu'il fût. Ma vocation était d'être artiste et libre par conséquent de mon cœur, de ma personne et de ma pensée. »

Eugénie prononça ces paroles avec un accent si vibrant et si ferme, que le rouge en monta au visage de Valentine. La craintive jeune fille ne pouvait comprendre cette nature vigoureuse qui semblait n'avoir aucune des timidités de la femme.

« Au reste, continua-t-elle, puisque je suis destinée à être mariée, bon gré, mal gré, je dois remercier la Providence qui m'a du moins procuré les dédains de M. Albert de Morcerf ; sans cette Providence, je serais aujourd'hui la femme d'un homme perdu d'honneur.

— C'est pourtant vrai, dit la baronne avec cette étrange naïveté que l'on trouve quelquefois chez les grandes dames, et que les fréquentations roturières ne peuvent leur faire perdre tout à fait, c'est pourtant vrai ; sans cette hésitation des Morcerf, ma fille épousait ce M. Albert : le général y tenait beaucoup, il était même venu pour forcer la main à M. Danglars ; nous l'avons échappé belle.

— Mais, dit timidement Valentine, est-ce que toute cette honte du père rejaillit sur le fils ? M. Albert me semble bien innocent de toutes ces trahisons du général.

— Pardon, chère amie, dit l'implacable jeune fille ; M. Albert en réclame et en mérite sa part : il paraît qu'après avoir provoqué hier M. de Monte-Cristo à l'Opéra, il lui a fait aujourd'hui des excuses sur le terrain.

— Impossible ! dit Mme de Villefort.

— Ah ! chère amie, dit Mme Danglars avec cette même naïveté que nous avons déjà signalée, la chose est certaine ; je le sais de M. Debray, qui était présent à l'explication. »

Valentine aussi savait la vérité, mais elle ne répondait pas. Repoussée par un mot dans ses souvenirs, elle se retrouvait en pensée dans la chambre de Noirtier, où l'attendait Morrel.

Plongée dans cette espèce de contemplation intérieure, Valentine avait depuis un instant cessé de prendre part à la conversation ; il lui eût même été impossible de répéter ce qui avait été dit depuis quelques minutes, quand tout à coup la main de Mme Danglars, en s'appuyant sur son bras, la tira de sa rêverie.

« Qu'y a-t-il, madame ? dit Valentine en tressaillant au contact des doigts de Mme Danglars, comme elle eût tressailli à un contact électrique.

— Il y a, ma chère Valentine, dit la baronne, que vous souffrez sans doute ?

— Moi ? fit la jeune fille en passant sa main sur son front brûlant.

— Oui ; regardez-vous dans cette glace ; vous avez rougi et pâli successivement trois ou quatre fois dans l'espace d'une minute.

— En effet, s'écria Eugénie, tu es bien pâle !

— Oh ! ne t'inquiète pas, Eugénie ; je suis comme cela depuis quelques jours. »

Et si peu rusée qu'elle fût, la jeune fille comprit que c'était une occasion de sortir. D'ailleurs, Mme de Villefort vint à son aide.

« Retirez-vous, Valentine, dit-elle ; vous souffrez réellement et ces dames voudront bien vous pardonner ; buvez un verre d'eau pure et cela vous remettra. »

Valentine embrassa Eugénie, salua Mme Danglars, déjà levée pour se retirer, et sortit.

« Cette pauvre enfant, dit Mme de Villefort quand Valentine eut disparu, elle m'inquiète sérieusement, et je ne serais pas étonnée quand il lui arriverait quelque accident grave. »

Cependant Valentine, dans une espèce d'exaltation dont elle ne se rendait pas compte, avait traversé la chambre d'Édouard sans répondre à je ne sais quelle méchanceté de l'enfant, et par chez elle avait atteint le petit escalier. Elle en avait franchi tous les degrés, moins les trois derniers elle entendait déjà la voix de Morrel, lorsque tout à coup un nuage passa devant ses yeux, son pied raidi manqua la marche, ses mains n'eurent plus de force pour la retenir à la rampe, et, froissant la cloison, elle roula du haut des trois derniers degrés plutôt qu'elle ne les descendit.

Morrel ne fit qu'un bond il ouvrit la porte, et trouva Valentine étendue sur le palier.

Rapide comme l'éclair, il l'enleva entre ses bras et l'assit dans un fauteuil. Valentine rouvrit les yeux.

« Oh ! maladroite que je suis, dit-elle avec une fiévreuse volubilité ; je ne sais donc plus me tenir ? j'oublie qu'il y a trois marches avant le palier !

— Vous vous êtes blessée peut-être, Valentine ? s'écria Morrel. Oh ! mon Dieu ! mon Dieu ! »

Valentine regarda autour d'elle : elle vit le plus profond effroi peint dans les yeux de Noirtier.

« Rassure-toi, bon père, dit-elle en essayant de sourire ; ce n'est rien, ce n'est rien... la tête m'a tourné, voilà tout.

— Encore un étourdissement ! dit Morrel joignant les mains. Oh ! faites-y attention, Valentine, je vous supplie.

— Mais non, dit Valentine, mais non, je vous dis que tout est passé et que ce n'était rien. Maintenant, laissez-moi vous apprendre une nouvelle : dans huit jours, Eugénie se marie, et dans trois jours il y a une espèce de grand festin, un repas de fiançailles. Nous sommes tous invités, mon père, Mme de Villefort et moi... à ce que j'ai cru comprendre, du moins.

— Quand sera-ce donc notre tour de nous occuper de ces détails ? Oh ! Valentine, vous qui pouvez tant de choses sur notre bon papa, tâchez qu'il vous réponde : *bientôt !*

— Ainsi, demanda Valentine, vous comptez sur moi pour stimuler la lenteur et réveiller la mémoire de bon papa ?

— Oui, s'écria Morrel. Mon Dieu ! mon Dieu ! faites vite. Tant que vous ne serez pas à moi, Valentine, il me semblera toujours que vous allez m'échapper.

— Oh ! répondit Valentine avec un mouvement convulsif, oh ! en vérité, Maximilien, vous êtes trop craintif, pour un officier, pour un soldat qui, dit-on, n'a jamais connu la peur. Ha ! ha ! ha ! »

Et elle éclata d'un rire strident et douloureux ; ses bras se raidirent et se tournèrent, sa tête se renversa sur son fauteuil, et elle demeura sans mouvement.

Le cri de terreur que Dieu enchaînait aux lèvres de Noirtier jaillit de son regard.

Morrel comprit ; il s'agissait d'appeler du secours.

Le jeune homme se pendit à la sonnette ; la femme de chambre qui était dans l'appartement de Valentine et le domestique qui avait remplacé Barrois accoururent simultanément.

Valentine était si pâle, si froide, si inanimée, que, sans écouter ce qu'on leur disait, la peur qui veillait sans cesse dans cette maison maudite les prit, et qu'ils s'élancèrent par les corridors en criant au secours.

Mme Danglars et Eugénie sortaient en ce moment même ; elles purent encore apprendre la cause de toute cette rumeur.

« Je vous l'avais bien dit ! s'écria Mme de Villefort. Pauvre petite. »

XCIV

L'AVEU

Au même instant, on entendit la voix de M. de Villefort, qui de son cabinet criait :

« Qu'y a-t-il ? »

Morrel consulta du regard Noirtier, qui venait de reprendre tout son sang-froid, et qui d'un coup d'œil lui indiqua le cabinet où déjà une fois, dans une circonstance à peu près pareille, il s'était réfugié.

Il n'eut que le temps de prendre son chapeau et de s'y jeter tout haletant. On entendait les pas du procureur du roi dans le corridor.

Villefort se précipita dans la chambre, courut à Valentine et la prit entre ses bras.

« Un médecin ! un médecin !... M. d'Avrigny ! cria Villefort, ou plutôt j'y vais moi-même. »

Et il s'élança hors de l'appartement.

Par l'autre porte s'élançait Morrel.

Il venait d'être frappé au cœur par un épouvantable souvenir : cette conversation entre Villefort et le docteur, qu'il avait entendue la nuit où mourut Mme de Saint-Méran, lui revenait à la mémoire ; ces symptômes, portés à un degré moins effrayant, étaient les mêmes qui avaient précédé la mort de Barrois.

En même temps il lui avait semblé entendre bruire à son oreille cette voix de Monte-Cristo, qui lui avait dit, il y avait deux heures à peine :

« De quelque chose que vous ayez besoin, Morrel, venez à moi, je peux beaucoup. »

Plus rapide que la pensée, il s'élança donc du faubourg Saint-Honoré dans la rue Matignon, et de la rue Matignon dans l'avenue des Champs-Élysées.

Pendant ce temps, M. de Villefort arrivait, dans un cabriolet de place, à la porte de M. d'Avrigny ; il sonna avec tant de violence, que le concierge vint ouvrir d'un air effrayé. Villefort s'élança dans l'escalier sans avoir la force de rien dire. Le concierge le connaissait et le laissa en criant seulement :

« Dans son cabinet, M. le procureur du roi, dans son cabinet ! »

Villefort en poussait déjà ou plutôt en enfonçait la porte.

« Ah ! dit le docteur, c'est vous !

— Oui, dit Villefort en refermant la porte derrière lui ; oui, docteur, c'est moi qui viens vous demander à mon tour si nous sommes bien seuls. Docteur, ma maison est une maison maudite !

— Quoi ! dit celui-ci froidement en apparence, mais avec une profonde émotion intérieure, avez-vous encore quelque malade ?

— Oui, docteur ! s'écria Villefort en saisissant d'une main convulsive une poignée de cheveux, oui ! »

Le regard de d'Avrigny signifia :

« Je vous l'avais prédit. »

Puis ses lèvres accentuèrent lentement ces mots :

« Qui va donc mourir chez vous et quelle nouvelle victime va nous accuser de faiblesse devant Dieu ? »

Un sanglot douloureux jaillit du cœur de Villefort ; il s'approcha du médecin, et lui saisissant le bras :

« Valentine ! dit-il, c'est le tour de Valentine !

— Votre fille ! s'écria d'Avrigny, saisi de douleur et de surprise.

— Vous voyez que vous vous trompiez, murmura le magistrat ; venez la voir, et sur son lit de douleur, demandez-lui pardon de l'avoir soupçonnée.

— Chaque fois que vous m'avez prévenu, dit M. d'Avrigny, il était trop tard : n'importe, j'y vais ; mais hâtons-nous, monsieur, avec les ennemis qui frappent chez vous, il n'y a pas de temps à perdre.

— Oh ! cette fois, docteur, vous ne me reprocherez plus ma faiblesse. Cette fois, je connaîtrai l'assassin et je frapperai.

— Essayons de sauver la victime avant de penser à la venger, dit d'Avrigny. Venez. »

Et le cabriolet qui avait amené Villefort le ramena au grand trot, accompagné de d'Avrigny, au moment même où, de son côté, Morrel frappait à la porte de Monte-Cristo.

Le comte était dans son cabinet, et, fort soucieux, lisait un mot que Bertuccio venait de lui envoyer à la hâte.

En entendant annoncer Morrel, qui le quittait il y avait deux heures à peine, le comte releva la tête.

Pour lui, comme pour le comte, il s'était sans doute passé bien des choses pendant ces deux heures, car le jeune homme, qui l'avait quitté le sourire sur les lèvres, revenait le visage bouleversé.

Il se leva et s'élança au-devant de Morrel.

« Qu'y a-t-il donc, Maximilien ? lui demanda-t-il ; vous êtes pâle, et votre front ruisselle de sueur. »

Morrel tomba sur un fauteuil plutôt qu'il ne s'assit.

« Oui, dit-il, je suis venu vite, j'avais besoin de vous parler.

— Tout le monde se porte bien dans votre famille ? demanda le comte avec un ton de bienveillance affectueuse à la sincérité de laquelle personne ne se fût trompé.

— Merci, comte, merci, dit le jeune homme visiblement embarrassé pour commencer l'entretien ; oui, dans ma famille tout le monde se porte bien.

— Tant mieux ; cependant vous avez quelque chose à me dire ? reprit le comte, de plus en plus inquiet.

— Oui, dit Morrel, c'est vrai je viens de sortir d'une maison où la mort venait d'entrer, pour accourir à vous.

— Sortez-vous donc de chez M. de Morcerf ? demanda Monte-Cristo.

— Non, dit Morrel ; quelqu'un est-il mort chez M. de Morcerf ?

— Le général vient de se brûler la cervelle, répondit Monte-Cristo.

— Oh ! l'affreux malheur ! s'écria Maximilien.

— Pas pour la comtesse, pas pour Albert, dit Monte-Cristo ; mieux vaut un père et un époux mort qu'un père et un époux déshonoré ; le sang lavera la honte.

— Pauvre comtesse ! dit Maximilien, c'est elle que je plains surtout, une si noble femme !

— Plaignez aussi Albert, Maximilien ; car, croyez-le, c'est le digne fils de la comtesse. Mais revenons à vous : vous accouriez vers moi, m'avez-vous dit ; aurais-je le bonheur que vous eussiez besoin de moi ?

— Oui, j'ai besoin de vous, c'est-à-dire que j'ai cru comme un insensé que vous pouviez me porter secours dans une circonstance où Dieu seul peut me secourir.

— Dites toujours, répondit Monte-Cristo.

— Oh ! dit Morrel, je ne sais en vérité s'il m'est permis de révéler un pareil secret à des oreilles humaines ; mais la fatalité m'y pousse, la nécessité m'y contraint, comte. »

Morrel s'arrêta hésitant.

« Croyez-vous que je vous aime ? dit Monte-Cristo, prenant affectueusement la main du jeune homme entre les siennes.

— Oh ! tenez, vous m'encouragez, et puis quelque chose me dit là (Morrel posa la main sur son cœur) que je ne dois pas avoir de secret pour vous.

— Vous avez raison, Morrel, c'est Dieu qui parle à votre cœur, et c'est votre cœur qui vous parle. Redites-moi ce que vous dit votre cœur.

— Comte, voulez-vous me permettre d'envoyer Baptistin demander de votre part des nouvelles de quelqu'un que vous connaissez ?

— Je me suis mis à votre disposition, à plus forte raison j'y mets mes domestiques.

— Oh ! c'est que je ne vivrai pas, tant que je n'aurai pas la certitude qu'elle va mieux.

— Voulez-vous que je sonne Baptistin ?

— Non, je vais lui parler moi-même. »

Morrel sortit, appela Baptistin et lui dit quelques mots tout bas. Le valet de chambre partit tout courant.

« Eh bien, est-ce fait ? demanda Monte-Cristo en voyant reparaître Morrel.

— Oui, et je vais être un peu plus tranquille.

— Vous savez que j'attends, dit Monte-Cristo souriant.

— Oui, et, moi, je parle. Écoutez, un soir je me trouvais dans un jardin ; j'étais caché par un massif d'arbres, nul ne se doutait que je pouvais être là. Deux personnes passèrent près de moi ; permettez que je taise provisoirement leurs noms ; elles causaient à voix basse, et cependant j'avais un tel intérêt à entendre leurs paroles que je ne perdais pas un mot de ce qu'elles disaient.

— Cela s'annonce lugubrement, si j'en crois votre pâleur et votre frisson, Morrel.

— Oh oui ! bien lugubrement, mon ami ! Il venait de mourir quelqu'un chez le maître du jardin où je me trouvais ; l'une des deux personnes dont j'entendais la conversation était le maître de ce jardin, et l'autre était le médecin. Or, le premier confiait au second ses craintes et ses douleurs ; car c'était la seconde fois depuis un mois que la mort s'abattait, rapide et imprévue, sur cette maison, qu'on croirait désignée par quelque ange exterminateur à la colère de Dieu.

— Ah ! ah ! » dit Monte-Cristo en regardant fixement le jeune homme, et en tournant son fauteuil par un mouvement imperceptible de manière à se placer dans l'ombre, tandis que le jour frappait le visage de Maximilien.

« Oui, continua celui-ci, la mort était entrée deux fois dans cette maison en un mois.

— Et que répondait le docteur ? demanda Monte-Cristo.

— Il répondait... il répondait que cette mort n'était point naturelle, et qu'il fallait l'attribuer...

— A quoi ?

— Au poison !

— Vraiment ! dit Monte-Cristo avec cette toux légère qui, dans les moments de suprême émotion, lui servait à déguiser soit sa rougeur, soit sa pâleur, soit l'attention même avec laquelle il écoutait ; vraiment, Maximilien, vous avez entendu de ces choses-là ?

— Oui, cher comte, je les ai entendues, et le docteur a ajouté que, si pareil événement se renouvelait, il se croirait obligé d'en appeler à la justice. »

Monte-Cristo écoutait ou paraissait écouter avec le plus grand calme.

« Eh bien, dit Maximilien, la mort a frappé une troisième fois, et ni le maître de la maison ni le docteur n'ont rien dit ; la mort va frapper une quatrième fois, peut-être. Comte, à quoi croyez-vous que la connaissance de ce secret m'engage ?

— Mon cher ami, dit Monte-Cristo, vous me paraissez conter là une aventure que chacun de nous sait par cœur. La maison où vous avez entendu cela, je la connais, ou tout au moins j'en connais une pareille ; une maison où il y a un jardin, un père de famille, un docteur, une maison où il y a eu trois morts étranges et inattendues. Eh bien, regardez-moi, moi qui n'ai point intercepté de confidence et qui cependant sais tout cela aussi bien que vous, est-ce que j'ai des scrupules de conscience ? Non, cela ne me regarde pas, moi. Vous dites qu'un ange exterminateur semble désigner cette maison à la colère du Seigneur ; eh bien, qui vous dit que votre supposition n'est pas une réalité ? Ne voyez pas les choses que ne veulent pas voir ceux qui ont intérêt à les voir. Si c'est la justice et non la colère de Dieu qui se promène dans cette maison, Maximilien, détournez la tête et laissez passer la justice de Dieu. »

Morrel frissonna. Il y avait quelque chose à la fois de lugubre, de solennel et de terrible dans l'accent du comte.

« D'ailleurs, continua-t-il avec un changement de voix si marqué qu'on eût dit que ces dernières paroles ne sortaient pas de la bouche du même homme ; d'ailleurs, qui vous dit que cela recommencera ?

— Cela recommence, comte ! s'écria Morrel, et voilà pourquoi j'accours chez vous.

— Eh bien, que voulez-vous que j'y fasse, Morrel ? Voudriez-vous, par hasard, que je prévinsse M. le procureur du roi ? »

Monte-Cristo articula ces dernières paroles avec tant de clarté et avec une accentuation si vibrante, que Morrel, se levant tout à coup, s'écria :

« Comte ! comte ! vous savez de qui je veux parler, n'est-ce pas ?

— Eh ! parfaitement, mon bon ami, et je vais vous le prouver en mettant les points sur les *i*, ou plutôt les noms sur les hommes. Vous vous êtes promené un soir dans le jardin de M. de Villefort ; d'après ce que vous m'avez dit, je présume que c'est le soir de la mort de Mme de Saint-Méran. Vous avez entendu M. de Villefort causer avec M. d'Avrigny de la mort de M. de Saint-Méran et de celle non moins étonnante de la marquise. M. d'Avrigny disait qu'il croyait à un empoisonnement et même à deux empoisonnements ; et vous voilà, vous honnête homme par excellence, vous voilà depuis ce moment occupé à palper votre cœur, à jeter la sonde dans votre conscience pour savoir s'il faut révéler ce secret ou le taire. Nous ne sommes plus au Moyen Age, cher ami, et il n'y a plus de Sainte-Vehme, il n'y a plus de francs juges ; que diable allez-vous demander à ces gens-là ? Conscience, que me veux-tu ? comme dit Sterne. Eh ! mon cher, laissez-les dormir s'ils dorment, laissez-les pâlir dans leurs insomnies, et, pour l'amour de Dieu, dormez, vous qui n'avez pas de remords qui vous empêchent de dormir. »

Une effroyable douleur se peignit sur les traits de Morrel ; il saisit la main de Monte-Cristo.

« Mais cela recommence ! vous dis-je.

— Eh bien, dit le comte, étonné de cette insistance à laquelle il ne comprenait rien, et regardant Maximilien attentivement, laissez recommencer : c'est une famille d'Atrides ; Dieu les a condamnés, et ils subiront la sentence ; ils vont tous disparaître comme ces moines que les enfants fabriquent avec des cartes pliées, et qui tombent les uns après les autres sous le souffle de leur créateur, y en eût-il deux cents. C'était M. de Saint-Méran il y a trois mois, c'était Mme de Saint-Méran il y a deux mois ; c'était Barrois l'autre jour ; aujourd'hui c'est le vieux Noirtier ou la jeune Valentine.

— Vous le saviez ? s'écria Morrel dans un tel paroxysme de terreur, que Monte-Cristo tressaillit, lui que la chute du ciel eût trouvé impassible ; vous le saviez et vous ne disiez rien !

— Eh ! que m'importe ? reprit Monte-Cristo en haussant les épaules, est-ce que je connais ces gens-là, moi, et faut-il que je perde l'un pour sauver l'autre ? Ma foi, non, car, entre le coupable et la victime, je n'ai pas de préférence.

— Mais moi, moi ! s'écria Morrel en hurlant de douleur, moi, je l'aime !

— Vous aimez qui ? s'écria Monte-Cristo en bondissant sur ses pieds et en saisissant les deux mains que Morrel élevait, en les tordant, vers le ciel.

— J'aime éperdument, j'aime en insensé, j'aime en homme qui donnerait tout son sang pour lui épargner une larme ; j'aime Valentine de Villefort, qu'on assassine en ce moment, entendez-vous bien ! je l'aime, et je demande à Dieu et à vous comment je puis la sauver ! »

Monte-Cristo poussa un cri sauvage dont peuvent seuls se faire une idée ceux qui ont entendu le rugissement du lion blessé.

« Malheureux ! s'écria-t-il en se tordant les mains à son tour, malheureux ! tu aimes Valentine ! tu aimes cette fille d'une race maudite ! »

Jamais Morrel n'avait vu semblable expression ; jamais œil si terrible n'avait flamboyé devant son visage, jamais le génie de la terreur, qu'il avait vu tant de fois apparaître, soit sur les champs de bataille, soit dans les nuits homicides de l'Algérie, n'avait secoué autour de lui de feux plus sinistres.

Il recula épouvanté.

Quant à Monte-Cristo, après cet éclat et ce bruit, il ferma un moment les yeux, comme ébloui par des éclairs intérieurs : pendant ce moment, il se recueillit avec tant de puissance, que l'on voyait peu à peu s'apaiser le mouvement onduleux de sa poitrine gonflée de tempêtes, comme on voit après la nuée se fondre sous le soleil les vagues turbulentes et écumeuses.

Ce silence, ce recueillement, cette lutte, durèrent vingt secondes à peu près.

Puis le comte releva son front pâli.

« Voyez, dit-il d'une voix altérée, voyez, cher ami, comme Dieu sait punir de leur indifférence les hommes les plus fanfarons et les plus froids devant les terribles spectacles qu'il leur donne. Moi qui regardais, assistant impassible et curieux, moi qui regardais le développement de cette lugubre tragédie ; moi qui, pareil au mauvais ange, riais du mal que font les hommes, à l'abri derrière le secret (et le secret est facile à garder pour les riches et les puissants), voilà qu'à mon tour je me sens mordu par ce serpent dont je regardais la marche tortueuse, et mordu au cœur ! »

Morrel poussa un sourd gémissement.

« Allons, allons, continua le comte, assez de plaintes comme cela ; soyez homme, soyez fort, soyez plein d'espoir, car je suis là, car je veille sur vous. »

Morrel secoua tristement la tête.

« Je vous dis d'espérer ! me comprenez-vous ? s'écria Monte-Cristo. Sachez bien que jamais je ne mens, que jamais je ne me trompe. Il est midi, Maximilien, rendez grâce au ciel de ce que vous êtes venu à midi au lieu de venir ce soir, au lieu de venir demain matin. Écoutez donc ce que je vais vous dire, Morrel : il est midi ; si Valentine n'est pas morte à cette heure, elle ne mourra pas.

— Oh ! mon Dieu ! mon Dieu ! s'écria Morrel, moi qui l'ai laissée mourante ! »

Monte-Cristo appuya une main sur son front.

Que se passa-t-il dans cette tête si lourde d'effrayants secrets ?

Que dit à cet esprit, implacable et humain à la fois, l'ange lumineux ou l'ange des ténèbres ?

Dieu seul le sait !

Monte-Cristo releva le front encore une fois, et cette fois il était calme comme l'enfant qui se réveille.

« Maximilien, dit-il, retournez tranquillement chez vous ; je vous commande de ne pas faire un pas, de ne pas tenter une démarche, de ne pas laisser flotter sur votre visage l'ombre d'une préoccupation ; je vous donnerai des nouvelles ; allez.

— Mon Dieu ! mon Dieu ! dit Morrel, vous m'épouvantez, comte, avec ce sang-froid. Pouvez-vous donc quelque chose contre la mort ? Êtes-vous plus qu'un homme ? Êtes-vous un ange ? Êtes-vous un Dieu ? »

Et le jeune homme, qu'aucun danger n'avait fait reculer d'un pas, reculait devant Monte-Cristo, saisi d'une indicible terreur.

Mais Monte-Cristo le regarda avec un sourire à la fois si mélancolique et si doux, que Maximilien sentit les larmes poindre dans ses yeux.

« Je peux beaucoup, mon ami, répondit le comte. Allez, j'ai besoin d'être seul. »

Morrel, subjugué par ce prodigieux ascendant qu'exerçait Monte-Cristo sur tout ce qui l'entourait, n'essaya pas même de s'y soustraire. Il serra la main du comte et sortit.

Seulement, à la porte, il s'arrêta pour attendre Baptistin, qu'il venait de voir apparaître au coin de la rue Matignon, et qui revenait tout courant.

Cependant, Villefort et d'Avrigny avaient fait diligence. A leur retour, Valentine était encore évanouie, et le médecin avait examiné la malade avec le soin que commandait la circonstance et avec une profondeur que doublait la connaissance du secret.

Villefort, suspendu à son regard et à ses lèvres, attendait le résultat de l'examen. Noirtier, plus pâle que la jeune fille, plus avide d'une solution que Villefort lui-même, attendait aussi, et tout en lui se faisait intelligence et sensibilité.

Enfin, d'Avrigny laissa échapper lentement :

« Elle vit encore.

— Encore ! s'écria Villefort, oh ! docteur, quel terrible mot vous avez prononcé là !

— Oui, dit le médecin, je répète ma phrase : elle vit encore, et j'en suis bien surpris.

— Mais elle est sauvée ? demanda le père.

— Oui, puisqu'elle vit. »

En ce moment le regard de d'Avrigny rencontra l'œil de Noirtier, il étincelait d'une joie si extraordinaire, d'une pensée tellement riche et féconde, que le médecin en fut frappé.

Il laissa retomber sur le fauteuil la jeune fille, dont les lèvres se dessinaient à peine, tant pâles et blanches elles étaient, à l'unisson du reste du visage, et demeura immobile et regardant Noirtier, par qui tout mouvement du docteur était attendu et commenté.

« Monsieur, dit alors d'Avrigny à Villefort, appelez la femme de chambre de Mlle Valentine, s'il vous plaît. »

Villefort quitta la tête de sa fille qu'il soutenait et courut lui-même appeler la femme de chambre.

Aussitôt que Villefort eut refermé la porte, d'Avrigny s'approcha de Noirtier.

« Vous avez quelque chose à me dire ? » demanda-t-il.

Le vieillard cligna expressivement des yeux ; c'était, on se le rappelle, le seul signe affirmatif qui fût à sa disposition.

« A moi seul ?

— Oui, fit Noirtier.

— Bien, je demeurerai avec vous. »

En ce moment Villefort rentra, suivi de la femme de chambre ; derrière la femme de chambre marchait Mme de Villefort.

« Mais qu'a donc fait cette chère enfant ? s'écriait-elle ; elle sort de chez moi, et elle s'est bien plainte d'être indisposée, mais je n'avais pas cru que c'était sérieux. »

Et la jeune femme, les larmes aux yeux, et avec toutes les marques d'affection d'une véritable mère, s'approcha de Valentine, dont elle prit la main.

D'Avrigny continua de regarder Noirtier, il vit les yeux du vieillard se dilater et s'arrondir, ses joues blêmir et trembler ; la sueur perla sur son front.

« Ah ! » fit-il involontairement, en suivant la direction du regard de Noirtier, c'est-à-dire en fixant ses yeux sur Mme de Villefort, qui répétait :

« Cette pauvre enfant sera mieux dans son lit. Venez, Fanny, nous la coucherons. »

M. d'Avrigny, qui voyait dans cette proposition un moyen de rester seul avec Noirtier, fit signe de la tête que c'était effectivement ce qu'il y avait de mieux à faire, mais il défendit qu'elle prît rien au monde que ce qu'il ordonnerait.

On emporta Valentine, qui était revenue à la connaissance, mais qui était incapable d'agir et presque de parler, tant ses membres étaient brisés par la secousse qu'elle venait d'éprouver. Cependant elle eut la force de saluer d'un coup d'œil son grand-père, dont il semblait qu'on arrachât l'âme en l'emportant.

D'Avrigny suivit la malade, termina ses prescriptions, ordonna à Villefort de prendre un cabriolet, d'aller en personne chez le pharmacien faire préparer devant lui les potions ordonnées, de les rapporter lui-même et de l'attendre dans la chambre de sa fille.

Puis, après avoir renouvelé l'injonction de ne rien laisser prendre à Valentine, il redescendit chez Noirtier, ferma soigneusement les portes, et après s'être assuré que personne n'écoutait :

« Voyons, dit-il, vous savez quelque chose sur cette maladie de votre petite-fille ?

— Oui, fit le vieillard.

— Écoutez, nous n'avons pas de temps à perdre, je vais vous interroger et vous me répondrez. »

Noirtier fit signe qu'il était prêt à répondre.

« Avez-vous prévu l'accident qui est arrivé aujourd'hui à Valentine ?

— Oui. »

D'Avrigny réfléchit un instant puis se rapprochant de Noirtier :

« Pardonnez-moi ce que je vais vous dire, ajouta-t-il, mais nul indice ne doit être négligé dans la situation terrible où nous sommes. Vous avez vu mourir le pauvre Barrois ? »

Noirtier leva les yeux au ciel.

« Savez-vous de quoi il est mort ? demanda d'Avrigny en posant sa main sur l'épaule de Noirtier.

— Oui, répondit le vieillard.

— Pensez-vous que sa mort ait été naturelle ? »

Quelque chose comme un sourire s'esquissa sur les lèvres inertes de Noirtier.

« Alors l'idée que Barrois avait été empoisonné vous est venue ?

— Oui.

— Croyez-vous que ce poison dont il a été victime lui ait été destiné ?

— Non.

— Maintenant pensez-vous que ce soit la même main qui a frappé Barrois, en voulant frapper un autre, qui frappe aujourd'hui Valentine ?

— Oui.

— Elle va donc succomber aussi ? » demanda d'Avrigny en fixant son regard profond sur Noirtier.

Et il attendit l'effet de cette phrase sur le vieillard.

« Non, répondit-il avec un air de triomphe qui eût pu dérouter toutes les conjectures du plus habile devin.

— Alors vous espérez ? dit d'Avrigny avec surprise.

— Oui.

— Qu'espérez-vous ? »

Le vieillard fit comprendre des yeux qu'il ne pouvait répondre.

« Ah ! oui, c'est vrai », murmura d'Avrigny.

Puis revenant à Noirtier :

« Vous espérez, dit-il, que l'assassin se lassera ?

— Non.

— Alors, vous espérez que le poison sera sans effet sur Valentine ?

— Oui.

— Car je ne vous apprends rien, n'est-ce pas, ajouta d'Avrigny, en vous disant qu'on vient d'essayer de l'empoisonner ? »

Le vieillard fit signe des yeux qu'il ne conservait aucun doute à ce sujet.

« Alors, comment espérez-vous que Valentine échappera ? »

Noirtier tint avec obstination ses yeux fixés du même côté ; d'Avrigny suivit la direction de ses yeux et vit qu'ils étaient attachés sur une bouteille contenant la potion qu'on lui apportait tous les matins.

« Ah ! ah ! dit d'Avrigny, frappé d'une idée subite, auriez-vous eu l'idée... »

Noirtier ne le laissa point achever.

« Oui, fit-il.

— De la prémunir contre le poison...

— Oui.

— En l'habituant peu à peu...

— Oui, oui, oui, fit Noirtier, enchanté d'être compris.

— En effet, vous m'avez entendu dire qu'il entrait de la brucine dans les potions que je vous donne ?

— Oui.

— Et en l'accoutumant à ce poison, vous avez voulu neutraliser les effets d'un poison ? »

Même joie triomphante de Noirtier.

« Et vous y êtes parvenu en effet ! s'écria d'Avrigny. Sans cette précaution, Valentine était tuée aujourd'hui, tuée sans secours possible, tuée sans miséricorde, la secousse a été violente, mais elle n'a été qu'ébranlée, et cette fois du moins Valentine ne mourra pas. »

Une joie surhumaine épanouissait les yeux du vieillard, levés au ciel avec une expression de reconnaissance infinie.

En ce moment Villefort rentra.

« Tenez, docteur, dit-il, voici ce que vous avez demandé.

— Cette potion a été préparée devant vous ?

— Oui, répondit le procureur du roi.

— Elle n'est pas sortie de vos mains ?

— Non. »

D'Avrigny prit la bouteille, versa quelques gouttes du breuvage qu'elle contenait dans le creux de sa main et les avala.

« Bien, dit-il, montons chez Valentine, j'y donnerai mes instructions à tout le monde, et vous veillerez vous-même, monsieur de Villefort, à ce que personne ne s'en écarte. »

Au moment où d'Avrigny rentrait dans la chambre de Valentine, accompagnée de Villefort, un prêtre italien, à la démarche sévère, aux paroles calmes et décidées, louait pour son usage la maison attenante à l'hôtel habité par M. de Villefort.

On ne put savoir en vertu de quelle transaction les trois locataires de cette maison déménagèrent deux heures après : mais le bruit qui courut généralement dans le quartier fut que la maison n'était pas solidement assise sur ses fondations et menaçait ruine, ce qui n'empêchait point le nouveau locataire de s'y établir avec son modeste mobilier le jour même, vers les cinq heures.

Ce bail fut fait pour trois, six ou neuf ans par le nouveau locataire, qui, selon l'habitude établie par les propriétaires, paya six mois d'avance ; ce nouveau locataire, qui, ainsi que nous l'avons dit, était italien, s'appelait-il signor Giacomo Busoni.

Des ouvriers furent immédiatement appelés, et la nuit même les rares passants attardés au haut du faubourg voyaient avec surprise les charpentiers et les maçons occupés à reprendre en sous-œuvre la maison chancelante.

XCV

LE PÈRE ET LA FILLE

Nous avons vu, dans le chapitre précédent, Mme Danglars venir annoncer officiellement à Mme de Villefort le prochain mariage de Mlle Eugénie Danglars avec M. Andrea Cavalcanti.

Cette annonce officielle, qui indiquait ou semblait indiquer une résolution prise par tous les intéressés à cette grande affaire, avait cependant été précédée d'une scène dont nous devons compte à nos lecteurs.

Nous les prions donc de faire un pas en arrière et de

se transporter, le matin même de cette journée aux grandes catastrophes, dans ce beau salon si bien doré que nous leur avons fait connaître, et qui faisait l'orgueil de son propriétaire, M. le baron Danglars.

Dans ce salon, en effet, vers les dix heures du matin, se promenait depuis quelques minutes, tout pensif et visiblement inquiet, le baron lui-même, regardant à chaque porte et s'arrêtant à chaque bruit.

Lorsque sa somme de patience fut épuisée, il appela le valet de chambre.

« Étienne, lui dit-il, voyez donc pourquoi Mlle Eugénie m'a prié de l'attendre au salon, et informez-vous pourquoi elle m'y fait attendre si longtemps. »

Cette bouffée de mauvaise humeur exhalée, le baron reprit un peu de calme.

En effet, Mlle Danglars, après son réveil, avait fait demander une audience à son père, et avait désigné le salon doré comme le lieu de cette audience. La singularité de cette démarche, son caractère officiel surtout, n'avaient pas médiocrement surpris le banquier, qui avait immédiatement obtempéré au désir de sa fille en se rendant le premier au salon.

Étienne revint bientôt de son ambassade.

« La femme de chambre de mademoiselle, dit-il, m'a annoncé que mademoiselle achevait sa toilette et ne tarderait pas à venir. »

Danglars fit un signe de tête indiquant qu'il était satisfait. Danglars, vis-à-vis du monde et même vis-à-vis de ses gens, affectait le bonhomme et le père faible : c'était une face du rôle qu'il s'était imposé dans la comédie populaire qu'il jouait ; c'était une physionomie qu'il avait adoptée et qui lui semblait convenir comme il convenait aux profils droits des masques des pères du théâtre antique d'avoir la lèvre retroussée et riante, tandis que le côté gauche avait la lèvre abaissée et pleurnicheuse.

Hâtons-nous de dire que, dans l'intimité, la lèvre retroussée et riante descendait au niveau de la lèvre abaissée et pleurnicheuse ; de sorte que, pour la plupart du temps, le bonhomme disparaissait pour faire place au mari brutal et au père absolu.

« Pourquoi diable cette folle qui veut me parler, à ce qu'elle prétend, murmurait Danglars, ne vient-elle pas simplement dans mon cabinet ; et pourquoi veut-elle me parler ? »

Il roulait pour la vingtième fois cette pensée inquiétante dans son cerveau, lorsque la porte s'ouvrit et qu'Eugénie parut, vêtue d'une robe de satin noir brochée de fleurs mates de la même couleur, coiffée en cheveux, et gantée comme s'il se fût agi d'aller s'asseoir dans son fauteuil du Théâtre-Italien.

« Eh bien, Eugénie, qu'y a-t-il donc ? s'écria le père, et pourquoi le salon solennel, tandis qu'on est si bien dans mon cabinet particulier ?

— Vous avez parfaitement raison, monsieur, répondit Eugénie en faisant signe à son père qu'il pouvait s'asseoir, et vous venez de poser là deux questions qui résument d'avance toute la conversation que nous allons avoir. Je vais donc répondre à toutes deux ; et, contre les lois de l'habitude, à la seconde d'abord, comme étant la moins complexe. J'ai choisi le salon, monsieur, pour lieu de rendez-vous, afin d'éviter les impressions désagréables et les influences du cabinet d'un banquier. Ces livres de caisse, si bien dorés qu'ils soient, ces tiroirs fermés comme des portes de forteresses, ces masses de billets de banque qui viennent on ne sait d'où, et ces quantités de lettres qui viennent d'Angleterre, de Hollande, d'Espagne, des Indes, de la Chine et du Pérou, agissent en général étrangement sur l'esprit d'un père et lui font oublier qu'il est dans le monde un intérêt plus grand et plus sacré que celui de la position sociale et de l'opinion de ses commettants. J'ai donc choisi ce salon où vous voyez, souriants et heureux, dans leurs cadres magnifiques, votre portrait, le mien, celui de ma mère et toutes sortes de paysages pastoraux et de bergeries attendrissantes. Je me fie beaucoup à la puissance des impressions extérieures. Peut-être, vis-à-vis de vous surtout, est-ce une erreur ; mais, que voulez-vous ? je ne serais pas artiste s'il ne me restait pas quelques illusions.

— Très bien, répondit M. Danglars, qui avait écouté la tirade avec un imperturbable sang-froid, mais sans en comprendre une parole, absorbé qu'il était, comme tout homme plein d'arrière-pensées, à chercher le fil de sa propre idée dans les idées de l'interlocuteur.

— Voilà donc le second point éclairci ou à peu près, dit Eugénie sans le moindre trouble et avec cet aplomb tout masculin qui caractérisait son geste et sa parole, et vous me paraissez satisfait de l'explication. Maintenant revenons au premier. Vous me demandiez pourquoi j'avais sollicité cette audience ; je vais vous le dire en deux mots ; monsieur, le voici : Je ne veux pas épouser M. le comte Andrea Cavalcanti. »

Danglars fit un bond sur son fauteuil, et, de la secousse, leva à la fois les yeux et les bras au ciel.

« Mon Dieu, oui, monsieur, continua Eugénie toujours aussi calme. Vous êtes étonné, je le vois bien, car depuis que toute cette petite affaire est en train, je n'ai point manifesté la plus petite opposition, certaine que je suis toujours, le moment venu, d'opposer franchement aux gens qui ne m'ont point consultée et aux choses qui me déplaisent une volonté franche et absolue. Cependant cette fois cette tranquillité, cette passivité, comme disent les philosophes, venait d'une autre source ; elle venait de ce que, fille soumise et dévouée... (un léger sourire se dessina sur les lèvres empourprées de la jeune fille), je m'essayais à l'obéissance.

— Eh bien ? demanda Danglars.

— Eh bien, monsieur, reprit Eugénie, j'ai essayé jusqu'au bout de mes forces, et maintenant que le moment est arrivé, malgré tous les efforts que j'ai tentés sur moi-même, je me sens incapable d'obéir.

— Mais enfin, dit Danglars, qui, esprit secondaire, semblait d'abord tout abasourdi du poids de cette impitoyable logique, dont le flegme accusait tant de préméditation et de force de volonté, la raison de ce refus, Eugénie, la raison ?

— La raison, répliqua la jeune fille, oh ! mon Dieu, ce n'est point que l'homme soit plus laid, soit plus sot ou soit plus désagréable qu'un autre, non ; M. Andrea Cavalcanti peut même passer, près de ceux qui regardent les hommes au visage et à la taille, pour être d'un assez beau modèle ; ce n'est pas non plus parce que mon cœur est moins touché de celui-là que de tout autre : ceci serait une raison de pensionnaire que je regarde comme tout à fait au-dessous de moi ; je n'aime absolument personne, monsieur, vous le savez bien, n'est-ce pas ? Je ne vois donc pas pourquoi, sans nécessité absolue, j'irais embarrasser ma vie d'un éternel compagnon. Est-ce que le sage n'a point dit quelque part : « Rien de trop » ; et ailleurs : « Portez tout « avec vous-même » ? On m'a même appris ces deux aphorismes en latin et en grec : l'un est, je crois, de Phèdre, et l'autre de Bias. Eh bien, mon cher père, dans le naufrage de la vie, car la vie est un naufrage éternel de nos espérances, je jette à la mer mon bagage inutile, voilà tout, et je reste avec ma volonté, disposée à vivre parfaitement seule et par conséquent parfaitement libre.

— Malheureuse ! malheureuse ! murmura Danglars pâlissant, car il connaissait par une longue expérience la solidité de l'obstacle qu'il rencontrait si soudainement.

— Malheureuse, reprit Eugénie, malheureuse ! dites-vous, monsieur ? Mais non pas, en vérité, et l'exclamation me paraît tout à fait théâtrale et affectée. Heureuse, au contraire, car je vous le demande, que me manque-t-il ? Le monde me trouve belle, c'est quelque chose pour être accueilli favorablement. J'aime les bons accueils, moi : ils épanouissent les visages, et ceux qui m'entourent me paraissent encore moins laids. Je suis douée de quelque esprit et d'une certaine sensibilité relative qui me permet de tirer de l'existence générale, pour la faire entrer dans la mienne, ce que j'y trouve de bon, comme fait le singe lorsqu'il casse la noix verte pour en tirer ce qu'elle contient. Je suis riche, car vous avez une des belles fortunes de France, car je suis votre fille unique, et vous n'êtes point tenace au degré où le sont les pères de la Porte-Saint-Martin et de la Gaîté, qui déshéritent leurs filles parce qu'elles ne veulent pas leur donner de petits-enfants. D'ailleurs, la loi prévoyante vous a ôté le droit de me déshériter, du moins tout à fait, comme elle vous a ôté le pouvoir de me contraindre à épouser monsieur tel ou tel. Ainsi, belle, spirituelle, ornée de quelque talent comme on dit dans les opéras-comiques, et riche ! mais c'est le bonheur cela, monsieur ! Pourquoi donc m'appelez-vous malheureuse ? »

Danglars, voyant sa fille souriante et fière jusqu'à l'insolence, ne put réprimer un mouvement de brutalité qui se trahit par un éclat de voix, mais ce fut le seul. Sous le regard interrogateur de sa fille, en face de ce beau sourcil noir, froncé par l'interrogation, il se retourna avec prudence et se calma aussitôt, dompté par la main de fer de la circonspection.

« En effet, ma fille, répondit-il avec un sourire, vous êtes tout ce que vous vous vantez d'être, hormis une seule chose, ma fille ; je ne veux pas trop brusquement vous dire laquelle : j'aime mieux vous la laisser deviner. »

Eugénie regarda Danglars, fort surprise qu'on lui contestât l'un des fleurons de la couronne d'orgueil qu'elle venait de poser si superbement sur sa tête.

« Ma fille, continua le banquier, vous m'avez parfaitement expliqué quels étaient les sentiments qui présidaient aux résolutions d'une fille comme vous quand elle a décidé qu'elle ne se mariera point. Maintenant c'est à moi de vous dire quels sont les motifs d'un père comme moi quand il a décidé que sa fille se mariera. »

Eugénie s'inclina, non pas en fille soumise qui écoute, mais en adversaire prêt à discuter, qui attend.

« Ma fille, continua Danglars, quand un père demande à sa fille de prendre un époux, il a toujours une raison quelconque pour désirer son mariage. Les uns sont atteints de la manie que vous disiez tout à l'heure, c'est-à-dire de se voir revivre dans leurs petits-fils. Je n'ai pas cette faiblesse, je commence par vous le dire, les joies de la famille me sont à peu près indifférentes, à moi. Je puis avouer cela à une fille que je sais assez philosophe pour comprendre cette indifférence et pour ne pas m'en faire un crime.

— A la bonne heure, dit Eugénie ; parlons franc, monsieur, j'aime cela.

— Oh ! dit Danglars, vous voyez que sans partager, en thèse générale, votre sympathie pour la franchise, je m'y soumets, quand je crois que la circonstance m'y invite. Je continuerai donc. Je vous ai proposé un mari, non pas pour vous, car en vérité je ne pensais pas le moins du monde à vous en ce moment. Vous aimez la franchise, en voilà, j'espère ; mais parce que j'avais besoin que vous prissiez cet époux le plus tôt possible, pour certaines combinaisons commerciales que je suis en train d'établir en ce moment. »

Eugénie fit un mouvement.

« C'est comme j'ai l'honneur de vous le dire, ma fille, et il ne faut pas m'en vouloir, car c'est vous qui m'y forcez ; c'est malgré moi, vous le comprenez bien, que j'entre dans ces explications arithmétiques, avec une artiste comme vous, qui craint d'entrer dans le cabinet d'un banquier pour y percevoir des impressions ou des sensations désagréables et antipoétiques.

« Mais dans ce cabinet de banquier, dans lequel cependant vous avez bien voulu entrer avant-hier pour me demander les mille francs que je vous accorde chaque mois pour vos fantaisies, sachez, ma chère demoiselle, qu'on apprend beaucoup de choses à l'usage même des jeunes personnes qui ne veulent pas se marier. On y apprend, par exemple, et par égard pour votre susceptibilité nerveuse je vous l'apprendrai dans ce salon, on y apprend que le crédit d'un banquier est sa vie physique et morale, que le crédit soutient l'homme comme le souffle anime le corps, et M. de Monte-Cristo m'a fait un jour là-dessus un discours que je n'ai jamais oublié. On y apprend qu'à mesure que le crédit se retire le corps devient cadavre, et que cela doit arriver dans fort peu de temps au banquier qui s'honore d'être le père d'une fille si bonne logicienne. »

Mais Eugénie, au lieu de se courber, se redressa sous le coup.

« Ruiné ! dit-elle.

— Vous avez trouvé l'expression juste, ma fille, la bonne expression, dit Danglars en fouillant sa poitrine avec ses ongles, tout en conservant sur sa rude figure le sourire de l'homme sans cœur, mais non sans esprit, ruiné ! c'est cela.

— Ah ! fit Eugénie.

— Oui, ruiné ! Eh bien, le voilà donc connu, ce secret plein d'horreur, comme dit le poète tragique.

« Maintenant, ma fille, apprenez de ma bouche comment ce malheur peut, par vous, devenir moindre ; je ne dirai pas pour moi, mais pour vous.

— Oh ! s'écria Eugénie, vous êtes mauvais physionomiste, monsieur, si vous vous figurez que c'est pour moi que je déplore la catastrophe que vous m'exposez.

« Moi ruinée ! et que m'importe ? Ne me reste-t-il pas mon talent ? Ne puis-je pas, comme la Pasta, comme la Malibran, comme la Grisi, me faire ce que vous ne m'eussiez jamais donné, quelle que fût votre fortune, cent ou cent cinquante mille livres de rente que je ne devrai qu'à moi seule, et qui, au lieu de m'arriver comme m'arrivaient ces pauvres douze mille francs que vous me donniez avec des regards rechignés et des paroles de reproche sur ma prodigalité, me viendront accompagnés d'acclamations, de bravos et de fleurs ? Et quand je n'aurais pas ce talent dont votre sourire me prouve que vous doutez, ne me resterait-il pas encore ce furieux amour de l'indépendance, qui me tiendra toujours lieu de tous les trésors, et qui domine en moi jusqu'à l'instinct de la conservation ?

« Non, ce n'est pas pour moi que je m'attriste, je saurai toujours bien me tirer d'affaire, moi ; mes livres, mes crayons, mon piano, toutes choses qui ne coûtent pas cher et que je pourrai toujours me procurer, me resteront toujours. Vous pensez peut-être que je m'afflige pour Mme Danglars, détrompez-vous encore : ou je me trompe grossièrement, ou ma mère a pris toutes ses précautions contre la catastrophe qui vous menace et qui passera sans l'atteindre ; elle s'est mise à l'abri, je l'espère, et ce n'est pas en veillant sur moi qu'elle a pu se distraire de ses préoccupations de fortune ; car, Dieu merci, elle m'a laissé toute mon indépendance sous le prétexte que j'aimais ma liberté.

« Oh ! non, monsieur, depuis mon enfance, j'ai vu se

passer trop de choses autour de moi ; je les ai toutes trop bien comprises, pour que le malheur fasse sur moi plus d'impression qu'il ne mérite de le faire ; depuis que je me connais, je n'ai été aimée de personne ; tant pis ! cela m'a conduite tout naturellement à n'aimer personne ; tant mieux ! Maintenant vous avez ma profession de foi.

— Alors, dit Danglars, pâle d'un courroux qui ne prenait point sa source dans l'amour paternel offensé ; alors, mademoiselle, vous persistez à vouloir consommer ma ruine ?

— Votre ruine ! Moi, dit Eugénie, consommer votre ruine ! que voulez-vous dire ? je ne comprends pas.

— Tant mieux, cela me laisse un rayon d'espoir ; écoutez.

— J'écoute, dit Eugénie en regardant si fixement son père, qu'il fallut à celui-ci un effort pour qu'il ne baissât point les yeux sous le regard puissant de la jeune fille.

— M. Cavalcanti, continua Danglars, vous épouse et, en vous épousant, vous apporte trois millions de dot qu'il place chez moi.

— Ah ! fort bien, fit avec un souverain mépris Eugénie, tout en lissant ses gants l'un sur l'autre.

— Vous pensez que je vous ferai tort de ces trois millions ? dit Danglars ; pas du tout, ces trois millions sont destinés à en produire au moins dix. J'ai obtenu avec un banquier, mon confrère, la concession d'un chemin de fer, seule industrie qui de nos jours présente ces chances fabuleuses de succès immédiat qu'autrefois Law appliqua pour les bons Parisiens, ces éternels badauds de la spéculation, à un Mississippi fantastique. Par mon calcul on doit posséder un millionième de rail comme on possédait autrefois un arpent de terre en friche sur les bords de l'Ohio. C'est un placement hypothécaire, ce qui est un progrès, comme vous voyez, puisqu'on aura au moins dix, quinze, vingt, cent livres de fer en échange de son argent. Eh bien, je dois d'ici à huit jours déposer pour mon compte quatre millions ! Ces quatre millions, je vous le dis, en produiront dix ou douze.

— Mais pendant cette visite que je vous ai faite avant-hier, monsieur, et dont vous voulez bien vous souvenir, reprit Eugénie, je vous ai vu encaisser, c'est le terme, n'est-ce pas ? cinq millions et demi ; vous m'avez même montré la chose en deux bons sur le trésor, et vous vous étonniez qu'un papier ayant une si grande valeur n'éblouît pas mes yeux comme ferait un éclair.

— Oui, mais ces cinq millions et demi ne sont point à moi et sont seulement une preuve de la confiance que l'on a en moi ; mon titre de banquier populaire m'a valu la confiance des hôpitaux, et les cinq millions et demi sont aux hôpitaux ; dans tout autre temps je n'hésiterais pas à m'en servir, mais aujourd'hui l'on sait les grandes pertes que j'ai faites, et, comme je vous l'ai dit, le crédit commence à se retirer de moi. D'un moment à l'autre, l'administration peut réclamer le dépôt, et si je l'ai employé à autre chose, je suis forcé de faire une banqueroute honteuse. Je ne méprise pas les banqueroutes, croyez-le bien, mais les banqueroutes qui enrichissent et non celles qui ruinent. Ou que vous épousiez M. Cavalcanti, que je touche les trois millions de la dot, ou même que l'on croie que je vais les toucher, mon crédit se raffermit, et ma fortune, qui depuis un mois ou deux s'est engouffrée dans des abîmes creusés sous mes pas par une fatalité inconcevable, se rétablit. Me comprenez-vous ?

— Parfaitement ; vous me mettez en gage pour trois millions, n'est-ce pas ?

— Plus la somme est forte, plus elle est flatteuse ; elle vous donne une idée de votre valeur.

— Merci. Un dernier mot, monsieur : me promettez-vous de vous servir tant que vous le voudrez du chiffre de cette dot que doit apporter M. Cavalcanti, mais de ne pas toucher à la somme ? Ceci n'est point une affaire d'égoïsme, c'est une affaire de délicatesse. Je veux bien servir à réédifier votre fortune, mais je ne veux pas être votre complice dans la ruine des autres.

— Mais puisque je vous dis, s'écria Danglars, qu'avec ces trois millions...

— Croyez-vous vous tirer d'affaire, monsieur, sans avoir besoin de toucher à ces trois millions ?

— Je l'espère, mais à condition toujours que le mariage, en se faisant, consolidera mon crédit.

— Pourrez-vous payer à M. Cavalcanti les cinq cent mille francs que vous me donnez pour mon contrat ?

— En revenant de la mairie, il les touchera.

— Bien !

— Comment, bien ? Que voulez-vous dire ?

— Je veux dire qu'en me demandant ma signature, n'est-ce pas, vous me laissez absolument libre de ma personne ?

— Absolument.

— Alors, *bien* ; comme je vous disais, monsieur, je suis prête à épouser M. Cavalcanti.

— Mais quels sont vos projets ?

— Ah ! c'est mon secret. Où serait ma supériorité sur vous si, ayant le vôtre, je vous livrais le mien ? »

Danglars se mordit les lèvres.

« Ainsi, dit-il, vous êtes prête à faire les quelques visites officielles qui sont absolument indispensables ?

— Oui, répondit Eugénie.

— Et à signer le contrat dans trois jours ?

— Oui.

— Alors, à mon tour, c'est moi qui vous dis : Bien ! »

Et Danglars prit la main de sa fille et la serra entre les siennes.

Mais, chose extraordinaire, pendant ce serrement de main, le père n'osa pas dire : « Merci, mon enfant » ; la fille n'eut pas un sourire pour son père.

« La conférence est finie ? » demanda Eugénie en se levant.

Danglars fit signe de la tête qu'il n'avait plus rien à dire.

Cinq minutes après, le piano retentissait sous les doigts de Mlle d'Armilly, et Mlle Danglars chantait la malédiction de Brabantio sur *Desdemona*.

A la fin du morceau, Étienne entra et annonça à Eugénie que les chevaux étaient à la voiture et que la baronne l'attendait pour faire ses visites.

Nous avons vu les deux femmes passer chez Villefort, d'où elles sortirent pour continuer leurs courses.

XCVI

LE CONTRAT

Trois jours après la scène que nous venons de raconter, c'est-à-dire vers les cinq heures de l'après-midi du jour fixé pour la signature du contrat de Mlle Eugénie Danglars et d'Andrea Cavalcanti, que le banquier s'était obstiné à maintenir prince, comme une brise fraîche faisait frissonner toutes les feuilles du petit jardin situé en avant de la maison du comte de Monte-Cristo, au moment où celui-ci se préparait à sortir, et tandis que ses chevaux l'attendaient en frappant du pied, maintenus par la main du cocher assis déjà depuis un quart d'heure sur le siège, l'élégant phaéton avec lequel nous avons déjà plusieurs fois fait connaissance, et notamment pendant la soirée d'Auteuil, vint tourner rapidement l'angle de la porte d'entrée, et lança plutôt qu'il ne déposa sur les degrés du perron M. Andrea Cavalcanti, aussi doré, aussi rayonnant que si lui, de son côté, eût été sur le point d'épouser une princesse.

Il s'informa de la santé du comte avec cette familiarité qui lui était habituelle, et, escaladant légèrement le premier étage, le rencontra lui-même au haut de l'escalier.

A la vue du jeune homme, le comte s'arrêta. Quant à Andrea Cavalcanti, il était lancé, et quand il était lancé, rien ne l'arrêtait.

« Eh ! bonjour, cher monsieur de Monte-Cristo, dit-il au comte.

— Ah ! monsieur Andrea ! fit celui-ci avec sa voix demi-railleuse, comment vous portez-vous ?

— A merveille, comme vous voyez. Je viens causer avec vous de mille choses ; mais d'abord sortiez-vous ou rentriez-vous ?

— Je sortais, monsieur.

— Alors, pour ne point vous retarder, je monterai, si vous le voulez bien, dans votre calèche, et Tom nous suivra, conduisant mon phaéton à la remorque.

— Non, dit avec un imperceptible sourire de mépris le comte, qui ne se souciait pas d'être vu en compagnie du jeune homme ; non, je préfère vous donner audience ici, cher monsieur Andrea ; on cause mieux dans une chambre, et l'on n'a pas de cocher qui surprenne vos paroles au vol. »

Le comte rentra donc dans un petit salon faisant partie du premier étage, s'assit, et fit, en croisant ses jambes l'une sur l'autre, signe au jeune homme de s'asseoir à son tour.

Andrea prit son air le plus riant.

« Vous savez, cher comte, dit-il, que la cérémonie a lieu ce soir ; à neuf heures on signe le contrat chez le beau-père.

— Ah ! vraiment ? dit Monte-Cristo.

— Comment ! est-ce une nouvelle que je vous apprends ? et n'étiez-vous pas prévenu de cette solennité par M. Danglars ?

— Si fait, dit le comte, j'ai reçu une lettre de lui hier ; mais je ne crois pas que l'heure y fût indiquée.

— C'est possible ; le beau-père aura compté sur la notoriété publique.

— Eh bien, dit Monte-Cristo, vous voilà heureux, monsieur Cavalcanti ; c'est une alliance des plus sortables que vous contractez là ; et puis, Mlle Danglars est jolie.

— Mais oui, répondit Cavalcanti avec un accent plein de modestie.

— Elle est surtout fort riche, à ce que je crois du moins, dit Monte-Cristo.

— Fort riche, vous croyez ? répéta le jeune homme.

— Sans doute ; on dit que M. Danglars cache pour le moins la moitié de sa fortune.

— Et il avoue quinze ou vingt millions, dit Andrea avec un regard étincelant de joie.

— Sans compter, ajouta Monte-Cristo, qu'il est à la veille d'entrer dans un genre de spéculation déjà un peu usé aux États-Unis et en Angleterre, mais tout à fait neuf en France.

— Oui, oui, je sais ce dont vous voulez parler : le chemin de fer dont il vient d'obtenir l'adjudication, n'est-ce pas ?

— Justement ! il gagnera au moins, c'est l'avis général, au moins dix millions dans cette affaire.

— Dix millions ! vous croyez ? c'est magnifique, dit Cavalcanti, qui se grisait à ce bruit métallique de paroles dorées.

— Sans compter, reprit Monte-Cristo, que toute cette fortune vous reviendra, et que c'est justice, puisque Mlle Danglars est fille unique. D'ailleurs, votre fortune à vous, votre père me l'a dit du moins, est presque égale à celle de votre fiancée. Mais laissons là un peu les affaires d'argent. Savez-vous, monsieur Andrea, que vous avez un peu lestement et habilement mené toute cette affaire !

— Mais pas mal, pas mal, dit le jeune homme ; j'étais né pour être diplomate.

— Eh bien, on vous fera entrer dans la diplomatie ; la diplomatie, vous le savez, ne s'apprend pas ; c'est une chose d'instinct... Le cœur est donc pris ?

— En vérité, j'en ai peur, répondit Andrea du ton dont il avait vu au Théâtre-Français Dorante ou Valère répondre à Alceste.

— Vous aime-t-on un peu ?

— Il le faut bien, dit Andrea avec un sourire vainqueur, puisqu'on m'épouse. Mais cependant, n'oublions pas un grand point.

— Lequel ?

— C'est que j'ai été singulièrement aidé dans tout ceci.

— Bah !

— Certainement.

— Par les circonstances ?

— Non, par vous.

— Par moi ? Laissez donc, prince, dit Monte-Cristo en appuyant avec affectation sur le titre. Qu'ai-je pu faire pour vous ? Est-ce que votre nom, votre position sociale et votre mérite ne suffisaient point ?

— Non, dit Andrea, non ; et vous avez beau dire, monsieur le comte, je maintiens, moi, que la position d'un homme tel que vous a plus fait que mon nom, ma position sociale et mon mérite.

— Vous vous abusez complètement, monsieur, dit

Monte-Cristo, qui sentit l'adresse perfide du jeune homme, et qui comprit la portée de ses paroles ; ma protection ne vous a été acquise qu'après connaissance prise de l'influence et de la fortune de monsieur votre père ; car enfin qui m'a procuré, à moi qui ne vous avais jamais vu, ni vous ni l'illustre auteur de vos jours, le bonheur de votre connaissance ? Ce sont deux de mes bons amis, Lord Wilmore et l'abbé Busoni. Qui m'a encouragé, non pas à vous servir de garantie, mais à vous patronner ? C'est le nom de votre père, si connu et si honoré en Italie ; personnellement, moi, je ne vous connais pas. »

Ce calme, cette parfaite aisance firent comprendre à Andrea qu'il était pour le moment étreint par une main plus musculeuse que la sienne, et que l'étreinte n'en pouvait être facilement brisée.

« Ah çà ! mais, dit-il, mon père a donc vraiment une bien grande fortune, monsieur le comte ?

— Il paraît que oui, monsieur, répondit Monte-Cristo.

— Savez-vous si la dot qu'il m'a promise est arrivée ?

— J'en ai reçu la lettre d'avis.

— Mais les trois millions ?

— Les trois millions sont en route, selon toute probabilité.

— Je les toucherai donc réellement ?

— Mais dame ! reprit le comte, il me semble que jusqu'à présent, monsieur, l'argent ne vous a pas fait faute ! »

Andrea fut tellement surpris, qu'il ne put s'empêcher de rêver un moment.

« Alors, dit-il en sortant de sa rêverie, il me reste, monsieur, à vous adresser une demande, et celle-là vous la comprendrez, même quand elle devrait vous être désagréable.

— Parlez, dit Monte-Cristo.

— Je me suis mis en relation, grâce à ma fortune, avec beaucoup de gens distingués, et j'ai même, pour le moment du moins, une foule d'amis. Mais en me mariant comme je le fais, en face de toute la société

parisienne, je dois être soutenu par un nom illustre, et
à défaut de la main paternelle, c'est une main puissante qui doit me conduire à l'autel ; or, mon père ne
vient point à Paris, n'est-ce pas ?

— Il est vieux, couvert de blessures, et il souffre,
dit-il, à en mourir, chaque fois qu'il voyage.

— Je comprends. Eh bien, je viens vous faire une
demande.

— A moi ?

— Oui, à vous.

— Et laquelle ? mon Dieu !

— Eh bien, c'est de le remplacer.

— Ah ! mon cher monsieur ! quoi ! après les nombreuses relations que j'ai eu le bonheur d'avoir avec
vous, vous me connaissez si mal que de me faire une
pareille demande ?

« Demandez-moi un demi-million à emprunter, et,
quoiqu'un pareil prêt soit assez rare, parole d'honneur ! vous me serez moins gênant. Sachez donc, je
croyais vous l'avoir déjà dit, que dans sa participation,
morale surtout, aux choses de ce monde, jamais le
comte de Monte-Cristo n'a cessé d'apporter les scrupules, je dirai plus, les superstitions d'un homme de
l'Orient.

« Moi qui ai un sérail au Caire, un à Smyrne et un à
Constantinople, présider à un mariage ! jamais.

— Ainsi, vous me refusez ?

— Net ; et fussiez-vous mon fils, fussiez-vous mon
frère, je vous refuserais de même.

— Ah ! par exemple ! s'écria Andrea désappointé,
mais comment faire alors ?

— Vous avez cent amis, vous l'avez dit vous-même.

— D'accord, mais c'est vous qui m'avez présenté
chez M. Danglars.

— Point ! Rétablissons les faits dans toute la vérité :
c'est moi qui vous ai fait dîner avec lui à Auteuil, et
c'est vous qui vous êtes présenté vous-même ; diable !
c'est tout différent.

— Oui, mais mon mariage : vous avez aidé...

— Moi ! en aucune chose, je vous prie de le croire ;
mais rappelez-vous donc ce que je vous ai répondu

quand vous êtes venu me prier de faire la demande : Oh ! je ne fais jamais de mariage, moi, mon cher prince, c'est un principe arrêté chez moi. »

Andrea se mordit les lèvres.

« Mais enfin, dit-il, vous serez là au moins ?

— Tout Paris y sera ?

— Oh ! certainement.

— Eh bien, j'y serai comme tout Paris, dit le comte.

— Vous signerez au contrat ?

— Oh ! je n'y vois aucun inconvénient, et mes scrupules ne vont point jusque-là.

— Enfin, puisque vous ne voulez pas m'accorder davantage, je dois me contenter de ce que vous me donnez. Mais un dernier mot, comte.

— Comment donc ?

— Un conseil.

— Prenez garde ; un conseil, c'est pis qu'un service.

— Oh ! celui-ci, vous pouvez me le donner sans vous compromettre.

— Dites.

— La dot de ma femme est de cinq cent mille livres.

— C'est le chiffre que M. Danglars m'a annoncé à moi-même.

— Faut-il que je la reçoive ou que je la laisse aux mains du notaire ?

— Voici, en général, comment les choses se passent quand on veut qu'elles se passent galamment : vos deux notaires prennent rendez-vous au contrat pour le lendemain ou le surlendemain ; le lendemain ou le surlendemain, ils échangent les deux dots, dont ils se donnent mutuellement reçu ; puis, le mariage célébré, ils mettent les millions à votre disposition, comme chef de la communauté.

— C'est que, dit Andrea avec une certaine inquiétude mal dissimulée, je croyais avoir entendu dire à mon beau-père qu'il avait l'intention de placer nos fonds dans cette fameuse affaire de chemin de fer dont vous me parliez tout à l'heure.

— Eh bien, mais, reprit Monte-Cristo, c'est, à ce que tout le monde assure, un moyen que vos capitaux soient triplés dans l'année. M. le baron Danglars est bon père et sait compter.

— Allons donc, dit Andrea, tout va bien, sauf votre refus, toutefois, qui me perce le cœur.

— Ne l'attribuez qu'à des scrupules fort naturels en pareille circonstance.

— Allons, dit Andrea, qu'il soit donc fait comme vous le voulez ; à ce soir, neuf heures.

— A ce soir. »

Et malgré une légère résistance de Monte-Cristo, dont les lèvres pâlirent, mais qui cependant conserva son sourire de cérémonie, Andrea saisit la main du comte, la serra, sauta dans son phaéton et disparut.

Les quatre ou cinq heures qui lui restaient jusqu'à neuf heures, Andrea les employa en courses, en visites destinées à intéresser ces amis dont il avait parlé à paraître chez le banquier avec tout le luxe de leurs équipages, les éblouissant par ces promesses d'actions qui, depuis, ont fait tourner toutes les têtes, et dont Danglars, en ce moment-là, avait l'initiative.

En effet, à huit heures et demie du soir, le grand salon de Danglars, la galerie attenante à ce salon et les trois autres salons de l'étage étaient pleins d'une foule parfumée qu'attirait fort peu la sympathie, mais beaucoup cet irrésistible besoin d'être là où l'on sait qu'il y a du nouveau.

Un académicien dirait que les soirées du monde sont des collections de fleurs qui attirent papillons inconstants, abeilles affamées et frelons bourdonnants.

Il va sans dire que les salons étaient resplendissants de bougies, la lumière roulait à flots des moulures d'or sur les tentures de soie, et tout le mauvais goût de cet ameublement, qui n'avait pour lui que la richesse, resplendissait de tout son éclat.

Mlle Eugénie était vêtue avec la simplicité la plus élégante : une robe de soie blanche brochée de blanc, une rose blanche à moitié perdue dans ses cheveux d'un noir de jais, composaient toute sa parure que ne venait pas enrichir le plus petit bijou.

Seulement on pouvait lire dans ses yeux cette assurance parfaite destinée à démentir ce que cette candide toilette avait de vulgairement virginal à ses propres yeux.

Mme Danglars, à trente pas d'elle, causait avec Debray, Beauchamp et Château-Renaud. Debray avait fait sa rentrée dans cette maison pour cette grande solennité, mais comme tout le monde et sans aucun privilège particulier.

M. Danglars, entouré de députés, d'hommes de finance, expliquait une théorie de contributions nouvelles qu'il comptait mettre en exercice quand la force des choses aurait contraint le gouvernement à l'appeler au ministère.

Andrea, tenant sous son bras un des plus fringants dandys de l'Opéra, lui expliquait assez impertinemment, attendu qu'il avait besoin d'être hardi pour paraître à l'aise, ses projets de vie à venir, et les progrès de luxe qu'il comptait faire faire avec ses cent soixante-quinze mille livres de rente à la fashion parisienne.

La foule générale roulait dans ces salons comme un flux et un reflux de turquoises, de rubis, d'émeraudes, d'opales et de diamants.

Comme partout, on remarquait que c'étaient les plus vieilles femmes qui étaient les plus parées, et les plus laides qui se montraient avec le plus d'obstination.

S'il y avait quelque beau lis blanc, quelque rose suave et parfumée, il fallait la chercher et la découvrir, cachée dans quelque coin par une mère à turban, ou par une tante à oiseau de paradis.

A chaque instant, au milieu de cette cohue, de ce bourdonnement, de ces rires, la voix des huissiers lançait un nom connu dans les finances, respecté dans l'armée ou illustre dans les lettres ; alors un faible mouvement des groupes accueillait ce nom.

Mais pour un qui avait le privilège de faire frémir cet océan de vagues humaines, combien passaient accueillis par l'indifférence ou le ricanement du dédain !

Au moment où l'aiguille de la pendule massive, de la pendule représentant Endymion endormi, marquait neuf heures sur un cadran d'or, et où le timbre, fidèle reproducteur de la pensée machinale, retentissait neuf fois, le nom du comte de Monte-Cristo retentit à son tour, et, comme poussée par la flamme électrique, toute l'assemblée se tourna vers la porte.

Le comte était vêtu de noir et avec sa simplicité habituelle ; son gilet blanc dessinait sa vaste et noble poitrine ; son col noir paraissait d'une fraîcheur singulière, tant il ressortait sur la mâle pâleur de son teint ; pour tout bijou, il portait une chaîne de gilet si fine qu'à peine le mince filet d'or tranchait sur le piqué blanc.

Il se fit à l'instant même un cercle autour de la porte.

Le comte, d'un seul coup d'œil, aperçut Mme Danglars à un bout du salon, M. Danglars à l'autre, et Mlle Eugénie devant lui.

Il s'approcha d'abord de la baronne, qui causait avec Mme de Villefort, qui était venue seule, Valentine étant toujours souffrante ; et sans dévier, tant le chemin se frayait devant lui, il passa de la baronne à Eugénie, qu'il complimenta en termes si rapides et si réservés, que la fière artiste en fut frappée.

Près d'elle était Mlle Louise d'Armilly, qui remercia le comte des lettres de recommandation qu'il lui avait si gracieusement données pour l'Italie, et dont elle comptait, lui dit-elle, faire incessamment usage.

En quittant ces dames, il se retourna et se trouva près de Danglars, qui s'était approché pour lui donner la main.

Ces trois devoirs sociaux accomplis, Monte-Cristo s'arrêta, promenant autour de lui ce regard assuré empreint de cette expression particulière aux gens d'un certain monde et surtout d'une certaine portée, regard qui semble dire :

« J'ai fait ce que j'ai dû ; maintenant que les autres fassent ce qu'ils me doivent. »

Andrea, qui était dans un salon contigu, sentit cette espèce de frémissement que Monte-Cristo avait imprimé à la foule, et il accourut saluer le comte.

Il le trouva complètement entouré ; on se disputait ses paroles, comme il arrive toujours pour les gens qui parlent peu et qui ne disent jamais un mot sans valeur.

Les notaires firent leur entrée en ce moment, et vinrent installer leurs pancartes griffonnées sur le velours brodé d'or qui couvrait la table préparée pour la signature, table en bois doré.

Un des notaires s'assit, l'autre resta debout.

On allait procéder à la lecture du contrat que la moitié de Paris, présente à cette solennité, devait signer.

Chacun prit place, ou plutôt les femmes firent cercle, tandis que les hommes, plus indifférents à l'endroit du *style énergique*, comme dit Boileau, firent leurs commentaires sur l'agitation fébrile d'Andrea, sur l'attention de M. Danglars, sur l'impassibilité d'Eugénie et sur la façon leste et enjouée dont la baronne traitait cette importante affaire.

Le contrat fut lu au milieu d'un profond silence. Mais, aussitôt la lecture achevée, la rumeur recommença dans les salons, double de ce qu'elle était auparavant : ces sommes brillantes, ces millions roulant dans l'avenir des deux jeunes gens et qui venaient compléter l'exposition qu'on avait faite, dans une chambre exclusivement consacrée à cet objet, du trousseau de la mariée et des diamants de la jeune femme, avaient retenti avec tout leur prestige dans la jalouse assemblée.

Les charmes de Mlle Danglars en étaient doubles aux yeux des jeunes gens, et pour le moment ils effaçaient l'éclat du soleil.

Quant aux femmes, il va sans dire que, tout en jalousant ces millions, elles ne croyaient pas en avoir besoin pour être belles.

Andrea, serré par ses amis, complimenté, adulé, commençant à croire à la réalité du rêve qu'il faisait, Andrea était sur le point de perdre la tête.

Le notaire prit solennellement la plume, l'éleva au-dessus de sa tête et dit :

« Messieurs, on va signer le contrat. »

Le baron devait signer le premier, puis le fondé de pouvoir de M. Cavalcanti père, puis la baronne, puis les futures conjoints, comme on dit dans cet abominable style qui a cours sur papier timbré.

Le baron prit la plume et signa, puis le chargé de pouvoir.

La baronne s'approcha, au bras de Mme de Villefort.

« Mon ami, dit-elle en prenant la plume, n'est-ce pas une chose désespérante ? Un incident inattendu, arrivé dans cette affaire d'assassinat et de vol dont M. le comte de Monte-Cristo a failli être victime, nous prive d'avoir M. de Villefort.

— Oh ! mon Dieu ! fit Danglars, du même ton dont il aurait dit : Ma foi, la chose m'est bien indifférente !

— Mon Dieu ! dit Monte-Cristo en s'approchant, j'ai bien peur d'être la cause involontaire de cette absence.

— Comment ! vous, comte ? dit Mme Danglars en signant. S'il en est ainsi, prenez garde, je ne vous le pardonnerai jamais. »

Andrea dressait les oreilles.

« Il n'y aurait cependant point de ma faute, dit le comte ; aussi je tiens à le constater. »

On écoutait avidement : Monte-Cristo, qui desserrait si rarement les lèvres, allait parler.

« Vous vous rappelez, dit le comte au milieu du plus profond silence, que c'est chez moi qu'est mort ce malheureux qui était venu pour me voler, et qui, en sortant de chez moi a été tué, à ce que l'on croit, par son complice ?

— Oui, dit Danglars.

— Eh bien, pour lui porter secours, on l'avait déshabillé et l'on avait jeté ses habits dans un coin où la justice les a ramassés ; mais la justice, en prenant l'habit et le pantalon pour les déposer au greffe, avait oublié le gilet. »

Andrea pâlit visiblement et tira tout doucement du côté de la porte ; il voyait paraître un nuage à l'horizon, et ce nuage lui semblait renfermer la tempête dans ses flancs.

« Eh bien, ce malheureux gilet, on l'a trouvé aujourd'hui tout couvert de sang et troué à l'endroit du cœur. »

Les dames poussèrent un cri, et deux ou trois se préparèrent à s'évanouir.

« On me l'a apporté. Personne ne pouvait deviner

d'où venait cette guenille ; moi seul songeai que c'était probablement le gilet de la victime. Tout à coup mon valet de chambre, en fouillant avec dégoût et précaution cette funèbre relique, a senti un papier dans la poche et l'en a tiré : c'était une lettre adressée à qui ? à vous, baron.

— A moi ? s'écria Danglars.

— Oh ! mon Dieu ! oui, à vous ; je suis parvenu à lire votre nom sous le sang dont le billet était maculé, répondit Monte-Cristo au milieu des éclats de surprise générale.

— Mais, demanda Mme Danglars regardant son mari avec inquiétude, comment cela empêche-t-il M. de Villlefort ?

— C'est tout simple, madame, répondit Monte-Cristo ; ce gilet et cette lettre étaient ce qu'on appelle des pièces de conviction ; lettre et gilet, j'ai tout envoyé à M. le procureur du roi. Vous comprenez, mon cher baron, la voie légale est la plus sûre en matière criminelle : c'était peut-être quelque machination contre vous. »

Andrea regarda fixement Monte-Cristo et disparut dans le deuxième salon.

« C'est possible, dit Danglars ; cet homme assassiné n'était-il point un ancien forçat ?

— Oui, répondit le comte, un ancien forçat nommé Caderousse. »

Danglars pâlit légèrement ; Andrea quitta le second salon et gagna l'antichambre.

« Mais signez donc, signez donc ! dit Monte-Cristo ; je m'aperçois que mon récit a mis tout le monde en émoi et j'en demande bien humblement pardon à vous, madame la baronne et à Mlle Danglars. »

La baronne, qui venait de signer, remit la plume au notaire.

« Monsieur le prince Cavalcanti, dit le tabellion, monsieur le prince Cavalcanti, où êtes-vous ?

— Andrea ! Andrea ! répétèrent plusieurs voix de jeunes gens qui en étaient déjà arrivés avec le noble Italien à ce degré d'intimité de l'appeler par son nom de baptême.

— Appelez donc le prince, prévenez-le donc que c'est à lui de signer ! » cria Danglars à un huissier.

Mais au même instant la foule des assistants reflua, terrifiée, dans le salon principal, comme si quelque monstre effroyable fût entré dans les appartements, *quaerens quem devoret.*

Il y avait en effet de quoi reculer, s'effrayer, crier.

Un officier de gendarmerie plaçait deux gendarmes à la porte de chaque salon, et s'avançait vers Danglars, précédé d'un commissaire de police ceint de son écharpe.

Mme Danglars poussa un cri et s'évanouit.

Danglars, qui se croyait menacé (certaines consciences ne sont jamais calmes), Danglars offrit aux yeux de ses conviés un visage décomposé par la terreur.

« Qu'y a-t-il donc, monsieur ? demanda Monte-Cristo s'avançant au-devant du commissaire.

— Lequel de vous, messieurs, demanda le magistrat sans répondre au comte, s'appelle Andrea Cavalcanti ? »

Un cri de stupeur partit de tous les coins du salon.

On chercha ; on interrogea.

« Mais quel est donc cet Andrea Cavalcanti ? demanda Danglars presque égaré.

— Un ancien forçat échappé du bagne de Toulon.

— Et quel crime a-t-il commis ?

— Il est prévenu, dit le commissaire de sa voix impassible, d'avoir assassiné le nommé Caderousse, son ancien compagnon de chaîne, au moment où il sortait de chez le comte de Monte-Cristo. »

Monte-Cristo jeta un regard rapide autour de lui.

Andrea avait disparu.

XCVII

LA ROUTE DE BELGIQUE

Quelques instants après la scène de confusion produite dans les salons de M. Danglars par l'apparition inattendue du brigadier de gendarmerie, et par la révélation qui en avait été la suite, le vaste hôtel s'était vidé avec une rapidité pareille à celle qu'eût amenée l'annonce d'un cas de peste ou de choléramorbus arrivé parmi les conviés : en quelques minutes par toutes les portes, par tous les escaliers, par toutes les sorties, chacun s'était empressé de se retirer, ou plutôt de fuir ; car c'était là une de ces circonstances dans lesquelles il ne faut pas même essayer de donner ces banales consolations qui rendent dans les grandes catastrophes les meilleurs amis si importuns.

Il n'était resté dans l'hôtel du banquier que Danglars, enfermé dans son cabinet, et faisant sa déposition entre les mains de l'officier de gendarmerie ; Mme Danglars, terrifiée, dans le boudoir que nous connaissons, et Eugénie qui, l'œil hautain et la lèvre dédaigneuse, s'était retirée dans sa chambre avec son inséparable compagne, Mlle Louise d'Armilly.

Quant aux nombreux domestiques, plus nombreux encore ce soir-là que de coutume, car on leur avait adjoint, à propos de la fête, les glaciers, les cuisiniers et les maîtres d'hôtel du Café de Paris, tournant contre leurs maîtres la colère de ce qu'ils appelaient leur affront, ils stationnaient par groupes à l'office, aux cuisines, dans leurs chambres, s'inquiétant fort peu du service, qui d'ailleurs se trouvait tout naturellement interrompu.

Au milieu de ces différents personnages, frémissant d'intérêts divers, deux seulement méritent que nous nous occupions d'eux : c'est Mlle Eugénie Danglars et Mlle Louise d'Armilly.

La jeune fiancée, nous l'avons dit, s'était retirée l'air hautain, la lèvre dédaigneuse, et avec la démarche d'une reine outragée, suivie de sa compagne, plus pâle et plus émue qu'elle.

En arrivant dans sa chambre, Eugénie ferma sa porte en dedans, pendant que Louise tombait sur une chaise.

« Oh ! mon Dieu, mon Dieu ! l'horrible chose, dit la jeune musicienne ; et qui pouvait se douter de cela ? M. Andrea Cavalcanti... un assassin... un échappé du bagne... un forçat ! »

Un sourire ironique crispa les lèvres d'Eugénie.

« En vérité, j'étais prédestinée, dit-elle. Je n'échappe au Morcerf que pour tomber dans le Cavalcanti !

— Oh ! ne confonds pas l'un avec l'autre, Eugénie.

— Tais-toi, tous les hommes sont des infâmes, et je suis heureuse de pouvoir faire plus que de les détester ; maintenant, je les méprise.

— Qu'allons-nous faire ? demanda Louise.

— Ce que nous allons faire ?

— Oui.

— Mais ce que nous devions faire dans trois jours... partir.

— Ainsi, quoique tu ne te maries plus, tu veux toujours ?

— Écoute, Louise, j'ai en horreur cette vie du monde ordonnée, compassée, réglée comme notre papier de musique. Ce que j'ai toujours désiré, ambitionné, voulu, c'est la vie d'artiste, la vie libre, indépendante, où l'on ne relève que de soi, où l'on ne doit de compte qu'à soi. Rester, pour quoi faire ? pour qu'on essaie, d'ici à un mois, de me marier encore ; à qui ? à M. Debray, peut-être, comme il en avait été un instant question. Non, Louise ; non, l'aventure de ce soir me sera une excuse : je n'en cherchais pas, je n'en demandais pas ; Dieu m'envoie celle-ci, elle est la bienvenue.

— Comme tu es forte et courageuse ! dit la blonde et frêle jeune fille à sa brune compagne.

— Ne me connaissais-tu point encore ? Allons, voyons, Louise, causons de toutes nos affaires. La voiture de poste...

— Est achetée heureusement depuis trois jours.

— L'as-tu fait conduire où nous devions la prendre ?

— Oui.

— Notre passeport ?

— Le voilà ! »

Et Eugénie, avec son aplomb habituel, déplia un papier et lut :

« M. Léon d'Armilly, âgé de vingt ans, profession « d'artiste, cheveux noirs, yeux noirs, voyageant avec « sa sœur. »

« A merveille ! Par qui t'es-tu procuré ce passeport ?

— En allant demander à M. de Monte-Cristo des lettres pour les directeurs des théâtres de Rome et de Naples, je lui ai exprimé mes craintes de voyager en femme ; il les a parfaitement comprises, s'est mis à ma disposition pour me procurer un passeport d'homme ; et, deux jours après, j'ai reçu celui-ci, auquel j'ai ajouté de ma main : *Voyageant avec sa sœur.*

— Eh bien, dit gaiement Eugénie, il ne s'agit plus que de faire nos malles : nous partirons le soir de la signature du contrat, au lieu de partir le soir des noces : voilà tout.

— Réfléchis bien, Eugénie.

— Oh ! toutes mes réflexions sont faites ; je suis lasse de n'entendre parler que de reports, de fins de mois, de hausse, de baisse, de fonds espagnols, de papier haïtien. Au lieu de cela, Louise, comprends-tu, l'air, la liberté, le chant des oiseaux, les plaines de la Lombardie, les canaux de Venise, les palais de Rome, la plage de Naples. Combien possédons-nous, Louise ? »

La jeune fille qu'on interrogeait tira d'un secrétaire incrusté un petit portefeuille à serrure qu'elle ouvrit, et dans lequel elle compta vingt-trois billets de banque.

« Vingt-trois mille francs, dit-elle.

— Et pour autant au moins de perles, de diamants et bijoux, dit Eugénie. Nous sommes riches. Avec quarante-cinq mille francs, nous avons de quoi vivre en princesses pendant deux ans ou convenablement pendant quatre.

« Mais avant six mois, toi avec ta musique, moi avec ma voix, nous aurons doublé notre capital. Allons, charge-toi de l'argent, moi, je me charge du coffret aux pierreries ; de sorte que si l'une de nous avait le malheur de perdre son trésor, l'autre aurait toujours le sien. Maintenant, la valise : hâtons-nous, la valise !

— Attends, dit Louise, allant écouter à la porte de Mme Danglars.

— Que crains-tu ?

— Qu'on ne nous surprenne.

— La porte est fermée.

— Qu'on ne nous dise d'ouvrir.

— Qu'on le dise si l'on veut, nous n'ouvrirons pas.

— Tu es une véritable amazone, Eugénie ! »

Et les deux jeunes filles se mirent, avec une prodigieuse activité, à entasser dans une malle tous les objets de voyage dont elles croyaient avoir besoin.

« Là, maintenant, dit Eugénie, tandis que je vais changer de costume, ferme la valise, toi. »

Louise appuya de toute la force de ses petites mains blanches sur le couvercle de la malle.

« Mais je ne puis pas, dit-elle, je ne suis pas assez forte ; ferme-la, toi.

— Ah ! c'est juste, dit en riant Eugénie, j'oubliais que je suis Hercule, moi, et que tu n'es, toi, que la pâle Omphale. »

Et la jeune fille, appuyant le genou sur la malle, raidit ses bras blancs et musculeux jusqu'à ce que les deux compartiments de la valise fussent joints, et que Mlle d'Armilly eût passé le crochet du cadenas entre les deux pitons.

Cette opération terminée, Eugénie ouvrit une commode dont elle avait la clef sur elle, et en tira une mante de voyage en soie violette ouatée.

« Tiens, dit-elle, tu vois que j'ai pensé à tout ; avec cette mante tu n'auras point froid.

— Mais toi ?

— Oh ! moi, je n'ai jamais froid, tu le sais bien ; d'ailleurs avec ces habits d'homme...

— Tu vas t'habiller ici ?

— Sans doute.

— Mais auras-tu le temps ?

— N'aie donc pas la moindre inquiétude, poltronne ; tous nos gens sont occupés de la grande affaire. D'ailleurs, qu'y a-t-il d'étonnant, quand on songe au désespoir dans lequel je dois être, que je me sois enfermée, dis ?

— Non, c'est vrai, tu me rassures.

— Viens, aide-moi. »

Et du même tiroir dont elle avait fait sortir la mante qu'elle venait de donner à Mlle d'Armilly, et dont celle-ci avait déjà couvert ses épaules, elle tira un costume d'homme complet, depuis les bottines jusqu'à la redingote, avec une provision de linge où il n'y avait rien de superflu, mais où se trouvait le nécessaire.

Alors, avec une promptitude qui indiquait que ce n'était pas sans doute la première fois qu'en se jouant elle avait revêtu les habits d'un autre sexe, Eugénie chaussa ses bottines, passa un pantalon, chiffonna sa cravate, boutonna jusqu'à son cou un gilet montant, et endossa une redingote qui dessinait sa taille fine et cambrée.

« Oh ! c'est très bien ! en vérité, c'est très bien, dit Louise en la regardant avec admiration ; mais ces beaux cheveux noirs, ces nattes magnifiques qui faisaient soupirer d'envie toutes les femmes, tiendront-ils sous un chapeau d'homme comme celui que j'aperçois là ?

— Tu vas voir », dit Eugénie.

Et saisissant avec sa main gauche la tresse épaisse sur laquelle ses longs doigts ne se refermaient qu'à peine, elle saisit de sa main droite une paire de longs ciseaux, et bientôt l'acier cria au milieu de la riche et splendide chevelure, qui tomba tout entière aux pieds de la jeune fille, renversée en arrière pour l'isoler de sa redingote.

Puis, la natte supérieure abattue, Eugénie passa à celles de ses tempes, qu'elle abattit successivement, sans laisser échapper le moindre regret : au contraire, ses yeux brillèrent, plus pétillants et plus joyeux encore que de coutume, sous ses sourcils noirs comme l'ébène.

« Oh ! les magnifiques cheveux ! dit Louise avec regret.

— Eh ! ne suis-je pas cent fois mieux ainsi ? s'écria Eugénie en lissant les boucles éparses de sa coiffure devenue toute masculine, et ne me trouves-tu donc pas plus belle ainsi ?

— Oh ! tu es belle, belle toujours ! s'écria Louise. Maintenant, où allons-nous ?

— Mais, à Bruxelles, si tu veux ; c'est la frontière la plus proche. Nous gagnerons Bruxelles, Liège, Aix-la-

Chapelle ; nous remonterons le Rhin jusqu'à Strasbourg, nous traverserons la Suisse et nous descendrons en Italie par le Saint-Gothard. Cela te va-t-il ?

— Mais, oui.

— Que regardes-tu ?

— Je te regarde. En vérité, tu es adorable ainsi ; on dirait que tu m'enlèves.

— Eh pardieu ! on aurait raison.

— Oh ! je crois que tu as juré, Eugénie ? »

Et les deux jeunes filles, que chacun eût pu croire plongées dans les larmes, l'une pour son propre compte, l'autre par dévouement à son amie, éclatèrent de rire, tout en faisant disparaître les traces les plus visibles du désordre qui naturellement avait accompagné les apprêts de leur évasion.

Puis, ayant soufflé leurs lumières, l'œil interrogateur, l'oreille au guet, le cou tendu, les deux fugitives ouvrirent la porte d'un cabinet de toilette qui donnait sur un escalier de service descendant jusqu'à la cour, Eugénie marchant la première, et soutenant d'un bras la valise que, par l'anse opposée, Mlle d'Armilly soulevait à peine de ses deux mains.

La cour était vide. Minuit sonnait.

Le concierge veillait encore.

Eugénie s'approcha tout doucement et vit le digne suisse qui dormait au fond de sa loge, étendu dans son fauteuil.

Elle retourna vers Louise, reprit la malle qu'elle avait un instant posée à terre, et toutes deux, suivant l'ombre projetée par la muraille, gagnèrent la voûte.

Eugénie fit cacher Louise dans l'angle de la porte, de manière que le concierge, s'il lui plaisait par hasard de se réveiller, ne vît qu'une personne.

Puis, s'offrant elle-même au plein rayonnement de la lampe qui éclairait la cour :

« La porte ! » cria-t-elle de sa plus belle voix de contralto, en frappant à la vitre.

Le concierge se leva comme l'avait prévu Eugénie, et fit même quelques pas pour reconnaître la personne qui sortait ; mais voyant un jeune homme qui fouettait impatiemment son pantalon de sa badine, il ouvrit sur-le-champ.

Aussitôt Louise se glissa comme une couleuvre par la porte entrebâillée, et bondit légèrement dehors. Eugénie, calme en apparence, quoique, selon toute probabilité, son cœur comptât plus de pulsations que dans l'état habituel, sortit à son tour.

Un commissionnaire passait, on le chargea de la malle, puis les deux jeunes filles lui ayant indiqué comme le but de leur course la rue de la Victoire et le numéro 36 de cette rue, elles marchèrent derrière cet homme, dont la présence rassurait Louise ; quant à Eugénie, elle était forte comme une Judith ou une Dalila.

On arriva au numéro indiqué. Eugénie ordonna au commissionnaire de déposer la malle, lui donna quelques pièces de monnaie, et, après avoir frappé au volet, le renvoya

Ce volet auquel avait frappé Eugénie était celui d'une petite lingère prévenue à l'avance : elle n'était point encore couchée, elle ouvrit.

« Mademoiselle, dit Eugénie, faites tirer par le concierge la calèche de la remise, et envoyez-le chercher des chevaux à l'hôtel des Postes. Voici cinq francs pour la peine que nous lui donnons.

— En vérité, dit Louise, je t'admire, et je dirai presque que je te respecte. »

La lingère regardait avec étonnement ; mais comme il était convenu qu'il y aurait vingt louis pour elle, elle ne fit pas la moindre observation.

Un quart d'heure après, le concierge revenait ramenant le postillon et les chevaux, qui, en un tour de main, furent attelés à la voiture, sur laquelle le concierge assura la malle à l'aide d'une corde et d'un tourniquet.

« Voici le passeport, dit le postillon ; quelle route prenons-nous, notre jeune bourgeois ?

— La route de Fontainebleau, répondit Eugénie avec une voix presque masculine.

— Eh bien, que dis-tu donc ? demanda Louise.

— Je donne le change, dit Eugénie ; cette femme à qui nous donnons vingt louis peut nous trahir pour quarante : sur le boulevard nous prendrons une autre direction. »

Et la jeune fille s'élança dans le briska établi en excellente dormeuse, sans presque toucher le marche-pied.

« Tu as toujours raison, Eugénie », dit la maîtresse de chant en prenant place près de son amie.

Un quart d'heure après, le postillon, remis dans le droit chemin, franchissait, en faisant claquer son fouet, la grille de la barrière Saint-Martin.

« Ah ! dit Louise en respirant, nous voilà donc sorties de Paris !

— Oui, ma chère, et le rapt est bel et bien consommé, répondit Eugénie.

— Oui, mais sans violence, dit Louise.

— Je ferai valoir cela comme circonstance atténuante », répondit Eugénie.

Ces paroles se perdirent dans le bruit que faisait la voiture en roulant sur le pavé de la Villette.

M. Danglars n'avait plus sa fille.

XCVIII

L'AUBERGE DE LA CLOCHE ET DE LA BOUTEILLE

Et maintenant, laissons Mlle Danglars et son amie rouler sur la route de Bruxelles, et revenons au pauvre Andrea Cavalcanti, si malencontreusement arrêté dans l'essor de sa fortune.

C'était, malgré son âge encore peu avancé, un garçon fort adroit et fort intelligent que M. Andrea Cavalcanti.

Aussi, aux premières rumeurs qui pénétrèrent dans le salon, l'avons-nous vu par degrés se rapprocher de la porte, traverser une ou deux chambres, et enfin disparaître.

Une circonstance que nous avons oublié de mentionner, et qui cependant ne doit pas être omise, c'est que dans l'une de ces deux chambres que traversa Cavalcanti était exposé le trousseau de la mariée, écrins de diamants, châles de cachemire, dentelles de Valenciennes, voiles d'Angleterre, tout ce qui compose enfin ce monde d'objets tentateurs dont le nom seul fait bondir de joie le cœur des jeunes filles et que l'on appelle la corbeille.

Or, en passant par cette chambre, ce qui prouve que non seulement Andrea était un garçon fort intelligent et fort adroit, mais encore prévoyant, c'est qu'il se saisit de la plus riche de toutes les parures exposées.

Muni de ce viatique, Andrea s'était senti de moitié plus léger pour sauter par la fenêtre et glisser entre les mains des gendarmes.

Grand et découplé comme le lutteur antique, musculeux comme un Spartiate, Andrea avait fourni une course d'un quart d'heure, sans savoir où il allait, et dans le but seul de s'éloigner du lieu où il avait failli être pris.

Parti de la rue du Mont-Blanc, il s'était retrouvé, avec cet instinct des barrières que les voleurs possèdent, comme le lièvre celui du gîte, au bout de la rue Lafayette.

Là, suffoqué, haletant, il s'arrêta.

Il était parfaitement seul, et avait à gauche le clos Saint-Lazare, vaste désert, et, à sa droite, Paris dans toute sa profondeur.

« Suis-je perdu ? se demanda-t-il. Non, si je puis fournir une somme d'activité supérieure à celle de mes ennemis. Mon salut est donc devenu tout simplement une question de myriamètres. »

En ce moment il aperçut, montant du haut du faubourg Poissonnière, un cabriolet de régie dont le cocher, morne et fumant sa pipe, semblait vouloir regagner les extrémités du faubourg Saint-Denis où, sans doute, il faisait son séjour ordinaire.

« Hé ! l'ami ! dit Benedetto.

— Qu'y a-t-il, notre bourgeois ? demanda le cocher.

— Votre cheval est-il fatigué ?

— Fatigué ! ah ! bien oui ! il n'a rien fait de toute la sainte journée. Quatre méchantes courses et vingt sous de pourboire, sept francs en tout, je dois en rendre dix au patron !

— Voulez-vous à ces sept francs en ajouter vingt que voici, hein ?

— Avec plaisir, bourgeois ; ce n'est pas à mépriser, vingt francs. Que faut-il faire pour cela ? voyons.

— Une chose bien facile, si votre cheval n'est pas fatigué toutefois.

— Je vous dis qu'il ira comme un zéphir ; le tout est de dire de quel côté il faut qu'il aille.

— Du côté de Louvres.

— Ah ! ah ! connu : pays du ratafia ?

— Justement. Il s'agit tout simplement de rattraper un de mes amis avec lequel je dois chasser demain à la Chapelle-en-Serval. Il devait m'attendre ici avec son cabriolet jusqu'à onze heures et demie : il est minuit ; il se sera fatigué de m'attendre et sera parti tout seul.

— C'est probable.

— Eh bien, voulez-vous essayer de le rattraper ?

— Je ne demande pas mieux.

— Mais si nous ne le rattrapons pas d'ici au Bourget vous aurez vingt francs ; si nous ne le rattrapons pas d'ici à Louvres, trente.

— Et si nous le rattrapons ?

— Quarante ! dit Andrea qui avait eu un moment d'hésitation, mais qui avait réfléchi qu'il ne risquait rien de promettre.

— Ça va ! dit le cocher. Montez, et en route. Prrroum !... »

Andrea monta dans le cabriolet qui, d'une course rapide, traversa le faubourg Saint-Denis, longea le faubourg Saint-Martin, traversa la barrière, et enfila l'interminable Villette.

On n'avait garde de rejoindre cet ami chimérique ; cependant de temps en temps, aux passants attardés ou aux cabarets qui veillaient encore, Cavalcanti s'informait d'un cabriolet vert attelé d'un cheval bai-brun ; et, comme sur la route des Pays-Bas il circule bon nombre de cabriolets, que les neuf dixièmes des cabriolets sont verts, les renseignements pleuvaient à chaque pas.

On venait toujours de le voir passer ; il n'avait pas plus de cinq cents, de deux cents, de cent pas d'avance ; enfin, on le dépassait, ce n'était pas lui.

Une fois le cabriolet fut dépassé à son tour ; c'était par une calèche rapidement emportée au galop de deux chevaux de poste.

« Ah ! se dit Cavalcanti, si j'avais cette calèche, ces deux bons chevaux, et surtout le passeport qu'il a fallu pour les prendre ! »

Et il soupira profondément.

Cette calèche était celle qui emportait Mlle Danglars et Mlle d'Armilly.

« En route ! en route ! dit Andrea, nous ne pouvons pas tarder à le rejoindre. »

Et le pauvre cheval reprit le trot enragé qu'il avait suivi depuis la barrière, et arriva tout fumant à Louvres.

« Décidément, dit Andrea, je vois bien que je ne rejoindrai pas mon ami et que je tuerai votre cheval. Ainsi donc, mieux vaut que je m'arrête. Voilà vos trente francs, je m'en vais coucher au Cheval-Rouge, et la première voiture dans laquelle je trouverai une place, je la prendrai. Bonsoir, mon ami. »

Et Andrea, après avoir mis six pièces de cinq francs dans la main du cocher, sauta lestement sur le pavé de la route.

Le cocher empocha joyeusement la somme et reprit au pas le chemin de Paris ; Andrea feignit de gagner l'hôtel du Cheval-Rouge ; mais après s'être arrêté un instant contre la porte, entendant le bruit du cabriolet qui allait se perdant à l'horizon, il reprit sa course, et, d'un pas gymnastique fort relevé, il fournit une course de deux lieues.

Là, il se reposa, il devait être tout près de la Chapelle-en-Serval, où il avait dit qu'il allait.

Ce n'était pas la fatigue qui arrêtait Andrea Cavalcanti : c'était le besoin de prendre une résolution, c'était la nécessité d'adopter un plan.

Monter en diligence, c'était impossible ; prendre la poste, c'était également impossible. Pour voyager de l'une ou de l'autre façon un passeport est de toute nécessité.

Demeurer dans le département de l'Oise, c'est-à-dire dans un des départements les plus découverts et les plus surveillés de France, c'était chose impossible encore, impossible surtout pour un homme expert comme Andrea en matière criminelle.

Andrea s'assit sur les revers du fossé, laissa tomber sa tête entre ses deux mains et réfléchit.

Dix minutes après, il releva la tête ; sa résolution était arrêtée.

Il couvrit de poussière tout un côté du paletot qu'il avait eu le temps de décrocher dans l'antichambre et de boutonner par-dessus sa toilette de bal, et, gagnant la Chapelle-en-Serval, il alla frapper hardiment à la porte de la seule auberge du pays.

L'hôte vint ouvrir.

« Mon ami, dit Andrea, j'allais de Mortefontaine à Senlis quand mon cheval, qui est un animal difficile, a fait un écart et m'a envoyé à dix pas. Il faut que j'arrive cette nuit à Compiègne sous peine de causer les plus graves inquiétudes à ma famille ; avez-vous un cheval à louer ? »

Bon ou mauvais, un aubergiste a toujours un cheval.

L'aubergiste de la Chapelle-en-Serval appela le garçon d'écurie, lui ordonna de seller *le Blanc*, et réveilla son fils, enfant de sept ans, lequel devait monter en croupe du monsieur et ramener le quadrupède.

Andrea donna vingt francs à l'aubergiste, et, en les tirant de sa poche, laissa tomber une carte de visite.

Cette carte de visite était celle d'un de ses amis du Café de Paris ; de sorte que l'aubergiste, lorsque Andrea fut parti et qu'il eut ramassé la carte tombée de sa poche, fut convaincu qu'il avait loué son cheval à M. le comte de Mauléon, rue Saint-Dominique, 25 : c'était le nom et l'adresse qui se trouvaient sur la carte.

Le Blanc n'allait pas vite, mais il allait d'un pas égal et assidu : en trois heures et demie Andrea fit les neuf lieues qui le séparaient de Compiègne ; quatre heures sonnaient à l'horloge de l'hôtel de ville lorsqu'il arriva sur la place où s'arrêtent les diligences.

Il y a à Compiègne un excellent hôtel, dont se souviennent ceux-là mêmes qui n'y ont logé qu'une fois.

Andra, qui y avait fait une halte dans une de ses courses aux environs de Paris, se souvint de l'hôtel de la Cloche et de la Bouteille : il s'orienta, vit à la lueur d'un réverbère l'enseigne indicatrice, et, ayant congédié l'enfant, auquel il donna tout ce qu'il avait sur lui de petite monnaie, il alla frapper à la porte, réfléchissant avec beaucoup de justesse qu'il avait trois ou quatre heures devant lui, et que le mieux était de se prémunir, par un bon somme et un bon souper, contre les fatigues à venir.

Ce fut un garçon qui vint ouvrir.

« Mon ami, dit Andrea, je viens de Saint-Jean-au-Bois, où j'ai dîné ; je comptais prendre la voiture qui passe à minuit ; mais je me suis perdu comme un sot, et voilà quatre heures que je me promène dans la forêt. Donnez-moi donc une de ces jolies petites chambres qui donnent sur la cour, et faites-moi monter un poulet froid et une bouteille de vin de Bordeaux. »

Le garçon n'eut aucun soupçon : Andrea parlait avec la plus parfaite tranquillité, il avait le cigare à la bouche et les mains dans les poches de son paletot ; ses habits étaient élégants, sa barbe fraîche, ses bottes irréprochables ; il avait l'air d'un voisin attardé, voilà tout.

Pendant que le garçon préparait sa chambre, l'hôtesse se leva : Andrea l'accueillit avec son plus charmant sourire, et lui demanda s'il ne pourrait pas avoir le numéro 3, qu'il avait déjà eu à son dernier passage à Compiègne ; malheureusement le numéro 3 était pris par un jeune homme qui voyageait avec sa sœur.

Andrea parut désespéré ; il ne se consola que lorsque l'hôtesse lui eut assuré que le numéro 7, qu'on lui préparait, avait absolument la même disposition que le numéro 3 ; et, tout en se chauffant les pieds et en causant des dernières courses de Chantilly, il attendit qu'on vînt lui annoncer que sa chambre était prête.

Ce n'était pas sans raison qu'Andrea avait parlé de ces jolis appartements donnant sur la cour ; la cour de l'hôtel de la Cloche, avec son triple rang de galeries qui lui donnait l'air d'une salle de spectacle, avec ses jasmins et ses clématites qui montent le long de ses colonnades, légères comme une décoration naturelle, est une des plus charmantes entrées d'auberge qui existent au monde.

Le poulet était frais, le vin était vieux, le feu clair et pétillant : Andrea se surprit soupant d'aussi bon appétit que s'il ne lui était rien arrivé.

Puis il se coucha, et s'endormit presque aussitôt de ce sommeil implacable que l'homme trouve toujours à vingt ans, même lorsqu'il a des remords.

Or, nous sommes forcés d'avouer qu'Andrea aurait pu avoir des remords, mais qu'il n'en avait pas.

Voici quel était le plan d'Andrea, plan qui lui avait donné la meilleure partie de sa sécurité.

Avec le jour il se levait, sortait de l'hôtel après avoir rigoureusement payé ses comptes ; gagnait la forêt, achetait, sous prétexte de faire des études de peinture, l'hospitalité d'un paysan ; se procurait un costume de bûcheron et une cognée, dépouillait l'enveloppe du lion pour prendre celle de l'ouvrier ; puis, les mains terreuses, les cheveux brunis par un peigne de plomb, le teint hâlé par une préparation dont ses anciens camarades lui avaient donné la recette, il gagnait, de forêt en forêt, la frontière la plus prochaine, marchant la nuit, dormant le jour dans les forêts ou dans les carrières, et ne s'approchant des endroits habités que pour acheter de temps en temps un pain.

Une fois la frontière dépassée, Andrea faisait argent de ses diamants, réunissait le prix qu'il en tirait à une dizaine de billets de banque qu'il portait toujours sur lui en cas d'accident, et il se retrouvait encore à la tête d'une cinquantaine de mille livres, ce qui ne semblait pas à sa philosophie un pis-aller par trop rigoureux.

D'ailleurs, il comptait beaucoup sur l'intérêt que les Danglars avaient à éteindre le bruit de leur mésaventure.

Voilà pourquoi, outre la fatigue, Andrea dormit si vite et si bien.

D'ailleurs, pour être réveillé plus matin, Andrea n'avait point fermé ses volets et s'était seulement contenté de pousser les verrous de sa porte et de tenir tout ouvert, sur sa table de nuit, certain couteau fort pointu dont il connaissait la trempe excellente et qui ne le quittait jamais.

A sept heures du matin environ, Andrea fut éveillé par un rayon de soleil qui venait, tiède et brillant, se jouer sur son visage.

Dans tout cerveau bien organisé, l'idée dominante, et il y en a toujours une, l'idée dominante, disons-nous, est celle qui, après s'être endormie la dernière, illumine la première encore le réveil de la pensée.

Andrea n'avait pas entièrement ouvert les yeux que la pensée dominante le tenait déjà et lui soufflait à l'oreille qu'il avait dormi trop longtemps.

Il sauta en bas de son lit et courut à sa fenêtre.

Un gendarme traversait la cour.

Le gendarme est un des objets les plus frappants qui existent au monde, même pour l'œil d'un homme sans inquiétude : mais pour une conscience timorée et qui a quelque motif de l'être, le jaune, le bleu et le blanc dont se compose son uniforme prennent des teintes effrayantes.

« Pourquoi un gendarme ? » se demanda Andrea.

Tout à coup il se répondit à lui-même, avec cette logique que le lecteur a déjà dû remarquer en lui :

« Un gendarme n'a rien qui doive étonner dans une hôtellerie ; mais habillons-nous. »

Et le jeune homme s'habilla avec une rapidité que n'avait pu lui faire perdre son valet de chambre, pendant les quelques mois de la vie fashionable qu'il avait menée à Paris.

« Bon, dit Andrea tout en s'habillant, j'attendrai qu'il soit parti, et quand il sera parti je m'esquiverai. »

Et tout en disant ces mots, Andrea, rebotté et recravaté, gagna doucement sa fenêtre et souleva une seconde fois le rideau de mousseline.

Non seulement le premier gendarme n'était point parti, mais encore le jeune homme aperçut un second uniforme bleu, jaune et blanc, au bas de l'escalier, le seul par lequel il pût descendre, tandis qu'un troisième, à cheval et le mousqueton au poing, se tenait en sentinelle à la grande porte de la rue, la seule par laquelle il pût sortir.

Ce troisième gendarme était significatif au dernier point ; car au-devant de lui s'étendait un demi-cercle de curieux qui bloquaient hermétiquement la porte de l'hôtel.

« On me cherche ! fut la première pensée d'Andrea. Diable ! »

La pâleur envahit le front du jeune homme ; il regarda autour de lui avec anxiété.

Sa chambre, comme toutes celles de cet étage, n'avait d'issue que sur la galerie extérieure, ouverte à tous les regards.

« Je suis perdu ! » fut sa seconde pensée.

En effet, pour un homme dans la situation d'Andrea, l'arrestation signifiait : les assises, le jugement, la mort, la mort sans miséricorde et sans délai.

Un instant il comprima convulsivement sa tête entre ses deux mains.

Pendant cet instant il faillit devenir fou de peur.

Mais bientôt, de ce monde de pensées s'entrechoquant dans sa tête, une pensée d'espérance jaillit ; un pâle sourire se dessina sur ses lèvres blêmies et sur ses joues contractées.

Il regarda autour de lui ; les objets qu'il cherchait se trouvaient réunis sur le marbre d'un secrétaire : c'étaient une plume, de l'encre et du papier.

Il trempa la plume dans l'encre et écrivit d'une main à laquelle il commanda d'être ferme les lignes suivantes, sur la première feuille du cahier :

« Je n'ai point d'argent pour payer, mais je ne suis pas un malhonnête homme ; je laisse en nantissement cette épingle qui vaut dix fois la dépense que j'ai faite. On me pardonnera de m'être échappé au point du jour ; j'étais honteux ! »

Il tira son épingle de sa cravate et la posa sur le papier.

Cela fait, au lieu de laisser ses verrous poussés, il les tira, entrebâilla même sa porte, comme s'il fût sorti de sa chambre en oubliant de la refermer, et se glissant dans la cheminée en homme accoutumé à ces sortes de gymnastiques, il attira à lui la devanture de papier représentant Achille chez Déidamie, effaça avec ses pieds même la trace de ses pas dans les cendres, et commença d'escalader le tuyau cambré qui lui offrait la seule voie de salut dans laquelle il espérât encore.

En ce moment même, le premier gendarme qui avait frappé la vue d'Andrea montait l'escalier, précédé du commissaire de police, et soutenu par le second gendarme qui gardait le bas de l'escalier, lequel pouvait attendre lui-même du renfort de celui qui stationnait à la porte.

Voici à quelle circonstance Andrea devait cette visite, qu'avec tant de peine il se disposait à recevoir.

Au point du jour, les télégraphes avaient joué dans toutes les directions, et chaque localité, prévenue presque immédiatement, avait réveillé les autorités et lancé la force publique à la recherche du meurtrier de Caderousse.

Compiègne, résidence royale ; Compiègne, ville de chasse ; Compiègne, ville de garnison, est abondamment pourvue d'autorités, de gendarmes et de commissaires de police ; les visites avaient donc commencé aussitôt l'arrivée de l'ordre télégraphique, et l'hôtel de la Cloche et de la Bouteille étant le premier hôtel de la ville, on avait tout naturellement commencé par lui.

D'ailleurs, d'après le rapport des sentinelles qui avaient pendant cette nuit été de garde à l'hôtel de ville (l'hôtel de ville est attenant à l'auberge de la Cloche), d'après le rapport des sentinelles, disons-nous, il avait été constaté que plusieurs voyageurs étaient descendus pendant la nuit à l'hôtel.

La sentinelle qu'on avait relevée à six heures du matin se rappelait même, au moment où elle venait d'être placée, c'est-à-dire à quatre heures et quelques minutes, avoir vu un jeune homme monté sur un cheval blanc ayant un petit paysan en croupe, lequel jeune homme était descendu sur la place, avait congédié paysan et cheval, et était allé frapper à l'hôtel de la Cloche, qui s'était ouvert devant lui et s'était refermé sur lui.

C'était sur ce jeune homme si singulièrement attardé que s'étaient arrêtés les soupçons.

Or, ce jeune homme n'était autre qu'Andrea.

C'était, forts de ces données, que le commissaire de police et le gendarme, qui était un brigadier, s'acheminaient vers la porte d'Andrea ; cette porte était entrebâillée.

« Oh ! oh ! dit le brigadier, vieux renard nourri dans les ruses de l'état, mauvais indice qu'une porte ouverte ! je l'aimerais mieux verrouillée à triple verrou ! »

En effet, la petite lettre et l'épingle laissées par Andrea sur la table confirmèrent ou plutôt appuyèrent la triste vérité. Andrea s'était enfui.

Nous disons appuyèrent, parce que le brigadier n'était pas homme à se rendre sur une seule preuve.

Il regarda autour de lui, plongea son œil sous le lit, dédoubla les rideaux, ouvrit les armoires, et enfin s'arrêta à la cheminée.

Grâce aux précautions d'Andrea, aucune trace de son passage n'était demeurée dans les cendres.

Cependant c'était une issue, et dans les circonstances où l'on se trouvait, toute issue devait être l'objet d'une sérieuse investigation.

Le brigadier se fit donc apporter un fagot et de la paille ; bourra la cheminée comme il eût fait d'un mortier, et y mit le feu.

Le feu fit craquer les parois de brique ; une colonne opaque de fumée s'élança par les conduits et monta vers le ciel comme le sombre jet d'un volcan, mais il ne vit point tomber le prisonnier, comme il s'y attendait.

C'est qu'Andrea, dès sa jeunesse en lutte avec la société, valait bien un gendarme, ce gendarme fût-il élevé au grade respectable de brigadier ; prévoyant donc l'incendie, il avait gagné le toit et se tenait blotti contre le tuyau.

Un instant il eut quelque espoir d'être sauvé, car il entendit le brigadier appelant les deux gendarmes et leur criant tout haut :

« Il n'y est plus. »

Mais en allongeant doucement le cou, il vit que les

deux gendarmes, au lieu de se retirer, comme la chose naturelle, sur une première annonce, il vit, disons-nous, qu'au contraire les deux gendarmes redoublaient d'attention.

A son tour il regarda autour de lui : l'hôtel de ville, colossale bâtisse du seizième siècle, s'élevait comme un rempart sombre, à sa droite, et par les ouvertures du monument, on pouvait plonger dans tous les coins et recoins du toit, comme du haut d'une montagne on plonge dans la vallée.

Andrea comprit qu'il allait incessamment voir paraître la tête du brigadier de gendarmerie à quelqu'une de ces ouvertures.

Découvert, il était perdu ; une chasse sur les toits ne lui présentait aucune chance de succès.

Il résolut donc de redescendre, non point par le même chemin qu'il était venu, mais par un chemin analogue.

Il chercha des yeux celle des cheminées de laquelle il ne voyait sortir aucune fumée, l'atteignit en rampant sur le toit, et disparut par son orifice sans avoir été vu de personne.

Au même instant, une petite fenêtre de l'hôtel de ville s'ouvrait et donnait passage à la tête du brigadier de gendarmerie.

Un instant cette tête demeura immobile comme un de ces reliefs de pierre qui décorent le bâtiment ; puis avec un long soupir de désappointement la tête disparut.

Le brigadier, calme et digne comme la loi dont il était le représentant, passa sans répondre à ces mille questions de la foule amassée sur la place, et rentra dans l'hôtel.

« Eh bien ? demandèrent à leur tour les deux gendarmes.

— Eh bien, mes fils, répondit le brigadier, il faut que le brigand se soit véritablement distancé de nous ce matin à la bonne heure ; mais nous allons envoyer sur la route de Villers-Cotterêts et de Noyon et fouiller la forêt, où nous le rattraperons indubitablement. »

L'honorable fonctionnaire venait à peine, avec

l'intonation qui est particulière aux brigadiers de gendarmerie, de donner le jour à cet adverbe sonore,
lorsqu'un long cri d'effroi, accompagné de tintement
redoublé d'une sonnette, retentit dans la cour de
l'hôtel.

« Oh ! oh ! qu'est-ce que cela ? s'écria le brigadier.

— Voilà un voyageur qui semble bien pressé, dit
l'hôte. A quel numéro sonne-t-on ?

— Au numéro 3.

— Courez-y, garçon ! »

En ce moment, les cris et le bruit de la sonnette
redoublèrent.

Le garçon prit sa course.

« Non pas, dit le brigadier en arrêtant le domestique ; celui qui sonne m'a l'air de demander autre
chose que le garçon, et nous allons lui servir un gendarme. Qui loge au numéro 3 ?

— Le petit jeune homme arrivé avec sa sœur cette
nuit en chaise de poste, et qui a demandé une
chambre à deux lits. »

La sonnette retentit une troisième fois avec une
intonation pleine d'angoisse.

« A moi ! monsieur le commissaire ! cria le brigadier, suivez-moi et emboîtez le pas.

— Un instant, dit l'hôte, à la chambre numéro 3, il y
a deux escaliers : un extérieur, un intérieur.

— Bon ! dit le brigadier, je prendrai l'intérieur, c'est
mon département. Les carabines sont-elles chargées ?

— Oui, brigadier.

— Eh bien, veillez à l'extérieur, vous autres, et s'il
veut fuir, feu dessus ; c'est un grand criminel, à ce que
dit le télégraphe. »

Le brigadier, suivi du commissaire, disparut aussitôt dans l'escalier intérieur, accompagné de la rumeur
que ses révélations sur Andrea venaient de faire naître
dans la foule.

Voilà ce qui était arrivé :

Andrea était fort adroitement descendu jusqu'aux
deux tiers de la cheminée, mais, arrivé là, le pied lui
avait manqué, et, malgré l'appui de ses mains, il était
descendu avec plus de vitesse et surtout plus de bruit

qu'il n'aurait voulu. Ce n'eût été rien si la chambre eût été solitaire ; mais par malheur elle était habitée.

Deux femmes dormaient dans un lit, ce bruit les avait réveillées.

Leurs regards s'étaient fixés vers le point d'où venait le bruit, et par l'ouverture de la cheminée elles avaient vu paraître un homme.

C'était l'une de ces deux femmes, la femme blonde, qui avait poussé ce terrible cri dont toute la maison avait retenti, tandis que l'autre qui était brune, s'élançant au cordon de la sonnette, avait donné l'alarme, en l'agitant de toutes ses forces.

Andrea jouait, comme on le voit, de malheur.

« Par pitié ! cria-t-il, pâle, égaré, sans voir les personnes auxquelles il s'adressait, par pitié ! n'appelez pas, sauvez-moi ! je ne veux pas vous faire de mal.

— Andrea l'assassin ! cria l'une des deux jeunes femmes.

— Eugénie ! mademoiselle Danglars ! murmura Cavalcanti, passant de l'effroi à la stupeur.

— Au secours ! au secours ! cria Mlle d'Armilly, reprenant la sonnette aux mains inertes d'Eugénie, et sonnant avec plus de force encore que sa compagne.

— Sauvez-moi, on me poursuit ! dit Andrea en joignant les mains ; par pitié, par grâce, ne me livrez pas !

— Il est trop tard, on monte, répondit Eugénie.

— Eh bien, cachez-moi quelque part, vous direz que vous avez eu peur sans motif d'avoir peur ; vous détournerez les soupçons, et vous m'aurez sauvé la vie. »

Les deux femmes, serrées l'une contre l'autre, s'enveloppant dans leurs couvertures, restèrent muettes à cette voix suppliante ; toutes les appréhensions, toutes les répugnances se heurtaient dans leur esprit.

« Eh bien, soit ! dit Eugénie, reprenez le chemin par lequel vous êtes venu, malheureux ; partez, et nous ne dirons rien.

— Le voici ! le voici ! cria une voix sur le palier, le voici, je le vois ! »

En effet, le brigadier avait collé son œil à la serrure, et avait aperçu Andrea debout et suppliant.

Un violent coup de crosse fit sauter la serrure, deux autres firent sauter les verrous ; la porte brisée tomba en dedans.

Andrea courut à l'autre porte, donnant sur la galerie de la cour, et l'ouvrit, prêt à se précipiter.

Les deux gendarmes étaient là avec leurs carabines et le couchèrent en joue.

Andrea s'était arrêté court ; debout, pâle, le corps un peu renversé en arrière, il tenait son couteau inutile dans sa main crispée.

« Fuyez donc ! cria Mlle d'Armilly, dans le cœur de laquelle rentrait la pitié à mesure que l'effroi en sortait ; fuyez donc !

— Ou tuez-vous ! » dit Eugénie du ton et avec la pose d'une de ces vestales qui, dans le cirque, ordonnaient avec le pouce, au gladiateur victorieux, d'achever son adversaire terrassé.

Andrea frémit et regarda la jeune fille avec un sourire de mépris qui prouva que sa corruption ne comprenait point cette sublime férocité de l'honneur.

« Me tuer ! dit-il en jetant son couteau, pour quoi faire ?

— Mais, vous l'avez dit ! s'écria Mlle Danglars, on vous condamnera à mort, on vous exécutera comme le dernier des criminels !

— Bah ! répliqua Cavalcanti en se croisant les bras, on a des amis. »

Le brigadier s'avança vers lui le sabre au poing.

« Allons, allons, dit Cavalcanti, rengainez, mon brave homme, ce n'est point la peine de faire tant d'esbroufe, puisque je me rends. »

Et il tendit ses mains aux menottes.

Les deux jeunes filles regardaient avec terreur cette hideuse métamorphose qui s'opérait sous leurs yeux, l'homme du monde dépouillant son enveloppe et redevenant l'homme du bagne.

Andrea se retourna vers elles, et avec le sourire de l'impudence :

« Avez-vous quelque commission pour monsieur

votre père, mademoiselle Eugénie ? dit-il, car, selon toute probabilité, je retourne à Paris. »

Eugénie cacha sa tête dans ses deux mains.

« Oh ! oh ! dit Andrea, il n'y a pas de quoi être honteuse, et je ne vous en veux pas d'avoir pris la poste pour courir après moi... N'étais-je pas presque votre mari ? »

Et sur cette raillerie Andrea sortit, laissant les deux fugitives en proie aux souffrances de la honte et aux commentaires de l'assemblée.

Une heure après, vêtues toutes deux de leurs habits de femmes, elles montaient dans leur calèche de voyage.

On avait fermé la porte de l'hôtel pour les soustraire aux premiers regards ; mais il n'en fallut pas moins, quand cette porte fut ouverte, passer au milieu d'une double haie de curieux, aux yeux flamboyants, aux lèvres murmurantes.

Eugénie baissa les stores ; mais si elle ne voyait plus, elle entendait encore, et le bruit des ricanements arrivait jusqu'à elle.

« Oh ! pourquoi le monde n'est-il pas un désert ? » s'écria-t-elle en se jetant dans les bras de Mlle d'Armilly, les yeux étincelants de cette rage qui faisait désirer à Néron que le monde romain n'eût qu'une seule tête, afin de la trancher d'un seul coup.

Le lendemain, elles descendaient à l'hôtel de Flandre, à Bruxelles.

Depuis la veille, Andrea était écroué à la Conciergerie.

XCIX

LA LOI

On a vu avec quelle tranquillité Mlle Danglars et Mlle d'Armilly avaient pu accomplir leur transformation et opérer leur fuite : c'est que chacun était trop occupé de ses propres affaires pour s'occuper des leurs.

Nous laisserons le banquier, la sueur au front, aligner en face du fantôme de la banqueroute les énormes colonnes de son passif, et nous suivrons la baronne, qui, après être restée un instant écrasée sous la violence du coup qui venait de la frapper, était allée trouver son conseiller ordinaire, Lucien Debray.

C'est qu'en effet la baronne comptait sur ce mariage pour abandonner enfin une tutelle qui, avec une fille du caractère d'Eugénie, ne laissait pas que d'être fort gênante ; c'est que dans ces espèces de contrats tacites qui maintiennent le lien hiérarchique de la famille, la mère n'est réellement maîtresse de sa fille qu'à condition d'être continuellement pour elle un exemple de sagesse et un type de perfection.

Or, Mme Danglars redoutait la perspicacité d'Eugénie et les conseils de Mlle d'Armilly, elle avait surpris certains regards dédaigneux lancés par sa fille à Debray, regards qui semblaient signifier que sa fille connaissait tout le mystère de ses relations amoureuses et pécuniaires avec le secrétaire intime, tandis qu'une interprétation plus sagace et plus approfondie eût, au contraire, démontré à la baronne qu'Eugénie détestait Debray, non point parce qu'il était dans la maison paternelle une pierre d'achoppement et de scandale, mais parce qu'elle le rangeait tout bonnement dans la catégorie de ces bipèdes que Diogène essayait de ne plus appeler des hommes, et que Platon désignait par la périphrase d'animaux à deux pieds et sans plumes.

Mme Danglars, à son point de vue, et malheureusement dans ce monde chacun a son point de vue à soi qui l'empêche de voir le point de vue des autres, Mme Danglars, à son point de vue, disons-nous, regrettait donc infiniment que le mariage d'Eugénie fût manqué, non point parce que ce mariage était convenable, bien assorti et devait faire le bonheur de sa fille, mais parce que ce mariage lui rendait sa liberté.

Elle courut donc, comme nous l'avons dit, chez Debray, qui après avoir, comme tout Paris, assisté à la soirée du contrat et au scandale qui en avait été la suite, s'était empressé de se retirer à son club, où, avec quelques amis, il causait de l'événement qui faisait à cette heure la conversation des trois quarts de cette ville éminemment cancanière qu'on appelle la capitale du monde.

Au moment où Mme Danglars, vêtu d'une robe noire et cachée sous un voile, montait l'escalier qui conduisait à l'appartement de Debray, malgré la certitude que lui avait donnée le concierge que le jeune homme n'était point chez lui, Debray s'occupait à repousser les insinuations d'un ami qui essayait de lui prouver qu'après l'éclat terrible qui venait d'avoir lieu, il était de son devoir d'ami de la maison d'épouser Mlle Eugénie Danglars et ses deux millions.

Debray se défendait en homme qui ne demande pas mieux que d'être vaincu ; car souvent cette idée s'était présentée d'elle-même à son esprit ; puis, comme il connaissait Eugènie, son caractère indépendant et altier, il reprenait de temps en temps une attitude complètement défensive, disant que cette union était impossible, en se laissant toutefois sourdement cha-touiller par l'idée mauvaise qui, au dire de tous les moralistes, préoccupe incessamment l'homme le plus probe, et le plus pur, veillant au fond de son âme comme Satan veille derrière la croix. Le thé, le jeu, la conversation, intéressante, comme on le voit, puisqu'on y discutait de si graves intérêts, durèrent jusqu'à une heure du matin.

Pendant ce temps, Mme Danglars, introduite par le valet de chambre de Lucien, attendait, voilée et palpi-tante, dans le petit salon vert entre deux corbeilles de fleurs qu'elle-même avait envoyées le matin, et que Debray, il faut le dire, avait lui-même rangées, étagées, émondées avec un soin qui fit pardonner son absence à la pauvre femme.

A onze heures quarante minutes, Mme Danglars, lassée d'attendre inutilement, remonta en fiacre et se fit reconduire chez elle.

Les femmes d'un certain monde ont cela de commun avec les grisettes en bonne fortune, qu'elles ne rentrent pas d'ordinaire passé minuit. La baronne rentra dans l'hôtel avec autant de précaution qu'Eugénie venait d'en prendre pour sortir ; elle monta légèrement, et le cœur serré, l'escalier de son appartement, contigu, comme on sait, à celui d'Eugénie.

Elle redoutait si fort de provoquer quelque commentaire ; elle croyait si fermement, pauvre femme respectable en ce point du moins, à l'innocence de sa fille et à sa fidélité pour le foyer paternel !

Rentrée chez elle, elle écouta à la porte d'Eugénie, puis, n'entendant aucun bruit, elle essaya d'entrer ; mais les verrous étaient mis.

Mme Danglars crut qu'Eugénie, fatiguée des terribles émotions de la soirée, s'était mise au lit et qu'elle dormait.

Elle appela la femme de chambre et l'interrogea.

« Mlle Eugénie, répondit la femme de chambre, est rentrée dans son appartement avec Mlle d'Armilly ; puis elles ont pris le thé ensemble ; après quoi elles m'ont congédiée, en me disant qu'elles n'avaient plus besoin de moi. »

Depuis ce moment, la femme de chambre était à l'office, et, comme tout le monde, elle croyait les deux jeunes personnes dans l'appartement.

Mme Danglars se coucha donc sans l'ombre d'un soupçon ; mais, tranquille sur les individus, son esprit se reporta sur l'événement.

A mesure que ses idées s'éclaircissaient en sa tête, les proportions de la scène du contrat grandissaient : ce n'était plus un scandale, c'était un vacarme ; ce n'était plus une honte, c'était une ignominie.

Malgré elle alors, la baronne se rappela qu'elle avait été sans pitié pour la pauvre Mercédès, frappée naguère, dans son époux et dans son fils, d'un malheur aussi grand.

« Eugénie, se dit-elle, est perdue, et nous aussi. L'affaire, telle qu'elle va être présentée, nous couvre d'opprobre ; car dans une société comme la nôtre, certains ridicules sont des plaies vives, saignantes, incurables.

« Quel bonheur, murmura-t-elle, que Dieu ait fait à

Eugénie ce caractère étrange qui m'a si souvent fait trembler ! »

Et son regard reconnaissant se leva vers le ciel, dont la mystérieuse Providence dispose tout à l'avance selon les événements qui doivent arriver, et d'un défaut, d'un vice même, fait quelquefois un bonheur.

Puis, sa pensée franchit l'espace, comme fait, en étendant ses ailes, l'oiseau d'un abîme, et s'arrêta sur Cavalcanti.

« Cet Andrea était un misérable, un voleur, un assassin ; et cependant cet Andrea possédait des façons qui indiquaient une demi-éducation, sinon une éducation complète ; cet Andrea s'était présenté dans le monde avec l'apparence d'une grande fortune, avec l'appui de noms honorables. »

Comment voir clair dans ce dédale ? A qui s'adresser pour sortir de cette position cruelle ?

Debray, à qui elle avait couru avec le premier élan de la femme qui cherche un secours dans l'homme qu'elle aime et qui parfois la perd, Debray ne pouvait que lui donner un conseil ; c'était à quelque autre plus puissant que lui qu'elle devait s'adresser.

La baronne pensa alors à M. de Villefort.

C'était M. de Villefort qui avait voulu faire arrêter Cavalcanti ; c'était M. de Villefort qui sans pitié avait porté le trouble au milieu de sa famille comme si c'eût été une famille étrangère.

Mais non ; en y réfléchissant, ce n'était pas un homme sans pitié que le procureur du roi ; c'était un magistrat esclave de ses devoirs, un ami loyal et ferme qui, brutalement, mais d'une main sûre, avait porté le coup de scalpel dans la corruption : ce n'était pas un bourreau, c'était un chirurgien, un chirurgien qui avait voulu isoler aux yeux du monde l'honneur des Danglars de l'ignominie de ce jeune homme perdu qu'ils avaient présenté au monde comme leur gendre.

Du moment où M. de Villefort, ami de la famille Danglars, agissait ainsi, il n'y avait plus à supposer que le procureur du roi eût rien su d'avance et se fût prêté à aucune des menées d'Andrea.

La conduite de Villefort, en y réfléchissant, apparaissait donc encore à la baronne sous un jour qui s'expliquait à leur avantage commun.

Mais là devait s'arrêter l'inflexibilité du procureur du roi ; elle irait le trouver le lendemain et obtiendrait de lui, sinon qu'il manquât à ses devoirs de magistrat, tout au moins qu'il leur laissât toute la latitude de l'indulgence.

La baronne invoquerait le passé ; elle rajeunirait ses souvenirs, elle supplierait au nom d'un temps coupable, mais heureux ; M. de Villefort assoupirait l'affaire, ou du moins il laisserait (et, pour arriver à cela, il n'avait qu'à tourner les yeux d'un autre côté), ou du moins il laisserait fuir Cavalcanti, et ne poursuivrait le crime que sur cette ombre de criminel qu'on appelle la contumace.

Alors seulement elle s'endormit plus tranquille.

Le lendemain, à neuf heures, elle se leva, et sans sonner sa femme de chambre, sans donner signe d'existence à qui que ce fût au monde, elle s'habilla, et, vêtue avec la même simplicité que la veille, elle descendit l'escalier, sortit de l'hôtel, marcha jusqu'à la rue de Provence, monta dans un fiacre et se fit conduire à la maison de M. de Villefort.

Depuis un mois cette maison maudite présentait l'aspect lugubre d'un lazaret où la peste se serait déclarée ; une partie des appartements étaient clos à l'intérieur et à l'extérieur ; les volets, fermés, ne s'ouvraient qu'un instant pour donner de l'air ; on voyait alors apparaître à cette fenêtre la tête effarée d'un laquais ; puis la fenêtre se refermait comme la dalle d'un tombeau retombe sur un sépulcre, et les voisins se disaient tout bas :

« Est-ce que nous allons encore voir aujourd'hui sortir une bière de la maison de M. le procureur du roi ? »

Mme Danglars fut saisie d'un frisson à l'aspect de cette maison désolée ; elle descendit de son fiacre, et, les genoux fléchissants, s'approcha de la porte fermée et sonna.

Ce ne fut qu'à la troisième fois qu'eut retenti le timbre, dont le tintement lugubre semblait participer lui-même à la tristesse générale, qu'un concierge apparut entrebâillant la porte dans une largeur juste assez grande pour laisser passer ses paroles.

Il vit une femme, une femme du monde, une femme élégamment vêtue, et cependant la porte continua demeurer à peu près close.

« Mais ouvrez donc ! dit la baronne.

— D'abord, madame, qui êtes-vous ? demanda le concierge.

— Qui je suis ? mais vous me connaissez bien.

— Nous ne connaissons plus personne, madame.

— Mais vous êtes fou, mon ami ! s'écria la baronne.

— De quelle part venez-vous ?

— Oh ! c'est trop fort.

— Madame, c'est l'ordre, excusez-moi ; votre nom ?

— Mme la baronne Danglars. Vous m'avez vue vingt fois.

— C'est possible, madame ; maintenant que voulez-vous ?

— Oh ! que vous êtes étrange ! et je me plaindrai à M. de Villefort de l'impertinence de ses gens.

— Madame, ce n'est pas de l'impertinence, c'est de la précaution : personne n'entre ici sans un mot de M. d'Avrigny, ou sans avoir à parler à M. le procureur du roi.

— Eh bien, c'est justement à M. le procureur du roi que j'ai affaire.

— Affaire pressante ?

— Vous devez bien le voir, puisque je ne suis pas encore remontée dans ma voiture. Mais finissons : voici ma carte, portez-la à votre maître.

— Madame attendra mon retour ?

— Oui, allez. »

Le concierge referma la porte, laissant Mme Danglars dans la rue.

La baronne, il est vrai, n'attendit pas longtemps ; un instant après, la porte se rouvrit dans une largeur suffisante pour donner passage à la baronne : elle passa, et la porte se referma derrière elle.

Arrivé dans la cour, le concierge, sans perdre la porte de vue un instant, tira un sifflet de sa poche et siffla.

Le valet de chambre de M. de Villefort parut sur le perron.

« Madame excusera ce brave homme, dit-il en venant au-devant de la baronne : mais ses ordres sont précis, et M. de Villefort m'a chargé de dire à madame qu'il ne pouvait faire autrement qu'il avait fait. »

Dans la cour était un fournisseur introduit avec les mêmes précautions, et dont on examinait les marchandises.

La baronne monta le perron ; elle se sentait profondément impressionnée par cette tristesse qui élargissait pour ainsi dire le cercle de la sienne, et, toujours guidée par le valet de chambre, elle fut introduite, sans que son guide l'eût perdue de vue, dans le cabinet du magistrat.

Si préoccupée que fût Mme Danglars du motif qui l'amenait, la réception qui lui était faite par toute cette valetaille lui avait paru si indigne, qu'elle commença par se plaindre.

Mais Villefort souleva sa tête appesantie par la douleur et la regarda avec un si triste sourire, que les plaintes expirèrent sur ses lèvres.

« Excusez mes serviteurs d'une terreur dont je ne puis leur faire un crime : soupçonnés, ils sont devenus soupçonneux. »

Mme Danglars avait souvent entendu dans le monde parler de cette terreur qu'accusait le magistrat ; mais elle n'aurait jamais pu croire, si elle n'avait eu l'expérience de ses propres yeux, que ce sentiment pût être porté à ce point.

« Vous aussi, dit-elle, vous êtes donc malheureux ?

— Oui, madame, répondit le magistrat.

— Vous me plaignez alors ?

— Sincèrement, madame.

— Et vous comprenez ce qui m'amène ?

— Vous venez me parler de ce qui vous arrive, n'est-ce pas ?

— Oui, monsieur, un affreux malheur.

— C'est-à-dire une mésaventure.

— Une mésaventure ! s'écria la baronne.

— Hélas ! madame, répondit le procureur du roi

avec son calme imperturbable, j'en suis arrivé à n'appeler malheur que les choses irréparables.

— Eh ! monsieur, croyez-vous qu'on oubliera ?...

— Tout s'oublie, madame, dit Villefort ; le mariage de votre fille se fera demain, s'il ne se fait pas aujourd'hui, dans huit jours, s'il ne se fait pas demain. Et quant à regretter le futur de Mlle Eugénie, je ne crois pas que telle soit votre idée. »

Mme Danglars regarda Villefort, stupéfaite de lui voir cette tranquillité presque railleuse.

« Suis-je venue chez un ami ? demanda-t-elle d'un ton plein de douloureuse dignité.

— Vous savez que oui, madame », répondit Villefort, dont les joues se couvrirent, à cette assurance qu'il donnait, d'une légère rougeur.

En effet, cette assurance faisait allusion à d'autres événements qu'à ceux qui les occupaient à cette heure, la baronne et lui.

« Eh bien, alors, dit la baronne, soyez plus affectueux, mon cher Villefort ; parlez-moi en ami et non en magistrat, et quand je me trouve profondément malheureuse, ne me dites point que je doive être gaie. »

Villefort s'inclina.

« Quand j'entends parler de malheurs, madame, dit-il, j'ai pris depuis trois mois la fâcheuse habitude de penser aux miens, et alors cette égoïste opération du parallèle se fait malgré moi dans mon esprit. Voilà pourquoi, à côté de mes malheurs, les vôtres me semblaient une mésaventure ; voilà pourquoi, à côté de ma position funeste, la vôtre me semblait une position à envier ; mais cela vous contrarie, laissons cela. Vous disiez, madame ?

— Je viens savoir de vous, mon ami, reprit la baronne, où en est l'affaire de cet imposteur ?

— Imposteur ! répéta Villefort ; décidément, madame, c'est un parti pris chez vous d'atténuer certaines choses et d'en exagérer d'autres ; imposteur, M. Andrea Cavalcanti, ou plutôt M. Benedetto ! Vous vous trompez, madame, M. Benedetto est bel et bien un assassin.

— Monsieur, je ne nie pas la justesse de votre rectification ; mais plus vous vous armerez sévèrement contre ce malheureux, plus vous frapperez notre famille. Voyons, oubliez-le pour un moment ; au lieu de le poursuivre, laissez-le fuir.

— Vous venez trop tard, madame, les ordres sont déjà donnés.

— Eh bien, si on l'arrête... Croyez-vous qu'on l'arrêtera ?

— Je l'espère.

— Si on l'arrête (écoutez, j'entends toujours dire que les prisons regorgent), eh bien, laissez-le en prison. »

Le procureur du roi fit un mouvement négatif.

« Au moins jusqu'à ce que ma fille soit mariée, ajouta la baronne.

— Impossible, madame ; la justice a des formalités.

— Même pour moi ? dit la baronne, moitié souriante, moitié sérieuse.

— Pour tous, répondit Villefort ; et pour moi-même comme pour les autres.

— Ah ! » fit la baronne, sans ajouter en paroles ce que sa pensée venait de trahir par cette exclamation.

Villefort la regarda avec ce regard dont il sondait les pensées.

« Oui, je sais ce que vous voulez dire, reprit-il ; vous faites allusion à ces bruits terribles répandus dans le monde, que toutes ces morts qui, depuis trois mois, m'habillent de deuil ; que cette mort à laquelle vient, comme par miracle, d'échapper Valentine, ne sont point naturelles.

— Je ne songeais point à cela, dit vivement Mme Danglars.

— Si, vous y songiez, madame, et c'était justice, car vous ne pouviez faire autrement que d'y songer, et vous vous disiez tout bas : Toi qui poursuis le crime, réponds : Pourquoi donc y a-t-il autour de toi des crimes qui restent impunis ? »

La baronne pâlit.

« Vous vous disiez cela, n'est-ce pas, madame ?

— Eh bien, je l'avoue.

— Je vais vous répondre. »

Villefort rapprocha son fauteuil de la chaise de Mme Danglars ; puis, appuyant ses deux mains sur son bureau, et prenant une intonation plus sourde que de coutume :

« Il y a des crimes qui restent impunis, dit-il, parce qu'on ne connaît pas les criminels, et qu'on craint de frapper une tête innocente pour une tête coupable ; mais quand ces criminels seront connus (Villefort étendit la main vers un crucifix placé en face de son bureau), quand ces criminels seront connus, répéta-t-il, par le Dieu vivant, madame, quels qu'ils soient, ils mourront ! Maintenant, après le serment que je viens de faire et que je tiendrai, madame, osez me demander grâce pour ce misérable !

— Eh ! monsieur, reprit Mme Danglars, êtes-vous sûr qu'il soit aussi coupable qu'on le dit ?

— Écoutez, voici son dossier : Benedetto, condamné d'abord à cinq ans de galères pour faux, à seize ans ; le jeune homme promettait, comme vous voyez ; puis évadé, puis assassin.

— Et qui est ce malheureux ?

— Eh ! sait-on cela ! Un vagabond, un Corse.

— Il n'a donc été réclamé par personne ?

— Par personne ; on ne connaît pas ses parents.

— Mais cet homme qui était venu de Lucques ?

— Un autre escroc comme lui ; son complice peut-être. »

La baronne joignit les mains.

« Villefort ! dit-elle avec sa plus douce et sa plus caressante intonation.

— Pour Dieu ! madame, répondit le procureur du roi avec une fermeté qui n'était pas exempte de sécheresse, pour Dieu ! ne me demandez donc jamais grâce pour un coupable.

« Que suis-je, moi ? la loi. Est-ce que la loi a des yeux pour voir votre tristesse ? Est-ce que la loi a des oreilles pour entendre votre douce voix ? Est-ce que la loi a une mémoire pour se faire l'application de vos délicates pensées ? Non, madame, la loi ordonne, et quand la loi a ordonné, elle frappe.

« Vous me direz que je suis un être vivant et non pas un code ; un homme, et non pas un volume. Regardez-moi, madame, regardez autour de moi : les hommes m'ont-ils traité en frère ? m'ont-ils aimé, moi ? m'ont-ils ménagé, moi ? m'ont-ils épargné, moi ? quelqu'un a-t-il demandé grâce pour M. de Villefort, et a-t-on accordé à ce quelqu'un la grâce de M. de Villefort ? Non, non, non ! frappé, toujours frappé !

« Vous persistez, femme, c'est-à-dire sirène que vous êtes, à me parler avec cet œil charmant et expressif qui me rappelle que je dois rougir. Eh bien, soit, oui, rougir de ce que vous savez, et peut-être, peut-être d'autre chose encore.

« Mais enfin, depuis que j'ai failli moi-même, et plus profondément que les autres peut-être, eh bien, depuis ce temps, j'ai secoué les vêtements d'autrui pour trouver l'ulcère, et je l'ai toujours trouvé, et je dirai plus, je l'ai trouvé avec bonheur, avec joie, ce cachet de la faiblesse ou de la perversité humaine.

« Car chaque homme que je reconnaissais coupable, et chaque coupable que je frappais, me semblait une preuve vivante, une preuve nouvelle que je n'étais pas une hideuse exception ! Hélas ! hélas ! hélas ! tout le monde est méchant, madame, prouvons-le et frappons le méchant ! »

Villefort prononça ces dernières paroles avec une rage fiévreuse qui donnait à son langage une féroce éloquence.

« Mais, reprit Mme Danglars essayant de tenter un dernier effort, vous dites que ce jeune homme est vagabond, orphelin, abandonné de tous ?

— Tant pis, tant pis, ou plutôt tant mieux ; la Providence l'a fait ainsi pour que personne n'eût à pleurer sur lui.

— C'est s'acharner sur le faible, monsieur.

— Le faible qui assassine !

— Son déshonneur rejaillirait sur ma maison.

— N'ai-je pas, moi, la mort dans la mienne ?

— Oh ! monsieur ! s'écria la baronne, vous êtes sans pitié pour les autres. Eh bien, c'est moi qui vous le dis, on sera sans pitié pour vous !

— Soit ! dit Villefort, en levant avec un geste de menace son bras au ciel.

— Remettez au moins la cause de ce malheureux, s'il est arrêté, aux assises prochaines ; cela nous donnera six mois pour qu'on oublie.

— Non pas, dit Villefort ; j'ai cinq jours encore ; l'instruction est faite ; cinq jours, c'est plus de temps qu'il ne m'en faut ; d'ailleurs, ne comprenez-vous point, madame, que, moi aussi, il faut que j'oublie ? Eh bien, quand je travaille, et je travaille nuit et jour, quand je travaille, il y a des moments où je ne me souviens plus, et quand je ne me souviens plus, je suis heureux à la manière des morts : mais cela vaut encore mieux que de souffrir.

— Monsieur, il s'est enfui ; laissez-le fuir, l'inertie est une clémence facile.

— Mais je vous ai dit qu'il était trop tard ! Au point du jour le télégraphe a joué, et à cette heure...

— Monsieur, dit le valet de chambre en entrant, un dragon apporte cette dépêche du ministre de l'Intérieur. »

Villefort saisit la lettre et la décacheta vivement. Mme Danglars frémit de terreur. Villefort tressaillit de joie.

« Arrêté ! s'écria Villefort ; on l'a arrêté à Compiègne ; c'est fini. »

Mme Danglars se leva froide et pâle.

« Adieu, monsieur, dit-elle.

— Adieu, madame », répondit le procureur du roi, presque joyeux en la reconduisant jusqu'à la porte.

Puis revenant à son bureau :

« Allons, dit-il en frappant sur la lettre avec le dos de la main droite, j'avais un faux, j'avais trois vols, j'avais trois incendies, il ne me manquait qu'un assassinat, le voici ; la session sera belle. »

C

L'APPARITION

Comme l'avait dit le procureur du roi à Mme Danglars, Valentine n'était point encore remise.

Brisée par la fatigue, elle gardait en effet le lit, et ce

fut dans sa chambre, et de la bouche de Mme de Villefort, qu'elle apprit les événements que nous venons de raconter, c'est-à-dire la fuite d'Eugénie et l'arrestation d'Andrea Cavalcanti, ou plutôt de Benedetto, ainsi que l'accusation d'assassinat portée contre lui.

Mais Valentine était si faible, que ce récit ne lui fit peut-être point tout l'effet qu'il eût produit sur elle dans son état de santé habituel.

En effet, ce ne fut que quelques idées vagues, quelques forces indécises de plus mêlées aux idées étranges et aux fantômes fugitifs qui naissaient dans son cerveau malade ou qui passaient devant ses yeux, et bientôt même tout s'effaça pour laisser reprendre toutes leurs forces aux sensations personnelles.

Pendant la journée, Valentine était encore maintenue dans la réalité par la présence de Noirtier, qui se faisait porter chez sa petite-fille et demeurait là, couvant Valentine de son regard paternel ; puis, lorsqu'il était revenu du Palais, c'était Villefort à son tour qui passait une heure ou deux entre son père et son enfant.

A six heures Villefort se retirait dans son cabinet ; à huit heures arrivait M. d'Avrigny, qui lui-même apportait la potion nocturne préparée pour la jeune fille ; puis on emmenait Noirtier.

Une garde du choix du docteur remplaçait tout le monde, et ne se retirait elle-même que lorsque, vers dix ou onze heures, Valentine était endormie.

En descendant, elle remettait les clefs de la chambre de Valentine à M. de Villefort lui-même, de sorte qu'on ne pouvait plus entrer chez la malade qu'en traversant l'appartement de Mme de Villefort et la chambre du petit Édouard.

Chaque matin Morrel venait chez Noirtier prendre des nouvelles de Valentine : mais Morrel, chose extraordinaire, semblait de jour en jour moins inquiet.

D'abord, de jour en jour Valentine, quoique en proie à une violente exaltation nerveuse, allait mieux ; puis, Monte-Cristo ne lui avait-il pas dit, lorsqu'il était accouru tout éperdu chez lui, que si dans deux heures Valentine n'était pas morte, Valentine serait sauvée ?

Or, Valentine vivait encore, et quatre jours s'étaient écoulés.

Cette exaltation nerveuse dont nous avons parlé poursuivait Valentine jusque dans son sommeil, ou plutôt dans l'état de somnolence qui succédait à sa veille : c'était alors que, dans le silence de la nuit et de la demi-obscurité que laissait régner la veilleuse posée sur la cheminée et brûlant dans son enveloppe d'albâtre, elle voyait passer ces ombres qui viennent peupler la chambre des malades et que secoue la fièvre de ses ailes frissonnantes.

Alors il lui semblait voir apparaître tantôt sa belle-mère qui la menaçait, tantôt Morrel qui lui tendait les bras, tantôt des êtres presque étrangers à sa vie habituelle, comme le comte de Monte-Cristo ; il n'y avait pas jusqu'aux meubles qui, dans ces moments de délire, ne parussent mobiles et errants ; et cela durait ainsi jusqu'à deux ou trois heures du matin, moment où un sommeil de plomb venait s'emparer de la jeune fille et la conduisait jusqu'au jour.

Le soir qui suivit cette matinée où Valentine avait appris la fuite d'Eugénie et l'arrestation de Benedetto, et où, après s'être mêlés un instant aux sensations de sa propre existence, ces événements commençaient à sortir peu à peu de sa pensée, après la retraite successive de Villefort, de d'Avrigny et de Noirtier, tandis que onze heures sonnaient à Saint-Philippe-du-Roule, et que la garde, ayant placé sous la main de la malade le breuvage préparé par le docteur, et fermé la porte de sa chambre, écoutait en frémissant, à l'office où elle s'était retirée, les commentaires des domestiques, et meublait sa mémoire des lugubres histoires qui, depuis trois mois, défrayaient les soirées de l'antichambre du procureur du roi, une scène inattendue se passait dans cette chambre si soigneusement fermée.

Il y avait déjà dix minutes à peu près que la garde s'était retirée.

Valentine, en proie depuis une heure à cette fièvre qui revenait chaque nuit, laissait sa tête, insoumise à sa volonté, continuer ce travail actif, monotone et implacable du cerveau, qui s'épuise à reproduire incessamment les mêmes pensées ou à enfanter les mêmes images.

De la mèche de la veilleuse s'élançaient mille et mille rayonnements tous empreints de significations étranges, quand tout à coup, à son reflet tremblant, Valentine crut voir sa bibliothèque, placée à côté de la cheminée, dans un renfoncement du mur, s'ouvrir lentement sans que les gonds sur lesquels elle semblait rouler produisissent le moindre bruit.

Dans un autre moment, Valentine eût saisi sa sonnette et eût tiré le cordonnet de soie en appelant au secours : mais rien ne l'étonnait plus dans la situation où elle se trouvait. Elle avait conscience que toutes ces visions qui l'entouraient étaient les filles de son délire, et cette conviction lui était venue de ce que, le matin, aucune trace n'était restée jamais de tous ces fantômes de la nuit, qui disparaissaient avec le jour.

Derrière la porte parut une figure humaine.

Valentine était, grâce à sa fièvre, trop familiarisée avec ces sortes d'apparitions pour s'épouvanter ; elle ouvrit seulement de grands yeux, espérant reconnaître Morrel.

La figure continua de s'avancer vers son lit, puis elle s'arrêta, et parut écouter avec une attention profonde.

En ce moment, un reflet de la veilleuse se joua sur le visage du nocturne visiteur.

« Ce n'est pas lui ! » murmura-t-elle.

Et elle attendit, convaincue qu'elle rêvait, que cet homme, comme cela arrive dans les songes, disparût ou se changeât en quelque autre personne.

Seulement elle toucha son pouls, et, le sentant battre violemment, elle se souvint que le meilleur moyen de faire disparaître ces visions importunes était de boire : la fraîcheur de la boisson, composée d'ailleurs dans le but de calmer les agitations dont Valentine s'était plainte au docteur, apportait, en faisant tomber la fièvre, un renouvellement des sensations du cerveau, quand elle avait bu, pour un moment elle souffrait moins.

Valentine étendit donc la main afin de prendre son verre sur la coupe de cristal où il reposait ; mais tandis qu'elle allongeait hors du lit son bras frissonnant, l'apparition fit encore, et plus vivement que jamais, deux pas vers le lit, et arriva si près de la jeune fille qu'elle entendit son souffle et qu'elle crut sentir la pression de sa main.

Cette fois l'illusion ou plutôt la réalité dépassait tout ce que Valentine avait éprouvé jusque-là ; elle commença à se croire bien éveillée et bien vivante ; elle eut conscience qu'elle jouissait de toute sa raison, et elle frémit.

La pression que Valentine avait ressentie avait pour but de lui arrêter le bras.

Valentine le retira lentement à elle.

Alors cette figure, dont le regard ne pouvait se détacher, et qui d'ailleurs paraissait plutôt protectrice que menaçante, cette figure prit le verre, s'approcha de la veilleuse et regarda le breuvage, comme si elle eût voulu en juger la transparence et la limpidité.

Mais cette première épreuve ne suffit pas.

Cet homme, ou plutôt ce fantôme, car il marchait si doucement que le tapis étouffait le bruit de ses pas, cet homme puisa dans le verre une cuillerée du breuvage et l'avala. Valentine regardait ce qui se passait devant ses yeux avec un profond sentiment de stupeur.

Elle croyait bien que tout cela était près de disparaître pour faire place à un autre tableau ; mais l'homme, au lieu de s'évanouir comme une ombre, se rapprocha d'elle, et tendant le verre à Valentine, d'une voix pleine d'émotion :

« Maintenant, dit-il, buvez !... »

Valentine tressaillit.

C'était la première fois qu'une de ses visions lui parlait avec ce timbre vivant.

Elle ouvrit la bouche pour pousser un cri.

L'homme posa un doigt sur ses lèvres.

« M. le comte de Monte-Cristo ! » murmura-t-elle.

A l'effroi qui se peignit dans les yeux de la jeune fille, au tremblement de ses mains, au geste rapide qu'elle fit pour se blottir sous ses draps, on pouvait reconnaître la dernière lutte du doute contre la conviction ; cependant, la présence de Monte-Cristo chez elle à une pareille heure, son entrée mystérieuse, fantastique, inexplicable, par un mur, semblaient des impossibilités à la raison ébranlée de Valentine.

« N'appelez pas, ne vous effrayez pas, dit le comte, n'ayez pas même au fond du cœur l'éclair d'un soupçon ou l'ombre d'une inquiétude ; l'homme que vous voyez devant vous (car cette fois vous avez raison, Valentine, et ce n'est point une illusion), l'homme que vous voyez devant vous est le plus tendre père et le plus respectueux ami que vous puissiez rêver. »

Valentine ne trouva rien à répondre : elle avait une si grande peur de cette voix qui lui révélait la présence réelle de celui qui parlait, qu'elle redoutait d'y associer la sienne ; mais son regard effrayé voulait dire : Si vos intentions sont pures, pourquoi êtes-vous ici ?

Avec sa merveilleuse sagacité, le comte comprit tout ce qui se passait dans le cœur de la jeune fille.

« Écoutez-moi, dit-il, ou plutôt regardez-moi : voyez mes yeux rougis et mon visage plus pâle encore que d'habitude ; c'est que depuis quatre nuits je n'ai pas fermé l'œil un seul instant ; depuis quatre nuits je veille sur vous, je vous protège, je vous conserve à notre ami Maximilien. »

Un flot de sang joyeux monta rapidement aux joues de la malade ; car le nom que venait de prononcer le comte lui enlevait le reste de défiance qu'il lui avait inspirée.

« Maximilien !... répéta Valentine, tant ce nom lui paraissait doux à prononcer ; Maximilien ! il vous a donc tout avoué ?

— Tout. Il m'a dit que votre vie était la sienne, et je lui ai promis que vous vivriez.

— Vous lui avez promis que je vivrais ?

— Oui.

— En effet, monsieur, vous venez de parler de vigilance et de protection. Êtes-vous donc médecin ?

— Oui, le meilleur que le Ciel puisse vous envoyer en ce moment, croyez-moi.

— Vous dites que vous avez veillé ? demanda Valentine inquiète ; où cela ? je ne vous ai pas vu. »

Le comte étendit la main dans la direction de la bibliothèque.

« J'étais caché derrière cette porte, dit-il, cette porte donne dans la maison voisine que j'ai louée. »

Valentine, par un mouvement de fierté pudique, détourna les yeux, et avec une souveraine terreur :

« Monsieur, dit-elle, ce que vous avez fait est d'une démence sans exemple, et cette protection que vous m'avez accordée ressemble fort à une insulte.

— Valentine, dit-il, pendant cette longue veille, voici les seules choses que j'aie vues : quels gens venaient chez vous, quels aliments on vous préparait, quelles boissons on vous a servies ; puis, quand ces boissons me paraissaient dangereuses, j'entrais comme je viens d'entrer, je vidais votre verre et je substituais au poison un breuvage bienfaisant, qui, au lieu de la mort qui vous était préparée, faisait circuler la vie dans vos veines.

— Le poison ! la mort ! s'écria Valentine, se croyant de nouveau sous l'empire de quelque fiévreuse hallucination ; que dites-vous donc là, monsieur ?

— Chut ! mon enfant, dit Monte-Cristo, en portant de nouveau son doigt à ses lèvres, j'ai dit le poison ; oui, j'ai dit la mort, et je répète la mort, mais buvez d'abord ceci. (Le comte tira de sa poche un flacon contenant une liqueur rouge dont il versa quelques gouttes dans le verre.) Et quand vous aurez bu, ne prenez plus rien de la nuit. »

Valentine avança la main ; mais à peine eût-elle touché le verre, qu'elle la retira avec effroi.

Monte-Cristo prit le verre, en but la moitié, et le présenta à Valentine, qui avala en souriant le reste de la liqueur qu'il contenait.

« Oh ! oui, dit-elle, je reconnais le goût de mes breuvages nocturnes, de cette eau qui rendait un peu de fraîcheur à ma poitrine, un peu de calme à mon cerveau. Merci, monsieur, merci.

— Voilà comment vous avez vécu quatre nuits, Valentine, dit le comte. Mais moi, comment vivais-je ? Oh ! les cruelles heures que vous m'avez fait passer ! Oh ! les effroyables tortures que vous m'avez fait subir, quand je voyais verser dans votre verre le poison mortel, quand je tremblais que vous n'eussiez le temps de le boire avant que j'eusse celui de le répandre dans la cheminée !

— Vous dites, monsieur, reprit Valentine au comble de la terreur, que vous avez subi mille tortures en voyant verser dans mon verre le poison mortel ? Mais si vous avez vu verser le poison dans mon verre, vous avez dû voir la personne qui le versait ?

— Oui. »

Valentine se souleva sur son séant, et ramenant sur sa poitrine plus pâle que la neige la batiste brodée, encore moite de la sueur froide du délire, à laquelle commençait à se mêler la sueur plus glacée encore de la terreur :

« Vous l'avez vue ? répéta la jeune fille.

— Oui, dit une seconde fois le comte.

— Ce que vous me dites est horrible, monsieur, ce que vous voulez me faire croire a quelque chose d'infernal. Quoi ! dans la maison de mon père, quoi ! dans ma chambre, quoi ! sur mon lit de souffrance on continue de m'assassiner ? Oh ! retirez-vous, monsieur, vous tentez ma conscience, vous blasphémez la bonté divine, c'est impossible, cela ne se peut pas.

— Êtes-vous donc la première que cette main frappe, Valentine ? n'avez-vous pas vu tomber autour de vous M. de Saint-Méran, Mme de Saint-Méran, Barrois ? n'auriez-vous pas vu tomber M. Noirtier, si le traitement qu'il suit depuis près de trois ans ne l'avait protégé en combattant le poison par l'habitude du poison ?

— Oh ! mon Dieu ! dit Valentine, c'est pour cela que, depuis près d'un mois, bon papa exige que je partage toutes ses boissons ?

— Et ces boissons, s'écria Monte-Cristo, ont un goût amer comme celui d'une écorce d'orange à moitié séchée, n'est-ce pas ?

— Oui, mon Dieu, oui !

— Oh ! cela m'explique tout, dit Monte-Cristo, lui aussi sait qu'on empoisonne ici, et peut-être qui empoisonne.

« Il vous a prémunie, vous, son enfant bien-aimée, contre la substance mortelle, et la substance mortelle est venue s'émousser contre ce commencement d'habitude ! voilà comment vous vivez encore, ce que je ne m'expliquais pas, après avoir été empoisonnée il y a quatre jours avec un poison qui d'ordinaire ne pardonne pas.

— Mais quel est donc l'assassin, le meurtrier ?

— A votre tour je vous demanderai : N'avez-vous donc jamais vu entrer quelqu'un la nuit dans votre chambre ?

— Si fait. Souvent j'ai cru voir passer comme des ombres, ces ombres s'approcher, s'éloigner, disparaître ; mais je les prenais pour des visions de ma fièvre, et tout à l'heure, quand vous êtes entré vous-même, eh bien, j'ai cru longtemps ou que j'avais le délire, ou que je rêvais.

— Ainsi, vous ne connaissez pas la personne qui en veut à votre vie ?

— Non, dit Valentine, pourquoi quelqu'un désire-rait-il ma mort ?

— Vous allez la connaître alors, dit Monte-Cristo en prêtant l'oreille.

— Comment cela ? demanda Valentine, en regardant avec terreur autour d'elle.

— Parce que ce soir vous n'avez plus ni fièvre ni délire, parce que ce soir vous êtes bien éveillée, parce que voilà minuit qui sonne et que c'est l'heure des assassins.

— Mon Dieu ! mon Dieu ! » dit Valentine en essuyant avec sa main la sueur qui perlait à son front.

En effet, minuit sonnait lentement et tristement, on eût dit que chaque coup de marteau de bronze frappait le cœur de la jeune fille.

« Valentine, continua le comte, appelez toutes vos forces à votre secours, comprimez votre cœur dans votre poitrine, arrêtez votre voix dans votre gorge, feignez le sommeil, et vous verrez, vous verrez ! »

Valentine saisit la main du comte.

« Il me semble que j'entends du bruit, dit-elle, retirez-vous !

— Adieu, ou plutôt au revoir », répondit le comte.

Puis, avec un sourire si triste et si paternel que le

cœur de la jeune fille en fut pénétré de reconnaissance, il regagna sur la pointe du pied la porte de la
bibliothèque.

Mais, se retournant avant de la refermer sur lui :

« Pas un geste, dit-il, pas un mot, qu'on vous croie
endormie, sans quoi peut-être vous tuerait-on avant
que j'eusse le temps d'accourir. »

Et, sur cette effroyable injonction, le comte disparut
derrière la porte, qui se referma silencieusement sur
lui.

CI

LOCUSTE

Valentine resta seule ; deux autres pendules, en
retard sur celle de Saint-Philippe-du-Roule, sonnèrent
encore minuit à des distances différentes.

Puis, à part le bruissement de quelques voitures
lointaines, tout retomba dans le silence.

Alors toute l'attention de Valentine se concentra sur
la pendule de sa chambre, dont le balancier marquait
les secondes.

Elle se mit à compter ces secondes et remarqua
qu'elles étaient du double plus lentes que les battements de son cœur. Et cependant elle doutait encore ;
l'inoffensive Valentine ne pouvait se figurer que
quelqu'un désirât sa mort ; pourquoi ? dans quel but ?
quel mal avait-elle fait qui pût lui susciter un ennemi ?

Il n'y avait pas de crainte qu'elle s'endormît.

Une seule idée, une idée terrible tenait son esprit
tendu : c'est qu'il existait une personne au monde qui
avait tenté de l'assassiner et qui allait le tenter encore.

Si cette fois cette personne, lassée de voir l'inefficacité du poison, allait, comme l'avait dit Monte-Cristo,
avoir recours au fer ! si le comte n'allait pas avoir le
temps d'accourir ! si elle touchait à son dernier
moment ! si elle ne devait plus revoir Morrel !

A cette pensée qui la couvrait à la fois d'une pâleur livide et d'une sueur glacée, Valentine était prête à saisir le cordon de la sonnette et à appeler au secours.

Mais il lui semblait, à travers la porte de la bibliothèque, voir étinceler l'œil du comte, cet œil qui pesait sur son souvenir, et qui, lorsqu'elle y songeait, l'écrasait d'une telle honte, qu'elle se demandait si jamais la reconnaissance parviendrait à effacer ce pénible effet de l'indiscrète amitié du comte.

Vingt minutes, vingt éternités s'écoulèrent ainsi, puis dix autres minutes encore ; enfin la pendule, criant une seconde à l'avance, finit par frapper un coup sur le timbre sonore.

En ce moment même, un grattement imperceptible de l'ongle sur le bois de la bibliothèque apprit à Valentine que le comte veillait et lui recommandait de veiller.

En effet, du côté opposé, c'est-à-dire vers la chambre d'Édouard, il sembla à Valentine qu'elle entendait crier le parquet ; elle prêta l'oreille, retenant sa respiration presque étouffée ; le bouton de la serrure grinça et la porte tourna sur ses gonds.

Valentine s'était soulevée sur son coude, elle n'eut que le temps de se laisser retomber sur son lit et de cacher ses yeux sous son bras.

Puis, tremblante, agitée, le cœur serré d'un indicible effroi, elle attendit.

Quelqu'un s'approcha du lit et effleura les rideaux.

Valentine rassembla toutes ses forces et laissa entendre ce murmure régulier de la respiration qui annonce un sommeil tranquille.

« Valentine ! » dit tout bas une voix.

La jeune fille frissonna jusqu'au fond du cœur, mais ne répondit point.

« Valentine ! » répéta la même voix.

Même silence : Valentine avait promis de ne point se réveiller.

Puis tout demeura immobile.

Seulement Valentine entendit le bruit presque insensible d'une liqueur tombant dans le verre qu'elle venait de vider.

Alors elle osa, sous le rempart de son bras étendu, entrouvrir sa paupière.

Elle vit alors une femme en peignoir blanc, qui vidait dans son verre une liqueur préparée d'avance dans une fiole.

Pendant ce court instant, Valentine retint peut-être sa respiration ou fit sans doute quelque mouvement, car la femme, inquiète, s'arrêta et se pencha sur son lit pour mieux voir si elle dormait réellement : c'était Mme de Villefort.

Valentine, en reconnaissant sa belle-mère, fut saisie d'un frisson aigu qui imprima un mouvement à son lit.

Madame de Villefort s'effaça aussitôt le long du mur, et là, abritée derrière le rideau du lit, muette, attentive, elle épia jusqu'au moindre mouvement de Valentine.

Celle-ci se rappela les terribles paroles de Monte-Cristo ; il lui avait semblé, dans la main qui ne tenait pas la fiole, voir briller une espèce de couteau long et affilé. Alors Valentine, appelant toute la puissance de sa volonté à son secours, s'efforça de fermer les yeux ; mais, cette fonction du plus craintif de nos sens, cette fonction, si simple d'ordinaire, devenait en ce moment presque impossible à accomplir, tant l'avide curiosité faisait d'efforts pour repousser cette paupière et attirer la vérité.

Cependant, assurée, par le silence dans lequel avait recommencé à se faire entendre le bruit égal de la respiration de Valentine, que celle-ci dormait, Mme de Villefort étendit de nouveau le bras, et en demeurant à demi dissimulée par les rideaux rassemblés au chevet du lit, elle acheva de vider dans le verre de Valentine le contenu de sa fiole.

Puis elle se retira, sans que le moindre bruit avertît Valentine qu'elle était partie.

Elle avait vu disparaître le bras, voilà tout ; ce bras frais et arrondi d'une femme de vingt-cinq ans, jeune et belle, et qui versait la mort.

Il est impossible d'exprimer ce que Valentine avait éprouvé pendant cette minute et demie que Mme de Villefort était restée dans sa chambre.

Le grattement de l'ongle sur la bibliothèque tira la jeune fille de cet état de torpeur dans lequel elle était ensevelie, et qui ressemblait à de l'engourdissement.

Elle souleva la tête avec effort.

La porte, toujours silencieuse, roula une seconde fois sur ses gonds, et le comte de Monte-Cristo reparut.

« Eh bien, demanda le comte, doutez-vous encore ?

— Ô mon Dieu ! murmura la jeune fille.

— Vous avez vu ?

— Hélas !

— Vous avez reconnu ? »

Valentine poussa un gémissement.

« Oui, dit-elle, mais je n'y puis croire.

— Vous aimez mieux mourir alors, et faire mourir Maximilien !...

— Mon Dieu, mon Dieu ! répéta la jeune fille presque égarée ; mais ne puis-je donc pas quitter la maison, me sauver ?...

— Valentine, la main qui vous poursuit vous atteindra partout : à force d'or, on séduira vos domestiques, et la mort s'offrira à vous, déguisée sous tous les aspects, dans l'eau que vous boirez à la source, dans le fruit que vous cueillerez à l'arbre.

— Mais n'avez-vous donc pas dit que la précaution de bon papa m'avait prémunie contre le poison ?

— Contre un poison, et encore non pas employé à forte dose ; on changera de poison ou l'on augmentera la dose. »

Il prit le verre et y trempa ses lèvres.

« Et tenez, dit-il, c'est déjà fait. Ce n'est plus avec de la brucine qu'on vous empoisonne, c'est avec un simple narcotique. Je reconnais le goût de l'alcool dans lequel on l'a fait dissoudre. Si vous aviez bu ce que Mme de Villefort vient de verser dans ce verre, Valentine, vous étiez perdue.

— Mais, mon Dieu ! s'écria la jeune fille, pourquoi donc me poursuit-elle ainsi ?

— Comment ! vous êtes si douce, si bonne, si peu croyante au mal que vous n'avez pas compris, Valentine ?

— Non, dit la jeune fille ; je ne lui ai jamais fait de mal.

— Mais vous êtes riche, Valentine ; mais vous avez deux cent mille livres de rente, et ces deux cent mille francs de rente, vous les enlevez à son fils.

— Comment cela ? Ma fortune n'est point la sienne et me vient de mes parents.

— Sans doute, et voilà pourquoi M. et Mme de Saint-Méran sont morts : c'était pour que vous héritassiez de vos parents ; voilà pourquoi du jour où il vous a fait son héritière, M. Noirtier avait été condamné ; voilà pourquoi, à votre tour, vous devez mourir, Valentine ; c'est afin que votre père hérite de vous, et que votre frère, devenu fils unique, hérite de votre père.

— Édouard ! pauvre enfant, et c'est pour lui qu'on commet tous ces crimes ?

— Ah ! vous comprenez, enfin.

— Ah ! mon Dieu ! pourvu que tout cela ne retombe pas sur lui !

— Vous êtes un ange, Valentine.

— Mais mon grand-père, on a donc renoncé à le tuer, lui ?

— On a réfléchi que vous morte, à moins d'exhérédation, la fortune revenait naturellement à votre frère, et l'on a pensé que le crime, au bout du compte, étant inutile, il était doublement dangereux de le commettre.

— Et c'est dans l'esprit d'une femme qu'une pareille combinaison a pris naissance ! Ô mon Dieu ! mon Dieu !

— Rappelez-vous Pérouse, la treille de l'auberge de la Poste, l'homme au manteau brun, que votre belle-mère interrogeait sur l'aqua-tofana ; eh bien, dès cette époque, tout cet infernal projet mûrissait dans son cerveau.

— Oh ! monsieur, s'écria la douce jeune fille en fondant en larmes, je vois bien, s'il en est ainsi, que je suis condamnée à mourir.

— Non, Valentine, non, car j'ai prévu tous les complots ; non, car notre ennemie est vaincue, puisqu'elle est devinée ; non, vous vivrez, Valentine, vous vivrez pour aimer et être aimée, vous vivrez pour être heureuse et rendre un noble cœur heureux ; mais pour vivre, Valentine, il faut avoir bien confiance en moi.

— Ordonnez, monsieur, que faut-il faire ?

— Il faut prendre aveuglément ce que je vous donnerai.

— Oh ! Dieu m'est témoin, s'écria Valentine, que si j'étais seule, j'aimerais mieux me laisser mourir !

— Vous ne vous confierez à personne, pas même à votre père.

— Mon père n'est pas de cet affreux complot, n'est-ce pas, monsieur ? dit Valentine en joignant les mains.

— Non, et cependant votre père, l'homme habitué aux accusations juridiques, votre père doit se douter que toutes ces morts qui s'abattent sur sa maison ne sont point naturelles. Votre père, c'est lui qui aurait dû veiller sur vous, c'est lui qui devrait être à cette heure à la place que j'occupe ; c'est lui qui devrait déjà avoir vidé ce verre ; c'est lui qui devrait déjà s'être dressé contre l'assassin. Spectre contre spectre, murmura-t-il, en achevant tout haut sa phrase.

— Monsieur, dit Valentine, je ferai tout pour vivre, car il existe deux êtres au monde qui m'aiment à en mourir si je mourais : mon grand-père et Maximilien.

— Je veillerai sur eux comme j'ai veillé sur vous.

— Eh bien, monsieur, disposez de moi, dit Valentine. Puis à voix basse : Ô mon Dieu ! mon Dieu ! dit-elle, que va-t-il m'arriver ?

— Quelque chose qui vous arrive, Valentine, ne vous épouvantez point ; si vous souffrez, si vous perdez la vue, l'ouïe, le tact, ne craignez rien ; si vous vous réveillez sans savoir où vous êtes, n'ayez pas peur, dussiez-vous, en vous éveillant, vous trouver dans quelque caveau sépulcral ou clouée dans quelque bière ; rappelez soudain votre esprit, et dites-vous : En ce moment, un ami, un père, un homme qui veut mon bonheur et celui de Maximilien, cet homme veille sur moi.

— Hélas ! hélas ! quelle terrible extrémité !

— Valentine, aimez-vous mieux dénoncer votre belle-mère ?

— J'aimerais mieux mourir cent fois ! oh ! oui, mourir !

— Non, vous ne mourrez pas, et quelque chose qui vous arrive, vous me le promettez, vous ne vous plaindrez pas, vous espérerez ?

— Je penserai à Maximilien.

— Vous êtes ma fille bien-aimée, Valentine ; seul, je puis vous sauver, et je vous sauverai. »

Valentine, au comble de la terreur, joignit les mains (car elle sentait que le moment était venu de demander à Dieu du courage) et se dressa pour prier, murmurant des mots sans suite, et oubliant que ses blanches épaules n'avaient d'autre voile que sa longue chevelure et que l'on voyait battre son cœur sous la fine dentelle de peignoir de nuit.

Le comte appuya doucement la main sur le bras de la jeune fille, ramena jusque sur son cou la courte-pointe de velours, et, avec un sourire paternel :

« Ma fille, dit-il, croyez en mon dévouement, comme vous croyez en la bonté de Dieu et dans l'amour de Maximilien. »

Valentine attacha sur lui un regard plein de reconnaissance, et demeura docile comme un enfant sous ses voiles.

Alors le comte tira de la poche de son gilet le drageoir en émeraude, souleva son couvercle d'or, et versa dans la main droite de Valentine une petite pastille ronde de la grosseur d'un pois.

Valentine la prit avec l'autre main, et regarda le comte attentivement : il y avait sur les traits de cet intrépide protecteur un reflet de la majesté et de la puissance divines. Il était évident que Valentine l'interrogeait du regard.

« Oui », répondit celui-ci.

Valentine porta la pastille à sa bouche et l'avala.

« Et maintenant, au revoir, mon enfant, dit-il, je vais essayer de dormir, car vous êtes sauvée.

— Allez, dit Valentine, quelque chose qui m'arrive, je vous promets de n'avoir pas peur. »

Monte-Cristo tint longtemps ses yeux fixés sur la jeune fille, qui s'endormit peu à peu, vaincue par la puissance du narcotique que le comte venait de lui donner.

Alors il prit le verre, le vida aux trois quarts dans la cheminée, pour que l'on pût croire que Valentine avait bu ce qu'il en manquait, le reposa sur la table de nuit ; puis, regagnant la porte de la bibliothèque, il disparut, après avoir jeté un dernier regard vers Valentine, qui s'endormait avec la confiance et la candeur d'un ange couché aux pieds du Seigneur.

CII

VALENTINE

La veilleuse continuait de brûler sur la cheminée de Valentine, épuisant les dernières gouttes d'huile qui surnageaient encore sur l'eau ; déjà un cercle plus rougeâtre colorait l'albâtre du globe, déjà la flamme plus vive laissait échapper ces derniers pétillements qui semblent chez les êtres inanimés ces dernières convulsions de l'agonie qu'on a si souvent comparées à celles des pauvres créatures humaines ; un jour bas et sinistre venait teindre d'un reflet d'opale les rideaux blancs et les draps de la jeune fille.

Tous les bruits de la rue étaient éteints pour cette fois, et le silence intérieur était effrayant.

La porte de la chambre d'Édouard s'ouvrit alors, et une tête que nous avons déjà vue parut dans la glace opposée à la porte : c'était Mme de Villefort qui rentrait pour voir l'effet du breuvage.

Elle s'arrêta sur le seuil, écouta le pétillement de la lampe, seul bruit perceptible dans cette chambre qu'on eût crue déserte, puis elle s'avança doucement vers la table de nuit pour voir si le verre de Valentine était vide.

Il était encore plein au quart, comme nous l'avons dit.

Mme de Villefort le prit et alla le vider dans les cendres, qu'elle remua pour faciliter l'absorption de la liqueur, puis elle rinça soigneusement le cristal, l'essuya avec son propre mouchoir, et le replaça sur la table de nuit.

Quelqu'un dont le regard eût pu plonger dans l'intérieur de la chambre eût pu voir alors l'hésitation de Mme de Villefort à fixer ses yeux sur Valentine et à s'approcher du lit.

Cette lueur lugubre, ce silence, cette terrible poésie de la nuit venaient sans doute se combiner avec l'épouvantable poésie de sa conscience : l'empoisonneuse avait peur de son œuvre.

Enfin elle s'enhardit, écarta le rideau, s'appuya au chevet du lit, et regarda Valentine.

La jeune fille ne respirait plus, ses dents à demi desserrées ne laissaient échapper aucun atome de ce souffle qui décèle la vie ; ses lèvres blanchissantes avaient cessé de frémir ; ses yeux, noyés dans une vapeur violette qui semblait avoir filtré sous la peau, formaient une saillie plus blanche à l'endroit où le globe enflait la paupière, et ses longs cils noirs rayaient une peau déjà mate comme la cire.

Mme de Villefort contempla ce visage d'une expression si éloquente dans son immobilité ; elle s'enhardit alors, et, soulevant la couverture, elle appuya sa main sur le cœur de la jeune fille.

Il était muet et glacé.

Ce qui battait sous sa main, c'était l'artère de ses doigts : elle retira sa main avec un frisson.

Le bras de Valentine pendait hors du lit ; ce bras, dans toute la partie qui se rattachait à l'épaule et s'étendait jusqu'à la saignée, semblait moulé sur celui d'une des Grâces de Germain Pilon ; mais l'avant-bras était légèrement déformé par une crispation, et le poignet, d'une forme si pure, s'appuyait, un peu raidi et les doigts écartés sur l'acajou.

La naissance des ongles était bleuâtre.

Pour Mme de Villefort, il n'y avait plus de doute :

tout était fini, l'œuvre terrible, la dernière qu'elle eût à accomplir, était enfin consommée.

L'empoisonneuse n'avait plus rien à faire dans cette chambre ; elle recula avec tant de précaution, qu'il était visible qu'elle redoutait le craquement de ses pieds sur le tapis, mais, tout en reculant, elle tenait encore le rideau soulevé absorbant ce spectacle de la mort qui porte en soi son irrésistible attraction, tant que la mort n'est pas la décomposition, mais seulement l'immobilité, tant qu'elle demeure le mystère, et n'est pas encore le dégoût.

Les minutes s'écoulaient ; Mme de Villefort ne pouvait lâcher ce rideau qu'elle tenait suspendu comme un linceul au-dessus de la tête de Valentine. Elle paya son tribut à la rêverie : la rêverie du crime, ce doit être le remords.

En ce moment, les pétillements de la veilleuse redoublèrent.

Mme de Villefort, à ce bruit, tressaillit et laissa retomber le rideau.

Au même instant la veilleuse s'éteignit, et la chambre fut plongée dans une effrayante obscurité.

Au milieu de cette obscurité, la pendule s'éveilla et sonna quatre heures et demie.

L'empoisonneuse, épouvantée de ces commotions successives, regagna en tâtonnant la porte, et rentra chez elle la sueur de l'angoisse au front.

L'obscurité continua encore deux heures.

Puis peu à peu un jour blafard envahit l'appartement, filtrant aux lames des persiennes ; puis peu à peu encore, il se fit grand, et vint rendre une couleur et une forme aux objets et aux corps.

C'est à ce moment que la toux de la garde-malade retentit dans l'escalier, et que cette femme entra chez Valentine, une tasse à la main.

Pour un père, pour un amant, le premier regard eût été décisif, Valentine était morte ; pour cette mercenaire, Valentine n'était qu'endormie.

« Bon, dit-elle en s'approchant de la table de nuit, elle a bu une partie de sa potion, le verre est aux deux tiers vide. »

Puis elle alla à la cheminée, ralluma le feu, s'installa dans son fauteuil, et, quoiqu'elle sortît de son lit, elle profita du sommeil de Valentine pour dormir encore quelques instants.

La pendule l'éveilla en sonnant huit heures.

Alors étonnée de ce sommeil obstiné dans lequel demeurait la jeune fille, effrayée de ce bras pendant hors du lit, et que la dormeuse n'avait point ramené à elle, elle s'avança vers le lit, et ce fut alors seulement qu'elle remarqua ces lèvres froides et cette poitrine glacée.

Elle voulut ramener le bras près du corps, mais le bras n'obéit qu'avec cette raideur effrayante à laquelle ne pouvait pas se tromper une garde-malade.

Elle poussa un horrible cri.

Puis, courant à la porte :

« Au secours ! cria-t-elle, au secours !

— Comment, au secours ! » répondit du bas de l'escalier la voix de M. d'Avrigny.

C'était l'heure où le docteur avait l'habitude de venir.

« Comment, au secours ! s'écria la voix de Villefort sortant alors précipitamment de son cabinet ; docteur, n'avez-vous pas entendu crier au secours ?

— Oui, oui ; montons, répondit d'Avrigny, montons vite chez Valentine. »

Mais avant que le médecin et le père fussent entrés, les domestiques qui se trouvaient au même étage, dans les chambres ou dans les corridors, étaient entrés, et, voyant Valentine pâle et immobile sur son lit, levaient les mains au ciel et chancelaient comme frappés de vertige.

« Appelez Mme de Villefort ! réveillez Mme de Villefort ! » cria le procureur du roi, de la porte de la chambre dans laquelle il semblait n'oser entrer.

Mais les domestiques, au lieu de répondre, regardaient M. d'Avrigny, qui était entré, lui, qui avait couru à Valentine, et qui la soulevait dans ses bras.

« Encore celle-ci..., murmura-t-il en la laissant tomber. Ô mon Dieu, mon Dieu, quand vous lasserez-vous ? »

Villefort s'élança dans l'appartement.

« Que dites-vous, mon Dieu ! s'écria-t-il en levant les deux mains au ciel. Docteur !... docteur !...

— Je dis que Valentine est morte ! » répondit d'Avrigny d'une voix solennelle et terrible dans sa solennité.

M. de Villefort s'abattit comme si ses jambes étaient brisées, et retomba la tête sur le lit de Valentine.

Aux paroles du docteur, aux cris du père, les domestiques, terrifiés, s'enfuirent avec de sourdes imprécations ; on entendit par les escaliers et par les corridors leurs pas précipités, puis un grand mouvement dans les cours, puis ce fut tout ; le bruit s'éteignit : depuis le premier jusqu'au dernier, ils avaient déserté la maison maudite.

En ce moment Mme de Villefort, le bras à moitié passé dans son peignoir du matin, souleva la tapisserie ; un instant elle demeura sur le seuil, ayant l'air d'interroger les assistants et appelant à son aide quelques larmes rebelles.

Tout à coup elle fit un pas, ou plutôt un bond en avant, les bras étendus vers la table.

Elle venait de voir d'Avrigny se pencher curieusement sur cette table, et y prendre le verre qu'elle était certaine d'avoir vidé pendant la nuit.

Le verre se trouvait au tiers plein, juste comme il était quand elle en avait jeté le contenu dans les cendres.

Le spectre de Valentine dressé devant l'empoisonneuse eût produit moins d'effet sur elle.

En effet, c'est bien la couleur du breuvage qu'elle a versé dans le verre de Valentine, et que Valentine a bu ; c'est bien ce poison qui ne peut tromper l'œil de M. d'Avrigny, et que M. d'Avrigny regarde attentivement : c'est bien un miracle que Dieu a fait sans doute pour qu'il restât, malgré les précautions de l'assassin, une trace, une preuve, une dénonciation du crime.

Cependant, tandis que Mme de Villefort était restée immobile comme la statue de la Terreur, tandis que de Villefort, la tête cachée dans les draps du lit mortuaire, ne voyait rien de ce qui se passait autour de lui, d'Avrigny s'approchait de la fenêtre pour mieux examiner de l'œil le contenu du verre, et en déguster une goutte prise au bout du doigt. « Ah ! murmura-t-il, ce n'est plus de la brucine maintenant ; voyons ce que c'est ! »

Alors il courut à une des armoires de la chambre de Valentine, armoire transformée en pharmacie, et, tirant de sa petite case d'argent un flacon d'acide nitrique, il en laissa tomber quelques gouttes dans l'opale de la liqueur qui se changea aussitôt en un demi-verre de sang vermeil.

« Ah ! » fit d'Avrigny, avec l'horreur du juge à qui se révèle la vérité, mêlée à la joie du savant à qui se dévoile un problème.

Mme de Villefort tourna un instant sur elle-même ; ses yeux lancèrent des flammes, puis s'éteignirent ; elle chercha, chancelante, la porte de la main, et disparut.

Un instant après, on entendit le bruit éloigné d'un corps qui tombait sur le parquet.

Mais personne n'y fit attention. La garde était occupée à regarder l'analyse chimique, Villefort était toujours anéanti.

M. d'Avrigny seul avait suivi des yeux Mme de Villefort et avait remarqué sa sortie précipitée.

Il souleva la tapisserie de la chambre de Valentine, et son regard, à travers celle d'Édouard, put plonger dans l'appartement de Mme de Villefort, qu'il vit étendue sans mouvement sur le parquet.

« Allez secourir Mme de Villefort, dit-il à la garde ; Mme de Villefort se trouve mal.

— Mais Mlle Valentine ? balbutia celle-ci.

— Mlle Valentine n'a plus besoin de secours, dit d'Avrigny, puisque Mlle Valentine est morte.

— Morte ! morte ! soupira Villefort dans le paroxysme d'une douleur d'autant plus déchirante qu'elle était nouvelle, inconnue, inouïe pour ce cœur de bronze.

— Morte ! dites-vous ? s'écria une troisième voix ; qui a dit que Valentine était morte ? »

Les deux hommes se retournèrent, et sur la porte aperçurent Morrel debout, pâle, bouleversé, terrible.

Voici ce qui était arrivé :

A son heure habituelle, et par la petite porte qui conduisait chez Noirtier, Morrel s'était présenté.

Contre la coutume, il trouva la porte ouverte, il n'eut donc pas besoin de sonner, il entra.

Dans le vestibule, il attendit un instant, appelant un domestique quelconque qui l'introduisît près du vieux Noirtier.

Mais personne n'avait répondu ; les domestiques, on le sait, avaient déserté la maison.

Morrel n'avait ce jour-là aucun motif particulier d'inquiétude : il avait la promesse de Monte-Cristo que Valentine vivrait, et jusque-là la promesse avait été fidèlement tenue. Chaque soir, le comte lui avait donné de bonnes nouvelles, que confirmait le lendemain Noirtier lui-même.

Cependant cette solitude lui parut singulière ; il appela une seconde fois, une troisième fois, même silence.

Alors il se décida à monter.

La porte de Noirtier était ouverte comme les autres portes.

La première chose qu'il vit fut le vieillard dans son fauteuil, à sa place habituelle ; ses yeux dilatés semblaient exprimer un effroi intérieur que confirmait encore la pâleur étrange répandue sur ses traits.

« Comment allez-vous, monsieur ? demanda le jeune homme, non sans un certain serrement de cœur.

— Bien ! fit le vieillard avec son clignement d'yeux, bien ! »

Mais sa physionomie sembla croître en inquiétude.

« Vous êtes préoccupé, continua Morrel, vous avez besoin de quelque chose. Voulez-vous que j'appelle quelqu'un de vos gens ?

— Oui », fit Noirtier.

Morrel se suspendit au cordon de la sonnette ; mais il eut beau le tirer à le rompre, personne ne vint.

Il se retourna vers Noirtier ; la pâleur et l'angoisse allaient croissant sur le visage du vieillard.

« Mon Dieu ! mon Dieu ! dit Morrel, mais pourquoi ne vient-on pas ? Est-ce qu'il y a quelqu'un de malade dans la maison ? »

Les yeux de Noirtier parurent prêts à jaillir de leurs orbites.

« Mais qu'avez-vous donc, continua Morrel, vous m'effrayez. Valentine ! Valentine !...

— Oui ! oui ! » fit Noirtier.

Maximilien ouvrit la bouche pour parler, mais sa langue ne put articuler aucun son : il chancela et se retint à la boiserie.

Puis il étendit la main vers la porte.

« Oui, oui, oui ! » continua le vieillard.

Maximilien s'élança par le petit escalier, qu'il franchit en deux bonds, tant que Noirtier semblait lui crier des yeux :

« Plus vite ! plus vite ! »

Une minute suffit au jeune homme pour traverser plusieurs chambres, solitaires comme le reste de la maison, et pour arriver jusqu'à celle de Valentine.

Il n'eut pas besoin de pousser la porte, elle était toute grande ouverte.

Un sanglot fut le premier bruit qu'il perçut. Il vit, comme à travers un nuage, une figure noire agenouillée et perdue dans un amas confus de draperies blanches. La crainte, l'effroyable crainte le clouait sur le seuil.

Ce fut alors qu'il entendit une voix qui disait : « Valentine est morte », et une seconde voix qui, comme un écho, répondait :

« Morte ! morte ! »

CIII

MAXIMILIEN

Villefort se releva presque honteux d'avoir été surpris dans l'accès de cette douleur.

Le terrible état qu'il exerçait depuis vingt-cinq ans était arrivé à en faire plus ou moins qu'un homme.

Son regard, un instant égaré, se fixa sur Morrel.

« Qui êtes-vous, monsieur, dit-il, vous qui oubliez qu'on n'entre pas ainsi dans une maison qu'habite la mort ?

« Sortez, monsieur ! sortez ! »

Mais Morrel demeurait immobile, il ne pouvait détacher ses yeux du spectacle effrayant de ce lit en désordre et de la pâle figure qui était couchée dessus.

« Sortez, entendez-vous ! » cria Villefort, tandis que d'Avrigny s'avançait de son côté pour faire sortir Morrel.

Celui-ci regarda d'un air égaré ce cadavre, ces deux hommes, toute la chambre, sembla hésiter un instant, ouvrit la bouche ; puis enfin, ne trouvant pas un mot à répondre, malgré l'innombrable essaim d'idées fatales qui envahissaient son cerveau, il rebroussa chemin en enfonçant ses mains dans ses cheveux ; de telle sorte que Villefort et d'Avrigny, un instant distraits de leurs préoccupations, échangèrent, après l'avoir suivi des yeux, un regard qui voulait dire :

« Il est fou ! »

Mais avant que cinq minutes se fussent écoulées, on entendit gémir l'escalier sous un poids considérable, et l'on vit Morrel qui, avec une force surhumaine, soulevant le fauteuil de Noirtier entre ses bras, apportait le vieillard au premier étage de la maison.

Arrivé au haut de l'escalier, Morrel posa le fauteuil à terre et le roula rapidement jusque dans la chambre de Valentine.

Toute cette manœuvre s'exécuta avec une force décuplée par l'exaltation frénétique du jeune homme.

Mais une chose était effrayante surtout, c'était la figure de Noirtier s'avançant vers le lit de Valentine, poussé par Morrel, la figure de Noirtier en qui l'intelligence déployait toutes ses ressources, dont les yeux réunissaient toute leur puissance pour suppléer aux autres facultés.

Aussi ce visage pâle, au regard enflammé, fut-il pour Villefort une effrayante apparition.

Chaque fois qu'il s'était trouvé en contact avec son père, il s'était toujours passé quelque chose de terrible.

« Voyez ce qu'ils en ont fait ! cria Morrel une main encore appuyée au dossier du fauteuil qu'il venait de pousser jusqu'au lit, et l'autre étendue vers Valentine ; voyez, mon père, voyez ! »

Villefort recula d'un pas et regarda avec étonnement ce jeune homme qui lui était presque inconnu, et qui appelait Noirtier son père.

En ce moment toute l'âme du vieillard sembla passer dans ses yeux, qui s'injectèrent de sang ; puis les veines de son cou se gonflèrent, une teinte bleuâtre, comme celle qui envahit la peau de l'épileptique, couvrit son cou, ses joues et ses tempes ; il ne manquait à cette explosion intérieure de tout l'être qu'un cri.

Ce cri sortit pour ainsi dire de tous les pores, effrayant dans son mutisme, déchirant dans son silence.

D'Avrigny se précipita vers le vieillard et lui fit respirer un violent révulsif.

« Monsieur ! s'écria alors Morrel, en saisissant la main inerte du paralytique, on me demande ce que je suis, et quel droit j'ai d'être ici. Ô vous qui le savez, dites-le, vous ! dites-le ! »

Et la voix du jeune homme s'éteignit dans les sanglots.

Quant au vieillard, sa respiration haletante secouait sa poitrine. On eût dit qu'il était en proie à ces agitations qui précèdent l'agonie.

Enfin, les larmes vinrent jaillir des yeux de Noirtier, plus heureux que le jeune homme qui sanglotait sans pleurer. Sa tête ne pouvant se pencher, ses yeux se fermèrent.

« Dites, continua Morrel d'une voix étranglée, dites que j'étais son fiancé !

« Dites qu'elle était ma noble amie, mon seul amour sur la terre !

« Dites, dites, dites, que ce cadavre m'appartient ! »

Et le jeune homme, donnant le terrible spectacle d'une grande force qui se brise, tomba lourdement à genoux devant ce lit que ses doigts crispés étreignirent avec violence.

Cette douleur était si poignante que d'Avrigny se

détourna pour cacher son émotion, et que Villefort, sans demander d'autre explication, attiré par ce magnétisme qui nous pousse vers ceux qui ont aimé ceux que nous pleurons, tendit sa main au jeune homme.

Mais Morrel ne voyait rien ; il avait saisi la main glacée de Valentine, et, ne pouvant parvenir à pleurer, il mordait les draps en rugissant.

Pendant quelque temps, on n'entendit dans cette chambre que le conflit des sanglots, des imprécations et de la prière. Et cependant un bruit dominait tous ceux-là, c'était l'aspiration rauque et déchirante qui semblait, à chaque reprise d'air, rompre un des ressorts de la vie dans la poitrine de Noirtier.

Enfin, Villefort, le plus maître de tous, après avoir pour ainsi dire cédé pendant quelque temps sa place à Maximilien, Villefort prit la parole.

« Monsieur, dit-il à Maximilien, vous aimiez Valentine, dites-vous : vous étiez son fiancé ; j'ignorais cet amour, j'ignorais cet engagement ; et cependant, moi, son père, je vous le pardonne, car, je le vois, votre douleur est grande, réelle et vraie.

« D'ailleurs, chez moi aussi la douleur est trop grande pour qu'il reste en mon cœur place pour la colère.

« Mais, vous le voyez, l'ange que vous espériez a quitté la terre : elle n'a plus que faire des adorations des hommes, elle qui, à cette heure, adore le Seigneur ; faites donc vos adieux, monsieur, à la triste dépouille qu'elle a oubliée parmi nous ; prenez une dernière fois sa main que vous attendiez, et séparez-vous d'elle à jamais : Valentine n'a plus besoin maintenant que du prêtre qui doit la bénir.

— Vous vous trompez, monsieur, s'écria Morrel en se relevant sur un genou, le cœur traversé par une douleur plus aiguë qu'aucune de celles qu'il eût encore ressenties ; vous vous trompez : Valentine, morte comme elle est morte, a non seulement besoin d'un prêtre, mais encore d'un vengeur.

« Monsieur de Villefort, envoyez chercher le prêtre ; moi, je serai le vengeur.

— Que voulez-vous dire, monsieur ? murmura Villefort tremblant à cette nouvelle inspiration du délire de Morrel.

« — Je veux dire, continua Morrel, qu'il y a deux hommes en vous, monsieur. Le père a assez pleuré ; que le procureur du roi commence son office. »

Les yeux de Noirtier étincelèrent, d'Avrigny se rapprocha.

« Monsieur, continua le jeune homme, en recueillant des yeux tous les sentiments qui se révélaient sur les visages des assistants, je sais ce que je dis, et vous savez tous aussi bien que moi ce que je vais dire.

« Valentine est morte assassinée ! »

Villefort baissa la tête ; d'Avrigny avança d'un pas encore ; Noirtier fit oui des yeux.

« Or, monsieur, continua Morrel, au temps où nous vivons, une créature, ne fût-elle pas jeune, ne fût-elle pas belle, ne fût-elle pas adorable comme était Valentine, une créature ne disparaît pas violemment du monde sans que l'on demande compte de sa disparition.

« Allons, monsieur le procureur du roi, ajouta Morrel avec une véhémence croissante, pas de pitié ! je vous dénonce le crime, cherchez l'assassin ! »

Et son œil implacable interrogeait Villefort, qui de son côté sollicitait du regard tantôt Noirtier, tantôt d'Avrigny.

Mais au lieu de trouver secours dans son père et dans le docteur, Villefort ne rencontra en eux qu'un regard aussi inflexible que celui de Morrel.

« Oui ! fit le vieillard.

— Certes ! dit d'Avrigny.

— Monsieur, répliqua Villefort, essayant de lutter contre cette triple volonté et contre sa propre émotion, monsieur, vous vous trompez, il ne se commet pas de crimes chez moi ; la fatalité me frappe, Dieu m'éprouve ; c'est horrible à penser ; mais on n'assassine personne ! »

Les yeux de Noirtier flamboyèrent, d'Avrigny ouvrit la bouche pour parler.

Morrel étendit le bras en commandant le silence.

« Et moi, je vous dis que l'on tue ici ! s'écria Morrel, dont la voix baissa sans rien perdre de sa vibration terrible.

« Je vous dis que voilà la quatrième victime frappée depuis quatre mois.

« Je vous dis qu'on avait déjà une fois, il y a quatre jours de cela, essayé d'empoisonner Valentine, et que l'on avait échoué grâce aux précautions qu'avait prises M. Noirtier !

« Je vous dis que l'on a doublé la dose ou changé la nature du poison, et que cette fois on a réussi !

« Je vous dis que vous savez tout cela aussi bien que moi, enfin, puisque monsieur que voilà vous en a prévenu, et comme médecin et comme ami.

— Oh, vous êtes en délire ! monsieur, dit Villefort, essayant vainement de se débattre dans le cercle où il se sentait pris.

— Je suis en délire ! s'écria Morrel ; eh bien, j'en appelle à M. d'Avrigny lui-même.

« Demandez-lui, monsieur, s'il se souvient encore des paroles qu'il a prononcées dans votre jardin, dans le jardin de cet hôtel, le soir même de la mort de Mme de Saint-Méran, alors que tous deux, vous et lui, vous croyant seuls, vous vous entreteniez de cette mort tragique, dans laquelle cette fatalité dont vous parlez et Dieu, que vous accusez injustement, ne peuvent être comptés que pour une chose, c'est-à-dire pour avoir créé l'assassin de Valentine ! »

Villefort et d'Avrigny se regardèrent.

« Oui, oui, rappelez-vous, dit Morrel ; car ces paroles, que vous croyiez livrées au silence et à la solitude, sont tombées dans mon oreille. Certes, de ce soir-là, en voyant la coupable complaisance de M. de Villefort pour les siens, j'eusse dû tout découvrir à l'autorité ; je ne serais pas complice comme je le suis en ce moment de ta mort, Valentine ! ma Valentine bien-aimée ! mais le complice deviendra le vengeur ; ce quatrième meurtre est flagrant et visible aux yeux de tous, et si ton père t'abandonne, Valentine, c'est moi, c'est moi, je te le jure, qui poursuivrai l'assassin. »

Et cette fois, comme si la nature avait enfin pitié de cette vigoureuse organisation prête à se briser par sa propre force, les dernières paroles de Morrel s'éteignirent dans sa gorge ; sa poitrine éclata en sanglots, les larmes, si longtemps rebelles, jaillirent de ses yeux, il s'affaissa sur lui-même, et retomba à genoux pleurant près du lit de Valentine.

Alors ce fut le tour de d'Avrigny.

« Et moi aussi, dit-il d'une voix forte, moi aussi, je me joins à M. Morrel pour demander justice du crime ; car mon cœur se soulève à l'idée que ma lâche complaisance a encouragé l'assassin !

— Ô mon Dieu ! mon Dieu ! » murmura Villefort anéanti.

Morrel releva la tête, en lisant dans les yeux du vieillard qui lançaient une flamme surnaturelle :

« Tenez, dit-il, tenez, M. Noirtier veut parler.

— Oui, fit Noirtier avec une expression d'autant plus terrible que toutes les facultés de ce pauvre vieillard impuissant étaient concentrées dans son regard.

— Vous connaissez l'assassin ? dit Morrel.

— Oui, répliqua Noirtier.

— Et vous allez nous guider ? s'écria le jeune homme. Écoutons ! M. d'Avrigny, écoutons ! »

Noirtier adressa au malheureux Morrel un sourire mélancolique, un de ces doux sourires des yeux qui tant de fois avaient rendu Valentine heureuse, et fixa son attention.

Puis, ayant rivé pour ainsi dire les yeux de son interlocuteur aux siens, il les détourna vers la porte.

« Voulez-vous que je sorte, monsieur ? s'écria douloureusement Morrel.

— Oui, fit Noirtier.

— Hélas ! hélas ! monsieur ; mais ayez donc pitié de moi ! »

Les yeux du vieillard demeurèrent impitoyablement fixés vers la porte.

« Pourrais-je revenir, au moins ? demanda Morrel.

— Oui.

— Dois-je sortir seul ?

— Non.

— Qui dois-je emmener avec moi ? M. le procureur du roi ?

— Non.

— Le docteur ?

— Oui.

— Vous voulez rester seul avec M. de Villefort ?

— Oui.

— Mais pourra-t-il vous comprendre, lui ?

— Oui.

— Oh ! dit Villefort presque joyeux de ce que l'enquête allait se faire en tête-à-tête, oh ! soyez tranquille, je comprends très bien mon père. »

Et tout en disant cela avec cette expression de joie que nous avons signalée, les dents du procureur du roi s'entrechoquaient avec violence.

D'Avrigny prit le bras de Morrel et entraîna le jeune homme dans la chambre voisine.

Il se fit alors dans toute cette maison un silence plus profond que celui de la mort.

Enfin, au bout d'un quart d'heure, un pas chancelant se fit entendre, et Villefort parut sur le seuil du salon où se tenaient d'Avrigny et Morrel, l'un absorbé et l'autre suffocant.

« Venez », dit-il.

Et il les ramena près du fauteuil de Noirtier.

Morrel, alors, regarda attentivement Villefort.

La figure du procureur du roi était livide ; de larges taches de couleur de rouille sillonnaient son front ; entre ses doigts, une plume tordue de mille façons criait en se déchiquetant en lambeaux.

« Messieurs, dit-il d'une voix étranglée à d'Avrigny et à Morrel, messieurs, votre parole d'honneur que l'horrible secret demeurera enseveli entre nous ! »

Les deux hommes firent un mouvement.

« Je vous en conjure !... continua Villefort.

— Mais, dit Morrel, le coupable !... le meurtrier !... l'assassin !...

— Soyez tranquille, monsieur, justice sera faite, dit Villefort. Mon père m'a révélé le nom du coupable ; mon père a soif de vengeance comme vous, et cependant mon père vous conjure, comme moi de garder le secret du crime.

« N'est-ce pas, mon père ?

— Oui », fit résolument Noirtier.

Morrel laissa échapper un mouvement d'horreur et d'incrédulité.

« Oh ! s'écria Villefort, en arrêtant Maximilien par le bras, oh ! monsieur, si mon père, l'homme inflexible que vous connaissez, vous fait cette demande, c'est qu'il sait que Valentine sera terriblement vengée.

« N'est-ce pas, mon père ? »

Le vieillard fit signe que oui.

Villefort continua.

« Il me connaît, lui, et c'est à lui que j'ai engagé ma parole. Rassurez-vous donc, messieurs ; trois jours, je vous demande trois jours, c'est moins que ne vous demanderait la justice, et dans trois jours la vengeance que j'aurai tirée du meurtre de mon enfant fera frissonner jusqu'au fond de leur cœur les plus indifférents des hommes.

« N'est-ce pas, mon père ? »

Et en disant ces paroles, il grinçait des dents et secouait la main engourdie du vieillard.

« Tout ce qui est promis sera-t-il tenu, monsieur Noirtier ? demanda Morrel, tandis que d'Avrigny interrogeait du regard.

— Oui, fit Noirtier, avec un regard de sinistre joie.

— Jurez donc, messieurs, dit Villefort en joignant les mains de d'Avrigny et de Morrel, jurez que vous aurez pitié de l'honneur de ma maison, et que vous me laisserez le soin de le venger ? »

D'Avrigny se détourna et murmura un oui bien faible, mais Morrel arracha sa main du magistrat, se précipita vers le lit, imprima ses lèvres sur les lèvres glacées de Valentine, et s'enfuit avec le long gémissement d'une âme qui s'engloutit dans le désespoir.

Nous avons dit que tous les domestiques avaient disparu.

M. de Villefort fut donc forcé de prier d'Avrigny de se charger des démarches, si nombreuses et si délicates, qu'entraîne la mort dans nos grandes villes, et surtout la mort accompagnée de circonstances aussi suspectes.

Quant à Noirtier, c'était quelque chose de terrible à voir que cette douleur sans mouvement, que ce désespoir sans gestes, que ces larmes sans voix.

Villefort rentra dans son cabinet ; d'Avrigny alla

chercher le médecin de la mairie qui remplit les fonctions d'inspecteur après décès, et que l'on nomme assez énergiquement le médecin des morts.

Noirtier ne voulut point quitter sa petite-fille.

Au bout d'une demi-heure, M. d'Avrigny revint avec son confrère ; on avait fermé les portes de la rue, et comme le concierge avait disparu avec les autres serviteurs, ce fut Villefort lui-même qui alla ouvrir.

Mais il s'arrêta sur le palier ; il n'avait plus le courage d'entrer dans la chambre mortuaire.

Les deux docteurs pénétrèrent donc seuls jusqu'à la chambre de Valentine.

Noirtier était près du lit, pâle comme la morte, immobile et muet comme elle.

Le médecin des morts s'approcha avec l'indifférence de l'homme qui passe la moitié de sa vie avec les cadavres, souleva le drap qui recouvrait la jeune fille, et entrouvrit seulement les lèvres.

« Oh ! dit d'Avrigny en soupirant, pauvre jeune fille, elle est bien morte, allez.

— Oui », répondit laconiquement le médecin en laissant retomber le drap qui recouvrait le visage de Valentine.

Noirtier fit entendre un sourd râlement.

D'Avrigny se retourna, les yeux du vieillard étincelaient. Le bon docteur comprit que Noirtier réclamait la vue de son enfant ; il le rapprocha du lit, et tandis que le médecin des morts trempait dans de l'eau chlorurée les doigts qui avaient touché les lèvres de la trépassée, il découvrit ce calme et pâle visage qui semblait celui d'un ange endormi.

Une larme qui reparut au coin de l'œil de Noirtier fut le remerciement que reçut le bon docteur.

Le médecin des morts dressa son procès-verbal sur le coin d'une table, dans la chambre même de Valentine, et, cette formalité suprême accomplie, sortit reconduit par le docteur.

Villefort les entendit descendre et reparut à la porte de son cabinet.

En quelques mots il remercia le médecin, et, se retournant vers d'Avrigny :

« Et maintenant ! dit-il, le prêtre ?

— Avez-vous un ecclésiastique que vous désirez plus particulièrement charger de prier près de Valentine ? demanda d'Avrigny.

— Non, dit Villefort, allez chez le plus proche.

— Le plus proche, fit le médecin, est un bon abbé italien qui est venu demeurer dans la maison voisine de la vôtre. Voulez-vous que je le prévienne en passant ?

— D'Avrigny, dit Villefort, veuillez, je vous prie, accompagner monsieur.

« Voici la clef pour que vous puissiez entrer et sortir à volonté.

« Vous ramènerez le prêtre, et vous vous chargerez de l'installer dans la chambre de ma pauvre enfant.

— Désirez-vous lui parler, mon ami ?

— Je désire être seul. Vous m'excuserez, n'est-ce pas ? Un prêtre doit comprendre toutes les douleurs, même la douleur paternelle. »

Et M. de Villefort, donnant un passe-partout à d'Avrigny, salua une dernière fois le docteur étranger et rentra dans son cabinet, où il se mit à travailler.

Pour certaines organisations, le travail est le remède à toutes les douleurs.

Au moment où ils descendaient dans la rue, ils aperçurent un homme vêtu d'une soutane, qui se tenait sur le seuil de la porte voisine.

« Voici celui dont je vous parlais », dit le médecin des morts à d'Avrigny.

D'Avrigny aborda l'ecclésiastique.

« Monsieur, lui dit-il, seriez-vous disposé à rendre un grand service à un malheureux père qui vient de perdre sa fille, à M. le procureur du roi Villefort ?

— Ah ! monsieur, répondit le prêtre avec un accent italien des plus prononcés, oui, je sais, la mort est dans sa maison.

— Alors, je n'ai point à vous apprendre quel genre de service il ose attendre de vous.

— J'allais aller m'offrir, monsieur, dit le prêtre ; c'est notre mission d'aller au-devant de nos devoirs.

— C'est une jeune fille.

— Oui, je sais cela, je l'ai appris des domestiques que j'ai vus fuyant la maison. J'ai su qu'elle s'appelait Valentine ; et j'ai déjà prié pour elle.

— Merci, merci, monsieur, dit d'Avrigny, et puisque vous avez déjà commencé d'exercer votre saint ministère, daignez le continuer. Venez vous asseoir près de la morte, et toute une famille plongée dans le deuil vous sera bien reconnaissante.

— J'y vais, monsieur, répondit l'abbé, et j'ose dire que jamais prières ne seront plus ardentes que les miennes. »

D'Avrigny prit l'abbé par la main, et sans rencontrer Villefort, enfermé dans son cabinet, il le conduisit jusqu'à la chambre de Valentine, dont les ensevelisseurs devaient s'emparer seulement la nuit suivante.

En entrant dans la chambre, le regard de Noirtier avait rencontré celui de l'abbé, et sans doute il crut y lire quelque chose de particulier, car il ne le quitta plus.

D'Avrigny recommanda au prêtre non seulement la morte, mais le vivant, et le prêtre promit à d'Avrigny de donner ses prières à Valentine et ses soins à Noirtier.

L'abbé s'y engagea solennellement, et, sans doute pour n'être pas dérangé dans ses prières, et pour que Noirtier ne fût pas dérangé dans sa douleur, il alla, dès que M. d'Avrigny eut quitté la chambre, fermer non seulement les verrous de la porte par laquelle le docteur venait de sortir, mais encore les verrous de celle qui conduisait chez Mme de Villefort.

CIV

LA SIGNATURE DANGLARS

Le jour du lendemain se leva triste et nuageux.

Les ensevelisseurs avaient pendant la nuit accompli leur funèbre office, et cousu le corps déposé sur le lit dans le suaire qui drape lugubrement les trépassés en leur prêtant, quelque chose qu'on dise de l'égalité devant la mort, un dernier témoignage du luxe qu'ils aimaient pendant leur vie.

Ce suaire n'était autre chose qu'une pièce de magnifique batiste que la jeune fille avait achetée quinze jours auparavant.

Dans la soirée, des hommes appelés à cet effet avaient transporté Noirtier de la chambre de Valentine dans la sienne, et, contre toute attente, le vieillard n'avait fait aucune difficulté de s'éloigner du corps de son enfant.

L'abbé Busoni avait veillé jusqu'au jour, et, au jour, il s'était retiré chez lui, sans appeler personne.

Vers huit heures du matin, d'Avrigny était revenu ; il avait rencontré Villefort qui passait chez Noirtier, et il l'avait accompagné pour savoir comment le vieillard avait passé la nuit.

Ils le trouvèrent dans le grand fauteuil qui lui servait de lit, reposant d'un sommeil doux et presque souriant.

Tous deux s'arrêtèrent étonnés sur le seuil.

« Voyez, dit d'Avrigny à Villefort, qui regardait son père endormi ; voyez, la nature sait calmer les plus vives douleurs ; certes, on ne dira pas que M. Noirtier n'aimait pas sa petite-fille ; il dort cependant.

— Oui, et vous avez raison, répondit Villefort avec surprise ; il dort, et c'est bien étrange, car la moindre contrariété le tient éveillé des nuits entières.

— La douleur l'a terrassé », répliqua d'Avrigny.

Et tous deux regagnèrent pensifs le cabinet du procureur du roi.

« Tenez, moi, je n'ai pas dormi, dit Villefort en montrant à d'Avrigny son lit intact ; la douleur ne me terrasse pas, moi, il y a deux nuits que je ne me suis couché ; mais, en échange, voyez mon bureau ; ai-je écrit, mon Dieu ! pendant ces deux jours et ces deux nuits !... ai-je fouillé ce dossier, ai-je annoté cet acte d'accusation de l'assassin Benedetto !... Ô travail, travail ! ma passion, ma joie, ma rage, c'est à toi de terrasser toutes mes douleurs ! »

Et il serra convulsivement la main de d'Avrigny.

« Avez-vous besoin de moi ? demanda le docteur.

— Non, dit Villefort ; seulement revenez à onze heures, je vous prie ; c'est à midi qu'a lieu... le départ... Mon Dieu ! ma pauvre enfant ! ma pauvre enfant ! »

Et le procureur du roi, redevenant homme, leva les yeux au ciel et poussa un soupir.

« Vous tiendrez-vous donc au salon de réception ?

— Non, j'ai un cousin qui se charge de ce triste honneur. Moi, je travaillerai, docteur ; quand je travaille, tout disparaît. »

En effet, le docteur n'était point à la porte que déjà le procureur du roi s'était remis au travail.

Sur le perron, d'Avrigny rencontra ce parent dont lui avait parlé Villefort, personnage insignifiant dans cette histoire comme dans la famille, un de ces êtres voués en naissant à jouer le rôle d'utilité dans le monde.

Il était ponctuel, vêtu de noir, avait un crêpe au bras, et s'était rendu chez son cousin avec une figure qu'il s'était faite, qu'il comptait garder tant que besoin serait, et quitter ensuite.

A onze heures, les voitures funèbres roulèrent sur le pavé de la cour, et la rue du Faubourg-Saint-Honoré s'emplit des murmures de la foule, également avide des joies ou du deuil des riches, et qui court à un enterrement pompeux avec la même hâte qu'à un mariage de duchesse.

Peu à peu le salon mortuaire s'emplit et l'on vit arriver d'abord une partie de nos anciennes connaissances, c'est-à-dire Debray, Château-Renaud, Beauchamp, puis toutes les illustrations du parquet, de la littérature et de l'armée ; car M. de Villefort occupait, moins encore par sa position sociale que par son mérite personnel, un des premiers rangs dans le monde parisien.

Le cousin se tenait à la porte et faisait entrer tout le monde, et c'était pour les indifférents un grand soulagement, il faut le dire, que de voir là une figure indifférente qui n'exigeait point des conviés une physionomie menteuse ou de fausses larmes, comme eussent fait un père, un frère ou un fiancé.

Ceux qui se connaissaient s'appelaient du regard et se réunissaient en groupes.

Un de ces groupes était composé de Debray, de Château-Renaud et de Beauchamp.

« Pauvre jeune fille ! dit Debray, payant, comme chacun au reste le faisait malgré soi, un tribut à ce douloureux événement ; pauvre jeune fille ! si riche, si belle ! Eussiez-vous pensé cela, Château-Renaud, quand nous vînmes, il y a combien ?... trois semaines ou un mois tout au plus, pour signer ce contrat qui ne fut pas signé ?

— Ma foi, non, dit Château-Renaud.

— La connaissiez-vous ?

— J'avais causé une fois ou deux avec elle au bal de Mme de Morcerf ; elle m'avait paru charmante quoique d'un esprit un peu mélancolique. Où est la belle-mère ? savez-vous ?

— Elle est allée passer la journée avec la femme de ce digne monsieur qui nous reçoit.

— Qu'est-ce que c'est que ça ?

— Qui ça ?

— Le monsieur qui nous reçoit. Un député ?

— Non, dit Beauchamp ; je suis condamné à voir nos honorables tous les jours, et sa tête m'est inconnue.

— Avez-vous parlé de cette mort dans votre journal ?

— L'article n'est pas de moi, mais on en a parlé ; je doute même qu'il soit agréable à M. de Villefort. Il est dit, je crois, que si quatre morts successives avaient eu lieu autre part que dans la maison de M. le procureur du roi, M. le procureur du roi s'en fût certes plus ému.

— Au reste, dit Château-Renaud, le docteur d'Avrigny, qui est le médecin de ma mère, le prétend fort désespéré.

— Mais qui cherchez-vous donc, Debray ?

— Je cherche M. de Monte-Cristo, répondit le jeune homme.

— Je l'ai rencontré sur le boulevard en venant ici. Je le crois sur son départ, il allait chez son banquier, dit Beauchamp.

— Chez son banquier ? Son banquier, n'est-ce pas Danglars ? demanda Château-Renaud à Debray.

— Je crois que oui, répondit le secrétaire intime avec un léger trouble ; mais M. de Monte-Cristo n'est pas le seul qui manque ici. Je ne vois pas Morrel.

— Morrel ! est-ce qu'il les connaissait ? demanda Château-Renaud.

— Je crois qu'il avait été présenté à Mme de Ville-fort seulement.

— N'importe, il aurait dû venir, dit Debray ; de quoi causera-t-il, ce soir ? cet enterrement, c'est la nouvelle de la journée ; mais, chut, taisons-nous, voici M. le ministre de la Justice et des Cultes, il va se croire obligé de faire son petit « speech » au cousin lar-moyant. »

Et les trois jeunes gens se rapprochèrent de la porte pour entendre le petit « speech » de M. le ministre de la Justice et des Cultes.

Beauchamp avait dit vrai ; en se rendant à l'invita-tion mortuaire, il avait rencontré Monte-Cristo, qui, de son côté, se dirigeait vers l'hôtel de Danglars, rue de la Chaussée-d'Antin.

Le banquier avait, de sa fenêtre, aperçu la voiture du comte entrant dans la cour, et il était venu au-devant de lui avec un visage attristé, mais affable.

« Eh bien, comte, dit-il en tendant la main à Monte-Cristo, vous venez me faire vos compliments de condoléance. En vérité, le malheur est dans ma mai-son ; c'est au point que, lorsque je vous ai aperçu, je m'interrogeais moi-même pour savoir si je n'avais pas souhaité malheur à ces pauvres Morcerf, ce qui eût justifié le proverbe : Qui mal veut, mal lui arrive. Eh bien, sur ma parole, non, je ne souhaitais pas de mal à Morcerf ; il était peut-être un peu orgueilleux pour un homme parti de rien, comme moi, se devant tout à lui-même, comme moi ; mais chacun a ses défauts. Ah, tenez-vous bien, comte, les gens de notre généra-tion... Mais, pardon, vous n'êtes pas de notre généra-tion, vous, vous êtes un jeune homme... Les gens de notre génération ne sont point heureux cette année : témoin notre puritain de procureur du roi, témoin

Villefort, qui vient encore de perdre sa fille. Ainsi, récapitulez : Villefort, comme nous disions, perdant toute sa famille d'une façon étrange ; Morcerf déshonoré et tué ; moi, couvert de ridicule par la scélératesse de ce Benedetto, et puis...

— Puis, quoi ? demanda le comte.

— Hélas ! vous l'ignorez donc ?

— Quelque nouveau malheur ?

— Ma fille...

— Mlle Danglars ?

— Eugénie nous quitte.

— Oh ! mon Dieu ! que me dites-vous là !

— La vérité, mon cher comte. Mon Dieu ! que vous êtes heureux de n'avoir ni femme ni enfant, vous !

— Vous trouvez ?

— Ah ! mon Dieu !

— Et vous dites que Mlle Eugénie...

— Elle n'a pu supporter l'affront que nous a fait ce misérable, et m'a demandé la permission de voyager.

— Et elle est partie ?

— L'autre nuit.

— Avec Mme Danglars ?

— Non, avec une parente... Mais nous ne la perdons pas moins, cette chère Eugénie ; car je doute qu'avec le caractère que je lui connais elle consente jamais à revenir en France !

— Que voulez-vous, mon cher baron, dit Monte-Cristo, chagrins de famille, chagrins qui seraient écrasants pour un pauvre diable dont l'enfant serait toute la fortune, mais supportables pour un millionnaire. Les philosophes ont beau dire, les hommes pratiques leur donneront toujours un démenti là-dessus : l'argent console de bien des choses ; et vous, vous devez être plus vite consolé que qui que ce soit, si vous admettez la vertu de ce baume souverain : vous, le roi de la finance, le point d'intersection de tous les pouvoirs. »

Danglars lança un coup d'œil oblique au comte, pour voir s'il raillait ou s'il parlait sérieusement.

« Oui, dit-il, le fait est que si la fortune console, je dois être consolé : je suis riche.

« — Si riche, mon cher baron, que votre fortune ressemble aux Pyramides ; voulût-on les démolir, on n'oserait ; osât-on, on ne pourrait. »

Danglars sourit de cette confiante bonhomie du comte.

« Cela me rappelle, dit-il, que lorsque vous êtes entré, j'étais en train de faire cinq petits bons ; j'en avais déjà signé deux ; voulez-vous me permettre de faire les trois autres ?

— Faites, mon cher baron, faites. »

Il y eut un instant de silence, pendant lequel on entendit crier la plume du banquier, tandis que Monte-Cristo regardait les moulures dorées au plafond.

« Des bons d'Espagne, dit Monte-Cristo, des bons d'Haïti, des bons de Naples ?

— Non, dit Danglars en riant de son rire suffisant, des bons au porteur, des bons sur la Banque de France. Tenez, ajouta-t-il, monsieur le comte, vous qui êtes l'empereur de la finance, comme j'en suis le roi, avez-vous vu beaucoup de chiffons de papier de cette grandeur-là valoir chacun un million ? »

Monte-Cristo prit dans sa main, comme pour les peser, les cinq chiffons de papier que lui présentait orgueilleusement Danglars, et lut :

« Plaise à M. le Régent de la Banque de faire payer à mon ordre, et sur les fonds déposés par moi, la somme d'un million, valeur en compte.

« BARON DANGLARS. »

— Un, deux, trois, quatre, cinq, fit Monte-Cristo ; cinq millions ! peste ! comme vous y allez, seigneur Crésus !

— Voilà comme je fais les affaires, moi, dit Danglars.

— C'est merveilleux, si surtout, comme je n'en doute pas, cette somme est payée comptant.

— Elle le sera, dit Danglars.

— C'est beau d'avoir un pareil crédit ; en vérité il n'y a qu'en France qu'on voie ces choses-là : cinq chiffons de papier valant cinq millions ; et il faut le voir pour le croire.

— Vous en doutez ?

— Non.

— Vous dites cela avec un accent... Tenez, donnez-vous-en le plaisir : conduisez mon commis à la banque, et vous l'en verrez sortir avec des bons sur le trésor pour la même somme.

— Non, dit Monte-Cristo pliant les cinq billets, ma foi non, la chose est trop curieuse, et j'en ferai l'expérience moi-même. Mon crédit chez vous était de six millions, j'ai pris neuf cent mille francs, c'est cinq millions cent mille francs que vous restez me devoir. Je prends vos cinq chiffons de papier que je tiens pour bons à la seule vue de votre signature, et voici un reçu général de six millions qui régularise notre compte. Je l'avais préparé d'avance, car il faut vous dire que j'ai fort besoin d'argent aujourd'hui. »

Et d'une main Monte-Cristo mit les cinq billets dans sa poche, tandis que de l'autre il tendait son reçu au banquier.

La foudre tombant aux pieds de Danglars ne l'eût pas écrasé d'une terreur plus grande.

« Quoi ! balbutia-t-il, quoi ! monsieur le comte, vous prenez cet argent ? Mais, pardon, pardon, c'est de l'argent que je dois aux hospices, un dépôt, et j'avais promis de payer ce matin.

— Ah ! dit Monte-Cristo, c'est différent. Je ne tiens pas précisément à ces cinq billets, payez-moi en autres valeurs ; c'était par curiosité que j'avais pris celles-ci, afin de pouvoir dire de par le monde que, sans avis aucun, sans me demander cinq minutes de délai, la maison Danglars m'avait payé cinq millions comptant ! c'eût été remarquable ! Mais voici vos valeurs ; je vous le répète, donnez-m'en d'autres. »

Et il tendait les cinq effets à Danglars qui, livide, allongea d'abord la main, ainsi que le vautour allonge la griffe par les barreaux de sa cage pour retenir la chair qu'on lui enlève.

Tout à coup il se ravisa, fit un effort violent et se contint.

Puis on le vit sourire, arrondir peu à peu les traits de son visage bouleversé.

« Au fait, dit-il, votre reçu, c'est de l'argent.

— Oh ! mon Dieu, oui ! et si vous étiez à Rome, sur mon reçu, la maison Thomson et French ne ferait pas plus de difficulté de vous payer que vous n'en avez fait vous-même.

— Pardon, monsieur le comte, pardon.

— Je puis donc garder cet argent ?

— Oui, dit Danglars en essuyant la sueur qui perlait à la racine de ses cheveux, gardez, gardez. »

Monte-Cristo remit les cinq billets dans sa poche avec cet intraduisible mouvement de physionomie qui veut dire :

« Dame ! réfléchissez ; si vous vous repentez, il est encore temps.

— Non, dit Danglars, non ; décidément, gardez mes signatures. Mais, vous le savez, rien n'est formaliste comme un homme d'argent ; je destinais cet argent aux hospices et j'eusse cru les voler en ne leur donnant pas précisément celui-là, comme si un écu n'en valait pas un autre. Excusez ! »

Et il se mit à rire bruyamment, mais des nerfs.

« J'excuse, répondit gracieusement Monte-Cristo, et j'empoche. »

Et il plaça les bons dans son portefeuille.

« Mais, dit Danglars, nous avons une somme de cent mille francs ?

— Oh ! bagatelle, dit Monte-Cristo. L'agio doit monter à peu près à cette somme ; gardez-la, et nous serons quittes.

— Comte, dit Danglars, parlez-vous sérieusement ?

— Je ne ris jamais avec les banquiers », répliqua Monte-Cristo avec un sérieux qui frisait l'impertinence.

Et il s'achemina vers la porte, juste au moment où le valet de chambre annonçait :

« M. de Boville, receveur général des hospices.

— Ma foi, dit Monte-Cristo, il paraît que je suis

arrivé à temps pour jouir de vos signatures, on se les dispute. »

Danglars pâlit une seconde fois, et se hâta de prendre congé du comte.

Le comte de Monte-Cristo échangea un cérémonieux salut avec M. de Boville, qui se tenait debout dans le salon d'attente, et qui, M. de Monte-Cristo passé, fut immédiatement introduit dans le cabinet de M. Danglars.

On eût pu voir le visage si sérieux du comte s'illuminer d'un éphémère sourire à l'aspect du portefeuille que tenait à la main M. le receveur des hospices.

A la porte, il retrouva sa voiture, et se fit conduire sur-le-champ à la Banque.

Pendant ce temps, Danglars, comprimant toute émotion, venait à la rencontre du receveur général.

Il va sans dire que le sourire et la gracieuseté étaient stéréotypés sur ses lèvres.

« Bonjour, dit-il, mon cher créancier, car je gagerais que c'est le créancier qui m'arrive.

— Vous avez deviné juste, monsieur le baron, dit M. de Boville, les hospices se présentent à vous dans ma personne ; les veuves et les orphelins viennent par mes mains vous demander une aumône de cinq millions.

— Et l'on dit que les orphelins sont à plaindre ! dit Danglars en prolongeant la plaisanterie ; pauvres enfants !

— Me voici donc venu en leur nom, dit M. de Boville. Vous avez dû recevoir ma lettre hier ?

— Oui.

— Me voici avec mon reçu.

— Mon cher monsieur de Boville, dit Danglars, vos veuves et vos orphelins auront, si vous le voulez bien, la bonté d'attendre vingt-quatre heures, attendu que M. de Monte-Cristo, que vous venez de voir sortir d'ici... Vous l'avez vu, n'est-ce pas ?

— Oui ; eh bien ?

— Eh bien, M. de Monte-Cristo emportait leur cinq millions !

— Comment cela ?

— Le comte avait un crédit illimité sur moi, crédit ouvert par la maison Thomson et French, de Rome. Il est venu me demander une somme de cinq millions d'un seul coup ; je lui ai donné un bon sur la Banque : c'est là que sont déposés mes fonds ; et vous comprenez, je craindrais, en retirant des mains de M. le régent dix millions le même jour, que cela ne lui parût bien étrange.

« En deux jours, ajouta Danglars en souriant, je ne dis pas.

— Allons donc ! s'écria M. de Boville avec le ton de la plus complète incrédulité ; cinq millions à ce monsieur qui sortait tout à l'heure, et qui m'a salué en sortant comme si je le connaissais ?

— Peut-être vous connaît-il sans que vous le connaissiez, vous. M. de Monte-Cristo connaît tout le monde.

— Cinq millions !

— Voilà son reçu. Faites comme saint Thomas : voyez et touchez. »

M. de Boville prit le papier que lui présentait Danglars, et lut :

« Reçu de M. le baron Danglars la somme de cinq millions cent mille francs, dont il se remboursera à volonté sur la maison Thomson et French, de Rome. »

« C'est ma foi vrai ! dit celui-ci.

— Connaissez-vous la maison Thomson et French ?

— Oui, dit M. de Boville, j'ai fait autrefois une affaire de deux cent mille francs avec elle ; mais je n'en ai pas entendu parler depuis.

— C'est une des meilleures maisons d'Europe, dit Danglars en rejetant négligemment sur son bureau le reçu qu'il venait de prendre des mains de M. de Boville.

— Et il avait comme cela cinq millions, rien que sur vous ? Ah çà ! mais c'est donc un nabab que ce comte de Monte-Cristo ?

— Ma foi ! je ne sais pas ce que c'est ; mais il avait trois crédits illimités : un sur moi, un sur Rothschild, un sur Laffitte, et, ajouta négligemment Danglars, comme vous voyez, il m'a donné la préférence en me laissant cent mille francs pour l'agio. »

M. de Boville donna tous les signes de la plus grande admiration.

« Il faudra que je l'aille visiter, dit-il, et que j'obtienne quelque fondation pieuse pour nous.

— Oh ! c'est comme si vous la teniez ; ses aumônes seules montent à plus de vingt mille francs par mois.

— C'est magnifique ; d'ailleurs, je lui citerai l'exemple de Mme de Morcerf et de son fils.

— Quel exemple ?

— Ils ont donné toute leur fortune aux hospices.

— Quelle fortune ?

— Leur fortune, celle du général de Morcerf, du défunt.

— Et à quel propos ?

— A propos qu'ils ne voulaient pas d'un bien si misérablement acquis.

— De quoi vont-ils vivre ?

— La mère se retire en province et le fils s'engage.

— Tiens, tiens, dit Danglars, en voilà des scrupules !

— J'ai fait enregistrer l'acte de donation hier.

— Et combien possédaient-ils ?

— Oh ! pas grand-chose : douze à treize cent mille francs. Mais revenons à nos millions.

— Volontiers, dit Danglars le plus naturellement du monde ; vous êtes donc bien pressé de cet argent ?

— Mais oui ; la vérification de nos caisses se fait demain.

— Demain ! que ne disiez-vous cela tout de suite ? Mais c'est un siècle, demain ! A quelle heure cette vérification ?

— A deux heures.

— Envoyez à midi », dit Danglars avec son sourire.

M. de Boville ne répondait pas grand-chose ; il faisait oui de la tête et remuait son portefeuille.

« Eh ! mais j'y songe, dit Danglars, faites mieux.

— Que voulez-vous que je fasse ?

— Le reçu de M. de Monte-Cristo vaut de l'argent ; passez ce reçu chez Rothschild ou chez Laffitte ; ils vous le prendront à l'instant même.

— Quoique remboursable sur Rome ?

— Certainement ; il vous en coûtera seulement un escompte de cinq à six mille francs. »

Le receveur fit un bond en arrière.

« Ma foi ! non, j'aime mieux attendre à demain. Comme vous y allez !

— J'ai cru un instant, pardonnez-moi, dit Danglars avec une suprême impudence, j'ai cru que vous aviez un petit déficit à combler.

— Ah ! fit le receveur.

— Écoutez, cela s'est vu, et dans ce cas on fait un sacrifice.

— Dieu merci ! non, dit M. de Boville.

— Alors, à demain ; mais sans faute ?

— Ah çà ! mais, vous riez ! Envoyez à midi, et la Banque sera prévenue.

— Je viendrai moi-même.

— Mieux encore, puisque cela me procurera le plaisir de vous voir. »

Ils se serrèrent la main.

« A propos, dit M. de Boville, n'allez-vous donc point à l'enterrement de cette pauvre Mlle de Villefort, que j'ai rencontré sur le boulevard ?

— Non, dit le banquier, je suis encore un peu ridicule depuis l'affaire de Benedetto, et je fais un plongeon.

— Bah ! vous avez tort ; est-ce qu'il y a de votre faute dans tout cela ?

— Écoutez, mon cher receveur, quand on porte un nom sans tache comme le mien, on est susceptible.

— Tout le monde vous plaint, soyez-en persuadé, et, surtout, tout le monde plaint mademoiselle votre fille.

— Pauvre Eugénie ! fit Danglars avec un profond soupir. Vous savez qu'elle entre en religion, monsieur ?

— Non.

— Hélas ! ce n'est que malheureusement trop vrai. Le lendemain de l'événement, elle s'est décidée à partir avec une religieuse de ses amies ; elle va chercher un couvent bien sévère en Italie ou en Espagne.

— Oh ! c'est terrible ! »

Et M. de Boville se retira sur cette exclamation en faisant au père mille compliments de condoléance.

Mais il ne fut pas plus tôt dehors, que Danglars, avec une énergie de geste que comprendront ceux-là seulement qui ont vu représenter *Robert Macaire*, par Frédérick, s'écria :

« Imbécile ! »

Et serrant la quittance de Monte-Cristo dans un petit portefeuille :

« Viens à midi, ajouta-t-il, à midi, je serai loin. »

Puis il s'enferma à double tour, vida tous les tiroirs de sa caisse, réunit une cinquantaine de mille francs en billets de banque, brûla différents papiers, en mit d'autres en évidence, et commença d'écrire une lettre qu'il cacheta, et sur laquelle il mit pour suscription : « A madame la baronne Danglars. »

« Ce soir, murmura-t-il, je la placerai moi-même sur sa toilette. »

Puis, tirant un passeport de son tiroir.

« Bon, dit-il, il est encore valable pour deux mois. »

CV

LE CIMETIÈRE DU PÈRE-LACHAISE

M. de Boville avait, en effet, rencontré le convoi funèbre qui conduisait Valentine à sa dernière demeure.

Le temps était sombre et nuageux ; un vent tiède encore, mais déjà mortel pour les feuilles jaunies, les arrachait aux branches peu à peu dépouillées et les faisait tourbillonner sur la foule immense qui encombrait les boulevards.

M. de Villefort, Parisien pur, regardait le cimetière du Père-Lachaise comme le seul digne de recevoir la dépouille mortelle d'une famille parisienne ; les autres lui paraissaient des cimetières de campagne, des hôtels garnis de la mort. Au Père-Lachaise seulement un trépassé de bonne compagnie pouvait être logé chez lui.

Il avait acheté là, comme nous l'avons vu, la concession à perpétuité sur laquelle s'élevait le monument peuplé si promptement par tous les membres de sa première famille.

On lisait sur le fronton du mausolée : FAMILLE SAINT-MÉRAN ET VILLEFORT ; car tel avait été le dernier vœu de la pauvre Renée, mère de Valentine.

C'était donc vers le Père-Lachaise que s'acheminait le pompeux cortège parti du faubourg Saint-Honoré. On traversa tout Paris, on prit le faubourg du Temple, puis les boulevards extérieurs jusqu'au cimetière. Plus de cinquante voitures de maîtres suivaient vingt voitures de deuil, et, derrière ces cinquante voitures, plus de cinq cents personnes encore marchaient à pied.

C'étaient presque tous des jeunes gens que la mort de Valentine avait frappés d'un coup de foudre, et qui, malgré la vapeur glaciale du siècle et le prosaïsme de l'époque, subissaient l'influence poétique de cette belle, de cette chaste, de cette adorable jeune fille enlevée en sa fleur.

A la sortie de Paris, on vit arriver un rapide attelage de quatre chevaux qui s'arrêtèrent soudain en raidissant leurs jarrets nerveux comme des ressorts d'acier : c'était M. de Monte-Cristo.

Le comte descendit de sa calèche, et vint se mêler à la foule qui suivait à pied le char funéraire.

Château-Renaud l'aperçut ; il descendit aussitôt de son coupé et vint se joindre à lui. Beauchamp quitta de même le cabriolet de remise dans lequel il se trouvait.

Le comte regardait attentivement par tous les interstices que laissait la foule ; il cherchait visiblement quelqu'un. Enfin, il n'y tint pas.

« Où est Morrel ? demanda-t-il. Quelqu'un de vous, messieurs, sait-il où il est ?

— Nous nous sommes déjà fait cette question à la maison mortuaire, dit Château-Renaud ; car personne de nous ne l'a aperçu. »

Le comte se tut, mais continua à regarder autour de lui.

Enfin on arriva au cimetière.

L'œil perçant de Monte-Cristo sonda tout d'un coup les bosquets d'ifs et de pins, et bientôt il perdit toute inquiétude : une ombre avait glissé sous les noires charmilles, et Monte-Cristo venait sans doute de reconnaître ce qu'il cherchait.

On sait ce que c'est qu'un enterrement dans cette magnifique nécropole : des groupes noirs disséminés dans les blanches allées, le silence du ciel et de la terre, troublé par l'éclat de quelques branches rompues, de quelque haie enfoncée autour d'une tombe ; puis le chant mélancolique des prêtres auquel se mêle çà et là un sanglot échappé d'une touffe de fleurs, sous laquelle on voit quelque femme, abîmée et les mains jointes.

L'ombre qu'avait remarquée Monte-Cristo traversa rapidement le quinconce jeté derrière la tombe d'Héloïse et d'Abélard, vint se placer, avec les valets de la mort, à la tête des chevaux qui traînaient le corps, et du même pas parvint à l'endroit choisi pour la sépulture.

Chacun regardait quelque chose.

Monte-Cristo ne regardait que cette ombre à peine remarquée de ceux qui l'avoisinaient.

Deux fois le comte sortit des rangs pour voir si les mains de cet homme ne cherchaient pas quelque arme cachée sous ses habits.

Cette ombre, quand le cortège s'arrêta, fut reconnue pour être Morrel, qui, avec sa redingote noire boutonnée jusqu'en haut, son front livide, ses joues creusées, son chapeau froissé par ses mains convulsives, s'était adossé à un arbre situé sur un tertre dominant le mausolée, de manière à ne perdre aucun des détails de la funèbre cérémonie qui allait s'accomplir.

Tout se passa selon l'usage. Quelques hommes, et comme toujours, c'étaient les moins impressionnés, quelques hommes prononcèrent des discours. Les uns plaignaient cette mort prématurée ; les autres s'étendaient sur la douleur de son père ; il y en eut d'assez ingénieux pour trouver que cette jeune fille avait plus d'une fois sollicité M. de Villefort pour les coupables sur la tête desquels il tenait suspendu le glaive de la justice ; enfin, on épuisa les métaphores fleuries et les périodes douloureuses, en commentant de toute façon les stances de Malherbe à Dupérier.

Monte-Cristo n'écoutait rien, ne voyait rien, ou plutôt il ne voyait que Morrel, dont le calme et l'immobilité formaient un spectacle effrayant pour celui qui seul pouvait lire ce qui se passait au fond du cœur du jeune officier.

« Tiens, dit tout à coup Beauchamp à Debray, voilà Morrel ! Où diable s'est-il fourré là ? »

Et ils le firent remarquer à Château-Renaud.

« Comme il est pâle, dit celui-ci en tressaillant.

— Il a froid, répliqua Debray.

— Non pas, dit lentement Château-Renaud ; je crois, moi, qu'il est ému. C'est un homme très impressionnable que Maximilien.

— Bah ! dit Debray, à peine s'il connaissait Mlle de Villefort. Vous l'avez dit vous-même.

— C'est vrai. Cependant je me rappelle qu'à ce bal chez Mme de Morcerf il a dansé trois fois avec elle ; vous savez, comte, à ce bal où vous produisîtes tant d'effet.

— Non, je ne sais pas », répondit Monte-Cristo, sans savoir à quoi ni à qui il répondait, occupé qu'il était de surveiller Morrel dont les joues s'animaient, comme il arrive à ceux qui compriment ou retiennent leur respiration.

« Les discours sont finis : adieu, messieurs », dit brusquement le comte.

Et il donna le signal du départ en disparaissant, sans que l'on sût par où il était passé.

La fête mortuaire était terminée, les assistants reprirent le chemin de Paris.

Château-Renaud seul chercha un instant Morrel des yeux ; mais, tandis qu'il avait suivi du regard le comte qui s'éloignait, Morrel avait quitté sa place, et Château-Renaud, après l'avoir cherché vainement, avait suivi Debray et Beauchamp.

Monte-Cristo s'était jeté dans un taillis, et, caché derrière une large tombe, il guettait jusqu'au moindre mouvement de Morrel, qui peu à peu s'était approché du mausolée abandonné des curieux, puis des ouvriers.

Morrel regarda autour de lui lentement et vaguement ; mais au moment où son regard embrassait la portion du cercle opposée à la sienne, Monte-Cristo se rapprocha encore d'une dizaine de pas sans avoir été vu.

Le jeune homme s'agenouilla.

Le comte, le cou tendu, l'œil fixe et dilaté, les jarrets pliés comme pour s'élancer au premier signal, continuait à se rapprocher de Morrel.

Morrel courba son front jusque sur la pierre, embrassa la grille de ses deux mains, et murmura :

« Ô Valentine ! »

Le cœur du comte fut brisé par l'explosion de ces deux mots ; il fit un pas encore, et frappant sur l'épaule de Morrel :

« C'est vous, cher ami ! dit-il, je vous cherchais. »

Monte-Cristo s'attendait à un éclat, à des reproches, à des récriminations : il se trompait.

Morrel se tourna de son côté, et avec l'apparence du calme :

« Vous voyez, dit-il, je priais ! »

Et son regard scrutateur parcourut le jeune homme des pieds à la tête.

Après cet examen il parut plus tranquille.

« Voulez-vous que je vous ramène à Paris ? dit-il.

— Non, merci.

— Enfin désirez-vous quelque chose ?

— Laissez-moi prier. »

Le comte s'éloigna sans faire une seule objection, mais ce fut pour prendre un nouveau posté, d'où il ne perdait pas un seul geste de Morrel, qui enfin se releva, essuya ses genoux blanchis par la pierre, et reprit le chemin de Paris sans tourner une seule fois la tête.

Il descendit lentement la rue de la Roquette.

Le comte, renvoyant sa voiture qui stationnait au

Père-Lachaise, le suivit à cent pas. Maximilien traversa le canal, et rentra rue Meslay par les boulevards.

Cinq minutes après que la porte se fut refermée pour Morrel, elle se rouvrit pour Monte-Cristo.

Julie était à l'entrée du jardin, où elle regardait, avec la plus profonde attention, maître Peneton, qui, prenant sa profession de jardinier au sérieux, faisait des boutures de rosier du Bengale.

« Ah ! monsieur le comte de Monte-Cristo ! s'écriat-elle avec cette joie que manifestait d'ordinaire chaque membre de la famille, quand Monte-Cristo faisait sa visite dans la rue Meslay.

— Maximilien vient de rentrer, n'est-ce pas, madame ? demanda le comte.

— Je crois l'avoir vu passer, oui, reprit la jeune femme ; mais, je vous en prie, appelez Emmanuel.

— Pardon, madame ; mais il faut que je monte à l'instant même chez Maximilien, répliqua Monte-Cristo, j'ai à lui dire quelque chose de la plus haute importance.

— Allez donc », fit-elle, en l'accompagnant de son charmant sourire jusqu'à ce qu'il eût disparu dans l'escalier.

Monte-Cristo eut bientôt franchi les deux étages qui séparaient le rez-de-chaussée de l'appartement de Maximilien ; parvenu sur le palier, il écouta : nul bruit ne se faisait entendre.

Comme dans la plupart des anciennes maisons habitées par un seul maître, le palier n'était fermé que par une porte vitrée.

Seulement, à cette porte vitrée il n'y avait point de clef. Maximilien s'était enfermé en dedans ; mais il était impossible de voir au-delà de la porte, un rideau de soie rouge doublant les vitres.

L'anxiété du comte se traduisit par une vive rougeur, symptôme d'émotion peu ordinaire chez cet homme impassible.

« Que faire ? » murmura-t-il.

Et il réfléchit un instant.

« Sonner ? reprit-il, oh ! non ! souvent le bruit d'une sonnette, c'est-à-dire d'une visite, accélère la résolution de ceux qui se trouvent dans la situation où Maximilien doit être en ce moment, et alors au bruit de la sonnette répond un autre bruit. »

Monte-Cristo frissonna des pieds à la tête, et, comme chez lui la décision avait la rapidité de l'éclair, il frappa un coup de coude dans un des carreaux de la porte vitrée qui vola en éclats ; puis il souleva le rideau et vit Morrel qui, devant son bureau, une plume à la main, venait de bondir sur sa chaise, au fracas de la vitre brisée.

« Ce n'est rien, dit le comte, mille pardons, mon cher ami ! j'ai glissé, et en glissant j'ai donné du coude dans votre carreau ; puisqu'il est cassé, je vais en profiter pour entrer chez vous ; ne vous dérangez pas, ne vous dérangez pas. »

Et, passant le bras par la vitre brisée, le comte ouvrit la porte.

Morrel se leva, évidemment contrarié, et vint au-devant de Monte-Cristo, moins pour le recevoir que pour lui barrer le passage.

« Ma foi, c'est la faute de vos domestiques, dit Monte-Cristo en se frottant le coude, vos parquets sont reluisants comme des miroirs.

— Vous êtes-vous blessé, monsieur ? demanda froidement Morrel.

— Je ne sais. Mais que faisiez-vous donc là ? Vous écriviez ?

— Moi ?

— Vous avez les doigts tachés d'encre.

— C'est vrai, répondit Morrel, j'écrivais ; cela m'arrive quelquefois, tout militaire que je suis. »

Monte-Cristo fit quelques pas dans l'appartement. Force fut à Maximilien de le laisser passer ; mais il le suivit.

« Vous écriviez ? reprit Monte-Cristo avec un regard fatigant de fixité.

— J'ai déjà eu l'honneur de vous dire que oui », fit Morrel.

Le comte jeta un regard autour de lui.

« Vos pistolets à côté de l'écritoire ! dit-il en montrant du doigt à Morrel les armes posées sur son bureau.

— Je pars pour un voyage, répondit Maximilien.

— Mon ami ! dit Monte-Cristo avec une voix d'une douceur infinie.

— Monsieur !

— Mon ami, mon cher Maximilien, pas de résolutions extrêmes, je vous en supplie !

— Moi, des résolutions extrêmes, dit Morrel en haussant les épaules ; et en quoi, je vous prie, un voyage est-il une résolution extrême ?

— Maximilien, dit Monte-Cristo, posons chacun de notre côté le masque que nous portons.

« Maximilien, vous ne m'abusez pas avec ce calme de commande plus que je ne vous abuse, moi, avec ma frivole sollicitude.

« Vous comprenez bien, n'est-ce pas ? que pour avoir fait ce que j'ai fait, pour avoir enfoncé des vitres, violé le secret de la chambre d'un ami, vous comprenez, dis-je, que, pour avoir fait tout cela, il fallait que j'eusse une inquiétude réelle, ou plutôt une conviction terrible.

« Morrel, vous voulez vous tuer !

— Bon ! dit Morrel tressaillant, où prenez-vous de ces idées-là, monsieur le comte ?

— Je vous dis que vous voulez vous tuer ! continua le comte du même son de voix, et en voici la preuve. »

Et, s'approchant du bureau, il souleva la feuille blanche que le jeune homme avait jetée sur une lettre commencée, et prit la lettre.

Morrel s'élança pour la lui arracher des mains.

Mais Monte-Cristo prévoyait ce mouvement et le prévint en saisissant Maximilien par le poignet et en l'arrêtant comme la chaîne d'acier arrête le ressort au milieu de son évolution.

« Vous voyez bien que vous vouliez vous tuer ! Morrel, dit le comte, c'est écrit !

— Eh bien, s'écria Morrel, passant sans transition de l'apparence du calme à l'expression de la violence ; eh bien, quand cela serait, quand j'aurais décidé de tourner sur moi le canon de ce pistolet, qui m'en empêcherait ?

« Qui aurait le courage de m'en empêcher ?

« Quand je dirai :

« Toutes mes espérances sont ruinées, mon cœur est brisé, ma vie est éteinte, il n'y a plus que deuil et dégoût autour de moi ; la terre est devenue de la cendre ; toute voix humaine me déchire ;

« Quand je dirai :

« C'est pitié que de me laisser mourir, car si vous ne me laissez mourir je perdrai la raison, je deviendrai fou ;

« Voyons, dites, monsieur, quand je dirai cela, quand on verra que je le dis avec les angoisses et les larmes de mon cœur, me répondra-t-on :

« — Vous avez tort ? »

« M'empêchera-t-on de n'être pas le plus malheureux ?

« Dites, monsieur, dites, est-ce vous qui aurez ce courage ?

— Oui, Morrel, dit Monte-Cristo, d'une voix dont le calme contrastait étrangement avec l'exaltation du jeune homme ; oui, ce sera moi.

— Vous ! s'écria Morrel avec une expression croissante de colère et de reproche ; vous qui m'avez leurré d'un espoir absurde ; vous qui m'avez retenu, bercé, endormi par de vaines promesses, lorsque j'eusse pu, par quelque coup d'éclat, par quelque résolution extrême, la sauver, ou du moins la voir mourir dans mes bras ; vous qui affectez toutes les ressources de l'intelligence, toutes les puissances de la matière ; vous qui jouez ou plutôt qui faites semblant de jouer le rôle de la Providence, et qui n'avez pas même eu le pouvoir de donner du contre-poison à une jeune fille empoisonnée ! Ah ! en vérité, monsieur, vous me feriez pitié si vous ne me faisiez horreur !

— Morrel...

— Oui, vous m'avez dit de poser le masque ; eh bien, soyez satisfait, je le pose.

« Oui, quand vous m'avez suivi au cimetière, je vous ai encore répondu, car mon cœur est bon ; quand vous êtes entré, je vous ai laissé venir jusqu'ici... Mais puisque vous abusez, puisque vous venez me braver jusque dans cette chambre où je m'étais retiré comme

dans ma tombe ; puisque vous m'apportez une nouvelle torture, à moi qui croyais les avoir épuisées
toutes, comte de Monte-Cristo, mon prétendu bienfaiteur, comte de Monte-Cristo, le sauveur universel,
soyez satisfait, vous allez voir mourir votre ami !... »

Et Morrel, le rire de la folie sur les lèvres, s'élança
une seconde fois vers les pistolets.

Monte-Cristo, pâle comme un spectre, mais l'œil
éblouissant d'éclairs, étendit la main sur les armes, et
dit à l'insensé :

« Et, je vous répète que vous ne vous tuerez pas !

— Empêchez-m'en donc ! répliqua Morrel avec un
dernier élan qui, comme le premier, vint se briser
contre le bras d'acier du comte.

— Je vous en empêcherai !

— Mais qui êtes-vous donc, à la fin, pour vous arro-
ger ce droit tyrannique sur des créatures libres et
pensantes ! s'écria Maximilien.

— Qui je suis ? répéta Monte-Cristo.

« Écoutez :

« Je suis, poursuivit Monte-Cristo, le seul homme au
monde qui ait le droit de vous dire : Morrel je ne veux
pas que le fils de ton père meure aujourd'hui ! »

Et Monte-Cristo, majestueux, transfiguré, sublime,
s'avança les deux bras croisés vers le jeune homme
palpitant, qui, vaincu malgré lui par la presque divi-
nité de cet homme, recula d'un pas.

« Pourquoi parlez-vous de mon père ? balbutia-t-il ;
pourquoi mêler le souvenir de mon père à ce qui
m'arrive aujourd'hui ?

— Parce que je suis celui qui a déjà sauvé la vie à
ton père, un jour qu'il voulait se tuer comme tu veux te
tuer aujourd'hui ; parce que je suis l'homme qui a
envoyé la bourse à ta jeune sœur et *Le Pharaon* au
vieux Morrel ; parce que je suis Edmond Dantès, qui te
fit jouer, enfant, sur ses genoux ! »

Morrel fit encore un pas en arrière, chancelant,
suffoqué, haletant, écrasé ; puis ses forces l'abandon-
nèrent, et avec un grand cri il tomba prosterné aux
pieds de Monte-Cristo.

Puis tout à coup, dans cette admirable nature, il se

fit un mouvement de régénération soudaine et complète : il se releva, bondit hors de la chambre, et se précipita dans l'escalier en criant de toute la puissance de sa voix :

« Julie ! Julie ! Emmanuel ! Emmanuel ! »

Monte-Cristo voulut s'élancer à son tour, mais Maximilien se fût fait tuer plutôt que de quitter les gonds de la porte qu'il repoussait sur le comte.

Aux cris de Maximilien, Julie, Emmanuel, Peneton et quelques domestiques accoururent épouvantés.

Morrel les prit par les mains, et rouvrant la porte :

« A genoux s'écria-t-il d'une voix étranglée par les sanglots ; à genoux ! c'est le bienfaiteur, c'est le sauveur de notre père ! c'est... »

Il allait dire :

« C'est Edmond Dantès ! »

Le comte l'arrêta en lui saisissant le bras.

Julie s'élança sur la main du comte ; Emmanuel l'embrassa comme un dieu tutélaire ; Morrel tomba pour la seconde fois à genoux, et frappa le parquet de son front.

Alors l'homme de bronze sentit son cœur se dilater dans sa poitrine, un jet de flamme dévorante jaillit de sa gorge à ses yeux, il inclina la tête et pleura !

Ce fut dans cette chambre, pendant quelques instants, un concert de larmes et de gémissements sublimes qui dut paraître harmonieux aux anges mêmes les plus chéris du Seigneur !

Julie fut à peine revenue de l'émotion si profonde qu'elle venait d'éprouver, qu'elle s'élança hors de la chambre, descendit un étage, courut au salon avec une joie enfantine, et souleva le globe de cristal qui protégeait la bourse donnée par l'inconnu des Allées de Meilhan.

Pendant ce temps, Emmanuel d'une voix entrecoupée disait au comte :

« Oh ! monsieur le comte, comment, nous voyant parler si souvent de notre bienfaiteur inconnu, comment, nous voyant entourer un souvenir de tant de reconnaissance et d'adoration, comment avez-vous attendu jusqu'aujourd'hui pour vous faire connaître ?

Oh ! c'est de la cruauté envers nous, et, j'oserai presque le dire, monsieur le comte, envers vous-même.

— Écoutez, mon ami, dit le comte, et je puis vous appeler ainsi, car, sans vous en douter, vous êtes mon ami depuis onze ans ; la découverte de ce secret a été amenée par un grand événement que vous devez ignorer.

« Dieu m'est témoin que je désirais l'enfouir pendant toute ma vie au fond de mon âme ; votre frère Maximilien me l'a arraché par des violences dont il se repent, j'en suis sûr. »

Puis, voyant que Maximilien s'était rejeté de côté sur un fauteuil, tout en demeurant néanmoins à genoux :

« Veillez sur lui, ajouta tout bas Monte-Cristo en pressant d'une façon significative la main d'Emmanuel.

— Pourquoi cela ? demanda le jeune homme étonné.

— Je ne puis vous le dire ; mais veillez sur lui. »

Emmanuel embrassa la chambre d'un regard circulaire et aperçut les pistolets de Morrel.

Ses yeux se fixèrent effrayés sur les armes, qu'il désigna à Monte-Cristo en levant lentement le doigt à leur hauteur.

Monte-Cristo inclina la tête.

Emmanuel fit un mouvement vers les pistolets.

« Laissez », dit le comte.

Puis allant à Morrel il lui prit la main ; les mouvements tumultueux qui avaient un instant secoué le cœur du jeune homme avaient fait place à une stupeur profonde.

Julie remonta, elle tenait à la main la bourse de soie, et deux larmes brillantes et joyeuses roulaient sur ses joues comme deux gouttes de matinale rosée.

« Voici la réplique, dit-elle ; ne croyez pas qu'elle me soit moins chère depuis que le sauveur nous a été révélé.

— Mon enfant, répondit Monte-Cristo en rougissant, permettez-moi de reprendre cette bourse ; depuis que vous connaissez les traits de mon visage, je ne veux être rappelé à votre souvenir que par l'affection que je vous prie de m'accorder.

— Oh ! dit Julie en pressant la bourse sur son cœur, non, non, je vous en supplie, car un jour vous pourriez nous quitter ; car un jour malheureusement vous nous quitterez, n'est-ce pas ?

— Vous avez deviné juste, madame, répondit Monte-Cristo en souriant ; dans huit jours, j'aurai quitté ce pays, où tant de gens qui avaient mérité la vengeance du Ciel vivaient heureux, tandis que mon père expirait de faim et de douleur. »

En annonçant son prochain départ, Monte-Cristo tenait ses yeux fixés sur Morrel, et il remarqua que ces mots *j'aurai quitté ce pays* avaient passé sans tirer Morrel de sa léthargie ; il comprit que c'était une dernière lutte qu'il lui fallait soutenir avec la douleur de son ami, et prenant les mains de Julie et d'Emmanuel qu'il réunit en les pressant dans les siennes, il leur dit, avec la douce autorité d'un père :

« Mes bons amis, laissez-moi seul, je vous prie, avec Maximilien. »

C'était un moyen pour Julie d'emporter cette relique précieuse dont oubliait de reparler Monte-Cristo.

Elle entraîna vivement son mari.

« Laissons-les », dit-elle.

Le comte resta avec Morrel, qui demeurait immobile comme une statue.

« Voyons, dit le comte en lui touchant l'épaule avec son doigt de flamme ; redeviens-tu enfin un homme, Maximilien ?

— Oui, car je recommence à souffrir. »

Le front du comte se plissa, livré qu'il paraissait être à une sombre hésitation.

« Maximilien ! Maximilien ! dit-il, ces idées où tu te plonges sont indignes d'un chrétien.

— Oh ! tranquillisez-vous, ami, dit Morrel en relevant la tête et en montrant au comte un sourire empreint d'une ineffable tristesse, ce n'est plus moi qui chercherai la mort.

— Ainsi, dit Monte-Cristo, plus d'armes, plus de désespoir.

— Non, car j'ai mieux, pour me guérir de ma douleur, que le canon d'un pistolet ou la pointe d'un couteau.

— Pauvre fou... ! qu'avez-vous donc ?

— J'ai ma douleur elle-même qui me tuera.

— Ami, dit Monte-Cristo avec une mélancolie égale à la sienne, écoutez-moi :

« Un jour, dans un moment de désespoir égal au tien, puisqu'il amenait une résolution semblable, j'ai comme toi voulu me tuer ; un jour ton père, également désespéré, a voulu se tuer aussi.

« Si l'on avait dit à ton père, au moment où il dirigeait le canon du pistolet vers son front ; si l'on m'avait dit à moi, au moment où j'écartais de mon lit le pain du prisonnier auquel je n'avais pas touché depuis trois jours, si l'on nous avait dit enfin à tous deux, en ce moment suprême :

« Vivez ! un jour viendra où vous serez heureux et où vous bénirez la vie ; de quelque part que vînt la voix, nous l'eussions accueillie avec le sourire du doute ou avec l'angoisse de l'incrédulité, et cependant combien de fois, en t'embrassant, ton père a-t-il béni la vie, combien de fois moi-même...

— Ah ! s'écria Morrel, interrompant le comte, vous n'aviez perdu que votre liberté, vous ; mon père n'avait perdu que sa fortune, lui ; et moi, j'ai perdu Valentine.

— Regarde-moi, Morrel, dit Monte-Cristo avec cette solennité qui, dans certaines occasions, le faisait si grand et si persuasif ; regarde-moi, je n'ai ni larmes dans les yeux, ni fièvre dans les veines, ni battements funèbres dans le cœur, cependant je te vois souffrir, toi, Maximilien, toi que j'aime comme j'aimerais mon fils : eh bien, cela ne te dit-il pas, Morrel, que la douleur est comme la vie, et qu'il y a toujours quelque chose d'inconnu au-delà ? Or, si je te prie, si je t'ordonne de vivre, Morrel, c'est dans la conviction qu'un jour tu me remercieras de t'avoir conservé la vie.

— Mon Dieu ! s'écria le jeune homme, mon Dieu ! que me dites-vous là, comte ? Prenez-y garde ! peut-être n'avez-vous jamais aimé, vous ?

— Enfant ! répondit le comte.

— D'amour, reprit Morrel, je m'entends.

« Moi, voyez-vous, je suis un soldat depuis que je suis un homme ; je suis arrivé jusqu'à vingt-neuf ans sans aimer, car aucun des sentiments que j'ai éprouvés jusque-là ne mérite le nom d'amour : eh bien, à vingt-neuf ans j'ai vu Valentine : donc depuis près de deux ans je l'aime, depuis près de deux ans j'ai pu lire les vertus de la fille et de la femme écrites par la main même du Seigneur dans ce cœur ouvert pour moi comme un livre.

« Comte, il y avait pour moi, avec Valentine, un bonheur infini, immense, inconnu, un bonheur trop grand, trop complet, trop divin, pour ce monde ; puisque ce monde ne me l'a pas donné, comte, c'est vous dire que sans Valentine il n'y a pour moi sur la terre que désespoir et désolation.

— Je vous ai dit d'espérer, Morrel, répéta le comte.

— Prenez garde alors, répéterai-je aussi, dit Morrel ; car vous cherchez à me persuader, et si vous me persuadez, vous me ferez perdre la raison, car vous me ferez croire que je puis revoir Valentine. »

Le comte sourit.

« Mon ami, mon père ! s'écria Morrel exalté, prenez garde, vous redirai-je pour la troisième fois, car l'ascendant que vous prenez sur moi m'épouvante ; prenez garde au sens de vos paroles, car voilà mes yeux qui se raniment, voilà mon cœur qui se rallume et qui renaît ; prenez garde, car vous me feriez croire à des choses surnaturelles.

« J'obéirais si vous me commandiez de lever la pierre du sépulcre qui recouvre la fille de Jaïre, je marcherais sur les flots, comme l'apôtre, si vous me faisiez de la main signe de marcher sur les flots ; prenez garde, j'obéirais.

— Espère, mon ami, répéta le comte.

— Ah ! dit Morrel en retombant de toute la hauteur de son exaltation dans l'abîme de sa tristesse, ah ! vous vous jouez de moi : vous faites comme ces bonnes mères, ou plutôt comme ces mères égoïstes qui calment avec des paroles mielleuses la douleur de l'enfant, parce que ses cris les fatiguent.

« Non, mon ami, j'avais tort de vous dire de prendre garde ; non, ne craignez rien, j'enterrerai ma douleur avec tant de soin dans le plus profond de ma poitrine, je la rendrai si obscure, si secrète, que vous n'aurez plus même le souci d'y compatir.

« Adieu ! mon ami ; adieu !

— Au contraire, dit le comte ; à partir de cette heure, Maximilien, tu vivras près de moi et avec moi, tu ne me quitteras plus, et dans huit jours nous aurons laissé derrière nous la France.

— Et vous me dites toujours d'espérer ?

— Je te dis d'espérer, parce que je sais un moyen de te guérir.

— Comte, vous m'attristez davantage encore s'il est possible. Vous ne voyez, comme résultat du coup qui me frappe, qu'une douleur banale, et vous croyez me consoler par un moyen banal, le voyage. »

Et Morrel secoua la tête avec une dédaigneuse incrédulité.

« Que veux-tu que je te dise ? reprit Monte-Cristo.

« J'ai foi dans mes promesses, laisse-moi faire l'expérience.

— Comte, vous prolongez mon agonie, voilà tout.

— Ainsi, dit le comte, faible cœur que tu es, tu n'as pas la force de donner à ton ami quelques jours pour l'épreuve qu'il tente !

« Voyons, sais-tu de quoi le comte de Monte-Cristo est capable ?

« Sais-tu qu'il commande à bien des puissances terrestres ?

« Sais-tu qu'il a assez de foi en Dieu pour obtenir des miracles de celui qui a dit qu'avec la foi l'homme pouvait soulever une montagne ?

« Eh bien, ce miracle que j'espère, attends-le, ou bien...

— Ou bien... répéta Morrel.

— Ou bien, prends-y garde, Morrel, je t'appellerai ingrat.

— Ayez pitié de moi, comte.

— J'ai tellement pitié de toi, Maximilien, écoute-moi, tellement pitié, que si je ne te guéris pas dans un mois, jour pour jour, heure pour heure, retiens bien mes paroles, Morrel, je te placerai moi-même en face de ces pistolets tout chargés et d'une coupe du plus sûr poison d'Italie, d'un poison plus sûr et plus prompt, crois-moi, que celui qui a tué Valentine.

— Vous me le promettez ?

— Oui, car je suis homme, car, moi aussi, comme je te l'ai dit, j'ai voulu mourir, et souvent même, depuis que le malheur s'est éloigné de moi, j'ai rêvé les délices de l'éternel sommeil.

— Oh ! bien sûr, vous me promettez cela, comte ? s'écria Maximilien enivré.

— Je ne te le promets pas, je te le jure, dit Monte-Cristo en étendant la main.

— Dans un mois, sur votre honneur, si je ne suis pas consolé, vous me laissez libre de ma vie, et, quelque chose que j'en fasse, vous ne m'appellerez pas ingrat ?

— Dans un mois jour pour jour, Maximilien ; dans un mois, heure pour heure, et la date est sacrée, Maximilien ; je ne sais pas si tu y as songé, nous sommes aujourd'hui le 5 septembre.

« Il y a aujourd'hui dix ans que j'ai sauvé ton père, qui voulait mourir. »

Morrel saisit les mains du comte et les baisa ; le comte le laissa faire, comme s'il comprenait que cette adoration lui était due.

« Dans un mois, continua Monte-Cristo, tu auras, sur la table devant laquelle nous serons assis l'un et l'autre, de bonnes armes et une douce mort ; mais, en revanche, tu me promets d'attendre jusque-là et de vivre ?

— Oh ! à mon tour, s'écria Morrel, je vous le jure ! »

Monte-Cristo attira le jeune homme sur son cœur, et l'y retint longtemps.

« Et maintenant, lui dit-il, à partir d'aujourd'hui, tu vas venir demeurer chez moi ; tu prendras l'appartement d'Haydée, et ma fille au moins sera remplacée par mon fils.

— Haydée ! dit Morrel ; qu'est devenue Haydée ?

— Elle est partie cette nuit.

— Pour vous quitter ?

— Pour m'attendre...

« Tiens-toi donc prêt à venir me rejoindre rue des Champs-Élysées, et fais-moi sortir d'ici sans qu'on me voie. »

Maximilien baissa la tête, et obéit comme un enfant ou comme un apôtre.

CVI

LE PARTAGE

Dans cet hôtel de la rue Saint-Germain-des-Prés qu'avait choisi pour sa mère et pour lui Albert de Morcerf, le premier étage, composé d'un petit appartement complet, était loué à un personnage fort mystérieux.

Ce personnage était un homme dont jamais le concierge lui-même n'avait pu voir la figure, soit qu'il entrât ou qu'il sortît ; car l'hiver il s'enfonçait le menton dans une de ces cravates rouges comme en ont les cochers de bonne maison qui attendent leurs maîtres à la sortie des spectacles, et l'été il se mouchait toujours précisément au moment où il eût pu être aperçu en passant devant la loge. Il faut dire que, contrairement à tous les usages reçus, cet habitant de l'hôtel n'était épié par personne, et que le bruit qui courait que son incognito cachait un individu très haut placé, et *ayant le bras long*, avait fait respecter ses mystérieuses apparitions.

Ses visites étaient ordinairement fixes, quoique parfois elles fussent avancées ou retardées ; mais presque toujours, hiver ou été, c'était vers quatre heures qu'il prenait possession de son appartement, dans lequel il ne passait jamais la nuit.

A trois heures et demie, l'hiver, le feu était allumé par la servante discrète qui avait l'intendance du petit appartement ; à trois heures et demie, l'été, des glaces étaient montées par la même servante.

A quatre heures, comme nous l'avons dit, le personnage mystérieux arrivait.

Vingt minutes après lui, une voiture s'arrêtait devant l'hôtel ; une femme vêtue de noir ou de bleu foncé, mais toujours enveloppée d'un grand voile, en descendait, passait comme une ombre devant la loge, montait l'escalier sans que l'on entendît craquer une seule marche sous son pied léger.

Jamais il ne lui était arrivé qu'on lui demandât où elle allait.

Son visage, comme celui de l'inconnu, était donc parfaitement étranger aux deux gardiens de la porte, ces concierges modèles, les seuls peut-être, dans l'immense confrérie des portiers de la capitale, capables d'une pareille discrétion.

Il va sans dire qu'elle ne montait pas plus haut que le premier. Elle grattait à une porte d'une façon particulière ; la porte s'ouvrait, puis se refermait hermétiquement, et tout était dit.

Pour quitter l'hôtel, même manœuvre que pour y entrer.

L'inconnue sortait la première, toujours voilée, et remontait dans sa voiture, qui tantôt disparaissait par un bout de la rue, tantôt par l'autre ; puis, vingt minutes après, l'inconnu sortait à son tour, enfoncé dans sa cravate ou caché par son mouchoir, et disparaissait également.

Le lendemain du jour où le comte de Monte-Cristo avait été rendre visite à Danglars, jour de l'enterrement de Valentine, l'habitant mystérieux entra vers dix heures du matin, au lieu d'entrer, comme d'habitude, vers quatre heures de l'après-midi.

Presque aussitôt, et sans garder l'intervalle ordinaire, une voiture de place arriva, et la dame voilée monta rapidement l'escalier.

La porte s'ouvrit et se referma.

Mais, avant même que la porte fût refermée, la dame s'était écriée :

« Ô Lucien ! ô mon ami ! »

De sorte que le concierge, qui, sans le vouloir, avait entendu cette exclamation, sut alors pour la première fois que son locataire s'appelait Lucien ; mais comme c'était un portier modèle, il se promit de ne pas même le dire à sa femme.

« Eh bien, qu'y a-t-il, chère amie ? demanda celui dont le trouble ou l'empressement de la dame voilée avait révélé le nom ; parlez, dites.

— Mon ami, puis-je compter sur vous ?

— Certainement, et vous le savez bien.

« Mais qu'y a-t-il ?

« Votre billet de ce matin m'a jeté dans une perplexité terrible.

« Cette précipitation, ce désordre dans votre écriture ; voyons, rassurez-moi ou effrayez-moi tout à fait !

— Lucien, un grand événement ! dit la dame en attachant sur Lucien un regard interrogateur : M. Danglars est parti cette nuit.

— Parti ! M. Danglars parti !

« Et où est-il allé ?

— Je l'ignore.

— Comment ! vous l'ignorez ? Il est donc parti pour ne plus revenir ?

— Sans doute !

« A dix heures du soir, ses chevaux l'ont conduit à la barrière de Charenton ; là, il a trouvé une berline de poste tout attelée ; il est monté dedans avec son valet de chambre, en disant à son cocher qu'il allait à Fontainebleau.

— Eh bien, que disiez-vous donc ?

— Attendez, mon ami. Il m'avait laissé une lettre.

— Une lettre ?

— Oui ; lisez. »

Et la baronne tira de sa poche une lettre décachetée qu'elle présenta à Debray.

Debray, avant de la lire, hésita un instant, comme s'il eût cherché à deviner ce qu'elle contenait, ou plutôt comme si, quelque chose qu'elle contînt, il était décidé à prendre d'avance un parti.

Au bout de quelques secondes ses idées étaient sans doute arrêtées, car il lut.

Voici ce que contenait ce billet qui avait jeté un si grand trouble dans le cœur de Mme Danglars :

« Madame et très fidèle épouse. »

Sans y songer, Debray s'arrêta et regarda la baronne, qui rougit jusqu'aux yeux.

« Lisez », dit-elle.

Debray continua :

« Quand vous recevrez cette lettre vous n'aurez plus
« de mari ! Oh ! ne prenez pas trop chaudement
« l'alarme ; vous n'aurez plus de mari comme vous
« n'aurez plus de fille, c'est-à-dire que je serai sur une
« des trente ou quarante routes qui conduisent hors de
« France.

« Je vous dois des explications, et comme vous êtes
« femme à les comprendre parfaitement, je vous les
« donnerai.

« Écoutez donc :

« Un remboursement de cinq millions m'est survenu
« ce matin, je l'ai opéré ; un autre de même somme l'a
« suivi presque immédiatement ; je l'ajourne à
« demain : aujourd'hui je pars pour éviter ce demain
« qui me serait trop désagréable à supporter.

« Vous comprenez cela, n'est-ce pas, madame et très
« précieuse épouse ?

« Je dis :

« Vous comprenez, parce que vous savez aussi bien
« que moi mes affaires ; vous les savez même mieux
« que moi, attendu que s'il s'agissait de dire où a passé
« une bonne moitié de ma fortune, naguère encore
« assez belle, j'en serais incapable ; tandis que vous, au
« contraire, j'en suis certain, vous vous en acquitteriez
« parfaitement.

« Car les femmes ont des instincts d'une sûreté
« infaillible, elles expliquent par une algèbre qu'elles
« ont inventée le merveilleux lui-même. Moi qui ne
« connaissais que mes chiffres, je n'ai plus rien su du
« jour où mes chiffres m'ont trompé.

« Avez-vous quelquefois admiré la rapidité de ma
« chute, madame ?

« Avez-vous été un peu éblouie de cette incandes-
« cente fusion de mes lingots ?

« Moi, je l'avoue, je n'y ai vu que du feu ; espérons
« que vous avez retrouvé un peu d'or dans les cendres.

« C'est avec ce consolant espoir que je m'éloigne,
« madame et très prudente épouse, sans que ma cons-
« cience me reproche le moins du monde de vous
« abandonner ; il vous reste des amis, les cendres en
« question, et, pour comble de bonheur, la liberté que
« je m'empresse de vous rendre.

« Cependant, madame, le moment est arrivé de pla-
« cer dans ce paragraphe un mot d'explication intime.

« Tant que j'ai espéré que vous travailliez au bien-
« être de notre maison, à la fortune de notre fille, j'ai
« philosophiquement fermé les yeux ; mais comme
« vous avez fait de la maison une vaste ruine, je ne
« veux pas servir de fondation à la fortune d'autrui.

« Je vous ai prise riche, mais peu honorée.

« Pardonnez-moi de vous parler avec cette fran-
« chise ; mais comme je ne parle que pour nous deux
« probablement, je ne vois pas pourquoi je farderais
« mes paroles.

« J'ai augmenté notre fortune, qui pendant plus de
« quinze ans a été croissant, jusqu'au moment où des
« catastrophes inconnues et inintelligibles encore pour
« moi sont venues la prendre corps à corps et la ren-
« verser, sans que, je puis le dire, il y ait aucunement
« de ma faute.

« Vous, madame, vous avez travaillé seulement à
« accroître la vôtre, chose à laquelle vous avez réussi,
« j'en suis moralement convaincu.

« Je vous laisse donc comme je vous ai prise, riche,
« mais peu honorable.

« Adieu.

« Moi aussi, je vais, à partir d'aujourd'hui, travailler
« pour mon compte.

« Croyez à toute ma reconnaissance pour l'exemple
« que vous m'avez donné et que je vais suivre.

« Votre mari bien dévoué,

« BARON DANGLARS. »

La baronne avait suivi des yeux Debray pendant
cette longue et pénible lecture ; elle avait vu, malgré sa

puissance bien connue sur lui-même, le jeune homme changer de couleur une ou deux fois.

Lorsqu'il eut fini, il ferma lentement le papier dans ses plis, et reprit son attitude pensive.

« Eh bien ? demanda Mme Danglars avec une anxiété facile à comprendre.

— Eh bien, madame ? répéta machinalement Debray.

— Quelle idée vous inspire cette lettre ?

— C'est bien simple, madame ; elle m'inspire l'idée que M. Danglars est parti avec des soupçons.

— Sans doute ; mais est-ce tout ce que vous avez à me dire ?

— Je ne comprends pas, dit Debray avec un froid glacial.

— Il est parti ! parti tout à fait ! parti pour ne plus revenir.

— Oh ! fit Debray, ne croyez pas cela, baronne.

— Non, vous dis-je, il ne reviendra pas ; je le connais, c'est un homme inébranlable dans toutes les résolutions qui émanent de son intérêt.

« S'il m'eût jugée utile à quelque chose, il m'eût emmenée. Il me laisse à Paris, c'est que notre séparation peut servir ses projets : elle est donc irrévocable et je suis libre à jamais », ajouta Mme Danglars avec la même expression de prière.

Mais Debray, au lieu de répondre, la laissa dans cette anxieuse interrogation du regard et de la pensée.

« Quoi ! dit-elle enfin, vous ne me répondez pas, monsieur ?

— Mais je n'ai qu'une question à vous faire : que comptez-vous devenir ?

— J'allais vous le demander, répondit la baronne le cœur palpitant.

— Ah ! fit Debray, c'est donc un conseil que vous me demandez ?

— Oui, c'est un conseil que je vous demande, dit la baronne le cœur serré.

— Alors, si c'est un conseil que vous me demandez, répondit froidement le jeune homme, je vous conseille de voyager.

— De voyager ! murmura madame Danglars.

— Certainement. Comme l'a dit M. Danglars, vous êtes riche et parfaitement libre. Une absence de Paris sera nécessaire absolument, à ce que je crois du moins, après le double éclat du mariage rompu de Mlle Eugénie et de la disparition de M. Danglars.

« Il importe seulement que tout le monde vous sache abandonnée et vous croie pauvre ; car on ne pardonnerait pas à la femme du banqueroutier son opulence et son grand état de maison.

« Pour le premier cas, il suffit que vous restiez seulement quinze jours à Paris, répétant à tout le monde que vous êtes abandonnée et racontant à vos meilleures amies, qui iront le répéter dans le monde, comment cet abandon a eu lieu. Puis vous quitterez votre hôtel, vous y laisserez vos bijoux, vous abandonnerez votre douaire, et chacun vantera votre désintéressement et chantera vos louanges.

« Alors on vous saura abandonnée, et l'on vous croira pauvre ; car moi seul connais votre situation financière et suis prêt à vous rendre mes comptes en loyal associé. »

La baronne, pâle, atterrée, avait écouté ce discours avec autant d'épouvante et de désespoir que Debray avait mis de calme et d'indifférence à le prononcer.

« Abandonnée ! répéta-t-elle, oh ! bien abandonnée... Oui, vous avez raison, monsieur, et personne ne doutera de mon abandon. »

Ce furent les seules paroles que cette femme, si fière et si violemment éprise, put répondre à Debray.

« Mais riche, très riche même », poursuivit Debray en tirant de son portefeuille et en étalant sur la table quelques papiers qu'il renfermait.

Mme Danglars le laissa faire, tout occupée d'étouffer les battements de son cœur et de retenir les larmes qu'elle sentait poindre au bord de ses paupières. Mais enfin le sentiment de la dignité l'emporta chez la baronne ; et si elle ne réussit point à comprimer son cœur, elle parvint du moins à ne pas verser une larme.

« Madame, dit Debray, il y a six mois à peu près que nous sommes associés.

« Vous avez fourni une mise de fonds de cent mille francs.

« C'est au mois d'avril de cette année qu'a eu lieu notre association.

« En mai, nos opérations ont commencé.

« En mai, nous avons gagné quatre cent cinquante mille francs.

« En juin, le bénéfice a monté à neuf cent mille.

« En juillet, nous y avons ajouté dix-sept cent mille francs ; c'est, vous le savez, le mois des bons d'Espagne.

« En août, nous perdîmes, au commencement du mois, trois cent mille francs ; mais le 15 du mois nous nous étions rattrapés, et à la fin nous avions pris notre revanche ; car nos comptes, mis au net depuis le jour de notre association jusqu'à hier où je les ai arrêtés, nous donnent un actif de deux millions quatre cent mille francs, c'est-à-dire de douze cent mille francs pour chacun de nous.

« Maintenant, continua Debray, compulsant son carnet avec la méthode et la tranquillité d'un agent de change, nous trouvons quatre-vingt mille francs pour les intérêts composés de cette somme restée entre mes mains.

— Mais, interrompit la baronne, que veulent dire ces intérêts, puisque jamais vous n'avez fait valoir cet argent ?

— Je vous demande pardon, madame, dit froidement Debray ; j'avais vos pouvoirs pour le faire valoir, et j'ai usé de vos pouvoirs.

« C'est donc quarante mille francs d'intérêts pour votre moitié, plus les cent mille francs de mise de fonds première, c'est-à-dire treize cent quarante mille francs pour votre part.

« Or, madame, continua Debray, j'ai eu la précaution de mobiliser votre argent avant-hier, il n'y a pas longtemps, comme vous voyez, et l'on eût dit que je me doutais d'être incessamment appelé à vous rendre mes comptes. Votre argent est là, moitié en billets de banque, moitié en bons au porteur.

« Je dis là, et c'est vrai : car comme je ne jugeais pas

ma maison assez sûre, comme je ne trouvais pas les notaires assez discrets, et que les propriétés parlent encore plus haut que les notaires ; comme enfin vous n'avez le droit de rien acheter ni de rien posséder en dehors de la communauté conjugale, j'ai gardé toute cette somme, aujourd'hui votre seule fortune, dans un coffre scellé au fond de cette armoire, et pour plus grande sécurité j'ai fait le maçon moi-même.

« Maintenant, continua Debray en ouvrant l'armoire d'abord, et la caisse ensuite, maintenant, madame, voilà huit cents billets de mille francs chacun, qui ressemblent, comme vous voyez, à un gros album relié en fer ; j'y joins un coupon de rente de vingt-cinq mille francs ; puis pour l'appoint, qui fait quelque chose, je crois, comme cent dix mille francs, voici un bon à vue sur mon banquier, et comme mon banquier n'est pas M. Danglars, le bon sera payé, vous pouvez être tranquille. »

Mme Danglars prit machinalement le bon à vue, le coupon de rente et la liasse de billets de banque.

Cette énorme fortune paraissait bien peu de chose étalée là sur une table.

Mme Danglars, les yeux secs, mais la poitrine gonflée de sanglots, la ramassa et enferma l'étui d'acier dans son sac, mit le coupon de rente et le bon à vue dans son portefeuille, et debout, pâle, muette, elle attendit une douce parole qui la consolât d'être si riche.

Mais elle attendit vainement.

« Maintenant, madame, dit Debray, vous avez une existence magnifique, quelque chose comme soixante mille livres de rente, ce qui est énorme pour une femme qui ne pourra pas tenir maison, d'ici à un an au moins.

« C'est un privilège pour toutes les fantaisies qui vous passeront par l'esprit : sans compter que si vous trouvez votre part insuffisante, eu égard au passé qui vous échappe, vous pouvez puiser dans la mienne, madame ; et je suis disposé à vous offrir, oh ! à titre de prêt, bien entendu, tout ce que je possède, c'est-à-dire un million soixante mille francs.

— Merci, monsieur, répondit la baronne, merci ; vous comprenez que vous me remettez là beaucoup plus qu'il ne faut à une pauvre femme qui ne compte pas, d'ici à longtemps du moins, reparaître dans le monde. »

Debray fut étonné un moment, mais il se remit et fit un geste qui pouvait se traduire par la formule la plus polie d'exprimer cette idée :

« Comme il vous plaira ! »

Mme Danglars avait peut-être jusque-là espéré encore quelque chose ; mais quand elle vit le geste insouciant qui venait d'échapper à Debray, et le regard oblique dont ce geste était accompagné, ainsi que la révérence profonde et le silence significatif qui les suivirent, elle releva la tête, ouvrit la porte, et sans fureur, sans secousse, mais aussi sans hésitation, elle s'élança dans l'escalier, dédaignant même d'adresser un dernier salut à celui qui la laissait partir de cette façon.

« Bah ! dit Debray lorsqu'elle fut partie : beaux projets que tout cela, elle restera dans son hôtel, lira des romans, et jouera au lansquenet, ne pouvant plus jouer à la bourse. »

Et il reprit son carnet, biffant avec le plus grand soin les sommes qu'il venait de payer.

« Il me reste un million soixante mille francs, dit-il.

« Quel malheur que Mlle de Villefort soit morte ! cette femme-là me convenait sous tous les rapports, et je l'eusse épousée. »

Et flegmatiquement, selon son habitude, il attendit que Mme Danglars fût partie depuis vingt minutes pour se décider à partir à son tour.

Pendant ces vingt minutes, Debray fit des chiffres, sa montre posée à côté de lui.

Ce personnage diabolique que toute imagination aventureuse eût créé avec plus ou moins de bonheur si Le Sage n'en avait acquis la propriété dans son chef-d'œuvre, Asmodée, qui enlevait la croûte des maisons pour en voir l'intérieur, eût joui d'un singulier spectacle s'il eût enlevé, au moment où Debray faisait ses chiffres, la croûte du petit hôtel de la rue Saint-Germain-des-Prés.

Au-dessus de cette chambre où Debray venait de partager avec Mme Danglars deux millions et demi, il y avait une autre chambre peuplée aussi d'habitants de notre connaissance, lesquels ont joué un rôle assez important dans les événements que nous venons de raconter pour que nous les retrouvions avec quelque intérêt.

Il y avait dans cette chambre Mercédès et Albert.

Mercédès était bien changée depuis quelques jours, non pas que, même au temps de sa plus grande fortune, elle eût jamais étalé le faste orgueilleux qui tranche visiblement avec toutes les conditions, et fait qu'on ne reconnaît plus la femme aussitôt qu'elle vous apparaît sous des habits plus simples ; non pas davantage qu'elle fût tombée à cet état de dépression où l'on est contraint de revêtir la livrée de la misère ; non, Mercédès était changée parce que son œil ne brillait plus, parce que sa bouche ne souriait plus, parce qu'enfin un perpétuel embarras arrêtait sur ses lèvres le mot rapide que lançait autrefois un esprit toujours préparé.

Ce n'était pas la pauvreté qui avait flétri l'esprit de Mercédès, ce n'était pas le manque de courage qui lui rendait pesante sa pauvreté.

Mercédès, descendue du milieu dans lequel elle vivait, perdue dans la nouvelle sphère qu'elle s'était choisie, comme ces personnes qui sortent d'un salon splendidement éclairé pour passer subitement dans les ténèbres ; Mercédès semblait une reine descendue de son palais dans une chaumière, et qui, réduite au strict nécessaire, ne se reconnaît ni à la vaisselle d'argile qu'elle est obligée d'apporter elle-même sur sa table, ni au grabat qui a succédé à son lit.

En effet, la belle Catalane ou la noble comtesse n'avait plus ni son regard fier, ni son charmant sourire, parce qu'en arrêtant ses yeux sur ce qui l'entourait elle ne voyait que d'affligeants objets : c'était une chambre tapissée d'un de ces papiers gris sur gris que les propriétaires économes choisissent de préférence comme étant les moins salissants ; c'était un carreau sans tapis ; c'étaient des meubles qui appelaient l'attention et forçaient la vue de s'arrêter sur la pauvreté d'un faux luxe, toutes choses enfin qui rompaient par leurs tons criards l'harmonie si nécessaire à des yeux habitués à un ensemble élégant.

Mme de Morcerf vivait là depuis qu'elle avait quitté son hôtel ; la tête lui tournait devant ce silence éternel comme elle tourne au voyageur arrivé sur le bord d'un abîme : s'apercevant qu'à toute minute Albert la regardait à la dérobée pour juger de l'état de son cœur, elle s'était astreinte à un monotone sourire des lèvres qui, en l'absence de ce feu si doux du sourire des yeux, fait l'effet d'une simple réverbération de lumière, c'est-à-dire d'une clarté sans chaleur.

De son côté Albert était préoccupé, mal à l'aise, gêné par un reste de luxe qui l'empêchait d'être de sa condition actuelle ; il voulait sortir sans gants, et trouvait ses mains trop blanches ; il voulait courir la ville à pied, et trouvait ses bottes trop bien vernies.

Cependant ces deux créatures si nobles et si intelligentes, réunies indissolublement par le lien de l'amour maternel et filial, avaient réussi à se comprendre sans parler de rien et à économiser toutes les préparations que l'on se doit entre amis pour établir cette vérité matérielle d'où dépend la vie.

Albert avait enfin pu dire à sa mère sans la faire pâlir :

« Ma mère, nous n'avons plus d'argent. »

Jamais Mercédès n'avait connu véritablement la misère ; elle avait souvent, dans sa jeunesse, parlé elle-même de pauvreté, mais ce n'est point la même chose : besoin et nécessité sont deux synonymes entre lesquels il y a tout un monde d'intervalle.

Aux Catalans, Mercédès avait besoin de mille choses, mais elle ne manquait jamais de certaines autres. Tant que les filets étaient bons, on prenait du poisson ; tant qu'on vendait du poisson, on avait du fil pour entretenir les filets.

Et puis, isolée d'amitié, n'ayant qu'un amour qui n'était pour rien dans les détails matériels de la situation, on pensait à soi, chacun à soi, rien qu'à soi.

Mercédès, du peu qu'elle avait, faisait sa part aussi

généreusement que possible : aujourd'hui elle avait deux parts à faire, et cela avec rien.

L'hiver approchait : Mercédès, dans cette chambre nue et déjà froide, n'avait pas de feu, elle dont un calorifère aux mille branches chauffait autrefois la maison depuis les antichambres jusqu'au boudoir ; elle n'avait pas une pauvre petite fleur, elle dont l'appartement était une serre chaude peuplée à prix d'or !

Mais elle avait son fils...

L'exaltation d'un devoir peut-être exagéré les avait soutenus jusque-là dans les sphères supérieures.

L'exaltation est presque l'enthousiasme, et l'enthousiasme rend insensible aux choses de la terre.

Mais l'enthousiasme s'était calmé, et il avait fallu redescendre peu à peu du pays des rêves au monde des réalités.

Il fallait causer du positif, après avoir épuisé tout l'idéal.

« Ma mère, disait Albert au moment même où Mme Danglars descendait l'escalier, comptons un peu toutes nos richesses, s'il vous plaît ; j'ai besoin d'un total pour échafauder mes plans.

— Total : rien, dit Mercédès avec un douloureux sourire.

— Si fait, ma mère, total : trois mille francs, d'abord, et j'ai la prétention, avec ces trois mille francs, de mener à nous deux une adorable vie.

— Enfant ! soupira Mercédès.

— Hélas ! ma bonne mère, dit le jeune homme, je vous ai malheureusement dépensé assez d'argent pour en connaître le prix.

« C'est énorme, voyez-vous, trois mille francs, et j'ai bâti sur cette somme un avenir miraculeux d'éternelle sécurité.

— Vous dites cela, mon ami, continua la pauvre mère ; mais d'abord acceptons-nous ces trois mille francs ? dit Mercédès en rougissant.

— Mais c'est convenu, ce me semble, dit Albert d'un ton ferme ; nous les acceptons d'autant plus que nous ne les avons pas, car ils sont, comme vous le savez, enterrés dans le jardin de cette petite maison des Allées de Meilhan à Marseille.

« Avec deux cents francs, dit Albert, nous irons tous deux à Marseille.

— Avec deux cents francs ! dit Mercédès, y songez-vous, Albert ?

— Oh ! quant à ce point, je me suis renseigné aux diligences et aux bateaux à vapeur, et mes calculs sont faits.

« Vous retenez vos places pour Chalon, dans le coupé : vous voyez, ma mère, que je vous traite en reine, trente-cinq francs. »

Albert prit une plume, et écrivit :

Coupé, trente-cinq francs, ci	35 F
De Chalon à Lyon, vous allez par le bateau à vapeur, six francs, ci	6
De Lyon à Avignon, le bateau à vapeur encore, seize francs, ci	16
D'Avignon à Marseille, sept francs, ci ...	7
Dépenses de route, cinquante francs, ci ..	50
TOTAL	114 F

« Mettons cent vingt, ajouta Albert en souriant, vous voyez que je suis généreux, n'est-ce pas, ma mère ?

— Mais toi, mon pauvre enfant ?

— Moi ! n'avez-vous pas vu que je me réserve quatre-vingts francs ?

« Un jeune homme, ma mère, n'a pas besoin de toutes ses aises ; d'ailleurs je sais ce que c'est que de voyager.

— Avec ta chaise de poste et ton valet de chambre.

— De toute façon, ma mère.

— Eh bien, soit, dit Mercédès ; mais ces deux cents francs ?

— Ces deux cents francs, les voici, et puis deux cents autres encore.

« Tenez, j'ai vendu ma montre cent francs, et les breloques trois cents.

« Comme c'est heureux ! Des breloques qui valaient

trois fois la montre. Toujours cette fameuse histoire du superflu !

« Nous voilà donc riches, puisque, au lieu de cent quatorze francs qu'il vous fallait pour faire votre route, vous en avez deux cent cinquante.

— Mais nous devons quelque chose dans cet hôtel ?

— Trente francs, mais je les paie sur mes cent cinquante francs.

« Cela est convenu ; et puisqu'il ne me faut à la rigueur que quatre-vingts francs pour faire ma route, vous voyez que je nage dans le luxe.

« Mais ce n'est pas tout.

« Que dites-vous de ceci, ma mère ? »

Et Albert tira d'un petit carnet à fermoir d'or, reste de ses anciennes fantaisies ou peut-être même tendre souvenir de quelqu'une de ces femmes mystérieuses et voilées qui frappaient à la petite porte, Albert tira d'un petit carnet un billet de mille francs.

« Qu'est-ce que ceci ? demanda Mercédès.

— Mille francs, ma mère. Oh ! il est parfaitement carré.

— Mais d'où te viennent ces mille francs ?

— Écoutez ceci, ma mère, et ne vous émotionnez pas trop. »

Et Albert, se levant, alla embrasser sa mère sur les deux joues, puis il s'arrêta à la regarder.

« Vous n'avez pas idée, ma mère, comme je vous trouve belle ! dit le jeune homme avec un profond sentiment d'amour filial, vous êtes en vérité la plus belle comme vous êtes la plus noble des femmes que j'aie jamais vues !

— Cher enfant, dit Mercédès essayant en vain de retenir une larme qui pointait au coin de sa paupière.

— En vérité, il ne vous manquait plus que d'être malheureuse pour changer mon amour en adoration.

— Je ne suis pas malheureuse tant que j'ai mon fils, dit Mercédès ; je ne serai point malheureuse tant que je l'aurai.

— Ah ! justement, dit Albert ; mais voilà où commence l'épreuve, ma mère : vous savez ce qui est convenu ?

— Sommes-nous donc convenus de quelque chose ? demanda Mercédès.

— Oui, il est convenu que vous habiterez Marseille, et que, moi je partirai pour l'Afrique, où, en place du nom que j'ai quitté, je me ferai le nom que j'ai pris. »

Mercédès poussa un soupir.

« Eh bien, ma mère, depuis hier je suis engagé dans les spahis, ajouta le jeune homme en baissant les yeux avec une certaine honte, car il ne savait pas lui-même tout ce que son abaissement avait de sublime ; ou plutôt j'ai cru que mon corps était bien à moi et que je pouvais le vendre ; depuis hier je remplace quelqu'un.

« Je me suis vendu, comme on dit, et, ajouta-t-il en essayant de sourire, plus cher que je ne croyais valoir, c'est-à-dire deux mille francs.

— Ainsi ces mille francs ?... dit en tressaillant Mercédès.

— C'est la moitié de la somme, ma mère ; l'autre viendra dans un an. »

Mercédès leva les yeux au ciel avec une expression que rien ne saurait rendre, et les deux larmes arrêtées au coin de sa paupière, débordant sous l'émotion intérieure, coulèrent silencieusement le long de ses joues.

« Le prix de son sang ! murmura-t-elle.

— Oui, si je suis tué, dit en riant Morcerf, mais je t'assure, bonne mère, que je suis au contraire dans l'intention de défendre cruellement ma peau ; je ne me suis jamais senti si bonne envie de vivre que maintenant.

— Mon Dieu ! mon Dieu ! fit Mercédès.

— D'ailleurs, pourquoi donc voulez-vous que je sois tué, ma mère ?

« Est-ce que Lamoricière, cet autre Ney du Midi, a été tué ?

« Est-ce que Changarnier a été tué ?

« Est-ce que Bedeau a été tué ?

« Est-ce que Morrel, que nous connaissons, a été tué ?

« Songez donc à votre joie, ma mère, lorsque vous me verrez revenir avec mon uniforme brodé !

« Je vous déclare que je compte être superbe là-

dessous, et que j'ai choisi ce régiment-là par coquette-
rie. »

Mercédès soupira, tout en essayant de sourire ; elle
comprenait, cette sainte mère, qu'il était mal à elle de
laisser porter à son enfant tout le poids du sacrifice.

« Eh bien, donc ! reprit Albert, vous comprenez, ma
mère, voilà déjà plus de quatre mille francs assurés
pour vous : avec ces quatre mille francs vous vivrez
deux bonnes années.

— Crois-tu ? » dit Mercédès.

Ces mots étaient échappés à la comtesse, et avec une
douleur si vraie que leur véritable sens n'échappa
point à Albert ; il sentit son cœur se serrer, et, prenant
la main de sa mère, qu'il pressa tendrement dans les
siennes :

« Oui, vous vivrez ! dit-il.

— Je vivrai ! s'écria Mercédès, mais tu ne partiras
point, n'est-ce pas, mon fils ?

— Ma mère, je partirai, dit Albert d'une voix calme
et ferme ; vous m'aimez trop pour me laisser près de
vous oisif et inutile ; d'ailleurs j'ai signé.

— Tu feras selon ta volonté, mon fils ; moi, je ferai
selon celle de Dieu.

— Non pas selon ma volonté, ma mère, mais selon
la raison, selon la nécessité. Nous sommes deux créatures désespérées, n'est-ce pas ? Qu'est-ce que la vie
pour vous aujourd'hui ? rien. Qu'est-ce que la vie pour
moi ? oh ! bien peu de chose sans vous, ma mère,
croyez-le ; car sans vous cette vie, je vous le jure, eût
cessé du jour où j'ai douté de mon père et renié son
nom ! Enfin, je vis, si vous me promettez d'espérer
encore ; si vous me laissez le soin de votre bonheur à
venir, vous doublez ma force. Alors je vais trouver
là-bas le gouverneur de l'Algérie, c'est un cœur loyal et
surtout essentiellement soldat ; je lui conte ma
lugubre histoire : je le prie de tourner de temps en
temps les yeux du côté où je serai, et s'il me tient
parole, s'il me regarde faire, avant six mois je suis
officier ou mort. Si je suis officier, votre sort est
assuré, ma mère, car j'aurai de l'argent pour vous et
pour moi, de plus un nouveau nom dont nous serons

fiers tous deux, puisque ce sera votre vrai nom. Si je suis tué... eh bien, si je suis tué, alors, chère mère, vous mourrez, s'il vous plaît, et alors nos malheurs auront leur terme dans leur excès même.

— C'est bien, répondit Mercédès avec son noble et éloquent regard ; tu as raison, mon fils : prouvons à certaines gens qui nous regardent et qui attendent nos actes pour nous juger, prouvons-leur que nous sommes au moins dignes d'être plaints.

— Mais pas de funèbres idées, chère mère ! s'écria le jeune homme ; je vous jure que nous sommes, ou du moins que nous pouvons être très heureux. Vous êtes à la fois une femme pleine d'esprit et de résignation ; moi, je suis devenu simple de goût et sans passion, je l'espère. Une fois au service, me voilà riche ; une fois dans la maison de M. Dantès, vous voilà tranquille. Essayons ! je vous en prie, ma mère, essayons.

— Oui, essayons, mon fils, car tu dois vivre, car tu dois être heureux, répondit Mercédès.

— Ainsi, ma mère, voilà notre partage fait, ajouta le jeune homme en affectant une grande aisance. Nous pouvons aujourd'hui même partir. Allons, je retiens, comme il est dit, votre place.

— Mais la tienne, mon fils ?

— Moi, je dois rester deux ou trois jours encore, ma mère ; c'est un commencement de séparation, et nous avons besoin de nous y habituer. J'ai besoin de quelques recommandations, de quelques renseignements sur l'Afrique, je vous rejoindrai à Marseille.

— Eh bien, soit, partons ! dit Mercédès en s'enveloppant dans le seul châle qu'elle eût emporté, et qui se trouvait par hasard être un cachemire noir d'un grand prix ; partons ! »

Albert recueillit à la hâte ses papiers, sonna pour payer les trente francs qu'il devait au maître de l'hôtel, et, offrant son bras à sa mère, il descendit l'escalier.

Quelqu'un descendait devant eux ; ce quelqu'un, entendant le frôlement d'une robe de soie sur la rampe, se retourna.

« Debray ! murmura Albert.

— Vous, Morcerf ! » répondit le secrétaire du ministre en s'arrêtant sur la marche où il se trouvait.

La curiosité l'emporta chez Debray sur le désir de garder l'incognito ; d'ailleurs il était reconnu.

Il semblait piquant, en effet, de retrouver dans cet hôtel ignoré le jeune homme dont la malheureuse aventure venait de faire un si grand éclat dans Paris.

« Morcerf ! » répéta Debray.

Puis, apercevant dans la demi-obscurité la tournure jeune encore et le voile noir de Mme de Morcerf.

« Oh ! pardon, ajouta-t-il avec un sourire, je vous laisse, Albert. »

Albert comprit la pensée de Debray.

« Ma mère, dit-il en se retournant vers Mercédès, c'est M. Debray, secrétaire du ministre de l'Intérieur, un ancien ami à moi.

— Comment ! ancien, balbutia Debray ; que voulez-vous dire ?

— Je dis cela, monsieur Debray, reprit Albert, parce qu'aujourd'hui je n'ai plus d'amis, et que je ne dois plus en avoir. Je vous remercie beaucoup d'avoir bien voulu me reconnaître, monsieur. »

Debray remonta deux marches et vint donner une énergique poignée de main à son interlocuteur.

« Croyez, mon cher Albert, dit-il avec l'émotion qu'il était susceptible d'avoir, croyez que j'ai pris une part profonde au malheur qui vous frappe, et que, pour toutes choses, je me mets à votre disposition.

— Merci, monsieur, dit en souriant Albert, mais au milieu de ce malheur, nous sommes demeurés assez riches pour n'avoir besoin de recourir à personne ; nous quittons Paris, et, notre voyage payé, il nous reste cinq mille francs. »

Le rouge monta au front de Debray, qui tenait un million dans son portefeuille ; et si peu poétique que fût cet esprit exact, il ne put s'empêcher de réfléchir que la même maison contenait naguère encore deux femmes, dont l'une, justement déshonorée, s'en allait pauvre avec quinze cent mille francs sous le pli de son manteau, et dont l'autre, injustement frappée, mais sublime en son malheur, se trouvait riche avec quelques deniers.

Ce parallèle dérouta ses combinaisons de politesse,

la philosophie de l'exemple l'écrasa ; il balbutia quelques mots de civilité générale et descendit rapidement.

Ce jour-là, les commis du ministère, ses subordonnés, eurent fort à souffrir de son humeur chagrine.

Mais le soir il se rendit acquéreur d'une fort belle maison, sise boulevard de la Madeleine, et rapportant cinquante mille livres de rente.

Le lendemain, à l'heure où Debray signait l'acte, c'est-à-dire sur les cinq heures du soir, Mme de Morcerf, après avoir tendrement embrassé son fils et après avoir été tendrement embrassée par lui, montait dans le coupé de la diligence, qui se refermait sur elle.

Un homme était caché dans la cour des messageries Laffitte derrière une de ces fenêtres cintrées d'entresol qui surmontent chaque bureau ; il vit Mercédès monter en voiture ; il vit partir la diligence ; il vit s'éloigner Albert.

Alors il passa la main sur son front chargé de doute en disant :

« Hélas ! par quel moyen rendrai-je à ces deux innocents le bonheur que je leur ai ôté ? Dieu m'aidera. »

CVII

LA FOSSE-AUX-LIONS

L'un des quartiers de la Force, celui qui renferme les détenus les plus compromis et les plus dangereux, s'appelle la cour Saint-Bernard.

Les prisonniers, dans leur langage énergique, l'ont surnommé la Fosse-aux-Lions, probablement parce que les captifs ont des dents qui mordent souvent les barreaux et parfois les gardiens.

C'est dans la prison une prison ; les murs ont une épaisseur double des autres. Chaque jour un guichetier sonde avec soin les grilles massives, et l'on reconnaît à la stature herculéenne, aux regards froids et incisifs de ces gardiens, qu'ils ont été choisis pour régner sur leur peuple par la terreur et l'activité de l'intelligence.

Le préau de ce quartier est encadré dans des murs énormes sur lesquels glisse obliquement le soleil lorsqu'il se décide à pénétrer dans ce gouffre de laideurs morales et physiques. C'est là, sur le pavé, que depuis l'heure du lever errent soucieux, hagards, pâlissants, comme des ombres, les hommes que la justice tient courbés sous le couperet qu'elle aiguise.

On les voit se coller, s'accroupir, le long du mur qui absorbe et retient le plus de chaleur. Ils demeurent là, causant deux à deux, plus souvent isolés, l'œil sans cesse attiré vers la porte qui s'ouvre pour appeler quelqu'un des habitants de ce lugubre séjour, ou pour vomir dans le gouffre une nouvelle scorie rejetée du creuset de la société.

La cour Saint-Bernard a son parloir particulier ; c'est un carré long, divisé en deux parties par deux grilles parallèlement plantées à trois pieds l'une de l'autre, de façon que le visiteur ne puisse serrer la main du prisonnier ou lui passer quelque chose. Ce parloir est sombre, humide, et de tout point horrible, surtout lorsqu'on songe aux épouvantables confidences qui ont glissé sur ces grilles et rouillé le fer des barreaux.

Cependant ce lieu, tout affreux qu'il est, est le paradis où viennent se retremper dans une société espérée, savourée, ces hommes dont les jours sont comptés : il est si rare qu'on sorte de la Fosse-aux-Lions pour aller autre part qu'à la barrière Saint-Jacques, au bagne ou au cabanon cellulaire !

Dans cette cour que nous venons de décrire, et qui suait d'une froide humidité, se promenait, les mains dans les poches de son habit, un jeune homme considéré avec beaucoup de curiosité par les habitants de la Fosse.

Il eût passé pour un homme élégant, grâce à la coupe de ses habits, si ces habits n'eussent été en lambeaux ; cependant ils n'avaient pas été usés : le drap, fin et soyeux aux endroits intacts, reprenaient facilement son lustre sous la main caressante du prisonnier qui essayait d'en faire un habit neuf.

Il appliquait le même soin à fermer une chemise de batiste considérablement changée de couleur depuis son entrée en prison, et sur ses bottes vernies passait le coin d'un mouchoir brodé d'initiales surmontées d'une couronne héraldique.

Quelques pensionnaires de la Fosse-aux-Lions considéraient avec un intérêt marqué les recherches de toilette du prisonnier.

« Tiens, voilà le prince qui se fait beau, dit un des voleurs.

— Il est très beau naturellement, dit un autre, et s'il avait seulement un peigne et de la pommade, il éclipserait tous les messieurs à gants blancs.

— Son habit a dû être bien neuf et ses bottes reluisent joliment. C'est flatteur pour nous qu'il y ait des confrères si comme il faut ; et ces brigands de gendarmes sont bien vils. Les envieux ! avoir déchiré une toilette comme cela !

— Il paraît que c'est un fameux, dit un autre ; il a tout fait... et dans le grand genre... Il vient de là-bas si jeune ! oh ! c'est superbe ! »

Et l'objet de cette admiration hideuse semblait savourer les éloges ou la vapeur des éloges, car il n'entendait pas les paroles.

Sa toilette terminée, il s'approcha du guichet de la cantine auquel s'adossait un gardien :

« Voyons, monsieur, lui dit-il, prêtez-moi vingt francs, vous les aurez bientôt ; avec moi, pas de risques à courir. Songez donc que je tiens à des parents qui ont plus de millions que vous n'avez de deniers... Voyons, vingt francs, et je vous en prie, afin que je prenne une pistole et que j'achète une robe de chambre. Je souffre horriblement d'être toujours en habit et en bottes. Quel habit ! monsieur, pour un prince Cavalcanti ! »

Le gardien lui tourna le dos et haussa les épaules. Il ne rit pas même de ces paroles qui eussent déridé tous les fronts ; car cet homme en avait entendu bien d'autres, ou plutôt il avait toujours entendu la même chose.

« Allez, dit Andrea, vous êtes un homme sans entrailles, et je vous ferai perdre votre place. »

Ce mot fit retourner le gardien, qui, cette fois, laissa échapper un bruyant éclat de rire.

Alors les prisonniers s'approchèrent et firent cercle.

« Je vous dis, continua Andrea, qu'avec cette misérable somme je pourrai me procurer un habit et une chambre, afin de recevoir d'une façon décente la visite illustre que j'attends d'un jour à l'autre.

— Il a raison ! il a raison ! dirent les prisonniers... Pardieu ! on voit bien que c'est un homme comme il faut.

— Eh bien, prêtez-lui les vingt francs, dit le gardien en s'appuyant sur son autre colossale épaule ; est-ce que vous ne devez pas cela à un camarade ?

— Je ne suis pas le camarade de ces gens, dit fièrement le jeune homme ; ne m'insultez pas, vous n'avez pas ce droit-là. »

Les voleurs se regardèrent avec de sourds murmures, et une tempête soulevée par la provocation du gardien, plus encore que par les paroles d'Andrea, commença de gronder sur le prisonnier aristocrate.

Le gardien, sûr de faire le *quos ego* quand les flots seraient trop tumultueux, les laissait monter peu à peu pour jouer un tour au solliciteur importun, et se donner une récréation pendant la longue garde de sa journée.

Déjà les voleurs se rapprochaient d'Andrea ; les uns se disaient :

« La savate ! la savate ! »

Cruelle opération qui consiste à rouer de coups, non pas de savate, mais de soulier ferré, un confrère tombé dans la disgrâce de ces messieurs.

D'autres proposaient l'anguille ; autre genre de récréation consistant à emplir de sable, de cailloux, de gros sous, quand ils en ont, un mouchoir tordu, que les bourreaux déchargent comme un fléau sur les épaules et la tête du patient.

« Fouettons le beau monsieur, dirent quelques-uns, monsieur l'honnête homme ! »

Mais Andrea, se retournant vers eux, cligna de l'œil, enfla sa joue avec sa langue, et fit entendre ce claquement des lèvres qui équivaut à mille signes d'intelligence parmi les bandits réduits à se taire.

C'était un signe maçonnique que lui avait indiqué Caderousse.

Ils reconnurent un des leurs.

Aussitôt les mouchoirs retombèrent ; la savate ferrée rentra au pied du principal bourreau. On entendit quelques voix proclamer que monsieur avait raison, que monsieur pouvait être honnête à sa guise, et que les prisonniers voulaient donner l'exemple de la liberté de conscience.

L'émeute recula. Le gardien en fut tellement stupéfait qu'il prit aussitôt Andrea par les mains et se mit à le fouiller, attribuant à quelques manifestations plus significatives que la fascination ce changement subit des habitants de la Fosse-aux-Lions.

Andrea se laissa faire, non sans protester.

Tout à coup une voix retentit au guichet.

« Benedetto ! » criait un inspecteur.

Le gardien lâcha sa proie.

« On m'appelle ? dit Andrea.

— Au parloir ! dit la voix.

— Voyez-vous, on me rend visite. Ah ! mon cher monsieur, vous allez voir si l'on peut traiter un Cavalcanti comme un homme ordinaire ! »

Et Andrea, glissant dans la cour comme une ombre noire, se précipita par le guichet entrebâillé, laissant dans l'admiration ses confrères et le gardien lui-même.

On l'appelait en effet au parloir, et il ne faudrait pas s'en émerveiller moins qu'Andrea lui-même ; car le rusé jeune homme, depuis son entrée à la Force, au lieu d'user, comme les gens du commun de ce bénéfice d'écrire pour se faire réclamer, avait garder le plus stoïque silence.

« Je suis, disait-il, évidemment protégé par quelqu'un de puissant ; tout me le prouve ; cette fortune soudaine, cette facilité avec laquelle j'ai aplani tous les obstacles, une famille improvisée, un nom illustre devenu ma propriété, l'or pleuvant chez moi, les alliances les plus magnifiques promises à mon ambition. Un malheureux oubli de ma fortune, une absence de mon protecteur m'a perdu, oui, mais pas absolument, pas à jamais ! La main s'est retirée pour un moment, elle doit se tendre vers moi et me ressaisir de nouveau au moment où je me croirai prêt à tomber dans l'abîme.

« Pourquoi risquerai-je une démarche imprudente ? Je m'aliénerais peut-être le protecteur ! Il y a deux moyens pour lui de me tirer d'affaire : l'évasion mystérieuse, achetée à prix d'or, et la main forcée aux juges pour obtenir une absolution. Attendons pour parler, pour agir qu'il me soit prouvé qu'on m'a totalement abandonné, et alors... »

Andrea avait bâti un plan qu'on peut croire habile ; le misérable était intrépide à l'attaque et rude à la défense. La misère de la prison commune, les privations de tout genre, il les avait supportées. Cependant peu à peu le naturel, ou plutôt l'habitude, avait repris le dessus. Andrea souffrait d'être nu, d'être sale, d'être affamé ; le temps lui durait.

C'est à ce moment d'ennui que la voix de l'inspecteur l'appela au parloir.

Andrea sentit son cœur bondir de joie. Il était trop tôt pour que ce fût la visite du juge d'instruction, et trop tard pour que ce fût un appel du directeur de la prison ou du médecin ; c'était donc la visite inattendue.

Derrière la grille du parloir où Andrea fut introduit, il aperçut, avec ses yeux dilatés par une curiosité avide, la figure sombre et intelligente de M. Bertuccio, qui regardait aussi, lui, avec un étonnement douloureux, les grilles, les portes verrouillées et l'ombre qui s'agitait derrière les barreaux entrecroisés.

« Ah ! fit Andrea, touché au cœur.

— Bonjour, Benedetto, dit Bertuccio de sa voix creuse et sonore.

— Vous ! vous ! dit le jeune homme en regardant avec effroi autour de lui.

— Tu ne me reconnais pas, dit Bertuccio, malheureux enfant !

— Silence, mais silence donc ! fit Andrea qui connaissait la finesse d'ouïe de ces murailles ; mon Dieu, mon Dieu, ne parlez pas si haut !

— Tu voudrais causer avec moi, n'est-ce pas, dit Bertuccio, seul à seul ?

— Oh ! oui, dit Andrea.

— C'est bien. »

Et Bertuccio, fouillant dans sa poche, fit signe à un gardien qu'on apercevait derrière la vitre du guichet.

« Lisez, dit-il.

— Qu'est-ce que cela ? dit Andrea.

— L'ordre de te conduire dans une chambre, de t'installer et de me laisser communiquer avec toi.

— Oh ! » fit Andrea, bondissant de joie.

Et tout de suite, se repliant en lui-même, il se dit :

« Encore le protecteur inconnu ! on ne m'oublie pas ! On cherche le secret, puisqu'on veut causer dans une chambre isolée. Je les tiens... Bertuccio a été envoyé par le protecteur ! »

Le gardien conféra un moment avec un supérieur, puis ouvrit les deux portes grillées et conduisit à une chambre du premier étage ayant vue sur la cour Andrea, qui ne se sentait plus de joie.

La chambre était blanchie à la chaux, comme c'est l'usage dans les prisons. Elle avait un aspect de gaieté qui parut rayonnant au prisonnier : un poêle, un lit, une chaise, une table en formaient le somptueux ameublement.

Bertuccio s'assit sur la chaise. Andrea se jeta sur le lit. Le gardien se retira.

« Voyons, dit l'intendant, qu'as-tu à me dire ?

— Et vous ? dit Andrea.

— Mais parle d'abord...

— Oh ! non ; c'est vous qui avez beaucoup à m'apprendre, puisque vous êtes venu me trouver.

— Eh bien, soit. Tu as continué le cours de tes scélératesses : tu as volé, tu as assassiné.

— Bon ! si c'est pour me dire ces choses-là que vous me faites passer dans une chambre particulière, autant valait ne pas vous déranger. Je sais toutes ces choses. Il en est d'autres que je ne sais pas, au contraire. Partons de celles-là, s'il vous plaît. Qui vous a envoyé ?

— Oh ! oh ! vous allez vite, monsieur Benedetto.

— N'est-ce pas ? et au but. Surtout ménageons les mots inutiles. Qui vous envoie ?

— Personne.

— Comment savez-vous que je suis en prison ?

— Il y a longtemps que je t'ai reconnu dans le fashionable insolent qui poussait si gracieusement un cheval aux Champs-Élysées.

— Les Champs-Élysées !... Ah ! ah ! nous brûlons, comme on dit au jeu de la pincette... Les Champs-Élysées... Ça, parlons un peu de mon père, voulez-vous ?

— Que suis-je donc ?

— Vous, mon brave monsieur, vous êtes mon père adoptif... Mais ce n'est pas vous, j'imagine, qui avez disposé en ma faveur d'une centaine de mille francs que j'ai dévorés en quatre ou cinq mois ; ce n'est pas vous qui m'avez forgé un père italien et gentilhomme ; ce n'est pas vous qui m'avez fait entrer dans le monde et invité à un certain dîner que je crois manger encore, à Auteuil, avec la meilleure compagnie de tout Paris, avec certain procureur du roi dont j'ai eu bien tort de ne pas cultiver la connaissance, qui me serait si utile en ce moment ; ce n'est pas vous, enfin, qui me cautionniez pour un ou deux millions quand m'est arrivé l'accident fatal de la découverte du pot aux roses... Allons, parlez, estimable Corse, parlez...

— Que veux-tu que je te dise ?

— Je t'aiderai.

« Tu parlais des Champs-Élysées tout à l'heure, mon digne père nourricier.

— Eh bien ?

— Eh bien, aux Champs-Élysées demeure un monsieur bien riche, bien riche.

— Chez qui tu as volé et assassiné, n'est-ce pas ?

— Je crois que oui.

— M. le comte de Monte-Cristo ?

— C'est nous qui l'avez nommé, comme dit M. Racine. Eh bien, dois-je me jeter entre ses bras,

l'étrangler sur mon cœur en criant : « Mon père ! mon
« père ! » comme dit M. Pixérécourt ?

— Ne plaisantons pas, répondit gravement Bertuccio, et qu'un pareil nom ne soit pas prononcé ici
comme vous osez le prononcer.

— Bah ! fit Andrea un peu étourdi de la solennité
du maintien de Bertuccio, pourquoi pas ?

— Parce que celui qui porte ce nom est trop favo-
risé du ciel pour être le père d'un misérable tel que
vous.

— Oh ! de grands mots...

— Et de grands effets si vous n'y prenez garde !

— Des menaces !... Je ne les crains pas... Je dirai...

— Croyez-vous avoir affaire à des pygmées de votre
espèce ? dit Bertuccio d'un ton si calme et avec un
regard si assuré qu'Andrea en fut remué jusqu'au fond
des entrailles ; croyez-vous avoir affaire à vos scélérats
routiniers du bagne, ou à vos naïves dupes du
monde ?... Benedetto, vous êtes dans une main terrible, cette main veut bien s'ouvrir pour vous : profi-
tez-en. Ne jouez pas avec la foudre qu'elle dépose pour
un instant, mais qu'elle peut reprendre si vous essayez
de la déranger dans son libre mouvement.

— Mon père... je veux savoir qui est mon père ! dit
l'entêté ; j'y périrai s'il le faut, mais je le saurai. Que
me fait le scandale, à moi ? du bien... de la réputation... *des réclames*... comme dit Beauchamp le journaliste. Mais vous autres, gens du grand monde, vous
avez toujours quelque chose à perdre au scandale,
malgré vos millions et vos armoiries... Çà, qui est mon
père ?

— Je suis venu pour te le dire.

— Ah ! » s'écria Benedetto les yeux étincelants de
joie.

A ce moment la porte s'ouvrit, et le guichetier,
s'adressant à Bertuccio :

« Pardon, monsieur, dit-il, mais le juge d'instruction
attend le prisonnier.

— C'est la clôture de mon interrogatoire, dit Andrea
au digne intendant... Au diable l'importun !

— Je reviendrai demain, dit Bertuccio.

— Bon ! fit Andrea. Messieurs les gendarmes, je suis tout à vous... Ah ! cher monsieur, laissez donc une dizaine d'écus au greffe pour qu'on me donne ici ce dont j'ai besoin.

— Ce sera fait », répliqua Bertuccio.

Andrea lui tendit la main. Bertuccio garda la sienne dans sa poche, et y fit seulement sonner quelques pièces d'argent.

« C'est ce que je voulais dire », fit Andrea grimaçant un sourire, mais tout à fait subjugué par l'étrange tranquillité de Bertuccio.

« Me serais-je trompé ? » se dit-il en montant dans la voiture oblongue et grillée qu'on appelle le *panier à salade*. « Nous verrons ! Ainsi, à demain ! ajouta-t-il en se tournant vers Bertuccio.

— A demain ! » répondit l'intendant.

CVIII

LE JUGE

On se rappelle que l'abbé Busoni était resté seul avec Noirtier dans la chambre mortuaire, et que c'était le vieillard et le prêtre qui s'étaient constitués les gardiens du corps de la jeune fille.

Peut-être les exhortations chrétiennes de l'abbé, peut-être sa douce charité, peut-être sa parole persuasive avaient-elles rendu le courage au vieillard : car, depuis le moment où il avait pu conférer avec le prêtre, au lieu du désespoir qui s'était d'abord emparé de lui, tout, dans Noirtier, annonçait une grande résignation, un calme bien surprenant pour tous ceux qui se rappelaient l'affection profonde portée par lui à Valentine.

M. de Villefort n'avait point revu le vieillard depuis le matin de cette mort. Toute la maison avait été renouvelée : un autre valet de chambre avait été engagé pour lui, un autre serviteur pour Noirtier ; deux femmes étaient entrées au service de Mme de Villefort : tous, jusqu'au concierge et au cocher, offraient de nouveaux visages qui s'étaient dressés pour ainsi dire entre les différents maîtres de cette maison maudite et avaient intercepté les relations déjà assez froides qui existaient entre eux. D'ailleurs les assises s'ouvraient dans trois jours, et Villefort, enfermé dans son cabinet, poursuivait avec une fiévreuse activité la procédure entamée contre l'assassin de Caderousse. Cette affaire, comme toutes celles auxquelles le comte de Monte-Cristo se trouvait mêlé, avait fait grand bruit dans le monde parisien. Les preuves n'étaient pas convaincantes, puisqu'elles reposaient sur quelques mots écrits par un forçat mourant, ancien compagnon de bagne de celui qu'il accusait, et qui pouvait accuser son compagnon par haine ou par vengeance : la conscience seule du magistrat s'était formée ; le procureur du roi avait fini par se donner à lui-même cette terrible conviction que Benedetto était coupable, et il devait tirer de cette victoire difficile une de ces jouissances d'amour-propre qui seules réveillaient un peu les fibres de son cœur glacé.

Le procès s'instruisait donc, grâce au travail incessant de Villefort, qui voulait en faire le début des prochaines assises ; aussi avait-il été forcé de se celer plus que jamais pour éviter de répondre à la quantité prodigieuse de demandes qu'on lui adressait à l'effet d'obtenir des billets d'audience.

Et puis si peu de temps s'était écoulé depuis que la pauvre Valentine avait été déposée dans la tombe, la douleur de la maison était encore si récente, que personne ne s'étonnait de voir le père aussi sévèrement absorbé dans son devoir, c'est-à-dire dans l'unique distraction qu'il pouvait trouver à son chagrin.

Une seule fois, c'était le lendemain du jour où Benedetto avait reçu cette seconde visite de Bertuccio, dans laquelle celui-ci lui avait dû nommer son père, le lendemain de ce jour, qui était le dimanche, une seule fois, disons-nous, Villefort avait aperçu son père : c'était dans un moment où le magistrat, harassé de fatigue, était descendu dans le jardin de son hôtel, et sombre, courbé sous une implacable pensée, pareil à Tarquin abattant avec sa badine les têtes des pavots les plus élevés, M. de Villefort abattait avec sa canne les longues et mourantes tiges des roses trémières qui se dressaient le long des allées comme les spectres de ces fleurs si brillantes dans la saison qui venait de s'écouler.

Déjà plus d'une fois il avait touché le fond du jardin, c'est-à-dire cette fameuse grille donnant sur le clos abandonné, revenant toujours par la même allée, reprenant sa promenade du même pas et avec le même geste, quand ses yeux se portèrent machinalement vers la maison, dans laquelle il entendait jouer bruyamment son fils, revenu de la pension pour passer le dimanche et le lundi près de sa mère.

Dans ce moment il vit à l'une des fenêtres ouvertes M. Noirtier, qui s'était fait rouler dans son fauteuil jusqu'à cette fenêtre, pour jouir des derniers rayons d'un soleil encore chaud qui venaient saluer les fleurs mourantes des volubilis et les feuilles rougies des vignes vierges qui tapissaient le balcon.

L'œil du vieillard était rivé pour ainsi dire sur un point que Villefort n'apercevait qu'imparfaitement. Ce regard de Noirtier était si haineux, si sauvage, si ardent d'impatience, que le procureur du roi, habile à saisir toutes les impressions de ce visage qu'il connaissait si bien, s'écarta de la ligne qu'il parcourait pour voir sur quelle personne tombait ce pesant regard.

Alors il vit, sous un massif de tilleuls aux branches déjà presque dégarnies, Mme de Villefort qui, assise, un livre à la main, interrompait de temps à autre sa lecture pour sourire à son fils ou lui renvoyer sa balle élastique qu'il lançait obstinément du salon dans le jardin.

Villefort pâlit, car il comprenait ce que voulait le vieillard.

Noirtier regardait toujours le même objet ; mais soudain son regard se porta de la femme au mari, et ce fut Villefort lui-même qui eut à subir l'attaque de ces yeux foudroyants qui, en changeant d'objet, avaient aussi changé de langage, sans toutefois rien perdre de leur menaçante expression.

Mme de Villefort, étrangère à toutes ces passions dont les feux croisés passaient au-dessus de sa tête, retenait en ce moment la balle de son fils, lui faisant signe de la venir chercher avec un baiser ; mais Édouard se fit prier longtemps ; la caresse maternelle ne lui paraissait probablement pas une récompense suffisante au dérangement qu'il allait prendre. Enfin il se décida, sauta de la fenêtre au milieu d'un massif d'héliotropes et de reines-marguerites, et accourut à Mme de Villefort le front couvert de sueur. Mme de Villefort essuya son front, posa ses lèvres sur ce moite ivoire, et renvoya l'enfant avec sa balle dans une main et une poignée de bonbons dans l'autre.

Villefort, attiré par une invisible attraction, comme l'oiseau est attiré par le serpent, Villefort s'approcha de la maison ; à mesure qu'il s'approchait, le regard de Noirtier s'abaissait en le suivant, et le feu de ses prunelles semblait prendre un tel degré d'incandescence, que Villefort se sentait dévoré par lui jusqu'au fond du cœur. En effet, on lisait dans ce regard un sanglant reproche en même temps qu'une terrible menace. Alors les paupières et les yeux de Noirtier se levèrent au ciel comme s'il rappelait à son fils un serment oublié.

« C'est bon ! monsieur, répliqua Villefort au bas de la cour, c'est bon ! prenez patience un jour encore ; ce que j'ai dit est dit. »

Noirtier parut calmé par ces paroles, et ses yeux se tournèrent avec indifférence d'un autre côté.

Villefort déboutonna violemment sa redingote qui l'étouffait, passa une main livide sur son front et rentra dans son cabinet.

La nuit se passa froide et tranquille ; tout le monde se coucha et dormit comme à l'ordinaire dans cette maison. Seul, comme à l'ordinaire aussi, Villefort ne se coucha point en même temps que les autres, et travailla jusqu'à cinq heures du matin à revoir les derniers interrogatoires faits la veille par les magistrats instructeurs, à compulser les dépositions des témoins et à jeter de la netteté dans son acte d'accusation, l'un des plus énergiques et des plus habilement conçus qu'il eût encore dressés.

C'était le lendemain lundi que devait avoir lieu la première séance des assises. Ce jour-là, Villefort le vit poindre blafard et sinistre, et sa lueur bleuâtre vint faire reluire sur le papier les lignes tracées à l'encre rouge. Le magistrat s'était endormi un instant tandis que sa lampe rendait les derniers soupirs : il se réveilla à ses pétillements, les doigts humides et empourprés comme s'il les eût trempés dans le sang.

Il ouvrit sa fenêtre : une grande bande orangée traversait au loin le ciel et coupait en deux les minces peupliers qui se profilaient en noir sur l'horizon. Dans le champ de luzerne, au-delà de la grille des marronniers, une alouette montait au ciel, en faisant entendre son chant clair et matinal.

L'air humide de l'aube inonda la tête de Villefort et rafraîchit sa mémoire.

« Ce sera pour aujourd'hui, dit-il avec effort ; aujourd'hui l'homme qui va tenir le glaive de la justice doit frapper partout où sont les coupables. »

Ses regards allèrent alors malgré lui chercher la fenêtre de Noirtier qui s'avançait en retour, la fenêtre où il avait vu le vieillard la veille.

Le rideau en était tiré.

Et cependant l'image de son père lui était tellement présente qu'il s'adressa à cette fenêtre fermée comme si elle était ouverte, et que par cette ouverture il vit encore le vieillard menaçant.

« Oui, murmura-t-il, oui, sois tranquille ! »

Sa tête retomba sur sa poitrine, et, la tête ainsi inclinée, il fit quelques tours dans son cabinet, puis enfin il se jeta tout habillé sur un canapé, moins pour dormir que pour assouplir ses membres raidis par la fatigue et le froid du travail qui pénètre jusque dans la moelle des os.

Peu à peu tout le monde se réveilla. Villefort, de son cabinet, entendit les bruits successifs qui constituent pour ainsi dire la vie de la maison : les portes mises en mouvement, le tintement de la sonnette de Mme de

Villefort qui appelait sa femme de chambre, les premiers cris de l'enfant, qui se levait joyeux comme on se
lève d'habitude à cet âge.

Villefort sonna à son tour. Son nouveau valet de
chambre entra chez lui et lui apporta les journaux.

En même temps que les journaux, il apporta une
tasse de chocolat.

« Que m'apportez-vous là ? demanda Villefort.

— Une tasse de chocolat.

— Je ne l'ai point demandée. Qui prend donc ce
soin de moi ?

— Madame ; elle m'a dit que monsieur parlerait
sans doute beaucoup aujourd'hui dans cette affaire
d'assassinat et qu'il avait besoin de prendre des
forces. »

Et le valet déposa sur la table dressée près du
canapé, table, comme toutes les autres, chargée de
papiers, la tasse de vermeil.

Le valet sortit.

Villefort regarda un instant la tasse d'un air sombre,
puis, tout à coup, il la prit avec un mouvement nerveux, et avala d'un seul trait le breuvage qu'elle contenait. On eût dit qu'il espérait que ce breuvage était
mortel et qu'il appelait la mort pour le délivrer d'un
devoir qui lui commandait une chose bien plus difficile que de mourir. Puis il se leva et se promena dans
son cabinet avec une espèce de sourire qui eût été
terrible à voir si quelqu'un l'eût regardé.

Le chocolat était inoffensif, et M. de Villefort
n'éprouva rien.

L'heure du déjeuner arrivée, M. de Villefort ne parut
point à table. Le valet de chambre rentra dans le
cabinet.

« Madame fait prévenir monsieur, dit-il, que onze
heures viennent de sonner et que l'audience est pour
midi.

— Eh bien, fit Villefort, après ?

— Madame a fait sa toilette : elle est toute prête, et
demande si elle accompagnera monsieur ?

— Où cela ?

— Au Palais.

« — Pour quoi faire ?

— Madame dit qu'elle désire beaucoup assister à cette séance.

— Ah ! dit Villefort avec un accent presque effrayant, elle désire cela ! »

Le domestique recula d'un pas et dit :

« Si monsieur désire sortir seul, je vais le dire à madame. »

Villefort resta un instant muet ; il creusait avec ses ongles sa joue pâle sur laquelle tranchait sa barbe d'un noir d'ébène.

« Dites à madame, répondit-il enfin, que je désire lui parler, et que je la prie de m'attendre chez elle.

— Oui, monsieur.

— Puis revenez me raser et m'habiller.

— A l'instant. »

Le valet de chambre disparut en effet pour reparaître, rasa Villefort et l'habilla solennellement de noir.

Puis lorsqu'il eut fini :

« Madame a dit qu'elle attendait monsieur aussitôt sa toilette achevée, dit-il.

— J'y vais. »

Et Villefort, les dossiers sous le bras, son chapeau à la main, se dirigea vers l'appartement de sa femme.

A la porte, il s'arrêta un instant et essuya avec son mouchoir la sueur qui coulait sur son front livide.

Puis il poussa la porte.

Mme de Villefort était assise sur une ottomane, feuilletant avec impatience des journaux et des brochures que le jeune Édouard s'amusait à mettre en pièces avant même que sa mère eût eu le temps d'en achever la lecture. Elle était complètement habillée pour sortir ; son chapeau l'attendait posé sur un fauteuil ; elle avait mis ses gants.

« Ah ! vous voici, monsieur, dit-elle de sa voix naturelle et calme ; mon Dieu ! êtes-vous assez pâle, monsieur ! Vous avez donc encore travaillé toute la nuit ? Pourquoi donc n'êtes-vous pas venu déjeuner avec nous ? Eh bien, m'emmenez-vous, ou irai-je seule avec Édouard ? »

Mme de Villefort avait, comme on le voit, multiplié les demandes pour obtenir une réponse ; mais à toutes ces demandes M. de Villefort était resté froid et muet comme une statue.

« Édouard, dit Villefort en fixant sur l'enfant un regard impérieux, allez jouer au salon, mon ami, il faut que je parle à votre mère. »

Mme de Villefort, voyant cette froide contenance, ce ton résolu, ces apprêts préliminaires étranges, tressaillit.

Édouard avait levé la tête, avait regardé sa mère ; puis, voyant qu'elle ne confirmait point l'ordre de M. de Villefort, il s'était remis à couper la tête à ses soldats de plomb.

« Édouard ! cria M. de Villefort si rudement que l'enfant bondit sur le tapis, m'entendez-vous ? allez ! »

L'enfant, à qui ce traitement était peu habituel, se releva debout et pâlit ; il eût été difficile de dire si c'était de colère ou de peur.

Son père alla à lui, le prit par le bras, et le baisa au front.

« Va, dit-il, mon enfant, va ! »

Édouard sortit.

M. de Villefort alla à la porte et la ferma derrière lui au verrou.

« Ô mon Dieu ! fit la jeune femme en regardant son mari jusqu'au fond de l'âme et en ébauchant un sourire que glaça l'impassibilité de Villefort, qu'y a-t-il donc ?

— Madame, où mettez-vous le poison dont vous vous servez d'habitude ? » articula nettement et sans préambule le magistrat, placé entre sa femme et la porte.

Mme de Villefort éprouva ce que doit éprouver l'alouette lorsqu'elle voit le milan resserrer au-dessus de sa tête ses cercles meurtriers.

Un son rauque, brisé, qui n'était ni un cri ni un soupir, s'échappa de la poitrine de Mme de Villefort qui pâlit jusqu'à la lividité.

« Monsieur, dit-elle, je... je ne comprends pas. »

Et comme elle s'était soulevée dans un paroxysme

de terreur, dans un second paroxysme plus fort sans doute que le premier, elle se laissa retomber sur les coussins du sofa.

« Je vous demandais, continua Villefort d'une voix parfaitement calme, en quel endroit vous cachiez le poison à l'aide duquel vous avez tué mon beau-père M. de Saint-Méran, ma belle-mère, Barrois et ma fille Valentine.

— Ah ! monsieur, s'écria Mme de Villefort en joignant les mains, que dites-vous ?

— Ce n'est point à vous de m'interroger, mais de répondre.

— Est-ce au mari ou au juge ? balbutia Mme de Villefort.

— Au juge, madame ! au juge ! »

C'était un spectacle effrayant que la pâleur de cette femme, l'angoisse de son regard, le tremblement de tout son corps.

« Ah ! monsieur ! murmura-t-elle, ah ! monsieur !... et ce fut tout.

— Vous ne répondez pas, madame ! » s'écria le terrible interrogateur.

Puis il ajouta, avec un sourire plus effrayant encore que sa colère :

« Il est vrai que vous ne niez pas ! »

Elle fit un mouvement.

« Et vous ne pourriez nier, ajouta Villefort, en étendant la main vers elle comme pour la saisir au nom de la justice ; vous avez accompli ces différents crimes avec une impudente adresse, mais qui cependant ne pouvait tromper que les gens disposés par leur affection à s'aveugler sur votre compte. Dès la mort de Mme de Saint-Méran, j'ai su qu'il existait un empoisonneur dans ma maison : M. d'Avrigny m'en avait prévenu ; après la mort de Barrois, Dieu me pardonne ! mes soupçons se sont portés sur quelqu'un, sur un ange ! mes soupçons qui, même là où il n'y a pas de crime, veillent sans cesse allumés au fond de mon cœur ; mais après la mort de Valentine il n'y a plus eu de doute pour moi, madame, et non seulement pour moi, mais encore pour d'autres ; ainsi votre

crime, connu de deux personnes maintenant, soupçonné par plusieurs, va devenir public ; et, comme je
vous le disais tout à l'heure, madame, ce n'est plus un
mari qui vous parle, c'est un juge ! »

La jeune femme cacha son visage dans ses deux
mains.

« Ô monsieur ! balbutia-t-elle, je vous en supplie, ne
croyez pas les apparences !

— Seriez-vous lâche ? s'écria Villefort d'une voix
méprisante. En effet, j'ai toujours remarqué que les
empoisonneurs étaient lâches. Seriez-vous lâche, vous
qui avez eu l'affreux courage de voir expirer devant
vous deux vieillards et une jeune fille assassinés par
vous ?

— Monsieur ! monsieur !

— Seriez-vous lâche, continua Villefort avec une
exaltation croissante, vous qui avez compté une à une
les minutes de quatre agonies, vous qui avez combiné
vos plans infernaux et remué vos breuvages infâmes
avec une habileté et une précision si miraculeuses ?
Vous qui avez si bien combiné tout, auriez-vous donc
oublié de calculer une seule chose, c'est-à-dire où pouvait vous mener la révélation de vos crimes ? Oh ! c'est
impossible, cela, et vous avez gardé quelque poison
plus doux, plus subtil et plus meurtrier que les autres
pour échapper au châtiment qui vous était dû... Vous
avez fait cela, je l'espère du moins ? »

Mme de Villefort tordit ses mains et tomba à
genoux.

« Je sais bien... je sais bien, dit-il, vous avouez ; mais
l'aveu fait à des juges, l'aveu fait au dernier moment,
l'aveu fait quand on ne peut plus nier, cet aveu ne
diminue en rien le châtiment qu'ils infligent au coupable.

— Le châtiment ! s'écria Mme de Villefort, le châtiment ! monsieur, voilà deux fois que vous prononcez
ce mot ?

— Sans doute. Est-ce parce que vous étiez quatre
fois coupable que vous avez cru y échapper ? Est-ce
parce que vous êtes la femme de celui qui requiert ce
châtiment, que vous avez cru que ce châtiment s'écar-

terait ? Non, madame, non ! Quelle qu'elle soit, l'échafaud attend l'empoisonneuse, si surtout, comme je
vous le disais tout à l'heure, l'empoisonneuse n'a pas
eu le soin de conserver pour elle quelques gouttes de
son plus sûr poison. »

Mme de Villefort poussa un cri sauvage, et la terreur
hideuse et indomptable envahit ses traits décomposés.

« Oh ! ne craignez pas l'échafaud, madame, dit le
magistrat, je ne veux pas vous déshonorer, car ce
serait me déshonorer moi-même ; non, au contraire, si
vous m'avez bien entendu, vous devez comprendre
que vous ne pouvez mourir sur l'échafaud.

— Non, je n'ai pas compris ; que voulez-vous dire ?
balbutia la malheureuse femme complètement atterrée.

— Je veux dire que la femme du premier magistrat
de la capitale ne chargera pas de son infamie un nom
demeuré sans tache, et ne déshonorera pas du même
coup son mari et son enfant.

— Non ! oh ! non.

— Eh bien, madame ! ce sera une bonne action de
votre part, et de cette bonne action je vous remercie.

— Vous me remerciez ! et de quoi ?

— De ce que vous venez de dire.

— Qu'ai-je dit ! j'ai la tête perdue ; je ne comprends
plus rien, mon Dieu ! mon Dieu ! »

Et elle se leva les cheveux épars, les lèvres
écumantes.

« Vous avez répondu, madame, à cette question que
je vous fis en entrant ici : Où est le poison dont vous
vous servez d'habitude, madame ? »

Mme de Villefort leva les bras au ciel et serra
convulsivement ses mains l'une contre l'autre.

« Non, non, vociféra-t-elle ; non, vous ne voulez
point cela !

— Ce que je ne veux pas, madame, c'est que vous
périssiez sur un échafaud, entendez-vous ? répondit
Villefort.

— Oh ! monsieur, grâce !

— Ce que je veux, c'est que justice soit faite. Je suis
sur terre pour punir, madame, ajouta-t-il avec un

regard flamboyant ; à tout autre femme, fût-ce à une reine, j'enverrais le bourreau ; mais à vous je serai miséricordieux. A vous je dis : n'est-ce pas, madame, que vous avez conservé quelques gouttes de votre poison le plus doux, le plus prompt et le plus sûr ?

— Oh ! pardonnez-moi, monsieur, laissez-moi vivre !

— Elle était lâche ! dit Villefort.

— Songez que je suis votre femme !

— Vous êtes une empoisonneuse !

— Au nom du Ciel !...

— Non !

— Au nom de l'amour que vous avez eu pour moi !...

— Non ! non !

— Au nom de notre enfant ! Ah ! pour notre enfant, laissez-moi vivre !

— Non, non, non ! vous dis-je ; un jour, si je vous laissais vivre, vous le tueriez peut-être aussi comme les autres.

— Moi ! tuer mon fils ! s'écria cette mère sauvage en s'élançant vers Villefort ; moi ! tuer mon Édouard !... ah ! ah ! »

Et un rire affreux, un rire de démon, un rire de folle acheva la phrase et se perdit dans un râle sanglant.

Mme de Villefort était tombée aux pieds de son mari.

Villefort s'approcha d'elle.

« Songez-y, madame, dit-il, si à mon retour justice n'est pas faite, je vous dénonce de ma propre bouche et je vous arrête de mes propres mains. »

Elle écoutait, pantelante, abattue, écrasée ; son œil seul vivait en elle et couvait un feu terrible.

« Vous m'entendez, dit Villefort ; je vais là-bas requérir la peine de mort contre un assassin... Si je vous retrouve vivante, vous coucherez ce soir à la Conciergerie. »

Mme de Villefort poussa un soupir, ses nerfs se détendirent, elle s'affaissa brisée sur le tapis.

Le procureur du roi parut éprouver un mouvement de pitié, il la regarda moins sévèrement, et s'inclinant légèrement devant elle :

« Adieu, madame, dit-il lentement ; adieu ! »

Cet adieu tomba comme le couteau mortel sur Mme de Villefort. Elle s'évanouit.

Le procureur du roi sortit, et, en sortant, ferma la porte à double tour.

CIX

LES ASSISES

L'affaire Benedetto, comme on disait alors au Palais et dans le monde, avait produit une énorme sensation. Habitué du Café de Paris, du boulevard de Gand et du Bois de Boulogne, le faux Cavalcanti, pendant qu'il était resté à Paris et pendant les deux ou trois mois qu'avait duré sa splendeur, avait fait une foule de connaissances. Les journaux avaient raconté les diverses stations du prévenu dans sa vie élégante et dans sa vie de bagne ; il en résultait la plus vive curiosité chez ceux-là surtout qui avaient personnellement connu le prince Andrea Cavalcanti ; aussi ceux-là surtout étaient-ils décidés à tout risquer pour aller voir sur le banc des accusés M. Benedetto, l'assassin de son camarade de chaîne.

Pour beaucoup de gens, Benedetto était, sinon une victime, du moins une erreur de la justice : on avait vu M. Cavalcanti père à Paris, et l'on s'attendait à le voir de nouveau apparaître pour réclamer son illustre rejeton. Bon nombre de personnes qui n'avaient jamais entendu parler de la fameuse polonaise avec laquelle il avait débarqué chez le comte de Monte-Cristo, s'étaient senties frappées de l'air digne, de la gentilhommerie et de la science du monde qu'avait montrés le vieux patricien, lequel, il faut le dire, semblait un seigneur parfait toutes les fois qu'il ne parlait point et ne faisait point d'arithmétique.

Quant à l'accusé lui-même, beaucoup de gens se

rappelaient l'avoir vu si aimable, si beau, si prodigue, qu'ils aimaient mieux croire à quelque machination de la part d'un ennemi comme on en trouve en ce monde, où les grandes fortunes élèvent les moyens de faire le mal et le bien à la hauteur du merveilleux, et la puissance à la hauteur de l'inouï.

Chacun accourut donc à la séance de la cour d'assises, les uns pour savourer le spectacle, les autres pour le commenter. Dès sept heures du matin on faisait queue à la grille, et une heure avant l'ouverture de la séance la salle était déjà pleine de privilégiés.

Avant l'entrée de la cour, et même souvent après, une salle d'audience, les jours de grands procès, ressemble fort à un salon où beaucoup de gens se reconnaissent, s'abordent quand ils sont assez près les uns des autres pour ne pas perdre leurs places, se font des signes quand ils sont séparés par un trop grand nombre de populaire, d'avocats et de gendarmes.

Il faisait une de ces magnifiques journées d'automne qui nous dédommagent parfois d'un été absent ou écourté ; les nuages que M. de Villefort avait vus le matin rayer le soleil levant s'étaient dissipés comme par magie, et laissaient luire dans toute sa pureté un des derniers, un des plus doux jours de septembre.

Beauchamp, un des rois de la presse, et par conséquent ayant son trône partout, lorgnait à droite et à gauche. Il aperçut Château-Renaud et Debray qui venaient de gagner les bonnes grâces d'un sergent de ville, et qui l'avaient décidé à se mettre derrière eux au lieu de les masquer, comme c'était son droit. Le digne agent avait flairé le secrétaire du ministre et le millionnaire ; il se montra plein d'égards pour ses nobles voisins et leur permit même d'aller rendre visite à Beauchamp, en leur promettant de leur garder leurs places.

« Eh bien, dit Beauchamp, nous venons donc voir notre ami ?

— Eh ! mon Dieu, oui, répondit Debray : ce digne prince ! Que le diable soit des princes italiens, va !

— Un homme qui avait eu Dante pour généalogiste, et qui remontait à *La Divine Comédie* !

— Noblesse de corde, dit flegmatiquement Château-Renaud.

— Il sera condamné, n'est-ce pas ? demanda Debray à Beauchamp.

— Eh ! mon cher, répondit le journaliste, c'est à vous, ce me semble, qu'il faut demander cela : vous connaissez mieux que nous autres l'air du bureau ; avez-vous vu le président à la dernière soirée de votre ministre ?

— Oui.

— Que vous a-t-il dit ?

— Une chose qui va vous étonner.

— Ah ! parlez donc vite, alors, cher ami, il y a si longtemps qu'on ne me dit plus rien de ce genre-là.

— Eh bien, il m'a dit que Benedetto, qu'on regarde comme un phénix de subtilité, comme un géant d'astuce, n'est qu'un filou très subalterne, très niais, et tout à fait indigne des expériences qu'on fera après sa mort sur ses organes phrénologiques.

— Bah ! fit Beauchamp ; il jouait cependant très passablement le prince.

— Pour vous, Beauchamp, qui les détestez, ces malheureux princes et qui êtes enchanté de leur trouver de mauvaises façons ; mais pas pour moi, qui flaire d'instinct le gentilhomme et qui lève une famille aristocratique, quelle qu'elle soit, en vrai limier du blason.

— Ainsi, vous n'avez jamais cru à sa principauté ?

— A sa principauté ? si... à son principat ? non.

— Pas mal, dit Debray ; je vous assure cependant que pour tout autre que vous il pouvait passer... Je l'ai vu chez les ministres.

— Ah ! oui, dit Château-Renaud ; avec cela que vos ministres se connaissent en princes !

— Il y a du bon dans ce que vous venez de dire, Château-Renaud, répondit Beauchamp en éclatant de rire ; la phrase est courte, mais agréable. Je vous demande la permission d'en user dans mon compte rendu.

— Prenez, mon cher monsieur Beauchamp, dit Château-Renaud ; prenez ; je vous donne ma phrase pour ce qu'elle vaut.

— Mais, dit Debray à Beauchamp, si j'ai parlé au président, vous avez dû parler au procureur du roi, vous ?

— Impossible ; depuis huit jours M. de Villefort se cèle ; c'est tout naturel : cette suite étrange de chagrins domestiques couronnée par la mort étrange de sa fille...

— La mort étrange ! Que dites-vous donc là, Beauchamp ?

— Oh ! oui, faites donc l'ignorant, sous prétexte que tout cela se passe chez la noblesse de robe, dit Beauchamp en appliquant son lorgnon à son œil et en le forçant de tenir tout seul.

— Mon cher monsieur, dit Château-Renaud, permettez-moi de vous dire que, pour le lorgnon, vous n'êtes pas de la force de Debray. Debray, donnez donc une leçon à M. Beauchamp.

— Tiens, dit Beauchamp, je ne me trompe pas.

— Quoi donc ?

— C'est elle.

— Qui, elle ?

— On la disait partie.

— Mlle Eugénie ? demanda Château-Renaud ; serait-elle déjà revenue ?

— Non, mais sa mère.

— Mme Danglars ?

— Allons donc ! fit Château-Renaud, impossible ; dix jours après la fuite de sa fille, trois jours après la banqueroute de son mari ! »

Debray rougit légèrement et suivit la direction du regard de Beauchamp.

« Allons donc ! dit-il, c'est une femme voilée, une dame inconnue, quelque princesse étrangère, la mère du prince Cavalcanti peut-être ; mais vous disiez, ou plutôt vous alliez dire des choses fort intéressantes, Beauchamp, ce me semble.

— Moi ?

— Oui. Vous parliez de la mort étrange de Valentine.

— Ah ! oui, c'est vrai ; mais pourquoi donc Mme de Villefort, n'est-elle pas ici ?

— Pauvre chère femme ! dit Debray, elle est sans doute occupée à distiller de l'eau de mélisse pour les hôpitaux, et à composer des cosmétiques pour elle et pour ses amies. Vous savez qu'elle dépense à cet amusement deux ou trois mille écus par an, à ce que l'on assure. Au fait, vous avez raison, pourquoi n'est-elle pas ici, Mme de Villefort ? Je l'aurais vue avec un grand plaisir ; j'aime beaucoup cette femme.

— Et moi, dit Château-Renaud, je la déteste.

— Pourquoi ?

— Je n'en sais rien. Pourquoi aime-t-on ? pourquoi déteste-t-on ? Je la déteste par antipathie.

— Ou par instinct, toujours.

— Peut-être... Mais revenons à ce que vous disiez Beauchamp.

— Eh bien, reprit Beauchamp, n'êtes-vous pas curieux de savoir, messieurs, pourquoi l'on meurt si dru dans la maison Villefort ?

— Dru est joli, dit Château-Renaud.

— Mon cher, le mot se trouve dans Saint-Simon.

— Mais la chose se trouve chez M. de Villefort ; revenons-y donc.

— Ma foi ! dit Debray, j'avoue que je ne perds pas de vue cette maison tendue de deuil depuis trois mois, et avant-hier encore, à propos de Valentine, madame m'en parlait.

— Qu'est-ce que madame ?... demanda Château-Renaud.

— La femme du ministre, pardieu !

— Ah ! pardon, fit Château-Renaud, je ne vais pas chez les ministres, moi, je laisse cela aux princes.

— Vous n'étiez que beau, vous devenez flamboyant, baron ; prenez pitié de vous, ou vous allez nous brûler comme un autre Jupiter.

— Je ne dirai plus rien, dit Château-Renaud ; mais que diable, ayez pitié de moi, ne me donnez pas la réplique.

— Voyons, tâchons d'arriver au bout de notre dialogue, Beauchamp ; je vous disais donc que madame me demandait avant-hier des renseignements là-dessus ; instruisez-moi, je l'instruirai.

— Eh bien, messieurs, si l'on meurt si dru, je maintiens le mot, dans la maison Villefort, c'est qu'il y a un assassin dans la maison ! »

Les deux jeunes gens tressaillirent, car déjà plus d'une fois la même idée leur était venue.

« Et quel est cet assassin ? demandèrent-ils.

— Le jeune Édouard. »

Un éclat de rire des deux auditeurs ne déconcerta aucunement l'orateur, qui continua :

« Oui, messieurs, le jeune Édouard, enfant phénoménal, qui tue déjà comme père et mère.

— C'est une plaisanterie ?

— Pas du tout ; j'ai pris hier un domestique qui sort de chez M. de Villefort : écoutez bien ceci.

— Nous écoutons.

— Et que je vais renvoyer demain, parce qu'il mange énormément pour se remettre du jeûne de terreur qu'il s'imposait là-bas. Eh bien, il paraît que ce cher enfant a mis la main sur quelque flacon de drogue dont il use de temps en temps contre ceux qui lui déplaisent. D'abord ce fut bon papa et bonne maman de Saint Méran qui lui déplurent, et il leur a versé trois gouttes de son élixir : trois gouttes suffisent ; puis ce fut le brave Barrois, vieux serviteur de bon papa Noirtier, lequel rudoyait de temps en temps l'aimable espiègle que vous connaissez. L'aimable espiègle lui a versé trois gouttes de son élixir. Ainsi fut fait de la pauvre Valentine, qui ne le rudoyait pas, elle, mais dont il était jaloux : il lui a versé trois gouttes de son élixir, et pour elle comme pour les autres tout a été fini.

— Mais quel diable de conte nous faites-vous là ? dit Château-Renaud.

— Oui, dit Beauchamp, un conte de l'autre monde, n'est-ce pas ?

— C'est absurde, dit Debray.

— Ah ! reprit Beauchamp, voilà déjà que vous cherchez des moyens dilatoires ! Que diable ! demandez à mon domestique, ou plutôt à celui qui demain ne sera plus mon domestique : c'était le bruit de la maison.

— Mais cet élixir, où est-il ? quel est-il ?

— Dame ! l'enfant le cache.

— Où l'a-t-il pris ?

— Dans le laboratoire de madame sa mère.

— Sa mère a donc des poisons dans son laboratoire ?

— Est-ce que je sais, moi ! vous venez me faire là des questions de procureur du roi. Je répète ce qu'on m'a dit, voilà tout ; je vous cite mon auteur : je ne puis faire davantage. Le pauvre diable ne mangeait plus d'épouvante.

— C'est incroyable !

— Mais non, mon cher, ce n'est pas incroyable du tout, vous avez vu l'an passé cet enfant de la rue de Richelieu, qui s'amusait à tuer ses frères et ses sœurs en leur enfonçant une épingle dans l'oreille, tandis qu'ils dormaient. La génération qui nous suit est très précoce, mon cher.

— Mon cher, dit Château-Renaud, je parie que vous ne croyez pas un seul mot de ce que vous nous contez là ?... Mais je ne vois pas le comte de Monte-Cristo ; comment donc n'est-il pas ici ?

— Il est blasé, lui, fit Debray ; et puis il ne voudra point paraître devant tout le monde, lui qui a été la dupe de tous les Cavalcanti, lesquels sont venus à lui, à ce qu'il paraît, avec de fausses lettres de créance ; de sorte qu'il en est pour une centaine de mille francs hypothéqués sur la principauté.

— A propos, monsieur de Château-Renaud, demanda Beauchamp, comment se porte Morrel ?

— Ma foi, dit le gentilhomme, voici trois fois que je vais chez lui, et pas plus de Morrel que sur la main. Cependant sa sœur ne m'a point paru inquiète, et elle m'a dit avec un fort bon visage qu'elle ne l'avait pas vu non plus depuis deux ou trois jours, mais qu'elle était certaine qu'il se portait bien.

— Ah ! j'y pense ! le comte de Monte-Cristo ne peut venir dans la salle, dit Beauchamp.

— Pourquoi cela ?

— Parce qu'il est acteur dans le drame.

— Est-ce qu'il a aussi assassiné quelqu'un ? demanda Debray.

— Mais non, c'est lui, au contraire, qu'on a voulu assassiner. Vous savez bien que c'est en sortant de chez lui que ce bon M. de Caderousse a été assassiné par son petit Benedetto. Vous savez bien que c'est chez lui qu'on a retrouvé ce fameux gilet dans lequel était la lettre qui est venue déranger la signature du contrat. Voyez-vous le fameux gilet ? Il est là tout sanglant, sur le bureau, comme pièce de conviction.

— Ah ! fort bien.

— Chut ! messieurs, voici la cour ; à nos places ! »

En effet un grand bruit se fit entendre dans le prétoire ; le sergent de ville appela ses deux protégés par un *hem !* énergique, et l'huissier, paraissant au seuil de la salle des délibérations, cria de cette voix glapissante que les huissiers avaient déjà du temps de Beaumarchais :

« La cour, messieurs ! »

CX

L'ACTE D'ACCUSATION

Les juges prirent séance au milieu du plus profond silence ; les jurés s'assirent à leur place ; M. de Villefort, objet de l'attention, et nous dirons presque de l'admiration générale, se plaça couvert dans son fauteuil, promenant un regard tranquille autour de lui.

Chacun regardait avec étonnement cette figure grave et sévère, sur l'impassibilité de laquelle les douleurs paternelles semblaient n'avoir aucune prise, et l'on regardait avec une espèce de terreur cet homme étranger aux émotions de l'humanité.

« Gendarmes ! dit le président, amenez l'accusé. »

A ces mots, l'attention du public devint plus active, et tous les yeux se fixèrent sur la porte par laquelle Benedetto devait entrer.

Bientôt cette porte s'ouvrit et l'accusé parut.

L'impression fut la même sur tout le monde, et nul ne se trompa à l'expression de sa physionomie.

Ses traits ne portaient pas l'empreinte de cette émotion profonde qui refoule le sang au cœur et décolore le front et les joues. Ses mains, gracieusement posées, l'une sur son chapeau, l'autre dans l'ouverture de son gilet de piqué blanc, n'étaient agitées d'aucun frisson : son œil était calme et même brillant. A peine dans la salle, le regard du jeune homme se mit à parcourir tous les rangs des juges et des assistants, et s'arrêta plus longuement sur le président et surtout sur le procureur du roi.

Auprès d'Andrea se plaça son avocat, avocat nommé d'office (car Andrea n'avait point voulu s'occuper de ces détails auxquels il n'avait paru attacher aucune importance), jeune homme aux cheveux d'un blond fade, au visage rougi par une émotion cent fois plus sensible que celle du prévenu.

Le président demanda la lecture de l'acte d'accusation, rédigé, comme on sait, par la plume si habile et si implacable de Villefort.

Pendant cette lecture, qui fut longue, et qui pour tout autre eût été accablante, l'attention publique ne cessa de se porter sur Andrea, qui en soutint le poids avec la gaieté d'âme d'un Spartiate.

Jamais Villefort peut-être n'avait été si concis ni si éloquent ; le crime était présenté sous les couleurs les plus vives, les antécédents du prévenu, sa transfiguration, la filiation de ses actes depuis un âge assez tendre, étaient déduits avec le talent que la pratique de la vie et la connaissance du cœur humain pouvaient fournir à un esprit aussi élevé que celui du procureur du roi.

Avec ce seul préambule, Benedetto était à jamais perdu dans l'opinion publique, en attendant qu'il fût puni plus matériellement par la loi.

Andrea ne prêta pas la moindre attention aux charges successives qui s'élevaient et retombaient sur lui : M. de Villefort, qui l'examinait souvent et qui sans doute continuait sur lui les études psychologiques qu'il avait eu si souvent l'occasion de faire sur les accusés, M. de Villefort ne put une seule fois lui faire baisser les yeux, quelles que fussent la fixité et la profondeur de son regard.

Enfin la lecture fut terminée.

« Accusé, dit le président, vos nom et prénoms ? »

Andrea se leva.

« Pardonnez-moi, monsieur le président, dit-il d'une voix dont le timbre vibrait parfaitement pur, mais je vois que vous allez prendre un ordre de questions dans lequel je ne puis vous suivre. J'ai la prétention que c'est à moi de justifier plus tard d'être une exception aux accusés ordinaires. Veuillez donc, je vous prie, me permettre de répondre en suivant un ordre différent ; je n'en répondrai pas moins à toutes. »

Le président, surpris, regarda les jurés, qui regardèrent le procureur du roi.

Une grande surprise se manifesta dans toute l'assemblée. Mais Andrea ne parut aucunement s'en émouvoir.

« Votre âge ? dit le président ; répondrez-vous à cette question ?

— A cette question comme aux autres, je répondrai, monsieur le président, mais à son tour.

— Votre âge ? répéta le magistrat.

— J'ai vingt et un ans, ou plutôt je les aurai seulement dans quelques jours, étant né dans la nuit du 27 au 28 septembre 1817. »

M. de Villefort, qui était à prendre note, leva la tête à cette date.

« Où êtes-vous né ? continua le président.

— A Auteuil, près Paris », répondit Benedetto.

M. de Villefort leva une seconde fois la tête, regarda Benedetto comme il eût regardé la tête de Méduse et devint livide.

Quant à Benedetto, il passa gracieusement sur ses lèvres le coin brodé d'un mouchoir de fine batiste.

« Votre profession ? demanda le président.

— D'abord j'étais faussaire, dit Andrea le plus tranquillement du monde ; ensuite je suis passé voleur, et tout récemment je me suis fait assassin. »

Un murmure ou plutôt une tempête d'indignation et

de surprise éclata dans toutes les parties de la salle : les juges eux-mêmes se regardèrent stupéfaits, les jurés manifestèrent le plus grand dégoût pour le cynisme qu'on attendait si peu d'un homme élégant.

M. de Villefort appuya une main sur son front qui, d'abord pâle, était devenu rouge et bouillant ; tout à coup il se leva, regardant autour de lui comme un homme égaré : l'air lui manquait.

« Cherchez-vous quelque chose, monsieur le procureur du roi ? » demanda Benedetto avec son plus obligeant sourire.

M. de Villefort ne répondit rien, et se rassit ou plutôt retomba sur son fauteuil.

« Est-ce maintenant, prévenu, que vous consentez à dire votre nom ? demanda le président. L'affectation brutale que vous avez mise à énumérer vos différents crimes, que vous qualifiez de profession, l'espèce de point d'honneur que vous y attachez, ce dont, au nom de la morale et du respect dû à l'humanité, la cour doit vous blâmer sévèrement, voilà peut-être la raison qui vous a fait tarder de vous nommer : vous voulez faire ressortir ce nom par les titres qui le précèdent.

— C'est incroyable, monsieur le président, dit Benedetto du ton de voix le plus gracieux et avec les manières les plus polies, comme vous avez lu au fond de ma pensée ; c'est en effet dans ce but que je vous ai prié d'intervertir l'ordre des questions. »

La stupeur était à son comble ; il n'y avait plus dans les paroles de l'accusé ni forfanterie ni cynisme ; l'auditoire ému pressentait quelque foudre éclatante au fond de ce nuage sombre.

« Eh bien, dit le président, votre nom ?

— Je ne puis vous dire mon nom, car je ne le sais pas ; mais je sais celui de mon père, et je peux vous le dire. »

Un éblouissement douloureux aveugla Villefort ; on vit tomber de ses joues des gouttes de sueur âcres et pressées sur les papiers qu'il remuait d'une main convulsive et éperdue.

« Dites alors le nom de votre père », reprit le président.

Pas un souffle, pas une haleine ne troublaient le silence de cette immense assemblée : tout le monde attendait.

« Mon père est procureur du roi, répondit tranquillement Andrea.

— Procureur du roi ! fit avec stupéfaction le président, sans remarquer le bouleversement qui se faisait sur la figure de Villefort ; procureur du roi !

— Oui, et puisque vous voulez savoir son nom je vais vous le dire : il se nomme de Villefort ! »

L'explosion, si longtemps contenue par le respect qu'en séance on porte à la justice, se fit jour, comme un tonnerre, du fond de toutes les poitrines ; la cour elle-même ne songea point à réprimer ce mouvement de la multitude. Les interjections, les injures adressées à Benedetto, qui demeurait impassible, les gestes énergiques, le mouvement des gendarmes, le ricanement de cette partie fangeuse qui, dans toute assemblée, monte à la surface aux moments de trouble et de scandale, tout cela dura cinq minutes avant que les magistrats et les huissiers eussent réussi à rétablir le silence.

Au milieu de tout ce bruit, on entendait la voix du président, qui s'écriait :

« Vous jouez-vous de la justice, accusé, et oseriez-vous donner à vos concitoyens le spectacle d'une corruption qui, dans une époque qui cependant ne laisse rien à désirer sous ce rapport, n'aurait pas encore eu son égale ? »

Dix personnes s'empressaient auprès de M. le procureur du roi, à demi écrasé sur son siège, et lui offraient des consolations, des encouragements, des protestations de zèle et de sympathie.

Le calme s'était rétabli dans la salle, à l'exception cependant d'un point où un groupe assez nombreux s'agitait et chuchotait.

Une femme, disait-on, venait de s'évanouir ; on lui avait fait respirer des sels, elle s'était remise.

Andrea, pendant tout ce tumulte, avait tourné sa figure souriante vers l'assemblée ; puis, s'appuyant enfin d'une main sur la rampe de chêne de son banc, et cela dans l'attitude de la plus gracieuse :

« Messieurs, dit-il, à Dieu ne plaise que je cherche à insulter la cour et à faire, en présence de cette honorable assemblée, un scandale inutile. On me demande quel âge j'ai, je le dis ; on me demande où je suis né, je réponds ; on me demande mon nom, je ne puis le dire, puisque mes parents m'ont abandonné. Mais je puis bien, sans dire mon nom, puisque je n'en ai pas, dire celui de mon père ; or, je le répète, mon père se nomme M. de Villefort, et je suis tout prêt à le prouver. »

Il y avait dans l'accent du jeune homme une certitude, une conviction, une énergie qui réduisirent le tumulte au silence. Les regards se portèrent un moment sur le procureur du roi, qui gardait sur son siège l'immobilité d'un homme que la foudre vient de changer en cadavre.

« Messieurs, continua Andrea en commandant le silence du geste et de la voix, je vous dois la preuve et l'explication de mes paroles.

— Mais, s'écria le président irrité, vous avez déclaré dans l'instruction vous nommer Benedetto, vous avez dit être orphelin, et vous vous êtes donné la Corse pour patrie.

— J'ai dit à l'instruction ce qu'il m'a convenu de dire à l'instruction, car je ne voulais pas que l'on affaiblît ou que l'on arrêtât, ce qui n'eût point manqué d'arriver, le retentissement solennel que je voulais donner à mes paroles.

Maintenant je vous répète que je suis né à Auteuil, dans la nuit du 27 au 28 septembre 1817, et que je suis le fils de M. le procureur du roi de Villefort. Maintenant, voulez-vous des détails ? je vais vous en donner.

« Je naquis au premier de la maison numéro 28, rue de la Fontaine, dans une chambre tendue de damas rouge. Mon père me prit dans ses bras en disant à ma mère que j'étais mort, m'enveloppa dans une serviette marquée d'un H et d'un N, et m'emporta dans le jardin où il m'enterra vivant. »

Un frisson parcourut tous les assistants quand ils virent que grandissait l'assurance du prévenu avec l'épouvante de M. de Villefort.

« Mais comment savez-vous tous ces détails ? demanda le président.

— Je vais vous le dire, monsieur le président. Dans le jardin où mon père venait de m'ensevelir, s'était, cette nuit-là même, introduit un homme qui lui en voulait mortellement, et qui le guettait depuis longtemps pour accomplir sur lui une vengeance corse. L'homme était caché dans un massif ; il vit mon père enfermer un dépôt dans la terre, et le frappa d'un coup de couteau au milieu même de cette opération ; puis, croyant que ce dépôt était quelque trésor, il ouvrit la fosse et me trouva vivant encore. Cet homme me porta à l'hospice des Enfants-Trouvés, où je fus inscrit sous le numéro 57. Trois mois après, sa sœur fit le voyage de Rogliano à Paris pour me venir chercher, me réclama comme son fils et m'emmena.

« Voilà comment, quoique né à Auteuil, je fus élevé en Corse. »

Il y eut un instant de silence, mais d'un silence si profond, que, sans l'anxiété que semblaient respirer mille poitrines, on eût cru la salle vide.

« Continuez, dit la voix du président.

— Certes, continua Benedetto, je pouvais être heureux chez ces braves gens qui m'adoraient ; mais mon naturel pervers l'emporta sur toutes les vertus qu'essayait de verser dans mon cœur ma mère adoptive. Je grandis dans le mal et je suis arrivé au crime. Enfin, un jour que je maudissais Dieu de m'avoir fait si méchant et de me donner une si hideuse destinée, mon père adoptif est venu me dire :

« — Ne blasphème pas, malheureux ! car Dieu t'a « donné le jour sans colère ! le crime vient de ton père « et non de toi ; de ton père qui t'a voué à l'enfer si tu « mourais, à la misère si un miracle te rendait au « jour ! »

« Dès lors j'ai cessé de blasphémer Dieu, mais j'ai maudit mon père ; et voilà pourquoi j'ai fait entendre ici les paroles que vous m'avez reprochées, monsieur le président ; voilà pourquoi j'ai causé le scandale dont frémit encore cette assemblée. Si c'est un crime de plus, punissez-moi ; mais si je vous ai convaincu que dès le jour de ma naissance ma destinée était fatale, douloureuse, amère, lamentable, plaignez-moi !

— Mais votre mère ? demanda le président.

— Ma mère me croyait mort ; ma mère n'est point coupable. Je n'ai pas voulu savoir le nom de ma mère ; je ne la connais pas. »

En ce moment un cri aigu, qui se termina par un sanglot, retentit au milieu du groupe qui entourait, comme nous l'avons dit, une femme.

Cette femme tomba dans une violente attaque de nerfs et fut enlevée du prétoire ; tandis qu'on l'emportait, le voile épais qui cachait son visage s'écarta et l'on reconnut Mme Danglars.

Malgré l'accablement de ses sens énervés, malgré le bourdonnement qui frémissait à son oreille, malgré l'espèce de folie qui bouleversait son cerveau, Villefort la reconnut et se leva.

« Les preuves ! les preuves ! dit le président ; prévenu, souvenez-vous que ce tissu d'horreurs a besoin d'être soutenu par les preuves les plus éclatantes.

— Les preuves ? dit Benedetto en riant, les preuves, vous les voulez ?

— Oui.

— Eh bien, regardez M. de Villefort, et demandez-moi encore les preuves. »

Chacun se retourna vers le procureur du roi, qui, sous le poids de ces mille regards rivés sur lui, s'avança dans l'enceinte du tribunal, chancelant, les cheveux en désordre et le visage couperosé par la pression de ses ongles.

L'assemblée tout entière poussa un long murmure d'étonnement.

« On me demande les preuves, mon père, dit Benedetto, voulez-vous que je les donne ?

— Non, non, balbutia M. de Villefort d'une voix étranglée ; non, c'est inutile.

— Comment, inutile ? s'écria le président : mais que voulez-vous dire ?

— Je veux dire, s'écria le procureur du roi, que je me débattrais en vain sous l'étreinte mortelle qui m'écrase, messieurs, je suis, je le reconnais, dans la main du Dieu vengeur. Pas de preuves ; il n'en est pas besoin ; tout ce que vient de dire ce jeune homme est vrai ! »

Un silence sombre et pesant comme celui qui précède les catastrophes de la nature enveloppa dans son manteau de plomb tous les assistants, dont les cheveux se dressaient sur la tête.

« Et quoi ! monsieur de Villefort, s'écria le président, vous ne cédez pas à une hallucination ? Quoi ! vous jouissez de la plénitude de vos facultés ? On concevrait qu'une accusation si étrange, si imprévue, si terrible, ait troublé vos esprits ; voyons, remettez-vous. »

Le procureur du roi secoua la tête. Ses dents s'entre-choquaient avec violence comme celles d'un homme dévoré par la fièvre, et cependant il était d'une pâleur mortelle.

« Je jouis de toutes mes facultés, monsieur, dit-il ; le corps seulement souffre et cela se conçoit. Je me reconnais coupable de tout ce que ce jeune homme vient d'articuler contre moi, et je me tiens dès à présent chez moi à la disposition de M. le procureur du roi mon successeur. »

Et en prononçant ces mots d'une voix sourde et presque étouffée, M. de Villefort se dirigea en vacillant vers la porte, que lui ouvrit d'un mouvement machinal l'huissier de service.

L'assemblée tout entière demeura muette et consternée par cette révélation et par cet aveu, qui faisaient un dénouement si terrible aux différentes péripéties qui, depuis quinze jours, avaient agité la haute société parisienne.

« Eh bien, dit Beauchamp, qu'on vienne dire maintenant que le drame n'est pas dans la nature !

— Ma foi, dit Château-Renaud, j'aimerais encore mieux finir comme M. de Morcerf : un coup de pistolet paraît doux près d'une pareille catastrophe.

— Et puis il tue, dit Beauchamp.

— Et moi qui avais eu un instant l'idée d'épouser sa fille, dit Debray. A-t-elle bien fait de mourir, mon Dieu, la pauvre enfant !

— La séance est levée, messieurs, dit le président, et la cause remise à la prochaine session. L'affaire doit être instruite de nouveau et confiée à un autre magistrat. »

Quant à Andrea, toujours aussi tranquille et beaucoup plus intéressant, il quitta la salle escorté par les gendarmes, qui involontairement lui témoignaient des égards.

« Eh bien, que pensez-vous de cela, mon brave homme ? demanda Debray au sergent de ville, en lui glissant un louis dans la main.

— Il y aura des circonstances atténuantes », répondit celui-ci.

CXI

EXPIATION

M. de Villefort avait vu s'ouvrir devant lui les rangs de la foule, si compacte qu'elle fût. Les grandes douleurs sont tellement vénérables, qu'il n'est pas d'exemple, même dans les temps les plus malheureux, que le premier mouvement de la foule réunie n'ait pas été un mouvement de sympathie pour une grande catastrophe. Beaucoup de gens haïs ont été assassinés dans une émeute ; rarement un malheureux, fût-il criminel, a été insulté par les hommes qui assistaient à sa condamnation à mort.

Villefort traversa donc la haie des spectateurs, des gardes, des gens du Palais, et s'éloigna, reconnu coupable de son propre aveu, mais protégé par sa douleur.

Il est des situations que les hommes saisissent avec leur instinct, mais qu'ils ne peuvent commenter avec leur esprit ; le plus grand poète, dans ce cas, est celui qui pousse le cri le plus véhément et le plus naturel. La foule prend ce cri pour un récit tout entier, et elle a raison de s'en contenter, et plus raison encore de le trouver sublime quand il est vrai.

Du reste il serait difficile de dire l'état de stupeur dans lequel était Villefort en sortant du Palais, de peindre cette fièvre qui faisait battre chaque artère, raidissait chaque fibre, gonflait à la briser chaque veine, et disséquait chaque point du corps mortel en des millions de souffrances.

Villefort se traîna le long des corridors, guidé seulement par l'habitude ; il jeta de ses épaules la toge magistrale, non qu'il pensât à la quitter pour la convenance, mais parce qu'elle était à ses épaules un fardeau accablant, une tunique de Nessus féconde en tortures.

Il arriva chancelant jusqu'à la cour Dauphine, aperçut sa voiture, réveilla le cocher en ouvrant la portière lui-même, et se laissa tomber sur les coussins en montrant du doigt la direction du faubourg Saint-Honoré. Le cocher partit.

Tout le poids de sa fortune écroulée venait de retomber sur sa tête ; ce poids l'écrasait, il n'en savait pas les conséquences ; il ne les avait pas mesurées ; il les sentait, il ne raisonnait pas son code comme le froid meurtrier qui commente un article connu.

Il avait Dieu au fond du cœur.

« Dieu ! murmurait-il sans savoir même ce qu'il disait, Dieu ! Dieu ! »

Il ne voyait que Dieu derrière l'éboulement qui venait de se faire.

La voiture roulait avec vitesse ; Villefort, en s'agitant sur ses coussins, sentit quelque chose qui le gênait.

Il porta la main à cet objet : c'était un éventail oublié par Mme de Villefort entre le coussin et le dossier de la voiture ; cet éventail éveilla un souvenir, et ce souvenir fut un éclair au milieu de la nuit.

Villefort songea à sa femme...

« Oh ! » s'écria-t-il, comme si un fer rouge lui traversait le cœur.

En effet, depuis une heure, il n'avait plus sous les yeux qu'une face de sa misère, et voilà que tout à coup il s'en offrait une autre à son esprit, et une autre non moins terrible.

Cette femme, il venait de faire avec elle le juge inexorable, il venait de la condamner à mort ; et elle, elle, frappée de terreur, écrasée par le remords, abîmée sous la honte qu'il venait de lui faire avec l'éloquence de son irréprochable vertu, elle, pauvre femme faible et sans défense contre un pouvoir absolu et suprême, elle se préparait peut-être en ce moment même à mourir !

Une heure s'était déjà écoulée depuis sa condamnation ; sans doute en ce moment elle repassait tous ses crimes dans sa mémoire, elle demandait grâce à Dieu, elle écrivait une lettre pour implorer à genoux le pardon de son vertueux époux, pardon qu'elle achetait de sa mort.

Villefort poussa un second rugissement de douleur et de rage.

« Ah ! s'écria-t-il en se roulant sur le satin de son carrosse, cette femme n'est devenue criminelle que parce qu'elle m'a touché. Je sue le crime, moi ! et elle a gagné le crime comme on gagne le typhus, comme on gagne le choléra, comme on gagne la peste !... et je la punis !... J'ai osé lui dire : « Repentez-vous et mourez... » moi ! oh ! non ! non ! elle vivra... elle me suivra... Nous allons fuir, quitter la France, aller devant nous tant que la terre pourra nous porter. Je lui parlais d'échafaud !... Grand Dieu ! comment ai-je osé prononcer ce mot ! Mais, moi aussi, l'échafaud m'attend !... Nous fuirons... Oui, je me confesserai à elle ! oui, tous les jours je lui dirai, en m'humiliant, que, moi aussi, j'ai commis un crime... Oh ! alliance du tigre et du serpent ! oh ! digne femme d'un mari tel que moi !... Il faut qu'elle vive, il faut que mon infamie fasse pâlir la sienne ! »

Et Villefort enfonça plutôt qu'il ne baissa la glace du devant de son coupé.

« Vite, plus vite ! » s'écria-t-il d'une voix qui fit bondir le cocher sur son siège.

Les chevaux, emportés par la peur, volèrent jusqu'à la maison.

« Oui, oui, se répétait Villefort à mesure qu'il se rapprochait de chez lui, oui, il faut que cette femme

vive, il faut qu'elle se repente et qu'elle élève mon fils,
mon pauvre enfant, le seul, avec l'indestructible vieillard, qui ait survécu à la destruction de la famille ! Elle
l'aimait ; c'est pour lui qu'elle a tout fait. Il ne faut
jamais désespérer du cœur d'une mère qui aime son
enfant ; elle se repentira ; nul ne saura qu'elle fut coupable ; ces crimes commis chez moi, et dont le monde
s'inquiète déjà, ils seront oubliés avec le temps, ou, si
quelques ennemis s'en souviennent, eh bien, je les
prendrai sur ma liste de crimes. Un, deux, trois de
plus, qu'importe ! ma femme se sauvera emportant de
l'or, et surtout emportant son fils, loin du gouffre où il
me semble que le monde va tomber avec moi. Elle
vivra, elle sera heureuse encore, puisque tout son
amour est dans son fils, et que son fils ne la quittera
point. J'aurai fait une bonne action ; cela allège le
cœur. »

Et le procureur du roi respira plus librement qu'il
n'avait fait depuis longtemps.

La voiture s'arrêta dans la cour de l'hôtel.

Villefort s'élança du marchepied sur le perron ; il vit
les domestiques surpris de le voir revenir si vite. Il ne
lut pas autre chose sur leur physionomie ; nul ne lui
adressa la parole ; on s'arrêta devant lui, comme
d'habitude, pour le laisser passer ; voilà tout.

Il passa devant la chambre de Noirtier, et, par la
porte il ne s'inquiéta point de la personne qui était
avec son père ; c'était ailleurs que son inquiétude le
tirait.

« Allons, dit-il en montant le petit escalier qui
conduisait au palier où étaient l'appartement de sa
femme et la chambre vide de Valentine ; allons, rien
n'est changé ici. »

Avant tout il ferma la porte du palier.

« Il faut que personne ne nous dérange, dit-il ; il faut
que je puisse lui parler librement, m'accuser devant
elle, lui tout dire... »

Il s'approcha de la porte, mit la main sur le bouton
de cristal, la porte céda.

« Pas fermée ! oh ! bien, très bien », murmura-t-il.

Et il entra dans le petit salon où dans la soirée on

dressait un lit pour Édouard ; car, quoique en pension, Édouard rentrait tous les soirs : sa mère n'avait jamais voulu se séparer de lui.

Il embrassa d'un coup d'œil tout le petit salon.

« Personne, dit-il ; elle est dans sa chambre à coucher sans doute. »

Il s'élança vers la porte. Là, le verrou était mis. Il s'arrêta frissonnant.

« Héloïse ! » cria-t-il.

Il lui sembla entendre remuer un meuble.

« Héloïse ! répéta-t-il.

— Qui est là ? » demanda la voix de celle qu'il appelait.

Il lui sembla que cette voix était plus faible que de coutume.

« Ouvrez ! ouvrez ! s'écria Villefort, c'est moi ! »

Mais malgré cet ordre, malgré le ton d'angoisse avec lequel il était donné, on n'ouvrit pas.

Villefort enfonça la porte d'un coup de pied.

A l'entrée de la chambre qui donnait dans son boudoir, Mme de Villefort était debout, pâle, les traits contractés, et le regardant avec des yeux d'une fixité effrayante.

« Héloïse ! Héloïse ! dit-il, qu'avez-vous ? Parlez ! »

La jeune femme étendit vers lui sa main raide et livide.

« C'est fait, monsieur, dit-elle avec un râlement qui sembla déchirer son gosier ; que voulez-vous donc encore de plus ? »

Et elle tomba de sa hauteur sur le tapis.

Villefort courut à elle, lui saisit la main. Cette main serrait convulsivement un flacon de cristal à bouchon d'or.

Mme de Villefort était morte.

Villefort, ivre d'horreur, recula jusqu'au seuil de la chambre et regarda le cadavre.

« Mon fils ! s'écria-t-il tout à coup ; où est mon fils ? Édouard ! Édouard ! »

Et il se précipita hors de l'appartement en criant :

« Édouard ! Édouard ! »

Ce nom était prononcé avec un tel accent d'angoisse, que les domestiques accoururent.

« Mon fils ! où est mon fils ? demanda Villefort. Qu'on l'éloigne de la maison, qu'il ne voie pas...

— M. Édouard n'est point en bas, monsieur, répondit le valet de chambre.

— Il joue sans doute au jardin ; voyez ! voyez !

— Non, monsieur. Madame a appelé son fils il y a une demi-heure à peu près ; M. Édouard est entré chez madame et n'est point descendu depuis. »

Une sueur glacée inonda le front de Villefort, ses pieds trébuchèrent sur la dalle, ses idées commencèrent à tourner dans sa tête comme les rouages désordonnés d'une montre qui se brise.

« Chez madame ! murmura-t-il, chez madame ! »

Et il revint lentement sur ses pas, s'essuyant le front d'une main, s'appuyant de l'autre aux parois de la muraille.

En rentrant dans la chambre il fallait revoir le corps de la malheureuse femme.

Pour appeler Édouard, il fallait réveiller l'écho de cet appartement changé en cercueil ; parler, c'était violer le silence de la tombe.

Villefort sentit sa langue paralysée dans sa gorge.

« Édouard, Édouard », balbutia-t-il.

L'enfant ne répondait pas ; où donc était l'enfant qui, au dire des domestiques, était entré chez sa mère et n'en était pas sorti ?

Villefort fit un pas en avant.

Le cadavre de Mme de Villefort était couché en travers de la porte du boudoir dans lequel se trouvait nécessairement Édouard ; ce cadavre semblait veiller sur le seuil avec des yeux fixes et ouverts, avec une épouvantable et mystérieuse ironie sur les lèvres.

Derrière le cadavre, la portière relevée laissait voir une partie du boudoir, un piano et le bout d'un divan de satin bleu.

Villefort fit trois ou quatre pas en avant, et sur le canapé il aperçut son enfant couché.

L'enfant dormait sans doute.

Le malheureux eut un élan de joie indicible ; un rayon de pure lumière descendit dans cet enfer où il se débattait.

Il ne s'agissait donc que de passer par-dessus le cadavre, d'entrer dans le boudoir, de prendre l'enfant dans ses bras et de fuir avec lui, loin, bien loin.

Villefort n'était plus cet homme dont son exquise corruption faisait le type de l'homme civilisé ; c'était un tigre blessé à mort qui laisse ses dents brisées dans sa dernière blessure.

Il n'avait plus peur des préjugés, mais des fantômes. Il prit son élan et bondit par-dessus le cadavre, comme s'il se fût agi de franchir un brasier dévorant.

Il enleva l'enfant dans ses bras, le serrant, le secouant, l'appelant ; l'enfant ne répondait point. Il colla ses lèvres avides à ses joues, ses joues étaient livides et glacées ; il palpa ses membres raidis ; il appuya sa main sur son cœur, son cœur ne battait plus.

L'enfant était mort.

Un papier plié en quatre tomba de la poitrine d'Édouard.

Villefort, foudroyé, se laissa aller sur ses genoux ; l'enfant s'échappa de ses bras inertes et roula du côté de sa mère.

Villefort ramassa le papier, reconnut l'écriture de sa femme et le parcourut avidement.

Voici ce qu'il contenait :

« Vous savez si j'étais bonne mère, puisque c'est pour mon fils que je me suis faite criminelle !

« Une bonne mère ne part pas sans son fils !»

Villefort ne pouvait en croire ses yeux ; Villefort ne pouvait en croire sa raison. Il se traîna vers le corps d'Édouard, qu'il examina encore une fois avec cette attention minutieuse que met la lionne à regarder son lionceau mort.

Puis un cri déchirant s'échappa de sa poitrine.

« Dieu ! murmura-t-il, toujours Dieu ! »

Ces deux victimes l'épouvantaient, il sentait monter en lui l'horreur de cette solitude peuplée de deux cadavres.

Tout à l'heure il était soutenu par la rage, cette immense faculté des hommes forts, par le désespoir, cette vertu suprême de l'agonie, qui poussait les Titans à escalader le ciel, Ajax à montrer le poing aux dieux.

Villefort courba sa tête sous le poids des douleurs, il se releva sur ses genoux, secoua ses cheveux humides de sueur, hérissés d'effroi, et celui-là, qui n'avait jamais eu pitié de personne, s'en alla trouver le vieillard, son père, pour avoir, dans sa faiblesse, quelqu'un à qui raconter son malheur, quelqu'un près de qui pleurer.

Il descendit l'escalier que nous connaissons et entra chez Noirtier.

Quand Villefort entra, Noirtier paraissait attentif à écouter, aussi affectueusement que le permettait son immobilité, l'abbé Busoni, toujours aussi calme et aussi froid que de coutume.

Villefort, en apercevant l'abbé, porta la main à son front. Le passé lui revint comme une de ces vagues dont la colère soulève plus d'écume que les autres vagues.

Il se souvint de la visite qu'il avait faite à l'abbé le surlendemain du dîner d'Auteuil et de la visite que lui avait faite l'abbé à lui-même le jour de la mort de Valentine.

« Vous ici, monsieur ! dit-il ; mais vous n'apparaissez donc jamais que pour escorter la Mort ? »

Busoni se redressa ; en voyant l'altération du visage du magistrat, l'éclat farouche de ses yeux, il comprit ou crut comprendre que la scène des assises était accomplie ; il ignorait le reste.

« J'y suis venu pour prier sur le corps de votre fille ! répondit Busoni.

— Et aujourd'hui, qu'y venez-vous faire ?

— Je viens vous dire que vous m'avez assez payé votre dette, et qu'à partir de ce moment je vais prier Dieu qu'il se contente comme moi.

— Mon Dieu ! fit Villefort en reculant, l'épouvante sur le front, cette voix, ce n'est pas celle de l'abbé Busoni !

— Non. »

L'abbé arracha sa fausse tonsure, secoua la tête, et ses longs cheveux noirs, cessant d'être comprimés, retombèrent sur ses épaules et encadrèrent son mâle visage.

« C'est le visage de M. de Monte-Cristo ! s'écria Villefort les yeux hagards.

— Ce n'est pas encore cela, monsieur le procureur
du roi, cherchez mieux et plus loin.

— Cette voix ! cette voix ! où l'ai-je entendue pour la
première fois ?

— Vous l'avez entendue pour la première fois à
Marseille, il y a vingt-trois ans, le jour de votre
mariage avec Mlle de Saint-Méran. Cherchez dans vos
dossiers.

— Vous n'êtes pas Busoni ? vous n'êtes pas Monte-
Cristo ? Mon Dieu, vous êtes cet ennemi caché, impla-
cable, mortel ! J'ai fait quelque chose contre vous à
Marseille, oh ! malheur à moi !

— Oui, tu as raison, c'est bien cela, dit le comte en
croisant les bras sur sa large poitrine ; cherche,
cherche !

— Mais que t'ai-je donc fait ? s'écria Villefort, dont
l'esprit flottait déjà sur la limite où se confondent la
raison et la démence, dans ce brouillard qui n'est plus
le rêve et qui n'est pas encore le réveil ; que t'ai-je fait ?
dis ! parle !

— Vous m'avez condamné à une mort lente et
hideuse, vous avez tué mon père, vous m'avez ôté
l'amour avec la liberté, et la fortune avec l'amour !

— Qui êtes-vous ? qui êtes-vous donc ? mon Dieu !

— Je suis le spectre d'un malheureux que vous avez
enseveli dans les cachots du château d'If. A ce spectre
sorti enfin de sa tombe Dieu a mis le masque du comte
de Monte-Cristo, et il l'a couvert de diamants et d'or
pour que vous le reconnaissiez qu'aujourd'hui.

— Ah ! je te reconnais, je te reconnais ! dit le procureur du roi ; tu es...

— Je suis Edmond Dantès !

— Tu es Edmond Dantès ! s'écria le procureur du
roi en saisissant le comte par le poignet ; alors,
viens ! »

Et il l'entraîna par l'escalier, dans lequel Monte-
Cristo, étonné, le suivit, ignorant lui-même où le procureur du roi le conduisait, et pressentant quelque
nouvelle catastrophe.

« Tiens ! Edmond Dantès, dit-il en montrant au comte le cadavre de sa femme et le corps de son fils, tiens ! regarde, es-tu bien vengé ?... »

Monte-Cristo pâlit à cet effroyable spectacle ; il comprit qu'il venait d'outrepasser les droits de la vengeance ; il comprit qu'il ne pouvait plus dire :

« Dieu est pour moi et avec moi. »

Il se jeta avec un sentiment d'angoisse inexprimable sur le corps de l'enfant, rouvrit ses yeux, tâta le pouls, et s'élança avec lui dans la chambre de Valentine, qu'il referma à double tour...

« Mon enfant ! s'écria Villefort ; il emporte le cadavre de mon enfant ! Oh ! malédiction ! malheur ! mort sur toi ! »

Et il voulut s'élancer après Monte-Cristo ; mais, comme dans un rêve, il sentit ses pieds prendre racine, ses yeux se dilatèrent à briser leurs orbites, ses doigts recourbés sur la chair de sa poitrine s'y enfoncèrent graduellement jusqu'à ce que le sang rougît ses ongles ; les veines de ses tempes se gonflèrent d'esprits bouillants qui allèrent soulever la voûte trop étroite de son crâne et noyèrent son cerveau dans un déluge de feu.

Cette fixité dura plusieurs minutes, jusqu'à ce que l'effroyable bouleversement de la raison fût accompli.

Alors il jeta un grand cri suivi d'un long éclat de rire et se précipita par les escaliers.

Un quart d'heure après, la chambre de Valentine se rouvrit, et le comte de Monte-Cristo reparut.

Pâle, l'œil morne, la poitrine oppressée, tous les traits de cette figure ordinairement si calme et si noble étaient bouleversés par la douleur.

Il tenait dans ses bras l'enfant, auquel aucun secours n'avait pu rendre la vie.

Il mit un genou en terre et le déposa religieusement près de sa mère, la tête posée sur sa poitrine.

Puis, se relevant, il sortit, et rencontrant un domestique sur l'escalier :

« Où est M. de Villefort ? » demanda-t-il.

Le domestique, sans lui répondre, étendit la main du côté du jardin.

Monte-Cristo descendit le perron, s'avança vers l'endroit désigné, et vit, au milieu de ses serviteurs faisant cercle autour de lui, Villefort une bêche à la main, et fouillant la terre avec une espèce de rage.

« Ce n'est pas encore ici, disait-il, ce n'est pas encore ici. »

Et il fouillait plus loin.

Monte-Cristo s'approcha de lui, et tout bas :

« Monsieur, lui dit-il d'un ton presque humble, vous avez perdu un fils ; mais... »

Villefort l'interrompit ; il n'avait ni écouté ni entendu.

« Oh ! je le retrouverai, dit-il ; vous avez beau prétendre qu'il n'y est pas, je le retrouverai, dussé-je le chercher jusqu'au jour du Jugement dernier. »

Monte-Cristo recula avec terreur.

« Oh ! dit-il, il est fou ! »

Et, comme s'il eût craint que les murs de la maison maudite ne s'écroulassent sur lui, il s'élança dans la rue, doutant pour la première fois qu'il eût le droit de faire ce qu'il avait fait.

« Oh ! assez, assez comme cela, dit-il, sauvons le dernier. »

En rentrant chez lui, Monte-Cristo rencontra Morrel, qui errait dans l'hôtel des Champs-Élysées, silencieux comme une ombre qui attend le moment fixé par Dieu pour rentrer dans son tombeau.

« Apprêtez-vous, Maximilien, lui dit-il avec un sourire, nous quittons Paris demain.

— N'avez-vous plus rien à y faire ? demanda Morrel.

— Non, répondit Monte-Cristo, et Dieu veuille que je n'y aie pas trop fait ! »

CXII

LE DÉPART

Les événements qui venaient de se passer préoccupaient tout Paris. Emmanuel et sa femme se les racontaient, avec une surprise bien naturelle, dans leur petit salon de la rue Meslay ; ils rapprochaient ces trois catastrophes aussi soudaines qu'inattendues de Morcerf, de Danglars et de Villefort.

Maximilien, qui était venu leur faire une visite, les écoutait ou plutôt assistait à leur conversation, plongé dans son insensibilité habituelle.

« En vérité, disait Julie, ne dirait-on pas, Emmanuel, que tous ces gens riches, si heureux hier, avaient oublié, dans le calcul sur lequel ils avaient établi leur fortune, leur bonheur et leur considération, la part du mauvais génie, et que celui-ci, comme les méchantes fées des contes de Perrault qu'on a négligé d'inviter à quelque noce ou à quelque baptême, est apparu tout à coup pour se venger de ce fatal oubli ?

— Que de désastres ! disait Emmanuel pensant à Morcerf et à Danglars.

— Que de souffrances ! disait Julie, en se rappelant Valentine, que par instinct de femme elle ne voulait pas nommer devant son frère.

— Si c'est Dieu qui les a frappés, disait Emmanuel, c'est que Dieu, qui est la suprême bonté, n'a rien trouvé dans le passé de ces gens-là qui méritât l'atténuation de la peine ; c'est que ces gens-là étaient maudits.

— N'es-tu pas bien téméraire dans ton jugement, Emmanuel ? dit Julie. Quand mon père, le pistolet à la main, était prêt à se brûler la cervelle, si quelqu'un eût dit comme tu le dis à cette heure : « Cet homme a mérité sa peine », ce quelqu'un-là ne se serait-il point trompé ?

— Oui, mais Dieu n'a pas permis que notre père succombât, comme il n'a pas permis qu'Abraham sacrifiât son fils. Au patriarche, comme à nous, il a envoyé un ange qui a coupé à moitié chemin les ailes de la Mort. »

Il achevait à peine de prononcer ces paroles que le bruit de la cloche retentit.

C'était le signal donné par le concierge qu'une visite arrivait.

Presque au même instant la porte du salon s'ouvrit, et le comte de Monte-Cristo parut sur le seuil.

Ce fut un double cri de joie de la part des deux jeunes gens.

Maximilien releva la tête et la laissa retomber.

« Maximilien, dit le comte sans paraître remarquer les différentes impressions que sa présence produisait sur ses hôtes, je viens vous chercher.

— Me chercher ? dit Morrel comme sortant d'un rêve.

— Oui, dit Monte-Cristo ; n'est-il pas convenu que je vous emmène, et ne vous ai-je pas prévenu de vous tenir prêt ?

— Me voici, dit Maximilien ; j'étais venu leur dire adieu.

— Et où allez-vous, monsieur le comte ? demanda Julie.

— A Marseille d'abord, madame.

— A Marseille ? répétèrent ensemble les deux jeunes gens.

— Oui, et je vous prends votre frère.

— Hélas ! monsieur le comte, dit Julie, rendez-nous-le guéri ! »

Morrel se détourna pour cacher sa rougeur.

« Vous vous êtes donc aperçue qu'il était souffrant ? dit le comte.

— Oui, répondit la jeune femme, et j'ai peur qu'il ne s'ennuie avec nous.

— Je le distrairai, reprit le comte.

— Je suis prêt, monsieur, dit Maximilien. Adieu, mes bons amis ! Adieu, Emmanuel ! Adieu, Julie !

— Comment ! adieu ? s'écria Julie ; vous partez ainsi tout de suite, sans préparations, sans passeports ?

— Ce sont les délais qui doublent le chagrin des séparations, dit Monte-Cristo, et Maximilien, j'en suis sûr, a dû se précautionner de toutes choses : je le lui avais recommandé.

— J'ai mon passeport, et mes malles sont faites, dit Morrel avec sa tranquillité monotone.

— Fort bien, dit Monte-Cristo en souriant, on reconnaît là l'exactitude d'un bon soldat.

— Et vous nous quittez comme cela, dit Julie, à

l'instant ? Vous ne nous donnez pas un jour, pas une heure ?

— Ma voiture est à la porte, madame ; il faut que je sois à Rome dans cinq jours.

— Mais Maximilien ne va pas à Rome ? dit Emmanuel.

— Je vais où il plaira au comte de me mener, dit Morrel avec un triste sourire ; je lui appartiens pour un mois encore.

— Oh ! mon Dieu ! comme il dit cela, monsieur le comte !

— Maximilien m'accompagne, dit le comte avec sa persuasive affabilité, tranquillisez-vous donc sur votre frère.

— Adieu, ma sœur ! répéta Morrel ; adieu, Emmanuel !

— Il me navre le cœur avec sa nonchalance, dit Julie. Oh ! Maximilien, Maximilien, tu nous caches quelque chose.

— Bah ! dit Monte-Cristo, vous le verrez revenir gai, riant et joyeux. »

Maximilien lança à Monte-Cristo un regard presque dédaigneux, presque irrité.

« Partons ! dit le comte.

— Avant que vous partiez, monsieur le comte, dit Julie, me permettez-vous de vous dire tout ce que l'autre jour...

— Madame, répliqua le comte en lui prenant les deux mains, tout ce que vous me diriez ne vaudra jamais ce que je lis dans vos yeux, ce que votre cœur a pensé, ce que le mien a ressenti. Comme les bienfaiteurs de roman, j'eusse dû partir sans vous revoir ; mais cette vertu était au-dessus de mes forces, parce que je suis un homme faible et vaniteux, parce que le regard humide, joyeux et tendre de mes semblables me fait du bien. Maintenant je pars, et je pousse l'égoïsme jusqu'à vous dire : Ne m'oubliez pas, mes amis, car probablement vous ne me reverrez jamais.

— Ne plus vous revoir ! s'écria Emmanuel, tandis que deux grosses larmes roulaient sur les joues de Julie ; ne plus vous revoir ! mais ce n'est donc pas un homme, c'est donc un dieu qui nous quitte, et ce dieu va donc remonter au ciel après être apparu sur la terre pour y faire le bien !

— Ne dites pas cela, reprit vivement Monte-Cristo, ne dites jamais cela, mes amis ; les dieux ne font jamais le mal, les dieux s'arrêtent où ils veulent s'arrêter ; le hasard n'est pas plus fort qu'eux, et ce sont eux, au contraire, qui maîtrisent le hasard. Non, je suis un homme, Emmanuel, et votre admiration est aussi injuste que vos paroles sont sacrilèges. »

Et serrant sur ses lèvres la main de Julie, qui se précipita dans ses bras, il tendit l'autre main à Emmanuel ; puis, s'arrachant de cette maison, doux nid dont le bonheur était l'hôte, il attira derrière lui d'un signe Maximilien, passif, insensible et consterné comme il l'était depuis la mort de Valentine.

« Rendez la joie à mon frère ! » dit Julie à l'oreille de Monte-Cristo.

Monte-Cristo lui serra la main comme il la lui avait serrée onze ans auparavant sur l'escalier qui conduisait au cabinet de Morrel.

« Vous fiez-vous toujours à Simbad le marin ? lui demanda-t-il en souriant.

— Oh ! oui.

— Eh bien, donc, endormez-vous dans la paix et dans la confiance du Seigneur. »

Comme nous l'avons dit, la chaise de poste attendait ; quatre chevaux vigoureux hérissaient leurs crins et frappaient le pavé avec impatience.

Au bas du perron, Ali attendait, le visage luisant de sueur ; il paraissait arriver d'une longue course.

« Eh bien, lui demanda le comte en arabe, as-tu été chez le vieillard ? »

Ali fit signe que oui.

« Et tu lui as déployé la lettre sous les yeux, ainsi que je te l'avais ordonné ?

— Oui, fit encore respectueusement l'esclave.

— Et qu'a-t-il dit, ou plutôt qu'a-t-il fait ? »

Ali se plaça sous la lumière, de façon que son maître pût le voir, et, imitant avec son intelligence si dévouée la physionomie du vieillard, il ferma les yeux comme faisait Noirtier lorsqu'il voulait dire : Oui.

« Bien, il accepte, dit Monte-Cristo ; partons ! »

Il avait à peine laissé échapper ce mot, que déjà la voiture roulait et que les chevaux faisaient jaillir du pavé une poussière d'étincelles. Maximilien s'accommoda dans son coin sans dire un seul mot.

Une demi-heure s'écoula ; la calèche s'arrêta tout à coup ; le comte venait de tirer le cordonnet de soie qui correspondait au doigt d'Ali.

Le Nubien descendit et ouvrit la portière.

La nuit étincelait d'étoiles. On était au haut de la montée de Villejuif, sur le plateau d'où Paris, comme une sombre mer, agite ses millions de lumières qui paraissent des flots phosphorescents ; flots en effet, flots plus bruyants, plus passionnés, plus mobiles, plus furieux, plus avides que ceux de l'Océan irrité, flots qui ne connaissent pas le calme comme ceux de la vaste mer, flots qui se heurtent toujours, écument toujours, engloutissent toujours !...

Le comte demeura seul, et sur un signe de sa main la voiture fit quelques pas en avant.

Alors il considéra longtemps, les bras croisés, cette fournaise où viennent se fondre, se tordre et se modeler toutes ces idées qui s'élancent du gouffre bouillonnant pour aller agiter le monde. Puis, lorsqu'il eut bien arrêté son regard puissant sur cette Babylone qui fait rêver les poètes religieux comme les railleurs matérialistes :

« Grande ville ! murmura-t-il en inclinant la tête et en joignant les mains comme s'il eût prié, voilà moins de six mois que j'ai franchi tes portes. Je crois que l'esprit de Dieu m'y avait conduit, il m'en ramène triomphant ; le secret de ma présence dans tes murs, je l'ai confié à ce Dieu qui seul a pu lire dans mon cœur ; seul il connaît que je me retire sans haine et sans orgueil, mais non sans regrets ; seul il sait que je n'ai fait usage ni pour moi, ni pour de vaines causes, de la puissance qu'il m'avait confiée. Ô grande ville ! c'est dans ton sein palpitant que j'ai trouvé ce que je cherchais ; mineur patient, j'ai remué tes entrailles pour en faire sortir le mal ; maintenant, mon œuvre est accomplie, ma mission est terminée ; maintenant tu ne peux plus m'offrir ni joies, ni douleurs. Adieu, Paris ! adieu ! »

Son regard se promena encore sur la vaste plaine comme celui d'un génie nocturne ; puis, passant la main sur son front, il remonta dans sa voiture, qui se referma sur lui, et qui disparut bientôt de l'autre côté de la montée dans un tourbillon de poussière et de bruit.

Ils firent deux lieues sans prononcer une seule parole. Morrel rêvait, Monte-Cristo le regardait rêver.

« Morrel, lui dit le comte, vous repentiriez-vous de m'avoir suivi ?

— Non, monsieur le comte ; mais quitter Paris...

— Si j'avais cru que le bonheur vous attendît à Paris, Morrel, je vous y eusse laissé.

— C'est à Paris que Valentine repose, et quitter Paris, c'est la perdre une seconde fois.

— Maximilien, dit le comte, les amis que nous avons perdus ne reposent pas dans la terre, ils sont ensevelis dans notre cœur, et c'est Dieu qui l'a voulu ainsi pour que nous en fussions toujours accompagnés. Moi, j'ai deux amis qui m'accompagnent toujours ainsi : l'un est celui qui m'a donné la vie, l'autre est celui qui m'a donné l'intelligence. Leur esprit à tous deux vit en moi. Je les consulte dans le doute, et si j'ai fait quelque bien, c'est à leurs conseils que je le dois. Consultez la voix de votre cœur, Morrel, et demandez-lui si vous devez continuer de me faire ce méchant visage.

— Mon ami, dit Maximilien, la voix de mon cœur est bien triste et ne me promet que des malheurs.

— C'est le propre des esprits affaiblis de voir toutes choses à travers un crêpe ; c'est l'âme qui se fait à elle-même ses horizons ; votre âme est sombre, c'est elle qui vous fait un ciel orageux.

— Cela est peut-être vrai », dit Maximilien.

Et il retomba dans sa rêverie.

Le voyage se fit avec cette merveilleuse rapidité qui était une des puissances du comte ; les villes passaient comme des ombres sur leur route ; les arbres, secoués par les premiers vents de l'automne, semblaient venir au-devant d'eux comme des géants échevelés, et s'enfuyaient rapidement dès qu'ils les avaient rejoints. Le lendemain, dans la matinée, ils arrivèrent à Chalon, où les attendait le bateau à vapeur du comte ; sans perdre un instant, la voiture fut transportée à bord ; les deux voyageurs étaient déjà embarqués.

Le bateau était taillé pour la course, on eût dit une pirogue indienne ; ses deux roues semblaient deux ailes avec lesquelles il rasait l'eau comme un oiseau voyageur ; Morrel lui-même éprouvait cette espèce d'enivrement de la vitesse ; et parfois le vent qui faisait flotter ses cheveux semblait prêt pour un moment à écarter les nuages de son front.

Quant au comte, à mesure qu'il s'éloignait de Paris, une sérénité presque surhumaine semblait l'envelopper comme une auréole. On eût dit d'un exilé qui regagne sa patrie.

Bientôt Marseille, blanche, tiède, vivante ; Marseille, la sœur cadette de Tyr et de Carthage, et qui leur a succédé à l'empire de la Méditerranée ; Marseille, toujours plus jeune à mesure qu'elle vieillit, apparut à leurs yeux. C'était pour tous deux des aspects féconds en souvenirs que cette tour ronde, ce fort Saint-Nicolas, cet hôtel de ville de Puget, ce port aux quais de briques où tous deux avaient joué enfants.

Aussi, d'un commun accord, s'arrêtèrent-ils tous deux sur la Canebière.

Un navire partait pour Alger ; les colis, les passagers entassés sur le pont, la foule des parents, des amis qui disaient adieu, qui criaient et pleuraient, spectacle toujours émouvant, même pour ceux qui assistent tous les jours à ce spectacle, ce mouvement ne put distraire Maximilien d'une idée qui l'avait saisi du moment où il avait posé le pied sur les larges dalles du quai.

« Tenez, dit-il, prenant le bras de Monte-Cristo, voici l'endroit où s'arrêta mon père quand *Le Pharaon* entra dans le port ; ici le brave homme que vous sauviez de la mort et du déshonneur se jeta dans mes bras ; je sens encore l'impression de ses larmes sur mon visage, et il ne pleurait pas seul, bien des gens aussi pleuraient en nous voyant. »

Monte-Cristo sourit.

« J'étais là », dit-il en montrant à Morrel l'angle d'une rue.

Comme il disait cela, et dans la direction qu'indiquait le comte, on entendit un gémissement douloureux, et l'on vit une femme qui faisait signe à un passager du navire en partance. Cette femme était voilée ; Monte-Cristo la suivit des yeux avec une émotion que Morrel eût facilement remarquée, si, tout au contraire du comte, ses yeux à lui n'eussent été fixés sur le bâtiment.

« Oh ! mon Dieu ! s'écria Morrel, je ne me trompe pas ! ce jeune homme qui salue avec son chapeau, ce jeune homme en uniforme, c'est Albert de Morcerf !

— Oui, dit Monte-Cristo, je l'avais reconnu.

— Comment cela ? vous regardiez du côté opposé. »

Le comte sourit, comme il faisait quand il ne voulait pas répondre.

Et ses yeux se reportèrent sur la femme voilée, qui disparut au coin de la rue.

Alors il se retourna.

« Cher ami, dit-il à Maximilien, n'avez-vous point quelque chose à faire dans ce pays ?

— J'ai à pleurer sur la tombe de mon père, répondit sourdement Morrel.

— C'est bien, allez et attendez-moi là-bas ; je vous y rejoindrai.

— Vous me quittez ?

— Oui... moi aussi, j'ai une pieuse visite à faire. »

Morrel laissa tomber sa main dans la main que lui tendait le comte ; puis, avec un mouvement de tête dont il serait impossible d'exprimer la mélancolie, il quitta le comte et se dirigea vers l'est de la ville.

Monte-Cristo laissa s'éloigner Maximilien, demeurant au même endroit jusqu'à ce qu'il eût disparu, puis alors il s'achemina vers les Allées de Meilhan, afin de retrouver la petite maison que les commencements de cette histoire ont dû rendre familière à nos lecteurs.

Cette maison s'élevait encore à l'ombre de la grande allée de tilleuls qui sert de promenade aux Marseillais oisifs, tapissée de vastes rideaux de vigne qui croi-

saient, sur la pierre jaunie par l'ardent soleil du Midi,
leurs bras noircis et déchiquetés par l'âge. Deux
marches de pierre, usées par le frottement des pieds,
conduisaient à la porte d'entrée, porte faite de trois
planches qui jamais, malgré leurs réparations
annuelles, n'avaient connu le mastic et la peinture,
attendant patiemment que l'humidité revînt pour les
approcher.

Cette maison, toute charmante malgré sa vétusté,
toute joyeuse malgré son apparente misère, était bien
la même qu'habitait autrefois le père Dantès. Seulement le vieillard habitait la mansarde, et le comte
avait mis la maison tout entière à la disposition de
Mercédès.

Ce fut là qu'entra cette femme au long voile que
Monte-Cristo avait vue s'éloigner du navire en partance ; elle en fermait la porte au moment même où il
apparaissait à l'angle d'une rue, de sorte qu'il la vit
disparaître presque aussitôt qu'il la retrouva.

Pour lui, les marches usées étaient d'anciennes
connaissances ; il savait mieux que personne ouvrir
cette vieille porte, dont un clou à large tête soulevait le
loquet intérieur.

Aussi entra-t-il sans frapper, sans prévenir, comme
un ami, comme un hôte.

Au bout d'une allée pavée de briques s'ouvrait, riche
de chaleur, de soleil et de lumière, un petit jardin, le
même où, à la place indiquée, Mercédès avait trouvé la
somme dont la délicatesse du comte avait fait remonter le dépôt à vingt-quatre ans ; du seuil de la porte de
la rue on apercevait les premiers arbres de ce jardin.

Arrivé sur le seuil, Monte-Cristo entendit un soupir
qui ressemblait à un sanglot : ce soupir guida son
regard, et sous un berceau de jasmin de Virginie au
feuillage épais et aux longues fleurs de pourpre, il
aperçut Mercédès assise, inclinée et pleurant.

Elle avait relevé son voile, et seule à la face du ciel,
le visage caché par ses deux mains, elle donnait librement l'essor à ses soupirs et à ses sanglots, si longtemps contenus par la présence de son fils.

Monte-Cristo fit quelques pas en avant ; le sable cria
sous ses pieds.

Mercédès releva la tête et poussa un cri d'effroi en voyant un homme devant elle.

« Madame, dit le comte, il n'est plus en mon pouvoir de vous apporter le bonheur, mais je vous offre la consolation : daignerez-vous l'accepter comme vous venant d'un ami ?

— Je suis, en effet, bien malheureuse, répondit Mercédès ; seule au monde... Je n'avais que mon fils, et il m'a quittée.

— Il a bien fait, madame, répliqua le comte, c'est un noble cœur. Il a compris que tout homme doit un tribut à la patrie : les uns leurs talents, les autres leur industrie ; ceux-ci leurs veilles, ceux-là leur sang. En restant avec vous ; il eût usé près de vous sa vie devenue inutile, il n'aurait pu s'accoutumer à vos douleurs. Il serait devenu haineux par impuissance : il deviendra grand et fort en luttant contre son adversité qu'il changera en fortune. Laissez-le reconstituer votre avenir à tous deux, madame ; j'ose vous promettre qu'il est en de sûres mains.

— Oh ! dit la pauvre femme en secouant tristement la tête, cette fortune dont vous parlez, et que du fond de mon âme je prie Dieu de lui accorder, je n'en jouirai pas, moi. Tant de choses se sont brisées en moi et autour de moi, que je me sens près de ma tombe. Vous avez bien fait, monsieur le comte, de me rapprocher de l'endroit où j'ai été si heureuse : c'est là où l'on a été heureux que l'on doit mourir.

— Hélas ! dit Monte-Cristo, toutes vos paroles, madame, tombent amères et brûlantes sur mon cœur, d'autant plus amères et plus brûlantes que vous avez raison de me haïr ; c'est moi qui ai causé tous vos maux : que ne me plaignez-vous au lieu de m'accuser ? vous me rendriez bien plus malheureux encore...

— Vous haïr, vous accuser, vous, Edmond... Haïr, accuser l'homme qui a sauvé la vie de mon fils, car c'était votre intention fatale et sanglante, n'est-ce pas, de tuer à M. de Morcerf ce fils dont il était fier ? Oh ! regardez-moi, et vous verrez s'il y a en moi l'apparence d'un reproche. »

Le comte souleva son regard et l'arrêta sur Mercédès qui, à moitié debout, étendait ses deux mains vers lui.

« Oh ! regardez-moi, continua-t-elle avec un sentiment de profonde mélancolie ; on peut supporter l'éclat de mes yeux aujourd'hui, ce n'est plus le temps où je venais sourire à Edmond Dantès, qui m'attendait là-haut, à la fenêtre de cette mansarde qu'habitait son vieux père... Depuis ce temps, bien des jours douloureux se sont écoulés, qui ont creusé comme un abîme entre moi et ce temps. Vous accuser, Edmond, vous haïr, mon ami ! non, c'est moi que j'accuse et que je hais ! Oh ! misérable que je suis ! s'écria-t-elle en joignant les mains et en levant les yeux au ciel. Ai-je été punie !... J'avais la religion, l'innocence, l'amour, ces trois bonheurs qui font les anges, et, misérable que je suis, j'ai douté de Dieu ! »

Monte-Cristo fit un pas vers elle et silencieusement lui tendit la main.

« Non, dit-elle en retirant doucement la sienne, non, mon ami, ne me touchez pas. Vous m'avez épargnée, et cependant de tous ceux que vous avez frappés, j'étais la plus coupable. Tous les autres ont agi par haine, par cupidité, par égoïsme ; moi, j'ai agi par lâcheté. Eux désiraient, moi, j'ai eu peur. Non, ne me pressez pas ma main. Edmond, vous méditez quelque parole affectueuse, je le sens, ne la dites pas : gardez-la pour une autre, je n'en suis plus digne, moi. Voyez... (elle découvrit tout à fait son visage), voyez, le malheur a fait mes cheveux gris ; mes yeux ont tant versé de larmes qu'ils sont cerclés de veines violettes ; mon front se ride. Vous, au contraire, Edmond, vous êtes toujours jeune, toujours beau, toujours fier. C'est que vous avez eu la foi, vous ; c'est que vous avez eu la force ; c'est que vous vous êtes reposé en Dieu, et que Dieu vous a soutenu. Moi, j'ai été lâche, moi, j'ai renié ; Dieu m'a abandonnée, et me voilà. »

Mercédès fondit en larmes ; le cœur de la femme se brisait au choc des souvenirs.

Monte-Cristo prit sa main et la baisa respectueusement ; mais elle sentit elle-même que ce baiser était sans ardeur, comme celui que le comte eût déposé sur la main de marbre de la statue d'une sainte.

« Il y a, continua-t-elle, des existences prédestinées

dont une première faute brise tout l'avenir. Je vous croyais mort, j'eusse dû mourir ; car à quoi a-t-il servi que j'aie porté éternellement votre deuil dans mon cœur ? à faire d'une femme de trente-neuf ans une femme de cinquante, voilà tout. A quoi a-t-il servi que, seule entre tous, vous ayant reconnu, j'aie seulement sauvé mon fils ? Ne devais-je pas aussi sauver l'homme, si coupable qu'il fût, que j'avais accepté pour époux ? cependant je l'ai laissé mourir ; que dis-je mon Dieu ! j'ai contribué à sa mort par ma lâche insensibilité, par mon mépris, ne me rappelant pas, ne voulant pas me rappeler que c'était pour moi qu'il s'était fait parjure et traître ! A quoi sert enfin que j'aie accompagné mon fils jusqu'ici, puisque ici je l'abandonne, puisque je le laisse partir seul, puisque je le livre à cette terre dévorante d'Afrique ? Oh ! j'ai été lâche, vous dis-je ; j'ai renié mon amour, et, comme les renégats, je porte malheur à tout ce qui m'environne !

— Non, Mercédès, dit Monte-Cristo, non ; reprenez meilleure opinion de vous-même. Non ; vous êtes une noble et sainte femme, et vous m'aviez désarmé par votre douleur ; mais, derrière moi, invisible, inconnu, irrité, il y avait Dieu, dont je n'étais que le mandataire et qui n'a pas voulu retenir la foudre que j'avais lancée. Oh ! j'adjure ce Dieu, aux pieds duquel depuis dix ans je me prosterne chaque jour, j'atteste ce Dieu que je vous avais fait le sacrifice de ma vie, et avec ma vie celui des projets qui y étaient enchaînés. Mais, je le dis avec orgueil, Mercédès, Dieu avait besoin de moi, et j'ai vécu. Examinez le passé, examinez le présent, tâchez de deviner l'avenir, et voyez si je ne suis pas l'instrument du Seigneur ; les plus affreux malheurs, les plus cruelles souffrances, l'abandon de tous ceux qui m'aimaient, la persécution de ceux qui ne me connaissaient pas, voilà la première partie de ma vie ; puis, tout à coup, après la captivité, la solitude, la misère, l'air, la liberté, une fortune si éclatante, si prestigieuse, si démesurée, que, à moins d'être aveugle, j'ai dû penser que Dieu me l'envoyait dans de grands desseins. Dès lors, cette fortune m'a semblé être un sacerdoce ; dès lors, plus une pensée en moi pour cette vie dont vous, pauvre femme, vous avez parfois savouré la douceur ; pas une heure de calme, pas une : je me sentais poussé comme le nuage de feu passant dans le ciel pour aller brûler les villes maudites. Comme ces aventureux capitaines qui s'embarquent pour un dangereux voyage, qui méditent une périlleuse expédition, je préparais les vivres, je chargeais les armes, j'amassais les moyens d'attaque et de défense, habituant mon corps aux exercices les plus violents, mon âme aux chocs les plus rudes, instruisant mon bras à tuer, mes yeux à voir souffrir, ma bouche à sourire aux aspects les plus terribles ; de bon, de confiant, d'oublieux que j'étais, je me suis fait vindicatif, dissimulé, méchant, ou plutôt impassible comme la sourde et aveugle fatalité. Alors, je me suis lancé dans la voie qui m'était ouverte, j'ai franchi l'espace, j'ai touché au but : malheur à ceux que j'ai rencontrés sur mon chemin !

— Assez ! dit Mercédès, assez, Edmond ! croyez que celle qui a pu seule vous reconnaître a pu seule aussi vous comprendre. Or, Edmond, celle qui a su vous reconnaître, celle qui a pu vous comprendre, celle-là, l'eussiez-vous rencontrée sur votre route et l'eussiez-vous brisée comme verre, celle-là a dû vous admirer, Edmond ! Comme il y a un abîme entre moi et le passé, il y a un abîme entre vous et les autres hommes, et ma plus douloureuse torture, je vous le dis, c'est de comparer ; car il n'y a rien au monde qui vous vaille, rien qui vous ressemble. Maintenant, dites-moi adieu, Edmond, et séparons-nous.

— Avant que je vous quitte, que désirez-vous, Mercédès ? demanda Monte-Cristo.

— Je ne désire qu'une chose, Edmond : que mon fils soit heureux.

— Priez le Seigneur, qui seul tient l'existence des hommes entre ses mains, d'écarter la mort de lui, moi, je me charge du reste.

— Merci, Edmond.

— Mais vous, Mercédès ?

— Moi, je n'ai besoin de rien, je vis entre deux tombes : l'une est celle d'Edmond Dantès, mort il y a si longtemps ; je l'aimais ! Ce mot ne sied plus à ma lèvre flétrie, mais mon cœur se souvient encore, et pour rien au monde je ne voudrais perdre cette mémoire du cœur. L'autre est celle d'un homme qu'Edmond Dantès a tué ; j'approuve le meurtre, mais je dois prier pour le mort.

— Votre fils sera heureux, madame, répéta le comte.

— Alors je serai aussi heureuse que je puis l'être.

— Mais... enfin... que ferez-vous ? »

Mercédès sourit tristement.

« Vous dire que je vivrai dans ce pays comme la Mercédès d'autrefois, c'est-à-dire en travaillant, vous ne le croiriez pas ; je ne sais plus que prier, mais je n'ai point besoin de travailler ; le petit trésor enfoui par vous s'est retrouvé à la place que vous avez indiquée ; on cherchera qui je suis, on demandera ce que je fais, on ignorera comment je vis, qu'importe ! c'est une affaire entre Dieu, vous et moi.

— Mercédès, dit le comte, je ne vous en fais pas un reproche, mais vous avez exagéré le sacrifice en abandonnant toute cette fortune amassée par M. de Morcerf, et dont la moitié revenait de droit à votre économie et à votre vigilance.

— Je vois ce que vous m'allez proposer ; mais je ne puis accepter, Edmond, mon fils me le défendrait.

— Aussi me garderai-je de rien faire pour vous qui n'ait l'approbation de M. Albert de Morcerf. Je saurai ses intentions et m'y soumettrai. Mais, s'il accepte ce que je veux faire, l'imiterez-vous sans répugnance ?

— Vous savez, Edmond, que je ne suis plus une créature pensante ; de détermination, je n'en ai pas, sinon celle de n'en prendre jamais. Dieu m'a tellement secouée dans ses orages que j'en ai perdu la volonté. Je suis entre ses mains comme un passereau aux serres de l'aigle. Il ne veut pas que je meure puisque je vis. S'il m'envoie des secours, c'est qu'il le voudra et je les prendrai.

— Prenez garde, madame, dit Monte-Cristo, ce n'est pas ainsi qu'on adore Dieu ! Dieu veut qu'on le comprenne et qu'on discute sa puissance : c'est pour cela qu'il nous a donné le libre arbitre.

— Malheureux ! s'écria Mercédès, ne me parlez pas ainsi ; si je croyais que Dieu m'eût donné le libre arbitre, que me resterait-il donc pour me sauver du désespoir ! »

Monte-Cristo pâlit légèrement et baissa la tête, écrasé par cette véhémence de la douleur.

« Ne voulez-vous pas me dire au revoir ? fit-il en lui tendant la main.

— Au contraire, je vous dis au revoir, répliqua Mercédès en lui montrant le ciel avec solennité ; c'est vous prouver que j'espère encore. »

Et après avoir touché la main du comte de sa main frissonnante, Mercédès s'élança dans l'escalier et disparut aux yeux du comte.

Monte-Cristo alors sortit lentement de la maison et reprit le chemin du port.

Mais Mercédès ne le vit point s'éloigner, quoiqu'elle fût à la fenêtre de la petite chambre du père de Dantès. Ses yeux cherchaient au loin le bâtiment qui emportait son fils vers la vaste mer.

Il est vrai que sa voix, comme malgré elle, murmurait tout bas :

« Edmond, Edmond, Edmond ! »

CXIII

LE PASSÉ

Le comte sortit l'âme navrée de cette maison où il laissait Mercédès pour ne plus la revoir jamais, selon toute probabilité.

Depuis la mort du petit Édouard, un grand changement s'était fait dans Monte-Cristo. Arrivé au sommet de sa vengeance par la pente lente et tortueuse qu'il avait suivie, il avait vu de l'autre côté de la montagne l'abîme du doute.

Il y avait plus : cette conversation qu'il venait d'avoir

avec Mercédès avait éveillé tant de souvenirs dans son cœur, que ces souvenirs eux-mêmes avaient besoin d'être combattus.

Un homme de la trempe du comte ne pouvait flotter longtemps dans cette mélancolie qui peut faire vivre les esprits vulgaires en leur donnant une originalité apparente, mais qui tue les âmes supérieures. Le comte se dit que pour en être presque arrivé à se blâmer lui-même, il fallait qu'une erreur se fût glissée dans ses calculs.

« Je regarde mal le passé, dit-il, et ne puis m'être trompé ainsi.

« Quoi ! continua-t-il, le but que je m'étais proposé serait un but insensé ! Quoi ! j'aurais fait fausse route depuis dix ans ! Quoi ! une heure aurait suffi pour prouver à l'architecte que l'œuvre de toutes ses espérances était une œuvre, sinon impossible, du moins sacrilège !

« Je ne veux pas m'habituer à cette idée, elle me rendrait fou. Ce qui manque à mes raisonnements d'aujourd'hui, c'est l'appréciation exacte du passé, parce que je revois ce passé de l'autre bout de l'horizon. En effet, à mesure qu'on s'avance, le passé, pareil au paysage à travers lequel on marche, s'efface à mesure qu'on s'éloigne. Il m'arrive ce qui arrive aux gens qui se sont blessés en rêve, ils regardent et sentent leur blessure, et ne se souviennent pas de l'avoir reçue.

« Allons donc, homme régénéré ; allons, riche extravagant ; allons, dormeur éveillé ; allons, visionnaire tout-puissant ; allons, millionnaire invincible, reprends pour un instant cette funeste perspective de la vie misérable et affamée ; repasse par les chemins où la fatalité t'a poussé, où le malheur t'a conduit, où le désespoir t'a reçu ; trop de diamants, d'or et de bonheur rayonnent aujourd'hui sur les verres de ce miroir où Monte-Cristo regarde Dantès ; cache ces diamants, souille cet or, efface ces rayons ; riche, retrouve le pauvre ; libre, retrouve le prisonnier, ressuscité, retrouve le cadavre. »

Et tout en disant cela à lui-même, Monte-Cristo

suivait la rue de la Caisserie. C'était la même par laquelle, vingt-quatre ans auparavant, il avait été conduit par une garde silencieuse et nocturne ; ces maisons, à l'aspect riant et animé, elles étaient cette nuit-là sombres, muettes et fermées.

« Ce sont cependant les mêmes, murmura Monte-Cristo ; seulement alors il faisait nuit, aujourd'hui il fait grand jour ; c'est le soleil qui éclaire tout cela et qui rend tout cela joyeux. »

Il descendit sur le quai par la rue Saint-Laurent, et s'avança vers la Consigne : c'était le point du port où il avait été embarqué. Un bateau de promenade passait avec son dais de coutil ; Monte-Cristo appela le patron, qui nagea aussitôt vers lui avec l'empressement que mettent à cet exercice les bateliers qui flairent une bonne aubaine.

Le temps était magnifique, le voyage fut une fête. A l'horizon le soleil descendait, rouge et flamboyant, dans les flots qui s'embrasaient à son approche ; la mer, unie comme un miroir, se ridait parfois sous les bonds des poissons qui, poursuivis par quelque ennemi caché, s'élançaient hors de l'eau pour demander leur salut à un autre élément ; enfin, à l'horizon l'on voyait passer, blanches et gracieuses comme des mouettes voyageuses, les barques de pêcheurs qui se rendent aux Martigues, ou les bâtiments marchands chargés pour la Corse ou pour l'Espagne.

Malgré ce beau ciel, malgré ces barques aux gracieux contours, malgré cette lumière dorée qui inondait le paysage, le comte, enveloppé dans son manteau, se rappelait, un à un, tous les détails du terrible voyage : cette lumière unique et isolée, brûlant aux Catalans, cette vue du château d'If qui lui apprit où on le menait, cette lutte avec les gendarmes lorsqu'il voulut se précipiter dans la mer, son désespoir quand il se sentit vaincu, et cette sensation froide du bout du canon de la carabine appuyée sur sa tempe comme un anneau de glace.

Et peu à peu, comme ces sources desséchées par l'été, qui lorsque s'amassent les nuages d'automne s'humectent peu à peu et commencent à sourdre goutte à goutte, le comte de Monte-Cristo sentit également sourdre dans sa poitrine ce vieux fiel extravasé qui avait autrefois inondé le cœur d'Edmond Dantès.

Pour lui dès lors plus de beau ciel, plus de barques gracieuses, plus d'ardente lumière ; le ciel se voila de crêpes funèbres, et l'apparition du noir géant qu'on appelle le château d'If le fit tressaillir, comme si lui fût apparu tout à coup le fantôme d'un ennemi mortel.

On arriva.

Instinctivement le comte se recula jusqu'à l'extrémité de la barque. Le patron avait beau lui dire de sa voix la plus caressante :

« Nous abordons, monsieur. »

Monte-Cristo se rappela qu'à ce même endroit, sur ce même rocher, il avait été violemment traîné par ses gardes, et qu'on l'avait forcé de monter cette rampe en lui piquant les reins avec la pointe d'une baïonnette.

La route avait autrefois semblé bien longue à Dantès. Monte-Cristo l'avait trouvée bien courte ; chaque coup de rame avait fait jaillir avec la poussière humide de la mer un million de pensées et de souvenirs.

Depuis la révolution de Juillet, il n'y avait plus de prisonniers au château d'If ; un poste destiné à empêcher de faire la contrebande habitait seul ses corps de garde ; un concierge attendait les curieux à la porte pour leur montrer ce monument de terreur, devenu un monument de curiosité.

Et cependant, quoiqu'il fût instruit de tous ces détails, lorsqu'il entra sous la voûte, lorsqu'il descendit l'escalier noir, lorsqu'il fut conduit aux cachots qu'il avait demandé à voir, une froide pâleur envahit son front, dont la sueur glacée fut refoulée jusqu'à son cœur.

Le comte s'informa s'il restait encore quelque ancien guichetier du temps de la Restauration ; tous avaient été mis à la retraite ou étaient passés à d'autres emplois. Le concierge qui le conduisait était là depuis 1830 seulement.

On le conduisit dans son propre cachot.

Il revit le jour blafard filtrant par l'étroit soupirail ; il revit la place où était le lit, enlevé depuis, et, derrière le lit, quoique bouchée, mais visible encore par ses pierres plus neuves, l'ouverture percée par l'abbé Faria.

Monte-Cristo sentit ses jambes faiblir ; il prit un escabeau de bois et s'assit dessus.

« Conte-t-on quelques histoires sur ce château autres que celle de l'emprisonnement de Mirabeau ? demanda le comte ; y a-t-il quelque tradition sur ces lugubres demeures, où l'on hésite à croire que des hommes aient jamais enfermé un homme vivant ?

— Oui, monsieur, dit le concierge, et sur ce cachot même le guichetier Antoine m'en a transmis une. »

Monte-Cristo tressaillit. Ce guichetier Antoine était son guichetier. Il avait à peu près oublié son nom et son visage ; mais, à son nom prononcé, il le revit tel qu'il était, avec sa figure cerclée de barbe, sa veste brune et son trousseau de clefs, dont il lui semblait encore entendre le tintement.

Le comte se retourna et crut le voir dans l'ombre du corridor, rendue plus épaisse par la lumière de la torche qui brûlait aux mains du concierge.

« Monsieur veut-il que je la lui raconte ? demanda le concierge.

— Oui, fit Monte-Cristo, dites. »

Et il mit sa main sur sa poitrine pour comprimer un violent battement de cœur, effrayé d'entendre raconter sa propre histoire.

« Dites, répéta-t-il.

— Ce cachot, reprit le concierge, était habité par un prisonnier, il y a longtemps de cela, un homme fort dangereux, à ce qu'il paraît, et d'autant plus dangereux qu'il était plein d'industrie. Un autre homme habitait ce château en même temps que lui ; celui-là n'était pas méchant ; c'était un pauvre prêtre qui était fou.

— Ah ! oui, fou, répéta Monte-Cristo ; et quelle était sa folie ?

— Il offrait des millions si on voulait lui rendre la liberté. »

Monte-Cristo leva les yeux au ciel, mais il ne vit pas le ciel : il y avait un voile de pierre entre lui et le firmament. Il songea qu'il y avait eu un voile non moins épais entre les yeux de ceux à qui l'abbé Faria offrait des trésors et ces trésors qu'il leur offrait.

« Les prisonniers pouvaient-ils se voir ? demanda Monte-Cristo.

— Oh ! non, monsieur, c'était expressément défendu ; mais ils éludèrent la défense en perçant une galerie qui allait d'un cachot à l'autre.

— Et lequel des deux perça cette galerie ?

— Oh ! ce fut le jeune homme, bien certainement, dit le concierge ; le jeune homme était industrieux et fort, tandis que le pauvre abbé était vieux et faible ; d'ailleurs il avait l'esprit trop vacillant pour suivre une idée.

— Aveugles !... murmura Monte-Cristo.

— Tant il y a, continua le concierge, que le jeune perça donc une galerie ; avec quoi ? l'on n'en sait rien ; mais il la perça, et la preuve, c'est qu'on en voit encore la trace ; tenez, la voyez-vous ? »

Et il approcha sa torche de la muraille.

« Ah ! oui, vraiment, fit le comte d'une voix assourdie par l'émotion.

— Il en résulta que les deux prisonniers communiquèrent ensemble. Combien de temps dura cette communication ? on n'en sait rien. Or, un jour le vieux prisonnier tomba malade et mourut. Devinez ce que fit le jeune ? fit le concierge en s'interrompant.

— Dites.

— Il emporta le défunt, qu'il coucha dans son propre lit, le nez tourné à la muraille, puis il revint dans le cachot vide, boucha le trou, et se glissa dans le sac du mort. Avez-vous jamais vu une idée pareille ? »

Monte-Cristo ferma les yeux et se sentit repasser par toutes les impressions qu'il avait éprouvées lorsque cette toile grossière, encore empreinte de ce froid que le cadavre lui avait communiqué, lui avait frotté le visage.

Le guichetier continua :

« Voyez-vous, voilà quel était son projet : il croyait qu'on enterrait les morts au château d'If, et comme il se doutait bien qu'on ne faisait pas de frais de cercueil pour les prisonniers, il comptait lever la terre avec ses épaules ; mais il y avait malheureusement au château une coutume qui dérangeait son projet : on n'enterrait pas les morts ; on se contentait de leur attacher un boulet aux pieds et de les lancer à la mer : c'est ce qui fut fait. Notre homme fut jeté à l'eau du haut de la galerie ; le lendemain on retrouva le vrai mort dans son lit, et l'on devina tout, car les ensevelisseurs dirent alors ce qu'ils n'avaient pas osé dire jusque-là, c'est qu'au moment où le corps avait été lancé dans le vide ils avaient entendu un cri terrible, étouffé à l'instant même par l'eau dans laquelle il avait disparu. »

Le comte respira péniblement, la sueur coulait sur son front, l'angoisse serrait son cœur.

« Non ! murmura-t-il, non ! ce doute que j'ai éprouvé, c'était un commencement d'oubli ; mais ici le cœur se creuse de nouveau et redevient affamé de vengeance. »

« Et le prisonnier, demanda-t-il, on n'en a jamais entendu parler ?

— Jamais, au grand jamais ; vous comprenez, de deux choses l'une, ou il est tombé à plat, et, comme il tombait d'une cinquantaine de pieds, il se sera tué sur le coup.

— Vous avez dit qu'on lui avait attaché un boulet aux pieds : il sera tombé debout.

— Ou il est tombé debout, reprit le concierge, et alors le poids du boulet l'aura entraîné au fond, où il est resté, pauvre cher homme !

— Vous le plaignez ?

— Ma foi, oui, quoiqu'il fût dans son élément.

— Que voulez-vous dire ?

— Qu'il y avait un bruit qui courait que ce malheureux était, dans son temps, un officier de marine détenu pour bonapartisme. »

« Vérité, murmura le comte, Dieu t'a faite pour surnager au-dessus des flots et des flammes. Ainsi le pauvre marin vit dans le souvenir de quelques conteurs ; on récite sa terrible histoire au coin du foyer et l'on frissonne au moment où il fendit l'espace pour s'engloutir dans la profonde mer. »

« On n'a jamais su son nom ? demanda tout haut le comte.

— Ah ! bien oui, dit le gardien, comment ? il n'était connu que sous le nom du numéro 34.

— Villefort, Villefort ! murmura Monte-Cristo, voilà ce que bien des fois tu as dû te dire quand mon spectre importunait tes insomnies.

— Monsieur veut-il continuer la visite ? demanda le concierge.

— Oui, surtout si vous voulez me montrer la chambre du pauvre abbé.

— Ah ! du numéro 27 ?

— Oui, du numéro 27 », répéta Monte-Cristo.

Et il lui sembla encore entendre la voix de l'abbé Faria lorsqu'il lui avait demandé son nom, et que celui-ci avait crié ce numéro à travers la muraille.

« Venez.

— Attendez, dit Monte-Cristo, que je jette un dernier regard sur toutes les faces de ce cachot.

— Cela tombe bien, dit le guide, j'ai oublié la clef de l'autre.

— Allez la chercher.

— Je vous laisse la torche.

— Non, emportez-la.

— Mais vous allez rester sans lumière.

— J'y vois la nuit.

— Tiens, c'est comme lui.

— Qui, lui ?

— Le numéro 34. On dit qu'il s'était tellement habitué à l'obscurité, qu'il eût vu une épingle dans le coin le plus obscur de son cachot.

— Il lui a fallu dix ans pour en arriver là », murmura le comte.

Le guide s'éloigna emportant la torche.

Le comte avait dit vrai : à peine fut-il depuis quelques secondes dans l'obscurité, qu'il distingua tout comme en plein jour.

Alors il regarda tout autour de lui, alors il reconnut bien réellement son cachot.

« Oui, dit-il, voilà la pierre sur laquelle je m'asseyais ! voilà la trace de mes épaules qui ont

creusé leur empreinte dans la muraille ! voilà la trace
du sang qui a coulé de mon front, un jour que j'ai
voulu me briser le front contre la muraille... Oh ! ces
chiffres... je me les rappelle... je les fis un jour que je
calculais l'âge de mon père pour savoir si je le retrouverais vivant, et l'âge de Mercédès pour savoir si je
la retrouverais libre... J'eus un instant d'espoir après
avoir achevé ce calcul... Je comptais sans la faim et
sans l'infidélité ! »

Et un rire amer s'échappa de la bouche du comte. Il
venait de voir, comme dans un rêve, son père conduit
à la tombe... Mercédès marchant à l'autel !

Sur l'autre paroi de la muraille, une inscription
frappa sa vue. Elle se détachait, blanche encore, sur le
mur verdâtre :

« MON DIEU ! lut Monte-Cristo, CONSERVEZ-MOI LA
MÉMOIRE ! »

« Oh ! oui, s'écria-t-il, voilà la seule prière de mes
derniers temps. Je ne demandais plus la liberté, je
demandais la mémoire, je craignais de devenir fou et
d'oublier. Mon Dieu ! vous m'avez conservé la
mémoire, et je me suis souvenu. Merci, merci, mon
Dieu ! »

En ce moment, la lumière de la torche miroita sur
les murailles ; c'était le guide qui descendait.

Monte-Cristo alla au-devant de lui.

« Suivez-moi », dit-il.

Et, sans avoir besoin de remonter vers le jour, il lui
fit suivre un corridor souterrain qui le conduisit à une
autre entrée.

Là encore Monte-Cristo fut assailli par un monde de
pensées.

La première chose qui frappa ses yeux fut le méri-
dien tracé sur la muraille, à l'aide duquel l'abbé Faria
comptait les heures ; puis les restes du lit sur lequel le
pauvre prisonnier était mort.

A cette vue, au lieu des angoisses que le comte avait
éprouvées dans son cachot, un sentiment doux et
tendre, un sentiment de reconnaissance gonfla son
cœur, deux larmes roulèrent de ses yeux.

« C'est ici, dit le guide, qu'était l'abbé fou ; c'est par

là que le jeune homme le venait trouver. (Et il montra à Monte-Cristo l'ouverture de la galerie qui, de ce côté, était restée béante.) A la couleur de la pierre, continua-t-il, un savant a reconnu qu'il devait y avoir dix ans à peu près que les deux prisonniers communiquaient ensemble. Pauvres gens, ils ont dû bien s'ennuyer pendant ces dix ans. »

Dantès prit quelques louis dans sa poche, et tendit la main vers cet homme qui, pour la seconde fois, le plaignait sans le connaître.

Le concierge les accepta, croyant recevoir quelques menues pièces de monnaie, mais à la lueur de la torche, il reconnut la valeur de la somme que lui donnait le visiteur.

« Monsieur, lui dit-il, vous vous êtes trompé.

— Comment cela ?

— C'est de l'or que vous m'avez donné.

— Je le sais bien.

— Comment ! vous le savez ?

— Oui.

— Votre intention est de me donner cet or ?

— Oui.

— Et je puis le garder en toute conscience ?

— Oui. »

Le concierge regarda Monte-Cristo avec étonnement.

« Et *honnêteté*, dit le comte comme Hamlet.

— Monsieur, reprit le concierge qui n'osait croire à son bonheur, monsieur, je ne comprends pas votre générosité.

— Elle est facile à comprendre, cependant, mon ami, dit le comte : j'ai été marin, et votre histoire a dû me toucher plus qu'un autre.

— Alors, monsieur, dit le guide, puisque vous êtes si généreux, vous méritez que je vous offre quelque chose.

— Qu'as-tu à m'offrir, mon ami ? des coquilles, des ouvrages de paille ? merci.

— Non pas, monsieur, non pas ; quelque chose qui se rapporte à l'histoire de tout à l'heure.

— En vérité ! s'écria vivement le comte, qu'est-ce donc ?

— Écoutez, dit le concierge, voilà ce qui est arrivé : je me suis dit : On trouve toujours quelque chose dans une chambre où un prisonnier est resté quinze ans, et je me suis mis à sonder les murailles.

— Ah ! s'écria Monte-Cristo en se rappelant la double cachette de l'abbé, en effet.

— A force de recherches, continua le concierge, j'ai découvert que cela sonnait le creux au chevet du lit et sous l'âtre de la cheminée.

— Oui, dit Monte-Cristo, oui.

— J'ai levé les pierres, et j'ai trouvé...

— Une échelle de corde, des outils ? s'écria le comte.

— Comment savez-vous cela ? demanda le concierge avec étonnement.

— Je ne le sais pas, je le devine, dit le comte ; c'est ordinairement ces sortes de choses que l'on trouve dans les cachettes des prisonniers.

— Oui, monsieur, dit le guide, une échelle de corde, des outils.

— Et tu les as encore ? s'écria Monte-Cristo.

— Non, monsieur ; j'ai vendu ces différents objets, qui étaient fort curieux, à des visiteurs ; mais il me reste autre chose.

— Quoi donc ? demanda le comte avec impatience.

— Il me reste une espèce de livre écrit sur des bandes de toile.

— Oh ! s'écria Monte-Cristo, il te reste ce livre ?

— Je ne sais pas si c'est un livre, dit le concierge ; mais il me reste ce que je vous dis.

— Va me le chercher, mon ami, va, dit le comte ; et, si c'est ce que je présume, sois tranquille.

— J'y cours, monsieur. »

Et le guide sortit.

Alors il alla s'agenouiller pieusement devant les débris de ce lit dont la mort avait fait pour lui un autel.

« Ô mon second père, dit-il, toi qui m'as donné la liberté, la science, la richesse ; toi qui, pareil aux créatures d'une essence supérieure à la nôtre, avais la science du bien et du mal, si au fond de la tombe il reste quelque chose de nous qui tressaille à la voix de ceux qui sont demeurés sur la terre, si dans la transfiguration que subit le cadavre quelque chose d'animé flotte aux lieux où nous avons beaucoup aimé ou beaucoup souffert, noble cœur, esprit suprême, âme profonde, par un mot, par un signe, par une révélation quelconque, je t'en conjure, au nom de cet amour paternel que tu m'accordais et de ce respect filial que je t'avais voué, enlève-moi ce reste de doute qui, s'il ne se change en conviction, deviendra un remords. »

Le comte baissa la tête et joignit les mains.

« Tenez, monsieur ! » dit une voix derrière lui.

Monte-Cristo tressaillit et se retourna.

Le concierge lui tendait ces bandes de toile sur lesquelles l'abbé Faria avait épanché tous les trésors de sa science. Ce manuscrit, c'était le grand ouvrage de l'abbé Faria sur la royauté en Italie.

Le comte s'en empara avec empressement, et ses yeux tout d'abord tombant sur l'épigraphe, il lut :

« Tu arracheras les dents du dragon, et tu fouleras
« aux pieds les lions, a dit le Seigneur. »

« Ah ! s'écria-t-il, voilà la réponse ! merci, mon père, merci ! »

En tirant de sa poche un petit portefeuille, qui contenait dix billets de banque de mille francs chacun :

« Tiens, dit-il, prends ce portefeuille.

— Vous me le donnez ?

— Oui, mais à la condition que tu ne regarderas dedans que lorsque je serai parti. »

Et, plaçant sur sa poitrine la réplique qu'il venait de retrouver et qui pour lui avait le prix du plus riche trésor, il s'élança hors du souterrain, et remontant dans la barque :

« A Marseille ! » dit-il.

Puis en s'éloignant, les yeux fixés sur la sombre prison :

« Malheur, dit-il, à ceux qui m'ont fait enfermer dans cette sombre prison, et à ceux qui ont oublié que j'y étais enfermé ! »

En repassant devant les Catalans, le comte se

détourna, et, s'enveloppant la tête dans son manteau, il murmura le nom d'une femme.

La victoire était complète ; le comte avait deux fois terrassé le doute.

Ce nom, qu'il prononçait avec une expression de tendresse qui était presque de l'amour, c'était le nom d'Haydée.

En mettant pied à terre, Monte-Cristo s'achemina vers le cimetière, où il savait retrouver Morrel.

Lui aussi, dix ans auparavant, avait pieusement cherché une tombe dans ce cimetière, et l'avait cherchée inutilement. Lui, qui revenait en France avec des millions, n'avait pas pu retrouver la tombe de son père mort de faim.

Morrel y avait bien fait mettre une croix, mais cette croix était tombée, et le fossoyeur en avait fait du feu, comme font les fossoyeurs de tous ces vieux bois gisant dans les cimetières.

Le digne négociant avait été plus heureux : mort dans les bras de ses enfants, il avait été, conduit par eux, se coucher près de sa femme, qui l'avait précédé de deux ans dans l'éternité.

Deux larges dalles de marbre, sur lesquelles étaient écrits leurs noms, étaient étendues l'une à côté de l'autre dans un petit enclos fermé d'une balustrade de fer et ombragé par quatre cyprès.

Maximilien était appuyé à l'un de ces arbres, et fixait sur les deux tombes des yeux sans regard.

Sa douleur était profonde, presque égarée.

« Maximilien, lui dit le comte, ce n'est point là qu'il faut regarder, c'est là ! »

Et il lui montra le ciel.

« Les morts sont partout, dit Morrel ; n'est-ce pas ce que vous m'avez dit vous-même quand vous m'avez fait quitter Paris ?

— Maximilien, dit le comte, vous m'avez demandé pendant le voyage à vous arrêter quelques jours à Marseille : est-ce toujours votre désir ?

— Je n'ai plus de désir, comte ; mais il me semble que j'attendrai moins péniblement ici qu'ailleurs.

— Tant mieux, Maximilien, car je vous quitte et j'emporte votre parole, n'est-ce pas ?

— Ah ! je l'oublierai, comte, dit Morrel, je l'oublierai !

— Non ! vous ne l'oublierez pas, parce que vous êtes homme d'honneur avant tout, Morrel, parce que vous avez juré, parce que vous allez jurer encore.

— Ô Comte, ayez pitié de moi ! Comte, je suis si malheureux !

— J'ai connu un homme plus malheureux que vous, Morrel.

— Impossible.

— Hélas ! dit Monte-Cristo, c'est un des orgueils de notre pauvre humanité, que chaque homme se croie plus malheureux qu'un autre malheureux qui pleure et qui gémit à côté de lui.

— Qu'y a-t-il de plus malheureux que l'homme qui a perdu le seul bien qu'il aimât et désirât au monde ?

— Écoutez, Morrel, dit Monte-Cristo, et fixez un instant votre esprit sur ce que je vais vous dire. J'ai connu un homme qui, ainsi que vous, avait fait reposer toutes ses espérances de bonheur sur une femme. Cet homme était jeune, il avait un vieux père qu'il aimait, une fiancée qu'il adorait ; il allait l'épouser quand tout à coup un de ces caprices du sort qui feraient douter de la bonté de Dieu, si Dieu ne se révélait plus tard en montrant que tout est pour lui un moyen de conduire à son unité infinie, quand tout à coup un caprice du sort lui enleva sa liberté, sa maîtresse, l'avenir qu'il rêvait et qu'il croyait le sien (car, aveugle qu'il était, il ne pouvait lire dans le présent), pour le plonger au fond d'un cachot.

— Ah ! fit Morrel, on sort d'un cachot au bout de huit jours, au bout d'un mois, au bout d'un an.

— Il y resta quatorze ans, Morrel », dit le comte en posant sa main sur l'épaule du jeune homme.

Maximilien tressaillit.

« Quatorze ans ! murmura-t-il.

— Quatorze ans, répéta le comte ; lui aussi, pendant ces quatorze années, il eut bien des moments de désespoir ; lui aussi, comme vous, Morrel, se croyant le plus malheureux des hommes, il voulut se tuer.

— Eh bien ? demanda Morrel.

— Eh bien, au moment suprême, Dieu se révéla à lui par un moyen humain ; car Dieu ne fait plus de miracles : peut-être au premier abord (il faut du temps aux yeux voilés de larmes pour se dessiller tout à fait), ne comprit-il pas cette miséricorde infinie du Seigneur ; mais enfin il prit patience et attendit. Un jour il sortit miraculeusement de la tombe, transfiguré, riche, puissant, presque dieu ; son premier cri fut pour son père : son père était mort !

— Et à moi aussi mon père est mort, dit Morrel.

— Oui, mais votre père est mort dans vos bras, aimé, heureux, honoré, riche, plein de jours ; son père à lui était mort pauvre, désespéré, doutant de Dieu ; et lorsque, dix ans après sa mort, son fils chercha sa tombe, sa tombe même avait disparu, et nul n'a pu lui dire : « C'est là que repose dans le Seigneur le cœur qui « t'a tant aimé. »

— Oh ! dit Morrel.

— Celui-là était donc plus malheureux fils que vous, Morrel, car celui-là ne savait pas même où retrouver la tombe de son père.

— Mais, dit Morrel, il lui restait la femme qu'il avait aimée, au moins.

— Vous vous trompez, Morrel ; cette femme...

— Elle était morte ? s'écria Maximilien.

— Pis que cela : elle avait été infidèle ; elle avait épousé un des persécuteurs de son fiancé. Vous voyez donc, Morrel, que cet homme était plus malheureux amant que vous !

— Et à cet homme, demanda Morrel, Dieu a envoyé la consolation ?

— Il lui a envoyé le calme du moins.

— Et cet homme pourra encore être heureux un jour ?

— Il l'espère, Maximilien. »

Le jeune homme laissa tomber sa tête sur sa poitrine.

« Vous avez ma promesse, dit-il après un instant de silence, et tendant la main à Monte-Cristo : seulement rappelez-vous...

— Le 5 octobre, Morrel, je vous attends à l'île de

Monte-Cristo. Le 4, un yacht vous attendra dans le port de Bastia ; ce yacht s'appellera l'*Eurus* ; vous vous nommerez au patron qui vous conduira près de moi. C'est dit, n'est-ce pas, Maximilien ?

— C'est dit, comte, et je ferai ce qui est dit ; mais rappelez-vous que le 5 octobre...

— Enfant, qui ne sait pas encore ce que c'est que la promesse d'un homme... Je vous ai dit vingt fois que ce jour-là, si vous vouliez encore mourir, je vous aiderais, Morrel. Adieu.

— Vous me quittez ?

— Oui, j'ai affaire en Italie ; je vous laisse seul, seul aux prises avec le malheur, seul avec cet aigle aux puissantes ailes que le Seigneur envoie à ses élus pour les transporter, à ses pieds ; l'histoire de Ganymède n'est pas une fable, Maximilien, c'est une allégorie.

— Quand partez-vous ?

— A l'instant même ; le bateau à vapeur m'attend, dans une heure je serai déjà loin de vous ; m'accompagnerez-vous jusqu'au port, Morrel ?

— Je suis tout à vous, comte.

— Embrassez-moi. »

Morrel escorta le comte jusqu'au port ; déjà la fumée sortait, comme un panache immense, du tube noir qui la lançait aux cieux. Bientôt le navire partit, et une heure après, comme l'avait dit Monte-Cristo, cette même aigrette de fumée blanchâtre rayait, à peine visible, l'horizon oriental, assombri par les premiers brouillards de la nuit.

CXIV

PEPPINO

Au moment même où le bateau à vapeur du comte disparaissait derrière le cap Morgiou, un homme, courant la poste sur la route de Florence à Rome, venait de dépasser la petite ville d'Aquapendente. Il marchait assez pour faire beaucoup de chemin, sans toutefois devenir suspect.

Vêtu d'une redingote ou plutôt d'un surtout que le voyage avait infiniment fatigué, mais qui laissait voir brillant et frais encore un ruban de la Légion d'honneur répété à son habit, cet homme, non seulement à ce double signe, mais encore à l'accent avec lequel il parlait au postillon, devait être reconnu pour Français. Une preuve encore qu'il était né dans le pays de la langue universelle, c'est qu'il ne savait d'autres mots italiens que ces mots de musique qui peuvent, comme le *goddam* de Figaro, remplacer toutes les finesses d'une langue particulière.

« *Allegro !* » disait-il aux postillons à chaque montée.

« *Moderato !* » faisait-il à chaque descente.

Et Dieu sait s'il y a des montées et des descentes en allant de Florence à Rome par la route d'Aquapendente !

Ces deux mots, au reste, faisaient beaucoup rire les braves gens auxquels ils étaient adressés.

En présence de la ville éternelle, c'est-à-dire en arrivant à la Storta, point d'où l'on aperçoit Rome, le voyageur n'éprouva point ce sentiment de curiosité enthousiaste qui pousse chaque étranger à s'élever du fond de sa chaise pour tâcher d'apercevoir le fameux dôme de Saint-Pierre, qu'on aperçoit déjà bien avant de distinguer autre chose. Non, il tira seulement un portefeuille de sa poche, et de son portefeuille un papier plié en quatre, qu'il déplia et replia avec une attention qui ressemblait à du respect, et il se contenta de dire :

« Bon, je l'ai toujours. »

La voiture franchit la porte del Popolo, prit à gauche et s'arrêta à l'hôtel d'Espagne.

Maître Pastrini, notre ancienne connaissance, reçut le voyageur sur le seuil de la porte et le chapeau à la main.

Le voyageur descendit, commanda un bon dîner, et s'informa de l'adresse de la maison Thomson et French, qui lui fut indiquée à l'instant même, cette maison étant une des plus connues de Rome.

Elle était située via dei Banchi, près de Saint-Pierre.

A Rome, comme partout, l'arrivée d'une chaise de poste est un événement. Dix jeunes descendants de Marius et des Gracques, pieds nus, les coudes percés, mais le poing sur la hanche et le bras pittoresquement recourbé au-dessus de la tête, regardaient le voyageur, la chaise de poste et les chevaux ; à ces gamins de la ville par excellence s'étaient joints une cinquantaine de badauds des États de Sa Sainteté, de ceux-là qui font des ronds en crachant dans le Tibre du haut du pont Saint-Ange, quand le Tibre a de l'eau.

Or, comme les gamins et les badauds de Rome, plus heureux que ceux de Paris, comprennent toutes les langues, et surtout la langue française, ils entendirent le voyageur demander un appartement, demander à dîner, et demander enfin l'adresse de la maison Thomson et French.

Il en résulta que, lorsque le nouvel arrivant sortit de l'hôtel avec le cicérone de rigueur, un homme se détacha du groupe des curieux, et sans être remarqué du voyageur, sans paraître être remarqué de son guide, marcha à peu de distance de l'étranger, le suivant avec autant d'adresse qu'aurait pu le faire un agent de la police parisienne.

Le Français était si pressé de faire sa visite à la maison Thomson et French qu'il n'avait pas pris le temps d'attendre que les chevaux fussent attelés ; la voiture devait le rejoindre en route ou l'attendre à la porte du banquier.

On arriva sans que la voiture eût rejoint.

Le Français entra, laissant dans l'antichambre son guide, qui aussitôt entra en conversation avec deux ou trois de ces industriels sans industrie, ou plutôt aux mille industries, qui se tiennent à Rome à la porte des banquiers, des églises, des ruines, des musées ou des théâtres.

En même temps que le Français, l'homme qui s'était détaché du groupe des curieux entra aussi ; le Français sonna au guichet des bureaux et pénétra dans la première pièce ; son ombre en fit autant.

« MM. Thomson et French ? » demanda l'étranger.

Une espèce de laquais se leva sur le signe d'un commis de confiance, gardien solennel du premier bureau.

« Qui annoncerai-je ? demanda le laquais, se préparant à marcher devant l'étranger.

— M. le baron Danglars, répondit le voyageur.

— Venez », dit le laquais.

Une porte s'ouvrit ; le laquais et le baron disparurent par cette porte. L'homme qui était entré derrière Danglars s'assit sur un banc d'attente.

Le commis continua d'écrire pendant cinq minutes à peu près ; pendant ces cinq minutes, l'homme assis garda le plus profond silence et la plus stricte immobilité.

Puis la plume du commis cessa de crier sur le papier ; il leva la tête, regarda attentivement autour de lui, et après s'être assuré du tête-à-tête :

« Ah ! ah ! dit-il, te voilà Peppino ?

— Oui, répondit laconiquement celui-ci.

— Tu as flairé quelque chose de bon chez ce gros homme ?

— Il n'y a pas grand mérite pour celui-ci, nous sommes prévenus.

— Tu sais donc ce qu'il vient faire ici, curieux.

— Pardieu, il vient toucher ; seulement, reste à savoir quelle somme.

— On va te dire cela tout à l'heure, l'ami.

— Fort bien ; mais ne va pas, comme l'autre jour, me donner un faux renseignement.

— Qu'est-ce à dire, et de qui veux-tu parler ? Serait-ce de cet Anglais qui a emporté d'ici trois mille écus l'autre jour ?

— Non, celui-là avait en effet les trois mille écus, et nous les avons trouvés. Je veux parler de ce prince russe.

— Eh bien ?

— Eh bien, tu nous avais accusé trente mille livres, et nous n'en avons trouvé que vingt-deux.

— Vous aurez mal cherché.

— C'est Luigi Vampa qui a fait la perquisition en personne.

— En ce cas, il avait ou payé ses dettes...

— Un Russe ?

— Ou dépensé son argent.

— C'est possible, après tout.

— C'est sûr ; mais laisse-moi aller à mon observatoire, le Français ferait son affaire sans que je pusse savoir le chiffre positif. »

Peppino fit un signe affirmatif, et, tirant un chapelet de sa poche, se mit à marmotter quelque prière, tandis que le commis disparaissait par la même porte qui avait donné passage au laquais et au baron.

Au bout de dix minutes environ, le commis reparut radieux.

« Eh bien ? demanda Peppino à son ami.

— Alerte, alerte ! dit le commis, la somme est ronde.

— Cinq à six millions, n'est-ce pas ?

— Oui ; tu sais le chiffre ?

— Sur un reçu de Son Excellence le comte de Monte-Cristo.

— Tu connais le comte ?

— Et dont on l'a crédité sur Rome, Venise et Vienne.

— C'est cela ! s'écria le commis ; comment es-tu si bien informé ?

— Je t'ai dit que nous avions été prévenus à l'avance.

— Alors, pourquoi t'adresses-tu à moi ?

— Pour être sûr que c'est bien l'homme à qui nous avons affaire.

— C'est bien lui... Cinq millions. Une jolie somme, hein ! Peppino ?

— Oui.

— Nous n'en aurons jamais autant.

— Au moins, répondit philosophiquement Peppino, en aurons-nous quelques bribes.

— Chut ! Voici notre homme. »

Le commis reprit sa plume, et Peppino son chapelet ; l'un écrivait, l'autre priait quand la porte se rouvrit.

Danglars apparut radieux, accompagné par le banquier, qui le reconduisit jusqu'à la porte.

Derrière Danglars descendit Peppino.

Selon les conventions, la voiture qui devait rejoindre Danglars attendait devant la maison Thomson et French. Le cicérone en tenait la portière ouverte : le cicérone est un être très complaisant et qu'on peut employer à toute chose.

Danglars sauta dans la voiture, léger comme un jeune homme de vingt ans.

Le cicérone referma la portière et monta près du cocher.

Peppino monta sur le siège de derrière.

« Son Excellence veut-elle voir Saint-Pierre ? demanda le cicérone.

— Pour quoi faire ? répondit le baron.

— Dame ! pour voir.

— Je ne suis pas venu à Rome pour voir », dit tout haut Danglars ; puis il ajouta tout bas avec son sourire cupide : « Je suis venu pour toucher. »

Et il toucha en effet son portefeuille, dans lequel il venait d'enfermer une lettre.

« Alors Son Excellence va... ?

— A l'hôtel.

— Casa Pastrini », dit le cicérone au cocher.

Et la voiture partit rapide comme une voiture de maître.

Dix minutes après, le baron était rentré dans son appartement, et Peppino s'installait sur le banc accolé à la devanture de l'hôtel, après avoir dit quelques mots à l'oreille d'un de ces descendants de Marius et des Gracques que nous avons signalés au commencement de ce chapitre, lequel descendant prit le chemin du Capitole de toute la vitesse de ses jambes.

Danglars était las, satisfait, et avait sommeil. Il se coucha, mit son portefeuille sous son traversin et s'endormit.

Peppino avait du temps de reste ; il joua à la *morra* avec des facchino, perdit trois écus, et pour se consoler but un flacon de vin d'Orvietto.

Le lendemain, Danglars s'éveilla tard, quoiqu'il se fût couché de bonne heure ; il y avait cinq ou six nuits qu'il dormait fort mal, quand toutefois il dormait.

Il déjeuna copieusement, et peu soucieux, comme il l'avait dit, de voir les beautés de la Ville éternelle, il demanda ses chevaux de poste pour midi.

Mais Danglars avait compté sans les formalités de la police et sans la paresse du maître de poste.

Les chevaux arrivèrent à deux heures seulement, et le cicérone ne rapporta le passeport visé qu'à trois.

Tous ces préparatifs avaient amené devant la porte de maître Pastrini bon nombre de badauds.

Les descendants des Gracques et de Marius ne manquaient pas non plus.

Le baron traversa triomphalement ces groupes, qui l'appelaient Excellence pour avoir un bajocco.

Comme Danglars, homme très populaire, comme on sait, s'était contenté de se faire appeler baron jusque-là et n'avait pas encore été traité d'Excellence, ce titre le flatta, et il distribua une douzaine de pauls à toute cette canaille, toute prête, pour douze autres pauls, à le traiter d'Altesse.

« Quelle route ? demanda le postillon en italien.

— Route d'Ancône », répondit le baron.

Maître Pastrini traduisit la demande et la réponse, et la voiture partit au galop.

Danglars voulait effectivement passer à Venise et y prendre une partie de sa fortune, puis de Venise aller à Vienne, où il réaliserait le reste.

Son intention était de se fixer dans cette dernière ville, qu'on lui avait assuré être une ville de plaisirs.

A peine eut-il fait trois lieues dans la campagne de Rome, que la nuit commença de tomber ; Danglars n'avait pas cru partir si tard, sinon il serait resté ; il demanda au postillon combien il y avait avant d'arriver à la prochaine ville.

« *Non capisco* », répondit le postillon.

Danglars fit un mouvement de la tête qui voulait dire :

« Très bien ! »

La voiture continua sa route.

« A la première poste, se dit Danglars, j'arrêterai. »

Danglars éprouvait encore un reste du bien-être qu'il avait ressenti la veille, et qui lui avait procuré une si bonne nuit. Il était mollement étendu dans une bonne calèche anglaise à doubles ressorts ; il se sentait entraîné par le galop de deux bons chevaux ; le relais était de sept lieues, il le savait. Que faire quand on est banquier et qu'on a heureusement fait banqueroute ?

Danglars songea dix minutes à sa femme restée à Paris, dix autres minutes à sa fille courant le monde avec Mlle d'Armilly ; il donna dix autres minutes à ses créanciers et à la manière dont il emploierait leur argent ; puis, n'ayant plus rien à quoi penser, il ferma les yeux et s'endormit.

Parfois cependant, secoué par un cahot plus fort que les autres, Danglars rouvrait un moment les yeux ; alors il se sentait toujours emporté avec la même vitesse à travers cette même campagne de Rome toute parsemée d'aqueducs brisés, qui semblent des géants de granit pétrifiés au milieu de leur course. Mais la nuit était froide, sombre, pluvieuse, et il faisait bien meilleur pour un homme à moitié assoupi de demeurer au fond de sa chaise les yeux fermés, que de mettre la tête à la portière pour demander où il était à un postillon qui ne savait répondre autre chose que : *Non capisco*.

Danglars continua donc de dormir, en se disant qu'il serait toujours temps de se réveiller au relais.

La voiture s'arrêta ; Danglars pensa qu'il touchait enfin au but tant désiré.

Il rouvrit les yeux, regarda à travers la vitre, s'attendant à se trouver au milieu de quelque ville, ou tout au moins de quelque village ; mais il ne vit rien qu'une espèce de masure isolée, et trois ou quatre hommes qui allaient et venaient comme des ombres.

Danglars attendit un instant que le postillon qui avait achevé son relais vînt lui réclamer l'argent de la poste ; il comptait profiter de l'occasion pour demander quelques renseignements à son nouveau conducteur ; mais les chevaux furent dételés et remplacés sans que personne vînt demander d'argent au voyageur. Danglars, étonné, ouvrit la portière ; mais une main vigoureuse la repoussa aussitôt, et la chaise roula.

Le baron, stupéfait, se réveilla entièrement.

« Eh ! dit-il au postillon, eh ! *mio caro !* »

C'était encore de l'italien de romance que Danglars avait retenu lorsque sa fille chantait des duos avec le prince Cavalcanti.

Mais *mio caro* ne répondit point.

Danglars se contenta alors d'ouvrir la vitre.

« Hé, l'ami ! où allons-nous donc ? dit-il en passant sa tête par l'ouverture.

— *Dentro la testa !* cria une voix grave et impérieuse, accompagnée d'un geste de menace.

Danglars comprit que *dentro la testa* voulait dire : Rentrez la tête. Il faisait, comme on voit, de rapides progrès dans l'italien.

Il obéit, non sans inquiétude ; et comme cette inquiétude augmentait de minute en minute, au bout de quelques instants son esprit, au lieu du vide que nous avons signalé au moment où il se mettait en route, et qui avait amené le sommeil, son esprit, disons-nous, se trouva rempli de quantité de pensées plus propres les unes que les autres à tenir éveillé l'intérêt d'un voyageur, et surtout d'un voyageur dans la situation de Danglars.

Ses yeux prirent dans les ténèbres ce degré de finesse que communiquent dans le premier moment les émotions fortes, et qui s'émousse plus tard pour avoir été trop exercé. Avant d'avoir peur, on voit juste ; pendant qu'on a peur, on voit double, et après qu'on a eu peur, on voit trouble..

Danglars vit un homme enveloppé d'un manteau, qui galopait à la portière de droite.

« Quelque gendarme, dit-il. Aurais-je été signalé par les télégraphes français aux autorités pontificales ? »

Il résolut de sortir de cette anxiété.

« Où me menez-vous ? demanda-t-il.

— *Dentro la testa !* » répéta la même voix, avec le même accent de menace.

Danglars se retourna vers la portière de gauche.

Un autre homme à cheval galopait à la portière de gauche.

« Décidément, se dit Danglars la sueur au front, décidément je suis pris. »

Et il se rejeta au fond de sa calèche, cette fois non pas pour dormir, mais pour songer.

Un instant après, la lune se leva.

Du fond de la calèche, il plongea son regard dans la campagne ; il revit alors ces grands aqueducs, fantômes de pierre, qu'il avait remarqués en passant ; seulement, au lieu de les avoir à droite, il les avait maintenant à gauche.

Il comprit qu'on avait fait faire demi-tour à la voiture, et qu'on le ramenait à Rome.

« Oh ! malheureux, murmura-t-il, on aura obtenu l'extradition ! »

La voiture continuait de courir avec une effrayante vélocité. Une heure passa terrible, car à chaque nouvel indice jeté sur son passage le fugitif reconnaissait, à n'en point douter, qu'on le ramenait sur ses pas. Enfin, il revit une masse sombre contre laquelle il lui sembla que la voiture allait se heurter. Mais la voiture se détourna, longeant cette masse sombre, qui n'était autre que la ceinture de remparts qui enveloppe Rome.

« Oh ! oh ! murmura Danglars, nous ne rentrons pas dans la ville, donc ce n'est pas la justice qui m'arrête. Bon Dieu ! autre idée, serait-ce... »

Ses cheveux se hérissèrent.

Il se rappela ces intéressantes histoires de bandits romains, si peu crues à Paris, et qu'Albert de Morcerf avait racontées à Mme Danglars et à Eugénie lorsqu'il était question, pour le jeune vicomte, de devenir le fils de l'une et le mari de l'autre.

« Des voleurs, peut-être ! » murmura-t-il.

Tout à coup la voiture roula sur quelque chose de plus dur que le sol d'un chemin sablé. Danglars hasarda un regard aux deux côtés de la route ; il aperçut des monuments de forme étrange, et sa pensée préoccupée du récit de Morcerf, qui maintenant se présentait à lui dans tous ses détails, sa pensée lui dit qu'il devait être sur la voie Appienne.

A gauche de la voiture, dans une espèce de vallée, on voyait une excavation circulaire.

C'était le cirque de Caracalla.

Sur un mot de l'homme qui galopait à la portière de droite, la voiture s'arrêta.

En même temps, la portière de gauche s'ouvrit.

« *Scendi !* » commanda une voix.

Danglars descendit à l'instant même ; il ne parlait pas encore l'italien, mais il l'entendait déjà.

Plus mort que vif, le baron regarda autour de lui.

Quatre hommes l'entouraient, sans compter le postillon.

« *Di quà* », dit un des quatre hommes en descendant un petit sentier qui conduisait de la voie Appienne au milieu de ces inégales hachures de la campagne de Rome.

Danglars suivit son guide sans discussion, et n'eut pas besoin de se retourner pour savoir qu'il était suivi des trois autres hommes.

Cependant il lui sembla que ces hommes s'arrêtaient comme des sentinelles à des distances à peu près égales.

Après dix minutes de marche à peu près, pendant lesquelles Danglars n'échangea point une seule parole avec son guide, il se trouva entre un tertre et un buisson de hautes herbes ; trois hommes debout et muets formaient un triangle dont il était le centre.

Il voulut parler ; sa langue s'embarrassa.

« *Avanti* », dit la même voix à l'accent bref et impératif.

Cette fois Danglars comprit doublement : il comprit par la parole et par le geste, car l'homme qui marchait derrière lui le poussa si rudement en avant qu'il alla heurter son guide.

Ce guide était notre ami Peppino, qui s'enfonça dans les hautes herbes par une sinuosité que les fouines et les lézards pouvaient seuls reconnaître pour un chemin frayé.

Peppino s'arrêta devant une roche surmontée d'un épais buisson ; cette roche entrouverte comme une paupière, livra passage au jeune homme, qui y disparut comme disparaissent dans leurs trappes les diables de nos féeries.

La voix et le geste de celui qui suivait Danglars

engagèrent le banquier à en faire autant. Il n'y avait plus à en douter, le banqueroutier français avait affaire à des bandits romains.

Danglars s'exécuta comme un homme placé entre deux dangers terribles, et que la peur rend brave. Malgré son ventre assez mal disposé pour pénétrer dans les crevasses de la campagne de Rome, il s'infiltra derrière Peppino, et, se laissant glisser en fermant les yeux, il tomba sur ses pieds.

En touchant la terre, il rouvrit les yeux.

Le chemin était large, mais noir. Peppino, peu soucieux de se cacher, maintenant qu'il était chez lui, battit le briquet, et alluma une torche.

Deux autres hommes descendirent derrière Danglars, formant l'arrière-garde, et, poussant Danglars lorsque par hasard il s'arrêtait, le firent arriver par une pente douce au centre d'un carrefour de sinistre apparence.

En effet, les parois des murailles, creusées en cercueils superposés les uns aux autres, semblaient, au milieu des pierres blanches, ouvrir ces yeux noirs et profonds qu'on remarque dans les têtes de mort.

Une sentinelle fit battre contre sa main gauche les capucines de sa carabine.

« Qui vive ? fit la sentinelle.

— Ami, ami ! dit Peppino. Où est le capitaine ?

— Là, dit la sentinelle, en montrant par-dessus son épaule une espèce de grande salle creusée dans le roc et dont la lumière se reflétait dans le corridor par de grandes ouvertures cintrées.

— Bonne proie, capitaine, bonne proie », dit Peppino en italien.

Et prenant Danglars par le collet de sa redingote, il le conduisit vers une ouverture ressemblant à une porte, et par laquelle on pénétrait dans la salle dont le capitaine paraissait avoir fait son logement.

« Est-ce l'homme ? demanda celui-ci, qui lisait fort attentivement la *Vie d'Alexandre* dans Plutarque.

— Lui-même, capitaine, lui-même.

— Très bien ; montrez-le-moi. »

Sur cet ordre assez impertinent, Peppino approcha

si brusquement sa torche du visage de Danglars, que celui-ci se recula vivement pour ne point avoir les sourcils brûlés.

Ce visage bouleversé offrait tous les symptômes d'une pâle et hideuse terreur.

« Cet homme est fatigué, dit le capitaine, qu'on le conduise à son lit.

— Oh ! murmura Danglars, ce lit, c'est probablement un des cercueils qui creusent la muraille ; ce sommeil, c'est la mort qu'un des poignards que je vois étinceler dans l'ombre va me procurer. »

En effet, dans les profondeurs sombres de l'immense salle, on voyait se soulever, sur leurs couches d'herbes sèches ou de peaux de loup, les compagnons de cet homme qu'Albert de Morcerf avait trouvé lisant les *Commentaires de César*, et que Danglars retrouvait lisant la *Vie d'Alexandre*.

Le banquier poussa un sourd gémissement et suivit son guide : il n'essaya ni de prier ni de crier. Il n'avait plus ni force, ni volonté, ni puissance, ni sentiment ; il allait parce qu'on l'entraînait.

Il heurta une marche, et, comprenant qu'il avait un escalier devant lui, il se baissa instinctivement pour ne pas se briser le front, et se trouva dans une cellule taillée en plein roc.

Cette cellule était propre, bien que nue, sèche, quoique située sous la terre à une profondeur incommensurable.

Un lit fait d'herbes sèches, recouvert de peaux de chèvre, était, non pas dressé, mais étendu dans un coin de cette cellule. Danglars, en l'apercevant, crut voir le symbole radieux de son salut.

« Oh ! Dieu soit loué ! murmura-t-il ; c'est un vrai lit ! »

C'était la seconde fois, depuis une heure, qu'il invoquait le nom de Dieu ; cela ne lui était pas arrivé depuis dix ans.

« *Ecco* », dit le guide.

Et poussant Danglars dans la cellule, il referma la porte sur lui.

Un verrou grinça ; Danglars était prisonnier.

D'ailleurs n'y eût-il pas eu de verrou, il eût fallu être saint Pierre et avoir pour guide un ange du ciel, pour passer au milieu de la garnison qui tenait les catacombes de Saint-Sébastien, et qui campait autour de son chef, dans lequel nos lecteurs ont certainement reconnu le fameux Luigi Vampa.

Danglars aussi avait reconnu ce bandit, à l'existence duquel il n'avait pas voulu croire quand Morcerf essayait de le naturaliser en France. Non seulement il l'avait reconnu, mais aussi la cellule dans laquelle Morcerf avait été enfermé, et qui, selon toute probabilité, était le logement des étrangers.

Ces souvenirs, sur lesquels au reste Danglars s'étendait avec une certaine joie, lui rendaient la tranquillité. Du moment où ils ne l'avaient pas tué tout de suite, les bandits n'avaient pas l'intention de le tuer du tout.

On l'avait arrêté pour le voler, et comme il n'avait sur lui que quelques louis, on le rançonnerait.

Il se rappela que Morcerf avait été taxé à quelque chose comme quatre mille écus ; comme il s'accordait une apparence beaucoup plus importante que Morcerf, il fixa lui-même dans son esprit sa rançon à huit mille écus.

Huit mille écus faisaient quarante-huit mille livres.

Il lui restait encore quelque chose comme cinq millions cinquante mille francs.

Avec cela on se tire d'affaire partout.

Donc, à peu près certain de se tirer d'affaire, attendu qu'il n'y a pas d'exemple qu'on ait jamais taxé un homme à cinq millions cinquante mille livres, Danglars s'étendit sur son lit, où, après s'être retourné deux ou trois fois, il s'endormit avec la tranquillité du héros dont Luigi Vampa étudiait l'histoire.

CXV

LA CARTE DE LUIGI VAMPA

A tout sommeil qui n'est pas celui que redoutait Danglars, il y a un réveil.

Danglars se réveilla.

Pour un Parisien habitué aux rideaux de soie, aux parois veloutées des murailles, au parfum qui monte du bois blanchissant dans la cheminée et qui descend des voûtes de satin, le réveil dans une grotte de pierre crayeuse doit être comme un rêve de mauvais aloi.

En touchant ses courtines de peau de bouc, Danglars devait croire qu'il rêvait Samoïèdes ou Lapons.

Mais en pareille circonstance une seconde suffit pour changer le doute le plus robuste en certitude.

« Oui, oui, murmura-t-il, je suis aux mains des bandits dont nous a parlé Albert de Morcerf. »

Son premier mouvement fut de respirer, afin de s'assurer qu'il n'était pas blessé : c'était un moyen qu'il avait trouvé dans *Don Quichotte*, le seul livre, non pas qu'il eût lu, mais dont il eût retenu quelque chose.

« Non, dit-il, ils ne m'ont tué ni blessé, mais ils m'ont volé peut-être ? »

Et il porta vivement ses mains à ses poches. Elles étaient intactes : les cent louis qu'il s'était réservés pour faire son voyage de Rome à Venise étaient bien dans la poche de son pantalon, et le portefeuille dans lequel se trouvait la lettre de crédit de cinq millions cinquante mille francs était bien dans la poche de sa redingote.

« Singuliers bandits, se dit-il, qui m'ont laissé ma bourse et mon portefeuille ! Comme je le disais hier en me couchant, ils vont me mettre à rançon. Tiens ! j'ai aussi ma montre ! Voyons un peu quelle heure il est. »

La montre de Danglars, chef-d'œuvre de Bréguet, qu'il avait remontée avec soin la veille avant de se mettre en route, sonna cinq heures et demie du matin. Sans elle, Danglars fût resté complètement incertain sur l'heure, le jour ne pénétrant pas dans sa cellule.

Fallait-il provoquer une explication des bandits ? fallait-il attendre patiemment qu'ils la demandassent ? La dernière alternative était la plus prudente : Danglars attendit.

Il attendit jusqu'à midi.

Pendant tout ce temps, une sentinelle avait veillé à sa porte. A huit heures du matin, la sentinelle avait été relevée.

Il avait alors pris à Danglars l'envie de voir par qui il était gardé.

Il avait remarqué que des rayons de lumière, non pas de jour, mais de lampe, filtraient à travers les ais de la porte mal jointe ; il s'approcha d'une de ces ouvertures au moment juste où le bandit buvait quelques gorgées d'eau-de-vie, lesquelles, grâce à l'outre de peau qui les contenait, répandaient une odeur qui répugna fort à Danglars.

« Pouah ! » fit-il en reculant jusqu'au fond de sa cellule.

A midi, l'homme à l'eau-de-vie fut remplacé par un autre factionnaire. Danglars eut la curiosité de voir son nouveau gardien ; il s'approcha de nouveau de la jointure.

Celui-là était un athlétique bandit, un Goliath aux gros yeux, aux lèvres épaisses, au nez écrasé ; sa chevelure rousse pendait sur ses épaules en mèches tordues comme des couleuvres.

« Oh ! oh ! dit Danglars, celui ici ressemble plus à un ogre qu'à une créature humaine ; en tout cas, je suis vieux et assez coriace ; gros blanc pas bon à manger. »

Comme on voit, Danglars avait encore l'esprit assez présent pour plaisanter.

Au même instant, comme pour lui donner la preuve qu'il n'était pas un ogre, son gardien s'assit en face de la porte de sa cellule, tira de son bissac du pain noir, des oignons et du fromage, qu'il se mit incontinent à dévorer.

« Le diable m'emporte, dit Danglars en jetant à travers les fentes de sa porte un coup d'œil sur le dîner du bandit : le diable m'emporte si je comprends comment on peut manger de pareilles ordures. »

Et il alla s'asseoir sur ses peaux de bouc, qui lui rappelaient l'odeur de l'eau-de-vie de la première sentinelle.

Mais Danglars avait beau faire, et les secrets de la nature sont incompréhensibles, il y a bien de l'éloquence dans certaines invitations matérielles qu'adressent les plus grossières substances aux estomacs à jeun.

Danglars sentit soudain que le sien n'avait pas de fonds en ce moment : il vit l'homme moins laid, le pain moins noir, le fromage plus frais.

Enfin, ces oignons crus, affreuse alimentation du sauvage, lui rappelèrent certaines sauces Robert et certains mirotons que son cuisinier exécutait d'une façon supérieure, lorsque Danglars lui disait : « Monsieur Deniseau, faites-moi, pour aujourd'hui, un bon petit plat canaille. »

Il se leva et alla frapper à la porte.

Le bandit leva la tête.

Danglars vit qu'il était entendu, et redoubla.

« *Che cosa ?* demanda le bandit.

— Dites donc ! dites donc ! l'ami, fit Danglars en tambourinant avec ses doigts contre sa porte, il me semble qu'il serait temps que l'on songeât à me nourrir aussi, moi ! »

Mais soit qu'il ne comprît pas, soit qu'il n'eût pas d'ordres à l'endroit de la nourriture de Danglars, le géant se remit à son dîner.

Danglars sentit sa fierté humiliée, et, ne voulant pas davantage se commettre avec cette brute, il se recoucha sur ses peaux de bouc et ne souffla plus le mot.

Quatre heures s'écoulèrent ; le géant fut remplacé par un autre bandit. Danglars, qui éprouvait d'affreux tiraillements d'estomac, se leva doucement, appliqua derechef son oreille aux fentes de la porte, et reconnut la figure intelligente de son guide.

C'était en effet Peppino qui se préparait à monter la garde la plus douce possible en s'asseyant en face de la porte, et en posant entre ses deux jambes une casserole de terre, laquelle contenait, chauds et parfumés, des pois chiches fricassés au lard.

Près de ces pois chiches, Peppino posa encore un joli petit panier de raisin de Velletri et un fiasco de vin d'Orvietto.

Décidément Peppino était un gourmet.

En voyant ces préparatifs gastronomiques, l'eau vint à la bouche de Danglars.

« Ah ! ah ! dit le prisonnier, voyons un peu si celui-ci sera plus traitable que l'autre. »

Et il frappa gentiment à sa porte.

« On y va, dit le bandit, qui, en fréquentant la maison de maître Pastrini, avait fini par apprendre le français jusque dans ses idiotismes. »

En effet il vint ouvrir.

Danglars le reconnut pour celui qui lui avait crié d'une si furieuse manière : « Rentrez la tête. » Mais ce n'était pas l'heure des récriminations. Il prit au contraire sa figure la plus agréable, et avec un sourire gracieux :

« Pardon, monsieur, dit-il, mais est-ce que l'on ne me donnera pas à dîner, à moi aussi ?

— Comment donc ! s'écria Peppino, Votre Excellence aurait-elle faim, par hasard ?

— Par hasard est charmant, murmura Danglars ; il y a juste vingt-quatre heures que je n'ai mangé.

« Mais oui, monsieur, ajouta-t-il en haussant la voix, j'ai faim, et même assez faim.

— Et Votre Excellence veut manger ?

— A l'instant même, si c'est possible.

— Rien de plus aisé, dit Peppino ; ici l'on se procure tout ce que l'on désire, en payant, bien entendu comme cela se fait chez tous les honnêtes chrétiens.

— Cela va sans dire ! s'écria Danglars, quoique en vérité les gens qui vous arrêtent et qui vous emprisonnent devraient au moins nourrir leurs prisonniers.

— Ah ! Excellence, reprit Peppino, ce n'est pas l'usage.

— C'est une assez mauvaise raison, reprit Danglars, qui comptait amadouer son gardien par son amabilité, et cependant je m'en contente. Voyons, qu'on me serve à manger.

— A l'instant même, Excellence ; que désirez-vous ? »

Et Peppino posa son écuelle à terre, de telle façon que la fumée en monta directement aux narines de Danglars.

« Commandez, dit-il.

— Vous avez donc des cuisines ici ? demanda le banquier.

— Comment ! si nous avons des cuisines ? des cuisines parfaites !

« — Et des cuisiniers ?

— Excellents !

— Eh bien, un poulet, un poisson, du gibier, n'importe quoi, pourvu que je mange.

— Comme il plaira à Votre Excellence ; nous disons un poulet, n'est-ce pas ?

— Oui, un poulet. »

Peppino, se redressant, cria de tous ses poumons :

« Un poulet pour Son Excellence ! »

La voix de Peppino vibrait encore sous les voûtes, que déjà paraissait un jeune homme, beau, svelte, et à moitié nu comme les porteurs de poissons antiques ; il apportait le poulet sur un plat d'argent, et le poulet tenait seul sur sa tête.

« On se croirait au *Café de Paris*, murmura Danglars.

— Voilà, Excellence », dit Peppino en prenant le poulet des mains du jeune bandit et en le posant sur une table vermoulue qui faisait, avec un escabeau et le lit de peaux de bouc, la totalité de l'ameublement de la cellule.

Danglars demanda un couteau et une fourchette.

« Voilà ! Excellence », dit Peppino en offrant un petit couteau à la pointe émoussée et une fourchette de buis.

Danglars prit le couteau d'une main, la fourchette de l'autre, et se mit en devoir de découper la volaille.

« Pardon, Excellence, dit Peppino en posant une main sur l'épaule du banquier ; ici on paie avant de manger ; on pourrait n'être pas content en sortant...

— Ah ! ah ! fit Danglars, ce n'est plus comme à Paris, sans compter qu'ils vont m'écorcher probablement ; mais faisons les choses grandement. Voyons, j'ai toujours entendu parler du bon marché de la vie en Italie ; un poulet doit valoir douze sous à Rome.

« Voilà », dit-il, et il jeta un louis à Peppino.

Peppino ramassa le louis, Danglars approcha le couteau du poulet.

« Un moment, Excellence, dit Peppino en se relevant ; un moment, Votre Excellence me redoit encore quelque chose.

— Quand je disais qu'ils m'écorcheraient ! » murmura Danglars.

Puis, résolu de prendre son parti de cette extorsion :

« Voyons, combien vous redoit-on pour cette volaille étique ? demanda-t-il.

— Votre Excellence a donné un louis d'acompte.

— Un louis d'acompte sur un poulet ?

— Sans doute, d'acompte.

— Bien... Allez ! allez !

— Ce n'est plus que quatre mille neuf cent quatre-vingt dix-neuf louis que Votre Excellence me redoit. »

Danglars ouvrit des yeux énormes à l'énoncé de cette gigantesque plaisanterie.

« Ah ! très drôle, murmura-t-il, en vérité. »

Et il voulut se remettre à découper le poulet ; mais Peppino lui arrêta la main droite avec la main gauche et tendit son autre main.

« Allons, dit-il.

— Quoi ! vous ne riez point ? dit Danglars.

— Nous ne rions jamais, Excellence, reprit Peppino, sérieux comme un quaker.

— Comment, cent mille francs ce poulet !

— Excellence, c'est incroyable comme on a de la peine à élever la volaille dans ces maudites grottes.

— Allons ! allons ! dit Danglars, je trouve cela très bouffon, très divertissant, en vérité ; mais comme j'ai faim, laissez-moi manger. Tenez, voilà un autre louis pour vous, mon ami.

— Alors cela ne fera plus que quatre mille neuf cent quatre-vingt-dix-huit louis, dit Peppino conservant le même sang-froid ; avec de la patience, nous y viendrons.

— Oh ! quant à cela, dit Danglars révolté de cette persévérance à le railler, quant à cela, jamais. Allez au diable ! Vous ne savez pas à qui vous avez affaire. »

Peppino fit un signe, le jeune garçon allongea les deux mains et enleva prestement le poulet. Danglars se jeta sur son lit de peaux de bouc, Peppino referma la porte et se remit à manger ses pois au lard.

Danglars ne pouvait voir ce que faisait Peppino, mais le claquement des dents du bandit ne devait laisser au prisonnier aucun doute sur l'exercice auquel il se livrait.

Il était clair qu'il mangeait, même qu'il mangeait bruyamment, et comme un homme mal élevé.

« Butor ! » dit Danglars.

Peppino fit semblant de ne pas entendre, et, sans même tourner la tête, continua de manger avec une sage lenteur.

L'estomac de Danglars lui semblait à lui-même percé comme le tonneau des Danaïdes ; il ne pouvait croire qu'il parviendrait à le remplir jamais.

Cependant, il prit patience une demi-heure encore ; mais il est juste de dire que cette demi-heure lui parut un siècle.

Il se leva et alla de nouveau à la porte.

« Voyons, monsieur, dit-il, ne me faites pas languir plus longtemps, et dites-moi tout de suite ce que l'on veut de moi ?

— Mais, Excellence, dites plutôt ce que vous voulez de nous... Donnez vos ordres et nous les exécuterons.

— Alors ouvrez-moi d'abord. »

Peppino ouvrit.

« Je veux, dit Danglars, pardieu ! je veux manger !

— Vous avez faim ?

— Et vous le savez, du reste.

— Que désire manger Votre Excellence ?

— Un morceau de pain sec, puisque les poulets sont hors de prix dans ces maudites caves.

— Du pain ! soit, dit Peppino.

« Holà ! du pain ! » cria-t-il.

Le jeune garçon apporta un petit pain.

« Voilà ! dit Peppino.

— Combien ? demanda Danglars.

— Quatre mille neuf cent quatre-vingt-dix-huit louis, il y a deux louis payés d'avance.

— Comment, un pain, cent mille francs ?

— Cent mille francs, dit Peppino.

— Mais vous ne demandiez que cent mille francs pour un poulet !

— Nous ne servons pas à la carte, mais à prix fixe. Qu'on mange peu, qu'on mange beaucoup, qu'on demande dix plats ou un seul, c'est toujours le même chiffre.

— Encore cette plaisanterie ! Mon cher ami, je vous déclare que c'est absurde, que c'est stupide ! Dites-moi tout de suite que vous voulez que je meure de faim, ce sera plus tôt fait.

— Mais non, Excellence, c'est vous qui voulez vous suicider. Payez et mangez.

— Avec quoi payer, triple animal ? dit Danglars exaspéré. Est-ce que tu crois qu'on a cent mille francs dans sa poche ?

— Vous avez cinq millions cinquante mille francs dans la vôtre, Excellence, dit Peppino ; cela fait cinquante poulets à cent mille francs et un demi-poulet à cinquante mille. »

Danglars frissonna ; le bandeau lui tomba des yeux : c'était bien toujours une plaisanterie, mais il la comprenait enfin.

Il est même juste de dire qu'il ne la trouvait plus aussi plate que l'instant d'avant.

« Voyons, dit-il, voyons : en donnant ces cent mille francs, me tiendrez-vous quitte au moins, et pourrai-je manger à mon aise ?

— Sans doute, dit Peppino.

— Mais comment les donner ? fit Danglars en respirant plus librement.

— Rien de plus facile ; vous avez un crédit ouvert chez MM. Thomson et French, via dei Banchi, à Rome ; donnez-moi un bon de quatre mille neuf cent quatre-vingt-dix-huit louis sur ces messieurs, notre banquier nous le prendra. »

Danglars voulut au moins se donner le mérite de la bonne volonté ; il prit la plume et le papier que lui présentait Peppino, écrivit la cédule, et signa.

« Tenez, dit-il, voilà votre bon au porteur.

— Et vous, voici votre poulet. »

Danglars découpa la volaille en soupirant : elle lui paraissait bien maigre pour une si grosse somme.

Quant à Peppino, il lut attentivement le papier, le mit dans sa poche, et continua de manger ses pois chiches.

CXVI

LE PARDON

Le lendemain Danglars eut encore faim, l'air de cette caverne était on ne peut plus apéritif ; le prisonnier crut que, pour ce jour-là, il n'aurait aucune dépense à faire : en homme économe il avait caché la moitié de son poulet et un morceau de son pain dans le coin de sa cellule.

Mais il n'eut pas plus tôt mangé qu'il eut soif : il n'avait pas compté là-dessus.

Il lutta contre la soif jusqu'au moment où il sentit sa langue desséchée s'attacher à son palais.

Alors, ne pouvant plus résister au feu qui le dévorait, il appela.

La sentinelle ouvrit la porte ; c'était un nouveau visage.

Il pensa que mieux valait pour lui avoir affaire à une ancienne connaissance. Il appela Peppino.

« Me voici, Excellence, dit le bandit en se présentant avec un empressement qui parut de bon augure à Danglars, que désirez-vous ?

— A boire, dit le prisonnier.

— Excellence, dit Peppino, vous savez que le vin est hors de prix dans les environs de Rome...

— Donnez-moi de l'eau alors, dit Danglars cherchant à parer la botte.

— Oh ! Excellence, l'eau est plus rare que le vin ; il fait une si grande sécheresse !

— Allons, dit Danglars, nous allons recommencer, à ce qu'il paraît ! »

Et, tout en souriant pour avoir l'air de plaisanter, le malheureux sentait la sueur mouiller ses tempes.

« Voyons, mon ami, dit Danglars, voyant que Peppino demeurait impassible, je vous demande un verre de vin ; me le refuserez-vous ?

— Je vous ai déjà dit, Excellence, répondit gravement Peppino, que nous ne vendions pas au détail.

— Eh bien, voyons alors, donnez-moi une bouteille.

— Duquel ?

— Du moins cher.

— Ils sont tous deux du même prix.

— Et quel prix ?

— Vingt-cinq mille francs la bouteille.

— Dites, s'écria Danglars avec une amertume qu'Harpargon seul eût pu noter dans le diapason de la voix humaine, dites que vous voulez me dépouiller, ce sera plus tôt fait que de me dévorer ainsi lambeau par lambeau.

— Il est possible, dit Peppino, que ce soit là le projet du maître.

— Le maître, qui est-il donc ?

— Celui auquel on vous a conduit avant-hier.

— Et où est-il ?

— Ici.

— Faites que je le voie.

— C'est facile. »

L'instant d'après, Luigi Vampa était devant Danglars.

« Vous m'appelez ? demanda-t-il au prisonnier.

— C'est vous, monsieur, qui êtes le chef des personnes qui m'ont amené ici ?

— Oui, Excellence.

— Que désirez-vous de moi pour rançon ? Parlez.

— Mais tout simplement les cinq millions que vous portez sur vous. »

Danglars sentit un effroyable spasme lui broyer le cœur.

« Je n'ai que cela au monde, monsieur, et c'est le reste d'une immense fortune : si vous me l'ôtez, ôtez-moi la vie.

— Il nous est défendu de verser votre sang, Excellence.

— Et par qui cela vous est-il défendu ?

— Par celui auquel nous obéissons.

— Vous obéissez donc à quelqu'un ?

— Oui, à un chef.

— Je croyais que vous-même étiez le chef ?

— Je suis le chef de ces hommes ; mais un autre homme est mon chef à moi.

— Et ce chef obéit-il à quelqu'un ?

— Oui.

— A qui ?

— A Dieu. »

Danglars resta un instant pensif.

« Je ne vous comprends pas, dit-il.

— C'est possible.

— Et c'est ce chef qui vous a dit de me traiter ainsi ?

— Oui.

— Quel est son but ?

— Je n'en sais rien.

— Mais ma bourse s'épuisera.

— C'est probable.

— Voyons, dit Danglars, voulez-vous un million ?

— Non.

— Deux millions ?

— Non.

— Trois millions ?... quatre ?... Voyons, quatre ? je vous les donne à la condition que vous me laisserez aller.

— Pourquoi nous offrez-vous quatre millions de ce qui en vaut cinq ? dit Vampa ; c'est de l'usure cela, seigneur banquier, ou je ne m'y connais pas.

— Prenez tout ! prenez tout, vous dis-je ! s'écria Danglars, et tuez-moi !

— Allons, allons, calmez-vous, Excellence, vous allez vous fouetter le sang, ce qui vous donnera un appétit à manger un million par jour ; soyez donc plus économe, morbleu !

— Mais quand je n'aurai plus d'argent pour vous payer ! s'écria Danglars exaspéré.

— Alors vous aurez faim.

— J'aurai faim ? dit Danglars blêmissant.

— C'est probable, répondit flegmatiquement Vampa.

— Mais vous dites que vous ne voulez pas me tuer ?

— Non.

— Et vous voulez me laisser mourir de faim ?

— Ce n'est pas la même chose.

— Eh bien, misérables ! s'écria Danglars, je déjoue-rai vos infâmes calculs ; mourir pour mourir, j'aime

autant en finir tout de suite ; faites-moi souffrir, tortu-
rez-moi, tuez-moi, mais vous n'aurez plus ma signature !

— Comme il vous plaira, Excellence », dit Vampa.

Et il sortit de la cellule.

Danglars se jeta en rugissant sur ses peaux de bouc.

Quels étaient ces hommes ? quel était ce chef invisible ? quels projets poursuivaient-ils donc sur lui ? et
quand tout le monde pouvait se racheter, pourquoi lui
seul ne le pouvait-il pas ?

Oh ! certes, la mort, une mort prompte et violente,
était un bon moyen de tromper ses ennemis acharnés,
qui semblaient poursuivre sur lui une incompréhensible vengeance.

Oui, mais mourir !

Pour la première fois peut-être de sa carrière si
longue, Danglars songeait à la mort avec le désir et la
crainte tout à la fois de mourir ; mais le moment était
venu pour lui d'arrêter sa vue sur le spectre implacable
qui vit au-dedans de toute créature, qui, à chaque
pulsation du cœur, dit à lui-même : Tu mourras !

Danglars ressemblait à ces bêtes fauves que la
chasse anime, puis qu'elle désespère, et qui, à force de
désespoir, réussissent parfois à se sauver.

Danglars songea à une évasion.

Mais les murs étaient le roc lui-même ; mais à la
seule issue qui conduisait hors de la cellule un homme
lisait, et derrière cet homme on voyait passer et repasser des ombres armées de fusils.

Sa résolution de ne pas signer dura deux jours,
après quoi il demanda des aliments et offrit un million.

On lui servit un magnifique souper, et on prit son
million.

Dès lors, la vie du malheureux prisonnier fut une
divagation perpétuelle. Il avait tant souffert qu'il ne
voulait plus s'exposer à souffrir, et subissait toutes les
exigences ; au bout de douze jours, un après-midi qu'il
avait dîné comme en ses beaux jours de fortune, il fit
ses comptes et s'aperçut qu'il avait tant donné de
traites au porteur, qu'il ne lui restait plus que cinquante mille francs.

Alors il se fit en lui une réaction étrange : lui qui venait d'abandonner cinq millions, il essaya de sauver les cinquante mille francs qui lui restaient ; plutôt que de donner ces cinquante mille francs, il se résolut de reprendre une vie de privations, il eut des lueurs d'espoir qui touchaient à la folie ; lui qui depuis si longtemps avait oublié Dieu, il y songea pour se dire que Dieu parfois avait fait des miracles : que la caverne pouvait s'abîmer ; que les carabiniers pontificaux pouvaient découvrir cette retraite maudite et venir à son secours ; qu'alors il lui resterait cinquante mille francs ; que cinquante mille francs étaient une somme suffisante pour empêcher un homme de mourir de faim ; il pria Dieu de lui conserver ces cinquante mille francs, et en priant il pleura.

Trois jours se passèrent ainsi, pendant lesquels le nom de Dieu fut constamment, sinon dans son cœur, du moins sur ses lèvres ; par intervalles il avait des instants de délire pendant lesquels il croyait, à travers les fenêtres, voir dans une pauvre chambre un vieillard agonisant sur un grabat.

Ce vieillard, lui aussi, mourait de faim.

Le quatrième jour, ce n'était plus un homme, c'était un cadavre vivant ; il avait ramassé à terre jusqu'aux dernières miettes de ses anciens repas et commencé à dévorer la natte dont le sol était couvert.

Alors il supplia Peppino, comme on supplie son ange gardien, de lui donner quelque nourriture ; il lui offrit mille francs d'une bouchée de pain.

Peppino ne répondit pas.

Le cinquième jour, il se traîna à l'entrée de la cellule.

« Mais vous n'êtes donc pas un chrétien ? dit-il en se redressant sur les genoux ; vous voulez assassiner un homme qui est votre frère devant Dieu ?

« Oh ! mes amis d'autrefois, mes amis d'autrefois ! » murmura-t-il.

Et il tomba la face contre terre.

Puis, se relevant avec une espèce de désespoir :

« Le chef ! cria-t-il, le chef !

— Me voilà ! dit Vampa, paraissant tout à coup, que désirez-vous encore ?

— Prenez mon dernier or, balbutia Danglars en tendant son portefeuille, et laissez-moi vivre ici, dans cette caverne ; je ne demande plus la liberté, je ne demande qu'à vivre.

— Vous souffrez donc bien ? demanda Vampa.

— Oh ! oui, je souffre, et cruellement !

— Il y a cependant des hommes qui ont encore plus souffert que vous.

— Je ne crois pas.

— Si fait ! ceux qui sont morts de faim. »

Danglars songea à ce vieillard que, pendant ses heures d'hallucination, il voyait, à travers les fenêtres de sa pauvre chambre, gémir sur son lit.

Il frappa du front la terre en poussant un gémissement.

« Oui, c'est vrai, il y en a qui ont plus souffert encore que moi, mais au moins, ceux-là, c'étaient des martyrs.

— Vous repentez-vous, au moins ? » dit une voix sombre et solennelle, qui fit dresser les cheveux sur la tête de Danglars.

Son regard affaibli essaya de distinguer les objets, et il vit derrière le bandit un homme enveloppé d'un manteau et perdu dans l'ombre d'un pilastre de pierre.

« De quoi faut-il que je me repente ? balbutia Danglars.

— Du mal que vous avez fait, dit la même voix.

— Oh ! oui, je me repens ! je me repens ! » s'écria Danglars.

Et il frappa sa poitrine de son poing amaigri.

« Alors je vous pardonne, dit l'homme en jetant son manteau et en faisant un pas pour se placer dans la lumière.

— Le comte de Monte-Cristo ! dit Danglars, plus pâle de terreur qu'il ne l'était, un instant auparavant, de faim et de misère.

— Vous vous trompez ; je ne suis pas le comte de Monte-Cristo.

— Et qui êtes-vous donc ?

— Je suis celui que vous avez vendu, livré, déshonoré ; je suis celui dont vous avez prostitué la fiancée ;

je suis celui sur lequel vous avez marché pour vous hausser jusqu'à la fortune ; je suis celui dont vous avez fait mourir le père de faim, qui vous avait condamné à mourir de faim, et qui cependant vous pardonne, parce qu'il a besoin lui-même d'être pardonné : je suis Edmond Dantès ! »

Danglars ne poussa qu'un cri, et tomba prosterné.

« Relevez-vous, dit le comte, vous avez la vie sauve ; pareille fortune n'est pas arrivée à vos deux autres complices : l'un est fou, l'autre est mort ! Gardez les cinquante mille francs qui vous restent, je vous en fais don ; quant à vos cinq millions volés aux hospices, ils leur sont déjà restitués par une main inconnue.

« Et maintenant, mangez et buvez ; ce soir je vous fais mon hôte.

« Vampa, quand cet homme sera rassasié, il sera libre. »

Danglars demeura prosterné tandis que le comte s'éloignait ; lorsqu'il releva la tête, il ne vit plus qu'une espèce d'ombre qui disparaissait dans le corridor, et devant laquelle s'inclinaient les bandits.

Comme l'avait ordonné le comte, Danglars fut servi par Vampa, qui lui fit apporter le meilleur vin et les plus beaux fruits de l'Italie, et qui, l'ayant fait monter dans sa chaise de poste, l'abandonna sur la route, adossé à un arbre.

Il y resta jusqu'au jour, ignorant où il était.

Au jour il s'aperçut qu'il était près d'un ruisseau : il avait soif, il se traîna jusqu'à lui.

En se baissant pour y boire, il s'aperçut que ses cheveux étaient devenus blancs.

CXVII

LE 5 OCTOBRE

Il était six heures du soir à peu près ; un jour couleur d'opale, dans lequel un beau soleil d'automne infiltrait ses rayons d'or, tombait du ciel sur la mer bleuâtre.

La chaleur du jour s'était éteinte graduellement, et l'on commençait à sentir cette légère brise qui semble la respiration de la nature se réveillant après la sieste brûlante du midi, souffle délicieux qui rafraîchit les côtes de la Méditerranée et qui porte de rivage en rivage le parfum des arbres, mêlé à l'âcre senteur de la mer.

Sur cet immense lac qui s'étend de Gibraltar aux Dardanelles et de Tunis à Venise, un léger yacht, pur et élégant de forme, glissait dans les premières vapeurs du soir. Son mouvement était celui du cygne qui ouvre ses ailes au vent et qui semble glisser sur l'eau. Il s'avançait, rapide et gracieux à la fois, et laissant derrière lui un sillon phosphorescent.

Peu à peu le soleil, dont nous avons salué les derniers rayons, avait disparu à l'horizon occidental ; mais, comme pour donner raison aux rêves brillants de la mythologie, ses feux indiscrets, reparaissant au sommet de chaque vague, semblaient révéler que le dieu de flamme venait de se cacher au sein d'Amphitrite, qui essayait en vain de cacher son amant dans les plis de son manteau azuré.

Le yacht avançait rapidement, quoique en apparence il y eût à peine assez de vent pour faire flotter la chevelure bouclée d'une jeune fille.

Debout sur la proue, un homme de haute taille, au teint de bronze, à l'œil dilaté, voyait venir à lui la terre sous la forme d'une masse sombre disposée en cône, et sortant du milieu des flots comme un immense chapeau de Catalan.

« Est-ce là Monte-Cristo ? demanda d'une voix grave et empreinte d'une profonde tristesse le voyageur aux ordres duquel le petit yacht semblait être momentanément soumis.

— Oui, Excellence, répondit le patron, nous arrivons.

— Nous arrivons ! » murmura le voyageur avec un indéfinissable accent de mélancolie.

Puis il ajouta à voix basse :

« Oui, ce sera là le port. »

Et il se replongea dans sa pensée, qui se traduisait

par un sourire plus triste que ne l'eussent été des larmes.

Quelques minutes après, on aperçut à terre la lueur d'une flamme qui s'éteignit aussitôt, et le bruit d'une arme à feu arriva jusqu'au yacht.

« Excellence, dit le patron, voici le signal de terre, voulez-vous y répondre vous-même ?

— Quel signal ? » demanda celui-ci.

Le patron étendit la main vers l'île aux flancs de laquelle montait, isolé et blanchâtre, un large flocon de fumée qui se déchirait en s'élargissant.

« Ah ! oui, dit-il, comme sortant d'un rêve, donnez. »

Le patron lui tendit une carabine toute chargée ; le voyageur la prit, la leva lentement et fit feu en l'air.

Dix minutes après on carguait les voiles, et l'on jetait l'ancre à cinq cents pas d'un petit port.

Le canot était déjà à la mer avec quatre rameurs et le pilote ; le voyageur descendit, et au lieu de s'asseoir à la poupe, garnie pour lui d'un tapis bleu, se tint debout et les bras croisés.

Les rameurs attendaient, leurs avirons à demi levés, comme des oiseaux qui font sécher leurs ailes.

« Allez ! » dit le voyageur.

Les huit rames retombèrent à la mer d'un seul coup et sans faire jaillir une goutte d'eau ; puis la barque, cédant à l'impulsion, glissa rapidement.

En un instant on fut dans une petite anse formée par une échancrure naturelle ; la barque toucha sur un fond de sable fin.

« Excellence, dit le pilote, montez sur les épaules de deux de nos hommes, ils vous porteront à terre. »

Le jeune homme répondit à cette invitation par un geste de complète indifférence, dégagea ses jambes de la barque et se laissa glisser dans l'eau qui lui monta jusqu'à la ceinture.

« Ah ! Excellence, murmura le pilote, c'est mal ce que vous faites là, et vous nous ferez gronder par le maître. »

Le jeune homme continua d'avancer vers le rivage, suivant deux matelots qui choisissaient le meilleur fond.

Au bout d'une trentaine de pas on avait abordé ; le jeune homme secouait ses pieds sur un terrain sec, et cherchait des yeux autour de lui le chemin probable qu'on allait lui indiquer, car il faisait tout à fait nuit.

Au moment où il tournait la tête, une main se posait sur son épaule, et une voix le fit tressaillir.

« Bonjour, Maximilien, disait cette voix, vous êtes exact, merci !

— C'est vous, comte, s'écria le jeune homme avec un mouvement qui ressemblait à de la joie, et en serrant de ses deux mains la main de Monte-Cristo.

— Oui, vous le voyez, aussi exact que vous ; mais vous êtes ruisselant, mon cher ami : il faut vous changer, comme dirait Calypso à Télémaque. Venez donc, il y a par ici une habitation toute préparée pour vous, dans laquelle vous oublierez fatigues et froid. »

Monte-Cristo s'aperçut que Morrel se retournait ; il attendit.

Le jeune homme, en effet, voyait avec surprise que pas un mot n'avait été prononcé par ceux qui l'avaient amené, qu'il ne les avait pas payés et que cependant ils étaient partis. On entendait même déjà le battement des avirons de la barque qui retournait vers le petit yacht.

« Ah ! oui, dit le comte, vous cherchez vos matelots ?

— Sans doute, je ne leur ai rien donné, et cependant ils sont partis.

— Ne vous occupez point de cela, Maximilien, dit en riant Monte-Cristo, j'ai un marché avec la marine pour que l'accès de mon île soit franc de tout droit de charroi et de voyage. Je suis abonné, comme on dit dans les pays civilisés. »

Morrel regarda le comte avec étonnement.

« Comte, lui dit-il, vous n'êtes plus le même qu'à Paris.

— Comment cela ?

— Oui, ici, vous riez. »

Le front de Monte-Cristo s'assombrit tout à coup.

« Vous avez raison de me rappeler à moi-même,

Maximilien, dit-il ; vous revoir était un bonheur pour moi, et j'oubliais que tout bonheur est passager.

— Oh ! non, non, comte ! s'écria Morrel en saisissant de nouveau les deux mains de son ami ; riez au contraire, soyez heureux, vous, et prouvez-moi par votre indifférence que la vie n'est mauvaise qu'à ceux qui souffrent. Oh ! vous êtes charitable ; vous êtes bon, vous êtes grand, mon ami, et c'est pour me donner du courage que vous affectez cette gaieté.

— Vous vous trompez, Morrel, dit Monte-Cristo, c'est qu'en effet j'étais heureux.

— Alors vous m'oubliez moi-même ; tant mieux !

— Comment cela ?

— Oui, car vous le savez, ami, comme disait le gladiateur entrant dans le cirque au sublime empereur, je vous dis à vous : « Celui qui va mourir te salue. »

— Vous n'êtes pas consolé ? demanda Monte-Cristo avec un regard étrange.

— Oh ! fit Morrel avec un regard plein d'amertume, avez-vous cru réellement que je pouvais l'être ?

— Écoutez, dit le comte, vous entendez bien mes paroles, n'est-ce pas, Maximilien ? Vous ne me prenez pas pour un homme vulgaire, pour une crécelle qui émet des sons vagues et vides de sens. Quand je vous demande si vous êtes consolé, je vous parle en homme pour qui le cœur humain n'a plus de secret. Eh bien, Morrel, descendons ensemble au fond de votre cœur et sondons-le. Est-ce encore cette impatience fougueuse de douleur qui fait bondir le corps comme bondit le lion piqué par le moustique ? Est-ce toujours cette soif dévorante qui ne s'éteint que dans la tombe ? Est-ce cette idéalité du regret qui lance le vivant hors de la vie à la poursuite du mort ? ou bien est-ce seulement la prostration du courage épuisé, l'ennui qui étouffe le rayon d'espoir qui voudrait luire ? est-ce la perte de la mémoire, amenant l'impuissance des larmes ? Oh ! mon cher ami, si c'est cela, si vous ne pouvez plus pleurer, si vous croyez mort votre cœur engourdi, si vous n'avez plus de force qu'en Dieu, de regards que pour le ciel, ami, laissons de côté les mots trop étroits pour le sens que leur donne notre âme. Maximilien, vous êtes consolé, ne vous plaignez plus.

— Comte, dit Morrel de sa voix douce et ferme en même temps ; comte, écoutez-moi, comme on écoute un homme qui parle le doigt étendu vers la terre, les yeux levés au ciel : je suis venu près de vous pour mourir dans les bras d'un ami. Certes, il est des gens que j'aime : j'aime ma sœur Julie, j'aime son mari Emmanuel ; mais j'ai besoin qu'on m'ouvre des bras forts et qu'on me sourie à mes derniers instants ; ma sœur fondrait en larmes et s'évanouirait ; je la verrais souffrir, et j'ai assez souffert ; Emmanuel m'arracherait l'arme des mains et remplirait la maison de ses cris. Vous, comte, dont j'ai la parole, vous qui êtes plus qu'un homme, vous que j'appellerais un dieu si vous n'étiez mortel, vous, vous me conduirez doucement et avec tendresse, n'est-ce pas, jusqu'aux portes de la mort ?

— Ami, dit le comte, il me reste encore un doute : auriez-vous si peu de force, que vous mettiez de l'orgueil à étaler votre douleur ?

— Non, voyez, je suis simple, dit Morrel en tendant la main au comte, et mon pouls ne bat ni plus fort ni plus lentement que d'habitude. Non, je me sens au bout de la route ; non, je n'irai pas plus loin. Vous m'avez parlé d'attendre et d'espérer ; savez-vous ce que vous avez fait, malheureux sage que vous êtes ? J'ai attendu un mois, c'est-à-dire que j'ai souffert un mois ! J'ai espéré (l'homme est une pauvre et misérable créature), j'ai espéré, quoi ? je n'en sais rien, quelque chose d'inconnu, d'absurde, d'insensé ! un miracle... lequel ? Dieu seul peut le dire, lui qui a mêlé à notre raison cette folie que l'on nomme espérance. Oui, j'ai attendu ; oui, j'ai espéré, comte, et depuis un quart d'heure que nous parlons vous m'avez cent fois, sans le savoir, brisé, torturé le cœur, car chacune de vos paroles m'a prouvé qu'il n'y a plus d'espoir pour moi. Ô comte ! que je reposerai doucement et voluptueusement dans la mort ! »

Morrel prononça ces derniers mots avec une explosion d'énergie qui fit tressaillir le comte.

« Mon ami, continua Morrel, voyant que le comte se taisait, vous m'avez désigné le 5 octobre comme le terme du sursis que vous me demandiez... mon ami, c'est aujourd'hui le 5 octobre... »

Morrel tira sa montre.

« Il est neuf heures, j'ai encore trois heures à vivre.

— Soit, répondit Monte-Cristo, venez. »

Morrel suivit machinalement le comte, et ils étaient déjà dans la grotte que Maximilien ne s'en était pas encore aperçu.

Il trouva des tapis sous ses pieds ; une porte s'ouvrit, des parfums l'enveloppèrent, une vive lumière frappa ses yeux.

Morrel s'arrêta, hésitant à avancer ; il se défiait des énervantes délices qui l'entouraient.

Monte-Cristo l'attira doucement.

« Ne convient-il pas, dit-il, que nous employions les trois heures qui nous restent comme ces anciens Romains qui, condamnés par Néron, leur empereur et leur héritier, se mettaient à table couronnés de fleurs, et aspiraient la mort avec le parfum des héliotropes et des roses ? »

Morrel sourit.

« Comme vous voudrez, dit-il ; la mort est toujours la mort, c'est-à-dire l'oubli, c'est-à-dire le repos, c'est-à-dire l'absence de la vie et par conséquent de la douleur. »

Il s'assit, Monte-Cristo prit place en face de lui.

On était dans cette merveilleuse salle à manger que nous avons déjà décrite, et où des statues de marbre portaient sur leur tête des corbeilles toujours pleines de fleurs et de fruits.

Morrel avait tout regardé vaguement, et il était probable qu'il n'avait rien vu.

« Causons en hommes, dit-il en regardant fixement le comte.

— Parlez, répondit celui-ci.

— Comte, reprit Morrel, vous êtes le résumé de toutes les connaissances humaines, et vous me faites l'effet d'être descendu d'un monde plus avancé et plus savant que le nôtre.

— Il y a quelque chose de vrai là-dedans, Morrel, dit le comte avec ce sourire mélancolique qui le rendait si beau ; je suis descendu d'une planète qu'on appelle la douleur.

— Je crois tout ce que vous me dites sans chercher à en approfondir le sens, comte ; et la preuve, c'est que vous m'avez dit de vivre, que j'ai vécu ; c'est que vous m'avez dit d'espérer, et que j'ai presque espéré. J'oserai donc vous dire, comte, comme si vous étiez déjà mort une fois : comte, cela fait-il bien mal ? »

Monte-Cristo regardait Morrel avec une indéfinissable expression de tendresse.

« Oui, dit-il ; oui, sans doute, cela fait bien mal, si vous brisez brutalement cette enveloppe mortelle qui demande obstinément à vivre. Si vous faites crier votre chair sous les dents imperceptibles d'un poignard ; si vous trouez d'une balle inintelligente et toujours prête à s'égarer dans sa route votre cerveau que le moindre choc endolorit, certes, vous souffrirez, et vous quitterez odieusement la vie, la trouvant, au milieu de votre agonie désespérée, meilleure qu'un repos acheté si cher.

— Oui, je comprends, dit Morrel, la mort comme la vie a ses secrets de douleur et de volupté : le tout est de les connaître.

— Justement, Maximilien, et vous venez de dire le grand mot. La mort est, selon le soin que nous prenons de nous mettre bien ou mal avec elle, ou une amie qui nous berce aussi doucement qu'une nourrice, ou une ennemie qui nous arrache violemment l'âme du corps. Un jour, quand notre monde aura vécu encore un millier d'années, quand on se sera rendu maître de toutes les forces destructives de la nature pour les faire servir au bien-être général de l'humanité ; quand l'homme saura, comme vous le disiez tout à l'heure, les secrets de la mort, la mort deviendra aussi douce et aussi voluptueuse que le sommeil goûté aux bras de notre bien-aimée.

— Et si vous vouliez mourir, comte, vous sauriez mourir ainsi, vous ?

— Oui. »

Morrel lui tendit la main.

« Je comprends maintenant, dit-il, pourquoi vous m'avez donné rendez-vous ici, dans cette île désolée, au milieu d'un Océan, dans ce palais souterrain, sépulcre à faire envie à un Pharaon : c'est que vous m'aimez, n'est-ce pas, comte ? c'est que vous m'aimez assez pour me donner une de ces morts dont vous me parliez tout à l'heure, une mort sans agonie, une mort qui me permette de m'éteindre en prononçant le nom de Valentine et en vous serrant la main ?

— Oui, vous avez deviné juste, Morrel, dit le comte avec simplicité, et c'est ainsi que je l'entends.

— Merci ; l'idée que demain je ne souffrirai plus est suave à mon pauvre cœur.

— Ne regrettez-vous rien ? demanda Monte-Cristo.

— Non, répondit Morrel.

— Pas même moi ? » demanda le comte avec une émotion profonde.

Morrel s'arrêta, son œil si pur se ternit tout à coup, puis brilla d'un éclat inaccoutumé ; une grosse larme en jaillit et roula creusant un sillon d'argent sur sa joue.

« Quoi ! dit le comte, il vous reste un regret de la terre et vous mourez !

— Oh ! je vous en supplie, s'écria Morrel d'une voix affaiblie, plus un mot, comte, ne prolongez pas mon supplice ! »

Le comte crut que Morrel faiblissait.

Cette croyance d'un instant ressuscita en lui l'horrible doute déjà terrassé une fois au château d'If.

« Je m'occupe, pensa-t-il, de rendre cet homme au bonheur ; je regarde cette restitution comme un poids jeté dans la balance en regard du plateau où j'ai laissé tomber le mal. Maintenant, si je me trompais, si cet homme n'était pas assez malheureux pour mériter le bonheur ! hélas ! qu'arriverait-il de moi qui ne puis oublier le mal qu'en me retraçant le bien ?

« Écoutez ! Morrel, dit-il, votre douleur est

immense, je le vois ; mais cependant vous croyez en
Dieu, et vous ne voulez pas risquer le salut de votre
âme. »

Morrel sourit tristement.

« Comte, dit-il, vous savez que je ne fais pas de la
poésie à froid ; mais, je vous le jure, mon âme n'est
plus à moi.

— Écoutez, Morrel, dit Monte-Cristo, je n'ai aucun
parent au monde, vous le savez. Je me suis habitué à
vous regarder comme mon fils ; eh bien, pour sauver
mon fils, je sacrifierais ma vie, à plus forte raison ma
fortune.

— Que voulez-vous dire ?

— Je veux dire, Morrel, que vous voulez quitter la
vie, parce que vous ne connaissez pas toutes les
jouissances que la vie permet à une grande fortune.
Morrel, je possède près de cent millions, je vous les
donne ; avec une pareille fortune vous pourrez
atteindre à tous les résultats que vous vous propose-
rez. Êtes-vous ambitieux ? toutes les carrières vous
seront ouvertes. Remuez le monde, changez-en la
face, livrez-vous à des pratiques insensées, soyez criminel s'il le faut, mais vivez.

— Comte, j'ai votre parole, répondit froidement
Morrel ; et, ajouta-t-il en tirant sa montre, il est onze
heures et demie.

— Morrel ! y songez-vous, sous mes yeux, dans ma
maison ?

— Alors laissez-moi partir, dit Maximilien devenu
sombre, ou je croirai que vous ne m'aimez pas pour
moi, mais pour vous. »

Et il se leva.

« C'est bien, dit Monte-Cristo dont le visage
s'éclaircit à ces paroles ; vous le voulez, Morrel, et
vous êtes inflexible ; oui ! vous êtes profondément
malheureux, et vous l'avez dit, un miracle seul pourrait vous guérir ; asseyez-vous, Morrel, et attendez. »

Morrel obéit. Monte-Cristo se leva à son tour et
alla chercher dans une armoire soigneusement fermée, et dont il portait la clef suspendue à une chaîne
d'or, un petit coffret d'argent merveilleusement

sculpté et ciselé, dont les angles représentaient quatre figures cambrées, pareilles à ces cariatides aux élans désolés, figures de femmes, symboles d'anges qui aspirent au ciel.

Il posa le coffret sur la table.

Puis l'ouvrant, il en tira une petite boîte d'or dont le couvercle se levait par la pression d'un ressort secret.

Cette boîte contenait une substance onctueuse à demi solide, dont la couleur était indéfinissable, grâce au reflet de l'or poli, des saphirs, des rubis et des émeraudes qui garnissaient la boîte.

C'était comme un chatoiement d'azur, de pourpre et d'or.

Le comte puisa une petite quantité de cette substance avec une cuiller de vermeil, et l'offrit à Morrel en attachant sur lui un long regard.

On put voir alors que cette substance était verdâtre.

« Voilà ce que vous m'avez demandé, dit-il. Voilà ce que je vous ai promis.

— Vivant encore, dit le jeune homme, prenant la cuiller des mains de Monte-Cristo, je vous remercie du fond de mon cœur. »

Le comte prit une seconde cuiller, et puisa une seconde fois dans la boîte d'or.

« Qu'allez-vous faire, ami ? demanda Morrel, en lui arrêtant la main.

— Ma foi, Morrel, lui dit-il en souriant, je crois, Dieu me pardonne, que je suis aussi las de la vie que vous, et puisque l'occasion s'en présente...

— Arrêtez ! s'écria le jeune homme, oh ! vous, qui aimez, vous qu'on aime, vous qui avez la foi de l'espérance, oh ! ne faites pas ce que je vais faire ; de votre part ce serait un crime. Adieu, mon noble et généreux ami, je vais dire à Valentine tout ce que vous avez fait pour moi. »

Et lentement, sans aucune hésitation qu'une pression de la main gauche qu'il tendait au comte, Morrel avala ou plutôt savoura la mystérieuse substance offerte par Monte-Cristo.

Alors tous deux se turent. Ali, silencieux et attentif, apporta le tabac et les narguilés, servit le café et disparut.

Peu à peu les lampes pâlirent dans les mains des statues de marbre qui les soutenaient, et le parfum des cassolettes sembla moins pénétrant à Morrel.

Assis vis-à-vis de lui, Monte-Cristo le regardait du fond de l'ombre, et Morrel ne voyait briller que les yeux du comte.

Une immense douleur s'empara du jeune homme ; il sentait le narguilé s'échapper de ses mains ; les objets perdaient insensiblement leur forme et leur couleur ; ses yeux troublés voyaient s'ouvrir comme des portes et des rideaux dans la muraille.

« Ami, dit-il, je sens que je meurs ; merci. »

Il fit un effort pour lui tendre une dernière fois la main, mais sa main sans force retomba près de lui.

Alors il lui sembla que Monte-Cristo souriait, non plus de son rire étrange et effrayant qui plusieurs fois lui avait laissé entrevoir les mystères de cette âme profonde, mais avec la bienveillante compassion que les pères ont pour leurs petits enfants qui déraisonnent.

En même temps le comte grandissait à ses yeux ; sa taille, presque doublée, se dessinait sur les tentures rouges, il avait rejeté en arrière ses cheveux noirs, et il apparaissait debout et fier comme un de ces anges dont on menace les méchants au jour du jugement dernier.

Morrel, abattu, dompté, se renversa sur son fauteuil : une torpeur veloutée s'insinua dans chacune de ses veines. Un changement d'idées meubla pour ainsi dire son front, comme une nouvelle disposition de dessins meuble le kaléidoscope.

Couché, énervé, haletant, Morrel ne sentait plus rien de vivant en lui que ce rêve : il lui semblait entrer à pleines voiles dans le vague délire qui précède cet autre inconnu qu'on appelle la mort.

Il essaya encore une fois de tendre la main au comte, mais cette fois sa main ne bougea même plus ; il voulut articuler un suprême adieu, sa langue roula lourdement dans son gosier comme une pierre qui boucherait un sépulcre.

Ses yeux chargés de langueurs se fermèrent malgré lui : cependant, derrière ses paupières, s'agitait une image qu'il reconnut malgré cette obscurité dont il se croyait enveloppé.

C'était le comte qui venait d'ouvrir la porte.

Aussitôt, une immense clarté rayonnant dans une chambre voisine, ou plutôt dans un palais merveilleux, inonda la salle où Morrel se laissait aller à sa douce agonie.

Alors il vit venir au seuil de cette salle, et sur la limite des deux chambres, une femme d'une merveilleuse beauté.

Pâle et doucement souriante, elle semblait l'ange de miséricorde conjurant l'ange des vengeances.

« Est-ce déjà le ciel qui s'ouvre pour moi ? pensa le mourant ; cet ange ressemble à celui que j'ai perdu. »

Monte-Cristo montra du doigt, à la jeune femme, le sofa où reposait Morrel.

Elle s'avança vers lui les mains jointes et le sourire sur les lèvres.

« Valentine ! Valentine ! » cria Morrel du fond de l'âme.

Mais sa bouche ne proféra point un son ; et, comme si toutes ses forces étaient unies dans cette émotion intérieure, il poussa un soupir et ferma les yeux.

Valentine se précipita vers lui.

Les lèvres de Morrel firent encore un mouvement.

« Il vous appelle, dit le comte ; il vous appelle du fond de son sommeil, celui à qui vous aviez confié votre destinée, et la mort a voulu vous séparer : mais j'étais là par bonheur, et j'ai vaincu la mort ! Valentine, désormais vous ne devez plus vous séparer sur la terre ; car, pour vous retrouver, il se précipitait dans la tombe. Sans moi vous mourriez tous deux ; je vous rends l'un à l'autre : puisse Dieu me tenir compte de ces deux existences que je sauve ! »

Valentine saisit la main de Monte-Cristo, et dans un élan de joie irrésistible elle la porta à ses lèvres.

« Oh ! remerciez-moi bien, dit le comte, oh ! redites-moi, sans vous lasser de me le redire, redites-moi que je vous ai rendue heureuse ! vous ne savez pas combien j'ai besoin de cette certitude.

— Oh ! oui, oui, je vous remercie de toute mon âme, dit Valentine, et si vous doutez que mes remerciements soient sincères, eh bien, demandez à Haydée, interrogez ma sœur chérie Haydée, qui depuis notre départ de France m'a fait attendre patiemment, en me parlant de vous, l'heureux jour qui luit aujourd'hui pour moi.

— Vous aimez donc Haydée ? demanda Monte-Cristo avec une émotion qu'il s'efforçait en vain de dissimuler.

— Oh ! de toute mon âme.

— Eh bien, écoutez, Valentine, dit le comte, j'ai une grâce à vous demander.

— A moi, grand Dieu ! Suis-je assez heureuse pour cela ?...

— Oui, vous avez appelé Haydée votre sœur : qu'elle soit votre sœur en effet, Valentine ; rendez-lui, à elle, tout ce que vous croyez me devoir à moi ; protégez-la, Morrel et vous, car (la voix du comte fut prête à s'éteindre dans sa gorge), car désormais elle sera seule au monde...

— Seule au monde ! répéta une voix derrière le comte, et pourquoi ? »

Monte-Cristo se retourna.

Haydée était là debout, pâle et glacée, regardant le comte avec un geste de mortelle stupeur.

« Parce que demain, ma fille, tu seras libre, répondit le comte ; parce que tu reprendras dans le monde la place qui t'est due, parce que je ne veux pas que ma destinée obscurcisse la tienne. Fille de prince ! je te rends les richesses et le nom de ton père. »

Haydée pâlit, ouvrit ses mains diaphanes comme fait la vierge qui se recommande à Dieu, et d'une voix rauque de larmes :

« Ainsi, mon seigneur, tu me quittes ? dit-elle.

— Haydée ! Haydée ! tu es jeune, tu es belle ; oublie jusqu'à mon nom et sois heureuse.

— C'est bien, dit Haydée, tes ordres seront exécutés, mon seigneur ; j'oublierai jusqu'à ton nom et je serai heureuse. »

Et elle fit un pas en arrière pour se retirer.

« Oh ! mon Dieu ! s'écria Valentine, tout en soutenant la tête engourdie de Morrel sur son épaule, ne voyez-vous donc pas comme elle est pâle, ne comprenez-vous pas ce qu'elle souffre ? »

Haydée lui dit avec une expression déchirante :

« Pourquoi veux-tu donc qu'il me comprenne, ma sœur ? il est mon maître et je suis son esclave ; il a le droit de ne rien voir. »

Le comte frissonna aux accents de cette voix qui alla éveiller jusqu'aux fibres les plus secrètes de son cœur ; ses yeux rencontrèrent ceux de la jeune fille et ne purent en supporter l'éclat.

« Mon Dieu ! mon Dieu ! dit Monte-Cristo, ce que vous m'aviez laissé soupçonner serait donc vrai ! Haydée, vous seriez donc heureuse de ne point me quitter ?

— Je suis jeune, répondit-elle doucement, j'aime la vie que tu m'as toujours faite si douce, et je regretterais de mourir.

— Cela veut-il donc dire que si je te quittais, Haydée...

— Je mourrais, mon seigneur, oui !

— Mais tu m'aimes donc ?

— Oh ! Valentine, il demande si je l'aime ! Valentine, dis-lui donc si tu aimes Maximilien ! »

Le comte sentit sa poitrine s'élargir et son cœur se dilater ; il ouvrit ses bras, Haydée s'y élança en jetant un cri.

« Oh ! oui, je t'aime ! dit-elle, je t'aime comme on aime son père, son frère, son mari ! Je t'aime comme on aime sa vie, comme on aime son Dieu, car tu es pour moi le plus beau, le meilleur et le plus grand des êtres créés !

— Qu'il soit donc fait ainsi que tu le veux, mon ange chéri ! dit le comte ; Dieu, qui m'a suscité contre mes ennemis et qui m'a fait vainqueur, Dieu, je le vois bien, ne veut pas mettre ce repentir au bout de ma victoire ; je voulais me punir, Dieu veut me pardonner. Aime-moi donc, Haydée ! Qui sait ? ton amour me fera peut-être oublier ce qu'il faut que j'oublie.

— Mais que dis-tu donc là, mon seigneur ? demanda la jeune fille.

— Je dis qu'un mot de toi, Haydée, m'a plus éclairé que vingt ans de ma lente sagesse ; je n'ai plus que toi au monde, Haydée ; par toi je me rattache à la vie, par toi je puis souffrir, par toi je puis être heureux.

— L'entends-tu, Valentine ? s'écria Haydée ; il dit que par moi il peut souffrir ! par moi, qui donnerais ma vie pour lui ! »

Le comte se recueillit un instant.

« Ai-je entrevu la vérité ? dit-il, ô mon Dieu ! n'importe ! récompense ou châtiment, j'accepte cette destinée. Viens, Haydée, viens... »

Et jetant son bras autour de la taille de la jeune fille, il serra la main de Valentine et disparut.

Une heure à peu près s'écoula, pendant laquelle haletante, sans voix, les yeux fixes, Valentine demeura près de Morrel. Enfin elle sentit son cœur battre, un souffle imperceptible ouvrit ses lèvres, et ce léger frissonnement qui annonce le retour de la vie courut par tout le corps du jeune homme.

Enfin ses yeux se rouvrirent, mais fixes et comme insensés d'abord ; puis la vue lui revint, précise, réelle ; avec la vue le sentiment, avec le sentiment la douleur.

« Oh ! s'écria-t-il avec l'accent du désespoir, je vis encore ! le comte m'a trompé ! »

Et sa main s'étendit vers la table, et saisit un couteau.

« Ami, dit Valentine avec son adorable sourire, réveille-toi donc et regarde de mon côté. »

Morrel poussa un grand cri, et délirant, plein de doute, ébloui comme par une vision céleste, il tomba sur ses deux genoux...

Le lendemain, aux premiers rayons du jour, Morrel et Valentine se promenaient au bras l'un de l'autre sur le rivage, Valentine racontant à Morrel comment Monte-Cristo était apparu dans sa chambre, comment il lui avait tout dévoilé, comment il lui avait fait toucher le crime du doigt, et enfin comment il l'avait miraculeusement sauvée de la mort, tout en laissant croire qu'elle était morte.

Ils avaient trouvé ouverte la porte de la grotte, et ils étaient sortis ; le ciel laissait luire dans son azur matinal les dernières étoiles de la nuit.

Alors Morrel aperçut dans la pénombre d'un groupe de rochers un homme qui attendait un signe pour avancer ; il montra cet homme à Valentine.

« Ah ! c'est Jacopo, dit-elle, le capitaine du yacht. »

Et d'un geste elle l'appela vers elle et vers Maximilien.

« Vous avez quelque chose à nous dire ? demanda Morrel.

— J'avais à vous remettre cette lettre de la part du comte.

— Du comte ! murmurèrent ensemble les deux jeunes gens.

— Oui, lisez. »

Morrel ouvrit la lettre et lut :

« Mon cher Maximilien,

« Il y a une felouque pour vous à l'ancre. Jacopo
« vous conduira à Livourne, où M. Noirtier attend sa
« petite-fille, qu'il veut bénir avant qu'elle vous suive
« à l'autel. Tout ce qui est dans cette grotte, mon ami,
« ma maison des Champs-Élysées et mon petit châ-
« teau du Tréport sont le présent de noces que fait
« Edmond Dantès au fils de son patron Morrel.
« Mlle de Villefort voudra bien en prendre la moitié,
« car je la supplie de donner aux pauvres de Paris
« toute la fortune qui lui revient du côté de son père,
« devenu fou, et du côté de son frère, décédé en
« septembre dernier avec sa belle-mère.

« Dites à l'ange qui va veiller sur votre vie, Morrel,
« de prier quelquefois pour un homme qui, pareil à
« Satan, s'est cru un instant l'égal de Dieu, et qui a

« reconnu, avec toute l'humilité d'un chrétien, qu'aux
« mains de Dieu seul sont la suprême puissance et la
« sagesse infinie. Ces prières adouciront peut-être le
« remords qu'il emporte au fond de son cœur.

« Quant à vous, Morrel, voici tout le secret de ma
« conduite envers vous : il n'y a ni bonheur ni mal-
« heur en ce monde, il y a la comparaison d'un état à
« un autre, voilà tout. Celui-là seul qui a éprouvé
« l'extrême infortune est apte à ressentir l'extrême
« félicité. Il faut avoir voulu mourir, Maximilien,
« pour savoir combien il est bon de vivre.

« Vivez donc et soyez heureux, enfants chéris de
« mon cœur, et n'oubliez jamais que, jusqu'au jour
« où Dieu daignera dévoiler l'avenir à l'homme, toute
« la sagesse humaine sera dans ces deux mots :

« *Attendre et espérer !*

« Votre ami. » EDMOND DANTÈS

« COMTE DE MONTE-CRISTO. »

Pendant la lecture de cette lettre, qui lui apprenait la
folie de son père et la mort de son frère, mort et folie
qu'elle ignorait, Valentine pâlit, un douloureux soupir
s'échappa de sa poitrine, et des larmes, qui n'en
étaient pas moins poignantes pour être silencieuses,
roulèrent sur ses joues ; son bonheur lui coûtait bien
cher.

Morrel regarda autour de lui avec inquiétude.

« Mais, dit-il, en vérité le comte exagère sa générosité ; Valentine se contentera de ma modeste fortune.
Où est le comte, mon ami ? conduisez-moi vers lui. »

Jacopo étendit la main vers l'horizon.

« Quoi ! que voulez-vous dire ? demanda Valentine.
Où est le comte ? où est Haydée ?

— Regardez », dit Jacopo.

Les yeux des deux jeunes gens se fixèrent sur la ligne
indiquée par le marin, et, sur la ligne d'un bleu foncé
qui séparait à l'horizon le ciel de la Méditerranée, ils
aperçurent une voile blanche, grande comme l'aile
d'un goéland.

« Parti ! s'écria Morrel ; parti ! Adieu, mon ami, mon
père !

— Partie ! murmura Valentine. Adieu, mon amie ! adieu, ma sœur !

— Qui sait si nous les reverrons jamais ? fit Morrel en essuyant une larme.

— Mon ami, dit Valentine, le comte ne vient-il pas de nous dire que l'humaine sagesse était tout entière dans ces deux mots :

« *Attendre et espérer !* »

Commentaires

Monte-Cristo, roman d'aventures, roman de la vengeance, est aussi la peinture d'une époque et d'une société. Les éclaircissements ou hypothèses rassemblés ci-dessous visent à confronter le roman aux réalités dont Dumas a pu s'inspirer, et par là, dans une certaine mesure, à en éclairer la genèse.

Beauchamp

Le nom de ce journaliste, qui apparaît au chapitre XXXIX et joue un rôle important dans l'intrigue (il se rend à Janina pour vérifier les accusations portées contre Fernand), est emprunté par Dumas à un personnage réel, Alphonse de Beauchamp (1767-1832). Né à Monaco, d'abord sous-lieutenant dans la marine sarde, celui-ci gagna Paris en 1793 et travailla dans les bureaux du Comité de sûreté générale. Thermidorien, il fut employé sous le Directoire dans les services du ministère de la Police (affaires de presse). En 1806, il fut chassé par Fouché pour avoir publié une *Histoire des guerres de Vendée* jugée trop favorable aux Chouans. Sous la Restauration, il écrivit dans le très royaliste *Drapeau blanc*. Il mourut du choléra en 1832. Il est l'auteur de nombreux ouvrages d'histoire contemporaine, notamment une *Vie d'Ali Pacha* (Ali de

Tebelen) parue en 1822, que Dumas a probablement lue.

Bourse

Il est précisé dès le chapitre XXXIX que Danglars bénéficie en priorité d'informations politiques grâce auxquelles il gagne à la Bourse. On comprend plus loin qu'il les doit à Lucien Debray, secrétaire du ministre de l'Intérieur et amant de la baronne Danglars. Cette forme de « délit d'initié » est évoquée par Stendhal dans *Armance* (1827), où M. de Soubirane (chapitre III) se vante de faire gagner de l'argent à Octave : « Il connaissait Mme la comtesse de ***, et l'on pourrait jouer sur la rente *à coup sûr* ». L'expression est soulignée par Stendhal, qui vise la comtesse du Cayla, maîtresse de Louis XVIII, censée faire bénéficier ses amis ou protégés des nouvelles politiques transmises au gouvernement par le télégraphe optique. Ce procédé joue également un rôle dans *Lucien Leuwen*.

Dans sa *Némésis* (1832), le poète Auguste Barthélemy (1796-1867), sorte de Juvénal romantique, a consacré à la Bourse des pages furibondes, flétrissant notamment les femmes du monde adonnées à la spéculation :

Ces banquiers féminins de scandaleuse histoire
Fondent dans leur ménage un jeu contradictoire.
Car tandis que la baisse écrase leurs maris
En faveur de la hausse elles font leurs paris...

Plus loin il dénonce lui aussi les « délits d'initiés » façon Debray-Danglars :

Mais de quel nom flétrir, de quel cachet de honte,
Celui qui, dans le poste où la faveur le monte,
D'un secret politique en ses mains retenu
Trafique pour son compte avant qu'il soit connu ?

Barthélemy était lié avec un ami personnel de

Dumas, l'écrivain marseillais Joseph Méry ; ils avaient écrit ensemble *La Villéliade*, vigoureuse satire du ministre de la Restauration Villèle. Dumas évoque les deux hommes au chapitre CXI de ses *Mémoires*.

Brigands

Comme toute la littérature et le théâtre romantiques, l'œuvre de Dumas abonde en brigands et contrebandiers italiens, de ses premiers récits de voyages à l'un de ses derniers romans, *La San Felice*. Cette mythologie pittoresque n'est pas sans fondement ; le banditisme sévissait alors de façon endémique dans le Sud italien et les états pontificaux. De l'invasion française à la chute de Napoléon, les Anglais et le roi Ferdinand avaient largement contribué à aggraver le phénomène, les premiers en encourageant la contrebande, le second en recourant aux services de bandes armées. La « Camorra » de Naples commença de faire parler d'elle dès les années 1820 ; dans les périodes troublées elle prêta volontiers main forte à la monarchie napolitaine.

La littérature de voyage abonde en considérations sur le sujet. En 1828, le *Journal d'un voyage en Italie et en Suisse* de Romain Collomb — dont la matière avait été partiellement fournie par Stendhal, son cousin — donne un remarquable tableau du phénomène dans son ensemble, soulignant notamment l'organisation du banditisme — hiérarchie, noviciat, règles internes — ainsi que ses complicités dans la population et auprès des gouvernements. Les *Souvenirs de France et d'Italie* du comte Joseph d'Estourmel (Paris, 1848) décrivent une curieuse institution, la « ferme des brigands », fondée sous Léon XII dans les marais pontins. Les bandits pouvaient y trouver asile à condition de cultiver la terre environnante. Ils échappaient ainsi à la prison et périssaient de malaria...

Dans *Le Corricolo*, *Le Speronare*, *Le Capitaine Arena*, Dumas recueille nombre d'anecdotes relatives au banditisme. Ne les a-t-il pas largement embellies ? Dans

son *Histoire de la Mafia* (Fayard, 1973), Gaetano Fal-
zone, quoique se méfiant de la littérature de brigands,
lui attribue un bon point pour son roman *Pascal
Bruno* (1838) dont l'action se déroule en Sicile en
1803-1805. « Le protagoniste, fils d'une victime de la
tyrannie féodale et type de brigand justicier, semble
calqué sur les personnages de Ruy Blas et d'Hernani »,
écrit-il. Façon de dire que le mythe romantique corres-
pond assez bien à la réalité. Outre *La San Felice*,
mentionné plus haut, roman dans lequel il donne
d'étonnants portraits de brigands célèbres, Fra Diavolo et Mammone, dit « le meunier de Sora », Dumas
publiera, peu après son séjour à Naples auprès de
Garibaldi, une brochure intitulée *De l'origine du bri-
gandage, des causes de sa persistance et des moyens d'y
mettre fin.*

C'est à Livourne (chapitre XXXII) que Dantès,
accompagnant le patron de la *Jeune-Amélie* dans une
taverne de la via del Oglio où se réunissent les contrebandiers, se demande « de quelle puissance ne dis-
poserait pas un homme qui arriverait à donner
l'impulsion de sa volonté à tous ces fils réunis et
divergents. » Le comte de Monte-Cristo préfigure-t-il
les « parrains » du Sud italien ?

Dans son récit de voyage *De Paris à Cadix* (1848),
Dumas évoquera (lettre VI) un riche seigneur espagnol, le duc d'Ossuna, qui, lassé des exactions des
bandits réfugiés sur ses terres, a passé un traité avec
eux : ils épargneront ses amis ou parents, moyennant
quoi les gardes du duc cesseront de leur faire la
chasse. Les brigands ont accepté l'offre, mais déva-
lisent une marquise de Santa-C*** sans savoir qu'elle
est cousine d'Ossuna. Elle s'en plaint à lui. Huit jours
plus tard, il la prie de passer le voir et lui présente un
homme qui lui remet la somme exacte qui lui a été
dérobée ; cet homme n'est autre que le chef des bandits. Si les dates de rédaction ne l'interdisaient pas, on
pourrait penser que l'enlèvement d'Albert de Morcerf à
Rome est inspiré de cette anecdote. Dumas la connaissait-il depuis plus longtemps ? L'a-t-il inventée ?

Danglars

Comme modèle de ce personnage, on a pu citer Alejandro-Maria Aguado (1784-1842), homme d'affaires espagnol, fondateur d'une banque à Paris en 1815, naturalisé français sous Charles X. Cité au chapitre XXXIII, il avait été en rapport en Espagne avec le maréchal Soult. La ressemblance est mince, et peut-être Dumas n'avait-il besoin d'aucun modèle particulier pour créer ce type du parvenu arrogant. En revanche, Danglars, qui jette les bases de sa fortune en Espagne, dans les fournitures aux armées, durant l'intervention française de 1823, n'a pas pu ne pas être en rapport avec l'étonnant Gabriel-Julien Ouvrard (1770-1846), un nom dont pouvaient se souvenir les lecteurs contemporains du roman. Financier du Directoire et de l'Empire, très lié à la monarchie espagnole, Ouvrard avait été nommé munitionnaire général de l'armée du duc d'Angoulême ; accusé ensuite d'escroquerie et de corruption, il fut emprisonné. Jacques Wolff, biographe de ce personnage (*Le Financier Ouvrard — l'argent et la politique*, Tallandier, 1992) évoque en détails cette affaire complexe où la culpabilité du financier n'est pas certaine. Mais dès lors que subsiste le souvenir du scandale, l'enrichissement de Danglars sent *ipso facto* le tripatouillage, en même temps qu'il le lie à l'ultraroyalisme. On retrouve en effet l'argent d'Ouvrard dans l'équipée de la duchesse de Berry, lorsqu'en 1832 elle tenta de soulever la Vendée contre la monarchie de Juillet.

Dantès

Dantès entre en prison et en sort un 28 février ; il y passe donc quatorze ans jour pour jour. C'est au bout de sept ans — à la moitié du séjour — qu'il entre en contact avec Faria, lui-même emprisonné depuis quatorze ans à ce moment-là. Le père du jeune homme est mort, lui, cinq mois jour pour jour après son emprisonnement. En 1829, le *Pharaon*, parti de Calcutta le 5 février, arrivera le 5 septembre à Marseille. Ce même 5 septembre (titre d'un chapitre) Dantès a achevé de récompenser les Justes ; et c'est un 5 octobre (titre du dernier chapitre) qu'ayant mené à bien sa vengeance, il accueille Maximilien Morrel à l'île de Monte-Cristo pour lui rendre Valentine. A Rome, le 21 février, il a fixé rendez-vous à ses amis parisiens pour le 21 mai, « jour pour jour, heure pour heure ». « Je vous préviens que je suis d'une exactitude désespérante », leur a-t-il précisé.

Dumas n'a sans doute pas par hasard accumulé ces coïncidences de dates qui semblent le fasciner. Dans ses *Mémoires* (XXXVII), il relève qu'à son retour de l'île d'Elbe, Napoléon voulut par superstition entrer aux Tuileries le 20 mars, jour de la naissance du roi de Rome ; il y revint, après Waterloo, le 20 juin. Le recours insistant à ce procédé est d'autant plus frappant que Dumas, le reste du temps, se trompe à maintes reprises dans son propre calendrier. Mercédès, âgée de dix-sept ans en 1815, est censée avoir trente-six ans en 1838 ; Caderousse, qui a d'abord quatre ans de plus que Fernand (chapitres II et III), a huit ans de plus que lui au chapitre XIII. Dumas fait participer Fernand à l'expédition d'Espagne (1823) avant qu'il ne serve et trahisse Ali de Tebelen (tué en 1822). Durant l'épisode parisien, enfin, les multiples « le lendemain » et autres « quelques jours après » contredisent fréquemment les dates indiquées.

Sans doute Dumas n'a-t-il cure de ces détails, qui passent d'ailleurs inaperçus. Mais cette double attitude du romancier à l'égard du calendrier — incurie d'un côté, concordances soulignées de l'autre — appelle une autre remarque. Dans une étude de la revue *L'Arc* (n° 71), Gilbert Lascault a relevé la précision chronologique des incipits de Dumas dans la plupart de ses romans ; il y voit le reflet d'une volonté obsessionnelle, chez ce romancier de l'histoire, de dominer le temps. « Dumas ne cherche pas un temps perdu. Il explore, avec assurance, avec un aplomb parfois naïf, un temps qu'il croit posséder ». De fait, dans *Monte-Cristo*, les dates précises, qui entrent dans un jeu d'écho, sont celles qui marquent les tournants du destin : mort du père, évasion, récompenses, vengeance ; et c'est bien en tant que bras armé de la Providence que le vengeur fixe des échéances précises, à Albert aussi bien qu'à Maximilien. Le temps qui s'écoule à l'intérieur de ce cadre préfixé ne peut rien changer à l'issue fatale. Il est dès lors significatif que le romancier — pressé — omette d'en vérifier la cohérence interne.

Fernand

Il n'est pas douteux que ce général qui, peu avant Waterloo, incite Fernand à passer à l'ennemi avec lui (XXVII), soit le futur maréchal de Bourmont, avec qui (XLI) Fernand devenu comte de Morcerf a combattu en Algérie. Ministre de la Guerre sous Charles X, Bourmont devint une des têtes de massacre de l'opposition. « Coblence, Waterloo, 1815 » : ainsi dépeint-elle le ministère Polignac, à la veille de 1830. Bourmont, dans le triptyque, incarnait Waterloo et la trahison. On retrouve Bourmont (comme Ouvrard) dans l'entourage de la duchesse de Berry peu avant sa tentative de coup d'État.

Faria

On a beaucoup cité comme modèle de ce personnage l'abbé Joseph Custodi de Faria (1755-1819), né à Goa, ordonné prêtre à Rome, professeur de philosophie à Paris sous l'Empire. Chateaubriand ridiculise cet adepte de Swedenborg et de Mesmer, qui prétend, chez Mme de Custine, tuer un serin en le magnétisant : « le serin fut le plus fort, et l'abbé, hors de lui, fut obligé de quitter la partie. » Le personnage n'a guère de commun avec le vieux prisonnier d'If que le nom et la prêtrise.

En revanche, Dumas a sans doute pensé au géologue Dolomieu (1750-1801), membre de l'ordre de Malte, sympathisant de la Révolution, que sa vie aventureuse mena en Égypte avec Bonaparte, puis dans les prisons du roi de Naples en même temps que le père du romancier (de juin 1799 à mars 1801). Jeté dans un cachot obscur, il rédigea sur les marges d'une Bible, avec une pointe de bois en guise de plume et la suie de sa lampe en guise d'encre, les notes scientifiques qu'il avait en tête. Cette captivité inique lui valut une certaine popularité à son retour en France, et il est fort probable qu'on en ait parlé chez Dumas en évoquant les malheurs du général.

Faria doit peut-être aussi quelques traits à l'abbé Vincenzo Gioberti (1801-1852) dont l'ouvrage *De la primauté civile et morale des Italiens*, paru en 1843, eut un énorme retentissement en Italie et en France. Prêtre, théologien, chapelain à la cour de Turin, démissionnaire en 1833 et incarcéré quelque temps en raison de ses opinions libérales, Gioberti préconisait pour unifier l'Italie une confédération de monarchies constitutionnelles placées sous la tutelle spirituelle du pape. Dumas, passionné par l'Italie, n'a pu ignorer le personnage ni son œuvre, et les idées qu'il prête à Faria ne sont pas éloignées de celles de Gioberti.

Faria (XVII) a été lié d'autre part au savant et philosophe Cabanis (1757-1808), qui fut notamment sénateur sous le Consulat. Peut-être est-ce par son intermédiaire qu'il a rencontré le sénateur Noirtier de Villefort ? Cette référence, en tout cas, range Faria dans le mouvement libéral en politique, et dans le voisinage du mouvement scientifique et philosophique des Idéologues.

Guiccioli (Teresa)

De cette comtesse G*** que Dumas fait apparaître à Rome (chapitre XXXIV), puis à Paris (LIII), la première version du manuscrit de Villers-Cotterêts livre l'identité : il s'agit de la comtesse Teresa Guiccioli, la dernière maîtresse de Byron, lequel avait participé aux côtés de Pietro Gamba, frère de la jeune femme, au mouvement anti-autrichien en Italie du Nord. Après la mort du poète, elle demeura une figure connue et quasi légendaire. Chateaubriand, Lamartine, Dumas lui-même l'ont rencontrée. Elle épousa en 1847 un pair de France, le marquis de Boissy. Comme il le fait avec le maréchal de Bourmont (pour Fernand) ou Cabanis (pour Faria), Dumas se contente d'une allusion qu'une partie de ses lecteurs, sinon la totalité, pouvaient traduire. La discrète apparition de la comtesse Guiccioli « cale » le roman à la fois sur le mythe byronien (lui-même à relier à l'épopée grecque) et sur le nationalisme progressiste italien.

Janina (Ali de Tebelen, pacha de)

Pas plus que Noirtier le « bon-papa » de Valentine, quasi-assassin du général Quesnel (voir p. 787 à ce nom), Ali de Tebelen (1741-1822), père de Haydée, n'est en réalité fort sympathique. Après avoir assassiné son propre frère, il régna par la terreur sur l'Épire et l'Albanie. Tenace dans ses haines, il fit emprisonner et supplicier, quarante-deux ans après, l'homme qui avait séduit une de ses sœurs. Le sang paternel parle, à n'en pas douter, dans la magnifique fureur avec laquelle Haydée confond le traître Mondego-Morcerf...

La trahison de Fernand, qu'Ali a couvert de ses bienfaits, et l'amour que lui porte Haydée, nous conduisent évidemment à le ranger dans le camp des victimes. Mais c'est de façon très calculatrice, afin de « fixer » les troupes turques dans le Péloponnèse, et de s'assurer pendant ce temps une indépendance accrue, qu'il encouragea la révolte grecque.

Bien qu'imaginé par Dumas, l'épisode de la vente d'Haydée et de sa mère par Fernand n'est pas tout à fait fantaisiste. Les Turcs réduisaient leurs prisonniers en esclavage sur les marchés d'Égypte ou d'Afrique, et la question a pu être posée, à l'époque, d'une participation de navires ou d'équipages français à ces trafics. Dans une adresse à la Chambre des pairs, en 1826,

Chateaubriand demandait avec insistance que ces délits fussent réprimés au même titre que la traite des esclaves noirs.

Dans *Un début dans la vie* (1842), Balzac campe un clerc de notaire, Georges Marest, qui pour se divertir durant un voyage, raconte qu'il a commandé la cavalerie d'Ali de Tebelen, lequel lui a donné, outre de l'or, une esclave grecque, un cheval arabe, etc.

Monte-Cristo (île de)

L'île de Monte-Cristo est située dans l'archipel toscan, non loin de l'île d'Elbe. Saint Maximilien s'y serait réfugié pour échapper aux Vandales. Jusqu'au XVIe siècle elle abrita un monastère, abandonné ensuite à cause des incursions du corsaire barbaresque Dragut. Une tradition locale rapporte que les moines auraient dissimulé dans ce couvent le trésor d'un cardinal italien. Grand amateur d'anecdotes ou de légendes, Dumas a-t-il eu connaissance de celle-ci ? Il ne le dit pas dans son « État-civil du comte de Monte-Cristo ». En 1852, l'île fut achetée par un riche Anglais, peut-être inspiré par le roman. Récupérée par l'État italien, elle servit plus tard de pénitencier, de même que sa voisine l'île de la Pianosa. Actuellement classée comme réserve naturelle, son accès est interdit au public.

Noms propres

Faria, Beauchamp (voir ci-dessus) sont des noms empruntés à des personnages réels. Morrel également, à un R près : Morel était le nom d'un Marseillais présenté à Dumas par les frères Méry en 1834. Il a de même existé à l'époque de Dumas des familles de Chateaurenaud et de Nargonne. Avec la même liberté, il n'hésite pas à attribuer à un personnage imaginaire, Franz d'Épinay, un nom réel et un père ayant réellement existé (voir plus loin à Quesnel).

Au chapitre XXVI, il précise que le surnom de la femme de Caderousse, « la Carconte », provient du nom de son village natal. Il en va de même du patronyme de Caderousse, nom d'une localité de la région d'Orange. Morcerf est le nom d'une commune de Seine-et-Marne, Morcerf-en-Brie. Il est très vraisemblable que Fernand Mondego, voulant constituer le majorat lui permettant d'obtenir un titre de noblesse, ait choisi cette région alors assez en vogue (s'y trouve notamment le château de Ferrières, d'abord propriété de Joseph Fouché, racheté ensuite et rebâti par la famille Rothschild).

Poisons

La mystérieuse liqueur rouge grâce à laquelle Faria, au chapitre XVII, met fin à la première crise qui le frappe, et dont il attribue l'invention à Cabanis, a déjà fait une apparition dans *Le Speronare*, au chapitre intitulé « Gaetano Sferra ». Plus tard, Dantès-Monte-Cristo connaîtra aussi bien les plus dangereux poisons que les plus miraculeux antidotes. Dumas — ses *Mémoires* en témoignent, ainsi que la série des *Crimes célèbres* et naturellement *La Reine Margot* — est hanté par ce thème qui a tragiquement marqué la destinée de son père. Il est de ceux qui pensent que le général Hoche, rival potentiel de Bonaparte, fut empoisonné. Il considère de même (c'est inexact) que Cabanis aurait fourni à Napoléon le poison avec lequel l'empereur tenta de mettre fin à ses jours en 1814 (*Mémoires*, chapitre XXX).

Des faits divers célèbres de l'époque avaient entretenu l'intérêt — le sien et celui du public — pour le thème. On citera l'affaire Castaing, mentionnée deux fois dans le roman (XXXV et LII), que Dumas relate en détails au chapitre XCI de ses *Mémoires*. Médecin, Castaing avait empoisonné toute une famille pour s'emparer de sa fortune. Il fut décapité en 1823. Les criminelles entreprises de Mme de Villefort ne sont donc pas aussi grand-guignolesques qu'on pourrait le croire. L'épisode a d'ailleurs une autre source dans les mêmes *Mémoires historiques* de Jacques Peuchet où Dumas a trouvé le thème de la prison et de la vengeance. Ce récit intitulé « Un crime de famille » relate une affaire d'empoisonnements en série, bien réelle et non moins atroce. Dumas, qui a évoqué et publié « Le diamant et la vengeance », n'en a pas fait état.

Monte-Cristo guérisseur miraculeux : le thème doit-il quelque chose à la vogue extraordinaire que connaît à Paris, dans les années 1835, Samuel Hahneman, inventeur de l'homéopathie ? Hahneman, qui s'auréolait de mystère, se faisait fort de tout guérir, choléra, scarlatine, grippe ou mélancolie. Il eut ses sectateurs et ses détracteurs. On ne saurait en faire un modèle pour Monte-Cristo, mais quand on considère le flair avec lequel Dumas met à profit ce qui fascine le public de son temps, le rapprochement n'est peut-être pas dénué de fondement.

Terreur blanche

Dans la partie marseillaise du roman, puis à travers l'histoire de Bertuccio à Nîmes (XLIV) Dumas donne un tableau de la « Terreur blanche » dans le Midi, déjà évoquée dans le *Midi de la France*.

L'innocent Dantès aurait-il réellement pu être emprisonné durant quatorze ans, dans les conditions imaginées par Dumas, et sans jugement ? En tout cas il n'aurait sans doute pas rencontré Faria au château d'If : dès 1814 le comte d'Artois avait fait libérer les 640 prisonniers d'État de Napoléon, dont 320 politiques (Philippe Mansel, *Louis XVIII*, Pygmalion/Watelet, 1982). Le château d'If avait abrité des royalistes fameux : Hyde de Neuville, d'Hozier, le marquis de Rivière. Chaque changement politique de cette époque troublée y amena son contingent de prisonniers nouveaux. En 1815, il accueillit un Marseillais du nom de Gobet, tour à tour bonapartiste et royaliste, qu'il s'agissait surtout de soustraire à de trop probables représailles en ville (François di Roma, *Le Château d'If*, Laffitte, 1990).

La Restauration — mais seulement après les Cent-Jours — mit en œuvre une « loi de sûreté générale » permettant des incarcérations provisoires pour prévention de crime ou délit contre l'autorité royale. On créa pour les délits politiques des « cours prévôtales » qui pouvaient interner un suspect pendant un an, et prononcer — sans appel — des peines de réclusion (Mansel, *op. cit.*). Celles-ci furent nombreuses, mais jamais infligées sans jugement.

Très différent de l'épuration officielle visant de Hauts dignitaires de l'administration ou de l'armée (procès et exécution du maréchal Ney), le cas de Dantès peut être rapproché d'abus scandaleux et célèbres, comme l'affaire dite des « jumeaux de la Réole », arrêtés sur dénonciation, jugés et fusillés sans preuves, parce qu'ils auraient abattu le drapeau blanc et caché des armes (Duc de Castries, *La Terreur blanche*, Perrin, 1981).

Encore y eut-il jugement, même expéditif. Cela dit, le romancier demeure dans son droit, puisqu'il n'impute pas l'inique captivité de Dantès au pouvoir monarchique, mais bien à l'abus — soigneusement dissimulé — d'un magistrat malhonnête. Simplement, on peut se demander si un Dantès réel n'eût pas été tout de même tiré de son cachot et jugé après la visite de l'Inspecteur des prisons.

Quesnel (général)

L'assassinat du royaliste général Quesnel est mentionné par Louis XVIII au chapitre XI, à la grande terreur de Villefort, qui a de bonnes raisons de penser que son père n'y est pas étranger. Louis Quesnel, baron d'Épinay (1770-1815), a bien existé. Officier de la Garde impériale, il se rallia à Louis XVIII en 1814 et fut, en effet, tué par des bonapartistes dans les rangs desquels il était parvenu à s'infiltrer. Dumas lui suppose un fils, Franz d'Épinay, que Villefort cherche à marier à sa fille, précisément dans le but d'en finir avec les rumeurs qui ont couru sur cet assassinat. Au pitre LXXV, le vieux Noirtier fait échouer ce mariage en révélant sa responsabilité personnelle dans l'affaire. Tout comme lorsqu'il reprend des noms ou des personnages réels (Morrel, Beauchamp, la comtesse Guiccioli), Dumas témoigne ici d'une extrême liberté de romancier. Franz d'Épinay, fils fictif d'un personnage historique, est en somme le pendant d'Haydée, fille imaginée d'Ali de Tebelen.

Suicide

En 1847, la Chambre des pairs fut le théâtre d'un scandale qui entre curieusement en écho avec celui provoqué par la révélation des agissements de Morcerf (LXXXVI) et qui prouve, fût-ce *a posteriori*, la véracité de Dumas peintre de mœurs. Dans *Choses vues* (juillet 1847), Hugo s'attarde longuement sur le procès de l'affaire Teste-Cubières, instruit par la Chambre des pairs dont il fait partie. Ancien ministre des Travaux publics, Teste est accusé d'avoir touché un pot-de-vin de 94 000 francs de l'époque, moyennant l'octroi d'une concession minière. Son corrupteur aurait été le général Cubières, ancien ministre de la Guerre et héros de la conquête de l'Algérie. Hugo hésite à croire à la culpabilité de Teste ; dans l'accumulation progressive des témoignages il voit avec pitié « un écartèlement moral ». Le 12 juillet cependant, accablé par les preuves, Teste tente de se suicider avec deux pistolets. Il se rate. Le lendemain Hugo rencontre son collègue Dupin aîné : — Devinez quel est le livre que Teste a fait demander pour se désennuyer ? — Je ne sais. — *Monte-Cristo* ! « Pas les quatre premiers volumes, a-t-il dit, je les ai lus. »

Télégraphe

Créé sous la Révolution, le télégraphe optique de Chappe fut achevé en 1840 ; il formait alors un réseau de 5000 kilomètres. Il tomba rapidement en désuétude, au profit du télégraphe électrique Morse. Mérimée en a été quelque temps le directeur. Les boursicoteurs consultaient anxieusement le signal placé sur l'église des Petits-Pères, à deux cents pas de la Bourse. Monte-Cristo, sachant que Danglars dispose d'un accès privilégié aux nouvelles politiques réservées au gouvernement, s'en sert audacieusement pour transmettre une fausse nouvelle qui lui fera perdre de l'argent (LXI). De fait ce moyen de transmission n'était pas des plus sûrs, et Dumas s'est peut-être souvenu d'un épisode tragi-comique de l'année 1836. Le 31 octobre, le gouvernement reçut une dépêche annonçant que le prince Louis Bonaparte (le futur Napoléon III, assez redouté de la monarchie de Juillet), avait parcouru la veille « les rues de Strasbourg avec une partie de... » Le mauvais temps avait à ce moment-là interrompu la transmission ; le ministère connut quelques heures d'angoisse, qui devaient d'ailleurs s'avérer sans objet.

Vengeur

Dans la recherche des sources ou modèles de Dumas, on a signalé un roman d'Auguste Arnould paru en 1842, *La Roue de fortune*, comme ayant pu inspirer le thème de la vengeance et certains traits du vengeur. Arnould, connu de Dumas pour avoir collaboré aux *Crimes célèbres*, mettait en scène un nommé Charles Vernon, proscrit politique, obligé de s'exiler. Son rival amoureux forge alors une fausse lettre de rupture, grâce à laquelle il parvient à convaincre la fiancée du fugitif qu'elle a été trahie. A son retour, Vernon se venge en ruinant le rival et la femme. Il vient également en aide à une maison de commerce au bord de la ruine, d'une façon qui n'est pas sans rappeler l'intervention de Dantès en faveur des Morrel. Claude Schopp se demande toutefois si Maquet n'avait pas été l'inspirateur, voire le rédacteur de ce roman : auquel cas il n'aurait fait que reprendre son bien...

Dumas, de toute façon, n'avait pas attendu 1842

pour s'intéresser au thème. Dans la trilogie *La Salle d'armes* (1838), le comte Horace de Beuzeval, homme du monde et brigand, témoigne du même mépris du monde civilisé et de ses lois que Monte-Cristo. *Georges* (1843) met en scène le fils d'un mulâtre humilié par un aristocrate blanc, qui prépare sa vengeance durant des années. Il finira par prendre la tête d'une insurrection des Noirs.

Claude Schopp mentionne d'autre part un article de 1862, dans lequel Dumas révèle s'être inspiré, pour évoquer le côté « nabab » de son personnage, d'un richissime homme d'affaires espagnol, Don José Salamanca. Le romancier affirme avoir demandé à un ami d'outre-Pyrénées des renseignements sur ce grand seigneur aux extraordinaires et dispendieuses fantaisies.

Monte-Cristo après Monte-Cristo

Du succès commercial de *Monte-Cristo* témoignent le rythme rapide des éditions de librairie et reprises en feuilleton, dès les années suivant la parution. Les indications bibliographiques fournies par Claude Schopp révèlent que pour la seule période 1845-1851, pas moins de dix-sept contrefaçons ou éditions pirates furent publiées, principalement en Belgique. Les traductions furent également rapides : dès 1846 en Angleterre, aux États-Unis, en Suède, au Danemark ; en Italie en 1847, en Espagne en 1858. De nombreuses autres éditions suivirent dans chacun de ces pays et au-delà. La même bibliographie recense vingt-huit éditions en France au XXe siècle, y compris les versions abrégées pour enfants.

Monte-Cristo allait dominer la vie de Dumas, devenir son emblème, et, avec *Les Trois Mousquetaires* sa « carte de visite » la plus efficace. Son domaine de Port-Marly, un journal créé (et rédigé) par lui, un yacht dont il fut l'éphémère propriétaire, portèrent ce nom.

Comme il avait accoutumé de le faire pour la plupart de ses romans, Dumas entreprit d'adapter celui-ci pour le théâtre. Début 1848, deux drames en cinq actes furent créés au « Théâtre Historique » fondé par l'écrivain. Le premier (onze tableaux) commençait par l'arrivée du *Pharaon* à Marseille, et se poursuivait jusqu'à l'évasion de Dantès ; le spectacle durait six heures. Un caricaturiste s'amusa à représenter un spectateur qui entrait au théâtre jeune homme et en ressortait courbé, nimbé de cheveux blancs. Le second drame (six tableaux) évoquait le retour de Dantès à Marseille, sa visite à Caderousse et le sauvetage de la maison Morrel. La vengeance parisienne fit l'objet de deux pièces (*Le Comte de Morcerf*, cinq actes et dix tableaux ; *Villefort*, cinq actes et dix tableaux) créées à l'Ambigu en 1851. Un pastiche, *Le Comte de Monte-Fiasco ou la Répétition générale d'un drame en trente actes et cent tableaux*, par Deforges et Clairville, était paru dès 1847, signe que l'entreprise était attendue et commentée.

C'est au moment des représentations de 1848 que Balzac se dit tenté par le sujet (voir Introduction). Ce projet n'eut pas de suite, pas plus que n'en eut celui de donner un prolongement au roman, idée un moment caressée par Dumas puisqu'elle est évoquée dans un traité passé en 1853 avec l'éditeur Cadot.

S'il y renonça, d'autres s'y employèrent. Bertrand Galimard-Flavigny (*Les Petites Affiches*, 27 mai 1994) a trouvé trace de *La Main du défunt, pour faire suite au roman : Le Comte de Monte-Cristo, par Alexandre Dumas* ; six volumes d'un certain F. Le Prince, imprimés à Lisbonne chez Édouard de Faria (1853-54). Dans la même veine parut en 1885 *Le Fils de Monte-Cristo*, quatre volumes par Jules Lermina (1839-1915) édités chez Nelson et réédités en 1933.

Plus inspiré (quoique ce ne soit pas un de ses chefs-d'œuvre), Jules Verne, qui pensa peut-être à ce grand modèle en créant son capitaine Nemo, dédia à Dumas fils, cette même année 1885, son *Mathias Sandorf*, conçu, dit-il, comme « le Monte-Cristo des VOYAGES EXTRAORDINAIRES ». La peine que se donne ce patriote hongrois pour courir derrière ses bourreaux et les attraper fait regretter la seigneuriale et calme puissance du vengeur de Dumas ; et l'on a le droit de préférer, au pragmatisme colonisateur de Sandorf et à ses sous-marins électriques, l'orgueilleuse solitude de Dantès sur son voilier. Signe de la popularité de Dumas en Europe : nous avons eu entre les mains une traduction de *Mathias Sandorf*, parue à Prague en

1932 ; elle ne s'appelait pas *Mathias Sandorf* mais *Le nouveau Monte-Cristo*.

Ben-Hur (1880) doit-il quelque chose au prisonnier du château d'If ? Au moins le succès mondial de cette autre histoire de trahison et de châtiment prouve-t-il l'universalité du thème. Monte-Cristo découvre à la fin l'inanité de la vengeance, et convient de la nécessaire humilité de l'homme devant un Dieu et une Providence assez vaguement définis. Plus précis que Dumas, et peu soucieux peut-être de se voir comme lui mis à l'Index par le Vatican, Lewis Wallace prit soin de faire découvrir à son héros le message du Christ et le pardon des offenses ; plus hypocrite, il ne l'en avait pas moins fait d'abord se venger de sanglante façon.

Le cinéma s'est très tôt emparé du roman pour ne plus le lâcher : 28 adaptations répertoriées entre 1907 et 1971. Elles ont popularisé l'œuvre et le personnage ; elles·les ont aussi appauvris.

Dans *Money*, un des premiers succès de Paul-Loup Sulitzer, on voit un jeune homme, Frank Cimballi, dont le père a été ruiné par trois requins de la haute finance, chercher fortune entre Afrique orientale et Japon. Devenu quelques années plus tard expert en sociétés écrans, manipulations boursières et acrobaties financières de toutes sortes, il jette impitoyablement à bas la fortune de ses trois ennemis sans jamais se montrer. Une référence explicite à *Monte-Cristo* apparaît dans les premières pages.

Le signataire de ces lignes s'est autorisé à donner en 1994 des *Mémoires de Monte-Cristo*.

Table

TOME II

Le Livre de Poche s'engage pour
l'environnement en réduisant
l'empreinte carbone de ses livres.
Celle de cet exemplaire est de :
900 g éq. CO_2
Rendez-vous sur
www.livredepoche-durable.fr

PAPIER À BASE DE
FIBRES CERTIFIÉES

Composition réalisée par EURONUMÉRIQUE

Achevé d'imprimer en juillet 2013, en France sur Presse Offset par
Maury-Imprimeur - 45330 Malesherbes
N° d'imprimeur : 182927
Dépôt légal 1re publication : mars 1995
Édition 15 - juillet 2013
LIBRAIRIE GÉNÉRALE FRANÇAISE - 31, rue de Fleurus -75278 Paris Cedex 06